Günter Schweiger, Gertraud Schrattenecker
Praxishandbuch Werbung

D1723359

Exklusives Zusatzmaterial zum Buch

Website: www.werbung-praxis.de

Passwort: EvaWerbung4686

Günter Schweiger
Gertraud Schrattenecker

Praxishandbuch
Werbung

Mit
exklusiver
Website zum
Buch

UVK Verlagsgesellschaft mbH · Konstanz und München

Prof. Dr. Günter Schweiger ist Universitätsprofessor am Institut für Werbewissenschaft und Marktforschung an der Wirtschaftsuniversität (WU) Wien.
Dr. Gertraud Schrattenecker ist Marketing- und Kommunikationsberaterin sowie Lektorin an der Wirtschaftsuniversität (WU) Wien.

Bibliografische Information der Deutschen Bibliothek
Die Deutsche Bibliothek verzeichnet diese Publikation in der Deutschen Nationalbibliografie; detaillierte bibliografische Daten sind im Internet über <http://dnb.ddb.de> abrufbar.

ISBN 978-3-86764-468-6

© UVK Verlagsgesellschaft mbH, Konstanz und München 2013

Einbandgestaltung: Susanne Fuellhaus, Konstanz
Druck und Bindung: fgb freiburger graphische betriebe, Freiburg
Wir bedanken uns für die Freigabe des Sujets „Eva" am Buch-Cover bei der Österreichischen Werbewissenschaftlichen Gesellschaft (www.WWGonline.at).

UVK Verlagsgesellschaft mbH
Schützenstraße 24 · 78462 Konstanz
Tel. 07531-9053-0 · Fax 07531-9053-98
www.uvk.de

Vorwort

In den letzten Jahren hat sich die Medienlandschaft grundlegend geändert. Die Online Kommunikation ist zu einem festen Bestandteil in der Marketingkommunikation geworden. Mit der Web 2.0 bzw. Social Media Kommunikation ist ein für Unternehmen neues Kommunikationsprinzip verbunden: viele Sender stehen vielen Empfängern gegenüber. Der Anstoß zur Kommunikation geht nicht mehr nur vom Unternehmen, sondern auch von Konsumenten aus. Dass der Konsument bzw. Internet-Nutzer bestimmen kann, was, wann und wo er etwas sagt, was auch für Unternehmen relevant sein kann und zusätzlich einer breiten Öffentlichkeit zugänglich ist, erfordert ein Umdenken der werbetreibenden Unternehmen.

Der Schlüssel einer erfolgreichen Marketingkommunikation bzw. Werbung liegt jedoch nach wie vor in einer effektiven strategischen Planung. Daher wurde das bewährte Konzept dieses Buches beibehalten.

Die Ausgangsbasis für die Marktkommunikation eines Unternehmens bilden die Marketingplanung und Markenführung. Zielgruppenbestimmung, Markenpositionierung und Marketing- und Kommunikationsziele sind wesentliche Parameter, die bei der Erstellung eines Werbekonzeptes ebenso zu berücksichtigen sind wie alle anderen Kommunikationsinstrumente, wie z. B. PR, Sponsoring, Events, Messen oder Online-Kommunikation, die es gilt, aufeinander abzustimmen, um deren Effizienz zu steigern.

Mit dem Konzept der Integrierten Kommunikation wird ein Instrument zur Koordination der verschiedenen Kommunikationsinstrumente vorgestellt, das gleichzeitig auch die Effektivität der eingesetzten Budgets gewährleistet.

Der Fokus des Buches liegt jedoch auf dem Thema Werbung: Werbeplanung, Budgetierung, kreative Gestaltung, Mediaplanung und Werbewirkung werden ausführlich behandelt. Rechtliche Bestimmungen und gesellschaftliche Rahmenbedingungen runden die Einführung ab.

Das Buch richtet sich sowohl an Studenten des Fachgebietes Marketing als auch an Praktiker.

Literaturhinweise ermöglichen im Bedarfsfall eine vertiefende Auseinandersetzung mit den entsprechenden Spezialgebieten, und ein Stichwortverzeichnis erleichtert das schnelle Auffinden von Themen.

Diese Auflage trägt der rasanten Entwicklung der Online-Kommunikation Rechnung und behandelt das Thema Internet bzw. Web 2.0 in folgenden Kapiteln:

- Im Rahmen der Analyse des Kaufentscheidungsverhaltens wird auch das Internet-Nutzungsverhalten durchleuchtet, sowie die Bedeutung der digitalen Beeinflusser, der digitalen Mundpropaganda und des Empfehlungsverhaltens aufgezeigt.
- Das Kapitel Online-Kommunikation arbeitet die Charakteristika und Vielfalt dieses Marketing-Kommunikationsinstrumentes heraus und stellt deren Einsatzmöglichkeit im Rahmen der Marketing-Kommunikation dar.

Social Media Kommunikation – wie Blogs, Foren, soziale Netzwerke, Wikis, virtuelle Welten usw. – wird beschrieben, ihre Relevanz für die Marketing Kommunikation dargelegt und der Bogen zur klassischen Werbung bzw. integrierten Kommunikation gespannt.

- Das Kapitel Gestaltung der Online Kommunikation beleuchtet vor allem Websites und Banners.

- Im Rahmen der Mediaplanung werden verschiedene Kennzahlen zur Beurteilung der Leistungsstärke von Websites als Werbeträger vorgestellt.

- Die Erfolgskontrolle der Online Kommunikation geht auf die Reichweiten-Messung von Websites ein und stellt auch Indikatoren zur Effizienzmessung von Social Media vor.

- Abschließend werden rechtliche Bestimmungen, die für die Online Kommunikation bzw. Werbung im Internet relevant sind, vorgestellt.

Eine Reihe von Inhalten und Beispielen wurde aktualisiert, z. B. der Aspekt der Differenzierung bei der Markenpositionierung, Markenumbenennung und Farbe als Stilmittel bei der Werbe- und Markengestaltung.

Die Verfasser danken an dieser Stelle Herrn Christian Hofstetter von Panmedia Western für die Aktualisierung des Fallbeispiels Mediaplanung und Herrn Joachim Plasser für die gewissenhafte Druckvorbereitung dieser Auflage sowie allen, die am Entstehen früherer Auflagen mitgearbeitet hatten, vor allem Herrn Univ. Prof. Wolfgang Mayerhofer und dem Team am Institut für Werbewissenschaft und Marktforschung der Wirtschaftsuniversität Wien.

Unser Dank gilt auch den Unternehmen und Werbeagenturen für Bildmaterial und Beispiele, die das Buch anschaulich und lebendig machen.

Möge das Lesen dieses Buches Spaß machen und Anregungen für die eigene Kommunikationsarbeit geben.

Wien, Frühjahr 2013

Univ. Prof. Dr. Günter Schweiger
Professor für Werbewissenschaft
und Marktforschung
an der Wirtschaftsuniversität Wien

Dr. Gertraud Schrattenecker
Marketing- und Kommunikationsberaterin
Lektorin
an der Wirtschaftsuniversität Wien

Inhalt

1 Geschichte und Wesen der Werbung

1.1 Geschichte der Werbung

Will man sich eingehend mit Werbung beschäftigen, ist es nötig, auch einen kurzen Blick auf ihre Entstehungsgeschichte zu werfen: Werbung ist so alt wie bewusstes Wirtschaften; allerdings war sie nicht immer das moderne Marketinginstrument, als das wir sie kennen, sondern hat sich erst im Laufe vieler Jahrhunderte zu dem entwickelt, was sie heute ist.

Ihre Entstehung ist unmittelbar verknüpft mit dem Beginn der Herstellung von Waren und Dienstleistungen, die nicht mehr ausschließlich zur Deckung des Eigenbedarfs benötigt wurden, und sie diente der Information der potenziellen Käufer.

Das Wort „werben" selbst hat seinen Ursprung in dem althochdeutschen Wort „werban" bzw. „wervan", das „sich drehen", „hin- und hergehen", „sich bemühen" und „etwas betreiben" bedeutete.

Das erste jemals eingesetzte Werbemittel war zweifellos die menschliche Stimme. Ausrufer für den Verkauf sind schon für das antike Ägypten belegt. Die Stimme wirkt nicht nur durch den Wortinhalt, sondern auch durch Variation der Tonhöhe, Tonfolge und Modulation.

Historiker berichten, dass die Händler in Babylon bereits über Tafeln verfügten, auf denen in Keilschrift alle Waren aufgelistet waren, die angeboten wurden. Diese Tafeln befanden sich vor dem Verkaufsort und dienten dazu, Kunden anzulocken.

Im Athener Agora Museum findet man Beispiele antiker Güte- und Herkunftszeichen. Diese wurden auf den zu Lagerung und Transport von Wein dienenden Amphoren eingebrannt. Die Zeichen stimmten vielfach mit den zu dieser Zeit für die Münzprägung verwendeten Motiven überein. Es ist belegt, dass Münzen damals – neben ihrer Hauptfunktion als Zahlungsmittel – auch als Werbemittel eingesetzt wurden.

Bei Ausgrabungen in Pompeji fand man Öllampen aus Ton, die bereits damals in sehr hohen Stückzahlen produziert wurden. Diese überwiegend schmucklosen Massenprodukte tragen fast ausnahmslos am Außenboden den Namen des Herstellers als Firmennamen und sind unter der Bezeichnung „Firmalampen" bekannt. Schon in der Antike wurden also in Massen hergestellte Waren werblich gekennzeichnet um den Verkauf zu fördern.

Auch in der Austria Romana hatten Firmen- und Markenzeichen schon Bedeutung. In der Gegend um den Magdalensberg (Kärnten) bestand ein bedeutendes Handelszentrum, das auf einen im Jahr 170 v. Chr. geschlossenen Handelsvertrag zwischen Rom und Noricum zurückging. Unter zahlreichen Scherbenfunden befinden sich auch solche mit Inschriften über Art, Qualität und Erzeuger der beinhalteten Waren; so gibt es Überreste von Tongefäßen mit Beschreibungen von Öl, Fruchtsäften und Gewürzen. Ebensolche Töpferware wurde in Carnuntum gefunden, da die Römer auf Qualitätsdeklarationen großen Wert legten.

Die folgenden Jahrhunderte in der Entstehungsgeschichte der Werbung sind nur unzureichend dokumentiert. So war Werbung im Mittelalter zum Schutz der Zünfte nur in Ausnahmefällen gestattet, wie z. B. bei allgemeinen Aufrufen, Häuser aus Sicherheitsgründen aus Stein zu bauen. Eine weitere Ausnahme bildete Werbung für inländische Produkte, die obrigkeitlich geduldet wurde, während Werbung für Produkte aus fremden Ländern verboten war.

Bereits zu dieser Zeit wurde auch die Bedeutung von **Bildern** für die Kommunikation erkannt, und zwar vor allem als Möglichkeit, auch Schichten zu erreichen, die nicht lesen und schreiben konnten. Gregor der Große stellte bereits im 6. Jahrhundert n. Chr. Folgendes fest: „Was ein Buch für die ist, die lesen und schreiben können, ist ein Bild für alle – auch für die Ungebildeten. Sie können in den Bildern lesen, als ob es Bücher wären." Bilder hatten damals vor allem für die Vermittlung von religiösen Inhalten Bedeutung, wobei vielfach Angstappelle eingesetzt wurden: drastisch wurde gezeigt, was jemand zu erwarten hatte, der sich gegen den Glauben stellt; mittels Hell-Dunkel-Kontrasten wurde der Gegensatz zwischen Gut und Böse veranschaulicht. Die Kommunikationsleistung dieser Bilder wurde durch das viele Gold und die Architektur der prunkvollen Kirchen unterstützt, denn die Macht Gottes und der Kirche war „real" zu sehen und somit kaum zu bezweifeln.

Ihren ersten wesentlichen Bedeutungsaufschwung verzeichnete die Werbung mit dem Aufstieg der Städte als Ballungs- und Handelszentren im Spätmittelalter. Neben den sesshaften Händlern und Handwerkern gab es damals eine Vielzahl von Reisenden, die ihre Waren durch lautes Rufen anboten. Neben diesen Händlern, die ihre Waren selbst anpriesen, gab es noch **professionelle Ausrufer**, die Botschaften für andere verkündeten. Diese waren die ersten reinen Werbemittler.

Die Erfindung der beweglichen Buchdrucklettern durch Johannes Gutenberg Anfang des 15. Jahrhunderts eröffnete schließlich ungeahnte Möglichkeiten auch für die Werbung. Eine der ersten großen Werbekampagnen ist auf Martin Luther zurückzuführen, der schon im Jahre 1517 seine „Fünfundneunzig Thesen" gegen den Ablass mittels Anschlag verbreitete. Noch bevor die ersten redaktionellen Zeitschriften erschienen, entstanden in Frankreich zu Beginn des 17. Jahrhunderts Anzeigenblätter, in denen nur persönliche werbliche Botschaften veröffentlicht wurden. In weiterer Folge entwickelten sich Zeitschriften mit Schwerpunkt auf dem redaktionellen Teil parallel zu reinen Anzeigenblättern, in denen nur fallweise redaktionelle Beiträge erschienen.

Durch diese Entwicklung änderte sich schließlich auch der Inhalt der Werbung: War es früher das allgemeine Ziel gewesen, auf die angebotenen Güter und Dienstleistungen aufmerksam zu machen, also Informationen über Art und Preis der Waren zu vermitteln, so konnte die gedruckte Anzeige nun eine viel längere und ausgefeiltere Botschaft transportieren.

Die Entwicklung der modernen Werbung ist in hohem Maß an die industrielle Revolution gekoppelt, die Anfang des 19. Jahrhunderts voll einsetzte. Diese veränderte nicht nur die Technik und die Wirtschaft, sondern auch die Gesellschaft und leitete damit ein neues Zeitalter ein.

Der technische Fortschritt und zahlreiche bedeutende Erfindungen machten es möglich, Güter in großen Mengen zu produzieren. Diesem drastisch gestiegenen Angebot stand anfangs jedoch nur eine geringfügig wachsende Nachfrage gegenüber. Dadurch waren die Produzenten gezwungen, alle erdenklichen Maßnahmen zur Steigerung der Nachfrage zu ergreifen. Dies und eine Reihe von Erfindungen in Hinblick auf Gestaltungs- und Verbreitungsmöglichkeiten von Werbemitteln bewirkten den Aufschwung der Werbung in ihrer heutigen Form.

Bereits um die Mitte des 19. Jahrhunderts entdeckten die neu entstandenen Zeitungen die Möglichkeit, aus dem Verkauf von Anzeigen zusätzliche Erlöse zu erwirtschaften. Diese Einnahmequelle gewann in der Folge rasch an Bedeutung, und durch die ständige Verbesserung der drucktechnischen Möglichkeiten wurde die Zeitung als Werbeträger auch für die Werbungtreibenden immer interessanter.

Während die ersten Inserate in der Regel den Leser noch eher durch zu lange Texte ermüdeten als ihn zum Kauf eines bestimmten Produktes zu bewegen, bildete sich nach und nach eine gewisse Technik der werbewirksamen Anzeigengestaltung heraus, die vor allem in den USA zu einer rasanten Entwicklung des Inseratenwesens führte. Mit einigem Abstand folgten schließlich auch England und Frankreich sowie die restlichen europäischen Länder.

In diese Zeit – Mitte des 19. Jahrhunderts – fällt auch die Gründung der ersten **Werbeagenturen**, die anfangs nur Anzeigenraum in Zeitschriften vermittelten; die allererste Agentur wurde 1841 in den USA gegründet. Viele Firmen schätzten bald die Vorteile, die ihnen die Agentur durch ihr Fachwissen bieten konnte, und das Geschäft begann zu florieren.

Ähnlich verlief die Entwicklung des Plakats. Handgemalte und -geschriebene Anschlagzettel hat es wohl schon sehr lange gegeben; sieht man jedoch ein wesentliches Charakteristikum des Plakats darin, dass es sich dabei um ein reproduzierbares Werbemittel handelt, so darf man erst die mittels Holzschnitt produzierten Anschlagblätter als Plakate bezeichnen. Diese Technik des Holzschnitts stammte ursprünglich aus China und bildete die Grundlage für Gutenbergs bewegliche Lettern.

Dass Werbung nicht nur Konsum anregen kann, sondern auch den gegengesetzten Effekt erfolgreich erzielen kann, wurde bereits im 2. Weltkrieg erkannt. Zahlreiche Anzeigen und Plakate warben mit dem „Kohlenklau", eine Symbolfigur die mittels Endreimversen Energiesparpotenziale im Alltag aufzeigte.

Abb. 1: Energiesparkampagne aus dem Zweiten Weltkrieg

Ende des 18. Jahrhunderts brachte Senefelder durch die Erfindung der Lithographie die entscheidende Änderung in der Plakattechnik. Allerdings blieb das **Plakat** in dieser Form noch schwarz-weiß; erst die Erfindung des Siebdrucks 1846 ermöglichte den Durchbruch der farbigen Plakate.

Einen künstlerischen Höhepunkt verzeichnete das Plakat zu Beginn des 20. Jahrhunderts in Frankreich, als sich so berühmte Maler wie Jules Cheret, Edouard Manet oder Henri de Toulouse-Lautrec der Plakatgestaltung widmeten.

1854 gestaltete der Buchdrucker Ernst Litfass die nach ihm benannte Plakatanschlagsäule, die von Berlin ausgehend die Welt eroberte. Während sich das kommerzielle Plakat in Deutschland erst allmählich durchsetzte, war es in Amerika schon in den 70er Jahren des 19. Jahrhunderts ein beliebtes Werbemittel. Sehr früh schon wurden dort auch 20- und 30-Bogen-Formate eingesetzt, und auch die erste Kritik an der „Verschandelung des Straßenbilds" durch diese Plakate kam bald darauf aus den USA.

Im Lauf des 20. Jahrhunderts wurden die beiden Werbeträger **Zeitung** und Plakat durch weitere Neuerungen entscheidend verbessert. 1905 wurde in Amerika das Offset-

Verschlussmarken wurden im Gegensatz zu Wertmarken der Post zum Verschließen von Briefen entwickelt. Sie wurden mit dem Höhenflug der Privatpost vor ca. 150 Jahren populär und bald für Werbezwecke genutzt. Sie sind zwar seltene Werbeträger, zeigen aber recht deutlich, dass auch im Miniaturformat einer Briefmarke werbliche Kommunikation möglich ist.
Sie warben u. A. für Ausstellungen, z. B. die Hygieneausstellung in Dresden, oder für das erste Haarshampoo Deutschlands von Schwarzkopf um 25 Pfennig. 1914 warben die Marken „Ceres", „Schwan" und „Schicht", lange bevor Fliegen bei Fluggesellschaften möglich war, mit einem „Preisflug", bei dem die Gewinner eines Preisausschreibens 100.000 Goldkronen gewinnen konnten. Die gesamte Reklamemarken-Sammlung findet sich auf der Plattform www2.wu-wien.ac.at/werbung.

Abb. 2: Beispiel für Sonderwebformen: Reklamemarken aus Anfang 20. Jhdt.

Druckverfahren entwickelt, das den schweren und unhandlichen Bleisatz ablöste. Es folgten der Licht- oder Photosatz und schließlich, als zurzeit letzte Stufe, der Computersatz. „Desktop Publishing" – also die Herstellung von Dokumenten am Computer mit Hilfe geeigneter Hard- und Software – leitete eine neue Ära in Bezug auf Satzherstellung und grafische Gestaltung ein.

Abb. 3: Plakate von Maggi (1952), Haas (1956) und PEZ (1951); PEZ Pfefferminzbonbonspender mit „Mickey Mouse"

Um die Jahrhundertwende entstanden zwei weitere Werbeträger, die heute bereits als klassisch gelten: **Radio** und **Kino**. 1897 gelang dem Italiener Marconi die erste drahtlose Übertragung; der erste Rundfunksender ging 1923 in Betrieb. Die erste Filmvorführung fand 1895 statt; 1906 wurde die Erfindung des Tonfilms patentiert und weiterentwickelt, bis 1928 der erste komplette Tonfilm „Lights of New York" gezeigt werden konnte.

Anfang der 1930er Jahre wurden in Berlin die ersten Fernsehsendungen gezeigt. Von da an trat das **Fernsehen** seinen Siegeszug rund um die Welt an und ist heute als Träger von Werbesendungen nicht mehr wegzudenken.

Die Revolution der Telekommunikation gegen Ende des 20. Jahrhunderts – Übertragung von TV-Programmen via Kabel oder Satelliten, der Siegeszug des **World Wide Webs**, die rasche Penetration und Akzeptanz der **Mobiltelefonie** veränderten den Zugang zu Informationen der Gesellschaft rund um den Erdball nachhaltig. In der heutigen Informationsgesellschaft können beliebige Informationen – seien es Texte, Bilder oder Videos – von jedermann einfach und schnell produziert und ebenso einfach und schnell im Netz global verbreitet werden.

Der Einfluss des Internets spielt in vielen Bereichen des Lebens eine Rolle – angefangen bei sozialen Beziehungen, über Kaufentscheidungen, Job-Bewerbungen bis hin zur Politik.

1.2 Wesen der Werbung

1.2.1 Werbung als Form der Marktkommunikation

Mit anderen in Beziehung zu treten, Meinungen, Gedanken und Informationen auszutauschen, also zu kommunizieren, ist ein fundamentales Bedürfnis aller Menschen. Kommunikation kommt vom Lateinischen „communis" (= gemeinsam). Wenn wir kommunizieren, versuchen wir, „eine Gemeinsamkeit mit jemandem herzustellen". Wir versuchen also, eine Information, eine Idee oder eine Einstellung mitzuteilen, um sie dann mit anderen zu teilen.

Der folgende Satz (nach Lasswell) zeigt anschaulich, welche Elemente ganz allgemein an einem **Kommunikationsprozess** beteiligt sind (vgl. Abb. 4):

1.2.1.1 Formen der Marktkommunikation

Bei der Marktkommunikation gehen wir davon aus, dass die Absender von Botschaften (Kommunikatoren) Unternehmen oder Institutionen sind, die ihre Kommunikationsaktivitäten in den Dienst kommerzieller Absichten stellen.

Für die Gliederung der Marktkommunikation erscheint die Einteilung in symbolische Kommunikation und Produktinformation vorteilhaft (vgl. Abb. 5).

WER	Sender, Quelle, Kommunikator
sagt	
WAS	Botschaft
zu	
WEM	Empfänger, Rezipient, Kommunikant
auf welchem	
KANAL	Medium
mit welcher	
WIRKUNG	Effekt

Abb. 4: Paradigma der Kommunikation nach Lasswell

Die **symbolische Kommunikation** umfasst hierbei alle Arten von Kommunikationsprozessen, bei denen das Produkt oder die Dienstleistung in Form von Zeichen und Symbolen (in Worten, Bildern) – also physisch nicht greifbar – dargestellt wird.

Unter **Produktinformation** hingegen werden all jene Kommunikationsprozesse verstanden, bei denen das Produkt selbst Träger und Übermittler der Informationen ist.

Wie in Abb. 5 dargestellt, kann die symbolische Kommunikation in zwei Foren eingeteilt werden:

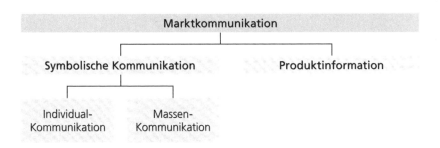

Abb. 5: Basisformen der Marktkommunikation

Bei der **Individualkommunikation** stehen mindestens zwei Personen miteinander in kommunikativer Interaktion: Fragen und deren unmittelbare Beantwortung werden möglich. Bei der **Massenkommunikation** ist das „Gegenüber" des Senders nicht persönlich bekannt. Sie bedarf außerdem zur Verbreitung ihrer Botschaften an die Empfänger der Massenmedien.

Massenkommunikation

Unter Massenkommunikation verstehen wir jene Form der Kommunikation, bei der Aussagen

■ indirekt mit Hilfe technischer Verbreitungsmittel (wie z. B. Rundfunk, Zeitungen, etc.)

■ an ein disperses Publikum

■ einseitig, d. h. ohne Feedback

herangetragen werden.

Die Wirkung der Massenkommunikation hängt damit nicht nur vom Sender und dem Inhalt der Botschaft ab, sondern auch von den Merkmalen des Mediums, dessen sich der Sender bedient. Bei den Empfängern der Botschaft handelt es sich um einen mehr oder weniger abgrenzbaren (dispersen) Personenkreis. Dadurch ist es nicht möglich, die Kommunikation exakt auf die Eigenschaften und Bedürfnisse jeder einzelnen Zielperson abzustimmen. Da der Kommunikationsvorgang einseitig stattfindet, hat der Empfänger auch keine Möglichkeit, seinerseits mit Fragen, Einwänden oder Antworten direkt zu reagieren.

Die wichtigsten Erscheinungsformen dieser Art der Marktkommunikation sind:

■ Werbung,

■ Public Relations und

■ Verkaufsförderung

Individualkommunikation

Bei der Individualkommunikation handelt es sich um eine direkte, zweiseitige Kommunikation mit dem Vorteil einer direkten Rückkoppelung zwischen den Kommunikationspartnern.

Aus diesem Grund ist die Wirkung der Individual- gegenüber der Massenkommunikation im Allgemeinen größer: Der Sender kann die Reaktion des Empfängers auf seine Botschaft unmittelbar feststellen; die Rollen können getauscht und die Kommunikation wesentlich intensiviert werden. Missverständnisse aufgrund mehrdeutiger Zeichen und Symbole können sofort beseitigt, fehlende Informationen nachgefragt werden.

Je nach persönlicher Anwesenheit des Senders und Empfängers beim Kommunikations-Prozess kann man zwischen persönlichem Verkauf, persönlicher Kommunikation (face to face communication) und verschiedenen Formen der Direktwerbung wie z. B. Werbebrief, E-Mail etc. unterscheiden.

Sowohl der **persönliche Verkauf** als auch die Direktwerbung zielen darauf ab, die Zielperson durch ein persönliches Gespräch bzw. einen Werbebrief mit persönlicher Anrede im Sinne des Unternehmens zu beeinflussen. Der persönliche Verkauf ist vor allem bei erklärungsbedürftigen Produkten und Dienstleistungen von zentraler Bedeutung.

Die **Direktwerbung** soll hier ebenfalls zur Individualkommunikation gezählt werden (vgl. Kap. 3.1.4): Sie richtet sich an namentlich ausgewählte Zielpersonen und erfüllt damit das Kriterium der Direktheit. Als zweiseitige Kommunikation kann sie aber nur angesehen werden, wenn dem Medium Werbebrief oder E-Mail ein Antwortinstrument (z. B. Bestellkarte, Telefonnummer, Rück-E-Mail) beigefügt und dieses in der Folge genutzt wird. Manche Formen der Direktwerbung, wie z. B. ungezielte Postwurfsendungen an Haushalte, sind der Massenkommunikation zuzurechnen.

Eine klare Abgrenzung zwischen Massenkommunikation und Individualkommunikation ist nicht immer möglich. Viele Instrumente der Massenkommunikation beinhalten Feedback-Möglichkeiten, andererseits haben auch einige Formen der Individualkommunikation den Charakter einer Massenkommunikation. Unter **persönlicher Kommunikation** (Mund-zu-Mund, Face-to-Face) ist der Erfahrungsaustausch zwischen den Konsumenten zu verstehen. Der Empfänger nimmt hier keine Beeinflussungsabsicht wahr, er sucht „unparteiliche“ Informationen von Personen, die am Verkauf des Gutes nicht interessiert sind. Zu den oben angeführten Vorteilen der direkten gegenüber der indirekten Kommunikation kommt noch die hohe Glaubwürdigkeit des persönlichen Kommunikators wegen dessen Unabhängigkeit.

Besonders bei Entscheidungen, die als sehr risikoreich empfunden werden, sucht man in erster Linie Rat und Informationen im persönlichen Gespräch. In einer vielbeachteten Untersuchung von Lazarsfeld während der amerikanischen Präsidentschaftswahlen von 1940 erwies sich die Wirkung der Massenmedien auf die Meinung der Wähler als wesentlich schwächer als die von Freunden und Bekannten. Im Bekanntenkreis und in der jeweiligen Gruppe hatten wiederum bestimmte Personen besonders großen Einfluss auf ihre Mitmenschen.

Diesen Personen, die als **Meinungsführer** (Opinion Leaders) bezeichnet werden, gilt aufgrund folgender Hypothese das besondere Interesse der Werbung: Gelingt es, diese „Werbeweiterpflanzer“ (Seyffert, 1966) zu erreichen, so geben sie ihre Erfahrungen im Bekanntenkreis weiter und verstärken durch ihre Glaub- und Vertrauenswürdigkeit den Einfluss der Massenmedien. Sie wirken also als **Multiplikatoren** der Werbewirkung.

Allerdings ist es in der Praxis schwierig, Meinungsführer eindeutig zu identifizieren, d. h. sie durch soziodemografische (Alter, Geschlecht, Schulbildung etc.) und psychografische (Bedürfnisse, Einstellungen, Interessen etc.) Merkmale generell von Meinungsfolgern zu unterscheiden.

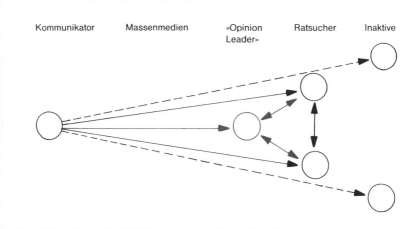

Abb. 6: Meinungsführer (= Opinion Leader) und Meinungsfolger (= Ratsucher) im Kommunikationsprozess, übernommen von Grefe und Müller 1976, S. 4028.

Zum Thema Meinungsführer wurden verschiedene Studien durchgeführt. Fasst man die bisherigen Ergebnisse zusammen, so lässt sich Folgendes feststellen:

■ Meinungsführer gibt es in allen sozialen Schichten. Der Einfluss erfolgt also horizontal. Man orientiert sich an Personen mit ähnlichem sozialen Status und nicht, wie früher angenommen, grundsätzlich an sozial höher stehenden Persönlichkeiten.

■ Meinungsführer sind wesentlich kommunikativer als Meinungsfolgern, sie haben mehr Kontakt zu anderen Mitmenschen.

■ Meinungsführer sind auf die Beratung in bestimmten Themenbereichen spezialisiert. Sie zeichnen sich durch fachliche Kompetenz auf diesen Gebieten aus, d. h. sie sind Experten. Es sind dies insbesondere die Bereiche der höherwertigen Wirtschaftsgüter, wie z. B. Autos, elektronische Geräte, Computer, Sportgeräte oder auch Mode, also Bereiche, die durchwegs mit Sozialprestige verbunden sind oder die spezifisches technisches Know-how erforderlich machen (beispielsweise aufgrund rascher technologischer Entwicklung).

■ Es gibt Personen, die auf mehreren Produktmärkten meinungsführend sind, besonders, wenn diesen gemeinsame Interessen zugrunde liegen.

■ Meinungsführer nutzen nicht mehr Massenmedien als ihre Mitmenschen, jedoch häufiger Fachmedien (z. B. Fachzeitschriften) oder fachspezifische Online Plattformen (z. B. Blogs, Suchmaschinen, Newsletters), die sie über den jeweiligen Kompetenzbereich informieren. Diese Tatsache ist insbesondere für die Mediaplanung wichtig. Zum einen hat die Landschaft der Fachzeitschriften und Online-Angebote in letzter Zeit einen beachtlichen Zuwachs erfahren (z. B. Auto, HiFi,

Computer, Technik, Wirtschaft, Sport, etc.), zum Anderen ist es auch leichter, in solchen fachspezifischen Medien oder Online-Kanälen die Meinungsführer gezielt zu erreichen.

Für die Marketingkommunikation ist es daher wichtig, dass der Informationsfluss vom Unternehmen zum Endverbraucher analysiert und die beteiligten Zielgruppen und Zielpersonen im Sinne der Integrierten Kommunikation (Vgl. Kap. 3.2.) mit geeigneten Kommunikations-Instrumenten angesprochen werden. Mit zunehmender Bedeutung und Erforschung des Online-Nutzer-Verhaltens, vor allem im Bereich Social Media, haben Meinungsführer und Multiplikatoren neue Bedeutung erlangt. Beim Einsatz von Empfehlungsmarketing bzw. Social Media Marketing ist es für das Unternehmen wichtig, diese in elektronischen Netzwerken zu identifizieren, um mit ihnen zu kommunizieren. (weiterführend auch Kap. 2.1.2.5 und 3.1.10).

Eine andere wichtige Zielgruppe für die Werbung bilden die **Innovatoren**. Da sie die Ersten sind, die neue Produkte oder Ideen übernehmen, kommt ihnen entscheidende Bedeutung für die Diffusion (Ausbreitung) von Innovationen zu. Meinungsführer müssen nicht gleichzeitig Innovatoren sein. Untersuchungen haben ergeben, dass der Anteil an Innovatoren unter den Meinungsbildnern in der Regel zwar größer ist als bei den Meinungsfolgern, jedoch vom jeweiligen Produktbereich abhängt.

Die ursprüngliche **Hypothese vom zweistufigen Informationsfluss** – dass generell Massenmedien die Meinungsführer informieren, diese wiederum die Informationen an die Meinungsfolger weitergeben – wurde durch verschiedene empirische Studien in Frage gestellt.

Diese ergaben, dass der Kommunikationsprozess viel komplexer, mehrstufig, erfolgt: Meinungsführer suchen ihrerseits Rat und Information bei Bekannten und stehen damit in wechselseitiger Beziehung mit Meinungsfolgern. Andererseits nehmen auch die so genannten Meinungsfolger die meisten ihrer Informationen direkt von den Massenmedien auf, besonders wenn es sich um wenig risikoreiche Entscheidungen handelt.

In Hinblick auf diese Forschungsergebnisse ist eine strenge Trennung der Wirkung von Massen- und Individualkommunikation nicht möglich.

Produktinformation

Hier ist das Produkt selbst Träger und Übermittler von Informationen. Die gestalterischen Maßnahmen der physischen Erscheinung eines Produktes wie Beschaffenheit, Farbe, Geruch, Geschmack, Design etc. sind, marketingpolitisch gesehen, Aufgabe der Produktpolitik.

Jedes Produkt besitzt eine mehr oder minder ausgeprägte Fähigkeit, Informationen über seine Beschaffenheit, Verfügbarkeit und Nützlichkeit zu vermitteln. Besonders bei Gütern, bei denen die Kaufentscheidung zum Großteil von direkter Begutachtung (z. B. Investitionsgüter) oder vom Berührungskontakt (z. B. Kleider) abhängt, ist die Information durch das Produkt selbst von großer Bedeutung.

Bereits die ersten **Anmutungen**, die das Produkt durch Dimension, Form, Oberflächenstruktur, Materialbeschaffenheit, Geruch, Farbgebung usw. auslöst, lassen auf dessen Eigenschaften schließen. Aus diesem Grund hat das Produktdesign große Bedeutung.

Unter **Design** versteht man die gesamte, sinnlich wahrnehmbare Gestaltung eines Produktes, wobei auch die Verpackung dazu gerechnet wird. Dieser sehr weit gefasste Begriff geht über die visuelle Produktgestaltung hinaus. Dabei sollen alle Sinne angesprochen werden, beispielsweise durch die Verwendung von Duftstoffen bei Schreibwaren, Spielzeugen, Lebensmitteln oder „klingenden" Glückwunschkarten. Durch ein „erlebnisbetontes" Design wird das eigene Produkt klar von den Konkurrenzprodukten abgehoben (vgl. dazu Kap. 3.1.9).

Auch Produktinformationen wirken „wie die Massenkommunikation" nicht nur unmittelbar, sondern auch mittelbar auf dem Umweg über Meinungsführer und soziale Normen.

1.2.2 Werbung als Kommunikationsprozess

In Abb. 4 wurden zur Einführung bereits die Elemente eines Kommunikationsprozesses nach Lasswell anhand des Merksatzes: „wer sagt was zu wem auf welchem Kanal mit welcher Wirkung" dargestellt. Ein anderes allgemeines Kommunikationsmodell bezieht die Prozesse des Verschlüsselns (**Encodierens**) und des Entschlüsselns (**Decodierens**) der Botschaft auf dem Weg vom Sender zum Empfänger mit ein (vgl. Abb. 7).

Im Falle der Wirtschaftswerbung will das werbende Unternehmen als Sender mittels einer Werbebotschaft seine Zielpersonen, also die Konsumenten, beeinflussen. Dazu muss vorerst die Botschaft verschlüsselt, d. h. in Worte und Bilder gefasst, als Anzeige gedruckt oder ein Film hergestellt werden. Diese Aufgabe wird meist einer Werbeagentur übertragen.

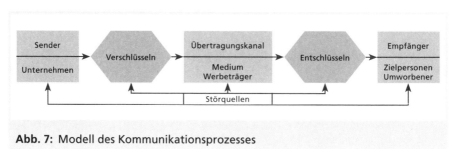

Abb. 7: Modell des Kommunikationsprozesses

Mittels eines Werbeträgers (z. B. Zeitung, TV) wird die Botschaft (Anzeige, TV-Spot) an die Empfänger „herangetragen". Die Zielperson übersetzt und interpretiert die Botschaft im Hinblick auf eigene Wertvorstellungen, Erfahrungen und Bedürfnisse. Dabei kann es vorkommen, dass sie die Botschaft nicht unbedingt in dem vom Sender beabsichtigten Sinn versteht.

Wie schwierig es ist, eine Botschaft so zu vercoden, dass sie leicht und richtig decodiert werden kann, zeigt das Beispiel der Fa. Palmers: Sie affichierte Plakate, die Damen in reizenden Dessous mit Slogans wie „Komm bald heim" und „Ich liebe dich" zeigten. Die Aussage „Trau dich doch" (vgl. Abb. 8) erregte jedoch die Gemüter: Während diese Botschaft Frauen auffordern sollte, den Mut zum Tragen solcher Wäsche aufzubringen, fassten es engagierte Feministinnen als Aufruf an die Männer auf, Frauen gegenüber keinerlei Hemmungen zu zeigen.

Abb. 8: Mehrdeutig interpretierbare Werbebotschaft (im Original ein 24 Bogen-Plakat)

In der Werbung muss man darauf achten, dass ein Empfänger eine Botschaft nicht anders interpretiert, als das vom Sender beabsichtigt ist. Diese Gefahr besteht – wie jeder Leser wohl aus eigener Erfahrung weiß – ja auch in der persönlichen zwischenmenschlichen Kommunikation. Hier ist es allerdings möglich, solche Codierungsfehler sofort zu erkennen und zu beseitigen.

In der Werbung können solche Codierungsfehler dann passieren, wenn die Werbebotschaft vor ihrem Einsatz bei den Zielpersonen nicht auf Verständnis geprüft wird (vgl. Kap. 4.6.1). Allerdings kann auch bei guten, in Pretests (Tests der Werbemittel vor deren Veröffentlichung) abgesicherten Lösungen in der Änderung der Umweltsituation eine Quelle für Missinterpretationen liegen.

Ein berühmtes Beispiel für den Misserfolg eines Slogans durch die Änderung der Situation, in der dieser Slogan decodiert wurde, ist jener der Firma American Telegraph and Telephone Company (AT & T) in den USA: „We hear you". Der Slogan schien aufgrund der Testergebnisse sehr gut geeignet, Kundennähe zu demonstrieren. Die Situation änderte sich aber schlagartig durch den Watergate-Skandal, nach dem der Slogan nur noch als „Wir hören Ihre Gespräche ab" interpretiert wurde.

Weitere Störungen im Kommunikationsfluss können durch Missverständnisse zwischen Unternehmen und Werbeagentur oder bei der Übermittlung durch Medien auftreten. Diese Übermittlungsstörungen können entweder technischer Art sein oder dadurch zustande kommen, dass die Einstellung zum Medium (z.B. mangelnde Glaubwürdigkeit einer Zeitung) die Interpretation der Botschaft beeinflusst.

Innerhalb der Kommunikationskette von Unternehmen zur Zielperson existieren also zahlreiche Störquellen, die die gewünschte Beeinflussung gefährden. In der Realität wirken jedoch außer dem werbenden Unternehmen eine Vielzahl anderer Sender auf den Konsumenten ein.

Das Verhalten der Zielperson hängt damit nicht nur von allen Marketinginstrumenten des Unternehmens ab, sondern auch von vielen anderen Impulsen, wie etwa den Maßnahmen der Konkurrenten, von der sonstigen Umwelt, dem Einfluss von Bezugsgruppen und Meinungsführern sowie von ihren eigenen Erfahrungen und Einstellungen.

▶ Literatur zu Kap. 1

Batra, R., Myers, J. G., Aaker, D. A., Advertising Management, 5. ed., Englewood Cliffs 1996.

Belch, G. E., Belch, M. A., Advertising and Promotion: An Integrated Marketing Communications Perspective, 6. ed., Boston 2004.

Büchli, H., 6000 Jahre Werbung – Geschichte der Wirtschaftswerbung und der Propaganda, Berlin 1966.

Duden, Das Herkunftswörterbuch – Etymologie der deutschen Sprache, 2. Aufl. von Günther Drosdowski, Mannheim, Wien, Zürich 1989.

Gries, R., Werbung als Geschichte (Geschichte der Werbung), Garbsen 1992.

Hermanns, A., Püttmann, M., Integrierte Marketing-Kommunikation, in: Berndt, R., Hermanns, A. (Hrsg.), Handbuch Marketing-Kommunikation, Wiesbaden 1993.

Kluge, F., Etymologisches Wörterbuch der deutschen Sprache, 22. Aufl. von Elmar Seebold, Berlin 1989.

Lasswell, H. D., The Structure and Function of Communication in Society, in: Berelson, B., Janowitz, M. (Hrsg.), Reader in Public Opinion and Communication, 2. Aufl., New York, London 1967.

Lazarsfeld, P. F., Berelson, B., Gaudet, A., The People's Choice, Columbia University Press, 2. ed., New York 1955.

Müller, R., Fremdenverkehrswerbung, Historische Beispiele seit 1884, Rep. Österreich 1984.

Müller, R., Geschichte der Werbung als geistige Grundlage unserer fachlichen Zukunft, in: Sprang, W. (Hrsg.), Jahrbuch der Werbung, München 1984.

Müller, R., Zur Geschichte von Direktwerbung und Direct Marketing (es fing schon in der Antike an), Laxenburg 1989.

Reinhardt, D., Von der Reklame zum Marketing – Geschichte der Wirtschaftswerbung in Deutschland, Berlin 1993.

Scheele, W., Historische Aspekte der Werbung, in Tietz, B. (Hrsg.), Die Werbung, Handbuch der Kommunikations- und Werbewirtschaft, Band III, Saarbrücken 1982.

Schweiger, G., Schwarz, H., Kommunikation im Markt, in: Hoyos, C. Graf, Kroeber-Riel, W., Rosenstiel, L. von, Strümpel, B., (Hrsg.) Grundbegriffe der Wirtschaftspsychologie, München 1980.

Schweiger, G., Spicko, G., Die Reklamemarke – Das Werbemittel der Gründerzeit, Bibliophile Edition, Wien 2008.

Seyffert, R., Werbelehre, Theorie und Praxis, Stuttgart 1966.

Wasilewski, A., Wirtschaftswerbung im Rom der Kaiserzeit und in der Austria Romana, in: Werbeforschung & Praxis 4/1987, S. 134–135.,

2 Marketingplanung als Basis der Werbeplanung

Der Erfolg eines jeden Geschäftes hängt davon ab, Kunden zu finden, die bereit und fähig sind, angebotene Produkte und Leistungen (im Austausch für Geld) zu erwerben. Für ein Unternehmen bedeutet dies, seine Produkte und Leistungen für potenzielle Kunden so attraktiv zu machen, dass diese sie tatsächlich – also bevorzugt gegenüber anderen – kaufen. Damit ein Produkt/eine Leistung für den Kunden attraktiv ist, muss es/sie seine Erwartungen erfüllen. Das heißt, das unternehmerische Handeln ist an den Kundenwünschen zu orientieren, was Aufgabe des Marketings ist.

Marketing

Mit dem Begriff Marketing wird eine unternehmerische Denkhaltung umschrieben: Das Unternehmen soll so geführt werden, dass die Unternehmensziele durch Befriedigung der Kundenwünsche erreicht werden können.

Dies bedingt eine konsequente Orientierung der Unternehmung am Markt. Grundlage der Marketingpolitik bilden daher, wie verdeutlicht, laufende Informationen über Konsumentenwünsche und -verhalten, die durch Marktforschung erkundet werden und die Grundlage für die Marketingpolitik bilden. Aber auch über Maßnahmen der Mitbewerber, über Wirkung der eigenen marketingpolitischen Maßnahmen, über technologische, rechtliche, wirtschaftliche und gesellschaftliche Trends, sowie über betriebsinterne Sachverhalte hat sich die Unternehmung zu informieren, um mit ihrer Marketingpolitik erfolgreich zur Erreichung der Unternehmensziele beitragen zu können.

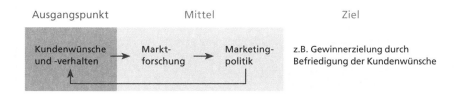

Abb. 9: Marketingorientierte Unternehmenspolitik

Sämtliche Aufgaben und Aktivitäten des Marketings können als Managementprozess aufgefasst werden. Ein Managementprozess umfasst folgende Aufgaben: Analysieren, Planen (Ziele setzen), Organisieren (Koordinieren), Durchführen und Kontrollieren.

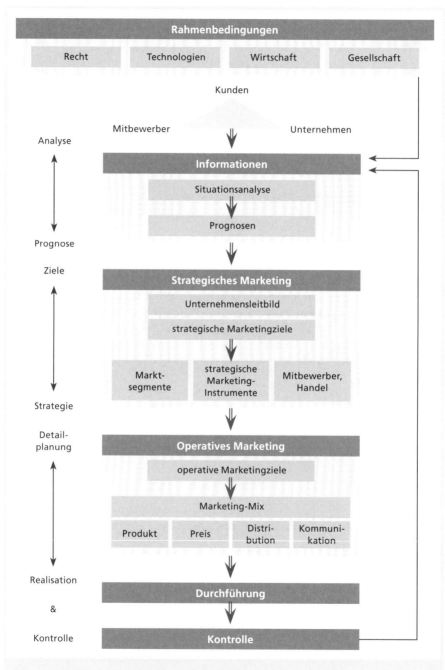

Abb. 10: Marketing als Managementprozess (in Anlehnung an Meffert, 2000, S. 14)

Die wichtigsten Aktivitäten einer marketingorientierten Unternehmensführung sind in Abb. 10 dargelegt.

Der **Marketing-Managementprozess** läuft in mehreren Phasen ab:

- Im Analyseprozess geht es um die Beantwortung der Frage: Wo stehen wir? Bei der **Situationsanalyse** geht es darum, die relevanten Probleme, die sich bei Kunden, Mitbewerbern und im eigenen Unternehmen ergeben, zu erkennen und im Hinblick auf ihre Stärken/Schwächen zu untersuchen. Auch rechtliche, technologische, wirtschaftliche und gesellschaftliche Rahmenbedingungen sind zu berücksichtigen.

- In der **Prognosephase** geht es um die Beantwortung der Frage: Wohin geht die Entwicklung? Auf Basis von Trends im Konsumverhalten, Mitbewerberverhalten und in der Umwelt werden relevante Marketingfaktoren prognostiziert und Zukunftschancen für das Unternehmen aufgedeckt.

- Im nächsten Schritt werden folgende Fragen beantwortet: Was wollen wir erreichen? Welche grundlegenden Richtungen sind bei der Marktbearbeitung zu verfolgen? Hier werden – auf Basis des Unternehmens-Leitbildes – die langfristigen (strategischen) Unternehmens- und Marketingziele sowie die Strategien festgelegt. Dabei geht es um die Definition und Auswahl der zu bearbeitenden Marktsegmente, um die grundlegende und langfristige Festlegung der Marketinginstrumente sowie der grundlegenden Verhaltensweisen des Unternehmens gegenüber Mitbewerbern, Handel und anderen Anspruchsgruppen. Das **strategische Marketingkonzept** für das eigene Unternehmen wird festgelegt.

- Das strategische Marketing bildet den Rahmen für das **operative Marketing**, das heißt für die kurzfristigen bzw. taktischen Marketing-Entscheidungen. Ausgehend von den operationalen Marketingzielen ist der Marketing-Mix festzulegen. Ausgangspunkt bildet die Frage: Welche Maßnahmen sind im Rahmen der Produkt-, Preis-, Distributions- und Kommunikationspolitik zu ergreifen, damit die Ziele erreicht werden können?

- In der Phase der Realisation (**Durchführung**) und **Kontrolle** sind Überlegungen einer effizienten Aufgabenverteilung innerhalb der Organisation und der Kontrollmaßnahmen anzustellen. Es ist zu fragen: Haben wir unsere Ziele erreicht? Was sind die Gründe für die Nicht-Erreichung? Welche Ziel- und Maßnahmenanpassungen sind notwendig?

Für den Markterfolg eines Produktes/einer Leistung – besonders in Märkten mit starkem Wettbewerb – ist eine sorgfältige Marketingplanung notwendig.

Da Kommunikation als Marketinginstrument und wesentlicher Bestandteil des Marketings auf den Zielen und Vorgaben der Marketingplanung aufbaut, soll das folgende Kapitel der Marketingplanung und Markenführung gewidmet werden.

Die Marketingplanung umfasst eine eingehende Analyse des Unternehmensumfeldes und Marktes (Zielpersonen, Wettbewerber), die Aufteilung des Gesamtmarktes in einzelne Segmente, die Auswahl eines oder mehrerer erfolgsversprechender Segmente und schließlich die Verankerung des Angebotes (der Marke) in den Köpfen der Kunden des ausgewählten Segmentes.

2.1 Marktanalyse

Die Beurteilung der eigenen Lage, die Beurteilung der Lage der Mitbewerber sowie der eigene Mittelbestand bilden den Ausgangspunkt jeder Marketingentscheidung. Eine möglichst vollständige und genaue Erfassung der Umweltzustände und Daten (Situationsanalyse) ist für die Festsetzung der Marketingziele und den Einsatz der Marketinginstrumente von entscheidender Bedeutung.

Die **Situationsanalyse** umfasst die Durchleuchtung aller für die konkrete Entscheidungssituation relevanten Umweltvariablen wie Gesellschaft, Wirtschaft, Technologie, Recht und Politik, sowie des Marktes, der Mitbewerber, der Kunden und der eigenen Unternehmens-Situation (vgl. Abb. 10).

2.1.1 Analyse des Umfeldes und der Mitbewerber

Die Marketingaktivitäten eines Unternehmens sind eingebettet in die Rahmenbedingungen der Unternehmens-Umwelt und des produkt- bzw. leistungsbezogenen Marktes (Branche).

Für Marketingentscheidungen und -zielsetzungen sind neben den Umwelt-Variablen auch folgende Faktoren zu berücksichtigen:

- Entwicklung des produktklassenbezogenen Gesamtmarktes (z. B. ist für einen Mineralwasserabfüller der Markt alkoholfreier Getränke interessant)
- Entwicklung des Branchenmarktes (z. B. des Mineralwassermarktes)
- Marktpotenzial, Marktvolumen und Marktanteil
- Struktur und Leistungsfähigkeit der Mitbewerber
- Handel (dessen Struktur und Marktabdeckung)
- Positionierung der Mitbewerber (aus der Sicht der Zielpersonen)

Marktpotenzial ist die bei potenziellen Käufern absetzbare Menge des Produktes.

Die Größe der potenziellen Abnehmergruppen beeinflusst vor allem die Zielgruppenplanung, die Höhe des notwendigen Werbeetats sowie die Botschaftsgestaltung: Eine Darstellung als Prestige- oder Statusprodukt wird bei einer großen Marktbreite wenig geeignet sein.

Das **Marktvolumen** bringt die tatsächliche Nachfrage pro Periode zum Ausdruck und umfasst alle Produkte einer Gattung. Die Höhe des Marktvolumens ist einerseits von der Zahl der Nachfrager abhängig, andererseits von deren durchschnittlichem Bedarf. Der Marktanteil entspricht dem Bruchteil des Marktvolumens, der auf eine bestimmte Produktmarke entfällt.

Der **Marktanteil** ist als marketingpolitische Zielgröße besonders geeignet: Aus einer Veränderung des Marktanteils kann direkt auf die Güte des Marketings im Vergleich zu den Mitbewerbern geschlossen werden.

Die **Analyse der Mitbewerber** ist Voraussetzung, um eigene Marktchancen zu identifizieren. Folgende Fragen sind dabei von Interesse:

- Wer sind die relevanten Mitbewerber?
- Was alles bieten sie an?
- Wie verhalten sie sich auf dem Markt im Hinblick auf Produkt-, Preis-, Distributions- und Kommunikationspolitik?
- Welche Beurteilungskriterien der Marke sind für die Zielpersonen kaufrelevant?

Für die Entwicklung einer Kommunikationsstrategie sind bei der qualitativen Mitbewerberanalyse vor allem die aus den Inhalten der Werbebotschaft ableitbaren Positionierungen und der damit verbundene Differenzierungsgrad der Mitbewerber interessant.

Bei der quantitativen Analyse interessieren vor allem die Entwicklung der Marktanteile (share of market) sowie die Höhe der Werbeausgaben (share of advertising), die benutzten Medien und deren zeitlicher Einsatz.

2.1.2 Analyse des Entscheidungsverhaltens der Kunden

Ziel jeglicher Kommunikation ist es, Meinungen und Verhalten der Konsumenten zu beeinflussen. Um Botschaften wirksam zu gestalten, um Kommunikationsinstrumente und Medien gezielt auszuwählen, bedarf es möglichst genauer Informationen über das **Zustandekommen von Meinungen und Entscheidungsverhalten** bei den Zielpersonen:

- Nach welchen Kriterien erfolgt die Beurteilung der Alternativen (sachbezogene Merkmale, gefühlsbetonte Eindrücke, wahrgenommenes Risiko, …)?
- Wie beurteilen die Konsumenten die eigene Marke im Vergleich zu den Mitbewerberprodukten?
- Wie werden Kaufentscheidungen gefällt (extensiv, gewohnheitsmäßig, impulsiv, …)?
- Wie werden Informationen aufgenommen (aktiv oder passiv, über welche Medien, …)?
- Welche Bedeutung haben soziale Faktoren (Gruppeneinfluss, Meinungsführer, Leitbilder, Rollenverhalten, …)?
- Wie groß ist das Interesse für eine bestimmte Produktgruppe, für eine bestimmte Marke?
- Wie wird die Werbebotschaft aufgenommen und verarbeitet? Was bewirkt sie?

Diese Fragen sollen in der Folge behandelt werden. Mit der Frage, wie menschliches Verhalten (Entscheidungen) zustande kommt und wie es beeinflusst werden kann, haben sich verschiedene wissenschaftliche Disziplinen auseinandergesetzt. Es existiert daher eine Reihe von Theorien und Modellen, die sich – unter jeweils anderen Gesichtspunkten – bemühen, eine Antwort auf diese Frage zu geben.

Bereits in Kapitel 1 wurden verschiedene Ansätze der Kommunikationsforschung dargestellt, die zu erklären versuchen, unter welchen Bedingungen Botschaften eines Senders die beabsichtigte Wirkung beim Empfänger hervorrufen.

Wir wollen nun einige Modelle, die sich mehr auf die Zielperson selbst konzentrieren, vorstellen. Im Mittelpunkt der Überlegungen stehen dabei die Vorgänge im Inneren (Organismus) des Menschen zwischen dem Wahrnehmen einer Botschaft (Stimulus = Reiz) und dem davon beeinflussten Verhalten (Reaktion). Sie werden intervenierende Variable genannt und sind nicht direkt beobachtbar. Derartige Modelle bezeichnet man als S-O-R- (Stimulus-Organismus-Response) Modelle oder Reiz-Reaktions-Modelle.

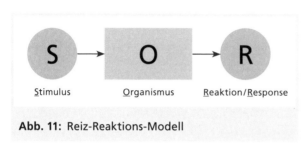

Abb. 11: Reiz-Reaktions-Modell

Modelle sind ein mehr oder weniger detailliertes, meist vereinfachtes Abbild der Wirklichkeit. Sie dienen zur Beschreibung und Erklärung oder Vorhersage des Erlebens und Verhaltens von Individuen. Je nach Bezugsrahmen beinhalten sie entweder nur bestimmte Ausschnitte des zu betrachtenden Verhaltens (Partialmodelle), oder sie beziehen sämtliche relevanten Vorgänge des interessierenden Verhaltens in die Betrachtung mit ein (Totalmodelle). Der Vorteil der letztgenannten Modelle liegt darin, dass sie einen globalen Überblick über das Zusammenwirken einzelner, am Entscheidungsprozess beteiligter Faktoren liefern.

Aus der Kenntnis von Wirkungszusammenhängen sind Hinweise für die konkrete Gestaltung der Marketingplanung ableitbar. Ihre praktische Anwendung in dieser komplexen Form scheitert jedoch an dem für die Datenbeschaffung notwendigen Zeit- und Kostenaufwand.

2.1.2.1 Totalmodelle

Bevor wir nun im Einzelnen auf die psychischen Vorgänge im Innern des Menschen eingehen, wollen wir die Komplexität einer Kaufentscheidung anhand des Konsumentenverhaltensmodells von Engel, Blackwell & Miniard (Abb. 12) demonstrieren.

Am Beginn jedes Entscheidungsprozesses steht das **Erkennen eines Problems**: das Individuum nimmt eine Diskrepanz zwischen dem gegenwärtigen und einem von ihm als ideal angesehenen Zustand wahr: Ursache dieser Wahrnehmung können entweder externe Stimuli wie z. B. Informationen, Werbung, Erfahrungen, oder die Aktivierung eines Motivs, Anstöße aus der sozialen Umwelt (Familie, Bezugsgruppe) oder auch situative Einflüsse sein.

Ist das Problem erkannt, sucht das Individuum innerhalb des Gedächtnisses nach Informationen und prüft dabei, ob die vorhandenen Informationen für eine Entschei-

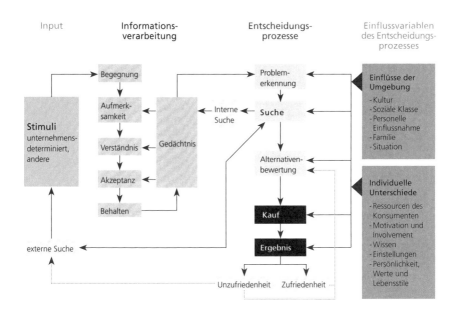

Abb. 12: Modell des Konsumentenverhaltens von Engel, Blackwell & Miniard, 1995, S.153 (ins Deutsche übersetzt von Mayer, Illmann, 2000, S. 103)

dung ausreichen (**interne Suche**). Sind die vorliegenden Informationen unzulänglich, wird eine **externe Suche** gestartet. In dieser Phase kommt der Unternehmenskommunikation (Werbung, Verkaufsgespräch) eine entscheidende Bedeutung zu.

In weiterer Folge werden die neuen Informationen oder Erfahrungen verarbeitet und schließlich im **Gedächtnis** behalten, wo sie alle bereits dort vorhandenen Informationen beeinflussen können.

Anschließend nimmt das Individuum eine **Bewertung der Alternativen** vor und bildet bzw. verändert Überzeugungen bzw. Einstellungen gegenüber den bewerteten Marken. Diese **Einstellungsänderung** führt zu einem **Kauf**, wobei sich jedoch vor dem tatsächlichen Kauf eine Reihe von **Einflüssen** störend bemerkbar machen: Einflüsse der Umgebung (z. B. Normen etc.) und Einflüsse durch das Individuum selbst (Lebensstil, Werte etc.).

Weiters können sich unvorhergesehene Umstände als Barrieren auf den Kauf auswirken, z. B. unvorhergesehene Veränderung des Einkommens, Nichterhältlichkeit der gewählten Alternative etc.

Nach dem Kauf stellt sich als Konsequenz entweder persönliche **Zufriedenheit** mit entsprechender positiver Auswirkung auf die Einstellungen ein, oder aber Unzufriedenheit. Diese äußert sich als unangenehm empfundene Dissonanz und führt möglicherweise zu erneutem Suchverhalten und/oder zur Veränderung von Einstellungen um Konsonanz zu erzielen.

Je nach individuellen Gegebenheiten und je nachdem, welches Produkt gekauft werden soll, kann die Entscheidung einen sehr unterschiedlichen Verlauf nehmen: eine sehr extensive Kaufentscheidung bei der Anschaffung eines Autos oder einer Wohnungseinrichtung, bis hin zu sehr verkürzten Entscheidungsprozessen bei Wiederholungskäufen von Produkten des täglichen Bedarfs wie z. B. Brot, Getränke etc. (Darauf werden wir später in diesem Kapitel eingehen.)

Das Totalmodell macht den Zusammenhang zwischen Entscheidungsprozess, Informationsverarbeitung und den Einflussvariablen (Individuum, Umwelt) transparent. Es zeigt aber auch auf, wie wenige Variable seitens des Unternehmens beeinflussbar und direkt kontrollierbar sind.

2.1.2.2 Partialmodelle

Wir wissen, dass eine Vielzahl von Faktoren das Verhalten der Konsumenten beeinflusst. Wir wissen hingegen nicht genau, wie Einflussgrößen wechselseitig voneinander abhängen bzw. welche davon wirklich entscheidende Bedeutung für die Wirkung der Kommunikation haben.

Wenn wir uns jetzt auf die psychischen Prozesse im Inneren des Menschen beschränken, so werden in der Literatur eine Vielzahl von theoretischen Konstrukten angeführt, die bei der Werbekonzeption zu beachten sind: Aufmerksamkeit, Emotionen, Bedürfnisse, Motive, Einstellungen, Image usw.

Welche dieser Konstrukte wirklich eindeutig unterschieden werden können, bzw. welche Bedeutung ihnen für die Kaufentscheidung zukommt, darüber gehen die Meinungen auseinander. Es herrscht nicht einmal Einigkeit darüber, was unter den einzelnen Begriffen zu verstehen ist.

Da Totalmodelle des Konsumverhaltens für die praktische Anwendung zu komplex sind, beschränkt man sich auf Partialmodelle, die sich auf ein – als für die Beeinflussungswirkung entscheidend erachtetes – zentrales Konstrukt konzentrieren.

Auf welches dieser Beeinflussungsmodelle bei der Werbekonzeption tatsächlich zurückgegriffen wird, hängt einerseits von der persönlichen Ansicht des Werbetreibenden (bzw. der Werbeagentur), andererseits von den jeweiligen Rahmenbedingungen des Werbeobjektes ab.

Wir möchten uns in diesem Zusammenhang darauf beschränken, die Partialmodelle von Mazanec (1978) mit den **zentralen Konstrukten**

- Einstellung,
- Image,
- wahrgenommenes Risiko und
- kognitive Dissonanz

näher zu betrachten. Zur Erklärung des Kaufentscheidungsprozesses werden die jeweils bedeutenden **Nebenkonstrukte** angeführt, d. h.

■ jene Variablen, von denen das zentrale Konstrukt beeinflusst wird (vorgelagerte Nebenkonstrukte), sowie

■ jene Variablen, die vom Hauptkonstrukt beeinflusst werden (nachgelagerte Nebenkonstrukte).

Der besondere Vorteil dieser Partialmodelle liegt in den Operationalisierungsvorschlägen und Messanweisungen für die einzelnen Konstrukte. Darüber hinaus lassen sich die einzelnen Partialmodelle nach dem Bausteinkonzept zu einem Totalmodell zusammenfügen.

Das Einstellungsmodell

Unter Einstellung versteht man die gelernte, relativ stabile Bereitschaft einer Person, sich gegenüber dem Einstellungsobjekt konsistent positiv oder negativ zu verhalten.

Einstellungen richten sich auf Gegenstände, Personen oder Situationen und sind stets subjektiv. Sie werden im Laufe des Sozialisationsprozesses entweder durch eigene Erfahrung oder durch Erfahrungsübernahme von anderen (z. B. von Eltern oder Meinungsführern) gelernt.

Die grundlegende **Hypothese der Einstellungstheorie** lautet: Einstellungen (von heute) sind (mit-)verursachend für das Verhalten (von morgen). Damit gelten Einstellungen als „intervenierende Variable" zur Erklärung des Verhaltens. Allerdings ist diese Hypothese sehr komplex und auch nicht unumstritten.

Viele Studien haben gezeigt, dass Verhalten nicht immer in Einklang mit den Einstellungen stehen muss. Insbesondere die von Personen geäußerten Einstellungen können aufgrund gesellschaftlicher Normen von den tatsächlichen Einstellungen abweichen und damit nur eine schlechte Erklärung für das Verhalten abgeben.

Bei sorgfältiger Messung stellt die Einstellung dennoch einen guten Indikator für zukünftiges Handeln dar: Die kausale Beziehung zwischen Einstellung und Verhalten ist groß genug, um zumindest von einer Mitverursachung des Verhaltens durch die Einstellung zu sprechen.

Mazanec (1978) unterscheidet – im Gegensatz zu anderen Autoren – zwischen Einstellung und Image:

■ Einstellung drückt die Markenbewertung auf Grund von Produktwissen, also auf Grund sachhaltiger, objektiv nachprüfbarer Informationen (sog. Denotationen) aus.

■ Image ist dagegen ein eher intuitives Vorstellungsbild, das auf Assoziationen und gefühlhaften Anmutungen (sog. Konnotationen) beruht.

Das Einstellungsmodell ist also dann von Bedeutung, wenn der Konsument in der Lage ist, die einzelnen Marken innerhalb einer Produktklasse anhand objektiver Produkteigenschaften (z. B. technische Daten, chemische Zusammensetzung) zu unterscheiden.

Ob dies möglich ist, kann man z. B. bei Lebensmitteln in einem „Blindtest" untersuchen, d. h. die Versuchsperson hat die Aufgabe, eine Marke (z. B. durch Verkosten) zu erkennen, ohne den Markennamen oder die Verpackung zu sehen.

Im Einstellungsmodell werden zur näheren Erklärung des Kaufentscheidungsprozesses die folgenden Nebenkonstrukte herangezogen (vgl. Abb. 13):

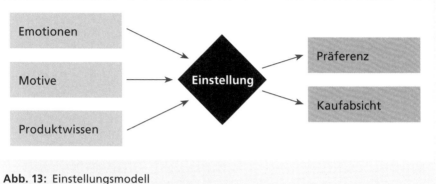

Abb. 13: Einstellungsmodell

Beeinflusst wird die Einstellung nach diesem Modell vor allem durch Emotionen, Motive und Produktwissen. Ob ein Gegenstand positiv beurteilt wird, hängt also von folgenden Kriterien ab:

- Welche Gefühle und Werte werden mit dem Gegenstand verbunden (Emotionen)?
- Inwieweit ist das Objekt geeignet, bestimmte Bedürfnisse zu befriedigen? Je nach persönlichen Bedürfnissen sind bestimmte Eigenschaften eines Gegenstandes wichtiger als andere: Einem Autokäufer kann z. B. Sicherheit wichtiger sein als Geschwindigkeit (Motive).
- Welche Überzeugungen und Annahmen bestehen auf Grund sachhaltiger Informationen bezüglich der Eigenschaften eines Gegenstandes (Produktwissen)?

Von der eher positiven oder eher negativen Einstellung zu einem Gegenstand hängt es ab, ob man überhaupt in Erwägung zieht, den Gegenstand zu kaufen, bzw. ob man ihn den Konkurrenzprodukten vorzieht (Kaufabsicht und Präferenz).

Dass **zwischen Einstellung und Kaufabsicht** ein **positiver Zusammenhang** besteht, konnte wiederholt nachgewiesen werden, u. a. in einer empirischen Studie am Institut für Werbewissenschaft und Marktforschung, Wirtschaftsuniversität Wien (Schrattenecker, 1993). Bei dieser Studie handelte es sich um eine für Österreich repräsentative Untersuchung der Einstellung der Österreicher zu ausgewählten Urlaubsländern. Die Ergebnisse zeigten, dass die Absicht, ein bestimmtes Urlaubsland zu besuchen, umso höher war, je positiver die Einstellung zu diesem Land war.

Nach dem Einstellungsmodell wird immer dann entschieden, wenn beim Käufer in der Kaufsituation das notwendige Involvement und gleichzeitig auch das notwendige Produktwissen vorhanden ist, um die angebotenen Marken nach ihren objektiven Produkteigenschaften zu beurteilen (vgl. Petty, Cacioppo, 1986). Zudem muss sich dem Käufer auch die Gelegenheit bieten, sich entsprechend mit den detaillierten Produkteigenschaften auseinander zu setzen (z. B. kein Zeitdruck beim Einkauf). **Typische Produkte**, bei denen die Kaufentscheidung überwiegend nach dem Einstellungsmodell getroffen wird, sind beispielsweise langlebige Konsumgüter (hochwertige Haushaltsgeräte) und Investitionsgüter im Bereich „Business-to-Business" (B2B), d. h. in Geschäftsbeziehungen zwischen Unternehmen. Die Kaufentscheidung erfolgt eher rational.

Das Imagemodell

Ein Konsument entscheidet beim Kauf nach dem Imagemodell, wenn er entweder kein ausreichendes Interesse („Low-Involvement-Kauf") oder zu wenig Produktkenntnis hat („Low-Ability-Kauf"), um sich auf Basis objektiver Produkteigenschaften eine Einstellung zu den angebotenen Marken zu bilden. Die Entscheidung erfolgt dann anhand eines intuitiven Bildes (Image), das sich der Konsument von den Marken macht. Solche Images bestehen aus schematisierten Vorstellungen, vereinfachen die Wahrnehmung und üben somit eine Entlastungsfunktion bei der Urteilsbildung aus: Die Unmengen von Bedeutungen und Merkmalen komplexer Gegenstände werden auf ein einfaches Bild reduziert, eine unbequeme, komplizierte Beurteilung wird vermieden.

Im Zeitablauf sind Images wie Einstellungen relativ stabil, eine Veränderung kann daher nur langfristig erfolgen.

Für den Konsumenten kann das Image einer Marke zwei Funktionen erfüllen: Zum einen kann es als **„Wissensersatz"** der Bewertung des Produkts oder einzelner Produkteigenschaften dienen. Die Beurteilung basiert dann allerdings – im Gegensatz zur Einstellung – nicht auf Produktwissen, sondern auf eher intuitiven Anmutungsinformationen (so genannten „Konnotationen": emotionale, expressive Vorstellungen, die die Grundbedeutung einer Marke begleiten). Zum anderen kann das Markenimage die Basis für einen **emotionalen** oder **sozialen Zusatznutzen** liefern, der dem Produkt beispielsweise ein sportliches, verführerisches oder prestigeträchtiges Flair verleiht. In vielen Märkten, insbesondere bei Konsumgütern, sind die Produkte und deren objektive Qualität in den letzten Jahren einander immer ähnlicher geworden, so dass dem Zusatznutzen heute vielfach eine besondere Bedeutung für die Kaufentscheidung des Konsumenten zukommt.

Wie Abb. 14 zeigt, sind dem Image als Nebenkonstrukte, ebenso wie der Einstellung, Emotionen und Motive vorgelagert. Statt Produktwissen beeinflusst allerdings die Markenbekanntheit das Image. Nachgelagert, und damit abhängig vom jeweiligen Image, sind wieder Kaufabsicht und Präferenz.

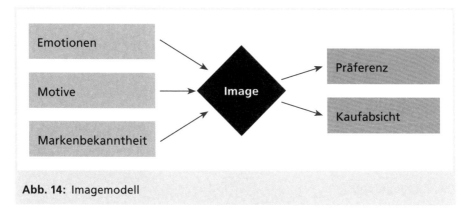

Abb. 14: Imagemodell

Typische Produkte, die nach dem Imagemodell gekauft werden, sind z. B. Zigaretten. Da Zigarettenmarken innerhalb bestimmter Kategorien hauptsächlich nach Verpackung und Werbung, nicht so sehr nach Qualität beurteilt werden (können), ist es den meisten Rauchern nicht möglich, ihre Lieblingszigarette im Blindtest zu erkennen.

Eine systematische Gegenüberstellung der verwendeten Modelle in der Image- und Einstellungstheorie findet sich beispielsweise bei Mazanec (1978). Ähnliche Ansätze finden sich in der US-amerikanischen Forschung bei Petty und Cacioppo (1986) sowie Chaiken, Wood und Eagly (1996).

Das Modell des erlebten Risikos

Das Modell des erlebten Risikos ist dann zutreffend, wenn der Konsument in seiner Markenwahl die Minimierung des Risikos eines möglichen Fehlkaufs in den Vordergrund stellt. Mit dieser Form der Kaufentscheidung ist dann zu rechnen, wenn das zu kaufende Produkt für den Konsumenten einerseits große Wichtigkeit besitzt, er aber andererseits nicht in der Lage ist, sich ein aus seiner subjektiven Sicht sicheres Urteil zu bilden („High-Risk-Käufe"). Eine solche Unsicherheit ist für den Konsumenten besonders problematisch, wenn ihm im Fall eines Fehlkaufs gravierende negative Konsequenzen finanzieller, sozialer oder gesundheitlicher Art drohen (vgl. Tversky und Kahneman 1992).

Die Beurteilung von Gegenständen erfolgt dann nach der subjektiv wahrgenommenen Unsicherheit, mit der ungünstige Folgen eintreten werden. D. h., je wahrscheinlicher mit bestimmten negativen Konsequenzen zu rechnen ist, desto schlechter wird das Produkt bzw. die Dienstleistung beurteilt.

Eine entscheidende Rolle spielt dabei natürlich, welche Bedeutung den einzelnen (negativen) Folgen zugemessen wird. So kann die Käuferin eines Haarsprays die mögliche Kauffolge, dass die Frisur nicht lange hält, als persönlich unangenehmer empfinden, als dass die Haare verklebt werden könnten. Es wird ihr also wichtiger sein, das erstere Risiko zu vermeiden.

Abb. 15 zeigt die Nebenkonstrukte dieses Modells. Beeinflusst wird das Ausmaß des erlebten Risikos durch das persönliche **Selbstvertrauen**, insbesondere durch das

- allgemeine Selbstvertrauen, also die allgemeine Beeinflussbarkeit, und das
- spezifische Selbstvertrauen, also die Beeinflussbarkeit in bestimmten Themen- oder Produktbereichen (abhängig z. B. von besonderen Produktkenntnissen).

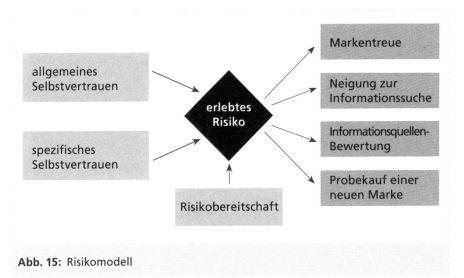

Abb. 15: Risikomodell

Wie sehr Risiko erlebt wird bzw. zu welchen Konsequenzen wahrgenommenes Risiko führt, hängt von der persönlichen **Risikobereitschaft** ab. Manche Menschen sind ausgesprochen risikoscheu, andere wiederum leben nach der Devise „No risk, no fun!".

Abhängig vom erlebten Risiko sind Markentreue, Neigung zur Informationssuche, Informationsquellenbewertung und auch der Probekauf einer neuen Marke. Ist das wahrgenommene Risiko groß, so wird der Konsument als Konsequenz beispielsweise eher einer bewährten Marke treu bleiben und dementsprechend weniger bereit sein, ganz einfach einmal eine neue Marke zu probieren. Eine andere Möglichkeit zum Abbau des Risikos besteht darin, vor dem Kauf möglichst viele Informationen zu sammeln. Diese Option ist für den Käufer jedoch nur dann sinnvoll, wenn er einerseits zuversichtlich ist, die gewonnenen Informationen richtig interpretieren zu können (d. h. keine unverständlichen technischen Fachbegriffe für einen Laien) und andererseits die Informationseinholung nicht zu teuer, mühsam oder zeitaufwendig ist. Andernfalls wird der Konsument auf Informationseinholung eher verzichten und lieber gleich bei seiner bewährten Marke bleiben (vgl. Strebinger, Schweiger und Otter, 1998).

Ein **Beispiel** für eine Entscheidung, die oft nach dem Modell des erlebten Risikos getroffen wird, ist die Wahl des Urlaubszieles. Befürchtungen, dass ein Ort, den man nie zuvor gesehen hat, zu überlaufen oder zu teuer sein könnte, dass zu wenige Attraktionen, schlechtes Essen, unfreundliche Einheimische oder zu viel Regen den Urlaub verderben könnten, bestimmen in vielen Fällen das Entscheidungsverhalten.

Um das wahrgenommene Risiko zu mindern, werden möglichst viele Informationen eingeholt: Reisebüros werden besucht, Freunde und Bekannte befragt.

Um Risiko zu vermeiden, bleiben manche Urlauber „ihrem" Urlaubsland, -ort, ja sogar dem einzelnen Beherbergungsbetrieb oft jahrelang treu.

Weiters sind es oft Entscheidungen bei der Inanspruchnahme von Dienstleistungen und bei der (Erst-)Beschaffung von Investitionsgütern, die stark risikobehaftet sind und bei denen das Konzept des erlebten Risikos zum Tragen kommt.

Vor der Anschaffung einer neuen Flaschenabfüllanlage z.B. werden Informationen über technische Details, Kundendienstleistungen, Systemzuverlässigkeit etc. eingeholt. Ebenso werden die Quellen, aus denen diese Informationen stammen, einer differenzierten Bewertung unterzogen: Prospektmaterial des Herstellers wird z.B. geringer bewertet als Gespräche mit Fachkollegen.

Bei Routineentscheidungen in diesen Bereichen kommen die Kriterien des erlebten Risikos weniger zum Tragen: der Informationsbedarf sinkt ebenso wie die Zahl der betrachteten Kaufalternativen.

Das Modell der kognitiven Dissonanz

Während Einstellung, Image oder erlebtes Risiko zur Erklärung der Markenbeurteilung bzw. Kaufentscheidung vor dem Kauf herangezogen werden, kann das Modell der kognitiven Dissonanz zur Erklärung des Konsumentenverhaltens in der **Nachkaufphase** beitragen.

Kognitive Dissonanz bezeichnet einen (unangenehmen) Spannungszustand, der auf Grund eines Widerspruchs zwischen kognitiven Elementen (Einstellungen, Wissen, Erwartungen, Erfahrungen) zustande kommt.

Sehr häufig erlebt der Konsument bei wichtigen Kaufentscheidungen bewusst einen Konflikt. Er hat die Wahl zwischen mehreren Autos, mehreren Lebensversicherungen oder Sparformen und muss sich für eine der angebotenen Alternativen entscheiden. Das bedeutet aber gleichzeitig, dass die anderen Möglichkeiten, die ja auch gewisse Vorteile bieten, abgelehnt werden müssen.

Der Konflikt ist mit der Entscheidung nicht ausgestanden. Das Wissen um die Vorteile der ausgeschlagenen Möglichkeiten steht teilweise im Widerspruch zu der Kaufentscheidung. Abb. 16 fasst die Nebenkonstrukte der kognitiven Dissonanz zusammen.

Die kognitive Dissonanz ist umso stärker, je wichtiger und je unsicherer die Entscheidung ist, d.h. je größer

- Involvement (Ich-Beteiligung, persönliches Engagement),

- Commitment (Selbstbindung, Identifikation mit der Entscheidung) sind und

- je geringer der Differenzierungsgrad der Einstellungen und Präferenzen vor dem Kauf war (Kaufalternativen waren annähernd gleich attraktiv).

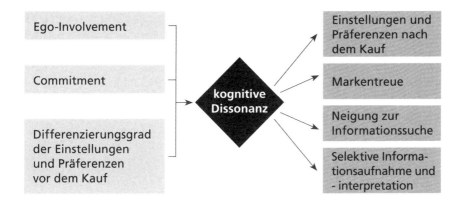

Abb. 16: Dissonanzmodell

Um die kognitive Dissonanz zu mildern, ist der Käufer für alle Informationen aufgeschlossen, die seine **Entscheidung nachträglich rechtfertigen**. Er neigt daher zu Informationssuche bzw. selektiver Informationsaufnahme und -interpretation. Er sieht bzw. versteht in erster Linie das, was die Richtigkeit der Wahl bestätigt.

Empirische Untersuchungen haben gezeigt, dass etwa nach dem Kauf eines Autos Prospektmaterial über das gewählte Produkt wesentlich häufiger betrachtet wird als das Material über Konkurrenzprodukte. Liegt die Kaufentscheidung schon länger zurück, so schwindet diese Tendenz.

Ein anderer Weg, die Kaufentscheidung im Nachhinein zu rechtfertigen, besteht darin, sich auf die Gruppennorm, auf die vielen anderen Käufer dieses Produktes zu berufen: „Millionen können sich nicht irren".

Wurde die Entscheidung jedoch gegen die Meinung der Mehrheit, gegen die Meinung der Freunde und Bekannten gefällt, so versuchen manche Käufer, ihre Umgebung zu überzeugen: Sie werden zu eifrigen Vertretern des von ihnen gewählten Produktes, ohne dafür bezahlt zu werden, um dadurch ihre Dissonanz zu mindern.

Wird der Kunde von dem Produkt, in das er so hohe Hoffnungen und Erwartungen gesetzt hat, allerdings stark enttäuscht, so kann er unmöglich seine Entscheidung verteidigen, er muss sich davon distanzieren. Bitter enttäuscht wird er möglicherweise dafür sorgen, dass alle nur Schlechtes darüber erfahren.

Durch kognitive Dissonanz nach dem Kauf werden also Einstellungen und Präferenzen beeinflusst, entweder positiv oder negativ.

In der Nachkaufphase ist es daher entscheidend, dass die Werbung das Bedürfnis der Kunden nach bestätigender Information befriedigen kann. Gute Werbung bewirkt Markentreue und persönliches Engagement für das Produkt im Bekanntenkreis.

Da die Neugewinnung von Kunden in Zeiten übersättigter Märkte immer schwieriger wird, hat die Betreuung der Kunden in der Nachkaufphase unter dem Schlagwort „Beziehungsmarketing" („Relationship Marketing") in der Praxis an Bedeutung gewonnen. Das systematische Sammeln und Verarbeiten kundenspezifischer Informationen („Customer Relationship Management", kurz: CRM) ermöglicht es, auf die individuellen Bedürfnisse der Stammkunden einzugehen, sie in ihrer Entscheidung zu bestätigen und durch attraktive Angebote zu treuen und verlässlichen Sprechern für die eigene Marke zu machen.

Anwendung der Partialmodelle in der Praxis

Die **Bedeutung** von Partialmodellen des Konsumverhaltens für das Marketing liegt in der Analyse von Ursache und Wirkung psychischer Prozesse, die das Entscheidungsverhalten der Konsumenten bestimmen.

■ Durch die Kenntnis der psychischen Konstrukte wie Einstellung, Image, erlebtes Risiko und kognitive Dissonanz gewinnt man Ansatzpunkte für die Marketing- und insbesondere Kommunikationskonzeption.

■ Durch die Kenntnis der Variablen, die von den zentralen Konstrukten abhängen, wird es möglich, die Reaktion auf Veränderungen von Einstellung, Image usw. zu prognostizieren.

Die **praktische Anwendung** dieser Modelle müsste also folgendermaßen ablaufen:

1. Nach welchem Modell werden Kaufentscheidungen bezüglich eines bestimmten Produktes (einer Dienstleistung) typischerweise getroffen?
    ■ nach Sachinformationen → Einstellungsmodell
    ■ eher intuitiv, nach Konnotationen → Imagemodell
    ■ es überwiegen Befürchtungen negativer Folgen → Risikomodell
    ■ die gewählte Alternative verursacht große persönliche Konflikte → Dissonanzmodell für die Phase nach dem Kauf.

2. Entwicklung einer Strategie auf Grund der jeweils vorgelagerten Konstrukte zur Verbesserung von Einstellung bzw. Image und Abbau von Risiko bzw. kognitiver Dissonanz mit dem Ziel, nachgelagerte Konstrukte wie Kaufabsicht und Präferenz zu beeinflussen. Z.B.:
    ■ Welche Kriterien (positive/negative Eigenschaften) sind wirklich entscheidend für die Wahl? → Die positiven Eigenschaften des eigenen Produktes als wesentlich herausstreichen, negative als weniger wichtig darstellen.
    ■ Überzeugen der Zielpersonen, dass das eigene Produkt die entscheidenden Kriterien besser erfüllt als Konkurrenzprodukte

- Abbau von Risiko durch kleine Probepackungen
- Abbau von Dissonanz durch Kommunikation mit dem Käufer in der Nachkaufphase, Customer Relationship Management

Welchem Modell das Entscheidungsverhalten am ehesten entspricht, kann sich im Laufe des Lebenszyklus des Entscheiders mehrmals ändern.

Durch steigende Produkterfahrung kann das dominante Entscheidungsmodell wechseln: Während sich Erstkäufer in ihrer Markenwahl oftmals von Images leiten lassen, haben Vielverwender einer Produktkategorie („Heavy User") durch jahrelange, intensive Produktverwendung gelernt, nach objektiven Produktunterschieden und damit nach dem Einstellungsmodell zu urteilen. Werbung, die sich gleichermaßen an Erstkäufer und Vielverwender richten soll, muss daher gleichzeitig ein emotional positiv besetztes Markenimage aufbauen und sachlich über objektive Produktvorteile informieren – nicht selten eine schwierige Gratwanderung.

Es ist durchaus möglich, dass verschiedene Bevölkerungsschichten beim Kauf des gleichen Produktes nach unterschiedlichen Modellen entscheiden: Technische Geräte z. B. werden von Personen, die über spezifisches Fachwissen verfügen, nach dem Einstellungsmodell, von Laien hingegen eher nach dem Imagemodell ausgewählt. Laien werden diesbezüglich, je nach Persönlichkeitsmerkmalen stärker oder schwächer, gewisse Risiken wahrnehmen. Jemand, der sich selbst für einen Fachmann hält, wird sich mehr an seine Entscheidung gebunden fühlen und daher eher unter kognitiver Dissonanz leiden.

Um auf die jeweiligen Informationsbedürfnisse optimal eingehen zu können, ist es von Vorteil, einzelne Zielgruppen nach der Art der Kaufentscheidung zu definieren.

2.1.2.3   Individuelle Kaufentscheidung

Involvement

Mit Involvement oder Ich-Beteiligung bezeichnet man das Engagement, mit dem sich jemand einem Gegenstand oder einer Aktivität widmet (Kroeber-Riel, Esch, 2000, S. 133). Involvement ist sozusagen ein Maß für die individuelle, persönliche Bedeutung, die jemand einem Produkt oder einer Leistung in einer spezifischen Situation beimisst. Die Stärke des Involvements wirkt sich auf die objektgerichtete Informationssuche, -aufnahme, -verarbeitung und -speicherung aus (Trommsdorff, 2004, S. 56).

In der Kaufverhaltens- und Werbewirkungsforschung wird dem Involvement in jüngster Zeit ein wichtiger Erklärungsbeitrag zugesprochen. Generell dient Involvement zur Kategorisierung und Beschreibung von Kaufentscheidungsprozessen (siehe Kap. 2.1.2.3) und zur Erklärung bzw. Abschätzung der Werbewirkung (vgl. Kap. 4.4.1.2), wobei zwischen **hohem Involvement** („high involvement") und **niedrigem Involvement** („low involvement") unterschieden wird. Bei High-Involvement wendet der Konsument viel Zeit und Mühe für die Auswahl einer Alternative auf, sucht aktiv Informationen und setzt sich gedanklich intensiv mit diesen auseinander. Bei Low-Involvement ist die Alternativen- und Informationssuche hingegen sehr beschränkt.

Die Stärke des Involvements hängt von verschiedenen Faktoren ab. Sie variiert z. B. mit der Art der Produkte, mit dem geplanten Konsumanlass, mit genutzten Informationsmedien, mit der Stimulussituation, in der sich der Konsument gerade befindet und anderem mehr.

Trommsdorff (2004, S. 58) unterscheidet zwischen verschiedenen **Bestimmungsfaktoren des Involvements** (Abb. 17), die nicht nur für seine Stärke verantwortlich sind, sondern auch für seine mehrdimensionale Ausprägung.

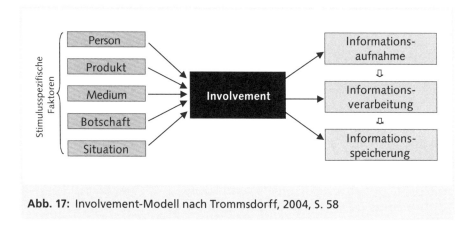

Abb. 17: Involvement-Modell nach Trommsdorff, 2004, S. 58

- **Person:** Verschiedene Personen können in der gleichen Situation unterschiedlich stark involviert sein – aufgrund ihrer Persönlichkeit, ihrer Kenntnisse, ihrer Erfahrungen, Einstellungen usw. Je stärker ein Objekt zentrale persönliche Eigenschaften berührt, desto höher ist das persönliche Involvement z. B. Intensivbetreiber eines Hobbys.

- **Produkt:** Nach Kapferer & Laurent 1985 sind das Interesse am Produkt, die zu erwartende Verstärkung/Belohnung/Spaß beim Konsumieren, die persönliche Ausdrucksmöglichkeit mit dem Produkt und das mit dem Kauf verbundene Risiko bestimmend für das Produkt-Involvement.

- **Medium:** Medien können durch ihre spezifische Kommunikationsweise (bildbetont, textbetont) die Höhe des Involvements beeinflussen, z. B. sind Printmedien besser für High-Involvement-Kommunikation geeignet als Rundfunk und TV.

- **Botschaft:** Der Inhalt der Botschaft („story") kann subjektiv mehr oder weniger interessant sein, so dass sich eine Person der Werbung botschaftsbedingt mehr oder weniger zuwendet.

- **Situation:** Hier sind die psychische Situation und die Umweltsituation gemeint, z. B. Zeitdruck, Verwendungssituation (wird z. B. Wein für den eigenen Bedarf gekauft – eher Low-Involvement, Wein als Geschenk – High-Involvement).

Die Frage nach den Involvementfaktoren ist vor allem für die Marktsegmentierung und Botschaftsgestaltung interessant. In der Marktforschung sollten daher nicht nur die Stärken des Involvements, sondern auch seine Determinanten untersucht werden.

Im Rahmen unserer bisherigen Betrachtungen haben wir bereits festgestellt, dass bei manchen Kaufentscheidungen das Involvement eher hoch ist, bei anderen eher gering, bzw. dass die Informationsverarbeitung eher kognitiv und rational ist oder die Entscheidung eher emotional getroffen wird. Wir sind bisher aber immer davon ausgegangen, dass komplexe innere Prozesse vor der tatsächlichen Kaufhandlung stattfinden.

Wenn man nun an den Einkauf von Gütern des täglichen Bedarfs denkt, so erfolgt die Entscheidung, welche Seife oder welcher Käse gewählt wird, meist automatisch, oft spontan, jedenfalls ohne lange nachzudenken und viele Informationen dazu heranzuziehen.

Es gibt also auch Kaufhandlungen, die eher „reizgesteuert" (reaktiv) sind: Auf einen Reiz erfolgt unmittelbar eine Reaktion. Bei diesem Verhalten handelt es sich um eine S-R (Stimulus-Response)-Verknüpfung.

Zur **Systematisierung der Kaufentscheidungsprozesse** hat sich die von Weinberg (1981) entwickelte Typologie bewährt, der die Kaufentscheidungsprozesse danach einteilt, inwieweit affektive, kognitive und reaktive Prozesse beteiligt sind:

- Affektiv bedeutet, dass eine erhebliche emotionale Schubkraft, eine hohe psychische Aktivierung vorhanden ist.
- Kognitiv bedeutet starke gedankliche Steuerung.
- Reaktiv bedeutet reizgesteuert, automatisch.

Nach diesen Kriterien lassen sich vier idealtypische Kaufentscheidungen unterscheiden, die nicht als starrer Rahmen betrachtet werden dürfen, sondern eher als Kontinuum, in das das jeweilige Kaufverhalten einzuordnen ist: extensive, limitierte, habitualisierte und impulsive Kaufentscheidungen.

Im Folgenden werden die einzelnen Entscheidungstypen charakterisiert und die Folgerungen für das Marketing dargestellt.

Extensive Kaufentscheidungen

- Es handelt sich um eine **komplexe und neuartige Entscheidungssituation** (z. B. Heimkino, Personal Computer oder Beschaffung eines Eigenheimes). Der Kunde hat keinerlei Erfahrungen, er lernt erst im Laufe des Entscheidungsprozesses, was er konkret will und wie dieses Ziel erreicht werden kann. Problemlösungsmuster und Beurteilungskriterien müssen erst erarbeitet werden (stark kognitive Prozesse).
- Für den Kunden ist es sehr wichtig, eine gute Entscheidung zu treffen: Sein Involvement ist hoch, das wahrgenommene Risiko groß, da es sich z. B. um eine subjektiv als hoch empfundene Geldausgabe handelt (stark emotionale Prozesse).
- Der Kunde hat daher einen **hohen Informationsbedarf**: Er sucht aktiv nach Informationen, der Entscheidungsprozess dauert lange.

Folgerungen

Die Kommunikation sollte dem Kunden die benötigten detaillierten Informationen zur Verfügung stellen, sei es in schriftlicher Form (z. B. Prospekte, Broschüren, CD-Roms, Web-Sites, Anzeigen) oder durch Verkaufs- und Beratungsgespräche.

Limitierte Kaufentscheidungen

■ Der Konsument verfügt bereits über Kauferfahrungen in der betreffenden Produktklasse sowie über ein bestimmtes Kaufalternativenprogramm („**evoked set**", Marken oder Anbieter, die für den Kauf grundsätzlich in Frage kommen). Findet der Kunde nun innerhalb des „evoked set" eine Marke, die seinen Ansprüchen genügt, so beendet er den Entscheidungsprozess. Der kognitive Problemlösungsaufwand ist also limitiert.

■ Affektive und reaktive Prozesse beeinflussen das Entscheidungsverhalten nur in geringem Ausmaß.

■ Statt produktspezifischer wird hauptsächlich **markenspezifische Information** gesucht und verarbeitet. Der Kunde prüft allerdings vorher, inwieweit seine Kauf- und Produkterfahrungen, Markenkenntnisse und Einstellungen ausreichen, eine Wahl zu treffen (interne Informationen). Da das Entscheidungsfeld des Kunden bereits weitgehend vorgeklärt ist, interessieren ihn vor allem prägnante, direkt zur Kaufentscheidung beitragende **Schlüsselinformationen**. Darunter versteht man Informationen, die für die Produktbeurteilung besonders wichtig sind und mehrere Einzelinformationen bündeln: z. B. Testurteile, Empfehlungen oder dominante Produkteigenschaften wie etwa der Preis. Diese Schlüsselinformationen ersetzen somit Einzelinformationen und werden dann verwendet, wenn die interne Informationssuche nicht ausreicht. Limitiert Entscheidende orientieren sich auch oft an Meinungsführern und übernehmen deren Kaufempfehlungen.

Folgerungen

Der Kunde hat zwar bereits ein „evoked set" eingegrenzt, aber innerhalb dieser Alternativen besteht noch keine Präferenz. Da sich die Informationssuche vor allem auf jene Alternativen konzentriert, die der Kunde kennt und miteinander vergleicht, ist es für die Kommunikationspolitik einer Unternehmung wichtig, Präferenzen für die eigene Marke zu schaffen.

Präferenzen können vor allem durch Aufbau von Markenimages bzw. durch emotionale Produktdifferenzierung (vgl. dazu Kap. 2.4 und 2.7) gebildet werden.

Wesentlich ist auch, Meinungsführer zu erkennen, zu überzeugen und die benötigten Schlüsselinformationen anzubieten.

Habitualisierte Kaufentscheidungen

Bei vielen Produkten ist die Beschäftigung des Kunden mit dem Kauf gering (geringes Produktinvolvement).

- Habitualisierte Käufe oder **Gewohnheitskäufe** laufen quasi automatisch ab, reaktive Prozesse spielen eine große Rolle. Eine Kaufalternative wird meist eindeutig präferiert, es kommt also eine vorgefertigte Entscheidung zur Anwendung. Dadurch wird ein schneller Einkauf ermöglicht.

- Die emotionale Beteiligung ist gering: Es handelt sich meist um Wiederholungskäufe von Gütern des täglichen Bedarfs, von sozial unauffälligen, nicht prestigegeladenen Gütern, die relativ häufig und risikolos gekauft werden, wie z. B. Waschmittel.

- Die kognitive Steuerung ist beim Gewohnheitskauf sehr gering: Von einer Vielzahl von Beurteilungskriterien, die ein Konsument als wichtig für die Wahl dieses Produkts wahrnimmt, werden in der wiederholten Entscheidungssituation nur wenige tatsächlich berücksichtigt. Der kognitive Prozess ist also stark reduziert.

- Informationen über das präferierte Produkt werden besonders schnell wahrgenommen.

Folgerungen

Bei Produkten, die gewohnheitsmäßig gekauft werden, sollte das besondere Ziel von Hersteller und Händlern die regelmäßige Zufriedenheit des Kunden sein. Da Wiederholungskäufe schnell abgewickelt werden, sollte die Verkaufsförderung zur Standardisierung problemloser Einkäufe beitragen.

Aufgabe der Kommunikationspolitik ist es, dafür zu sorgen, dass ein Produkt immer als gleich wahrgenommen und rasch wiedererkannt wird, dass durch Werbung Präferenzen und Markenvertrautheit aufgebaut werden. Auf jeden Fall muss eine kognitive Verunsicherung des Konsumenten vermieden werden.

Impulsive Kaufentscheidungen

- Impulskäufe sind durch rasches, **spontanes Handeln** gekennzeichnet. Sie zeichnen sich durch stark affektive und reaktive Prozesse aus und sind dort typisch, wo ein latentes Bedürfnis vorliegt, der Käufer durch Reize stark stimuliert wird und keinerlei Hemmnisse die Spontanhandlung beeinträchtigen. Voraussetzung ist eine hohe Aktivierung des Kunden.

- Impulskäufe sind ungeplant und werden gedanklich kaum kontrolliert.

Folgerungen

Entscheidend für das Auslösen des Impulskaufes ist die gesamte Stimuluspräsentation am Verkaufsort (z. B. Displaymaterial, Verpackungsgestaltung).

Relativ hohes Aktivierungspotenzial des verwendeten Reizmaterials ist nötig, um zu gewährleisten, dass die Reizaufnahme zu einer nachhaltigen Informationsverarbeitung führt (z. B. Signalreize, Farben).

Voraussetzung für einen Impulskauf ist die Aktivierungsbereitschaft eines Kunden: Käufer, die unter Zeitdruck stehen, sind kaum zu aktivieren und zu Spontanhandlungen zu veranlassen.

Bestimmte Standorte innerhalb des Geschäftes eignen sich deshalb besonders gut, um Impulskäufe auszulösen, wie etwa der Bereich bei der Kassa. Dort können starke Reize die Konsumenten in einer Situation erreichen, in der sie kognitiv entlastet und somit für aktivierende Sales Promotion-Maßnahmen besonders empfänglich sind.

2.1.2.4 Kollektive Kaufentscheidungen

Die praktische Bedeutung der Modelle des individuellen Kaufentscheidungsprozesses wird durch die nur teilweise oder nur indirekte Berücksichtigung sozialer Determinanten beim Entscheidungsverhalten eingeschränkt.

Einflüsse von Familienmitgliedern, Bezugspersonen usw. werden entweder als externer Reiz vorgegeben oder sie schlagen sich in psychischen Konstrukten wie Einstellung oder wahrgenommenem Risiko nieder.

Kollektive Entscheidungen können weder durch Partial- noch durch Totalmodelle erklärt werden. Diese erlauben lediglich eine Aussage darüber, was im Konsumenten vorgeht und wie auf Grund dieser psychischen Vorgänge eine Entscheidung zustande kommt.

Die Konsumverhaltensforschung hat sich im Gegensatz zur individuellen Kaufentscheidung mit kollektiven Entscheidungsprozessen nur wenig beschäftigt.

Nach der Art und Anzahl der Entscheidungsträger kann man die in Tab. 1 wiedergegebenen Arten von Kaufentscheidungen unterscheiden. Die Besonderheiten kollektiver Entscheidungsprozesse stehen im Mittelpunkt der folgenden Ausführungen.

	Haushalte	Unternehmungen Institutionen
Individuum	Kaufentscheidung des Konsumenten	Kaufentscheidung des Repräsentanten
Kollektiv	Kaufentscheidung von Familien	Kaufentscheidung eines Kaufgremiums oder Buying Centers

Tab. 1: Kaufentscheidung: Art und Zahl der Entscheidungsträger

Kaufentscheidungen in Familien

Von besonderem Interesse für eine Durchleuchtung des Kaufentscheidungsprozesses in Familien sind die folgenden Fragen:

- Welche Familienmitglieder (Mann, Frau, Kinder …) übernehmen
- bei welchem Produkt (Konsumgut, langlebiges Wirtschaftsgut)
- in welcher Situation (Phase im Lebenszyklus der Familie, konkrete Kaufsituation)

- welche Aktivitäten (Teilaufgaben, Interaktionsverhalten)
- in den jeweiligen Phasen des Kaufentscheidungsprozesses?

Bei Kaufentscheidungen von Familien existiert häufig eine **Kompetenzverteilung** zwischen den einzelnen Familienmitgliedern, vor allem zwischen Mann und Frau.

Bei Low-Involvement-Produkten ist die Dominanz eines Familienmitglieds üblich. High-Involvement-Produkte hingegen lösen häufig eine gemeinsame Kaufentscheidung aus.

Zwei Studien zu diesem Thema (Kirchler, Kirchler, 1990; Die Sternbibliothek, 1995) brachten sehr ähnliche Ergebnisse: Der Mann dominiert die Entscheidungen, wenn es um den Kauf von Spirituosen, Bier, PC's, Sport- und Fitnessgeräten, PKW oder um

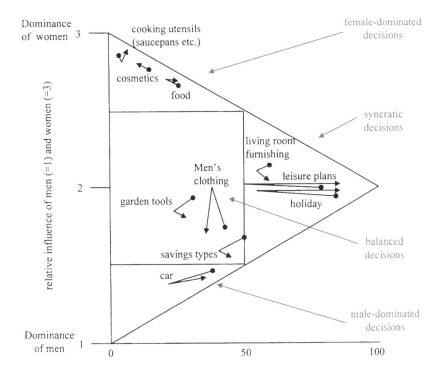

Abb. 18: Rollenverteilung bei Kaufentscheidungen in Partnerschaftshaushalten bei 10 ausgewählten Produktkategorien; aus Kirchler et al., 2001, S. 147. Die Pfeile zeigen die Änderungen in der Rolle des Entscheiders an: vom Wunsch (Punkt) über die Stufe der Informationssammlung (Änderung der Pfeilrichtung) zum Kauf (Pfeilspitze)

Geldanlagen und Versicherungsabschlüsse geht. Frauen dominieren bei Entscheidungen für Produkte, die im Haus genutzt werden: z. B. Lebensmittel, Körperpflege und Heimtextilien.

Festzustellen ist ein Trend zu gemeinsamen Entscheidungen beim Kauf gemeinsam genutzter Produkte, wie z. B. Wohnungseinrichtung, Urlaubsreisen oder Freizeitaktivitäten (vgl. dazu Abb. 18).

Es ist auch zu beobachten, dass sich sowohl das Ausmaß gemeinsamer oder getrennter Aktivitäten als auch die Rollenverteilung im Ablauf des Entscheidungsprozesses ändern.

Man unterscheidet daher sinnvoller Weise mehrere **Phasen der Entscheidungsbildung**: Wahrnehmung, Interesse, kognitive Erprobung, Bewertung, Legitimation (d. h. Entscheidung, überhaupt zu kaufen), Kauf, sowie Nachkaufphase.

Weiters sind **verschiedene Variable** zu beachten, die den Entscheidungsprozess in der Familie entscheidend beeinflussen:

- Produktspezifische Determinanten, die eher zu gemeinsamen Entscheidungen führen, sind vor allem Komplexität, Neuartigkeit, soziale Sichtbarkeit, finanzielle Mittelbindung und gemeinsamer Gebrauch des Produktes.

- Personen- und familienspezifische Einflussfaktoren sind beispielsweise Berufstätigkeit der Frau, Schichtzugehörigkeit und sonstige soziodemografische Merkmale sowie die im Familienzyklus erreichte Phase. So zeigt sich in den ersten Ehejahren ein hohes Ausmaß an gemeinsamen Entscheidungen, später sinkt es.

Einen wesentlichen Einfluss üben auch Kinder und Jugendliche auf die Kaufentscheidung der Familie aus. Insbesondere agieren sie als **Kommunikationsagenten**, indem sie Konsumwünsche, die durch den Einfluss von Schule, peer groups (Freunden) und Massenmedien (TV, Jugendzeitschriften wie z. B. Bravo) zustande kommen, an die Eltern weitergeben. Einen hohen Einfluss auf die Markenwahl haben sie bei Limonade, Fruchtsaft und Schokolade (Duda, 1995).

Zu wissen, wer die Entscheidung fällt, ist vor allem für die Auswahl der Medien und auch für die Gestaltung der Werbung wichtig.

Kaufentscheidungen in Organisationen

Ist der Nachfrager eine Organisation, z. B. ein Unternehmen oder eine öffentliche Einrichtung, so spricht man von organisationaler Beschaffungsentscheidung bzw. von **Organizational Buying Behavior**.

Diese Kaufentscheidungen werden in der Regel von mehreren Personen getroffen. Es handelt sich dabei um kollektive Kaufentscheidungen, die durch eine mehrzentrige Willensbildung gekennzeichnet sind.

Die an einer solchen Kollektiventscheidung Beteiligten bezeichnet man insgesamt als **Buying Center** oder multipersonales Beschaffungsorgan.

Da die Mitglieder des Buying Centers meist unterschiedliche Vorstellungen über den Kauf bestimmter Güter haben, ergeben sich oft Spannungen innerhalb des Gremiums. Diese steigen mit zunehmender Größe des Unternehmens und der daraus resultierenden Unsicherheit. Die Lösung dieser Konflikte hängt von den jeweiligen Machtpositionen der einzelnen Gruppen oder Personen innerhalb des Buying Centers ab.

Dadurch erweisen sich Kaufentscheidungen von Organisationen als wesentlich komplexer als Kaufentscheidungen einzelner Individuen. Sie verlangen die Berücksichtigung einer Vielzahl von Faktoren und erstrecken sich zumeist über einen längeren Zeitraum.

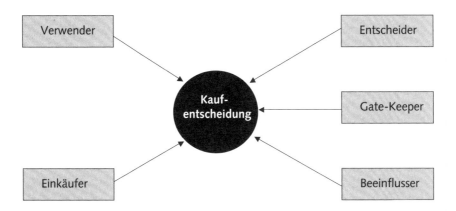

Abb. 19: Mitglieder eines Buying Centers (nach Webster, Wind)

Die Mitglieder des Buying Centers (vgl. Abb. 19) können nach verschiedenen Merkmalen charakterisiert werden.

Nach den Rollen, die die beteiligten Personen bezüglich des Beschaffungsprozesses bzw. bezüglich des Objektes innehaben, unterscheiden Webster und Wind (1972):

- **Verwender (User)** des Objektes: Diese Personen müssen später mit dem zu kaufenden Objekt arbeiten. Sie haben zumeist eine Schlüsselstellung im Beschaffungsprozess inne, da sie Erfahrungsträger hinsichtlich Qualität und Einsatz der zu kaufenden Produkte sind. Verwender sind z. B. Meister, Arbeiter, Sekretärin.

- **Einkäufer** mit formaler Kontrahierungsbefugnis (Buyer): Sie wählen auf Grund ihrer formalen Kompetenz die Lieferanten aus und tätigen Kaufabschlüsse. Diese Personen gehören in der Regel zur Einkaufsabteilung des Unternehmens.

- **Beeinflusser (Influencer)**: Z. B. Finanzfachleute, Berater entscheiden insofern über das Beschaffungsobjekt, als sie bestimmte Normen festlegen (Budgetrahmen, technische Normen etc.). Sie beeinflussen vor allem die Wahl zwischen verschiedenen Alternativen.

- **Entscheider (Decider)** sind diejenigen, die autorisiert sind, die endgültige Entscheidung zu treffen. Sie bestimmen auf Grund ihrer Machtposition die Auftragsvergabe. Bei Großinvestitionen nimmt diese Funktion häufig ein Mitglied der Geschäftsleitung wahr.

- **Gate-Keeper** sind Personen, die den Informationsfluss zu und aus dem Buying Center steuern können. Assistenten von Entscheidungsträgern beispielsweise üben einen indirekten Einfluss auf die Entscheidung durch die zu treffenden Entscheidungsvorbereitungen aus.

- Nach Funktionen bzw. Tätigkeiten innerhalb der Unternehmung:

  - Unternehmensleitung   - Einkauf
  - technisches Personal   - Finanzwesen etc.

Zusätzlich wird versucht, das Buying Center zweidimensional aufzugliedern nach **Promotoren** und **Opponenten** (Witte, 1976). Promotoren fördern den Beschaffungsprozess aktiv (entweder aufgrund ihrer Fachkompetenz oder ihrer Entscheidungsmacht), während Opponenten ihn zu verhindern und zu verzögern versuchen. Dies gilt vor allem für innovative Beschaffungsentscheidungen. Die Argumente der Opponenten sind z.B. technologische Unsicherheit (Infragestellen der Funktionsfähigkeit, des Beschaffungszeitpunktes), Unsicherheit des ökonomischen Vorteils (Unsicherheit des zukünftigen Nutzens, Herausstellen des Risikos) und ökologische Argumente (Woodside, 1996). Vor allem für Anbieter innovativer Leistungen ist es von großer Bedeutung, Opponenten gegen ein Beschaffungsvorhaben frühzeitig zu erkennen und Maßnahmen zur Beschränkung ihres Einflusses zu setzen.

Im Gegensatz zum Konsumgüterbereich ist das Organizational Buying Behavior durch einen **hohen Formalisierungsgrad** gekennzeichnet. In manchen Unternehmungen sind Verfahrensregeln und Zuständigkeitsbereiche der einzelnen am Beschaffungsprozess Beteiligten festgelegt. So kann beispielsweise die technische Abteilung Umfang und Qualität der zu beschaffenden Produkte festlegen. Kaufverhandlungen und Abschluss der Verträge sind jedoch Aufgabe der Einkaufsabteilung, wobei wiederum die Gegenzeichnung des technischen Leiters notwendig sein kann.

Besonders stark formalisiert sind zumeist die Beschaffungsprozesse der öffentlichen Hand. Häufig erfolgt hier die Auftragsvergabe auf Grund öffentlicher Ausschreibung, wobei verschiedene Gesetze und Verordnungen zu beachten sind.

Der **Entscheidungsprozess** wird in folgende **Phasen** untergliedert:

- Erkennen eines Bedürfnisses und einer allgemein möglichen Lösung
- Feststellung des Bedarfs (Art und Menge)
- Suche nach potenziellen Bezugsquellen
- Einholen und Analyse von Angeboten

- Bewertung der Angebote und Lieferantenauswahl
- Festlegung eines Bestellverfahrens
- Leistungsfeedback und Neubewertung

Den einzelnen Entscheidungsphasen lassen sich sowohl die jeweiligen Entscheidungsbeteiligten als auch inhaltliche Detailfragen zuordnen. Aus dieser Gliederung ergeben sich daher Ansatzpunkte für den Anbieter, an denen er seine Strategie sachlich, personell und zeitlich auszurichten hat.

Verschiedene Autoren haben versucht, die zahlreichen Einflussfaktoren auf das Kaufverhalten von Organisationen in Klassen zu ordnen und in einem komplexen Modell systematisch darzustellen. Eines dieser Erklärungsmodelle, nämlich jenes von Sheth, soll als Beispiel kurz erläutert werden.

Das Sheth-Modell

In Anlehnung an das Individual-Kaufentscheidungsmodell von Howard und Sheth entwickelte Sheth (1973) ein **Konzept für die Analyse von Beschaffungsentscheidungen in Organisationen**, das auch heute noch seine Gültigkeit hat.

Wie in Abb. 20 erkennbar, basiert dieses Modell auf vier Kernelementen:

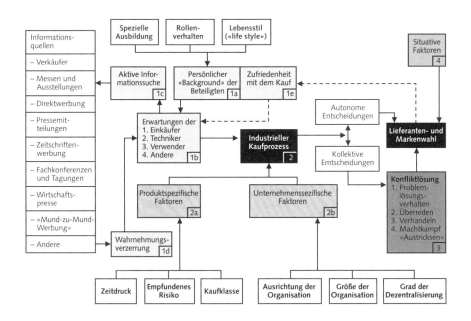

Abb. 20: Einkaufsentscheidungsmodell von Organisationen nach Sheth (aus Backhaus und Voeth, 2007, S.94)

1. **Psychologische Determinanten** der einzelnen Mitglieder des Buying Centers, die deren unterschiedliches Entscheidungsverhalten erklären.

   Die Erwartungen (1 b) der am Entscheidungsprozess Beteiligten werden beeinflusst durch

   - deren persönlichen Background (1 a, abhängig von Ausbildung, Rollenverhalten und Lebensstil),
   - Informationen (1 c), die aktiv gesucht, durch selektive Wahrnehmung (1 d) verzerrt werden, sowie
   - die Zufriedenheit mit bereits getätigten Einkäufen (1).

2. **Produkt- und unternehmensspezifische Faktoren**, von denen abhängt, ob die jeweilige Entscheidung autonom oder kollektiv getroffen wird.

   Produktspezifische Faktoren (2 a) sind Zeitdruck beim Entscheidungsprozess, subjektiv wahrgenommenes Risiko und Kaufklasse (Erst- oder Wiederkauf): Hoher Zeitdruck, geringes Risiko und Wiederholungskäufe begünstigen Individualentscheidungen.

   Größe und Ziele (Ausrichtung) der Organisation sowie der Zentralisationsgrad stellen unternehmensspezifische Faktoren (2 b) dar.

3. **Konfliktlösungsmechanismen**

   Kollektiventscheidungen führen auf Grund unterschiedlicher Erwartungen und Entscheidungskriterien der Beteiligten zu Konflikten, die folgendermaßen gelöst werden können.

   - Problemlösung durch Informationssammlung und -verarbeitung
   - Überreden anderer Beteiligter bezüglich Kriteriengewichtung
   - Bargaining (Aushandeln)
   - Machtkampf, „Austricksen".

4. **Situative Faktoren**, die Entscheidungsprozesse – manchmal in unvorhersehbarer Weise – beeinflussen, wie z. B. wirtschaftliche Bedingungen und Arbeiterauseinandersetzungen.

Das Sheth-Modell stellt somit mögliche Einflussgrößen auf das Kaufverhalten von Organisationen dar, jedoch ohne deren Bedeutung für die Erklärung des Verhaltens aufzuzeigen.

Konsequenzen für die Werbung: Um in einer Kommunikationskampagne den Besonderheiten des Entscheidungsprozesses bei Organisationen Rechnung zu tragen, muss die Bestimmung der Zielgruppe in zwei Stufen erfolgen:

- Zunächst muss festgestellt werden, welches Unternehmen bzw. welche Branche Bedarf an den jeweiligen Gütern bzw. Dienstleistungen hat (Definition des Zielunternehmens).
- In der zweiten Phase müssen die Zielpersonen innerhalb des Zielunternehmens bestimmt werden. Da alle am Entscheidungsprozess Beteiligten erreicht werden

sollen, ist diese Zielgruppe sehr breit gestreut. Bei der Entscheidung, welcher LKW angeschafft werden soll, wirken beispielsweise nicht nur Geschäftsführung und Einkäufer, sondern auch die Fahrer als unmittelbar Betroffene maßgeblich mit.

Die Zielgruppendefinition als Voraussetzung erfolgreicher Marketing-Kommunikation ist im Investitionsgüterbereich somit relativ schwierig bzw. erfordert präzise und detaillierte Informationen. Industrielle Marketing-Kommunikation muss den **unterschiedlichen Bedürfnissen betrieblicher Entscheider** an Quantität und Qualität Rechnung tragen. D. h., technische Details müssen ebenso kommuniziert werden wie die generelle Leistungsfähigkeit als anbietendes Unternehmen. Entscheidungsbestimmende und somit auch kommunikationsrelevante Merkmale sind beispielsweise: Systemzuverlässigkeit, Zukunftssicherheit des Anbieters, Kundendienstleistungen, Beratungshilfe, Marktstellung und Image des Herstellers, Forschungs- und Entwicklungserfolge, Fachkompetenz, Liefertreue etc.

Besonders wichtig für die Kommunikation sind die pro Kaufentscheidungsphase unterschiedlichen Informationserwartungen und die unterschiedlichen Informationsbedürfnisse der Mitglieder des Buying Centers. Ebenso werden je nach Kaufentscheidungsphase unterschiedliche Informationsquellen genutzt. In der Suchphase sind Messen, Ausstellungen, Informationsmaterial des Herstellers (Prospekte, Websites) und Fachzeitschriften von großer Bedeutung, während in der Kontaktphase persönliche Gespräche mit Vertretern und/oder Beratern der Hersteller bzw. Gespräche mit Fachkollegen an Bedeutung gewinnen. Das heißt, der industrielle Anbieter benötigt nicht nur Kenntnisse über die Rolleninhaber als Adressaten seiner Botschaft, sondern auch darüber, in welcher Entscheidungsphase welche Medien bzw. Kommunikationsinstrumente von diesen genutzt werden.

Aufgrund des **Rollenträgermodells** wird darüber hinaus klar, dass die Information sowohl in ihrer Sprache als auch in ihren Inhalten auf die Anforderungen der Rolleninhaber abgestimmt werden sollten.

Abb. 21 gibt einen Überblick über die Informationsbedürfnisse der Zielpersonen: die Daten entstammen einer Studie für Siemens aus dem Jahr 1989 (zitiert nach Merbold, 1993). Die wichtigsten Informationen beziehen sich auf den Bedarf an (weiteren) Kenntnissen über den Hersteller/Anbieter selbst und auf die genaue technische Beschreibung der Leistungen und Bestandteile des konkreten Systemangebotes mit allen Vor- und Nachdiensten von der Projektierung bis zur Wartung.

Für die Botschaftsgestaltung bedeutet dies, dass gleichzeitig Informations- und Imagewirkung erzielt werden sollte. Die Imagekomponente wird bei industriellen Beschaffungsentscheidungen zunehmend wichtiger, da es auch hier aufgrund von Informationsüberlastungen zu einer Beschränkung der Informationsaufnahme auf Schlüsselinformationen und Bilder kommt – vor allem bei Geschäftsführern und Einkaufsleitern (vgl. dazu Kap. 4.4).

	Gesamt
Information über die Hersteller selbst, ihr Angebot, Herstellernachweis	59 %
Genaue technische Beschreibungen, Angaben über das System	55 %
Kosten, Preise, Kosten-Analysen, Wirtschaftlichkeitsberechnungen	38 %
Genaue Anforderungen unseres Betriebes, Pflichtenheft	17 %
Betriebsspezifische System-Konzepte, Möglichkeiten der System-Integration, des System-Ausbaus	14 %
Angabe von Referenzunternehmen, Referenzen	13 %
Einsatz-, Anwendungsmöglichkeiten	12 %
Service-Leistungen der Hersteller: Beratung, Unterstützung, Schulung	12 %
Mehrfachnennungen	220 %

Abb. 21: Benötigte Informationen für die Auswahl von Systemen

2.1.2.5   Online – Verhalten und Kaufentscheidungen

Für viele Menschen ist die Nutzung digitaler Medien so selbstverständlich wie Fernsehen oder Zeitung-Lesen. Die **Internet-Nutzung** hängt sehr stark von der Bildung und vom Alter ab: 2011 waren fast 3 von 4 Deutschen online (Nonliner-Atlas S. 12 ff. und ARD/ZDF-Onlinestudie 2011), bei den 14-29 jährigen waren es 2011 (lt. Nonliner-Atlas) 97%, bei den Über-50-jährigen 52% (stark zunehmend). 2011 nutzten 90% derjenigen mit Abitur bzw. Studium das Internet, 60% mit Volks- oder Hauptschulabschluss. D. h., aktuell nutzen eher Jüngere und Gebildete digitale Medien.

Laut einer bundesweiten Untersuchung des deutschen Instituts für Vertrauen und Sicherheit im Internet 2012, durchgeführt von Socovision (DIVSI-Studie 2012, S. 15 f.), waren 2012 39% aller Deutschen digitale Außenseiter (**Digital Outsider**): diese haben entweder keinen technischen Zugang zum Internet (lt. Eurostat sind dies ca. 20% der Deutschen) oder sie sind im Umgang mit dem Internet so wenig erfahren oder so stark verunsichert, dass sie es kaum oder gar nicht nutzen. Rund 41% sind lt. dieser Untersuchung **Digital Natives**, also mit dem Computer aufgewachsen. Sie begreifen das Internet als Teil ihres Lebensraums, in dem sie sich frei und selbstverständlich bewegen, und sie stehen der digitalen Welt sehr positiv gegenüber.

Digital Natives sind meist auch diejenigen, die Online-Inhalte nicht nur konsumieren, sondern Inhalte auch aktiv produzieren und online stellen (z. B. Fotos, Videos, Kommentare, usw.). Derartige Informationskonsumenten, die sich online informieren und gleichzeitig auch Inhalte produzieren, werden als **Prosumer** (producer and consumer) bezeichnet. Sie haben vor allem für die Social Media Plattformen und Crowd Sourcing Bedeutung. „**User Generated Content**" ist nicht nur die Basis für die digitale Interaktion privater Personen untereinander, sondern liefert auch für die Unternehmen Anknüpfungspunkte und Input für ihre Kommunikations-Aktivitäten, Produkt-, Leistungs- und Service-Politik.

20 % der Deutschen, also rund 14 Millionen Menschen wurden als Digital Immigrants identifiziert: sie nutzen den kommunikationstechnischen Fortschritt gezielt für ihre Zwecke, sehen aber den Trend zunehmender Offenlegung der Privatsphäre in sozialen Netzwerken misstrauisch und skeptisch.

Im Austrian Internet-Monitor 2011 wird der **Verwendungszweck des Internets** laufend untersucht. Danach wird das Internet am häufigsten zum Senden oder Empfangen

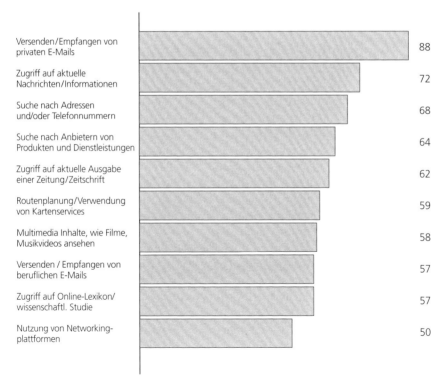

Versenden/Empfangen von privaten E-Mails	88
Zugriff auf aktuelle Nachrichten/Informationen	72
Suche nach Adressen und/oder Telefonnummern	68
Suche nach Anbietern von Produkten und Dienstleistungen	64
Zugriff auf aktuelle Ausgabe einer Zeitung/Zeitschrift	62
Routenplanung/Verwendung von Kartenservices	59
Multimedia Inhalte, wie Filme, Musikvideos ansehen	58
Versenden / Empfangen von beruflichen E-Mails	57
Zugriff auf Online-Lexikon/ wissenschaftl. Studie	57
Nutzung von Networking-plattformen	50

Abb. 22: Verwendung des Internets, Quelle: INTEGRAL, AIM – Austrian Internet Monitor, rep. f. Österr. ab 14 Jahren, Oktober bis Dezember 2011, N=3000.

von E-Mails verwendet. An zweiter Stelle steht es als Informationsquelle (Zugriff auf Nachrichten, auf Zeitungen, Telefonnummern suchen, etc.), und 50 % der österreichischen Internetnutzer nutzen Social Media Plattformen (vgl. Abb. 22).

Laut Grabs/Bannour (2012, S. 53) produzieren 10 % der Nutzer des Social Web aktiv Inhalte, 20 % machen mit, indem sie z. B. kommentieren oder bewerten und 70 % beobachten bzw. sind passive Zuschauer.

Nach Strauss/Frost (2012, S. 183 f.) verändert die Online Technologie die Art und Weise, wie Menschen Informationen aufnehmen, verarbeiten und verwerten. Dabei kommen in der **Online-Welt** vor allem folgende soziokulturelle Trends zum Tragen.

- **Informationsüberlastung**: Der Verbraucher steht einer unendlichen Informationsflut gegenüber, hat aber nur beschränkte Verarbeitungskapazität, d. h. er sucht nach Orientierung und diese findet er in Empfehlungen, Bewertungen und Ergebnisberichten, die von anderen Online-Usern verfasst und vorwiegend auf Social Media Plattformen online gestellt bzw. von einem User an andere User im Schneeballprinzip weitergeleitet worden sind.

- **Multitasking**: Multitasking beschleunigt einerseits die normalen Abläufe, senkt allerdings die Aufmerksamkeit für jede einzelne Aufgabe. Vor allem die Digital Natives sind typische Multitasker. Sie telefonieren am Handy und schauen gleichzeitig ein Fußball-Match im Fernsehen und recherchieren im Internet die letzten Match-Ergebnisse „ihres" Fußballvereins. Dieses Verhalten hat natürlich auch Auswirkungen auf die Werbung: nicht nur die Wahl des richtigen Kanals ist wichtig, sondern auch eine aufmerksamkeitsstarke Gestaltung, um überhaupt das Auge oder Ohr des Rezipienten zu erreichen. In diesem Zusammenhang werden auch Überlegungen zum situationsspezifischen Nutzungskontext immer wichtiger (vgl. Kap. 4.4.3.6).

- Die **Grenzen zwischen Arbeitsalltag und Freizeit verschwimmt** zunehmend. Da sehr viele Internet-Nutzer entweder mobil (z. B. per Smartphone) oder sowohl am Arbeitsplatz als auch zu Hause Online-Dienste nutzen können, weicht sich für viele eine klare Grenzziehung zwischen Arbeit und Freizeit auf: Am Arbeitsplatz wird online privat eingekauft und kommuniziert und zu Hause werden dann Firmen E-Mails beantwortet. D. h. die Konsumenten sind immer und überall erreichbar. Ausgehend von diesem Verhalten erwarten sie sich von den Unternehmen ebenfalls, dass ihre Wünsche – seien es Anfragen oder Bestellungen – unverzüglich erledigt werden. Die zunehmende Nutzung von mobilen Endgeräten verstärkt diesen Wunsch.

- **Selbstbedienung**: Auch Dienstleistungen sind heutzutage weitgehend automatisiert und standardisiert z. B. Hotels, Banken, Online Shops sind im Internet zu jeder Zeit, 24/7, zugänglich. Die User sind gewohnt, ihre Aktivitäten selbständig durchzuführen. Gleichzeitig aber wollen sie von den Unternehmen umsorgt werden – vor allem, wenn es um Sonderwünsche oder Problemlösungen geht.

■ Social Media ist sehr stark von **Emotionalität** geprägt. Für die Nutzer von Social Media hat Sympathie eine herausragende Bedeutung: alles dreht sich darum, wie groß die Zahl der Netzwerkpartner ist, z. B. wieviele „Friends" jemand auf Facebook oder „Followers" auf Twitter hat, und wie oft die Inhalte, die jemand online gestellt hat – seien es Fotos, Videos oder Texte – aufgerufen, positiv bewertet oder kommentiert oder an andere weiterleitet werden.

Digitale Beeinflusser

In Online-Netzwerken haben Meinungsführer und -verbreiter, die sogenannten Digital Influencer neue Bedeutung erlangt. Diesen Influencern kommt i. S. des Opinionleader-Konzepts (vgl. Kap. 1.2.1.1.) Multiplikatorenfunktion und/oder Expertenstatus zu. (vgl. Schüller, 2012, S. 120 ff.).

Die **Experten** haben auf spezifischen Fachgebieten Detailwissen und geben dieses auch gerne weiter, wobei sie komplexe Informationen z. B. in Blogs verständlich darstellen und aufgrund ihrer Reputation als unabhängige Experten die Meinung anderer beeinflussen. Sie sind an detaillierten Informationen interessiert, die sie hauptsächlich im Web suchen. Sie erhalten eine Vielzahl von Links von unterschiedlichen Websites, haben Newsletter abonniert und betreiben selbst oft Blogs.

Die **Multiplikatoren** müssen nicht zwangsläufig Experten sein. Sie zeichnen sich durch eine Unmenge digitaler Kontakte in unterschiedlichen Netzwerken aus. Sie senden ihren Netzwerkpartnern empfehlenswerte Informationen und Links, teilen Interessantes, bewerten, laden Fotos und Videos hoch, geben Bewertungen und Markenbekenntnisse ab. Sie wollen so die digitale Welt mitgestalten und sich in ihr wichtig fühlen.

Wie auch in der Offline-Welt sind relevante digitale Meinungsführer von den Unternehmen zu identifizieren. Weiters ist zu prüfen, inwieweit diese zu Fürsprechern (**Advocates**) für ihre Marken gemacht werden können, denn so können Informationen ohne Streuverluste an deren Meinungsfolger übermittelt werden. Dies gilt sowohl für den Consumer- als auch Business to Business Bereich.

Digitale Mundpropaganda

Mit der Allgegenwärtigkeit und Zugänglichkeit von Informationen wird der Verarbeitungsprozess kürzer. Der Online-Nutzer reflektiert weniger und orientiert sich gerne an den Urteilen anderer (Prox, 2011, S. 25). **Online-Empfehlungen** (Advocating) spielen in der Social Media Kommunikation nicht nur für die Verbraucher, sondern auch für die Unternehmen eine wichtige Rolle.

In den Bereichen Elektronik, Technologie, Autos, Bücher und Reisen greifen Online-Leser gerne auf Empfehlungen und Bewertungen anderer zurück (Hettler S. 28). Dabei spielen vor allem die Meinungen, Nutzer-Kommentare und Produktbewertungen in Foren und sozialen Netzwerken eine große Rolle: rund 70% der Onlinekäufer lassen sich von den Urteilen Dritter bei ihren Kaufentscheidungen beeinflussen. Laut Nielsen

„Global Trust in Advertising Survey" (2011) vertrauen in Deutschland 74 % Bewertungen von Online-Konsumenten. Nach den Empfehlungen von Bekannten liegt die digitale Mundpropaganda somit auf Platz 2 (siehe Abb. 23), also noch vor redaktionellen Inhalten und Werbung in allen Formen.

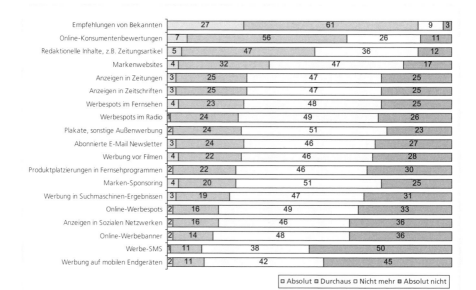

Abb. 23: Nielsen Global Trust in Advertising Survey 3. Quartal 2011, Ergebnisse für Deutschland

Laut Kroeber-Riel/Esch (2011, S. 66) sind die Auslöser von digitaler Mundpropaganda (**Word-of-Mouth-Aktivitäten**) primär eigene positive oder negative Erfahrungen mit Marken, Produkten oder Dienstleistungen. Die Motive für ein Weiterleiten positiver Inhalte sind vor allem Produktinvolvement, altruistische Motive, Neigung zur Selbstdarstellung sowie Sympathie zur Marke, bei negativen Inhalten sind es Rache, Abbau von Ärger, Altruismus und auch Hilfesuche.

Bei Social Media kommt der Interaktion zwischen Usern und der damit einhergehenden wechselseitigen Beeinflussung besondere Bedeutung zu. Diese Beeinflussung wirkt sich auf die Einstellung zu Unternehmen und Marken und schließlich auf das Kaufverhalten aus.

Die Wirkung von Empfehlungen durch die Mundpropaganda ist nicht nur in der Offline-Welt sehr effizient. Mit den Instrumenten von Social Media stehen den Werbern eine Reihe von Möglichkeiten zur Verfügung, die digitale Mundpropaganda zu forcieren, wie das Empfehlungsmarketing in Form von Viralmarketing, Buzzmarketing oder Social Media Marketing (vgl. dazu Kap. 3.1.10.5).

Auch die Bekundungen von **Markensympathien** z. B. in Form von „Like" auf Facebook oder „Follow" auf Twitter basieren auf dem Empfehlungsmechanismus und stellen eine Art – eben elektronische – „Mundpropaganda" dar. User bekunden ihre Markensympathie nicht nur, weil sie die Marke tatsächlich benutzen, sondern weil sie sich dadurch einen Nutzen für sich versprechen, sei es Anerkennung bei den Netzwerkpartnern oder eine Belohnung vom Markenartikler in Form von speziellen Informationen oder Sonderangeboten (Schüller, 2012, S. 104). Empfehlungen wie Sympathiebekundungen oder das Weiterleiten von Markenbotschaften an andere Netzwerkpartner erhöhen Sympathie und Bekanntheit der Marke.

▶ Literatur zu Kap. 2.1

AIM – Austrian Internet Monitor, Kommunikation und IT in Österreich, durchgeführt von Integral, Oktober bis Dezember, Wien 2011.

ARD/ZDF-Online Studie 2011, online unter: www.ard-zdf-onlinestudie.de abgerufen am 25.05.2012.

Backhaus, K., Voeth, M., Industriegüter Marketing, 8. Aufl., München 2007.

Behrens, G., Konsumentenverhalten, 2. Aufl., Heidelberg 1991.

Blackwell, R. D., Miniard, P. W., Engel, J. F., Consumer Behavior, 9. ed., Mason 2001 and 10. ed. 2006.

Brand, H. W., Die Legende von den „Geheimen Verführern", Weinheim und Basel 1978.

Brand, H. W., Unterschwellige Werbung. Neun Thesen. 15. Aufl., Bonn 1995.

Die Stern-Bibliothek, Markenprofile 11: die Rückkehr der Qualität, Hamburg 2005.

DIVSI Milieu-Studie zu Vertrauen und Sicherheit im Internet, eine Grundlagenstudie des SINUS-Institut Heidelberg im Auftrag des Deutschen Instituts für Vertrauen und Sicherheit im Internet (DIVSI), Hamburg 2012.

Duda, A. W., Der Einfluß von Familienmitgliedern auf die Markenwahl, in: Werbeforschung & Praxis 3/1995, S. 78–81.

Elliot, A. J., Devine, P. G., On the Motivational Nature of Cognitive Dissonance: Dissonance as Psychological Discomfort, in: Journal of Personality and Social Psychology, 67, 3, 1994, S. 282–394.

Foscht, T., Swoboda, B., Käuferverhalten, 4. Aufl., Wiesbaden 2011.

Herkner, W., Lehrbuch Sozialpsychologie, 5. Aufl. d. „Einführung in die Sozialpsychologie", 2. Aufl. Bern u.a. 1996.

Initiative D21 (Hrsg.); (N)ONLINER Atlas 2011, eine Studie der Initiative D21, durchgeführt von TNS Infratest, 2011.

Kamleitner, B., When Imagery Influences Spending Decisions, in: Zeitschrift für Psychologie/Journal of Psychology, Vol. 219 (4) 2011, S. 231–237.

Kapferer, J.-N., Laurent, G., Consumers Involvement Profile, in: Hirschmann, E. C., Holbrook, M. B, (Hrsg.), Advances in Consumer Research, Vol. XII, Newburg Park u. a. 1985, S. 290–295.

Kassarjian, H. H., Robertson, T. S., Perspectives in Consumer Behavior, 4. ed., Englewood Cliffs 1991.

Kirchler, E., Kirchler, E., Einflussmuster in familiären Kaufentscheidungen, in: Planung und Analyse 2, 1990, S. 49–54.

Kirchler, E., Rodler, Ch., Hölzl, E., Meier, K., Conflict and decision-making in close relationships, Hove 2001.

Kroeber-Riel, W., Esch F.-J., Strategie und Technik der Werbung, 5. Aufl., Stuttgart 2000 und 7. Aufl., 2011.

Kroeber-Riel W., Weinberg P., Gröppel-Klein A., Konsumentenverhalten, 9. Aufl., München 2009.

Kuß, A., Käuferverhalten, Stuttgart 1991.

Kuß, A., Tomczak, T., Käuferverhalten, 4. Aufl., Stuttgart 2007.

Mayer, H., Illmann, T., Markt- und Werbepsychologie, 3. Aufl., Stuttgart 2000.

Mazanec, J., Strukturmodelle des Konsumentenverhaltens, Wien 1978.

Meffert, H., Marketing, 9. Aufl., Wiesbaden, 2000 und 11. Aufl. 2012.

Merbold, C., Kommunikationspolitik bei Investitionsgütern, in: Berndt, R., Hermanns, A. (Hrsg.), Handbuch Marketing-Kommunikation, Wiesbaden 1993.

Mitchell, V. W., Boustani, P., A Preliminary Investigation into Pre- and Post-Purchase Risk Perception and Reduction, in: European Journal of Marketing, 28, 1, 1994, S. 56–71.

Müller-Hagedorn, L., Das Konsumentenverhalten. Grundlagen für die Marktforschung, Wiesbaden 1993.

Nielsen Global Trust in Advertising Survey 3. Quartal 2011, Ergebnisse für Deutschland.

Noelle-Neumann, E., Petersen, T., Alle, nicht jeder: Einführung in die Methoden der Demoskopie, 4. Aufl., Heidelberg 2005.

Packard, V., Die geheimen Verführer, Düsseldorf 1976.

Petty, R. E., Cacioppo, J. T., Communication and Persuasion: Central and Peripheral Routes to Attitude Change, New York 1986.

Rosenstiel, L. von, Neumann, P., Einführung in die Markt- und Werbepsychologie, 2. Aufl., Darmstadt 1991.

Schiffman, L. G., Kanuk, L., Consumer Behavior, 10. ed., Upper Saddler River 2010.

Schmidt, J. B., Spreng, R. A., A Proposed Model of External Consumer Information Search, in: Journal of the Academy of Marketing Science, 24, 3, 1996, S. 246–256.

Schrattenecker, G., Die Beurteilung von Urlaubszielländern durch Reisekonsumenten, 2. Aufl., Wien 1993.

Schweiger, G., Image und Imagetransfer, in: Tietz, B., Köhler, K., (Hrsg.), Handwörterbuch des Marketing, 2. Aufl., Stuttgart 1995.

Sheth, J. N., A Model of Industrial Buying Behavior, in: Journal of Marketing, October 1973.

Solomon, M. R., Consumer Behavior, Buying, Having and Being, 9. ed., Boston 2011.

Strauss, J., Frost, R.; E-Marketing, 6. ed., Upper Saddle River 2012.

Strebinger, A., Schweiger, G., Otter, T., Brand Equity and Consumer Information Processing: A proposed model, in: Pelton L., Schnedlitz, P., (Hrsg.), Proceedings of the 1998 Marketing Exchange Colloquium (Addendum), American Marketing Association, Chicago 1998.

Prox, Ch.; Markenführung 2020 – Wie die neuen Medien die Mechanismen der Markenführung ändern, in: transfer – Werbeforschung & Praxis, 57 (2) 2011, S. 24–30.

Smith, P. R., Chaffey, D.; eMarketing eXcellence, 2. ed., Oxford 2005.

Schüller, A. M.; Touchpoints. Auf Tuchfühlung mit dem Kunden von heute, Offenbach 2012.

Trommsdorff, V., Konsumentenverhalten, 6. Aufl., Stuttgart 2004 und 8. Aufl. 2011.

Tversky, A., Kahnemann, Advances in Prospect Theory: Cumulative Representation of Uncertainty, in: Journal of Risk and Uncertainty, 5, 4, October 1992, S. 297–323.

Webster, F. E., Jr., Industrial Marketing Strategy, 3. ed., New York 1992.

Webster, F. E., Wind, Y., Organizational Buying Behavior, Englewood Cliffs 1972.

Weinberg, P., Erlebnismarketing, München 1992.

Woodside, A. G., Theory of rejecting superior, new technologies, in: Journal of Business Industrial Marketing, No. 3/4, 11, 1996, S. 25–43.

2.2 Segmentierung

Unter Marktsegmentierung versteht man die Unterteilung eines Marktes in klar abgegrenzte Käufergruppen, die jeweils spezielle Produkte/Leistungen nachfragen bzw. einen eigenen Marketing-Mix erfordern (vgl. Kotler/Bliemel, 2007, S. 357).

Früher ging man von der Überlegung aus, dass niedrige Preise der sicherste Weg zu hohem Umsatz seien. Deshalb war es oberstes Ziel, durch Massenproduktion und Massenvertrieb eines einzigen Produktes für den gesamten Markt die Kosten möglichst gering zu halten.

Als jedoch die Konkurrenz von ähnlichen und damit substituierbaren Gütern zunahm und der Wettkampf härter wurde, blieb bald kein Spielraum für weitere Preissenkungen.

Da es nun nicht mehr möglich war, Kunden durch besonders günstige Preise zu gewinnen, begann man, die Produkte selbst zu differenzieren, indem man Vorteile gegenüber Konkurrenzprodukten herausstrich: z. B. andere Eigenschaften, besseres Styling, Nutzenversprechungen usw.

Die Strategie der Marktsegmentierung entstand in der Folge aus der Überlegung, dass alle Marketinginstrumente auf die unterschiedlichen Bedürfnisse einzelner Kundengruppen auszurichten seien. Statt sich am ganzen Markt dem Wettkampf zu stellen, sollten nur Teile bearbeitet werden, diese jedoch möglichst wirksam.

Eine effiziente, zielgruppenorientierte Marktbearbeitung durch Marktsegmentierung, das so genannte STP-Marketing (segmenting, targeting, and positioning) umfasst folgende Schritte (vgl. Abb. 24):

Abb. 24: Schritte des Zielgruppenmarketings

1. **Marktsegmentierung (segmenting)**

   Ziel der Segmentierung ist es, zunächst den Markt in klar abgrenzbare Käufergruppen zu unterteilen, und zwar so, dass die Bedürfnisse dieser Kundengruppen jeweils mit einem bestimmten Marketing-Mix befriedigt werden können.

   Jede dieser Gruppen sollte also möglichst homogen sein bezüglich der Erwartungen und Ansprüche an ein Produkt/eine Leistung dieser Art, bezüglich der Einkaufsgewohnheiten, des Medienverhaltens usw.

2. **Zielmarktfestlegung (targeting)**

   In dieser Phase erarbeitet das Unternehmen Bewertungsmaßstäbe für die Attraktivität der Segmente und wählt dann eines (oder mehrere) aus, um darin Fuß zu fassen.

3. **Positionierung (positioning)**

   Bei der Positionierung geht es darum, eine Erfolg versprechende Wettbewerbsposition für das Produkt/die Leistung/Marke im Zielmarkt zu definieren und aufzubauen. Die Konsumenten treffen ihre Kaufentscheidungen danach, wie sie die Alternativen wahrnehmen, also nach einem mehr oder weniger verzerrten, subjektiven Vorstellungsbild.

   Ziel der Markenpositionierung ist es, den Konsumenten einen günstigen Eindruck vom Produkt/von der Leistung/von der Marke zu vermitteln. Das eigene Angebot soll sich in ihrer Wahrnehmung von den Konkurrenzangeboten vorteilhaft abheben.

Im Folgenden sollen diese drei Schritte ausführlicher behandelt werden.

2.2.1 Anforderungen an die Marktsegmentierung

Als Voraussetzung für eine sinnvolle Marktsegmentierung müssen die Kriterien, nach denen die Unterteilung vorgenommen wird, gewisse Anforderungen erfüllen:

- **Kaufverhaltensrelevanz**: Die Segmentierungskriterien müssen von entscheidender Bedeutung für das Kaufverhalten sein. Nach diesen Merkmalen sollen Kundensegmente so abgegrenzt werden können, dass das Kaufverhalten innerhalb der Gruppen möglichst gleichartig (homogen), zwischen den einzelnen Gruppen jedoch möglichst unterschiedlich (heterogen) ist. So hat beispielsweise das Alter der Kunden einen bedeutenden Einfluss darauf, welche Kleidungsstücke oder Schuhe gewünscht werden. Handelt es sich jedoch um den Kauf von Glühbirnen oder Werkzeug, so werden nach diesem Merkmal kaum Unterschiede im Kaufverhalten festzustellen sein.

- **Aussagefähigkeit** für den Einsatz der Marketinginstrumente: Die Ausprägung dieser Merkmale sollte einen Ansatzpunkt für die gezielte Marktbearbeitung bieten. Es sollte sich also beispielsweise um Bedürfnisse handeln, auf die Produkt- und Kommunikationspolitik abgestimmt werden können, oder um bestimmte Interessen dieser Gruppe, die bei der Botschaftsgestaltung angesprochen werden.

- **Zugänglichkeit**: Idealerweise können die einzelnen Kundengruppen jeweils über bestimmte Kommunikations- und Distributionskanäle exklusiv angesprochen werden. Dieser Zustand ist in der Praxis allerdings nur selten zu erreichen. Angesichts der regelmäßig entstehenden Streuverluste ist demnach insbesondere im Zusammenhang mit kleinen, schwer erreichbaren Zielgruppen zu klären, ob insgesamt ein positiver Deckungsbeitrag aus der Bearbeitung des Segments resultiert (vgl. „Wirtschaftlichkeit").

■ **Messbarkeit**: Die Ausprägung der Merkmale muss messbar sein, die Segmente sollten mit den vorhandenen Marktforschungsmethoden erfassbar sein. Schwierig bzw. kostenaufwendig ist z. B. die Messung bestimmter Persönlichkeitsmerkmale wie Selbstbewusstsein und Toleranz. Die Bedeutung dieses Kriteriums hängt wesentlich davon ab, ob es ausreicht, die Eigenschaften und Größe eines Segments einmalig bzw. in größeren Abständen festzustellen oder ob es kontinuierlich erforderlich ist, einzelne Konsumenten bezüglich ihrer Segmentzugehörigkeit zu klassifizieren. Als Beispiel für ersteres Erfordernis kann die Marktsegmentierung, die der A-Klasse von Mercedes zugrunde liegt, genannt werden. Nachdem das Nachfragepotenzial für einen Mercedes dieser Klasse geklärt war, ist es nicht notwendigerweise erforderlich, die Präferenzen einzelner potenzieller PKW-Käufer zu kennen. Strebt man hingegen ein kundenindividuelles Marketing in „Echtzeit" an, wie dies bei Angeboten im World Wide Web manchmal der Fall ist, müssen die Angebote auf Basis eines Minimums an leicht zu gewinnender Information kontinuierlich auf die Präferenzen einzelner Konsumenten zugeschnitten werden (vgl. Ansari/Mela et al., 2000).

■ **Zeitliche Stabilität**: Die Kriterien, anhand derer die Segmentierung erfolgt, sollten über einen längeren Zeitraum gültig sein, da Marketingmaßnahmen oft erst nach längerer Zeit bei den Konsumenten eine Wirkung zeigen (z. B. Produktentwicklung oder Aufbau eines Images).

■ **Wirtschaftlichkeit**: Die Bearbeitung einzelner Segmente sollte sich lohnen. Die Kosten, die sich auf Grund der Segmentierungsmaßnahmen ergeben (Kosten der Informationsgewinnung und -verarbeitung sowie der differenzierten Marktbearbeitung), müssen durch den Nutzen der Segmentierung (höhere Erlöse) kompensiert werden.

2.2.2   Segmentierungskriterien im Consumer Marketing

Abb. 25 gibt einen Überblick über mögliche Marktsegmentierungskriterien im Consumer Marketing.

2.2.2.1   Kriterien des beobachtbaren Kaufverhaltens

Die Besonderheit dieser Kriterien besteht darin, dass sie nicht Bestimmungsfaktoren für das Kaufverhalten, sondern dessen Ergebnis sind.

■ **Käufer/Nichtkäufer** der Produktart: Unternehmen mit kleinerem Marktanteil werden sich in der Regel damit begnügen, Personen, die bereits Käufer dieser Art von Produkten sind, vom Vorteil der eigenen Marke zu überzeugen. Als erster

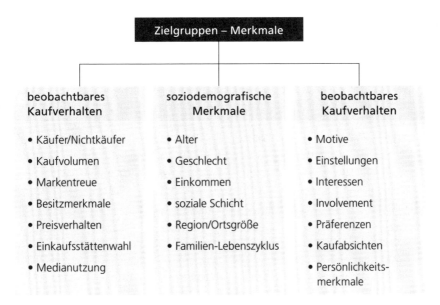

Abb. 25: Zielgruppenmerkmale als Basis für eine Marktsegmentierung im Consumer-Marketing

Schritt werden daher die Käufer identifiziert. Dieses Segment wird dann weiter unterteilt. Schwieriger ist es, Nichtverwender zum Kauf zu überreden. Man denke an überzeugte Anhänger der Nassrasur, die zum Kauf eines Rasierapparates gebracht werden sollen. Diese Aufgabe erfordert eine völlig andere Werbekonzeption als die Abhebung der eigenen Marke von den Mitbewerbern. An der Gewinnung von potenziellen Verwendern sind meist Unternehmen mit bereits hohem Marktanteil interessiert.

■ **Kaufvolumen:** In vielen Märkten kann man verschiedene Gruppen nach der Verbrauchsintensität unterscheiden. Eine besonders interessante Zielgruppe sind natürlich die starken Verwender. Um dieses Segment gezielt bearbeiten zu können, ist es allerdings notwendig, Merkmale zu ermitteln, in denen sich diese Personen ähneln: besondere Interessen, Persönlichkeitsmerkmale, Medien, die oft genutzt werden, etc.

■ **Markentreue:** Es bedarf einer unterschiedlichen Werbekonzeption je nachdem, ob man ohnehin treue Kunden bestärken bzw. erinnern will oder ob Kunden der Mitbewerber vom Vorteil der eigenen Marke überzeugt werden sollen.

■ **Besitzmerkmale:** Die Besitzer bestimmter Güter, die den Verbrauch anderer Produkte und Dienstleistungen wahrscheinlich oder notwendig machen, sind eine interessante Zielgruppe. So ist beispielsweise ein Autobesitzer gleichzeitig Verbraucher von Benzin und Autozubehör, ein Waschmaschinenbesitzer Verbraucher von Waschpulver und Weichspüler.

■ **Preisverhalten:** Aus der Beobachtung des Verhaltens, also des Kaufs in bestimmten Preisklassen oder des Erwerbs von Sonderangeboten, kann man Prognosen für die Zukunft erstellen und die Marketinginstrumente darauf abstimmen.

■ **Einkaufsstättenwahl:** Für die Entscheidung des Produzenten ist es wichtig zu wissen, welche Betriebsformen des Einzelhandels gewählt werden sollen, um die Zielgruppen zu erreichen.

■ **Medianutzung:** Durch die Daten der Medianutzung soll geklärt werden, wie einzelne Zielgruppen erreicht werden können. Da die Einschaltkosten in den Medien relativ hoch sind, ist es wichtig, Streuverluste zu vermeiden: Man muss jene Werbeträger verwenden, deren Nutzerschaft am ehesten der Zielgruppe entspricht.

Kritik: Den Kriterien des beobachtbaren Kaufverhaltens kommt nur insoweit Bedeutung zu, als vom vergangenen bzw. gegenwärtigen Verhalten auf das zukünftige geschlossen werden kann. Ihr Manko liegt darin, dass sie nur teilweise Ansatzpunkte für eine wirksame Botschaftsgestaltung bieten. Sie sind daher am besten gleichzeitig mit psychografischen oder sozioökonomischen Kriterien zur Segmentierung heranzuziehen.

2.2.2.2 Soziodemografische Kriterien

Die sozioökonomischen Kriterien sind die klassischen Segmentierungskriterien schlechthin. Merkmale wie **Alter, Geschlecht, Einkommen, Herkunft nach Region und Ortsgröße, soziale Schicht oder Familienlebenszyklus** seien hier als Beispiele genannt.

Der **Familienlebenszyklus** (family life cycle) stellt auf die Phasen ab, die ein Individuum in zeitlicher Folge in einem eigenständigen Haushalt durchläuft. Gewöhnlich wird der Familienlebenszyklus durch eine Kombination demografischer Merkmale ausgedrückt, und zwar über

■ Familienstand
■ Alter der Ehepartner
■ Zahl und Alter der Kinder.

Turcsanyi, Reuer und Baier (2005) grenzen zwölf Phasen des Familienlebenszyklus ab:

■ Jugendliche bis 19 Jahre
■ Nesthocker: Junge, alleinstehende Leute, die noch bei ihren Eltern wohnen
■ Nestflüchter: Junge, alleinstehende Leute, die nicht mehr im Elternhaus wohnen
■ Junge Paare: Junge verheiratete Paare ohne Kinder
■ Jungfamilien mit Kindern unter 6 Jahre
■ Familien mit Kindern ab 6 Jahre
■ AlleinerzieherInnen
■ Etablierte Paare: Ältere Ehepaare, im Regelfall keine Kinder

- ■ Etablierte Alleinstehende: Ältere Alleinstehende, im Regelfall keine Kinder
- ■ Pensionierte Paare
- ■ Pensionierte Alleinstehende
- ■ Senioren 75 plus

In empirischen Untersuchungen konnte der Einfluss des Familienzyklus auf das Kaufverhalten nachgewiesen werden. Praktische Wohnungseinrichtungen werden beispielsweise in den ersten Jahren nach der Hochzeit gekauft, in der Phase der Etablierten werden hingegen neue, geschmackvolle, teure Möbel angeschafft.

Kritik: Soziodemografische Kriterien sind in der Regel leicht zugänglich. Meist ist genügend sekundärstatistisches Material in Form von Media- und Verbraucheranalysen vorhanden, das gleichzeitig Informationen liefert, wie die sozioökonomisch abgegrenzte Zielgruppe zu erreichen ist.

Von Nachteil ist allerdings häufig die mangelnde Relevanz für das Kaufverhalten: Diese Merkmale beschreiben zwar, welche Konsumenten bestimmte Produkte kaufen, erklären aber nicht, warum.

2.2.2.3 Psychografische Kriterien

Die „klassischen" psychografischen Kriterien haben wir zum großen Teil bereits als Konstrukte der Erklärungsmodelle des Käuferverhaltens kennen gelernt (vgl. Kap. 2.1.2). Beispiele sind Motive, Einstellungen, Präferenzen und Persönlichkeitsmerkmale wie Risikofreudigkeit und Lebensstil (Life Style).

- ■ **Motive**
  Motive stellen Beweggründe des Handelns dar, wobei meist mehrere Motive (Motivbündel) das Verhalten bzw. die Wahl eines Produktes erklären (z.B. Kauf einer Zahnpasta, um die Zähne vor Karies zu schützen, um Mundgeruch zu vermeiden, um nicht von den Mitmenschen gemieden zu werden…).

- ■ **Einstellungen**
  Unter Einstellung wird eine gelernte, relativ dauerhafte Bereitschaft verstanden, auf einen bestimmten Reiz konsistent zu reagieren (vgl. dazu ausführlich Kap. 2.1.2.2). Im Rahmen der Einstellungsforschung haben sich die mehrdimensionalen Einstellungsmodelle durchgesetzt. Sie basieren auf der Annahme, dass sich die Gesamteinstellung zu einem Objekt als Summe der Beurteilungen von relevanten Produkteigenschaften ergibt. Die Einstellung zu einem Gegenstand ergibt sich also auf Grund des Eindruckes, wie gut dieser Gegenstand geeignet ist, bestimmte, persönlich wichtige Bedürfnisse (Motive) zu befriedigen. Nach den Elementen dieser mehrdimensionalen Einstellungsmodelle bieten sich folgende Segmentierungskriterien an:

Welche Eigenschaften werden bei Produkten einer bestimmten Art gewünscht, um persönliche Bedürfnisse befriedigen zu können? Nicht alle Eigenschaften eines Produktes sind von gleicher Bedeutung für die Zielperson: Bei Zahnpasten kann z. B. am wichtigsten die Eigenschaft Kariesverhinderung sein, während der Wohlgeschmack von geringerer Bedeutung, der Weißmachereffekt vielleicht ganz unwichtig ist. Wenn man nun für jede Eigenschaft die persönlichen Bedeutungsgewichte (z. B. in Form von Schulnoten: 1 bedeutet sehr wichtig, 5 unwichtig) ermittelt, so werden die Ergebnisse bei den einzelnen Zielpersonen unterschiedlich sein: Die Konsumenten erwarten unterschiedlichen Nutzen von einer Produktklasse, sie suchen verschiedene Vorteile. Teilt man nun die Konsumenten nach dem von einem Produkt erwarteten Nutzen in mehrere Gruppen ein, so spricht man von einer „**benefit segmentation**".

Welche Eigenschaften mit welchen Ausprägungen werden von einer Idealmarke verlangt? **Idealmarken** spiegeln die hypothetischen Kombinationen der als ideal beurteilten Eigenschaftsausprägungen wider, die gegenüber allen anderen Eigenschaftsausprägungen bevorzugt werden. Für den Fall, dass Konsumenten unterschiedliche Vorstellungen von idealen Eigenschaftskombinationen haben, können nach diesen Idealmarken Segmente gebildet werden. Ein Beispiel für die ideale Zahnpasta wäre die Kombination der Eigenschaften: sehr gute Kariesverhütung, sehr guter Geschmack, mittelmäßiger Weißmachereffekt, mittlere Preisklasse.

Kritik: Die Kenntnis produktspezifischer Einstellungen hat hohen Aussagewert sowohl für den Einsatz der Marketinginstrumente, wie z. B. die Gestaltung von Werbebotschaften oder die Produktpolitik, als auch für das Aufdecken von Marktlücken.

Eine Einschränkung der Verwendung von Einstellungen als Segmentierungskriterien erfolgt jedoch durch die relativ aufwändige, kostspielige Erhebung.

◼ **Involvement**

Das psychische Konstrukt des Involvement (Ich-Beteiligung) trägt zur Erklärung bei, warum dieselbe Werbebotschaft bei verschiedenen Personen unterschiedlich wirkt (vgl. dazu Kap. 2.1.2.3).

Der Markt ist in mehrere Segmente von Personen mit vergleichbarem Involvement aufzuteilen, da sich diese Personen gegenüber den Werbemitteln ähnlich verhalten: So besteht z. B. ein Zusammenhang zwischen Produktartinvolvement und vorwiegendem Informationsverhalten von Zielpersonen.

Je nachdem, ob Informationen aktiv gesucht, passiv aufgenommen oder sogar vermieden werden, muss die Botschaft entsprechend gestaltet werden: eher informativ, eher aktivierend, bestätigend oder überzeugend usw. Ebenfalls auf das Produktinformationsinteresse abgestimmt werden muss die Auswahl der Werbeträger.

◼ **Lebensstil**

Der Lebensstil (Life Style) versucht, die Art und Weise darzustellen, in der Menschen leben, ihre Zeit verbringen, ihr Geld ausgeben, usw. In jüngerer Zeit sind verstärkt „Neue Zielgruppen" diskutiert worden, die sich auch international durch konstante Verhaltensmuster auszeichnen: „Yuppies" (young urban professionals; also junge, städtische Aufsteiger mit hoher verfügbarer Kaufkraft für Luxusgüter), „Dinks" (double income, no kids; junge (Ehe)Paare ohne Kinder, beide im Beruf stehend und somit mit überdurchschnittlich hoher Kaufkraft) oder „Woopies" (well-off older people, also Personen mit hohen Pensionen). Diesen Gruppen werden starke Konsumneigung und erhöhter Bedarf nach Luxusartikeln zugeschrieben. Einen Gegenpol zu diesen verwöhnten Konsumenten bilden die so genannten „LOHAS" (Lifestyle of Health and Sustainability). Sie wollen durch ihr Konsumverhalten Gesundheit und Nachhaltigkeit fördern.

Um die verschiedenen **Lebensstile** beschreiben zu können, ist es notwendig, die Aktivitäten, Interessen, Meinungen und Werthaltungen zu erfassen.

Der Lebensstil lässt sich mit Hilfe zweier Ansätze operationalisieren:

Konsumverhalten: Der Lebensstil wird dabei als Summe aller konsumierten Produkte angesehen (**buying style segmentation**). Dazu können die bereits dargestellten Kriterien des beobachtbaren Kaufverhaltens herangezogen werden.

Psychografische Merkmale: Dieser Ansatz wird nach den bedeutendsten Merkmalen auch als AIO-Ansatz (activities, interests, opinions) bezeichnet. Aktivitäten umfassen die Zeit am Arbeitsplatz und die Freizeit. Interessen sind alles, was in der unmittelbaren Umgebung von Bedeutung ist. Meinungen beinhalten die Standpunkte des Menschen bezüglich Zeitgeschehen, Gesellschaft und der eigenen Person. Die Operationalisierung des AIO-Ansatzes erfolgt über eine umfangreiche Liste von Statements, wie z. B.: „Ich übernehme gern Verantwortung." „Ich achte sehr darauf, dass ich gesund lebe." „Ich habe einen großen Bekanntenkreis."

Kritik: Der Aussagewert der AIO-Konzepte steigt mit größer werdendem Bezug auf spezifische Produkte. Die Vielzahl der berücksichtigten Statements gibt eine Reihe von Ansatzpunkten für die Werbekonzeption, also dafür, wie die Zielpersonen angesprochen werden sollten, um ihre Aufmerksamkeit, ihr Interesse zu erregen. Deshalb wird der Lebensstil auch für die zusätzliche Beschreibung von Segmenten, die auf Grund anderer Kriterien gebildet wurden, herangezogen.

Allerdings ist die Erhebung des Lebensstils sehr aufwendig: Durch die Vielzahl der notwendigen Statements, die zunächst nach der Ermittlung von Besitz-, Verwendungs- und Mediaverhaltensdaten abgefragt werden, sind die Grenzen der Befragung erreicht. Darüber hinaus ist diese Erhebung mit hohen Kosten verbunden.

Ein Beispiel zur Segmentierung nach psychografischen und demografischen Kriterien sind die **Sinus Millieus**®, die seit den 1980er Jahren in vielen europäischen Ländern sowie den USA regelmäßig erhoben werden. Mit Hilfe von Sinus Milieus® werden Menschen, die sich in ihrer Lebensauffassung und Lebensweise ähneln, gruppiert. Grundlegende Wertorientierungen gehen dabei ebenso in die Analyse ein wie Alltagseinstellungen zur Arbeit, zur Familie, zur Freizeit, zu Geld und Konsum. Durch die unterschiedlichen Milieus können Zielgruppen besser in ihrer Handlungsweise verstanden und gezielter beschrieben werden. Die bürgerliche Mitte stellt sowohl in **Österreich** als auch in **Deutschland** das größte Milieu dar (vgl. Abb. 26).

Die Sinus-Milieus sind auch in wichtigen Markt- und Media-Studien wie z. B. im deutschen AGF/GfK-Fernseh-Panel oder im österreichischen Teletest integriert. Abb. 26 zeigt die Position der Milieus in der deutschen Gesellschaft. Die x-Achse repräsentiert die Grundorientierung: je weiter rechts das Milieu angeordnet ist, desto moderner ist dieses. Die y-Achse bildet die soziale Lage ab: je höher das Milieu angesiedelt ist, desto gehobener sind Bildung, Einkommen und Berufsgruppe.

Das Milieu der Performer (Deutschland 7 %, in Österreich 9 %) z. B. wird zusammengefasst beschrieben als „effizienzorientierte Leistungselite mit global-ökonomischem Denken und stilistischem Avantgarde-Anspruch mit hoher IT- und Multimedia-Kompetenz" (Sinus Sociovision, 2012).

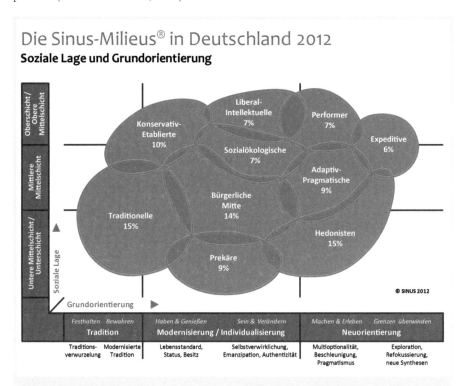

Abb. 26: Sinus Milieus® in Deutschland 2012 (Quelle: Sinus-Institut, Heidelberg 2012)

2.2.3   Segmentierungskriterien im Business-to-Business Marketing

Im Business-to-Business Marketing geht es darum, Kriterien herauszufiltern, die Gemeinsamkeiten im organisationalen Beschaffungsverhalten darstellen, bzw. solche zu finden, die zu Unterschieden führen. Zur Segmentierung im Investitionsgüterbereich gibt es eine Reihe von Ansätzen, wie z. B. die Partialansätze oder die mehrstufigen Ansätze.

In den Partialansätzen finden beispielsweise einzelne oder auch mehrere der nachfolgend genannten Kriterien Berücksichtigung:

- **organisationale Charakteristika:**
  - geografische Kriterien
  - Unternehmensgröße
  - Branche
  - Marktvolumen
  - Organisationstypen
  - Betriebsformen
  - Ziel der Organisation
  - Beschaffungsorganisation
- **Kaufverhalten der Organisation:**
  - Buying Center Zusammensetzung
  - interpersonale Beziehungen im Buying Center (Macht, Rollen)
  - Auftragsvergabekriterien
  - Lieferantentreue
  - Kaufzeitpunkt
  - Produktnutzen/Anwendung
  - Produktionstechnologie
- **Charakteristika der Entscheidungsträger:**
  - Innovationsfreudigkeit
  - Einstellung
  - wahrgenommenes Risiko
  - Persönlichkeit
- **Verhalten der Entscheidungsträger:**
  - Informationsgewinnung
  - Kaufklassenerfahrung
  - Zeitdruck
  - Ausbildungsstand
  - Image des Anbieters

Beim mehrstufigen Segmentierungsansatz wird versucht, in einem stufenweisen Filterungsprozess Einflussfaktoren auf das organisationale Beschaffungsverhalten hinsichtlich ihrer Segmentierungseignung zu prüfen: Auf der ersten Stufe erfolgt eine so genannte Makro-Segmentierung, die auf Charakteristika der beschaffenden Organisation basiert. Ab der zweiten Stufe (Mikro-Segmentierung) sollen innerhalb der Makro-Segmente diejenigen Personen abgegrenzt werden, die die Durchsetzung von Investitionen im Unternehmen aktiv fördern (vgl. dazu den dreistufigen Ansatz von Scheuch, 2007 in Abb. 27).

Eine Identifizierung dieser Personen bzw. ihrer Interessenvertreter, die sich in verschiedenen betrieblichen Abteilungen befinden können, bietet dem Anbieter eine effiziente kommunikationspolitische Steuerung.

2.2.4 Segmentierungsverfahren

Allgemein werden „a priori"- und „post hoc"-Techniken zur Marktsegmentierung unterschieden. Eine **„a priori" Segmentierung** geht von einer Segmentzahl und einer Segmentbeschreibung aus, die vom Marketer vorgegeben wurde. **„Post hoc"-Methoden** versuchen, die Zahl und die Charakteristika von Segmenten aus Marktforschungsdaten zu bestimmen. Zum Beispiel stellt die Einteilung der Mobiltelefonkunden in Intensiv-, Durchschnitts- und Wenigverwender unter Angabe von Mindestnutzungsintensitäten, die nicht aus einer beobachteten Nutzungs-

1. Ebene:
Umweltbezogene Merkmale
• Organisationsdemographische Merkmale
   – Standort
   – Betriebsform
• Kauf- und Verwendungsverhalten
   – Auftragsgrößen
   – Zahlungsverhalten etc.
• Position der Organisation in der Umwelt
   – politische Bedingungen
   – technische Bedingungen

2. Ebene:
Interorganisatorische Merkmale
• Zielsystem der Organisation
• Restriktionensystem
   – Know-how-Begrenzungen
   – Finanzrestriktionen etc.
• Hierarchische Struktur etc.

3. Ebene:
Merkmale der Mitglieder des Buying Centers
• Alter
• Beruf
• Soziale Schicht etc.

Abb. 27: Dreistufiger Segmentierungsansatz im Business-to-Business Marketing

verteilung abgeleitet wurden, eine „a priori" Segmentierung dar. Geht man, „post hoc", von der beobachteten Nutzungsverteilung aus, zeigt sich möglicherweise, dass weder die Zahl der Segmente (in diesem Fall 3) noch die angegebenen Mindestnutzungsintensitäten zu einer „idealen" Gruppierung der Mobiltelefonkunden führen. Was aber ist eine „ideale" Gruppierung? Nehmen wir an, dass ein Mobilfunkbetreiber überlegt, Intensivverwendern jedes Jahr ein neues Mobiltelefon zur Verfügung zu stellen, um die Markentreue der Intensivverwender zu sichern. Der Hersteller weiß, dass diese Maßnahme nur dann positiv zum Deckungsbeitrag des Unternehmens beiträgt, wenn eine bestimmte jährliche Nutzungsintensität gewährleistet ist. Völlig unabhängig davon, welches Ergebnis eine „post hoc" Segmentierung der beobachteten Nutzungsverteilungen ergibt, ist es unter Umständen sinnvoll, sich an dieser vorgegebenen Untergrenze zu orientieren und das Angebot nur an Konsumenten zu richten, die diese Grenze übertreffen. Ist das Ziel des Mobilfunkbetreibers aber zum Beispiel die Reformierung des Tarifsystems, empfiehlt es sich, von einer „post hoc" Segmentierung der Nutzungsintensitäten auszugehen. D.h. man orientiert sich an der beobachteten Verteilung der Nutzungsintensitäten und optimiert die Art und die Zahl der benötigten Tarifstufen entsprechend. So kann zum Beispiel sehr einfach berücksichtigt werden, dass sich eine eigene Tarifstufe erst ab einer Mindestanzahl von Nutzern auszahlt, weil sonst der Kommunikations- und Verwaltungsaufwand zu hoch wäre.

Darüber hinaus unterscheidet man **beschreibende Techniken** der Marktsegmentierung und solche, die einen gerichteten Zusammenhang zwischen unabhängigen (z. B. psychografischen Kriterien) und abhängigen Variablen (z. B. Kaufwahrscheinlichkeiten) berücksichtigen. Diese Einteilung kann mit der obigen zu insgesamt vier Kombinationen gekreuzt werden. Die Verfahren unter dem Oberbegriff **Clusteranalyse** (vgl. Arabie und Hubert, 1994) sind typische Vertreter beschreibender, „post hoc"-Techniken. Zum Beispiel werden Konsumenten, deren Antwortmuster bei der Zuordnung verschiedener Eigenschaften auf Marken zur Einstellungs- und Imagemessung einander ähnlich sind, in Cluster zusammengeführt. Die Zahl der Cluster ist schlussendlich vom Marketer zu bestimmen. Die Entscheidung wird aber durch Kennzahlen aus der Analyse unterstützt (vgl. Arabie und Hubert, 1994).

Tabelle 2 zeigt das Ergebnis einer Clusteranalyse im Produktbereich Mineralwasser (vgl. Otter, 2001).

Größe des Clusters in % aller Käufer	Markenkäufer (ca. 33 %)	Preiskäufer (ca. 16 %)	Preisbewusste Markenkäufer (ca. 27 %)	Wechselkäufer mit geringem Preisbewusstsein (ca. 24 %)
«Ich kontrolliere regelmäßig die aktuellen Preise der verschiedenen Mineralwasserangebote, bevor ich mich für eine Marke entscheide.»	6,2*	1,8	3,6	6,2
«Ich weiß ungefähr, was die unterschiedlichen Mineralwassermarken kosten.»	5,5	3,4	3,1	5,6
«Es zahlt sich eigentlich **nicht** aus, die Preise der Mineralwasserangebote zu vergleichen.»	2,9	6,5	5,1	3,4
«Meine Entscheidung für **eine** bestimmte Marke steht schon fest, bevor ich das Geschäft betrete.»	1,5	5,8	2,4	5,8
«Ich überlege häufig erst in der Mineralwasserabteilung, welche Marke ich kaufe.»	6,3	1,8	6,0	2,8
«Beim Mineralwasserkauf länger nachzudenken, ist reine Zeitverschwendung.»	2,2	5,0	4,2	3.2

«Ich weiß immer recht genau, wieviel ich für bestimmte Produkte im Lebensmittelbereich ausgeben möchte.»	4,4	2,4	2,6	4,4
«Wenn ich im Geschäft immer das teuerste Mineralwasser kaufen würde, müsste ich an anderer Stelle sparen.»	6,4	3,5	3,3	5,9
«Wenn ich Mineralwasser kaufe, wähle ich meistens eine Marke im Sonderangebot.»	6,6	2,1	3,3	4,7

* Mittelwerte; Skala von 1 «trifft völlig zu» bis 7 «trifft überhaupt nicht zu»

Tab. 2: Clusteranalyse im Produktbereich Mineralwasser

Tabelle 2 enthält die mittlere Zustimmung zu den Aussagen in der ersten Spalte für jeden Cluster auf einer Skala von 1 „trifft völlig zu" bis 7 „trifft überhaupt nicht zu". Die Unterschiedlichkeit in der Zustimmung zu den insgesamt neun Aussagen legt zumindest vier Segmente nahe: Markenkäufer, Preiskäufer, Preisbewusste Markenkäufer und Wechselkäufer mit geringem Preisbewusstsein.

Vielfach ist das Marketing allerdings nicht einfach an der Ähnlichkeit zwischen Konsumenten bezüglich bestimmter mehr oder weniger gut messbarer Variablen interessiert, sondern auch an der **Beziehung zwischen unabhängigen Variablen (Ursachen) und abhängigen Variablen (Wirkungen)** und den diesbezüglichen Unterschieden zwischen den Konsumenten. Eine sehr häufig analysierte Beziehung ist der Effekt der Preisveränderung einer Marke auf die Kaufwahrscheinlichkeit. Nachdem nicht alle Konsumenten ihre Kaufwahrscheinlichkeit einer Marke bei einer Preisveränderung in der gleichen Weise anpassen, ist es für das Marketing von besonderer Bedeutung herauszufinden, welche bzw. wie viele Konsumenten in welcher Stärke auf eine bestimmte Preisänderung reagieren. Abgesehen von der auf Grund ihrer eingeschränkten Validität wenig empfehlenswerten Möglichkeit, direkt nach den Reaktionen auf eine Preisveränderung zu fragen, lässt sich der Zusammenhang zwischen einer Preisveränderung und der Kaufwahrscheinlichkeit einer bestimmten Marke aus Scannerdaten (vgl. Kamakura et al., 1989) oder einem Conjointexperiment (vgl. Otter, 2000) regressionsanalytisch ermitteln. Moderne Techniken der Datenanalyse ermöglichen die effiziente Schätzung der Verteilung der Regressionskoeffizienten über die Konsumenten und damit die Segmentierung nach den Reaktionen der Konsumenten auf Preisveränderungen (vgl. Allenby und Rossi, 1999; Frühwirth-Schnatter und Otter, 1999). Diese Form der Segmentierung nach Konsumentenreaktionen wurde in jüngster Zeit auf die verschiedensten Marketingmaßnahmen angewandt. Auch die Unterschiedlichkeit von Markenpräferenzen zwischen den Konsumenten findet Berücksichtigung, woraus sich Informationen über den Istzustand der Positionierung einer Marke (vgl. Kap. 2.4) in den verschiedenen Segmenten ableiten. Gleichzeitig wird allerdings der Frage nach den Ursachen der Markenpräferenzunterschiede zwischen den Konsumenten, nicht zuletzt auf Grund fehlender Daten, weniger Aufmerksamkeit geschenkt.

Ein **an der Wirtschaftsuniversität Wien entwickelter Ansatz** (Buchta, Dolnicar und Reutterer, 2000; Mazanec und Strasser, 2000) greift dieses Problem auf. Basis der grundsätzlich beschreibenden „post-hoc" Segmentierung bilden wiederum subjektive Markenwahrnehmungen von Konsumenten. Ausgehend von diesen Markenwahrnehmungen (Images, Einstellungen, etc.) werden so genannte Prototypen ermittelt, nach denen die markenspezifischen Antwortmuster der Auskunftspersonen klassifiziert werden. Diese Vorgangsweise ermöglicht, gleichzeitig die Frage nach der Ist-Segmentierung und der Ist-Positionierung der untersuchten Marken zu beantworten. Zur Illustration des Grundgedankens kann man sich eine Marke vorstellen, die von einem Teil der Konsumenten sehr gut und von einem anderen Teil der Konsumenten sehr schlecht beurteilt wird. Eine aggregierte Betrachtung, die die Unterschiedlichkeit der Konsumentenwahrnehmungen nicht berücksichtigt, deutet auf eine mittelmäßige Beurteilung dieser Marke hin. Die aggregierte Betrachtung führt wahrscheinlich zu anderen, weniger adäquaten Marketingmaßnahmen als beim Erkennen der Segmentierung der Konsumentenbeurteilungen und deren Berücksichtigung im Marketing.

2.3 Auswahl der Zielgruppen (Targeting)

Sind die verschiedenen Segmente eines Marktes identifiziert, ist zu entscheiden, welche Segmente bearbeitet werden sollen. Dazu muss jedes Segment nach seiner Größe und seinen Wachstumschancen, nach seiner strukturellen Attraktivität (z. B. Rentabilität, Mitbewerberstruktur, Substitutionsprodukte etc.) bewertet werden bzw. ebenso danach, ob es mit den langfristigen Zielsetzungen des Unternehmens in Einklang steht. Schließlich muss das Unternehmen berücksichtigen, ob es über die erforderlichen Fähigkeiten und Ressourcen verfügt, um im Segment erfolgreich sein zu können.

Ein Schokoladenhersteller z. B. entdeckt, dass das Frische-Dessert-Segment hinsichtlich Größe und Wachstumsaussichten attraktiv genug wäre, um darin mit einem gekühlten Schoko-Dessert auf Milchbasis Fuß zu fassen. Er wird sehr sorgfältig prüfen müssen, ob er dazu die notwendigen Fähigkeiten und Ressourcen besitzt wie z. B. Erzeugung von Molkereiprodukten, logistische Voraussetzungen für den Vertrieb von gekühlten Lebensmitteln, ausreichende Ressourcen im Außendienst usw.

Sehr häufig werden Umfeld und Leistungsfähigkeit mittels so genannter **SWOT-Analysen** untersucht, dabei werden die Stärken (Strengths), Schwächen (Weaknesses), Chancen (Opportunities) und Bedrohungen (Threats) einander gegenüber gestellt.

Bei der Marktbearbeitung kann das Unternehmen zwischen zwei Strategien wählen (siehe Abb. 28).

Abb. 28: Strategien der Marktbearbeitung

Beim **differenzierten Marketing** kann die Unternehmung mehrere Marktsegmente mit jeweils unterschiedlichem Angebot und Marketing-Mix bearbeiten. IBM z. B. bietet für verschiedene Segmente des Computermarktes (Private, Unternehmen) zahlreiche Hardware-Varianten an.

Beim **konzentrierten Marketing** wird nur ein Segment bearbeitet. Ferrari z. B. konzentriert sich auf das Segment für hochwertige Sportwagen. Durch die Konzentration auf ein einziges oder auf wenige Segmente kann dort ein relativ großer Marktanteil erobert werden. Diese Strategie birgt allerdings auch ein großes Risiko in sich: Wenn sich die Unternehmung lediglich auf ein Segment konzentriert, bedeutet eine Verdrängung aus diesem Segment durch einen Konkurrenten gleichzeitig den Marktaustritt.

Um in einem Marktsegment erfolgreich sein zu können, muss sich das Unternehmen gegenüber der Konkurrenz besondere Wettbewerbsvorteile erarbeiten, d. h. einen besonderen Kundennutzen anbieten können.

2.4 Markenpositionierung

Nach dem Festlegen des Zielsegmentes sind die Positionen der Mitbewerbermarken und der eigenen Marke – soweit diese bereits auf dem Markt ist – aus der Sicht der angepeilten Zielpersonen festzustellen, um in der Folge die Entscheidung treffen zu können, wie die Marke in Zukunft wahrgenommen und beurteilt werden sollte. Im Falle einer Mehrmarkenstrategie (vgl. Kap. 2.7.5) ist darauf zu achten, dass sich auch die eigenen Marken in der von den Konsumenten wahrgenommenen Positionierung deutlich voneinander unterscheiden, um eine Kannibalisierung zu vermeiden.

Es geht also um die Fragen:

- Welche Eigenschaften werden an der eigenen Marke im Vergleich zu den Konkurrenzmarken wahrgenommen?
- Wie wird die Marke im Vergleich zu den Mitbewerbern und zur Idealmarke anhand der für eine Kaufentscheidung wichtigen Kriterien beurteilt? (Einstellungen, Images, wahrgenommenes Risiko – vgl. dazu Kap. 2.1.2.2)
- Wie kann sich die Marke klar von den Mitbewerbern differenzieren, um so einen Wettbewerbsvorteil zu schaffen?

Die Markenpositionierung ist Ausgangspunkt der Markenführung und somit auch der Markenkommunikation. Nach Kotler, Keller, Bliemel (2007, S. 423) legt ein Unternehmen in der Marken-Strategie diejenigen Eigenschaftsassoziationen, die es zum Positionierungsobjekt (Marke oder Unternehmen) herstellen möchte, fest (Soll-Positionierung). In den Köpfen der Kunden spiegelt sich diese Position als **Image** dieses Positionierungsobjektes wieder (vgl Abb. 29). Dieses Image umfasst die Assoziationen,

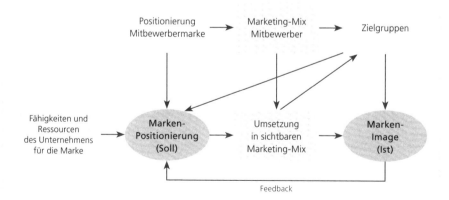

Abb. 29: Zusammenhang zwischen Markenpositionierung und Markenimage (in Anlehnung an Esch, F.-R., 2007, S. 91)

die ein Kunde vom Positionierungsobjekt tatsächlich hat (Ist). Es wird geprägt durch den Umgang des Kunden mit dem Positionierungsobjekt, sei es dass er es selbst genutzt oder beobachtet hat, oder durch das, was er kommuniziert bekommt (durch Hören-Sagen oder Werbung).

Positionieren ist also das, was man mit der Gedankenwelt der potenziellen Käufer tut. Das heißt, man definiert für das Produkt oder Unternehmen einen Platz in der Gedankenwelt der Zielpersonen (vgl. Ries, Trout, 1986, S.2). Bestehende Marken nehmen im Allgemeinen eine bestimmte Position im Bewusstsein des Verbrauchers ein: so ist z.B. Red Bull der belebende Energy Drink, Volvo ein besonders sicheres Auto, Swatch die poppigste Uhr usw. Die Position „sicher" ist von Volvo besetzt, und Mitbewerber haben es schwer, Volvo diese Position abzujagen, außer Volvo verlässt diese klare und differenzierende Position selbst, indem es auf andere Attribute wie z.B. Geschwindigkeit setzt oder aber das Thema „Sicherheit" durch das Auto (Produkt) selbst nicht ausreichend besetzt (z.B. fehlende Seitenairbags).

Um eine Position im Bewusstsein der Kunden **zu besetzen**, stehen **drei Möglichkeiten** offen:

- Die **Position**, die eine Marke bereits im Bewusstsein der Zielgruppe hat, **stärken**. Z.B. Timex Uhren sind zuverlässig und preiswert. Die Position „zuverlässig und preiswert" gibt die Richtlinie für sämtliche Marketingaktivitäten inkl. Kommunikation vor.

- Nach einer **neuen, unbesetzten Position suchen**, die eine genügend große Zahl an Verbrauchern anspricht, d.h. eine Marktlücke besetzen. Die Hersteller von Milky Way fanden z.B. heraus, dass der Verzehr eines Milky Way Riegels länger dauerte als bei anderen Riegeln, und sie besetzten die kommunikative Position „längerer Genuss".

- Die **Mitbewerber repositionieren**. BMW repositionierte seinen Konkurrenten Mercedes vom „besten Auto" zu einem teuren, konservativen, und nicht gerade sportlichen Auto. Mercedes brachte daraufhin die 190er Modelle mit betont sportlicher Note heraus, um die Position „bestes Auto" wieder zurückzuerobern (Kotler, Keller, Bliemel, 2007, S. 430) und setzte nach vielen Jahren Unterbrechung wieder auf die Teilnahme beim Autorennsport.

Ries und Trout beschäftigen sich im Hinblick auf die Kommunikation im Wesentlichen mit psychologischen Aspekten der Positionierung bereits existierender Marken. Ziel ist dabei, dass der potenzielle Käufer eine klare Vorstellung davon bekommt, wofür die Marke innerhalb der Produktkategorie steht. Eine derartige Position im Kopf der Verbraucher wird nicht ausschließlich durch Kommunikation (Werbung, PR, Promotionaktivitäten, persönliche Gespräche) erreicht, sondern durch die Ausprägung des gesamten Marketing-Mix (Produktgestaltung, Distribution, Preisgestaltung) bestimmt.

Positionierung kann somit folgendermaßen definiert werden:

Positionierung ist eine Zielsetzung (also zukunftsgerichtet), die festlegt, wie sich eine Marke langfristig im Meinungsfeld der Zielgruppe in Relation zu den Mitbewerbern profilieren soll, so dass sie möglichst bevorzugt gewählt wird.

Die Positionierung wird umso erfolgreicher sein, je klarer sich die Marke in der Wahrnehmung der Kunden von den Mitbewerbermarken differenzieren kann (bzw. die gewählte Position nur für sich beanspruchen kann), d.h. die Unterschiede der Marke zu Mitbewerbermarken müssen herausgestellt und kommuniziert werden.

Dabei ist nicht jeder Unterschied für eine wirkungsvolle **Differenzierung** geeignet. Er sollte für eine genügend große Anzahl an Kunden relevant und leistbar sein, gleichzeitig sollten diese Differenzierungsmerkmale aus Unternehmersicht von den Mitbewerbern nicht leicht nachgeahmt werden können, so dass diese nachhaltig die Positionierung stützen. Eine Differenzierung wird zunehmend – vor allem bei weniger komplexem Kaufverhalten – notwendig, da die Anspruchsniveaus der (potenziellen) Kunden durch viele Mitbewerbermarken erfüllt werden. Differenzierende Merkmale erleichtern so den Käufern ihr Entscheidungsverhalten.

Positionierung und Segmentierung gehen Hand in Hand. Die genaue Kenntnis der Zielgruppe ist unabdingbare Voraussetzung für eine erfolgreiche Positionierung. Esch (2001, S. 245) spricht von zwei Strategien, um eine Sollpositionierung festzulegen: nämlich entweder das Angebot an die Bedürfnisse und Wünsche der Konsumenten anzupassen oder aber die Bedürfnisse und Wünsche der Konsumenten dem Angebot anzugleichen. Bei letzterem müssen die Bedürfnisse der Zielgruppe geändert werden, was schwieriger zu erreichen ist.

Abb. 30: Strategien zur Markenpositionierung

Wie Abb. 30 zeigt, stehen einem Unternehmen vier Möglichkeiten zur **Markenführung** zur Verfügung:

- **Informative Positionierung** mittels sachhaltiger, objektiv nachprüfbarer Leistungseigenschaften (z. B. das Auto mit nur drei Liter Benzinverbrauch). Daraus folgt für die Werbung im Idealfall eine Unique Selling Proposition (USP), ein einzigartiges Verkaufsversprechen bzw. Alleinstellungsmerkmal.

  Es kann jedoch zu folgenden Anwendungsproblemen kommen:

  – Angleichung der Produkt- und Leistungsqualtiäten konkurrierender Marken

  – Nivellierung der Produktdesigns

  – Rasche Imitation von technischen Innovationen durch Mitbewerber

  Als Folge dieser Probleme ergibt sich eine steigende Austauschbarkeit des Angebots und es kann kein USP mehr ausgelobt werden.

- **Emotionale Positionierung** mittels gefühlshafter, objektiv nicht nachprüfbarer Vorteile (z. B. die Exklusivität eines Autos, die Atmosphäre eines Restaurants, Lifestyle von Designer-Mode)

- **Kombinierte Positionierung** als Kombination von informativer und emotionaler Positionierung (z. B. Mercedes steht sowohl für hohe subjektive und objektive Sicherheit, als auch für Hedonismus (Lebensfreude).

- **Sonderformen der Positionierung** wie z. B. Herkunftslandpositionierung. Bei der Herkunftslandpositionierung (Landestypische oder Country-of-Origin-Positionierung) werden in der Markenkommunikation typische emotionale oder informative Facetten des Landesimages verwendet (z. B. die Lippizaner der Spanischen Hofreitschule in Wien für Wiener Zucker, vgl. Abb. 31).

Die Markenpositionierung ist ein relatives Konzept: Sie bezieht sich darauf, wie ähnlich oder wie unterschiedlich eine Zielperson eine Marke im Vergleich zu anderen Marken oder zur Idealmarke erlebt (vgl. dazu Kap. 2.1.2.2 und Kap. 4.6.1.2). Dabei geht man davon aus, dass die Markenposition durch Assoziationen, die ein Verbraucher mit der Marke hat, bestimmt wird. Werden zwei Marken vom Verbraucher als sehr ähnlich erlebt, so sind sie für ihn austauschbar. Für die Bildung von Präferenzen ist es notwendig, dass sich die einzelnen Marken in der Gedankenwelt des Verbrauchers klar voneinander abgrenzen, das heißt differenzieren.

Damit eine Differenzierung möglich wird, muss man allerdings die Position der eigenen Marke und der Mitbewerbermarken im Zielsegment feststellen. Aufgrund von Marktforschungsdaten können die Positionen von Marken in mehrdimensionalen Imageräumen dargestellt werden (vgl. Abb. 32 und 33).

Manchmal werden **Imageräume** auf Grund von Expertenurteilen erstellt. Wesentlich sinnvoller ist es, Imageräume aufgrund von Marktforschungsdaten zu bilden. Dazu werden KonsumentInnen gebeten, die eigene und Mitbewerbermarken anhand von vorgegebenen Eigenschaften (Kriterien) zu beurteilen (vgl. dazu Image- und Einstellungsmessung in Kap. 4.6.1.2). Da in der Regel eine Vielzahl von Eigenschaften für

Abb. 31: Herkunftsland-Positionierung Wiener Zucker
Auftraggeber: AGRANA Zucker GmbH; Agentur: Demner, Merlicek & Bergmann; Fotograf: Hannes Kutzler

eine Kaufentscheidung bedeutend ist, werden bei der Datenauswertung statistische Verfahren (multivariate Analyseverfahren) angewandt, um die Vielzahl der Merkmale auf wenige zugrundeliegende Beurteilungsdimensionen zurückzuführen und die relative Nähe einer Marke zu bestimmten Merkmalen übersichtlich darzustellen.

Diese Vorgangsweise soll am Beispiel von Wäschemarken gezeigt werden. Das Image von Wäschemarken hängt von Eigenschaften wie „jugendlich", „bequem zu tragen", „pflegeleicht", „elegant" und ähnlichen ab. In einer Studie des Instituts für Werbewissenschaft und Marktforschung an der Wirtschaftsuniversität Wien (Stichprobe: 995 Auskunftspersonen in Österreich und 1002 in Deutschland, Erhebungszeitraum: Mai bis September 2001) wurden 17 Wäschemarken anhand von 45 Eigenschaften beurteilt. Die daraus resultierende Datenmatrix umfasst 17 Marken x 45 Eigenschaften (vgl. den Ausschnitt in Abb. 32). Um die Daten überschaubar darzustellen, werden Verfahren zur Datenreduktion eingesetzt. Hierbei werden verwandte Eigenschaften zu Bündeln zusammengefasst und diese Bündel als übergeordnete Beurteilungskriterien – so genannte Dimensionen – interpretiert.

Durch mathematische Transformationen werden die Koordinaten der Marken bezüglich dieser Dimensionen festgestellt. Eine Möglichkeit dazu ist die Faktorenanalyse. Dabei werden Faktoren identifiziert, die mehrere Eigenschaften bündeln. Die Marken können anschließend grafisch im Faktorenraum (Imageraum) dargestellt werden.

Die Positionierung einer Marke kann nur in Abhängigkeit von Konkurrenzmarken und unter Berücksichtigung von Zielmärkten erfolgen. Abbildung 33 vergleicht die Positionierung der drei Wäschemarken H&M, Huber und Skiny in Österreich und Deutschland. Aus Gründen der Übersichtlichkeit sind die Positionen der übrigen Marken hier ausgeblendet.

Die beiden Marken Huber und Skiny weisen in Österreich durch die lange Marktpräsenz (Huber Ö) bzw. den starken Werbeauftritt (Skiny Ö) eine markante und ausgeprägte Positionierung auf. In Deutschland befinden sich die beiden Marken (Huber D, Skiny D) erst im Aufbau. Die Marke H&M verfügt aufgrund ihrer hohen Distribution und ihres starken kommunikativen Auftritts in beiden Ländern über eine weitgehend ähnliche Positionierung.

Die **Faktorenanalyse** reduziert eine Vielzahl von Einzelinformationen auf wenige, relativ einfache Kernaussagen. So wurden aufgrund der entsprechenden Ladungszahlen in Abb. 33 Faktor 1 (x-Achse) mit „modisch und setzt Trends", Faktor 2 (z-Achse) mit „jugendlich und preiswert" und Faktor 3 (y-Achse) mit „Qualität und Tradition" bezeichnet. Ein Nachteil besteht im Informationsverlust; die Faktoren repräsentieren nicht alle erhobenen Beurteilungskriterien. Die Eigenschaftsbündelungen (Faktoren) verleiten unter Umständen zu unzulässigen Vereinfachungen.

Angaben in Prozent der Auskunftpersonen

	Österreich						Deutschland					
	H&M	HUGO BOSS	JOOP	SCHIESSER	SLOGGI	TRIUMPH	H&M	HUGO BOSS	JOOP	SCHIESSER	SLOGGI	TRIUMPH
in jeder Größe erhältlich	55,40	32,90	31,30	74,50	52,80	58,40	59,50	28,40	23,80	48,70	62,30	60,70
jugendlich	75,80	28,40	28,50	17,60	45,10	14,60	86,00	38,50	32,10	12,80	40,00	08,70
Marke mit Tradition	04,80	25,30	17,30	81,80	12,50	71,20	05,00	15,10	06,20	44,90	27,70	72,00
bequem zu tragen	42,90	27,60	22,40	69,10	50,00	46,80	39,20	16,50	15,00	22,40	58,20	30,00
natürliche Materialien	20,80	15,60	12,60	58,90	28,50	27,00	15,80	21,60	16,60	31,40	53,20	34,10
preiswert	77,90	01,80	01,90	20,40	21,50	15,50	79,30	00,50	00,50	12,20	35,50	10,20
für den Sport	32,50	18,20	09,30	55,70	38,20	29,20	25,70	10,60	02,60	17,30	65,90	14,60
pflegeleicht	43,30	19,60	16,40	63,90	41,00	36,50	40,10	17,00	13,50	28,20	63,20	28,90
elegant	13,90	32,90	46,30	16,80	07,60	33,50	15,80	29,40	31,10	19,20	06,40	39,10
sympathische Marke	37,20	28,00	21,50	44,00	20,80	32,60	39,60	14,20	10,90	17,90	31,80	27,20

Abb. 32: Ausschnitt aus der Datenmatrix zur Faktorenanalyse und Korrespondenzanalyse bei Wäschemarken
Österreich: 885 Auskunftspersonen; Deutschland: 1002 Auskunftspersonen
Lesehilfe: 55,4 % der Auskunftspersonen ordnen der Marke H&M in Österreich und 59,50 % in Deutschland den Begriff „in jeder Größe erhältlich" zu

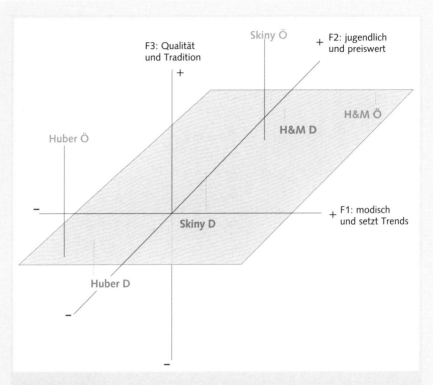

Abb. 33: Positionierung von Wäschemarken im Imageraum auf Basis einer Faktorenanalyse

Ein Verfahren zur Datenreduzierung, das die genannten Nachteile nicht aufweist, ist die **Korrespondenzanalyse**. Diese versucht, große Datenmatrizen mit möglichst geringem Informationsverlust grafisch darzustellen, wobei im Gegensatz zur Faktorenanalyse keine Verdichtung der Items zu Dimensionen erfolgt. Der Imageraum enthält die Marken ebenso wie die der Beurteilung zugrundeliegenden Eigenschaften. Die relative Nähe eines Items zu den Marken gibt Auskunft darüber, wie stark diese Eigenschaft der jeweiligen Marke zugeordnet wird. Die Nähe einer Marke zum Ursprung bedeutet entweder, dass es sich um eine sehr starke Marke handelt, bei der viele Eigenschaften in hohem Maße zugeordnet werden oder aber eine wenig prägnante Marke mit geringen Zuordnungen bei mehreren Eigenschaften.

In Abb. 34 ist die Positionierung von Wäschemarken aus der Sicht deutscher KonsumentInnnen dargestellt. Die Lösung erklärt in zwei Dimensionen 64% der Varianz. Es zeigt sich aus der Sicht deutscher Wäschekäufer entlang der waagrechten x-Achse eine deutliche Polarisierung zwischen luxuriösen Marken, wie zum Beispiel Joop und Hugo Boss auf der linken Seite und preiswerten Marken, wie H&M und Sloggi auf der rechten Seite. H&M und etwas weniger deutlich auch Skiny – im unteren Ast der senkrechten y-Achse – gelten als „jugendliche" Marken, während die Marke Schiesser in Deutschland mit natürlichen Materialien, Tradition, aber auch mit dem Begriff altmodisch in Verbindung gebracht wird.

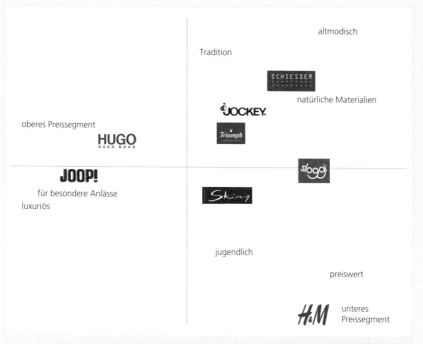

Abb. 34: Positionierung von Wäschemarken im Imageraum auf Basis einer Korrespondenzanalyse.
Die horizontale Achse erklärt 46 %, die senkrechte 18 % der Varianz. Die dritte Dimension erklärt 16 % der Varianz, wurde hier aber aufgrund der Übersichtlichkeit nicht dargestellt.

Für die Korrespondenzanalyse spricht, dass keine künstliche Bündelung der Eigenschaften erfolgt. Gegen das Verfahren spricht die wesentlich kompliziertere Interpretation der Lage der Marken und der Eigenschaften zueinander.

Die Positionierungsräume bilden die Basis für eine Soll-Positionierung.

Festlegen der Soll-Positionierung

Nachdem das Unternehmen durch Attraktivitätsbewertung jenes Segment mit den größten Erfolgsaussichten als Zielsegment festgelegt und die Positionierung der eigenen und der Mitbewerbermarken aus Sicht der Zielpersonen in diesem Segment festgestellt hat, wird eine Soll-Positionierung der Marke erarbeitet: Dadurch wird festgelegt, wie sich die Marke in Zukunft im Meinungsfeld der Zielgruppe profilieren soll, so dass sie bevorzugt gewählt wird.

Dies bedeutet auch, dass die gewählten Kriterien der Soll-Positionierung kaufrelevant sein müssen. Betrachten wir den Imageraum (Abb. 34) aus unserem Wäschemarken-Beispiel, so wären z. B. folgende Möglichkeiten einer Soll-Positionierung für Schiesser in Deutschland denkbar:

- Schiesser könnte weiterhin auf Tradition und die Qualität des Materials setzen und diese Eigenschaften kommunizieren.

- Eine Beibehaltung der derzeitigen Markenposition empfiehlt sich dann, wenn – wie in unserem Beispiel – diese Position nicht auch durch eine weitere Marke besetzt ist.

- Beim Beibehalten der Position sind allerdings Marketing- und Kommunikations-Maßnahmen dem Zeitgeist und aktuellen Strömungen anzupassen, ohne dass dabei das bestehende Markenimage aufgegeben wird.

- Schiesser könnte seine Wäsche auch als exklusiv und hochwertig positionieren. In diesem Fall müsste auch das Design des Produktes geändert werden, damit es den Verbrauchererwartungen im Falle von „exklusiv" gerecht wird. Z. B. könnten bekannte Designer Wäsche gestalten, um dem Modedefizit entgegenzuwirken (siehe die Nähe der Marke Schiesser zu „altmodisch").

- Weiters könnte Schiesser den Mitbewerber H&M repositionieren, indem das Unternehmen betont, dass seine Wäsche zwar kein modisches Design aufweist, aber aus natürlichen Materialien gefertigt ist und damit angenehmen Tragekomfort und dauerhafte Qualität bietet. Schiesser könnte darauf hinweisen, dass durch künstliche Materialien Hautallergien gefördert werden und H&M die Vorzüge, die natürliche Materialien bieten, nicht durchgängig aufweist.

- Schiesser könnte anhand des Imageraumes eine Marktlücke lokalisieren (z. B. das Feld exklusiv und jugendlich ist derzeit von keiner Marke besetzt) und entscheiden, ein eigenes Produkt dafür zu konzipieren und als Zweitmarke auf den Markt zu bringen. Dieses Segment wird zwar ein Nischensegment sein, für einen einzigen Anbieter aber durchaus interessant.

Die Beispiele zeigen sehr klar, dass die (realen, objektiven) Produkteigenschaften mit den subjektiven Wahrnehmungen der Zielpersonen übereinstimmen sollten.

Die Markenpositionierung ist Ausgangspunkt für sämtliche Kommunikationsüberle-
gungen. Wir werden darauf noch in Kap. 4.4 zu sprechen kommen. Maßgebend für die
Positionierung ist die Sicht der Zielpersonen und nicht jene des Produzenten. Markenpositionierung hat zwei Aspekte: zum einen ist das Profil eines Produktes durch seine
Funktion, sein Design, seinen Preis und seine Erhältlichkeit bestimmt – also durch den
funktionellen oder Grundnutzen – zum anderen durch den Zusatznutzen der Marke
(emotionaler Nutzen): Eine Marke ruft in den Köpfen der Verbraucher ein bestimmtes
Vorstellungsbild, ein Image, hervor, das mit jenen der Konkurrenzmarken verglichen

Abb. 35: Positionierungsprozess

wird. Beide Aspekte (Grundnutzen und Zusatznutzen) sind für den Werbetreibenden von Bedeutung, da hierbei festgelegt wird, ob der funktionale und/oder emotionale Nutzen zur Differenzierung von Konkurrenzprodukten benutzt wird. Daraus leitet sich die Notwendigkeit einer sorgfältigen, exakten und klaren Positionierung einer jeden Marke ab, die erfolgreich bestehen will. Dies verdeutlicht der berühmte Agenturgründer David Ogilvy: „The results of your campaign depend less on how we write advertising than on how your product is positioned."

Die Positionierung wird üblicherweise in „**Positioning Statements**" festgelegt: Sie präzisieren die für die Werbung wesentlichen Nutzenaspekte einer Marke.

Laut Rossiter und Percy (1998, S. 141) beinhaltet ein Positioning Statement folgende drei Punkte:

- Zielgruppe,
- Verbraucherbedürfnisse in einer Produktkategorie und
- durch die Marke gestiftete(r) Nutzen.

Abb. 35 soll den Ablauf eines Positionierungsprozesses, der in den vorangegangenen Seiten besprochen wurde, nochmals zusammenfassen und verdeutlichen.

Nachstehend soll der Prozess der Positionierung sowie der Einfluss der Positionierung auf die Werbegestaltung anhand der Impulseis-Marke Magnum von der Firma Unilever gezeigt werden.

Die Erhebung der Marktsituation in Österreich zeigte, dass sich die Verbraucher nach dem Trend der 80er-Jahre zu kalorienreduziertem Essen dem einfachen, „echten", wohlschmeckenden Essen zuwenden, und dass bei jungen Erwachsenen ein starker Trend zu kleinen „Verwöhnungseinheiten" bestand.

Zuvor hatte Masterfoods Mars als Speiseeis auf den Markt gebracht, das diesem Trend folgte. Unilever folgte mit der Marke Magnum: ein wohlschmeckendes Eis am Stiel, in einfachem, eleganten Design mit echter Schokolade als Überzug. Unter der Berücksichtigung sich ändernder Konsumbedürfnisse wurden nicht mehr wie bisher Kinder, sondern junge Erwachsene als Zielgruppe ausgewählt.

Das funktionelle Produkt (Eis in Schokoladehülle am Stiel) wurde mit dem emotionalen Nutzen Genuss aufgeladen.

Das Positioning Statement lautet:

Magnum ist das intensive, sinnliche Eiserlebnis für Menschen, die für sich den ultimativen Genuss suchen. Umgesetzt wird diese Postionierung kontinuierlich durch „sinnliche Genuss-Szenen" dargestellt in verschiedenen Werbeträgern wie z. B. im Plakat „Me and my Magnum" aus dem Jahr 1998 (Abb. 36) oder im TV-Spot „Magnum Intense" (Abb. 37).

Abb. 36: Plakat „Me and my Magnum" aus dem Jahr 1998

Video	Screenshots	Audio
Eine Platte wird aufgelegt.	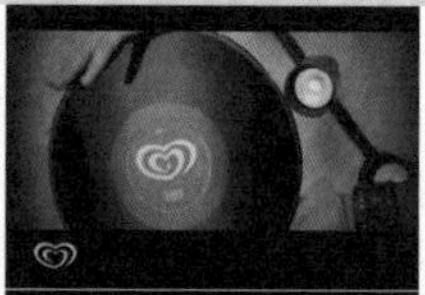	
Eine junge Frau geht mit ihrem Magnum-Eis auf den Balkon, um es dort zu genießen.		Hallo hier ist wieder – DJ Van Ille.
Durch die offene Tür des Nachbarbalkons sieht man, wie ein junger Mann an einer Staffelei arbeitet.		Angeblich gibt`s jetzt ein neues Eis, das keinen kalt lässt:
Die Frau beißt von ihrem Eis ab.		knackige Schokoschicht, cremiges Vanille-Eis und köstlicher Trüffelkern. –
	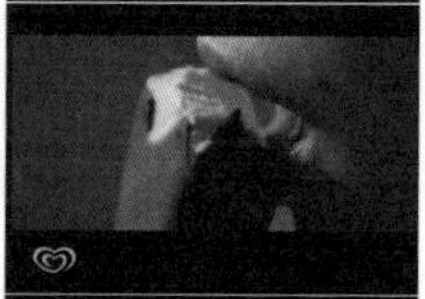	„Ekstase in drei Schichten".
Er bemerkt sie und nimmt mit ihr Blickkontakt auf. Sie senkt ihren Blick und beißt wieder ein Stück vom Eis ab.		Also, ich glaub's erst, wenn ich's seh …
Sie schaut auf, doch der Nachbarbalkon ist leer.	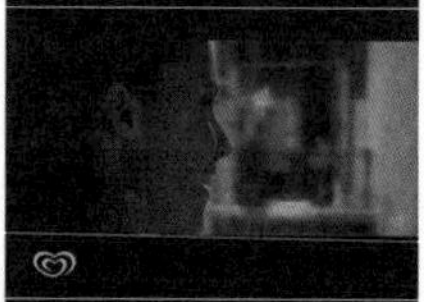	--- Klopfen an der Tür ---
Packshot		Das neue Magnum Intense von ESKIMO Jetzt wird's Eis

Abb. 37: Storyboard Magnum Intense

2.5 Marketingziele

Nachdem die umfangreichen Analysen (Umwelt, Mitbewerber, potenzielle Kunden, Stärken und Schwächen des eigenen Unternehmens und daraus resultierende Chancen und Risiken für das Unternehmen) durchgeführt und die Soll-Positionierung festgelegt worden sind, wird ein Marketingkonzept erstellt. Wesentlicher Bestandteil von Konzepten ist die Formulierung klarer, langfristiger Ziele, an denen sich die operative Marketingplanung ausrichten kann.

Ausgehend von der Company Mission, die angibt, was das Geschäft des Unternehmens sein soll und somit Unternehmenszweck und -ziele festlegt, werden Marketingziele formuliert, die je nach Art und Umfang des Produktprogramms des Unternehmens einer produktgruppenspezifischen Aufspaltung der Ziele in Produktgruppenziele bedürfen.

Dabei ist es Aufgabe des Managements, den Unternehmenszweck unter Berücksichtigung der Company Mission in konkrete Handlungsziele umzusetzen, das heißt, die Unternehmensziele sind Orientierungs- bzw. Richtgrößen für das unternehmerische Handeln. Unternehmensziele können z. B. Gewinn, Gesamt- oder Eigenkapitalrentabilität, Marktgeltung usw. sein.

Unternehmensziele können nur dann realisiert werden, wenn den einzelnen Funktionsbereichen (Beschaffung, Produktion, Finanzierung, Marketing) detaillierte Teilziele vorgegeben werden.

Für die Besprechung unserer Belange sind lediglich die **Marketingziele** relevant. Nach Meffert (2008, S.71f) kennzeichnen Marketingziele angestrebte Zustände, die durch den Einsatz der Marketinginstrumente erreicht werden sollen, Marketingziele können z. B. sein: Erreichen eines bestimmten Umsatzes (mengen-/wertmäßig), Marktanteil (mengen-/wertmäßig), Distributionsgrad (Wie viele Geschäfte sollen das Produkt führen?), Preisniveau (Premiummarke, Billigmarke), Image (z. B. Positionierung als hochwertiges Qualitätsprodukt) usw.

Die Marketingziele bilden wiederum den Rahmen für die Instrumentalziele, also die Distributions-, Preis-, Produkt- und Kommunikationsziele.

Die Instrumentalziele erfordern eine möglichst **operationale Festlegung**, das heißt, die Ziele sollten nach Inhalt, Ausmaß, Zeit- und Segmentbezug festgelegt werden, und die Messvorschriften, anhand derer die Zielerreichung kontrolliert werden kann, sollten definiert werden. Beispiel für ein operationales kommunikationspolitisches Ziel wäre: „Erreichung eines (ungestützten) Bekanntheitsgrades von 20 % für die Marke XY innerhalb von 2 Jahren bei der Zielgruppe der berufstätigen Frauen".

Auf die Kommunikationsziele kommen wir in Kap. 3.3 ausführlich zu sprechen.

Abb. 38 verdeutlicht den Zusammenhang der unternehmerischen Zielsetzungen.

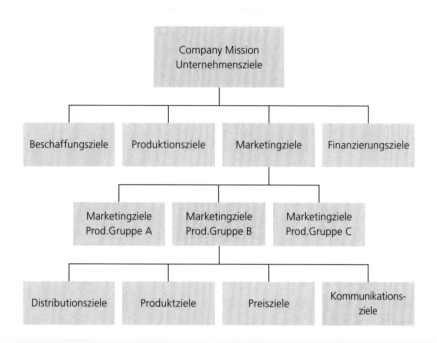

Abb. 38: Marketingziele im Rahmen der unternehmerischen Zielhierarchie

2.6 Marketinginstrumente

Marketinginstrumente umfassen alle Aktionen bzw. Handlungsalternativen, zwischen denen das Unternehmen wählen kann, um die Marketingziele zu erreichen.

Die Marketingtheorie unterscheidet vier Gruppen von Marketinginstrumenten (vgl. Abb. 39).

Die **Produktpolitik** umfasst alle Entscheidungen, die sich auf die Gestaltung der Absatzleistung von Gütern und Dienstleistungen beziehen. Diese Entscheidungen betreffen die Produktgestaltung (Material, Funktion, Design etc.), die Neuentwicklung, Änderung oder das Ausscheiden von Produkten, aber auch den Kundendienst, der eine technische oder kaufmännische Zusatzleistung nach dem Kauf darstellt (Schulung, Beratung, Wartung etc.). Da Produkte bzw. Leistungen in der Regel nicht allein, sondern im Verbund eines Programms (Sortiment) angeboten werden, sind auch Überlegungen bezüglich der art- und mengenmäßigen Zusammensetzung des Absatzprogramms anzustellen.

Die **Distributionspolitik** bezieht sich auf Fragen des Absatzweges vom Erzeuger zum Endkunden. Diese betreffen einerseits die Wahl der Kanäle, die aus Verkaufsorganen des Herstellers (Außendienst) oder aus rechtlich selbständigen Absatzmittlern und

Abb. 39: Marketinginstrumente

-helfern (Einzel-, Großhandel, Handelsvertreter) bestehen können. Andererseits gilt es, Probleme der physischen Distribution zu lösen, also Produkte in der gewünschten Menge zur rechten Zeit und zu optimalen Kosten anzuliefern. Dazu sind Entscheidungen über Lieferfristen, Transportmittel, Lagerhaltung usw. zu fällen.

Die **Preispolitik** umfasst die Gesamtheit vertraglicher Vereinbarungen über das Leistungsangebot: Preis- und Rabattpolitik, Liefer- und Zahlungsbedingungen und Kreditpolitik. Schließlich hat das Unternehmen im Rahmen der **Kommunikationspolitik** die Aufgabe, potenzielle Kunden über die Existenz seiner Produkte und Leistungen, deren Merkmale, Vorteile, Nutzen und Preise zu informieren bzw. Präferenzen zu schaffen. Die Instrumente wie Absatzwerbung, Verkaufsförderung und Public Relations usw. werden wir in Kapitel 3.1 ausführlich darstellen.

Marketing-Mix

Bei der Planung des Marketing-Mix geht es um die Frage, in welcher Ausprägung die einzelnen Marketinginstrumente einzusetzen sind, bzw. wie sie am besten miteinander kombiniert werden sollen, damit die Marketingziele bestmöglich erreicht werden. Dabei können die einzelnen Marketinginstrumente nicht losgelöst voneinander betrachtet werden, sondern sie stehen vielmehr in enger Wechselbeziehung zueinander. Soll z.B.

eine neue Marke aus dem Konsumgüterbereich (Produktpolitik) rasch auf dem Markt penetriert werden (also einen bestimmten Marktanteil erreichen), so ist im Rahmen der Distributionspolitik dafür zu sorgen, dass diese Marke ab sofort überall erhältlich ist, und im Rahmen der Kommunikationspolitik sollte für eine rasche Bekanntheit dieser Marke und Präferenz für sie gesorgt werden (z. B. durch Einsatz klassischer Werbung). Würde z. B. nur dafür gesorgt, dass sie erzeugt und distribuiert wird, wäre der Markterfolg – ausgedrückt in Marktanteilen – sicherlich geringer.

Die Wirkung der Produktpolitik auf das Marketingziel (Erreichen eines bestimmten Marktanteils) hängt also von der Ausgestaltung der übrigen Marketinginstrumente ab. Dies verdeutlicht, dass zur Zielerreichung ein optimaler Mix gefunden werden muss.

Die Berücksichtigung der Interdependenzen der Instrumente ist bei der Festlegung des Marketing-Mix von zentraler Bedeutung, da diese die Effizienz und Effektivität des gesamten Marketing-Mix beeinflussen. Die Literatur (Meffert, 2000, S. 973 ff., Becker, 1998, S. 649 ff.) unterscheidet hauptsächlich zwischen funktionalen und zeitlichen Beziehungen.

- **Funktionale Beziehungen** sind sachliche bzw. inhaltliche Wirkungszusammenhänge. Sie liegen vor, wenn der Einsatz eines Instrumentes vom Einsatz anderer Instrumente abhängt oder diese in ihrer Wirkung beeinflusst.

  So können sich z. B. die Wirkungen zweier Instrumente gegenseitig beeinträchtigen (**konkurrierende Beziehung**): z. B. der aggressive Einsatz des Instrumentes Preis stört den werblichen Aufbau eines Prestigemarken-Images.

  Weiters kann zwischen den Instrumenten eine **substituierende Beziehung** bestehen. Das ist dann der Fall, wenn der Mehreinsatz eines Instrumentes den Mindereinsatz eines anderen Instrumentes ermöglicht. Z. B. kann bei einer wesentlich verbesserten Konstruktion und damit vereinfachten Bedienung eines Produktes die Notwendigkeit einer persönlichen Beratung entfallen (Produktpolitik substituiert Kommunikationspolitik).

  Wenn die angestrebte Wirkung nur durch den gemeinsamen Einsatz von Instrumenten zu erzielen ist, spricht man von einer **komplementären Beziehung**: Ein überdurchschnittliches Preisniveau beispielsweise lässt sich auf die Dauer nur durch eine überdurchschnittliche Produktqualität am Markt durchsetzen.

  Schließlich ist es auch möglich, dass zwischen zwei Instrumenten kein Wirkungsverbund besteht (**indifferente Beziehung**): z. B. hat die Entscheidung für ein dezentrales Logistiksystem keinen unmittelbaren Einfluss auf die klassische Werbung.

  Information, Beratung, Überzeugung der Kunden kann beispielsweise entweder durch Werbung oder durch Mitarbeiter im Außendienst erfolgen. Aber auch bei diesen Instrumenten kann eine bestimmte Kombination die beste Wirkung erzielen. Der Außendienstmitarbeiter wird mit größerem Interesse empfangen werden, wenn das Produkt oder die Firma durch Werbung bereits bekannt ist, und er kann die Wirkung der Werbung durch eine intensive Beratung im persönlichen Gespräch verstärken. Diese Instrumente sind also nur innerhalb bestimmter Grenzen ohne Auswirkung auf den Umsatz substituierbar.

■ Bei der Gestaltung des Marketing Mix ist auch zu überlegen, ob die Instrumente gleichzeitig oder aufeinanderfolgend oder phasenweise eingesetzt werden sollen (**zeitliche Beziehung**).

Gerade beim Einsatz der klassischen Werbung ist üblicherweise eine gewisse Mindestdistribution der beworbenen Produkte notwendig. Gegebenenfalls kann aber auch die umgekehrte Reihenfolge angezeigt sein: bei der Pull-Strategie wird Werbung betrieben, um durch die Nachfrage der Kunden beim Handel den Distributionsgrad zu erhöhen.

Manche Kommunikationsinstrumente werden nur phasenweise eingesetzt: z. B. Verkaufsförderung, während klassische Werbung durchlaufend eingesetzt wird.

Viele marketingpolitische Instrumente entfalten nicht sofort ihre Wirkung, da die Kunden erst mit einer Verzögerung reagieren: Änderungen der Produktqualität oder Werbemaßnahmen, die das Image eines Produktes ändern sollen, wirken mit einem bestimmten **Time-Lag** (Verzögerung).

Auch rechtliche, vertragliche und finanzielle Beschränkungen bestimmen den Einsatz der Instrumente. Beispiele für rechtliche Bestimmungen sind Rabattgesetz, staatlich festgesetzte Höchst- und Mindestpreise, Lebensmittelgesetze, Einschränkung der vergleichenden Werbung (z. B. in Deutschland und in Österreich).

Schließlich hängt die Wirkung einzelner marketingpolitischer Instrumente von verschiedenen Umweltfaktoren ab: von den Konkurrenzreaktionen, von der gesellschaftlichen und wirtschaftlichen Entwicklung. Preispolitische Maßnahmen etwa spielen in Hochkonjunkturperioden eine geringere Rolle als in Zeiten der Depression.

▶ Literatur zu Kap. 2.2 bis 2.6

Allenby, G. M., Rossi P. E., Marketing Models of Consumer Heterogenity, in: Journal of Econometrics, 89, 1/2 (March/April), 1999, S. 57–78.

Ansari, A., Mela, C., E-Customization, Paper presented at the Bayesian Applications and Methods in Marketing Conference, November 8–11, Fisher College of Business, Ohio State University 2000.

Arabie, P., Hubert, L, Cluster Analysis in Marketing Research, in: Bagozzi, R. P. (Hrsg.), Advanced Methods of Marketing Research, Cambridge: Blackwell, 1994, S. 160–189.

Assael, H., Consumer Behavior and Marketing Action, 6. ed., Boston 1998.

Backhaus, K., Industriegütermarketing, 9. Aufl., München 2010.

Batra, R., Myers, J. G., Aaker, D. A., Advertising Management, 5. ed., Englewood Cliffs 1996.

Becker, J., Marketing-Konzeption: Grundlagen des strategischen und operativen Marketing-Managements, 6. Aufl., München 1998 und 9. Aufl. 2009.

Berekoven, L., Ellenrieder, P., Eckert, W., Marktforschung. Methodische Grundlagen und praktische Anwendung, 12. Aufl., Wiesbaden 2009.

Blackwell, R. D., Miniard, P.W., Engel, J. F., Consumer Behavior, 10. ed., Mason, Ohio 2006.

Böcker, F., Marketing, 7. Aufl., Stuttgart, New York 2003.

Brockhoff, K., Produktpolitik, 4. Aufl., Stuttgart, New York 1999.

Bruhn, M., Homburg, C. (Hrsg.), Gabler Lexikon Marketing, 2. Aufl., Wiesbaden 2004.

Buchta, Ch., Dolnicar S., Reutterer T., A nonparametric approach to perceptions-based market segmentation, Wien 2000.

Die Stern-Bibliothek, Markenprofile 11: die Rückkehr der Qualität, Hamburg 2005.

Diller, H., Preispolitik, 4. Aufl., Stuttgart u. a. 2008.

Diller, H., Bukhari, J., (Hrsg.), Marketingplanung, 2. Aufl., München 1998.

Duda, A. W., Der Einfluß von Familienmitgliedern auf die Markenwahl, in: Werbeforschung & Praxis 3/1995, S 78–81.

Eenhoorn, J. W., Building a Brand is Building a Future, in: Werbeforschung & Praxis 6/1997, S. 19–20.

Esch, F.-R., Markenpositionierung als Grundlage der Markenführung, in: Esch, F.-R., Moderne Markenführung, 4. Aufl., Wiesbaden 2005, S. 131–164.

Freter, H., Markt- und Kundensegmentierung, 2. Aufl., Stuttgart 2008.

Frühwirth-Schnatter, S., Otter, T., Conjoint Analysis Using Mixed Effects Models, in: Friedl, H., Berghold A., Kauermann, G. (Hrsg.), 14th International Workshop on Statistical Modelling, Graz 1999, S. 181–191.

Greenacre, M. J., Correspondence analysis in practice, 2. ed., London 2007.

Greisinger, C., Positionierung von Wäschemarken aus der Sicht des Handels und der Konsumenten im Vergleich zwischen Österreich und Deutschland, Diplomarbeit an der Wirtschaftsuniversität Wien, 2002.

Homburg, Ch., Krohmer, H., Marketingmanagement: Strategie – Instrumente – Umsetzung – Unternehmensführung, 4. Aufl., Wiesbaden 2012.

Jarisch, A., Differenziertes Zielgruppen-Direktmarkting am Beispiel der WWG, Diplomarbeit an der Wirtschaftsuniversität Wien 2006.

Keusch, F., Marktsegmentierung mittels CHAID und logistischer Regression, in: transfer – Werbeforschung & Praxis, 1/2007, S. 31–35.

Kamakura, Wagner, A., Russel G. J., A Probabilistic Choice Model for Market Segmentation and Elasticity Structure, in: Journal of Marketing Research, 26 (November), 1989, S. 379–390.

Kniewasser, B., Skokan, M., Positionierung von Wäschemarken aus der Sicht des Handels und der Konsumenten in Österreich, Diplomarbeit an der Wirtschaftsuniversität Wien, 2002.

Köhler, R., Beiträge zum Marketing-Management, 3. Aufl., Stuttgart 1993.

Kossuth-Wolkenstein, C., Die Marke Eskimo, Wien, Hamburg 2000.

Kotler, Ph., Armstrong, G., Principles of Marketing, 13. ed., Upper Saddle River 2010.

Kotler, Ph., Keller, K., Bliemel, F., Marketing-Management, 12. Aufl., München 2007 und 14. Aufl. 2011.

Kroeber-Riel, W., Weinberg, P., Gröppel-Klein, A., Konsumentenverhalten, 9. Aufl., München 2009.

Kurz, H., Exportwerbung, Strategie und Test österreichtypischer Markenpositionierung, Wien 1994.

Mataja, V., Die Reklame, Leipzig 1910.

Mazanec, J. A., Strasser,H., A Nonparametric Approach to Perceptions-Based Market Segmentation: Foundations, Berlin 2000.

Meffert, H., Marketing, 10. Aufl., Wiesbaden 2008 und 11. Aufl. 2012.

Meffert, H., Bruhn, M., Dienstleistungsmarketing, 6. Aufl., Wiesbaden 2009.

Mühlbacher, H., Dreher, A., Gabriel Ritter, A., Strategische Positionierung – Grundpfeiler des Marketings in komplexen und dynamischen Umwelten, in: DBW 56, 2/1996, S. 203–219.

Müller-Hagedorn, L., Handelsmarketing, 5. Aufl., Stuttgart u. a. 2011.

Nieschlag, R., Dichtl, E., Hörschgen, H., Marketing, 19. Aufl., Berlin 2002.

Otter, T., Conjointanalyse zur Messung und Erklärung von Markenwert, Dissertation an der Wirtschaftsuniversität Wien, 2001.

Ries, A., Trout, J., Positioning: The Battle for Your Mind, New York 1986.

Rossiter, J., Percy, L., Advertising Communications & Promotion Management, 2. ed., Boston 1998.

Scheuch, F., Marketing, 6. Aufl., München 2007.

Scheuch, F., Marketing leicht gemacht. Warum gibt es keine Schnitzel bei McDonald's?, 2. Aufl., Frankfurt 2002.

Schlögl, C., Valtiner, H., Positionierung von Wäschemarken aus der Sicht des Handels und der Konsumenten in Deutschland, Diplomarbeit an der Wirtschaftsuniversität Wien, 2002.

Schlögl, G., Corporate Communications – Von der Produktprofilierung zur Unternehmensprofilierung, in: Werbeforschung & Praxis, Heft 3/1994, S. 105–110.

Steffenhagen, H., Marketing, 6. Aufl., Stuttgart 2008.

Schweiger, G., Dabic, M., Marke und klassische Werbung, in: Hermanns, A., Ringle, T., van Overloop, P. (Hrsg.), Handbuch Markenkommunikation, München, 2008, S. 175–189.

Trommsdorff, V., Konsumentenverhalten, 8. Aufl., Stuttgart 2011.

Turcsanyi, G., Reuer, C., Baier B., MA Lebenswelten neu: elektronische Quelle: http://www.media-analyse.at/studienDatenDefinition.do?year=2007&key=data 2005.

Wedel, M., Wagner, A., Kamakura, Market Segmentation, Boston 1998.

2.7 Markenführung

Die Marke ist in den letzten Jahren zunehmend in den Mittelpunkt des Interesses von Marketingpraktikern und Wissenschaftern gerückt, stellt sie doch für ein Unternehmen einen wertvollen Vermögensgegenstand (**Markenwert**) dar, der auch in Geschäftsberichte Eingang findet.

Der Markenwert umschreibt eine Reihe von Vorzügen und auch Nachteilen, die die Verbraucher mit einem Markennamen und/oder -symbol in Verbindung bringen und den Wert eines Produktes oder Dienstes für ein Unternehmen oder seine Kunden mehren oder mindern.

Für den Markeninhaber stellt sich somit die Frage, wie Markenwert zu generieren bzw. zu erhalten und zu mehren ist. Dabei sind nicht nur Umsatz- und Gewinnrentabilität einer Marke zu beachten, sondern – aus Marketing-Sicht – auch die Beziehungen, die Verbraucher zu einer Marke haben, verursacht durch die mit einer Marke verbundenen Vorstellungsbilder und Assoziationen.

Die Kraft des Markennamens beschränkt sich nicht nur auf Konsumgüter, auch bei Investitionsgütern ist die Kenntnis des Markennamens oft von zentraler Bedeutung, da bei der Entscheidung für die eine oder andere Alternative nach eingehender Prüfung der Angebote am Ende doch Assoziationen, die von einem bekannten Markennamen ausgehen, eine große Rolle spielen. Marken haben sowohl für den Käufer als auch für das Unternehmen eine Reihe von wichtigen Funktionen.

2.7.1 Funktion der Marke

Ursprünglich war die Marke lediglich die Kennzeichnung für die Herkunft eines Produktes. Kotler definiert demnach „Marke als einen Namen, Begriff, ein Zeichen, Symbol oder eine Gestaltungsform oder eine Kombination aus beiden Bestandteilen zum Zwecke der Kennzeichnung der Produkte oder Dienstleistungen eines Anbieters oder einer Anbietergruppe und zu ihrer Differenzierung gegenüber Konkurrenzangeboten. … Die Marke bewirkt jedoch sowohl aus Kunden- als auch aus Herstellersicht weit mehr als nur die Identifikation der Herkunft." (Kotler, Keller, Bliemel, 2007, S. 509)

Viele Wissenschafter verstehen daher „Marke als eigenständiges, für sich abgrenzbares Assoziationsgeflecht in den Köpfen der Konsumenten" (z.B. Schweiger et al. ZfAW 3/99, S. 34).

Die Identifikations- und Differenzierungsfunktion sowie die generischen Eigenschaften einer Marke sind zwar wichtige, aber nicht ausreichende Komponenten, um das Verbraucherverhalten zu erklären. Das Image, das ein Markenname beim Verbraucher erzeugt und somit verhaltenswirksam wird, ist ebenso zu berücksichtigen.

Für das Markenmanagement ist es daher primäres Ziel, neben dem stofflich-technischen Produktnutzen ein positives, entscheidungsrelevantes und unverwechselbares Markenimage bei den Konsumenten aufzubauen.

Aus der Sicht des Verbrauchers haben Marken folgende Funktionen:

◼ **Sicherheit und Vertrauen**: Starke Marken enthalten eine implizite Qualitätsgarantie und schaffen somit beim Käufer Sicherheit und reduzieren das mit dem Kauf verbundene Risiko. Die Marke Hewlett Packard (HP) z. B. steht für hohe Qualität. Sie gibt dem (unerfahrenen) PC-Käufer Sicherheit, gute Qualität und Service zu kaufen.

◼ **Orientierungs- und Entscheidungshilfe**: Eine Marke steht für ein Bündel von funktionalen und emotionalen Eigenschaften bzw. Assoziationen. Sie stellt somit eine verdichtete Information (information chunk) dar, anhand derer sich der Verbraucher rasch in der Vielfalt der Angebote orientieren kann. Die Marke BMW z. B. steht für sportliches Fahren und Freude am Fahren.

◼ **Mittel zur Selbstdarstellung**: Marken vermitteln bestimmte Gefühle und Images und tragen so zur Vermittlung eigener Wertvorstellungen bei und dienen nicht zuletzt zur Abgrenzung von anderen bzw. zur Demonstration einer bestimmten Gruppenzugehörigkeit. Dies gilt vor allem für Marken, die auf dem benutzten Produkt sichtbar sind, wie z. B. Zigaretten, Autos, Uhren, Bier, Soft Drinks usw. Marlboro z. B. steht für Männlichkeit und Freiheit, die mit dem Cowboy aus der Marlboro Werbung verbunden sind.

◼ **Vermittlung eines besonderen Konsumerlebnisses**: Sehen, Hören, Riechen, Schmecken und Fühlen funktionieren nicht unabhängig voneinander, sondern formen ein synästhetisches Gesamterlebnis, das durch eine Vielzahl von Kontextfaktoren (räumliche Umgebung, Stimmung, das Glas, aus dem ein Getränk getrunken wird etc.) beeinflusst wird. Auch die Marke kann durch ihr Image dieses ganzheitliche (holistische) Produkterleben verändern. Diesen Effekt kann man bei Lebensmitteln in einem Vergleich von Blindverkostung und „offenem Test", bei dem der Konsument die Marke kennt, beobachten. So schmeckt die Marke Coca-Cola den meisten Konsumenten besser, wenn sie wissen, dass es sich um Coca-Cola handelt.

Aus der Sicht eines Unternehmens stellen sich die Funktionen von Marken folgendermaßen dar:

Schutz gegen Nachahmung: Der Markeninhaber besitzt das ausschließliche Nutzungsrecht für Markennamen und -zeichen in seinem Produktbereich, sofern er seine Marke ins Markenregister (Zeichenrolle) des zuständigen Patentamtes eintragen ließ.

◼ **Differenzierung vom Mitbewerb und Präferenzbildung**: Die Marke ruft Assoziationen (funktionale und emotionale Eigenschaften) beim Verbraucher hervor. Diese Eigenschaften werden durch das zur Verfügung stehende Marketing-Instrumentarium, insbesondere aber durch das Produkt selbst, die Verpackung und durch die Kommunikation transportiert. Dadurch ist es möglich, sich durch Hervorhebung bestehender Eigenschaften vom Mitbewerb zu differenzieren und bei Verbrauchern Präferenzen zu bilden. Die Elektrogeräte der Marke Braun heben sich z. B. durch ihr formschönes Design von den Mitbewerbern ab.

■ **Differenzierte Marktbearbeitung:** Durch verschiedene zielgruppenspezifische Marken kann ein Unternehmen einzelne Marktsegmente optimal bedienen.

■ **Preispolitischer Spielraum:** Je besser es gelingt, eine Marke im Vergleich zu Mitbewerberangeboten als etwas Einzigartiges darzustellen, desto größer ist der preispolitische Spielraum für diese Marke.

■ **Markentreue:** Hat eine Marke viele Kunden, die aufgrund ihrer Zufriedenheit die Marke immer wieder kaufen, so erhöht sich die marketingpolitische Planungssicherheit für diese Marke.

■ **Möglichkeit für Markenerweiterungen:** Starke Marken dienen der Markenerweiterung im Sinne einer Plattform, die es erlaubt, verschiedene Produktkategorien unter ein- und demselben Markennamen zu bringen: Nivea stellt ein Beispiel für besonders erfolgreiche Markenerweiterung dar.

■ **Wertsteigerung des Unternehmens** durch die Führung starker Marken (z. B. bei Coca-Cola, Disney, BMW, Ikea etc., vgl. dazu Aaker, Joachimsthaler, 2000).

Damit eine Marke all diese Aufgaben erfüllen kann, ist es notwendig, eine aktive Marketingpolitik zu betreiben.

2.7.2 Markenaufbau

Wie bereits erwähnt, kann man unter Marke die Kennzeichnung eines Produktes oder einer Leistung verstehen, die beim Verbraucher ein (vom Unternehmen gewolltes/geplantes) Image hervorruft, das geeignet ist, die Marke von anderen Marken klar zu differenzieren und beim Verbraucher Präferenzen zu schaffen.

Ausgangspunkt der Markenpolitik ist somit die Soll-Positionierung der Marke innerhalb eines gewählten Marktsegments. Basierend auf dieser Soll-Positionierung sind die Marketinginstrumente so einzusetzen, dass das beabsichtigte Markenimage bei den Verbrauchern generiert wird (vgl. Abb. 29, S. 69). Besonderes Augenmerk ist dabei nicht nur dem Marketing-Mix, sondern auch speziell den Markenelementen wie Markennamen, Markenlogos, Verpackung und der Kommunikation (Werbung, Verkaufsförderung etc.) zu schenken.

Die dadurch vom Unternehmen geschaffene Markenpersönlichkeit soll bei den Kunden Vertrauen schaffen, das mit einer Entlastungs- und Orientierungsfunktion einhergeht. Denn nur Marken, bei denen der Verbraucher eine klare, in sich gefestigte Persönlichkeit wahrnimmt, können dauerhaft Kunden an sich binden und somit Markentreue generieren.

Der Zusammenhang zwischen der unternehmerischen Markenpolitik und dem Verbraucherverhalten soll in Abb. 40 verdeutlicht werden.

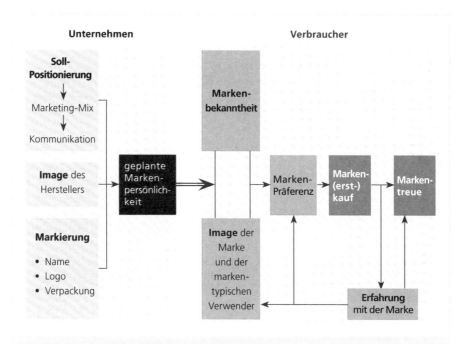

Abb. 40: Zusammenhang zwischen unternehmerischer Markenpolitik und Verbraucherverhalten

Markenpersönlichkeit ist die Summe aller Eigenschaften, die mit einer Marke verbunden ist und beim Verbraucher Assoziationen bzw. innere Bilder auslöst – also ein Image von der Marke erzeugt.

Die Wahrnehmung der Markenpersönlichkeit wird durch jeglichen direkten bzw. indirekten Kontakt mit der Marke determiniert. Nicht nur markenpolitische Maßnahmen wie Markenname, Logo, Verpackung, Produkteigenschaften, Preis, Vertriebsweg, Werbestil, etc. prägen die Markenpersönlichkeit, sondern auch das Image des Herstellers sowie Persönlichkeitsmerkmale typischer Nutzer werden auf die Marke übertragen.

So beschreiben Verbraucher Marken auch anhand menschlicher Eigenschaften. Die Marke Coca-Cola wird z. B. als „cool, All-American, real", die Konkurrenzmarke Pepsi mit „jung, aufregend, hip" beschrieben. Welches Cola-Getränk der Nachfrager schließlich präferiert, hängt von der wahrgenommenen Differenz zwischen Markenpersönlichkeit und eigener Persönlichkeit ab. Je geringer die Distanz, desto größer ist die Präferenz, desto wahrscheinlicher ist ein Kauf und Markentreue. Die vom Unternehmen kreierte Markenpersönlichkeit bestimmt das Image, das ein Verbraucher von der Marke hat.

2.7.3   Markenabsender

Zuerst muss die Frage beantwortet werden, wer als Absender der Marke auftreten bzw. wem die Marke zugeordnet werden soll. Markenware kann als **Herstellermarke**, Händlermarke, Lizenzmarke oder als Kombination von Marken mehrerer Absender (Co-Branding) auf den Markt gebracht werden.

Herstellermarken sind diejenigen Marken, die ein Hersteller unter einem unternehmenseigenen Markennamen vermarktet wie z. B. BMW, IBM, Lindt, etc. Damit hat er auch die gesamten Vermarktungskosten, die zu Markenaufbau und -pflege notwendig sind, zu tragen. Mit zunehmender Wettbewerbsdichte, die vor allem auch auf die Globalisierung zurückzuführen ist, bedarf es dafür immer höherer Budgets.

Für mittelständische Hersteller sind derart hohe Markenbudgets finanziell kaum realisierbar, so dass sie auf Partner angewiesen sind, die die Vermarktungskosten übernehmen. Häufig ist ihr Partner der Handel, der ihre Produkte als **Handelsmarken** (Eigenmarke oder Hausmarke) anbietet. Bei der klassischen Handelsmarke tritt der Handel als Qualitätsgarant und Marketingverantwortlicher auf. Die Handelsmarke ist nicht nur als preisgünstigere Alternative zur Herstellermarke zu sehen, wie z. B. Balea Kosmetik-Produkte von dm, sondern oft will der Handel mit einer eigenen Marke den Markt selbst aktiv gestalten. Ein Beispiel dafür ist die Marke „Ja! natürlich" des Rewe-Konzerns (Lebensmitteleinzelhandel), unter der ein breites Sortiment von Bioprodukten in Österreich vermarktet wird. Auch der Schweizer Handelsriese Migros oder die deutsche Lebensmittelhandelskette Aldi (in Österreich Hofer) führen eine Reihe von Eigenmarken für die einzelnen Sortimente.

Handelsmarken werden nicht nur von mittelständischen Betrieben, sondern oft auch von großen Markenartikelherstellern produziert, die dadurch ihre freien Produktionskapazitäten auslasten. Im untersten Preissegment angesiedelt sind Discount-Marken und **No-Names** (Generics, Gattungsmarken oder auch als „weiße Ware" bezeichnet), da auf der Packung lediglich der Produktname steht.

Hersteller- und Handelsmarken stehen im Kampf um die Regalplätze und um die Gunst der Verbraucher miteinander im Wettbewerb.

Während z. B. bei Zigaretten, Skiern und Autos Handelsmarken kaum eine Rolle spielen, sind Handelsmarken bei Bekleidung (z. B. C&A und H&M), Unterwäsche (z. B. Palmers) und Nahrungsmittel (z. B. Spar und Füllhorn) von großer Bedeutung.

Auch Hersteller von Vorprodukten oder Produktkomponenten können daran interessiert sein, ihren Markennamen durchzusetzen. Gelingt ihnen eine Profilierung ihrer Produkte beim Endabnehmer, so können sie Hersteller zum Einbau ihrer Komponenten oder Verwendung ihrer Vorprodukte bewegen. Der Hersteller des Endproduktes hat dann auch Interesse daran, auf seinen Produkten neben der eigenen Marke die Marke der Komponenten anzuführen, um aus der Bekanntheit und dem Image der beteiligten Marken Vorteile zu ziehen, indem sich die mit beiden Marken verbundenen Assoziationen auf das Gesamtprodukt übertragen. Bei derartigen Markenkombinationen spricht man von **Mar-**

kenallianzen oder „Brand Bundling", im speziellen von Co-Branding oder Ingredient-Branding. Ingredient Branding – also die Sichtbarmachung der Marke eines Inhaltsstoffs für den Endverbraucher – liegt vor, wenn z. B. in einem Sony-Computer Chips der Marke Intel eingebaut sind und dies dann durch „Intel inside" auf dem PC selbst und in Werbeprospekten gekennzeichnet ist, Casali Schokobanane mit Chiquita Bananenmark (vgl. Abb. 41) auf den Markt gebracht werden oder die Marke Gore-Tex auf Reusch-Schihandschuhen aufgenäht ist, weil diese aus Gore-Tex gefertigt sind. Gore-Tex steht für schlechtwettertauglich, wasserundurchlässig und atmungsaktiv.

Ausschnitt aus TV-Spot

Abb. 41: Beispiel für Ingredient Branding: Casali Schokobananen mit Chiquita Bananenmark

Bei Co-Branding (im engeren Sinn) bringen die beiden Marken ebenfalls ein gemeinsam markiertes Produkt heraus (z. B. eine Kaffeemaschine von Philips mit Alessi-Design oder ein Renault Twingo im Benetton-Look), treten aber ansonsten auch jeweils unabhängig voneinander mit eigenständigen Produkten an den Endverbraucher heran.

Neuere Forschung zeigt, dass bei Markenallianzen eine Vielzahl von Faktoren beachtet werden muss, damit einerseits das gemeinsam markierte Produkt am Markt erfolgreich ist und andererseits auch die beiden beteiligten Marken davon profitieren. Besonders wichtig ist es, dass das co-markierte Produkt ein sinnvolles Ganzes ergibt und die Images der beteiligten Marken in emotionaler und sachlicher Hinsicht zusammen passen bzw. sich ergänzen. Dabei spielt die Werbung eine wichtige Rolle: Wenn etwa die Goldbären zu Besuch in die Smarties-Welt kommen, wird die Produktkombination verständlich und der wahrgenommene Fit der beiden Marken erhöht sich (Baumgarth 2003).

Bei langfristig angelegten Markenallianzen ist auf die Stabilität und Verlässlichkeit des Partnerunternehmens zu achten und kritisch zu prüfen, ob die Markenallianz die eigene Marke in eine Abhängigkeit von der Partnermarke bringen kann.

Bei **Lizenzmarken** räumt der Inhaber einer Marke anderen Unternehmen das Recht ein, diese Marke zur Vermarktung seiner eigenen Produkte zu nutzen. Dieses Produkt kann sich z. B. auf Produkte beziehen, die der Markeninhaber nicht selbst vermarktet (Markenerweiterung) oder auf Regionen, in denen der Markeninhaber nicht selbst präsent ist. Als Gegenleistung für das Nutzungsrecht verpflichtet sich der Lizenznehmer zur Einhaltung vertraglicher Vorgaben und zur Zahlung von Lizenzgebühren. Bekannte Lizenzmarken kommen aus den Bereichen Mode/Design wie etwa Boss, Jil Sander oder Genussmittel wie z. B. Mövenpick oder Camel. Lizenzmarken werden in unterschiedlichsten Branchen von Mode, Kosmetik, Brillen, Accessoires, Lebensmittel bis hin zu Reisen genutzt.

Starke Marken machen ein neues Produkt schnell bekannt und sind ein wirksames Profilierungselement gegenüber Mitbewerber-Produkten, indem sie vom Image des bekannten Namens profitieren (**Imagetransfer**). Dabei spielt die Werbung eine wichtige Rolle: Beim Schoko-Bananen Contest zeigt sich unter der Schokoglasur die Chiquita Schokobanane, welche den Contest gewinnt. Die Produktkombination wird dadurch verständlich und der wahrgenommene Fit der beiden Marken erhöht sich (vgl. Abb. 41). Die mit einem derartigen Imagetransfer verbundenen Vor- und Nachteile sollen in Kap. 2.7.6 diskutiert werden.

2.7.4 Branding

Branding im engeren Sinn bedeutet „**Markierung**". Branding dient dem Markenaufbau und umfasst die Gestaltung von Markennamen und Markenlogo sowie die Gestaltung von Produkt und Packung. Diese drei Elemente bilden nach Langner und Esch (2004) ein „magisches Branding-Dreieck" und müssen aufeinander abgestimmt werden, um den Markenaufbau effektiv unterstützen zu können.

Ziel des Brandings ist es, durch wirksame Gestaltung der Elemente eine Marke zu entwickeln, die folgende Ansprüche erfüllt:

- **Vermittlung positionierungsrelevanter Assoziationen**
  Bei der Namensgebung selbst kann ein unmittelbarer Beitrag zur Markenpositionierung geleistet werden, indem bedeutungshaltige Markennamen mit assoziativem Bezug zum Angebot verwendet werden, wie z. B. bei der Marke „Du darfst" (kalorienreduzierte Lebensmittel). Häufig aber werden bedeutungslose Namen oder Buchstabenkombinationen verwendet, die erst durch Gestaltungselemente wie Zeichen, Bilder und durch Kommunikation (vor allem Werbung) mit Bedeutung aufgeladen werden müssen wie z. B. Adidas.

Auch durch die Produktgestaltung können gezielt Assoziationen vermittelt werden: z. B. Jaguar: sowohl der Name als auch das Design und die Kühlerfigur des Autos wecken Assoziationen wie „schnell, elegant" (vgl. Abb. 43).

Dabei ist immer an die Zukunft zu denken: Markennamen, die ganz spezifische Assoziationen zu einer bestimmten Produktkategorie wecken, lassen sich zu einem

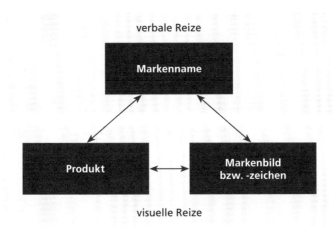

Abb. 42: Das magische Branding-Dreieck (aus Langner, 2003, S. 27)

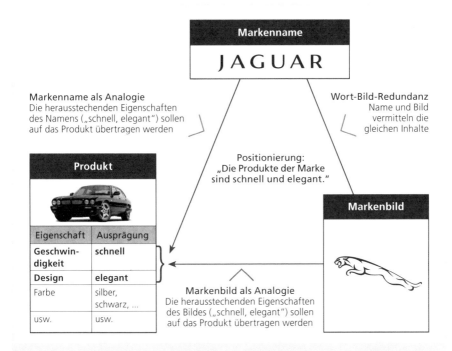

Abb. 43: Branding Bauplan am Beispiel Jaguar (nach Langner, 2003, S. 282 ff.)

späteren Zeitpunkt nur schwer auf neue Produktkategorien ausdehnen. Wenn ein späterer internationaler Einsatz wahrscheinlich ist, sollten weiters die Assoziationen zum Markennamen in den möglichen Zielsprachen getestet werden.

- **Prägnante Gestaltung**
  Diese zeichnet sich durch Einfachheit, Einheitlichkeit und Kontrast aus. Vgl. dazu Kap. 4.4.1.3.

- **Diskriminierungsfähigkeit**
  Markenname, Markenlogo, Produkt- und Packungsgestaltung sollten charakteristische Merkmale aufweisen, die eine unmittelbare Unterscheidung von anderen Marken ermöglichen. Dies erfolgt meist durch die Bedeutung des Markennamens selbst und sollte durch gestalterische Maßnahmen des Logos (Bildelemente, Symbole, Farbe etc.), des Produktes bzw. der Verpackung unterstützt werden. Ein Beispiel dafür ist die WC-Ente (Markenname, Logo, Verpackung) oder der „Screw Pull" Korkenzieher für Wein (Markenname, Design, Logo).

Die gebräuchlichsten Markierungselemente sind der Markenname und das Markenlogo als visuelle Zeichen. Beide sollten nicht nur rechtlich schutzfähig und „internettauglich" sein, sondern auch den oben beschriebenen Anforderungen Rechnung tragen. Darüber hinaus sollten sie Aufmerksamkeit erregen, sympathisch, leicht wahrnehmbar und leicht erinnerbar sein.

Mit einem Namen gelingt es, auf ein Produkt aufmerksam zu machen und darüber zu kommunizieren. Eine der wesentlichen Aufgaben eines Markennamens besteht darin, dem Produkt eine Persönlichkeit zu verleihen. Der Name sollte daher eigenständig sein, damit er bei einer Kaufhandlung präsent ist. Sehr vorteilhaft sind auch, wie jüngere Forschung nachweist (Langner 2003), so genannte „imagery-starke" Markennamen, d. h. Namen, die lebendige innere Bilder hervorrufen (die dann durch Logo, Verpackung und Werbung noch verstärkt werden können).

Im Laufe der Zeit übernimmt der Markenname eine Orientierungsfunktion für den Verbraucher. Er wird zur Schlüsselinformation in der Einkaufssituation, indem er dem Verbraucher viele Einzelinformationen über Qualität und Image ersetzt. Bei den **Markenlogos** können wir Bild-, Wort- und Buchstabenmarken und Kombinationen davon unterscheiden (vgl. Abb. 44).

Der Bedeutungsgehalt eines Logos ergibt sich aus seiner konkreten Gestaltung – Farbe, Form sowie Schrifttype, Symbole, Zeichen, Bilder – und aus den zum Logo gelernten Wissensinhalten – aufgrund von eigener Erfahrung mit der Marke und durch Kommunikation vermitteltes Wissen. Diese beiden Elemente bestimmen die Assoziationen, die ein Markenlogo hervorruft. So ruft z. B. die Marke Frosch (vgl. Abb. 44) durch die Farbe grün und das Bild des Frosches Assoziationen zu Natur und Umwelt hervor.

Wichtig ist, wie erwähnt, dass die Brandingmaßnahmen sowohl inhaltlich als auch formal aufeinander abgestimmt werden, um Markenbekanntheit und Markenimage zu schaffen.

Abb. 44: Verschiedene Arten von Markenlogos

Formale Integrationsmittel sind Form und Farbe. Sie unterstützen vor allem den raschen Aufbau der Markenbekanntheit. Inhaltliche Integrationsmittel fördern den Aufbau vom Markenimage. Name, Logo und Verpackungsgestaltung sollten deshalb die gleichen, im Sinne der Soll-Positionierung gewünschten Assoziationen vermitteln. Durch die inhaltliche und formale Abstimmung der Brandingmaßnahmen erhält der Konsument ein klares inneres Bild von der Marke.

Viele Marken, denen wir heute begegnen, sind schon mehr als 100 Jahre alt. Coca Cola feierte bereits das 120. Jubiläum, Langenscheidt verbindet seit 150 Jahren die Menschen unterschiedlicher Sprachen durch seine Wörterbücher und das Lexikon „Brockhaus" gibt es seit mehr als 200 Jahren, Meissen Porzellan, das erste in Europa entwickelte Porzellan, mit den gekreuzten Schwertern im Markenbild, ist noch älter.

Abb. 45: Die unveränderten Logos von über 100 Jahre alten Marken

Der Familie Steiff gelang es seit Gründung, seine Stofftiere als Marken zu positionieren. So zeichnet das Unternehmen „Steiff" seine Teddybären schon über 100 Jahre lang mit einem Knopf im Ohr aus. Auf diesem Knopf mit Etikett als unverwechselbares Element zur Identifikation der Marke weist Steiff auch im Werbeslogan hin: „… mit dem Knopf im Ohr".

Abb. 46: Beispiel für Branding: „Steiff-Knopf" mit Etikette

Viele Markennamen sind nicht mit dem Namen des Unternehmers als Markeninhaber ident, sondern sind Kunstwörter. Der Name Persil z. B. ist aus der Abkürzung von chemischen Verbindungen entstanden, aus den Hauptbestandteilen Perborat und Silikat und seit der auf dem Weg zu einer Weltmarke.

Das erste deutsche Haarwaschmittel, das Shampoo „Schwarzkopf" wurde vom gleichnamigen Drogisten kreiert und schon vor mehr als 100 Jahren als Wort-Bildmarke geschützt. Der schwarze Kopf steht heute noch für das Bild der Marke, obwohl die Form des Kopfes an den jeweiligen Zeitgeist angepasst wurde. Derartige behutsame Anpassungen sind sinnvoll, wenn die Marke nicht als altmodisch erlebt werden möchte (vgl. dazu auch Kap. 4.4.3.5).

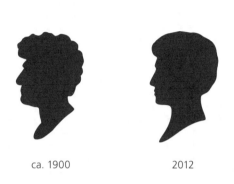

ca. 1900   2012

Abb. 47: Die Wort-Bild-Marke von Schwarzkopf im Wandel der Zeit

Bei Dienstleistungen ist meist der Name des anbietenden Unternehmens mit dem Markennamen ident. Auch Dienstleistungsmarken sind durchaus über ihre Grenzen hinaus bekannt, wie z.B. Banken, Airlines, Schifffahrtslinien, Restaurants und Hotels wie das Hotel Sacher in Wien oder die internationale Hotelkette Hilton. Beide sind nach dem Namen ihrer Gründer, Anna Sacher bzw. Conrad Nicholson Hilton benannt.

Eine der größten Reedereien der Welt „Hapag-Lloyd" ist seit 1970 das Bündnis der deutschen Traditions-Schifffahrtsmarken Hapag (Hamburg) und dem norddeutschen Lloyd (Bremen). Das Mittelmeer und die Polarwelt im Schiff zu erleben, wurde schon vor dem 1. Weltkrieg auf Reklamemarken beworben.

Abb. 48: Reklamemarken der Unternehmen Hapag und Lloyd

2.7.5   Markenarchitektur

Kaum ein Unternehmen bedient heute nur noch eine einzige Zielgruppe mit einem einzigen Produkt in einem einzigen Land. Je mehr Zielgruppen, Produkte und Ländermärkte ein Unternehmen bearbeitet, umso wichtiger wird die Frage der „Markenarchitektur", d. h. welche und wie viele Marken das Unternehmen in welchen Bereichen einsetzen soll und ob die Verbindungen zwischen den Marken für den Kunden sichtbar gemacht werden.

Bezüglich der Markierung des Produktportfolios des Unternehmens unterscheiden Esch und Bräutigam (2001) aufbauend auf Studien zur Konsumentenwahrnehmung zwischen den drei Grundtypen **„Unternehmensmarke", „Einzelmarke"** und **„gemischten Marken".** Strategien „gemischter Marken", bei denen auf den Produkten des Unternehmens sowohl die gemeinsame Unternehmensmarke als auch eine zusätzliche Marke für einzelne Produkte oder Produktfamilien aufscheint, stellen komplexe Formen der Markenarchitektur dar und lassen sich je nach Dominanz von Unternehmens- oder Einzel-/Familienmarke bzw. gleichberechtigtem Auftritt der beiden wiederum in drei Untertypen teilen.

Jede dieser Strategien weist unterschiedliche Vor- und Nachteile auf.

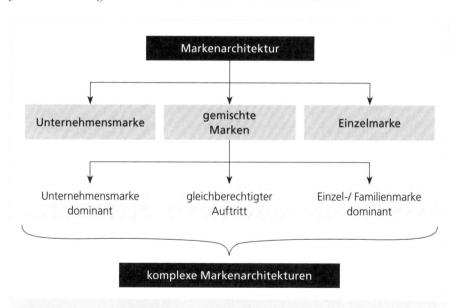

Abb. 49: Wirkungsbezogene Klassifikation von Markenarchitekturen (aus Esch, Bräutigam in: Esch 2001, S. 725)

Unternehmensmarke

Bei der Unternehmensmarkenstrategie, begrifflich oft synonym mit „Corporate Branding", „Dachmarkenstrategie" „Umbrella Branding" oder „Branded House" verwendet, werden idealtypischerweise alle Produkte der Firma einheitlich mit der Unternehmensmarke ohne zusätzliche Produktmarken gekennzeichnet. Nahe an diesen Idealtyp kommt beispielsweise das Unternehmen Siemens heran. Die Dachmarken-Strategie bietet die Möglichkeit, eine unverwechselbare Unternehmens- und Markenidentität aufzubauen, und neue Produkte können unter der vorhandenen Dachmarke relativ leicht eingeführt werden. Dem steht die Gefahr der Markenerosion gegenüber, die dann gegeben ist, wenn die Konsumenten den Kompetenzanspruch der Marke nicht mehr für alle Produkte akzeptieren. Weiters ist es schwieriger, sich auf einzelne Zielgruppen und Marktsegmente zu konzentrieren, wie Markenverantwortliche der wichtigsten markenführenden Unternehmen in Österreich in einer Umfrage des Instituts für Werbewissenschaft und Marktforschung bestätigten (Schweiger, Dabic und Strebinger 2004). Als Positionierung kann nur eine allgemeine, relativ unspezifische gewählt werden und auf Besonderheiten der Profilierung einzelner Programmteile kann nur wenig Rücksicht genommen werden. Auch entsteht ein höherer Koordinationsaufwand, der zu Inflexibilität und langsamen Entscheidungswegen führen kann.

Einzelmarken

Bei der entgegen gesetzten Strategie, der Einzelmarkenstrategie, wird im Extremfall für jedes einzelne Produkt des Unternehmens, in der Praxis zumeist für Produktfamilien ein eigener Markenname eingesetzt, ohne dass für den Kunden am Produkt ersichtlich ist, dass die unterschiedlichen Marken vom selben Unternehmen stammen. Abgesehen vom heute selten gewordenen Fall, dass ein Unternehmen nur ein einziges Produkt anbietet („Mono-Marken-Strategie", z.B. Jägermeister oder Dimple Whiskey), ist Einzelmarkenstrategie gleichbedeutend mit dem Führen mehrerer aus Kundensicht getrennter Marken („Mehrmarkenstrategie", auch „House of Brands" genannt). Bekannte Beispiele dafür kommen aus dem Bereich schnell drehender Konsumgüter, wo Unternehmen wie Unilever (von Axe, Coral und Dove über Knorr, Lipton bis Sunil oder Viss) oder Procter&Gamble (von Ariel, Blend-a-Med und Dash über Pampers, Punica, Pringles bis Wick) umfangreiche Markenportfolios führen, ohne dass deren Zusammengehörigkeit dem durchschnittlichen Konsumenten bewusst ist. Der Vorteil dieser Strategie liegt darin, dass für jede Marke eine klare („spitze") Positionierung aufgebaut und die Marke auf die jeweilige Zielgruppe abgestimmt werden kann – nach dem Prinzip: eine Marke = ein Produkt = ein Produktversprechen. Weiters wird im Falle eines Misserfolgs ein Badwill-Transfer des gefloppten Produktes auf andere Produkte des Unternehmens vermieden. Nachteilig ist, dass ein Produkt den gesamten Markenführungsaufwand alleine tragen muss, was ein relativ hohes Marktpotenzial im jeweiligen Produktbereich voraussetzt. In dem für den Konsumenten nicht sichtbaren Bereich der Wertschöpfungskette lassen sich aus Sicht der Praxis trotz getrennter

Markenführung aber durchaus hohe Synergieeffekte erzielen, so etwa in der Beziehung zum Handel, der Logistik oder der Grundlagenforschung (z. B. zu Trends im Ernährungsverhalten).

Nicht selten bieten Unternehmen sogar innerhalb eines Produktbereichs mehrere Marken an, wie etwa Ferrero mit den Marken Mon Cheri, Raffaelo, Giotto usw. – die Zusammengehörigkeit dieser Marken dürfte vielen Konsumenten nicht bewusst sein. In diesem Fall spricht man von einer „**Parallelmarkenstrategie**". Der Vorteil einer Parallelmarkenstrategie liegt in der besseren Marktausschöpfung und in der Erhöhung der Markteintrittsbarrieren für Konkurrenzmarken. Gefahr liegt in einer Übersegmentierung und Kannibalisierung der eigenen Marken durch gegenseitige Substitution.

Gemischte Marken

Bei gemischten Marken („**komplexen Markenarchitekturen**") sind die Produkte des Unternehmens mehrfach markiert, und zwar mit der hierarchisch übergeordneten Unternehmensmarke und einer produkt- oder produktfamilienspezifischen Einzelmarke. Praxis und Wissenschaft sprechen hier auch von **Dachmarke** und **Submarke**, womit der Begriff der „Dachmarke" allerdings in unterschiedlichem Sinn gebraucht wird (siehe Unternehmensmarkenstrategie). Dabei kann entweder die Unternehmensmarke dominieren (z. B. NOKIA+6220), die Einzelmarke dominieren (z. B. PERSIL+Henkel) oder beide für den Konsumenten in etwa gleich wichtig sein (z. B. GILETTE+MACH3, siehe Bräutigam 2004), je nachdem, ob das umfangreiche Eigenschaftsbündel der Einzelmarke oder die gemeinsamen Eigenschaften aller Einzelmarken unter der Dachmarke im Vordergrund stehen. Komplexe Markenarchitekturen können auch aus mehr als zwei Hierarchieebenen bestehen. So wird die Unternehmensmarke VW durch Submarken wie den VW Golf, den VW Passat oder den VW Beetle ergänzt, welche ihrerseits wiederum teilweise durch Sub-Submarken angereichert werden (z. B. VW Golf GTI).

Mit gemischten Marken versucht man, die Vorteile einer reinen Unternehmensmarkenstrategie mit den Vorteilen einer reinen Einzelmarkenstrategie zu verbinden. Im günstigsten Fall übertragen die Konsumenten die von der Unternehmensmarke ausgelösten positiven Vorstellungen (wie Vertrauen, Sympathie und Kompetenz) auf alle Produkte des Unternehmens, während die Submarken zusätzliche, zielgruppenspezifische Assoziationen einbringen (wie etwa Sportlichkeit im Fall des Golf GTI) und damit eine „spitze" Positionierung der einzelnen Produkte erlauben. Wie die vom Institut für Werbewissenschaft und Marktforschung durchgeführte Befragung von Markenpraktikern zeigt, ist eine komplexe Markenarchitektur aber nicht automatisch eine „eierlegende Wollmilchsau". Neben den Vorteilen von Unternehmens- und Einzelmarkenstrategie kann sie nämlich auch deren Nachteile mit sich bringen. Will man das verhindern, erfordert eine Strategie gemischter Marken eine schwierige Gratwanderung: Einerseits müssen sich die Submarken des Unternehmens so ähnlich sein, dass die gemeinsamen Werte der Dachmarke für den Konsumenten klar erkennbar sind – sonst speichert der Konsument gar keine gemeinsame Dachmarke, sondern bleibt lieber bei der für ihn sinnvolleren Einzelbeurteilung der Submarken. Andererseits müssen sich die Submarken – gerade im Fall von Parallelmarken – für den Konsumenten so klar voneinander unterscheiden, dass sie möglichst viele Kunden vom Mitbewerb abziehen, anstatt sich gegenseitig zu kannibalisieren.

Auch gilt: Je komplexer die Markenarchitektur, desto höher sind die Ansprüche an den Lernwillen der Konsumenten. Immer mehr erhärtet die jüngere Forschung die Vermutung, dass es im Kopf des Konsumenten viel weniger aufgeräumt aussieht, als von vielen Wunsch-Markenarchitekturen am Reißbrett vorgezeichnet: Bei vielen Marken denken die Konsumenten weniger an eine gemeinsame Dachmarke als vielmehr an ein oder einige wenige „Flaggschiffe" der Marke (wie etwa bei Knorr an Suppen oder bei Maggi an die Würzflasche), was zwar robuste, für weitere Extensionen allerdings wenig flexible Markenstrukturen ergibt.

Unterscheidet sich eine Submarke nicht von der Dachmarke, ist der zusätzliche Submarkenname für den Konsumenten ohne Aussagekraft und wird daher gar nicht beachtet. Umgekehrt formen sich die Konsumenten auch gegen den Willen eines Unternehmens ihre eigenen „Marken", wenn sich Produkte in wichtigen Punkten voneinander unterscheiden. So ist etwa die Marke „Blaupunkt" dadurch entstanden, dass die Kunden im Geschäft aktiv nach den Kopfhörern „mit dem blauen Punkt" fragten, der ursprünglich nur als Kennzeichnung der unternehmensinternen Qualitätssicherung angebracht worden war.

Unpassende oder qualitativ schlechte Markenextensionen werden einfach als Ausrutscher abgetan oder – noch besser – gleich ganz vergessen.

Ab einer gewissen Zahl an Extensionen verliert der Konsument die Übersicht. So wiesen etwa Jiang et al. im Jahr 2002 nach, dass die Kundentreue von Hotelgästen gegenüber einer Markenfamilie (z.B. „Marriott") bis zu drei Markenextensionen (gemeint sind Submarken wie z.B. „JW Marriott", „Courtyard by Marriott" „Residence Inn by Marriott" etc.) deutlich ansteigt, sich bei einer höheren Zahl an Extensionen jedoch ebenso deutlich wieder verschlechtert.

In der Gestaltung komplexer Markenarchitekturen sollte man daher das Marken- bzw. Produktinvolvement niemals überschätzen und eine Markenarchitektur entwickeln, die der Bereitschaft der Zielgruppe, mitzudenken und mitzulernen, gerecht wird. Auch die Namens- und Kommunikationsgestaltung ist entscheidend: Submarkennamen, die ganz anders klingen als die bisherigen Submarken, betonen das Unterschiedliche und Neue („**Kontrasteffekt**"), den bisherigen Namen ähnliche Submarken werden der Wahrnehmung der übrigen Produkte angeglichen („**Assimilitationseffekt**"). Vorsicht ist bei der in der Werbung weit verbreiteten Strategie geboten, das Spitzenprodukt der Marke alleine (z.B. in einer Anzeige weit entfernt von den anderen Produkten der Marke) anzupreisen. Zwar wird das Spitzenprodukt auf diese Weise tatsächlich als weitaus überlegen eingestuft, die übrigen Angebote der Marke werden jedoch als „nur mehr zweitklassig" abgewertet (Kontrast). Ist das Spitzenprodukt also mehr Imageträger als Umsatzbringer, empfiehlt es sich, es in der Werbung als „Primus inter pares" (Erster unter Gleichen) darzustellen, dann verbessert es die Wahrnehmung der übrigen Submarken (Assimilation).

Die Praxis – Mischformen idealtypischer Markenarchitekturen

In der Praxis werden diese idealtypischen drei Markenarchitekturstrategien meist noch einmal durchmischt. Um beim Beispiel des Unternehmens VW zu bleiben: Hier bildet die Marke VW mit ihren Submarken von up! bis Phaeton, von Volkswagen Nutzfahrzeugen bis zur Volkswagen Bank bereits eine komplexe Markenarchitektur. Gemeinsam mit den Schwestermarken Audi, Skoda, Seat, Bugatti, Lamborghini, Bentley und weiteren Dienstleistungsunternehmen wie der Autovermietung Europcar oder dem IT-Dienstleister gedas liegt darüber noch eine Markenebene, deren Zusammenhänge für den Durchschnittskonsumenten nur zum Teil erkennbar sind.

Diese vielfache Mischung von Systemen liegt daran, dass Markenarchitekturen lebende, historisch gewachsene Gebilde sind. Einem langsamen, evolutionären Wachstum „von unten" durch laufende Neuprodukteinführungen stehen revolutionäre Veränderungen „von oben" gegenüber, wie etwa im Falle von Unternehmensfusionen bzw. -übernahmen oder bei einer systematischen Konsolidierung der Zahl der Marken, wenn diese zu groß geworden ist. So hat das Unternehmen Unilever die weltweite Zahl seiner Marken durch Verkauf oder Überführung kleinerer bzw. regionaler Marken unter das Dach von größeren bzw. internationalen Markennamen in den letzten Jahren massiv reduziert. Andere Unternehmen wie Henkel (z. B. Fa, Loctite, Pattex, Persil, Pril, Schwarzkopf, Theramed) oder Nestlé (z. B. After Eight, Buitoni, Maggi, Nescafe, Yes) wiederum stärken ihre Unternehmensmarke, indem sie diese bei einer Reihe von Produkten für den Konsumenten in Form einer gemischten Markenstrategie stärker sichtbar machen.

2.7.6 Markenerweiterung

Wichtigster evolutionärer Prozess in der Entwicklung einer Markenarchitektur sind **Neuprodukteinführungen**. Bei ihnen stellt sich im Kleinen die gleiche Frage, welche im Großen schon die Gestaltung der Markenarchitektur des Gesamtunternehmens bestimmt, ob nämlich für das Neuprodukt ein bestehender Markenname, ein neuer Markenname oder die Mischung eines bestehenden Markennamens mit einer neuen Submarke verwendet werden soll. Handelt es sich bei diesen neuen Produkten um Produkte derselben Linie (**line extensions**), mit denen segmentspezifische Bedürfnisse abgedeckt werden sollen, so wird man in der Regel den Markennamen bestehender Produkte verwenden und ihn allenfalls um neue Submarkennamen ergänzen: z. B. Coca-Cola: Coca-Cola light, Coca-Cola light Lemon, Coca-Cola zero, jeweilige Zusätze kennzeichnen das Nutzenversprechen der Variante (light, light Lemon).

Betritt ein Unternehmen neue Produktfelder, bieten sich mehrere Möglichkeiten der Markenführung:

■ Der **Aufbau einer neuen Marke** ist sehr kostspielig und angesichts einer hohen Floprate neuer Produktmarken zwischen 85 und 95 % mit hohem Risiko verbunden.

■ **Markenlizenzen**: neue Produkte werden unter Nutzung eines fremden Markennamens als Lizenzmarken auf den Markt gebracht z. B. Boss und Christian Dior (vgl. dazu Kap. 2.7.3).

■ Markenerweiterung (**brand extension**): ein bestehender Markenname wird – mit oder ohne Zusatz einer Submarke – auf Produkte neuer Kategorien übertragen. Je nach Produktbereich (Esch, Fuchs, Bräutigam, Redler in: Esch 2001, S. 759) ist die brand extension die derzeit am häufigsten verwendete Strategie zur Produkteinführung.

Bei den beiden letztgenannten Strategien werden durch die Benützung eines etablierten Markennamens Imagebestandteile von einem bestehenden Produkt auf ein neues übertragen (Imagetransfer).

Imagetransfer

Mit Hilfe eines gemeinsamen Markennamens sollen positive Ausstrahlungseffekte der Markenelemente und der Kommunikation für die jeweiligen Produkte wechselseitig genutzt werden:

■ Schon die Tatsache, dass die Produkteinführung auf eine bereits bekannte Marke bauen kann, spart Werbebudget.

■ Das Vertrauen in die Marke erhöht die Probier- und Kaufbereitschaft für das mit Hilfe einer Imagetransferstrategie eingeführte neue Produkt. Auf diese Weise ist es möglich, einen langfristig aufgebauten Goodwill einer Marke für die Produktneueinführung zu nutzen und damit die Kosten/Nutzen-Relation für die Einführungswerbung zu optimieren.

■ Weiters kann das neue Partnerprodukt Vorteile für die alte Marke bringen, wie z. B. die Aktualisierung der alten Produktmarke, die zu ihrer Stabilisierung im Markt beiträgt.

Imagetransferstrategien erfreuen sich daher von den 1980er-Jahren bis heute in Europa und in den USA einer ständig wachsenden Popularität. Der Imagetransfer wird sowohl für line bzw. brand extensions als auch für Markenlizenzen (als Beispiel vgl. Abb. 51) genutzt.

Nicht übersehen darf man allerdings das Risiko bei Verwendung gleicher Markennamen: Bei Unverträglichkeit der beiden Produkte können auch unerwünschte Eigenschaften übertragen werden. In der Folge kann sowohl die Wertschätzung für das alte Produkt sinken, als auch die Kaufbereitschaft für das neue.

Am Institut für Werbewissenschaft und Marktforschung an der Wirtschaftsuniversität Wien wurde bereits im Jahr 1982 ein Imagetransfermodell mit speziellen Messverfahren und Tests entwickelt, das zum Auffinden vielversprechender Partnerprodukte dient, und erfolgreich empirisch getestet wurde.

Das Modell zeigt, dass das Produkt P 1 (z. B. Zigaretten) unter dem Markennamen B (z. B. Flirt) bereits gut am Markt eingeführt ist. Eine andere Firma beabsichtigt nun, ein neues Produkt P 2 einzuführen, und will diese Einführung durch die Verwendung des bekannten Markennamens unterstützen (vgl. Abb. 50).

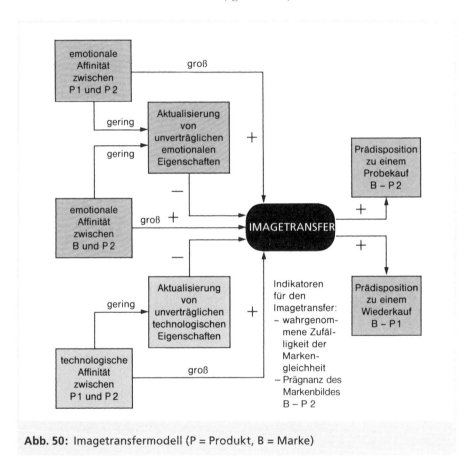

Abb. 50: Imagetransfermodell (P = Produkt, B = Marke)

Generell sind zwei Produktklassen um so besser für einen Imagetransfer geeignet, je mehr Konsumenten in beiden Produktklassen Verwender sind und die Markenwahl gemäß dem Imagemodell treffen.

Der Grund dafür liegt im höheren Produktinteresse von Verwendern gegenüber Nicht-Verwendern. Dieses Interesse bewirkt höhere Aufmerksamkeit und Akzeptanz der Werbebotschaften innerhalb einer Transfer-Kampagne:

Raucher, die gerne Jeans tragen, werden sowohl Botschaften für Zigaretten als auch für Jeans selektiv wahrnehmen.

Eine Identität bzw. positive Integration von Images ist nur dann möglich, wenn psychologische Beziehungspunkte zwischen den Vorstellungsbildern bestehen.

Nun enthält das Image nach herrschender Auffassung sowohl emotionale als auch sachhaltige Bestandteile: **Konnotationen und Denotationen.**

Nur wenn zwei Produktklassen sowohl emotional als auch technologisch affin (verwandt) sind, kann ein positiver Imagetransfer durchgeführt werden: Die Bereitschaft zu einem Probekauf des neuen Produktes sowie zu einem Wiederkauf des alten Produktes steigt.

Ein negatives Beispiel: Zigaretten und Damenparfum sind technologisch nicht affin. Daher werden emotionale Imagebestandteile einer Zigarettenmarke (z. B. „Flirt"), die für ein Damenparfum geeignet wären (z. B. „verführerisch"), nicht übertragen. In diesem Fall wird entweder die Markengleichheit als zufällig erachtet (es findet gar kein Imagetransfer statt) oder es werden unpassende technologische Eigenschaften von der Zigarette auf das Parfum übertragen (z. B.: Das Parfum riecht nach Zigarettenrauch). Insbesondere bei Markenkonzepten, die beim Käufer Genussmotive ansprechen wollen (Geruch beim Parfum, Geschmack bei der Zigarette) sind solche technologischen Unverträglichkeiten ausgesprochen problematisch (Strebinger 2004). Auch Marken, die der Konsument mit einem ganz bestimmten Produktbereich assoziiert (z. B. Uhu), haben es – selbst wenn sie in ihrem Stamm-Markt sehr stark sind – schwer, die technologischen Grenzen ihres Produktbereichs zu überschreiten.

Hingegen können Marken, die der Konsument vor allem mit einem bestimmten Lifestyle verbindet, auch technologische Barrieren überwinden.

So wurde z. B. die Herrenmodemarke Boss erfolgreich auf Parfum (vgl. Abb. 51), oder die Sportschuhmarke Adidas auf Kosmetik und Uhren übertragen. Auch die prestigereiche Zigarrenmarke Davidoff konnte erfolgreich auf Parfum übertragen werden (Davidoff Cool Water).

Der Vorteil für Unternehmungen, die Lizenzen für eine prominente Transfermarke übernehmen, liegt auf der Hand. Sie führen ihr Produkt im Windschatten einer großen Marke ein, genießen die ständige werbliche Unterstützung der Partnermarke und sparen damit Marketingkosten. Vor allem kleinere und mittlere Unternehmungen mit wenig bekannten Marken und beschränktem Marketingbudget werden dadurch Vorteile erzielen, die allerdings – zumindest teilweise – in Form von Lizenzgebühren an den Lizenzgeber zurückfließen.

Abb. 51: Boss Eau de Toilette (Beispiel für Imagetransfer von Herrenbekleidung auf Eau de Toilette)

Die Bedeutung der Affinität zwischen Muttermarke und Transferprodukt wurde seit Entwicklung dieses Imagetransfermodells immer wieder bestätigt. So zeigen etwa groß angelegte Studien von Sattler, Völckner und Zatloukal (Universität Hamburg), dass der **Fit zwischen Muttermarke und Transferprodukt** mit Abstand wichtigster Erfolgsfaktor von Markentransfers ist, wichtiger noch als die wahrgenommene Qualität der Muttermarke. Andere Studien belegen, dass Marken ihre Kompetenz aus Sicht der Konsumenten schrittweise erweitern können, indem sie zunächst auf ein nahe gelegenes Produkt ausgeweitet werden, danach auf ein zusätzliches Produkt, das vom Stammprodukt etwas weiter entfernt ist, jedoch hohe Ähnlichkeit zum ersten Extensionsprodukt aufweist usw. Dieser als Kettenbildung oder „Chaining" bekannte Mechanismus profitiert davon, dass sich Konsumenten bei ihrer Fitprüfung vor allem unter niedrigem Involvement damit zufrieden geben, dass ihnen in der Produktpalette der Marke irgendein ähnliches Produkt einfällt. Dennoch ist eine solche Verkettung vieler Markenerweiterungen nicht unproblematisch, vor allem dann, wenn sie in unterschiedliche Richtungen erfolgen. Nach einer Vielzahl solcher Erweiterungsschritte besteht die Gefahr, dass der Konsument aus dem Produktportfolio der Marke keine gemeinsamen Werte mehr herauslesen kann, auch wenn jedes einzelne Extensionsprodukt für sich genommen recht gut zu anderen Produkten der Marke passt. Will man eine Marke auf viele verschiedene Produkte ausweiten, ist daher ein langfristiger Plan erforderlich, der die Stimmigkeit aller Erweiterungsprodukte zueinander und zu den zentralen Markenwerten sicherstellt.

Ein Spezialfall des Imagetransfers ist die Nutzung des Herkunftslandes (**Country-of-Origin-Effekt**) für die Positionierung und Bewerbung von Produkten und Marken.

Produkte und Marken gehören heute zur Visitenkarte eines Landes, ebenso wie seine Landschaften und Städte, berühmte Bauwerke und Prominente. Das Image zahlreicher Nationen wird mehr denn je durch international bekannte Marken- und Firmennamen geprägt. (So ist z. B. der Mercedes-Stern außerhalb von Deutschland bekannter als die deutsche schwarz-rot-goldene Flagge). Das Image eines Landes ist aber umgekehrt auch Kapital für seine Exportwirtschaft und kann im Rahmen von Imagetransferstrategien für die Vermarktung von Produkten, insbesondere im Ausland, genutzt werden.

Als Beispiel für erfolgreiche Kapitalisierung des Landesimages ist die Schweiz zu nennen. Vor allem die Schweizer Uhrenindustrie ist weltbekannt und steht für hochwertige Qualität. Diese Tatsache nutzen auch die Hersteller in der Kommunikation durch Zusätze wie „Swiss watches", „Swiss made", „Switzerland", aber auch durch Bilder, die für die Schweiz typisch sind, wie z. B. allen voran die Schweizer Flagge oder das Matterhorn. Auch bei der Positionierung von Schweizer Süßwaren wird häufig auf Imagestärken des Landes zurückgegriffen. Bei der Schokolademarke Toblerone hat schon das Produkt selbst die Form der Berge und diese auch auf der Verpackung. Auch in der Kommunikation sind diese zentrales Element. Die Kräuterbonbons von Ricola setzen das Alpinimage der Schweiz mit Bildern von Bergen ein. Akustisch wird der Country-of-Origin durch den Schweizer Dialekt und den Klang des Alphorns umgesetzt. Durch das Schweizer Kreuz wird die Schweizer Herkunft signalisiert.

In Abb. 52 wirbt Claudia Schiffer in eine deutsche Fahne gehüllt für Investitionen in Deutschland. Die Franzosen nutzen ihr Landesimage vor allem für die Bewerbung von Wein und Parfum. Abb. 53 zeigt eine Anzeige für Yves St. Laurent Parfum, in der das Schema-Attribut „Eifelturm" eingesetzt wurde (vgl. dazu auch Kap. 4.4.1.3). Somit wird der Bezug zu Frankreich nicht nur verbal – durch den Markennamen – sondern auch bildlich mit dem Wahrzeichen von Paris umgesetzt.

Auch Renault nutzt das Image Frankreichs in der Bewerbung seiner Autos: Abb. 52 zeigt Crashtest-Dummy „Pierre", die Hauptfigur in TV-Spots und Anzeigen von Renault in Österreich. Anders als seine ramponierten Kollegen aus Deutschland und Schweden kehrt Pierre dort stets unversehrt von den Crashtests zurück – „weil Renault die sicherste Modellpalette Europas baut" (Aussage des Herstellers). Als Schema-Attribut dient die französische Flagge, deren Farben (blau bzw. rot) sich auch in Pierres Kleidung (Schal und Baskenmütze) wiederfinden. Der Bezug zu Frankreich wird hier verbal durch den Namen und optisch durch die Flagge hergestellt. Zusammen mit dem sachlichen Argument „Wer einen Renault fährt, hat's besser!" gelingt so eine humorvolle Umsetzung des Frankreich-Bezugs in einer von Deutschland dominierten Produktgruppe (vgl. dazu auch Kap. 4.4.3.2).

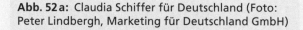

Abb. 52 a: Claudia Schiffer für Deutschland (Foto: Peter Lindbergh, Marketing für Deutschland GmbH)

Abb. 52 b: Pierre von Renault

Abb. 53: Nutzung des französischen Images durch Verwendung des Eiffelturms in der Werbung für Yves Saint Laurent

Abb. 54: Beispiel für die Nutzung der US-Herkunft durch die Wells-Fargo-Bank

Selbstverständlich greifen auch die Amerikaner in ihrer Werbung häufig zum Imagetransfer. Abb. 54 zeigt ein Direct Mail für die Wells Fargo Bank, das auf den „Wilden Westen" Bezug nimmt. Dieser Auftritt der Bank wird erfolgreich nicht nur im Stammland der Bank, in Kalifornien, sondern auch in anderen US-amerikanischen Bundesstaaten und in Europa eingesetzt. Auch die Marlboro-Werbung kapitalisiert das Image des „Wilden Westen" der USA. Der amerikanische Lebensstil, auf den Marken wie Coca-Cola und United Sports of America zurückgreifen, sind erfolgreiche Beispiele für die Nutzung des Herkunftslandeffektes in der Werbung.

Abb. 55: Beispiel für die Nutzung des deutschen Images durch Verwendung der Semperoper Dresden für Radeberger Pilsner

Abb. 56: Beispiel für die Integration des Herkunftslandbezuges im Markenlogo

Deutsche und österreichische Markenartikelhersteller nutzen zunehmend die Chancen, die die Kommunikation mit dem Landesimage bietet.

Die deutschen Biermarken Radeberger Pilsner (Semperoper Dresden, Abb. 55), Jever (Friesland) und Erdinger Weißbier (bayrischer Dialekt und bayrische Volksmusik, „in Bayern gebraut – in der Welt zu Hause") werben ebenso erfolgreich mit Ihrer Herkunft, wie Audi mit dem Slogan „Vorsprung durch Technik". Dieser Slogan wird auch im nicht deutschsprachigen Ausland (z.B. Großbritannien) in deutscher Sprache kommuniziert und signalisiert so die deutsche innovative Technik.

Gerade bei Bier und Autos löst ein Hinweis auf deutschen Ursprung positive Qualitätsassoziationen aus, wie kaum bei einem zweiten Land. Die Kraft des Country-of-Origin-Effekts wurde in einer Untersuchung am Institut für Werbewissenschaft und Marktforschung an der Wirtschaftsuniversität Wien nachgewiesen. Die fiktive Marke „Deutschmeister" wird in Russland stark mit dem Herkunftsland Deutschland assoziiert (obwohl „Deutschmeister" eine berühmte österreichische Militärkapelle ist) und als qualitativ hochwertig eingestuft. Deutsche gelten als handwerkliche Meister und technische Spezialisten. Die Marke „Deutschmeister" würde sich sowohl für Sportbekleidung als auch für elektrische Haushaltsgeräte eignen. (Friederes, 1997)

Der Erfolg der österreichischen Goldmünze „Wiener Philharmoniker", der auf der Nutzung Österreichs als Land der klassischen Musik beruht, zeigt, wie erfolgreich für österreichische Unternehmen der Herkunftslandbezug genutzt werden

Abb. 57: Beispiel für Umsetzung des Country-of-Origin mit Hilfe der Verpackung (Staud's Music Collection)

kann. Seit der Markeneinführung 1989 wurde diese Münze Europamarktführer und kämpft seither mit der kanadischen Münze „Maple Leaf" um die Weltmarktführerschaft.

Für die Umsetzung des Country-of-Origin gibt es neben der klassischen Werbung zahlreiche Möglichkeiten. Neben Markenname, Logo (Handl Tyrol, Abb. 56) und Sponsoring bietet sich die Verpackung an. Wie kreativ diese Umsetzung gestaltet werden kann, zeigt die Wiener Konfitüren-Marke Staud's. Die Verschlüsse der Konfitürengläser aus der Staud's Music Collections, die in die ganze Welt exportiert werden, zeigen Musik-Sujets aus Wiener Museen sowie Musikhäuser der Stadt (Abb. 57, fotografiert von J. Kittel).

Product-Country Matches und Mismatches:
Examples and Strategic Implications

		Country image dimensions	
		positive	negative
Dimensions as product features	Important	I Favorable Match Examples: Japanese auto, German watch Strategic implications: - Brand name reflects COO - Packaging includes COO information - Promote brand's COO - Attractive potential manufacturing site	II Unfavorable Match Examples: Hungarian auto, Mexican watch Strategic implications: - Emphasize benefits other than COO - Non-country branding - Joint-venture with favorable match partner - Communication campaign to enhance country image
	Not important	III Favorable Mismatch Example: Japanese beer Strategic Implications: - Alter Importance of product category image dimensions - Promote COO as secondary benefit if compensatory choice process	IV Unfavorable Mismatch Example: Hungarian Beer Strategic implications: - Ignore COO – such information not beneficial

Abb. 58: Markenstrategische Implikationen bei passender und unpassender Produktherkunft (Quelle: Roth und Romeo 1992, S. 495)

Die Affinität zwischen Landes- und Produktimage wird in der englischsprachigen Literatur meist mit „Match Up" bezeichnet. Immer dann, wenn ein Land bezüglich einer Produktdimension besonders gut bewertet wird (z.B. Design, Verarbeitungsqualität, Innovationskraft), schneidet es in jenen Produktkategorien überdurchschnittlich gut ab, in denen diese Dimension besonders wichtig ist. Es wird jedoch vermutet, dass die Produktherkunft bei einem Mismatch zwischen Land und Produkt auch ungünstige Auswirkungen für die Marke haben kann. (Friederes 2006, S. 114) Abb. 58 zeigt Beispiele hierfür.

2.7.7 Markenwechsel

Manchmal ist die Überführung einer Marke in eine andere Marke unter betriebswirtschaftlichen Gesichtspunkten notwendig bzw. sinnvoll, z.B. bei der Bereinigung des Markenportfolios hinsichtlich redundanter Marken nach einem Eigentümerwechsel. Oder auch bei der Ersetzung nationaler Marken durch internationale Marken im Zuge von Globalisierungsstrategien (z.B. die Umbenennung des Keksriegels von „Raider" auf „Twix" in Deutschland, Schweiz und Österreich).

Ein derartiger Markenwechsel setzt voraus, dass die Positionierungen sehr ähnlich sind. Sind die Positionierungen sehr unterschiedlich, ist bei der Fusion zweier Marken die Bildung einer neuen Marke sinnvoll, wie z.B. beim Zusammenschluss von „Rhone-Poulenc" und „Hoechst" zu „Aventis" im Jahr 1999.

Der Wechsel des Markennamens (**Markenmigration**) ist entweder durch einen schlagartigen Austausch oder durch eine schrittweise Überführung möglich. Ein schlagartiger Tausch ist nach Esch (2008, S. 269) dann sinnvoll, wenn eine neue Markenpositionierung angestrebt wird und ein Imagetransfer von der alten auf die neue Marke nicht stattfinden soll.

Sollen allerdings Markenwerte von der alten auf die neue Marke übertragen werden, so ist eine schrittweise Überführung zu bevorzugen. Lernpsychologisch wird dabei das alte Markenschema ergänzt bzw. umgebildet und bisherige Käufer können so auch für die neue Marke erhalten bleiben.

Bei der schrittweisen Überführung wird in der Marktkommunikation entweder neben der alten Marke auch die neue Marke verwendet z.B. auf der Verpackung, in Anzeigen etc., oder es werden Elemente der alten Marke sukzessive gegen Elemente der neuen Marke ausgetauscht, z.B. Gestaltungselemente, Farbcodes, Slogans, sodass ein Teil der neuen Markierung an die alte Marke erinnert. Dabei dürfen die Vorstellungsbilder, die die Kunden von der alten Marke haben, nicht außer Acht gelassen werden. Generell jedoch gilt: Je höher die inhaltliche und formale Kongruenz der alten und der neuen Marke ist, umso einfacher ist ein Markenwechsel.

Grundsätzlich ist ein Markenwechsel sorgfältig zu planen und mit hohem finanziellen Aufwand verbunden, da die neue Marke nicht nur bekannt gemacht, sondern auch ihre Positionierung kommuniziert werden muss – ähnlich wie beim Launch einer neuen Marke.

Manchmal jedoch werden Markennamen-Änderungen ohne wirkliche Notwendigkeit vorgenommen. So berichtet David Aaker (1991, S. 56ff) von den hohen Kosten und dem Misserfolg, den der japanische Autobauer Datsun mit der Änderung des Markennamens in „Nissan" in den Vereinigten Staaten erleben musste.

Auch die deutsche Telekom steckte viel Geld in die Änderung des Markennamens des von ihr gekauften österreichischen Telekom-Anbieters Max.Mobil. Sie kaufte im Jahr 2000 Max.Mobil, änderte den Namen auf T-Mobile und musste feststellen, dass die Max.Mobil-Kunden dem Unternehmen unter dem neuen Namen T-Mobile scharenweise davonliefen. Anstatt die Marktführerschaft in Österreich zu übernehmen, welche vor der Umstellung zum Greifen nah war, näherte sich T-Mobile dem dritten Platz am österreichischen Mobilfunkmarkt. Um die vorwiegend junge Zielgruppe, die sich sehr stark von der schrägen Werbung und den intensiven Preis-Promotion-Aktivitäten von Max.Mobil angesprochen fühlte, bei der Stange zu halten, kaufte T-Mobile zusätzlich die österreichische Marke tele.ring. Mit einer preisorientierten Werbung und dem Slogan „Weg mit dem Speck" von tele.ring, kaufte sich T-Mobile just jene Markenpositionierung, die die Marke Max.Mobil schon vorher inne hatte. (Strebinger, 2008, S. 450 ff.)

Abb. 59: Österreichische Werbebeispiele von T-Mobile und der von T-Mobile gekauften Mobilfunk-Anbieter Max.Mobil und tele.ring

Auch die österreichische Brau AG wollte die Vielfalt der österreichischen Biermarken, die man fusioniert hatte, reduzieren und führte dazu eine neue Marke mit dem Namen „Brau AG Bier" ein. Bewährte regionale Marken mit einer „regionaltypischen" Positionierung wie „Liesinger", „Wieselburger" oder „Linzer" mussten der neuen Dachmarke weichen.

Abb. 60: Markenumbenennung am Beispiel der Brau AG

Die Marke „Brau AG Bier" hatte den Charme eines Börsenzettels ohne jede regionale Beziehung und Emotion. Man musste diese Marke wieder fallen lassen und versuchte mit „Braumeister AG Bier" die Marke attraktiver zu machen. Schließlich war erst die dritte Umbenennung in „Kaiser", die von hohen Werbeaufwendungen begleitet wurde, einigermaßen erfolgreich. Der Marke „Wieselburger Bier", welche die Brau AG nach Jahrzehnten der Stilllegung wieder zum Leben erweckte, gelang dagegen ohne große Werbeaufwendungen vom Stand weg ein großer Markterfolg. Bei Lebens- und Genussmitteln sowie bei Getränken spielt die Positionierung und die dadurch hervorgerufenen Emotionen eine große Rolle. Die Betonung der Regionalität kann positive Emotionen und Kundenbindung hervorrufen.

Abb. 61: Einige Wort-Bild-Marken des zu Unilever gehörenden Speiseeis-Erzeugers: international einheitliches Logo, national unterschiedliche Markennamen

Wenn regionale oder nationale Marken „globalisiert" werden sollen, hat es sich in der Praxis bewährt, den nationalen Markennamen beizubehalten und ein einheitliches Logo zu schaffen, der als visueller Anker eine Orientierung bietet.

Unilever verwendet weltweit ein einheitliches Logo für Speiseeis, nur die Namen unterscheiden sich teilweise nach den Märkten. So erkennt jeder Deutsche, der in Holland sein Langnese nicht findet, am Logo, dass dieses Eis in den Niederlanden Ola, in Österreich Eskimo oder in Italien Algida heißt (vgl. dazu Abb. 61).

Ähnlich handhabt Aldi-Süd die Markierung der übernommenen Diskont-Ket-
te „Hofer" in Österreich. Die Namen
unterscheiden sich zwar, die Logos sind
gleich, sodass jeder grenzüberschreiten-
de Deutsche oder Österreicher seine
Einkaufsstätten-Marke sofort wiederer-
kennt (vgl. dazu Abb. 62).

Abb. 62: Hofer – Aldi: Wiedererkennung trotz unterschiedlicher
Namen

▶ Literatur zu Kap 2.7

Aaker, D. A., Managing Brand Equity – capitalizing on the value of a brand name, New
York et al., 1991.

Aaker, D. A., Management des Markenwerts, Frankfurt, New York 1992.

Aaker, D. A., Joachimsthaler E., Brand Leadership, New York 2000.

Aaker, J. L., Dimensionen der Markenpersönlichkeit, in: Esch, F.-R., (Hrsg.), Moderne Markenführung, 4. Aufl., Wiesbaden 2005, S. 165–176.

Andresen, T., Musiol G. K., Aufbruch, Umbruch, Zusammenbruch, in: markenartikel, 2
(April), 2000, S. 26–30.

Baumgarth, C., Wirkungen des Co-Brandings: Erkenntnisse durch Mastertechnikpluralis-
mus, Wiesbaden, 2003.

Baumgarth, C., Markenpolitik, 3. Aufl., Wiesbaden 2008.

Becker, J., Marketing-Konzeption: Grundlagen des strategischen und operativen Marketing-Managements, 6.Aufl., München 1998 und 9. Aufl. 2009.

Biel, A. L., Grundlagen zum Markenwertaufbau, in: Esch, F.-R., (Hrsg.), Moderne Markenführung, 3. Aufl., Wiesbaden, 2001, S. 61–90.

Binder, C.U., Lizenzierung von Marken, in: Esch, F.-R., (Hrsg.), Moderne Markenführung,
4. Aufl., Wiesbaden, 2005, S. 523–548.

Boltz, D.-M., Leven, W. (Hrsg.), Effizienz in der Markenführung, Hamburg 2004.

Brandmeyer, K., Für jede Leistung eine neue Marke? Zur Evolution von Firmen- und Produktmarken, in: Brandmeyer, K., Deichsel A., Prill C. (Hrsg.), Jahrbuch Markentechnik 2002/2003: Markenwelt, Markentechnik, Markentheorie, Frankfurt am Main 2001,
S. 127–152.

Bräutigam, S., Management von Markenarchitekturen: Ein verhaltenswissenschaftliches Modell zur Analyse und Gestaltung von Markenportfolios, Inauguraldissertation am Lehrstuhl für Marketing, Justus-Liebig-Universität Gießen, 2004.

Bruhn, M. (Hrsg.), Handbuch Markenführung, 2. Aufl., Wiesbaden 2004.

Dabic, M., Csandl, B., Markenstruktur und Markenarchitektur, Diplomarbeit an der Wirtschaftsuniversität Wien, 2002.

Dichtl, E., Eggers, W., Marke und Markenartikel, München 1992.

Erdem, T., Sun, B., An empirical investigation of the spillover effects of advertising and sales promotions in umbrella branding, in: Journal of Marketing Research, 39, 4 (November) 2002, S. 408–420.

Esch, F.-R., (Hrsg.), Moderne Markenführung, 4. Aufl., Wiesbaden 2005.

Esch, F.-R., Bräutigam, S., Analyse und Gestaltung komplexer Markenarchitektur, in: Esch, F.-R., (Hrsg.), Moderne Markenführung, 4. Aufl., Wiesbaden 2005, S. 839–862.

Esch, F.-R., Fuchs, M., Bräutigam, S., Redler, J., Konzeption und Umsetzung von Markenerweiterungen, in Esch, F.-R., (Hrsg.), Moderne Markenführung, 4. Aufl., Wiesbaden 2005, S. 905–946.

Esch, F.-R., Langner, T., Branding als Grundlage zum Markenaufbau, in: Esch, F.-R., (Hrsg.), Moderne Markenführung, 4. Aufl., Wiesbaden 2005, S. 537–586.

Esch, F.-R., Langner, T., Gestaltung von Markenlogos, in: Esch, F.-R., (Hrsg.), Moderne Markenführung, 4. Aufl., Wiesbaden 2005, S. 603–630.

Esch, F.-R., Bräutigam S., Analyse und Gestaltung komplexer Markenarchitekturen, in: Esch, F.-R., (Hrsg.), Moderne Markenführung, 4. Aufl., Wiesbaden 2005, S. 839–862.

Esch, F.-R., Strategie und Technik der Markenführung, 5. Aufl., München 2008 und 7. Aufl. 2012.

Esch, F.-R., Tomczak, T., Kernstock, J., Langner, T., Corporate Brand Management: Marken als Anker strategischer Führung von Unternehmen, Wiesbaden 2004 und 2. Aufl. 2006.

Freter, H., Baumgarth, C., Ingredient Branding – Begriff und theoretische Begründung, in: Esch, F.-R., (Hrsg.), Moderne Markenführung, 4. Aufl., Wiesbaden 2005, S. 455–480.

Friederes, G., Markenaufbau in Osteuropa, Wien 1997.

Friederes, G., Country-of-Origin-Strategien in der Markenführung. In: Strebinger, A., Mayerhofer, W., Kurz, H. (2006), Werbe- und Markenforschung, Gabler Verlag, Wiesbaden 2006.

Gürhan-Canli, Z., The Effect of Expected Variability of Product Quality and Attribute Uniqueness on Family Brand Evaluation, in: Journal of Consumer Research, 30, 1 (June) 2003, S. 105–114.

Hätty, H., Der Markentransfer, Heidelberg 1989.

Jiang, W., Dev, C. S., Rao, V. R., Brand Extension and Customer Loyalty – Evidence from the Lodging Industry, in: Cornell Hotel and Restaurant Administration Quaterly, 43, 4 (August) 2002, S. 5–16.

Kahr, A., Erlebniswelt Bacardi – Möglichkeiten der Neupositionierung, in: transfer – Werbeforschung & Praxis 4/2000, S. 2–5.

Kapferer, J.-N., Die Marke – Kapital des Unternehmens, Landsberg/Lech 1992.

Kaushik Desai, K., Keller, K. L., The Effects of Ingredient Branding Strategies on Host Brand Extendibility, in: Journal of Marketing, 66, 1 (January) 2002, S. 73–93.

Keller, K. L., Strategic Brand Management, 3. ed., Upper Saddle River 2008.

Köhler, R., Erfolgreiche Markenpositionierung angesichts zunehmender Zersplitterung von Zielgruppen, in: Köhler R., Majer W., Wiezorek H. (Hrsg.), Erfolgsfaktor Marke: Neue Strategien des Markenmanagements, München 2001, S. 45–61.

Kohli, C., Douglas, W., LaBahn, D. W., Thakor M., Prozeß der Namensgebung, in: Esch, F.-R., (Hrsg.), Moderne Markenführung, 3. Aufl., Wiesbaden, 2001, S. 451–474.

Kotler, Ph., Keller, K., Bliemel, F., Marketing-Management, 12. Aufl., München 2007 und 14. Aufl. 2012.

Kretz, S., Die Kraft der Marke Zipfer, WWG Österreichische Werbewissenschaftliche Gesellschaft (Hrsg.), Die Marke, Band 4, Wien 1999.

Langner, T., Integriertes Branding: Baupläne zur Gestaltung erfolgreicher Marken, Wiesbaden 2003.

Langner, T., Esch, F.-R., Integriertes Branding neuer Marken: Techniken zur wirkungsvollen Verknüpfung von Markenname, Markenbild und Produkt, in: Marketing ZFP, 26, 1, 2004, S. 7–24.

Lehmann, W., Römerquelle, WWG Österreichische Werbewissenschaftliche Gesellschaft (Hrsg.), Die Marke, Band 1, Wien 1994.

Mahnik, N., Mayerhofer, W., Erfolgsfaktoren von Markenerweiterungen, Wiesbaden 2006.

Maurer, M. E., Almdudler – nur eine Limonade?, WWG Österreichische Werbewissenschaftliche Gesellschaft (Hrsg.), Die Marke, Band 5, Wien 2000.

Mayerhofer, W., Imagetransfer, Wien 1995.

Mayerhofer, W., Mahnik, N., Akzeptanz von Markenerweiterungen, in: Marketingjournal 11/2004, S. 28–31.

Mazanec, J., Geplanter Transfer von Markenimages, in: Transfer, Nr. 4/1980.

Meffert, H., Strategische Optionen der Markenführung, in: Meffert H., Burmann C. und Koers M. (Hrsg.), Markenmanagement: Grundfragen der identitätsorientierten Markenführung, 2. Aufl., Wiesbaden 2005.

Michel, G., Co-Branding: Impact sur les marques partenaires, in: Changeur S., Pontier S. (Hrsg.), Actes de la Journée Thématique AFM-IRG „Les Marques". Paris: Association Francaise de Marketing, 2002, S. 1–13.

Priemer, V., Der Einsatz von Bundling als Marketingstrategie, in: Werbeforschung & Praxis, 2/1999, S. 2–5.

Roth, M. S. und Romeo, J. B. (1992), Matching Product Category and Country Image Perceptions: A Framework for Managing Country-of-Origin Effects. In: Journal of International Business Studies, Vol. 23, Nr. 3, S. 477–497.

Sattler, H., Markenpolitik, 3. Aufl., Stuttgart 2012.

Sattler, H., Völckner, F., Bestimmungsfaktoren des Markentransfererfolges. Eine Replikation der Studie von Zatloukal (2002), in: Zeitschrift für Betriebswirtschaft, 73, 10, 2003, S. 1–26.

Sattler, H., Völckner, F., Zatloukal, G., Erfolgsfaktoren von Markentransfers: Eine empirische Analyse bei kurzlebigen Konsumgütern, in: Marketing ZFP, 25, 3, 2003, S. 147–168.

Schweiger, G., Improved Market Efficiency Through Multi-Productnames?, in: European Research, January 1981.

Schweiger, G., Friederes, G., Strebinger, A., Rehrl, I., Otter, T., Kapital für Österreichische Marken, Wien 1995.

Schweiger, G., Mayerhofer, W., Neubauer, M., Erfolgsfaktor Region, Wien 1999.

Schweiger, G., Strebinger, A., Otter, T., Friederes, G., Markenstrukturen in den Köpfen der Konsumenten, in: ZfAW, 3/1999, S. 34–40.

Schweiger, G., Dabic, M., Strebinger, A., Brand architecture – The View of Practitioners, Paper Presented at the 2004 Marketing Science Conference, Rotterdam 2004.

Schweiger, G., Strebinger, A., Nachhaltige Markenstrategien für Unternehmen des Lebensmittel-Einzelhandels, in: Trommsdorff, V. (Hrsg.), Jahrbuch der Handelsforschung 2003: Neue Erkenntnisse für Praxis und Wissenschaft des Handels, Köln 2003.

Springinsfeld, L., Persil bleibt Persil, WWG Österreichische Werbewissenschaftliche Gesellschaft (Hrsg.), Die Marke, Band 2, 2. Aufl., Frankfurt a. M. 2005.

Strebinger, A., Otter, T., Schweiger, G., Wie die Markenpersönlichkeit Nutzen schafft: der Mechanismus der Selbstkongruenz, Arbeitspapier der Abteilung Werbewissenschaft und Marktforschung, Wirtschaftsuniversität Wien, 1998.

Strebinger, A., Im Dschungel der Markenarchitektur, in: transfer – Werbeforschung & Praxis, 1/2001, S. 38–39.

Strebinger, A., Wir haben eine Dachmarke – der Konsument auch?, in: transfer – Werbeforschung & Praxis, 3/2003, S. 50–51.

Strebinger, A., Imagefeedback- und Imagetransfereffekte der Produktpalette einer Marke, in: Die Unternehmung 2004, Band 58, 3/4, S. 279–300.

Strebinger, A., Markenarchitektur, Wiesbaden 2008.

Strebinger, A., Strategic Brand Concept and Brand Architecture Strategy – A Proposed Model, in: Advances in Consumer Research, Valdosta: Association for Consumer Research 2004.

Strebinger, A., Schweiger, G., Mehr, weniger oder die richtigen? – Zur Eigenmarkenstrategie des Lebensmitteleinzelhandes, in: R. Olbrich, D. Ahlert und H. Schröder (Hrsg.), Jahrbuch Vertriebs- und Handelsmanagement 2003, Frankfurt a. M. 2003, S. 69–83.

Strebinger, A., Mayerhofer, W., Kurz, H., (Hrsg.), Werbe- und Markenforschung: Meilensteine – State of the Art – Perspektiven; Günter Schweiger zum 65. Geburtstag, Wiesbaden 2006.

Tomzcak, T., Schögel, M., Feige, S., Erfolgreiche Markenführung gegenüber dem Handel, in: Esch, F.-R., (Hrsg.), Moderne Markenführung, 4. Aufl., Wiesbaden, 2005, S. 1087–1112.

Völckner, F., Sattler, H., Markentransfer: Der Stand der Forschung, in: transfer – Werbeforschung & Praxis, 1/2007, S. 6–14.

Wänke, M., Markenmanagement als Kategorisierungsproblem, in: Zeitschrift für Sozialpsychologie, 29, 2, 1998, S. 117–121.

Weis, M., Huber, F., Der Wert der Markenpersönlichkeit, Wiesbaden 2000.

Zednik, A., Strebinger, A., Markenmodelle in der Praxis, Wiesbaden 2005.

Zentes, J., Swoboda, B., Hersteller-Handels-Beziehungen aus markenpolitischer Sicht, in: Esch, F.-R., (Hrsg.), Moderne Markenführung, 4. Aufl., Wiesbaden 2005, S. 1063–1068.

3 Marketingkommunikation

Über die verschiedenen Formen der Kommunikation, über die Gestaltung und die Art der Übermittlung von Informationen unter gegebenen unternehmens- und marketingpolitischen Zielsetzungen wird im Rahmen der unternehmerischen Kommunikationspolitik entschieden.

Dabei steht dem Unternehmen eine Reihe von Möglichkeiten zur Verfügung, mit den Endkunden bzw. Endverbrauchern, Handelspartnern und verschiedenen Gruppen der Öffentlichkeit zu kommunizieren. Ein Autohersteller z. B. informiert seine potenziellen Kunden über die Qualitäten seiner Limousine X via TV-Spots, Plakate und Anzeigen in Zeitschriften. 2 Jahre nach dem Kauf schickt der Hersteller jedem Käufer einer Limousine X einen Brief mit Informationen über das neue Modell der Limousine X zu. Alle Vertragshändler werden vom Hersteller zu einer Festveranstaltung eingeladen, bei der das neue Modell der Limousine X präsentiert wird. Die Listenpreise der einzelnen Modelle können sie auf der Homepage des Herstellers im Internet abrufen. Die Journalisten von Auto-Zeitschriften werden zu einem Pressegespräch eingeladen, um ihnen das neue Modell zu präsentieren usw.

In den folgenden Kapiteln wollen wir die einzelnen Kommunikationsinstrumente vorstellen und anschließend darauf eingehen, wie sie im Mix optimal aufeinander abgestimmt werden können, um eine möglichst effiziente Wirkung zu entfalten.

Corporate Identity

Ausgangspunkt der kommunikationspolitischen Entscheidungen bilden das Corporate Identity Konzept und die Markenpolitik (Kap. 2.7). Unter Corporate Identity wird häufig die Identität eines Unternehmens als Summe seiner charakteristischen Eigenschaften verstanden, die seine Unternehmenspersönlichkeit ausmacht und die es von anderen Unternehmen derselben Branche differenziert. So wie ein Individuum, das mit anderen in Beziehung treten will, seine Identität präsentieren muss, so muss auch ein Unternehmen in der Beziehung zu anderen Marktteilnehmern zeigen, wer es ist.

Im Rahmen der Corporate Identity Politik wird das Ziel verfolgt, eine Corporate Identity, also eine gewisse Einmaligkeit und Eigenständigkeit des Unternehmens anzustreben. Ausgangspunkt dabei ist die Unternehmensphilosophie, also das Wert- und Normengefüge eines Unternehmens, welches seinen Niederschlag in den explizit formulierten Unternehmensgrundsätzen findet. Diese formen die Unternehmenspersönlichkeit.

Zentraler Kern der Corporate Identity (CI) ist die Unternehmenspersönlichkeit, die durch Verhalten, Erscheinungsbild und Kommunikation einheitlich präsentiert werden soll. Vgl. Abb. 63.

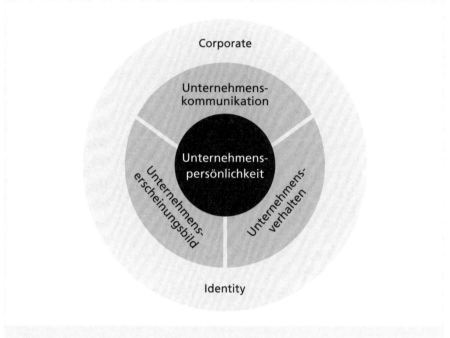

Abb. 63: Das Corporate Identity Konzept

Nach Birkigt, Stadler und Funck (1992) versteht man unter **Corporate Identity** die strategisch geplante und operativ eingesetzte Selbstdarstellung und die Verhaltensweisen eines Unternehmens

- in einheitlichem Rahmen,
- nach innen und außen,
- auf Basis von Unternehmensgrundsätzen bzw. -leitbildern, einer langfristigen Zielsetzung
- und eines definierten (Soll-) Images.

Zielgruppen der Corporate Identity sind nicht nur Kunden des Unternehmens, sondern alle Marktteilnehmer sowie die Öffentlichkeit (auch Lieferanten, Banken, Aktionäre, Meinungsbildner) und auch nach innen die eigenen Mitarbeiter. Ziele der CI sind Meinungs- und Willensbildung bei den Zielpersonen sowie die Beeinflussung ihrer Handlungen gegenüber dem Unternehmen. Im einzelnen sollen erreicht werden:

- nach außen: Glaubwürdigkeit, Sympathie, Verständnisbereitschaft, positive Einstellung bei (potenziellen) Kunden, der Presse, stabile Börsenkurse, Kreditzusagen, Käufe usw.

■ nach innen: Wir-Bewusstsein, Gefühl der Zugehörigkeit, geringe Fluktuation und Fehlzeiten, Steigerung des Leistungswillens usw.

Die wichtigsten Instrumente der CI sind:

■ Unternehmensverhalten (**Corporate Behavior**). Damit ist einerseits das Verhalten des Unternehmens als Ganzes gemeint, z.B. gegenüber Mitbewerbern, Kunden, Lieferanten, Kapitalgebern, Mitarbeitern, Öffentlichkeit usw., andererseits das Verhalten der einzelnen Unternehmensangehörigen, wie z.B. der Verkäufer, der Berater etc.

■ Unternehmenskommunikation (**Corporate Communications**). Die einzelnen, vom Unternehmen eingesetzten Kommunikationsinstrumente (wie z.B. Werbung, Verkaufsförderung, PR etc.) sollten einen Beitrag zur Vermittlung der angestrebten Identität leisten. Dabei ist zu beachten, dass Verhalten und Gesagtes nicht voneinander abweichen.

■ Unternehmenserscheinungsbild (**Corporate Design, CD**). Durch einheitliche Gestaltung aller visuellen Elemente der Unternehmenserscheinung erfolgt eine sichtbare Umsetzung der Corporate Identity. So werden in manchen Firmen in CD-Handbüchern Gestaltungselemente, wie Schrifttypen, Logos, Symbole, Farben etc., festgelegt, und die Anwendung dieser – für jede Art der Kommunikation – als verbindlich erklärt. Durch deren konsequenten Einsatz soll ein prägnantes, unverwechselbares Erscheinungsbild, das rasch wieder erkannt wird, geschaffen werden.

Durch Corporate Identity sollen also die relevanten Zielgruppen einen geschlossenen Eindruck vom gesamten Unternehmen bekommen. Für Markenartikelhersteller ist es jedoch oft problematisch, die einzelnen Markenimages (brand identity) – vor allem von Einzelmarken – mit der Unternehmens-CI derart zu verbinden, dass die bestmögliche Wirkung erzielt wird.

Die Schlüsselfrage dabei lautet, welche Produkte, Leistungen und Marken mit erkennbarer Zugehörigkeit zum Stammhaus auftreten sollen und welche konsequent eigenständig, ohne Bezug zur CI, geführt werden sollen.

3.1 Kommunikationsinstrumente

Die Unternehmen betreiben eine immer stärker differenzierte Marken- und Produktpolitik, die ihrerseits wiederum stark differenzierte Maßnahmen der Kommunikationspolitik erfordern. Zu den klassischen Instrumenten der Massenkommunikation wie Werbung, PR, treten vor allem stärker individualisierte Kommunikationsinstrumente wie Direktwerbung, Sponsoring, Events usw. Die Unternehmen schichten daher ihre Kommunikationsausgaben von den klassischen Kommunikationsinstrumenten (klassische Werbung, PR), die auch als „**above the line**"-Instrumente bezeichnet werden, zu „below the line"-Instrumenten (Verkaufsförderung, Sponsoring, Direktwerbung, Product Placement etc.) um, um effizienter – im Sinne des Preis-Leistungsverhältnisses – mit den Zielgruppen kommunizieren zu können.

Im Folgenden sollen die einzelnen Kommunikationsinstrumente aus Abb. 64 kurz vorgestellt werden.

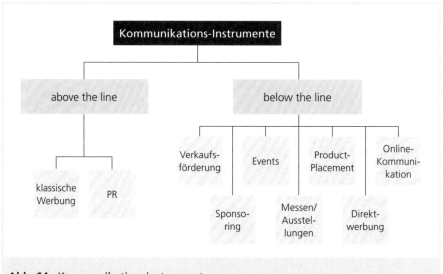

Abb. 64: Kommunikationsinstrumente

3.1.1   Klassische Werbung

Unter Werbung versteht man die beabsichtigte Beeinflussung von marktrelevanten Einstellungen und Verhaltensweisen ohne formellen Zwang unter Einsatz von Werbemitteln und bezahlten Medien.

Durch den Ausschluss von formellem Zwang wird der Werbebegriff gegenüber Befehlen bzw. physischem Zwang abgegrenzt, wie beispielsweise der gesetzlichen Vorschrift einer Haftpflichtversicherung für Fahrzeuglenker. Andere Formen von Zwang – psychisch oder sozial – werden durch diese Definition jedoch nicht ausgeschlossen. In welchem Maße Werbung auf den Umworbenen Druck ausübt – sei es durch Anwendung von Erkenntnissen der Psychologie oder Soziologie, wie z. B. durch Modediktate, Verhaltensvorschriften, um von den Mitmenschen anerkannt zu werden, etc. – bzw. inwieweit Manipulation legitim ist, wird lebhaft diskutiert.

Der Einsatz von Werbemitteln und Medien grenzt klassische Werbung – manchmal auch als **Mediawerbung** bezeichnet – von anderen Formen der Meinungs- und Verhaltensbeeinflussung ab, die keine spezifischen Werbemittel einsetzen, wie dies z. B. beim persönlichen Verkauf oder bei der Verkaufsförderung der Fall ist.

Wenn man von klassischer Werbung spricht, so meint man damit die **Absatzwerbung** von Unternehmen. Werbung wird aber nicht nur zur Förderung des Absatzes eingesetzt, sondern auch für andere Unternehmensbereiche wie z. b. Beschaffung von Material und Kapital (Beschaffungswerbung) oder zur Akquisition von Mitarbeitern (Personalwerbung).

Auch im nichtkommerziellen Bereich gewinnt Werbung immer stärker an Bedeutung: z. b. Werbung für religiöse, kulturelle, karitative, gemeinnützige Zwecke, für soziale Anliegen, sowie für politische Zwecke usw. Auch hier sorgt Werbung dafür, dass das Angebot der nichtkommerziellen Anbieter wahrgenommen wird, dass die Einstellungen, Meinungen und schließlich das Verhalten ihnen gegenüber in eine bestimmte Richtung beeinflusst wird.

Auf die klassische Werbung gehen wir in Kapitel 4 ausführlich ein.

3.1.2 Public Relations

Public Relations werden laut der deutschen PR-Gesellschaft als bewusstes und legitimes Bemühen um Verständnis sowie Aufbau und Pflege von Vertrauen in der Öffentlichkeit verstanden. Die Aktivitäten der PR-Arbeit sind nicht nur auf den Absatzmarkt beschränkt, sondern richten sich an verschiedene Gruppen, die in ihrer Summe die „**öffentliche Meinung**" bilden. Dabei geht es nicht primär um die Qualität der Produkte oder Dienstleistungen, die ein Unternehmen oder eine Institution anbietet, sondern um sein gesamtheitliches Verhalten in der Gesellschaft: Wie verhält sich das Unternehmen seinen Kunden, Nicht-Kunden, Mitarbeitern, seiner Umwelt, seinen Anbietern, den Aktionären und dem Staat gegenüber?

Diese Fragen werden vor allem von **unternehmensrelevanten Zielgruppen** gestellt: dazu zählen neben den Kunden Medienvertreter, Lieferanten, Bankenvertreter, Meinungsführer, Vertreter staatlicher Stellen, Bildungseinrichtungen und Bürgerinitiativen usw. Auf Grund des Unternehmens-Verhaltens und der Unternehmens-Kommunikation bilden sich Meinungen, Vorurteile und Images, die die öffentliche Meinung bestimmen.

Ziel eines jeden Unternehmens sollte also sein, Akzeptanz und Glaubwürdigkeit in der Öffentlichkeit zu erreichen. Öffentlichkeitsarbeit schafft nicht nur Sympathie und Wohlwollen, um so Unterstützung und Verständnis in der Öffentlichkeit zu erreichen, sondern unterstützt darüber hinaus im Rahmen des Kommunikations-Mix die Erhöhung des Bekanntheitsgrades ebenso wie den Aufbau, die Festigung oder Veränderung des Images des Unternehmens.

In diesem Zusammenhang sind insbesondere die Vertrauensverluste von Großunternehmen und die öffentlichen Auseinandersetzungen mit Produkten bestimmter Branchen (z. B. Chemie, Zigaretten, Pharma) zu erwähnen. In dieser kritischen Situation zeigte sich bei vielen Unternehmen, dass sie in der Vergangenheit keine systematische Pflege der unternehmensrelevanten Zielgruppen betrieben hatten.

Ein Unternehmen sollte nicht nur eine Krisenkommunikation entwickeln, sondern vorsorglich Öffentlichkeitsarbeit betreiben und bereits frühzeitig, d. h. eigentlich ständig, mit den relevanten Zielgruppen kommunizieren.

Dabei geht es nicht nur um die einseitige Weitergabe von Informationen durch das Unternehmen an die Zielgruppen, sondern möglichst um einen Dialog mit den relevanten Personen (intern und extern) und Organisationen, um im Bedarfsfall und in kritischen Situationen Verständnis für den Standpunkt des Unternehmens oder der Institution zu finden.

Public Relations darf also nicht mit Pressearbeit gleichgesetzt werden. PR ist eine Führungsaufgabe und umfasst die Pflege und Förderung der Beziehungen einer Organisation insgesamt. Für eine effiziente Kommunikation nach außen ist eine funktionierende interne Kommunikation Voraussetzung. Der Teilbereich der internen PR wird auch „Human Relations" genannt. Er zielt auf Stärkung des Zusammengehörigkeitsgefühls unter den Organisationsmitgliedern, eine Identifikation mit den Organisationszielen und letztlich auf eine Erhöhung der Motivation der Mitarbeiter ab.

Als **PR-Aktivitäten** seien folgende Tätigkeiten exemplarisch angeführt: Erstellung und Durchführung von Konzepten der Öffentlichkeitsarbeit im Einklang mit der Unternehmenspolitik, Herstellung und Verbreitung von Berichten, Kommentaren und Texten für die Presse, und Online-Medien, Konzeption und Durchführung von Pressekonferenzen, Erstellung von Geschäftsberichten und anderen Informationsmaterialien, Planung und Durchführung von Veranstaltungen wie z. B. Ausstellungen, Wettbewerben, Vorträgen, Diskussionen, Kontakte zu verschiedenen Meinungsbildnern, wie z. B. Politikern etc., und zu Vertretern diverser Teilöffentlichkeiten, wie z. B. Interessensvertretungen, Branchenverbänden, Gewerkschaften u. Ä., und schließlich Produktion innerbetrieblichen Informationsmaterials (wie z. B. Mitarbeiterzeitungen, audio-visuelle Medien u. Ä.).

Die vielfältigen und einfachen Nutzungsmöglichkeiten des Internets ermöglichen eine zielgruppenspezifische, interaktive und flexible Gestaltung von Kommunikationsaktivitäten. Die PR Aktivitäten verlagern sich somit zum Teil weg von klassischen Massenmedien hin zur Online-Kommunikation, wobei hier nicht nur der elektronische Versand von Presseinformationen mittels E-Mail-Verteiler gemeint ist. Vor allem durch die Social Media Tools und Plattformen ergeben sich für die Kommunikation im Rahmen der PR eine Vielfalt von Möglichkeiten, Beziehungen zu relevanten Zielgruppen und Teilöffentlichkeiten herzustellen, z. B. durch Schaffen oder Teilnahme an Blogs, Podcasts, Informationsaustausch auf Foren oder durch die Präsenz in sozialen Netzwerken oder sonstigen Social Media Plattformen.

Durch **Social Media** hat sich vor allem die Art der Kommunikation geändert: in der klassischen PR entscheidet das Unternehmen oder der Journalist, welche Informationen an die Öffentlichkeit gelangen (klassische Einweg-Kommunikation). In der Social Media Kommunikation kann jeder Informationen und Botschaften generieren und der Öffentlichkeit zur Kenntnis bringen. Diese von Dritten generierten Informationen sind für Unternehmen vor allen dann relevant, wenn sie das Unternehmen selbst und seine Marken betreffen. D. h. im Rahmen von Social Media Monitoring sind derartige Botschaften zu identifizieren, um in einem Dialog darauf reagieren zu können (zur Social Media Kommunikation vgl. Kap. 3.1.10.6). Weiters können im Rahmen interaktiver PR-Bemühungen Meinungsführer und Multiplikatoren identifiziert werden, um mit diesen in Dialog zu treten, um so Botschaften zu streuen.

PR hat im Vergleich zur Werbung nicht nur andere Inhalte und Zielgruppen, sondern die Berichterstattung in den klassischen Medien erfolgt – im Gegensatz zur Werbung – kostenlos. In der Praxis ist eine Vermengung von redaktioneller Berichterstattung mit kommerziellen Interessen zu finden: „Informercials" und „Advertorials", also bezahlte, redaktionell gestaltete Einschaltungen, sind trotz gesetzlicher Vorschriften im Vormarsch. Unter Informercials, im deutschsprachigen Raum auch als „Dauerwerbesendungen" bezeichnet, versteht man Werbesendungen, die bewusst wie Informationssendungen oder Dokumentarfilme gestaltet werden. Sie stellen eine Form des Teleshoppings dar und können vor allem für erklärungsbedürftige Produkte eingesetzt werden. Advertorials sind redaktionell gestaltete Anzeigen, die auch „PR-Anzeigen" genannt werden (vgl. Koschnick, 1995). Vor allem dieser Ausdruck kann leicht zu einer Irreführung verleiten, da aufgrund gesetzlicher Bestimmungen (wie z. B. in Deutschland, Österreich und der Schweiz) eine klare Trennung von Redaktion und Werbung erfolgen muss.

Neben der Kennzeichnungspflicht für bezahlte Advertorials (mit den Worten: „Werbung", „Anzeige" oder dergleichen), sollten unentgeltliche redaktionelle Beiträge, die Werbeeffekte haben könnten, nur der sachgerechten Information der Öffentlichkeit dienen und immer den journalistischen Grundsätzen entsprechen.

In einer Studie am Institut für Werbewissenschaft und Marktforschung (vgl. Winkler 1999) konnte nachgewiesen werden, dass die Glaubwürdigkeit von Advertorials höher eingeschätzt wird, wenn der Werbecharakter nicht erkannt wird und das Medium selbst eine hohe Glaubwürdigkeit genießt.

Das ist auch der Grund, warum PR – missbräuchlich im Sinne unserer Definition – manchmal dazu verwendet wird, bezahlte Anzeigen in Pressemedien bewusst unscharf zu kennzeichnen.

3.1.3 Verkaufsförderung

Die Verkaufsförderung (Sales Promotion) beinhaltet eine Vielzahl unterschiedlicher, meist taktischer Maßnahmen der Hersteller bzw. Anbieter, um neue Produkte in der Einführungsphase beim Konsumenten bekannt zu machen und umfangreichere Käufe bestimmter Produkte und Dienstleistungen durch die Verbraucher oder den Handel zu stimulieren. Die Aktivitäten werden zumeist unmittelbar am Point of Purchase (POP, Kaufort) oder am Point of Sale (POS, Verkaufsort) eingesetzt: Im Supermarkt versucht ein auffälliges Display mit Schokoladeriegeln in Kassennähe Kunden zum Impulskauf zu bewegen. In einer Pizzeria erhalten die Kunden beim Kauf von zehn Pizzen die elfte gratis, oder ein Hersteller von Elektrogeräten gewährt den Einzelhändlern einen Preisnachlass von 10 %, wenn sie mit seinen Produkten in der Lokalpresse werben.

Während Werbung einen Kaufgrund bietet, gibt Verkaufsförderung einen Anreiz, den Kaufakt zu vollziehen oder den Kaufentscheidungsprozess voranzutreiben.

Verkaufsförderung motiviert entweder die Endabnehmer eines Produktes oder einer Leistung, die Handelspartner oder die Verkäufer. Je nachdem, an wen sich Verkaufsförderung richtet, unterscheidet man zwischen verbrauchergerichteter Verkaufsförderung (Consumer Promotion), handelsgerichteter Verkaufsförderung (Händlerpromotion) und Instrumenten, die sich an den Außendienst bzw. das Verkaufspersonal richten (Staff Promotion), wie z. B. Verkäuferwettbewerbe.

Abb 65: Beispiel für Verkaufsförderungsmaßnahmen am POS: Displays und Warenverkostung

Consumer Promotions sollen z. B. dem Konsumenten neue Produkte näher bringen, Verbraucher zum Kauf größerer Mengen veranlassen, aus bisherigen Nichtverwendern Verwender machen, Markenwechsler von Produkten der Konkurrenz weglocken oder Markentreue aufbauen. Diese Ziele können z. B. durch Verteilen von Produktproben, Gutscheinen, Roadshows, Packungszugaben, Gewinnspiele, Produktpräsentationen, Aktionspackungen, Aktionspreise, Treueprämien, Zweitplatzierungen und Displaymaterial (Deckenhänger, Preisplakate, Kartonkleber, etc.) erreicht werden. Da derartige Promotionmaßnahmen häufig am POS stattfinden, bedarf es der Kooperation mit dem Handel, wie z. B. beim Verteilen von Produktproben und Aufstellen von Displays (vgl. Abb. 65). Dabei wird zunehmend versucht, am POS eine produkt- bzw. handelsspezifische Erlebnis-Atmosphäre zu schaffen, um das Einkaufen angenehm und abwechslungsreich zu gestalten.

Mit zunehmender Nutzung verschiedener Online-Kanäle durch Verbraucher und Händler, haben sich diese als Promotion-Plattformen für Handel und Industrie etabliert: mit Online-Gewinnspielen wird z. B. versucht, Verbraucher regelmäßig auf ihre Websites zu locken, um sie mit den dortigen Angeboten zu konfrontieren, ihnen Coupons zum Herunterladen als Kaufanreiz zu gewähren, oder sie zu motivieren, die Marke auf Social Media Sites an Freunde weiter zu empfehlen.

Bei der **Händlerpromotion** sollen Einzelhändlern z. B. Anreize dafür geboten werden, neue Artikel in ihr Sortiment aufzunehmen, die Produktbestände zu erhöhen, auch außerhalb der Saison einzukaufen und Zubehörartikel auf Lager zu legen; außerdem soll durch Verkaufsförderungsmaßnahmen die Markentreue des Einzelhandels gestärkt bzw. der Zugang zu neuen Verkaufsstellen ermöglicht werden. Beispiele dafür sind Gratiswaren, Händlerwettbewerbe, Gemeinschaftswerbung, Werbegeschenke (Incentives), Preisnachlässe und Produktpräsentationen (für erklärungsbedürftige Produkte).

Ziel der **Staff-Promotion** ist es z. B., das Engagement des Verkaufs bzw. des Außendienstes für ein neues Produkt, eine neue Produktausführung zu erhöhen, zu verstärkten Neukunden-Akquisitionen zu ermuntern oder den Produktabsatz außerhalb der Saison zu stimulieren.

Instrumente dafür sind z. B. Verkäuferwettbewerbe zur Verbesserung der Absatzergebnisse innerhalb eines bestimmten Zeitraums oder Geschenke (Incentives).

Durch den Einsatz von Verkaufsförderungsmaßnahmen allein können die Marktanteile oft nur kurzfristig erhöht werden. Am wirkungsvollsten ist Verkaufsförderung dann, wenn sie mit Absatzwerbung kombiniert ist: Aus Untersuchungen geht hervor, dass POS-Display-Aktionen in Verbindung mit klassischer Werbung zu einem wesentlich höheren Absatz führten als vergleichbare Display-Aktionen ohne gleichzeitige Werbung (Kotler, Keller, Bliemel, 2007, S. 763).

Die Bedeutung der Verkaufsförderungsmaßnahmen am POP bzw. POS liegt in der Kontaktwiederholung und Verstärkerfunktion der Werbung. Dadurch wird einem Absinken der Erinnerung an massenmediale Werbung entgegengesteuert. Insbesondere Impulskäufe werden durch Sales Promotion angeregt.

3.1.4   Direktwerbung und Direct-Response-Werbung

Direktwerbung bietet die Chance, näher am Abnehmer bzw. Kunden zu sein und schnell und konkret auf seine Bedürfnisse reagieren zu können.

Unter Direktwerbung versteht man

- die direkte Übermittlung der Werbebotschaft an den Empfänger (auf dem Postweg oder durch Einwurf in die Briefkästen durch gewerbsmäßige Verteiler, per Fax, Telefon, Mobiltelefon oder Online
- in Form eines selbständigen Werbemittels
- ohne Einschaltung eines Massenmediums.

Eine Form der Direktwerbung ist das **Direct Mail** (Whitepaper Mailing), also die Ansprache des Umworbenen mittels eines Briefes, dem auch Prospektmaterialien oder Warenproben beigelegt werden können. Andere Werbemittel, die ebenfalls direkt zugestellt werden, sind Kataloge, Broschüren, Prospekte und Handzettel und auch E-Mails. Personalisierte Direktwerbung ermöglicht eine exakte Zielgruppenselektion.

Dazu sind genaue Kenntnisse über die anzusprechenden Personen notwendig. Vorhandene Adressenkarteien bzw. Kundendatenbanken (aktuelle Kunden und Interessenten – so genannte „heiße" Adressen) müssen ständig gewartet und aktualisiert werden, verschiedene Kundenmerkmale müssen erfasst, aufbereitet und analysiert werden. Diese Merkmale umfassen neben Namen und Adresse z. B. soziodemografische Merkmale, Besitzdaten, Verhaltensdaten (Bestellrhythmus, Umsatz etc.), dialogorientierte Daten (Art und Zeitpunkt des Erstkontaktes, Art der Reaktion, zuständige Betreuer usw.) bis hin zu persönlichen Daten wie z. B. Geburtstag, Hobbys etc. Diese systematische Sammlung und Auswertung von Kundendaten bezeichnet man als **Database-Marketing**.

Geht es darum, mittels Direktmarketing eine langfristige, nachhaltige und profitable Beziehung zu Kunden aufzubauen, und diese zu pflegen und auszuweiten, spricht man von **Customer Relationship Management** (CRM). Auf Basis detaillierter Kundeninformationen – vor allem deren Bedürfnisse – werden maßgeschneiderte Marketing- und Kommunikationsaktivitäten entwickelt. Ziel dabei ist, dem Kunden das, was er braucht, zum richtigen Zeitpunkt anzubieten.

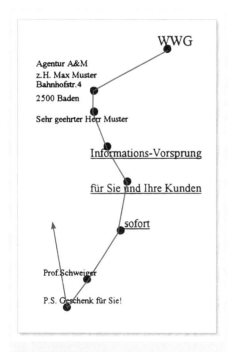

Abb. 66: Lesekurve mit Fixationspunkten (nach Vögele, in Moravek, 1994)

Sind keine unternehmenseigenen Adresskarteien vorhanden, besteht die Möglichkeit, Adressen von Adressenverlagen anzumieten („kalte" Adressen), die nach verschiedenen Zielgruppenkriterien (z. B. Branchen, Berufsgruppen, Privatadressen etc.) selektiert werden. Die Adressenverlage übernehmen häufig auch die vollständige Abwicklung von Direct Mailing Aktivitäten.

Inhalt und Umfang der Informationen in einem Mailing können genau auf die Bedürfnisse der Zielpersonen abgestimmt werden.

Um die Gefahr zu verringern, dass der **Werbebrief** ungelesen in den Papierkorb wandert, sollte er personalisiert werden. So können etwa die Adresse des Empfängers handgeschrieben werden, Sondermarken verwendet oder die Anrede im Brief durch Verwendung des Namens persönlich gestaltet werden.

Interessante Befunde zum Thema Werbebriefgestaltung stammen von Vögele (vgl. Vögele, 1994), der eine S-förmige Lesekurve unterstellt (siehe Abb. 66).

Der Leser beginnt beim Briefkopf, um festzustellen, wer der Absender ist und wie er von diesem angesprochen wird. Danach wird der Text überflogen (meist werden nur die ersten beiden Zeilen gelesen). In der Folge werden nur mehr einzelne hervorgehobene Wörter wahrgenommen. Der Sprung zur Unterschrift und zum Postskriptum bildet den Abschluss der Lesekurve. Wird der Leser entlang der natürlichen Lesekurve ausreichend motiviert (Vögele spricht dabei von den vielen kleinen „Jas", die der Leser als Antwort auf seine unausgesprochenen Fragen finden muss), dann wird er noch einmal zum Briefanfang zurückkehren und auch die einzelnen Textblöcke lesen (vgl. Moravek, 1994). Die Chance eines Feedbacks – in Form einer Antwortkarte oder einer telefonischen Rückfrage – ist bei individueller Ansprache durch Direktwerbung im Allgemeinen größer als bei anderen Formen der Ein-Weg-Kommunikation.

Ein großer Vorteil der Direktwerbung ist ihre einfache, flexible und relativ kostengünstige Handhabung. Auch kleine Betriebe haben die Möglichkeit, bei Bedarf mittels Postkarte, Werbezettel oder per E-Mail oder in sozialen Netzwerken z. B. auf eine Sonderaktion aufmerksam zu machen.

Ein weiters wichtiges Direktmarketinginstrument ist das **Telefonmarketing**, das auch im deutschsprachigen Raum vor allem im Business-to-Business Bereich (Geschäftsbeziehung zwischen Unternehmen) Bedeutung hat, z. B. telefonische Angebote, telefonische Bestell-Annahmen usw.

Grundsätzlich unterscheidet man zwischen aktivem Telefonmarketing, bei dem das Unternehmen Zielpersonen anruft, um Produkte und Leistungen vorzustellen bzw. zum Kauf anzubieten und zwischen passivem Telefonmarketing, bei dem die Aktivität vom Kunden ausgeht. Eine bedeutende Rolle spielen dabei die Servicetelefon-Nummern und Call Center, die u. A. zur Kundenpflege, langfristigen Kundenbindung und Bestell-Annahme eingesetzt werden.

Aufgrund der starken Nutzung der Mobiltelefonie spielt das **SMS** (short message service), also die Kurznachricht, die von Handy zu Handy gesendet werden kann, auch in der Werbung eine Rolle. Ein SMS ist auf eine relativ geringe Anzahl von Zeichen beschränkt (z. B. 160 Zeichen), was auch ihre Einsatzmöglichkeit beschneidet. SMS werden von Unternehmen hauptsächlich zum Informieren von Kunden, im Verkauf (z. B. von Tickets, Fahrscheinen) oder für Promotionaktivitäten wie z. B. Teilnahme an Gewinnspielen via SMS verwendet.

Weit mehr Möglichkeiten bietet die Weiterentwicklung des SMS – das MMS (Multimedia Messaging Service). Im Gegensatz zur SMS ist dieses nicht auf eine bestimmte Zeichenanzahl beschränkt, sondern es können Nachrichten mit multimedialem Inhalt verschickt werden. Die Spannbreite der Formate umfasst Texte, Bilder und Töne bis hin zu kurzen Videosequenzen.

Auch die Vermarktung per E-Mail (**E-Mail-Marketing**) hat einen festen Platz im Direktmarketing, ist doch der Daten- und Informationsaustausch per E-Mail die Hauptanwendung für die meisten Internet-Nutzer.

Unverlangte und unerwünschte Werbung per E-Mail – so genannte Spams – führen jedoch bei den Adressaten zur Verärgerung, bzw. werden sie ohnehin durch Spamfilter selektiert. Der Bundesverband für Digitale Wirtschaft (www.bvdw.org) hat daher Richtlinien für E-Mail-Marketing verfasst, die auf den Prinzipien des Permission-Marketings beruhen. Permission Marketing ist eine auf dem Einverständnis des Empfängers basierende Direktmarketingstrategie mittels Online-Medien. So sollten E-Mails von Empfängern z. B. gestattet oder ausdrücklich angeordnet werden.

Bei einem **E-Mail-Newsletter** (Aussendungen von Informationen zu einem bestimmten Thema via E-Mail) haben die Empfänger häufig die Möglichkeit, sich für dessen Abonnement an- bzw. auch wieder abzumelden (Opt-In und Opt-Out Möglichkeiten). Informationen, die erwünscht, erwartet und relevant sind, werden als Service wahrgenommen und sind daher besonders geeignet, Vertrauen zum Absender aufzubauen. Eine Untersuchung von Kent und Brandal (2003) hat gezeigt, dass Permission E-Mails nicht nur öfter gelesen werden als unbestellte E-Mails (Spams), sondern auch höhere Click-Trough-Raten und schließlich höheren Absatz erzielen.

In einem professionellen Newsletter werden die Informationen grafisch aufbereitet und personalisiert an den Empfänger gesendet. Da der Leser, ähnlich wie bei Werbebriefen, den Text nur überfliegt, ist ein gut strukturierter Aufbau der Inhalte besonders wichtig. Es bietet sich daher an, nur prägnante Informationen direkt in das E-Mail zu schreiben und weiterführende Berichte per Link auf Homepages zur Verfügung zu stellen. Mittels Click-Statistiken lässt sich dann einfach auswerten, welche Empfängergruppen bestimmte weiterführende Informationen abgerufen haben. Dadurch lassen sich z. B. unterschiedliche Kundengruppen mit unterschiedlichen Interessen und Bedürfnissen bilden, um in einem nächsten Schritt maßgeschneiderte Angebot zusenden zu können. Ein weiterer wichtiger Vorteil von E-Mail Newsletters ist die Möglichkeit der Datenpflege durch den Empfänger: Ändern sich beispielsweise die Anschrift oder E-Mail-Adresse, so kann der Newsletter-Empfänger seine Daten mittels weniger Clicks selbst aktualisieren. Ein Beispiel für einen E-Mail Newsletter ist in Kap. 3.1.10.1 zu finden.

Als Beispiel für einen regelmäßigen E-Mail Newsletter sei jener der österreichischen Werbewissenschaftlichen Gesellschaft (www.WWGonline.at) erwähnt. Er informiert seine Mitglieder quartalsweise über aktuelle Forschungsergebnisse, Konferenzen, Weiterbildungsveranstaltungen, Workshops und neu erschienene Artikel des eigenen Publikationsorgans Transfer-Werbeforschung & Praxis.

Besondere Bedeutung erlangt die direkte Kommunikation durch **Social Media**. Dadurch dass auf Social Media Plattformen jeder spontan seine Meinung über Unternehmen oder Marken äußern kann und zeitgleich eine große Öffentlichkeit daran teilhaben lassen kann, ist es wichtig, dass das Unternehmen darauf reagiert und mit dem, der die Meinung geäußert hat, in Dialog tritt. Dies kann in Form einer unmittelbaren Antwort seitens des Unternehmens passieren oder das Unternehmen gibt einen Anstoß zur Konversation, indem es Themen auf Social Media Plattformen selbst vorgibt, z. B. in Blogs, Podcasts, auf Foren oder in sozialen Netzwerken.

Bei der **Direct-Response-Werbung** werden die Kanäle der klassischen Absatzwerbung wie Print, Rundfunk, TV oder Online-Medien genutzt, um die angesprochenen Personen mit einem integrierten Antwortmechanismus zu direkten Reaktionen – wie z. b. Anforderung weiterer Informationen oder Bestellung des angebotenen Produktes – zu führen. Ein Beispiel zu einer Direct-Response-Anzeige ist in Abbildung 132 auf Seite 349 zu finden.

Bei Anzeigen werden z. b. Couponausschnitte, aufgeklebte Antwortkarten, Kennziffern oder angegebene Telefon-, Fax-Nummern oder E-Mail-Adressen als Antwortmechanismen genutzt, bei Rundfunk oder TV sind es zumeist eingeblendete Telefonnummern zur gebührenfreien Nutzung des Anrufers oder die Angabe von Adressen der Bezugsquellen, bei Online-Medien die Rückmeldemöglichkeit via E-Mail an den Absender.

3.1.5 Sponsoring

Die wesentlichen Elemente des Sponsorings sind:

- ■ Das „sponsernde" Unternehmen stellt dem Gesponserten Geld oder Sachmittel zur Verfügung. Der Gesponserte kann dabei eine Einzelperson, Personengruppe oder Institution sein.

- ■ Der Sponsor ist zur Sponsor-Leistung unter der Voraussetzung bereit, dass er dafür vorher definierte Gegenleistungen erhält: z. b. Platzierung des Logos oder Markennamens des Sponsors auf Ausrüstungsgegenständen (z. B. Bekleidung, Bandenwerbung), Beteiligung an Aktivitäten des Sponsors (z. B. Autogrammstunden des Gesponserten) oder werbliche Nutzung des Gesponserten (z. B. der Gesponserte tritt im TV-Spot des Sponsors auf). Diese Gegenleistungen müssen so geartet sein, dass sie zur Erreichung der Ziele der Unternehmung – z. b. Steigerung der Bekanntheit, Imageprofilierung, Schaffung von Goodwill – beitragen.

Die wichtigsten Formen des Sponsorings sind:

- ■ Sport-Sponsoring,
- ■ Kultur-Sponsoring,
- ■ Schul- und Universitäts-Sponsoring,
- ■ Öko-Sponsoring und
- ■ Sozio-Sponsoring.

Das **Sport-Sponsoring** kann sich auf Einzelsportler, Vereins- bzw. Verbandsmannschaften sowie Sportveranstaltungen beziehen. Ein Beispiel für Sport-Sponsoring ist in Abbildung 76 auf S. 177 zu finden. Sponsoring-Möglichkeiten im Bereich der **Kultur** bieten sich vor allem bei moderner und klassischer Musik (z. B. Sponsoring der weltweiten TV-Übertragung des jährlich stattfindenden Neujahrskonzertes der Wiener Philharmoniker). Aber auch bildende Kunst wie Malerei, Fotografie etc., darstellende

Kunst wie Schauspiel, Oper, Operetten etc., Literatur, Film, einzelne Künstler oder Kunstinstitutionen wie z. B. Museen oder Theater können Gegenstand des Sponsoring sein. Im **Universitäts-Sponsoring** dominieren gesponserte Lehrstühle (vor allem in den USA), Finanzierung von Gastprofessoren und Preise für Spitzenleistungen der Universitätsangehörigen und -studenten. Firmen, wie z. b. Computerhersteller, können auch Schulen Lehrmittel für die Ausbildung zur Verfügung stellen und als Gegenleistung eine prominente Platzierung ihres Markennamens auf den Lehrmitteln vereinbaren (Hermanns, Marwitz, 2008, Seite 119).

Öko-Sponsoring besteht z. B. in Projekten zur Rettung bedrohter Tierarten oder zur Errichtung von Nationalparks. Beim **Sozio-Sponsoring** werden Organisationen oder Institutionen gesponsert, die humanitäre Probleme aufgreifen bzw. lösen, wie z. B. karitative Organisationen, Rettungs- oder Katastrophenhilfsorganisationen usw.

Zwischen Sponsor und Gesponsertem wird häufig ein Beratungsunternehmen, z. B. eine Sponsoring-Agentur, geschaltet, das die Aufgabe hat, für den Erfolg des Sponsorship zu sorgen. Für den Erfolg des Sponsoring-Engagements sind Zielgruppenaffinität (Übereinstimmung zwischen Zielgruppe des Gesponserten und Zielgruppe des Sponsors), Imageaffinität (angestrebte Imagemerkmale des sponsernden Unternehmens bzw. seiner Marke stimmen mit dem Image des Sponsoring-Engagements überein) und Produktaffinität (direkter oder indirekter Produktbezug) bedeutsame Faktoren.

Problematisch am Sponsoring sind die unkalkulierbaren Risiken für den Sponsor, insbesondere beim Sport-Sponsoring: Nicht vorhersehbare Ereignisse wie etwa Dopingfälle oder Drogenmissbrauch bei weltbekannten Sportlern oder tödliche Unfälle (z. B. bei Autorennen) können sich negativ auf das Firmenimage auswirken. Das Sponsoring einer Vereinsmannschaft kann zudem ein zweischneidiges Schwert sein: Zwar übertrug sich bei Fußballinteressierten der Erfolg von Bayern München Ende der 90er-Jahre in der Dimension „erfolgreich" auf das Image des Sponsors Opel, für Nicht-Bayern-Fans wurde Opel durch dieses Sponsoring-Engagement jedoch nicht sympathischer (Gierl, Kirchner, 1999).

Grohs stellte in seiner Untersuchung über die Wirkung von Sponsorships anhand der Beach Volleyball World Tour 2002 in Klagenfurt/Österreich fest, dass das Image (die Assoziationen zu) der gesponserten Veranstaltung in High-Involvement-Produktbereichen auf die Marke des Sponsors übertragen werden, weshalb die Prüfung der Imageaffinität (Event- bzw. Sponsor-Fit) anzuraten ist (Grohs, 2004, S. 158 ff.).

3.1.6 Product Placement

Zunehmender Beliebtheit erfreut sich die „Below-the-line-Werbeaktivität" Product Placement, welches das gezielte Einfügen eines Markenprodukts in die Dramaturgie eines Filmes gegen Entgelt oder Gegenleistungen (kostenlose Bereitstellung von Produkten, Gewährung von Dienstleistungen, Versorgung der Crew) an einer Stelle ist, an der zwar ein Produkt dieser Art vorgesehen ist, aber eben nicht genau eines dieser Marke. Bereits 1874 wurde in der Operette „Die Fledermaus" die gleichnamige Sektmarke Fledermaus erfolgreich platziert. 1956 war eine Suchard-Schokolade 18 Sekunden lang formatfüllend im Film „Und ewig rauschen die Wälder" im Bild. Seither hat diese scheinbar zufällige, in Wirklichkeit aber bewusste Platzierung von Produkten in Kinofilmen und Fernsehprogrammen stark an Bedeutung gewonnen.

Product Placement ist eine äußerst wirksame Form der Werbekommunikation. Das harmonische Einbauen von Markenprodukten in den Handlungsablauf lässt Werbung und Unterhaltung miteinander verschmelzen. Product Placement spricht eine aufgrund des Interesses am Film hoch involvierte Zielgruppe an. Zudem wird ihre Informationsaufnahme nicht durch Reaktanz beeinträchtigt. Auch Personen, die Werbung ablehnen und deshalb während des Werbeblocks auf andere Sender umschalten, werden durch diese Form der Kommunikation erreicht. Ein weiterer Vorteil ist die Kommunikation in einem konkurrenzlosen Umfeld (im Vertrag kann Konkurrenzausschluss vereinbart werden). Die Ergebnisse einer am Institut für Werbewissenschaft und Marktforschung an der Wirtschaftsuniversität Wien durchgeführten Studie belegen, dass in der Filmhandlung integrierte Produkte bzw. Marken zu einer erhöhten Erinnerungsleistung der Marke führen. Durch die Präsentation des Produkts als Teil der Handlung wird die Produktverwendung als selbstverständlich erlebt, was die Glaubwürdigkeit der Werbebotschaft beträchtlich erhöht. Nicht selten haben Filmdarsteller auch schon aufgrund ihrer Bekanntheit eine Art Vorbildfunktion, was sich durch Imagetransfer positiv auf die von ihnen verwendete Marke auswirkt. Nachdem etwa die US-amerikanische Filmschauspielerin Julia Roberts im Kassenschlager „Pretty Woman" in einer Luxussuite des „Beverly Wilshire" residierte, stieg die Auslastung dieses Hotels spürbar. Umgekehrt übt aber auch das Markenprodukt einen positiven Effekt auf das Image des Darstellers aus.

Beim Product Placement werden also Markenartikel in die Handlung eingebaut und im Gebrauch bzw. im Gebrauchsumfeld gezeigt.

Es gibt verschiedene Arten des Product Placements:

- **On Set Placement**: Das Markenprodukt wird als reine Requisite und deutlich erkennbar in das Handlungsfeld zu dessen näheren Bestimmung sowie der Charakterisierung der Person platziert.

- **Kreatives (Creative) Placement**: Hier erfolgt eine aktive Verwendung durch die Schauspieler bzw. eine Einbindung des Markenproduktes in den Handlungsablauf. Dadurch wird die Aufmerksamkeit der Zuschauer auf das Produkt gelenkt.

- **Verbales (Verbal) Placement**: Darunter versteht man die Nennung der Marke im Filmgeschehen.

- **Kombiniertes Placement**: Hier erfolgt sowohl eine verbale als auch visuelle Porträtierung. Damit kann die höchste Werbewirkung erzielt werden.

- **Visuelles (Visual) Placement**: Hier erkennt das Publikum die Marke durch reine Darstellung von charakteristischen Merkmalen des Markenproduktes.

- **Generisches (Generic) Placement**: Dabei handelt es sich um die namenlose Platzierung eines Produktes, das aktiv in den Handlungsablauf integriert wird.

■ **Innovatives (Innovative) Placement**: Damit werden Produktneueinführungen beworben, wie zum Beispiel der damals neue BMW Z3 in dem James Bond Film „Golden Eye". Dies ist auch ein Beispiel für eine Promotion-Kampagne mittels Product Placement.

■ **Image Placement**: Der Inhalt bzw. das Thema eines Filmes oder einer Serie wird speziell auf ein Produkt oder eine Marke abgestimmt (beispielsweise der Film „Top Gun" zur Imageverbesserung der US Air Force).

■ **Brand Placement**: Hier kommt nur die Marke, nicht aber das Produkt selbst im Film vor, z.B.: nur das Logo.

■ **Service Placement**: Darunter versteht man die Platzierung von Dienstleistungen. Man denke z.B. an Airlines und Paketdienste.

■ **Unternehmens (Corporate) Placement**: Dies bezeichnet die Platzierung eines Unternehmens.

■ **Historisches (Historic) Placement**: In Filmen, die in der Vergangenheit spielen, bedient sich diese Form des Product Placements Marken mit ihrem typischen damaligen Erscheinungsbild (Retro-Branding), welche zur Authentizität des Filmes beitragen. Die Darstellung der Marke in der Vergangenheit weckt beim Zuseher Erinnerung, verstärkt Nostalgiegefühle und kommuniziert Werte wie Tradition, Sicherheit und Vertrauen in eine langjährig bestehende Marke.

■ **Futuristisches (Futuristic) Placement**: Hier wird ein futuristisches Design gewählt, um Fortschrittlichkeit des Unternehmens und Beständigkeit der Marke zu kommunizieren.

■ **Stadt, Land, Ort (City, Country, Location) Placement**: In Fernsehserien wie „Sex and the City" oder „Soko Kitzbühel", „Rosenheim Cops" wird „Location Placement" durchgeführt. Kinofilme wie „Crocodile Dundee" zeigen, dass diese Form der Kommunikation auch auf ganze Länder angewendet werden kann (Country Placement). „Sound of Music" gilt beispielsweise als Österreich international vermarktender Filmerfolg.

Ein besonders gut gelungenes Product Placement findet im Film „Forrest Gump" statt. In diesem Film kommen verschiedene Varianten des Product Placements vor. Der ganze Film handelt vom Laufen (Generic Placement), die Nike Schuhe werden auch vom Hauptdarsteller aktiv verwendet und machen ihn zum Helden des Films (Creative Placement). Das Nike Modell „Cortez", welches in dem Film gezeigt wird, stammt aus den 1970er Jahren (Historic Placement).

Die von Markenunternehmen beauftragten Product Placement Agenturen nutzten Filme (Franka Potente fährt in „Die Bourne Identität" einen Mini Cooper), Fernsehsendungen und -serien (Sarah Jessica Parker ist in „Sex and the City" verrückt nach Manolo Schuhen), Reality Shows, Romane (z.B. Lauren Weisbergs

„Der Teufel trägt Prada" trägt das Placement sogar im Namen), Songs, Video-spiele (z. B. Tomb Raider), aber auch Theaterstücke, Opernaufführungen als Wer-beträger. Beispielsweise sorgte die Platzierung der Unterwäschemarke Palmers in Mozarts Oper „Don Giovanni" im Rahmen der Salzburger Festspiele für Furore. Nicht nur der Bühnenvorhang diente als Plakatwerbeträger (Abb. 67), sondern auch die Sängerinnen traten in Palmers Unterwäsche auf.

Abb. 67: Ouvertüre von „Don Giovanni" bei den Salzburger Festspielen

Filme eignen sich aufgrund der emotionalisierenden Wirkung sowie sozialer Meinungs-bildungsfunktion hervorragend für Product Placements. Weitere Vorteile sind deren hohe Reichweite (Kino, DVD, Blu-ray Disk, TV, Online) und das Erreichen einer hoch involvierten Zielgruppe, welche sich mit Darstellern identifiziert.

Ob sich die gewünschte Werbewirkung einstellt, hängt nicht nur davon ab, wie gut sich das Produkt in den Filmablauf einfügt. Der Auswahl des richtigen Films und der rich-tigen Darsteller kommt auch zentrale Bedeutung zu. Die Identifikation des Publikums mit Filmcharakteren, aber auch das Involvement mit der Filmhandlung hat Einfluss auf die Wirksamkeit von Product Placement. Die Ergebnisse einer Studie des Instituts für Werbewissenschaft und Marktforschung an der Wirtschaftsuniversität Wien bestätigen, dass eine durch den Film vermittelte positive Stimmung und hohe Filmakzeptanz beim Publikum die Erinnerungsleistung der im Film dargestellten Markenprodukte positiv beeinflusst. Auch die Verwendung des Markenproduktes in einem positiven Zusammenhang hat Auswirkung auf die Wirksamkeit von Product Placement. Zudem haben Häufigkeit und Länge der Placements Einfluss. Ein zu penetranter Auftritt eines Markenartikels in einem Film oder einer Fernsehsendung könnte kontraproduktiv sein.

Auch auf Social Media Plattformen ist eine Vermischung zwischen Werbung und Unterhaltung bzw. Information in Form von **Branded Content** anzutreffen. Dies sind Online-Inhalte (Content) wie z. B. Berichte, Präsentationen, Audios oder Videos, die primär der Information oder Unterhaltung dienen, aber auch Werbe- oder Markenbotschaften integriert haben.

3.1.7 Eventmarketing

Durch erlebnisorientierte Veranstaltungen als Medium zur zielgruppenadäquaten Übermittlung von Botschaftsinhalten tragen die Unternehmen dem Wertewandel der Konsumenten hin zu einer stärkeren Freizeit-, Erlebnis- und Konsumorientierung Rechnung.

Bruhn (2007, S. 343ff) definiert ein Event als eine besondere Veranstaltung oder ein spezielles Ereignis, das multisensitiv vor Ort von ausgewählten Rezipienten erlebt und als Plattform zur Unternehmenskommunikation genutzt wird. Das heißt, ein Event soll einem bestimmten Adressatenkreis (Konsumenten, Händler, Meinungsführer, Mitarbeiter) firmen- oder markenbezogene Kommunikationsinhalte erlebnisorientiert vermitteln. Die Zielpersonen werden aktiv mit einbezogen, unmittelbare Kontakte zu den anwesenden Zielpersonen sind möglich. Ihre Einstellungen und Meinungen sollen durch direkte Erfahrungen und unmittelbares Erleben beeinflusst werden (Charakter der Interaktivität und des Dialogs). Events haben üblicherweise eine relativ begrenzte Reichweite, können aber Grundlage für eine breit gestreute Kommunikation sein.

Ein sehr erfolgreiches Beispiel für Event-Marketing ist die adidas Streetball Challenge. Anfang der 1990er-Jahre wurde die Marke adidas bei den Jugendlichen als konservativ, verstaubt, langweilig und nicht trendig angesehen. Markenspezifische Events sollten zu einer „Verjüngung" von adidas bei der Kernzielgruppe der 12- bis 20-Jährigen führen. Dazu wurde die adidas Streetball Challenge ins Leben gerufen. Nach 3 Jahren wurden in Deutschland mit 12.500 Teams ca. 500.000 Zuschauer erreicht. Das adidas Streetballkonzept verbindet Elemente einer actiongeladenen Jugendkultur, wie Sport, Mode, Musik und Markenidentifikation.

Auch die Red Bull Flugtage, die weltweit in verschiedenen Städten veranstaltet werden, transportieren die Botschaft der Marke „Red Bull verleiht Flüüügel" perfekt und tragen zur Festigung des Images der Marke bei (vgl. Abb. 78, S. 178).

Die Event-Botschaft muss formal und thematisch den Bedürfnissen und Interessen der Zielpersonen entsprechen. Die Frage nach der geeigneten **Veranstaltungsform** wird neben der Botschaft und den anzusprechenden Zielgruppen auch von den anzustrebenden Zielen (Profilierung und Differenzierung gegenüber dem Mitbewerb, Imagekomponenten, Bekanntheit, Kundenbindung usw.) bestimmt. Es stehen eine Vielzahl von Veranstaltungsformen zur Auswahl: Tagungen, Kongresse, Kick-off-Veranstaltungen, Produktpräsentationen wie z. B. Road-Shows, Galaveranstaltungen, Sportveranstaltungen, Kulturveranstaltungen wie Pop-Konzerte etc.

Auf Grund der Einmaligkeit haben Events häufig Projektcharakter, so dass es sich für die Durchführung – vornehmlich bei umfangreicheren Events – empfiehlt, spezielle Eventagenturen oder Eventveranstalter einzuschalten, die vor allem das nötige Know-How bei der Durchführung von Veranstaltungen besitzen (von Location-Auswahl, Veranstaltungstechnik, Entertainment bis zum Catering).

3.1.8   Messen und Ausstellungen

Messen sind Veranstaltungen, auf denen Anbieter aus einer oder mehreren Branchen einen umfassenden Überblick über ihr Angebot vermitteln. Die Anbieter haben die Möglichkeit, ihr Leistungsprogramm zu präsentieren, Kontakte mit Interessenten zu knüpfen und im persönlichen Gespräch gezielt auf die Informationsbedürfnisse der Besucher einzugehen.

Ausstellungen haben eher den Charakter von Schauveranstaltungen, von Leistungsdemonstrationen. Sie sollen über einzelne Wirtschaftsräume bzw. -zweige informieren.

Der Ausstellungs- oder Messestand sollte dazu dienen, den Besucher umfassend mit dem Waren- und Dienstleistungsangebot des Ausstellers vertraut zu machen. Da die physische Darstellung aller Produkte meist nicht möglich ist, werden zusätzliche Werbemittel wie Prospekte, Kataloge, Dia- und Videovorführungen eingesetzt. Diese Werbemittel bieten nähere Informationen und werden auch vom Standpersonal für Auskünfte verwendet.

3.1.9   Verpackung

Die Verpackung hat nicht nur technologische, sondern auch Informations- und Werbefunktion zu erfüllen. Sie soll

- den Erfordernissen der Automatisierung (bei Produktion und Verpackung) entsprechen,
- den Anforderungen der Distribution in Format und Stabilität gerecht werden,
- optimale Lagerungsformen ermöglichen und
- eine wirksame Präsentation am POS erlauben.

Vor allem bei Produkten, die ohne Beratung in Selbstbedienungsgeschäften verkauft werden, kommt der Verpackung eine große Bedeutung zu, da die Käufer ihre Informationen über das Produkt von der Verpackung bekommen und danach ihre Wahl treffen. Bei der Verpackungsgestaltung ist auf folgende Punkte zu achten:

- Die Verpackung soll in der Kaufphase image- und aufmerksamkeitswirksam sein.
- Sie soll das Produkt im Verkaufsraum bzw. im Regal im Konkurrenzumfeld präsentieren und es gleichzeitig von den Mitbewerbern differenzieren.
- Die relevanten Informationen sind auf der dem Konsumenten zugewandten Seite konzentriert, also meist auf weniger als einem Viertel der Gesamtoberfläche. Dies führt in der Regel zu einer Überladung mit Markennamen, -zeichen, Produktbeschreibungen usw.
- Die händlerbezogenen Anforderungen bezüglich leichter Handhabbarkeit und leichter Identifizierung des Inhaltes sowie manchmal auch wirksamen Schutzes vor Diebstahl sollten berücksichtigt werden.
- Verpackungen sind auch Träger von per Scanner abrufbaren Informationen: z. B. EAN-Code für eine rationelle Warenbewirtschaftung.
- Verpackungen sind heutzutage weiters an ökologischen Gesichtspunkten auszurichten: Abfallvermeidung, Recyclingfähigkeit etc.

Aufgabe des Designers ist es daher, nicht nur Form, Materialien, Farbe, Texte und Markenlogos gestalterisch aufeinander abzustimmen, sondern auch eine Verpackung zu entwerfen, die all den Anforderungen sowohl des Konsumenten als auch des Produzenten und des Handels gerecht wird. Gesetzliche Vorschriften über die Kennzeichnung z. B. über Hersteller, Inhalt, Verwendungszweck etc. sind ebenfalls zu berücksichtigen. Weiters sind Konzept und Gestaltung der Verpackung mit anderen Marketing-Variablen wie Preisgestaltung, Werbung usw. abzustimmen.

3.1.10 Online-Kommunikation

Die Digitalisierung von statischen Informationen (Text, Daten, Bild) und dynamischen Informationen (Audio, Video) und die Verbindung Telekommunikation und Informations-Technologie führte zum Zusammenschluss mehrer Computer zu einem Netzwerk. Diese Vernetzung bildete den Ausgangspunkt für die Online-Kommunikation. Das inzwischen bekannteste Netzwerk stellt das historisch gewachsene **Internet** dar.

Internet ist ein weltweit verbreitetes System zur Daten-, Text- und Bildkommunikation. Rein technisch gesehen ist das Internet die Summe aller Rechner und Geräte, die weltweit mittels Kabelsystemen und Satelliten als Übertragungsmedien untereinander verbunden sind, und eine gemeinsame Standardprozedur zum Informations-Austausch benutzen (das TCP/IP Transmission Control **Protocol**/Internet **Protocol**), die die technischen Regeln für die Kommunikation innerhalb des Netzwerkes festlegt – unabhängig von der verwendeten Hard- oder Software.

Das Internet ist ein freiwilliger weltweiter Zusammenschluss von Computern, das niemandem gehört. Einzig die weltweit agierenden Network Information Center (**NIC**) koordinieren das Internet, indem sie die IP-Adressen der angeschlossenen Computer

(Hosts) verwalten. Die Vergabe von IP-Adressen an die angeschlossenen Rechner ist notwendig, da Daten im Internet vor dem Verschicken in kleine standardisierte Datenpakete zerlegt werden, die – bestehend aus einer Zieladresse, dem eigentlichen Dateninhalt sowie Steuerzeichen – beim Empfänger dann später wieder zu einer Einheit gebündelt werden.

Seit den 1990er Jahren steigt die Zahl der Web-Nutzer kontinuierlich, vor allem auch im Privatbereich. 2011 nutzten 2 Mrd. Menschen das Web, um z. B. Informationen zu suchen, Nachrichten zu übermitteln, Waren einzukaufen oder sich mit Freunden auszutauschen (vgl. Abb. 22 auf Seite 47).

Die Bereitstellung von Informationen lag im Internet lange Zeit bei relativ wenigen Anbietern, die über technisches Know-How und über technische Infrastruktur verfügten, um eigene Web-Server zu betreiben. Wenigen Informationsproduzenten stand eine große Zahl von Informationskonsumenten gegenüber.

Die rasante Verbreitung von Breitbandanschlüssen, digitalen Videokameras, MP3-Playern, Smart TVs, Tablets und Smartphones, die auch eine mobile Internet-Nutzung erlauben und die für jedermann einfach zu handhabende Software sowie die kostenlose Nutzungsmöglichkeiten von Web-Servern für Privatanwender ab Anfang des 21. Jahrhunderts machten aus dem statischen Web ein dynamisches „Mitmach" -Web, das sogenannte Web 2.0.

So können heutzutage Nicht-IT-Experten bequem Informationen selbst produzieren und online stellen (**User Generated Content**) z. B. in Form von Blogs, Kommentaren oder durch Veröffentlichung von Videos oder Fotos auf Community-Sites. Inhalte anderer Nutzer können bewertet, Dialoge geführt, Tipps und Meinungen abgegeben, Erfahrungen und Gedanken dokumentiert und anderen zugänglich gemacht werden.

Neben den klassischen Internetdiensten World Wide Web und E-Mail, sind auch Blogs, Podcasts und Social Media Anwendungen gebräuchliche multimediale Dienste.

Das **World Wide Web** (WWW) erlaubt die Darstellung multimedialer Daten und ist somit sowohl für die Verbraucher als auch die Unternehmer ein attraktives Medium geworden (vgl. dazu auch Kap. 4.4.3.4).

Nachfolgend eine kurze Charakteristik des WWW: Mit der Erfindung des Hypertext Transfer Protokolls (http) – ein Übertragungsprotokoll für den Datenaustausch zwischen verschiedenen Rechnern – und des Client-Server-Systems konnten bequeme Anwendungen des Internets erschlossen werden. Ein Server ist ein Rechner, auf dem Daten gespeichert sind, ein Client ist ein Rechner, der Daten von diesen Servern mittels eines Browsers (ein Programm, das Informationen des World Wide Web grafisch am Bildschirm des Benutzers darstellt – z. B. mittels Mozilla Firefox oder Internet Explorer) abruft.

Innerhalb des WWW sind für einzelne Dokumente Adressen (URLs, Uniform Ressource Locator) vergeben, die es erlauben, Informationen rasch aufzufinden, z. B. Informationen der Firma Volkswagen (VW) sind unter der Adresse www.vw.com weltweit abrufbar.

Als relativ einfach zu verwendende Programmiersprache für das WWW dient HTML (Hypertext Markup Language), mit der jeder WWW-Nutzer bequem Informationsseiten (Websites) erstellen und ins „Netz" stellen kann.

Da das World Wide Web eine rasante Verbreitung und auch breite Akzeptanz bei den Verbrauchern gefunden hat, hat sich im täglichen Sprachgebrauch die Bezeichnung „Internet" (statt World Wide Web) eingebürgert.

Charakteristik der Online-Kommunikation

Das Internet unterscheidet sich in vielen Aspekten von den weiter oben vorgestellten Kommunikations-Instrumenten. In Anlehnung an Ruisinger (2011, S. 21 ff.) zeichnet sich die Online-Kommunikation durch folgende Kriterien aus, die für die Werber relevant sind.

- **Schnelligkeit**
  Die Informationsübermittlung erfolgt zeitnah. Selbst umfangreiche Informationen jeder Art (Texte oder Multimedia) lassen sich schnell an einen oder mehrere Empfänger gleichzeitig übermitteln. Es lassen sich rasch Meinungen einholen und Marktforschung betreiben. Aber ebenso schnell erzielen auch Fehler, Falschmeldungen oder Gerüchte über eine Marke hohe Reichweiten in der virtuellen Welt.

- **Individualität**
  Online-Medien ermöglichen eine individuelle, personalisierte Ansprache von Zielgruppen oder Opinion Leader. Angesichts der immensen Informationsflut ist dieser Aspekt von besonderer Bedeutung in der Unternehmenskommunikation. In E-Mails und Newslettern lassen sich Informationen auf individuelle Bedürfnisse zuschneiden. Ebenso lässt sich Online Werbung auf sehr eng definierte Online-Zielgruppen (Targeting) abstimmen.

- **Internationalität und Ubiquität**
  Im Internet gibt es weder eine zeitliche noch örtliche Einschränkung für den Informationszugriff und -übermittlung. Dies führt auf Anbieterseite zu zusätzlichem Aufwand, auf Empfängerseite zu hohen Erwartungen an die Kommunikationsfähigkeit der Unternehmen.

- **Flexibilität**
  Auf einer Webseite lassen sich Inhalte und Formen kurzfristig anpassen und verändern. Diese Flexibilität schafft auch Möglichkeiten für ein vernetztes, kooperatives Arbeiten und für Interaktion und Partizipation wie z. B. in Form von Wikis, Blogs oder Sozialen Netzwerken.

- **Multimedialität**
  Texte lassen sich auf den Websites mit Bildern, Grafiken, Audiodateien oder Videos in jeder Form kombinieren und z. B. Podcasts, Diashows, Filme oder Audiofiles integrieren. Durch die Multimedialität lassen sich mehrere Sinne des Nutzers gleichzeitig ansprechen und so die Wirkung der Kommunikation verbessern.

◼ **Selektivität**
Der Internet-Nutzer entscheidet selbst, gelenkt von seinen Vorlieben und Präferenzen, welche Informationen er abruft, vorausgesetzt die Informationen stehen online zur Verfügung.

◼ **Interaktivität**
Interaktivität ist ein wesentliches Merkmal des Internets, da in diesem Medium Rückkoppelungs- und Dialogmechanismen integriert sind. D. h. Medieninhalte werden nicht nur passiv konsumiert, sondern der Empfänger hat auch die Möglichkeit, sofort auf eine Botschaft zu reagieren. Insbesondere die Social Media Angebote basieren auf zeitnaher Interaktivität.

◼ **Authentizität**
Die authentischen Meinungen und das ungefilterte Feedback – vor allem der Social-Media Nutzer – wird von anderen Usern gesucht und gerne angenommen, um Antworten auf ihre Fragen zu finden (Online-Empfehlungen), bzw. ermöglichen Online-Plattformen ihren Nutzern, selbst Beiträge zu erstellen. Die Analyse dieser User Generated Contents können für das Unternehmen ein Stimmungsbild und Trends bezüglich ihrer Marken widerspiegeln.

◼ **Wirtschaftlichkeit**
Durch das Medium Internet können nicht nur globale Zielgruppen rund um den Erdball kostengünstig erreicht werden, sondern es erlaubt auch, kleinste Zielgruppen wirtschaftlich anzusprechen.

Push- und Pull-Kommunikation
Bei den traditionellen Kommunikationsmaßnahmen (z. B. Anzeige, TV-Spot, Werbebrief) geht die Initiative vom Sender, also dem Unternehmen aus, wobei Informationen an die Zielgruppen gesandt werden. Diese **Push-Kommunikation** ist auch online möglich: in Form von Banners auf Internet-Seiten (Online-Werbung), E-Mails oder E-Mail-Newsletters können Botschaften an einen bestimmten Adressatenkreis geschickt werden. Man bezeichnet dies daher auch als klassische Online-Werbung.

Ein wichtiges Merkmal des Online-Mediaverhaltens ist jedoch, dass die Nutzer selbst aktiv werden und die für sie interessanten Informationen suchen: **Pull-Kommunikation**. Zur Suche wird selten die URL-Adresse eines Unternehmens oder einer Marke eingegeben, vielmehr werden z. B. Suchmaschinen, Portale, Bewertungsseiten oder soziale Netzwerk-Plattformen verwendet, indem bestimmte Begriffe, und mitunter auch Unternehmens- und Markennamen eingegeben werden. Als Suchergebnisse werden dabei einerseits von Firmen publizierte und daher autorisierte Informationen geliefert, andererseits eine Fülle von Beiträgen, die von anderen Internet-Nutzern produziert wurden und die Suchbegriffe abdecken.

Durch das Online-Nutzungsverhalten (vgl. dazu Kap. 2.1.2.5) und durch die vielen Möglichkeiten der Nutzer, online aktiv zu werden und selber Inhalte zu produzieren und online zu stellen, ergeben sich für das Unternehmen mehrere Aufgaben: Einerseits hat es dafür zu sorgen, dass seine Informationen und Botschaften von den relevanten Zielgruppen auch gefunden werden (z. B. mittels Suchmaschinen-Marketing vgl. Kap. 3.1.10.3) bzw. an relevante Zielgruppen weitergeleitet werden (z. B. mittels Social Media und Empfehlungs-Marketing, vgl. Kap. 3.1.10.5). Weiters sollten Informationen in ausreichender Breite und Tiefe, abgestimmt auf die Interessen und Bedürfnisse der Zielgruppen, zur Verfügung gestellt werden (z. B. auf der Corporate Website, vgl. Kap. 3.1.10.2, oder auf Social Media Plattformen, vgl. Kap. 3.1.10.6).

Mit zunehmender eigener Aktivität der Online-Nutzer – vor allem auf Social Media Plattformen, auf denen die Teilnehmer sozusagen „Gespräche führen" – auch über Unternehmen und Marken – ist es für Unternehmen wichtig, zu „hören", was über sie gesagt wird und entsprechend an „Gesprächen" teilzunehmen oder diese eventuell auch zu initiieren. Abb. 68 fasst die verschiedenen **Instrumente der Online-Kommunikation**, die oben angesprochen wurden, zusammen. In den nachfolgenden Kapiteln sollen sie näher erläutert werden und deren Einsatzmöglichkeit dargelegt werden.

Abb. 68: Instrumente der Online-Kommunikation

Bevor ein Unternehmen entscheidet, welche Online-Kommunikationsinstrumente es einsetzt, ist die Frage zu klären, ob und in welcher Form die anzusprechenden Zielgruppen das Internet nutzen. Nutzen sie es z. B. nur zur Informationssuche und -übermittlung oder auch partizipativ, indem sie selbst Inhalte (Content) produzieren.

3.1.10.1   E-Mail und E-Mail-Newsletter

E-Mail (elektronische Post) ist die beliebteste und meist genutzte Internet-Anwendung (vgl. Kap. 2.1.2.5). Sie dient sowohl privatem als auch unternehmerischem Informationsaustausch mit Kunden und anderen Stakeholdern, zur Übermittlung von Neuigkeiten und Bewerbung von Angeboten. E-Mails sind individualisierbar, personalisierbar, preiswert und schnell, bieten eine Antwortmöglichkeit und ermöglichen somit den Aufbau von Dialogen, und sie dokumentieren auch den erfolgten Informationsaustausch. Problematisch allerdings sind die unerwünschten E-Mails, die **Spams**, die massenhaft und ungebeten zugesandt werden. Jeder Fünfte empfindet diese gesetzlich verbotene Werbung als größten Störfaktor bei der Internet-Nutzung, wobei manche Spams – meist versehentlich – geöffnet werden. Da sich viele Internet-Nutzer mit Spam-Filtern gegen die ungebetenen E-Mails wehren, sollten Unternehmen ihre E-Mails und Newsletter vor Versand auf mögliche Spam-Problematik prüfen.

In **E-Mail Newsletters** informieren Unternehmen oder Organisationen ihre Zielgruppen in regelmäßigen Abständen über Angebote, bewerben ihre Produkte oder Services, vermitteln Produkt- und Branchenwissen usw. E-Mail Newsletter stellen ein effizientes und kostengünstiges Dialoginstrument dar, vor allem, wenn es sich um vom Empfänger abonnierte Newsletter handelt. Abonnierte Newsletter werden gerne gelesen bzw. überflogen. Die Abonnenten haben einem E-Mail-Versand an ihre Adresse durch opt-in zugestimmt (**Permission Marketing**), und sollten auch eine opt-out Möglichkeit haben, d. h., den Newsletter auch abbestellen können.

Sowohl E-Mails als auch E-Mail Newsletter ermöglichen es, sich regelmäßig bei den Adressaten in Erinnerung zu rufen und so mit Kunden oder Interessenten in Kontakt zu bleiben und eine Beziehung zu ihnen aufzubauen (vgl. dazu auch Kap. 3.1.4).

3.1.10.2 Corporate Website

Eine Website ist der virtuelle Platz für ein Unternehmen, eine Organisation oder eine Person. Im täglichen Sprachgebrauch wird sie auch als „Homepage" bezeichnet. Sie ist durch eine eindeutige Adresse (URL) definiert. Die **Corporate Website** (auch **Firmen-Website** oder **Marken-Website**) stellt gleichsam eine elektronische Broschüre dar, auf der sich ein Unternehmen oder eine Marke der virtuellen Öffentlichkeit präsentiert und Informationen jeglicher Art bereit stellt.

Sie sollte im Lichte der strategischen Positionierung des Unternehmens oder der Marke und den Anforderungen bzw. Bedürfnissen der Zielgruppen gestaltet werden. Durch die Art der Gestaltung und durch ihre angebotenen Inhalte trägt sie wesentlich zur Imagebildung einer Marke oder eines Unternehmens bei – egal, ob es sich dabei um ein regional tätiges kleines Unternehmen, oder um einen Global Player handelt. Zur Gestaltung einer Corporate Website vgl. Kap. 4.4.3.4.

3.1.10.3 Suchmaschinen-Marketing

Die Corporate Website ist der zentrale Anker der Online-Kommunikation, die vom User aktiv aufgerufen bzw. gefunden werden muss. Über 90 % der Internet-Nutzer verwenden eine Suchmaschine, wenn sie Informationen über eine Firma oder deren Marken suchen (Smith/Chaffey, 2005, S. 216). Dadurch kommt den Suchmaschinen eine wichtige Rolle als „Gatekeeper" im Internet zu. Laut Ruisinger (2011, S. 47) klicken 45 % der Nutzer auf die ersten drei bis vier Suchergebnisse, 40 % auf die darüber oder daneben gestellten Anzeigen (bezahlte Suchmaschinen- oder Keyword-Werbung), die durch farbliche Unterlegung gekennzeichnet sind. Je weiter vorne eine Information, z. B. über ein Angebot, bei einer Suchabfrage aufscheint, desto höhere Nutzungschancen (Klickraten) hat diese Information.

Damit die Corporate Website möglichst unter die ersten Suchergebnisse gelangt, ist eine Optimierung der Suchergebnisse notwendig (**Suchmaschinenoptimierung**).

Bausteine für eine gute Auffindbarkeit durch Suchmaschinen sind Quantität, Aktualität und Qualität des Contents einer Corporate Website. Größere und aktuelle Internet-Auftritte haben eine größere Chance, gefunden zu werden. Zur Qualität des Contents zählen beispielsweise möglichst „sprechende" URL-Namen (z.B. www.autohersteller. de), eine sachgerechte, inhaltliche Auszeichnung im HTML z.B. mittels relevanter Keywords (Schlüsselworte) oder Tags (Schlagworte). Auch eine große Zahl von Verlinkungen der Website mit anderen Websites erhöht die Chance der Auffindbarkeit und verbessert das Ranking (vgl. Ceyp, 2012, S. 114 f.). Im Allgemeinen gilt: je öfter eine Information gesucht wird und je besser sie verlinkt ist, desto weiter vorne erscheint sie im aufgerufenen Suchergebnis.

Buchele und Alkan (2012, S. 227 f.) merken jedoch kritisch an, dass die Suchmaschinen-Betreiber ihre Prinzipien der Informationsauswahl und –sortierung nicht transparent machen und zudem die Suchmaschine Google in den meisten Ländern der Welt eine Monopolstellung im Suchmaschinenmarkt einnimmt, in Deutschland und Österreich mit fast 90 % Markenanteil.

Da die Nutzer den Ergebnissen von Suchmaschinen viel Vertrauen entgegen bringen, generieren sie auf den bestplatzierten Websites viel Traffic. Da die Nutzer diese mit einer bestimmten Absicht besuchen, können durch Suchmaschinenoptimierung die Zielgruppen gut erreicht werden. Allerdings ist eine ständige Optimierung der Seite notwendig.

3.1.10.4 Online Werbung

Bei der Online Werbung werden Werbebotschaften auf fremden **Websites als Werbeträger** platziert – entweder in Form von Banner, Pop Up Ads, Microsites, Intextwerbung oder als Anzeige auf Ergebnisseiten von Suchmaschinen.

Online Werbung spielt eine wichtige Rolle im Media-Mix. Mit relativ geringen Kosten der Produktion und Schaltung können Banner – richtig platziert – Zielgruppen gut erreichen. Ein wichtiger Vorteil für die Bannerwerbung ist die Möglichkeit des **Targeting**, d.h. die zielgruppenspezifische Einblendung von Bannerwerbung auf Websites. Durch Analyse von Cookies kann das Surfverhalten der Nutzer im Web verfolgt und so Interessen festgestellt werden. Die daraus gewonnenen Daten werden der Werbewirtschaft zur Verfügung gestellt. Aber auch bei der Anmeldung auf Social Media Plattformen geben die Nutzer eine Menge Daten über sich preis, die für das Targeting genutzt werden.

Ein weiterer Vorteil der Bannerwerbung ist die vielfältige multimediale Gestaltungsmöglichkeit, die sich gut in laufende Werbe-Kampagnen integrieren lässt.

3.1.10.5 Empfehlungsmarketing

Das Weitererzählen (Word of Mouth, Mundpropaganda) und das Weiterempfehlen haben im Miteinander von Menschen seit jeher große Bedeutung. Mit den informationstechnologischen Möglichkeiten des Internets und der Vernetzungsmöglichkeit der User ist dies zeitnah möglich. Informationen, die man von Freunden oder Bekannten erhält, sind vertrauenswürdig und darüber hinaus erleichtern ihre Empfehlungen das Entscheiden (vgl. Kap. 2.1.2.5).

Diese digitale Mundpropaganda und die digitalen Beziehungen der User untereinander können Unternehmen nutzen, um Markenbotschaften online an für sie relevante Zielgruppen zu verbreiten. Diese Form der Unternehmenskommunikation wird als Empfehlungs- oder Word of Mouth-Marketing bezeichnet. Man unterscheidet dabei zwischen Viral Marketing, Buzz Marketing, Affiliate Marketing und Social Media Marketing. Bei letzterem geht die Initiative zur Verbreitung einer bestimmten Botschaft von Usern oder Konsumenten aus, bei ersteren vom werbenden Unternehmen.

Viral Marketing

Unter Viral Marketing versteht man „… das gezielte Auslösen von Mundpropaganda zum Zwecke der Vermarktung von Unternehmen und deren Leistungen im Internet, wobei eine derartige Kampagne von der Effektivität persönlicher Empfehlungen profitiert" (Lagner, 2007, S. 27). Das Wort „viral" stammt aus der Medizin. Marketing dieser Art soll sich wie ein Virus im Internet verbreiten. Anreize zum Weiterempfehlen können z. B. kostenlose Inhalte oder Anwendungen als Belohnungen für eine Weiterempfehlung sein, oder auch überraschende, witzige oder provokante Inhalte, die die Nutzer dazu animieren, darüber zu sprechen und sie an andere weiterzuleiten. Solche virale Botschaften werden von den Empfängern meist nicht als Werbung wahrgenommen.

Bei der Gestaltung viraler Kampagnen sollte die Werbebotschaft zwar nicht allzu sehr im Vordergrund stehen, aber auf die Gefahr eines möglichen **Vampireffektes** ist dennoch zu achten.

Damit virale Botschaften im Netz entdeckt werden, wird oft per E-Mail oder auf Portalen oder Foren auf sie hingewiesen, bzw. werden sie über Multiplikatoren gestreut (**Seeding**).

Ein erfolgreiches Beispiel ist die virale Kampagne von TippEx „NSFW. A hunter shoots a bear". Die Innovativität des Films, nämlich, dass der Betrachter den weiteren Verlauf der Handlung durch Eingabe eines Verbs beeinflussen konnte, war entscheidend für den Erfolg der viralen Verbreitung: innerhalb eines Monats generierte dieses Video 8,5 Millionen Zuseher (http://youtube.com/watch?v=4ba1BqJ4S2M). Die Marke TippEx war mit der Demonstration ihrer Anwendung perfekt im Film integriert, sodass ihre Bekanntheit stark profitierte.

Um die virale Ausbreitung einer Markenbotschaft zu vereinfachen bzw. zu stimulieren, werden auf Websites oft Buttons (z. B. „Share") gesetzt, damit ein User Inhalte mit einem einfachen Klick an seine Community-Mitglieder (auch anderer Social Media Plattformen) weiterleiten kann.

Buzz Marketing

Wörtlich aus dem Englischen übersetzt bedeutet „buzz" Gerücht, Begeisterung. Ebenso wie beim Viral Marketing gilt es, potenzielle Kunden dahingehend zu beeinflussen, dass sie einander von Produkten oder Dienstleistungen erzählen. Dazu erhalten Meinungsbildner oder Lead User (Schlüsselkunden) das Produkt bevor es auf dem Markt gebracht wird, damit sie anschließend in ihrer Community über ihre Erfahrungen berichten bzw. ihre Meinungen dazu abgeben. Diese Informationen sollen über soziale Netzwerk-Plattformen verbreitet werden, und sie sollen andere User im Sinne der Kommunikationsziele des Unternehmens beeinflussen. Buzz Marketing zielt darauf ab, Schneeballeffekte innerhalb ausgewählter Communities gezielt auszulösen (Häupl/Mayr 2007, S. 91).

Affiliate Marketing

Auch dieses wird als Form des Empfehlungsmarketing aufgefasst. Hier integriert ein Website-Betreiber (Affiliate) auf seiner eigenen Website einen Mini-Shop oder einen Link zum Shop eines anderen Unternehmens und erhält dafür eine Verkaufsprovision (Tropp, 2011, S. 540).

Social Media Marketing

Dieses macht sich ebenfalls die digitale Mundpropaganda zu Nutze, basiert aber auf Inhalten, die vom Nutzer geschaffen werden (User generated Content). Dabei gilt es, aktive Unterstützer einer Marke (Markenfans) als Multiplikatoren zu gewinnen und sie mit Informationen und neuen Inhalten zu versorgen, oder sie z. B. an der Produktentwicklung teilhaben zu lassen, damit sie etwas zu erzählen und zu verbreiten haben (Hettler, 2010, S. 147).

Dies soll eine persönliche Beziehung zwischen Unternehmen und Markenfans aufbauen und loyale Freunde bzw. positive Mundpropaganda generieren – nicht nur in der virtuellen, sondern auch in der realen Welt.

Der Vorteil des Empfehlungsmarketings liegt darin, dass mit relativ geringen Budgets Aufmerksamkeit in relevanten Zielgruppen erzielt werden kann. Auch werden die weitergeleiteten Botschaften von den Empfängern als glaubwürdig erachtet, da sie ja von Bekannten als vertrauensvollen Quellen kommen.

Es darf aber nicht übersehen werden, dass eine Gefahr darin besteht, wenn Multiplikatoren ursprüngliche Botschaften zum Nachteil des Unternehmens abändern oder ergänzen können, oder dass Parodien auf die viralen Inhalte gemacht werden bzw. auch negative Kritik geäußert wird. Daher ist das soziale Netzwerk zu beobachten, um gegebenenfalls zeitnah reagieren und gegensteuern zu können. Dabei ist zu beachten, dass Korrekturen durch das Unternehmen und seine Mitarbeiter manchmal an Glaubwürdigkeit leiden. Riskant sind auch „fingierte Nutzer-Urteile", da diese sich als kontraproduktiv erweisen, wenn sie aufgedeckt werden.

3.1.10.6 Social Media

Mit dem derzeitigen Stand der „Social Software" (Web 2.0) ist es selbst für Computerlaien einfach, im Internet Präsenzen zu schaffen und sich mit anderen Usern zu vernetzen und auszutauschen, um somit die ureigensten Bedürfnisse des Menschen nach Kommunikation, sozialer Interaktion und Bildung von Gemeinschaften zu befriedigen. Im Internet entstehen laufend neue Social Media-Plattformen und -Kanäle, auf denen diese Netzwerk-Bildung und der kommunikative Austausch erfolgen können.

„Persönlich erstellte, auf Interaktion abzielende Beiträge, die in Form von Text, Bild, Video oder Audio über Onlinemedien für einen ausgewählten Adressatenkreis einer virtuellen Gemeinschaft oder für die Allgemeinheit veröffentlicht werden, sowie zugrunde liegende und unterstützende Dienste und Werkzeuge des Web 2.0 sollen mit dem Begriff „Social Media" umschrieben werden. Social Media ermöglicht, unterstützt durch entsprechende Internet-technologien, sich mitzuteilen und in Online-Gemeinschaften zu kommunizieren" (Hettler, 2010, S. 14).

Social Media basiert auf folgende Prinzipien:

- **User generated Content**
  Jeder User kann Inhalte nicht nur konsumieren, sondern auch selber produzieren (Prosumer), wobei ihm das gesamte multimediale Spektrum zur Verfügung steht, und er kann diese Inhalte online entweder seiner gesamten Community oder der gesamten Öffentlichkeit zur Verfügung stellen. Dabei können Inhalte auch von mehreren Usern gemeinsam – also in Kollaboration – erstellt werden. Dadurch, dass jeder User beliebig Themen aufgreifen und darüber berichten kann, liegt in der Social Media Kommunikation die Informationshoheit, nämlich zu bestimmen, welche Informationen an die Öffentlichkeit gelangen, nicht mehr ausschließlich beim Sender bzw. Unternehmen. Bruhn (2011, S. 1083) nennt **eingeschränkte Kontrollierbarkeit** als ein zentrales Merkmal der Social Media Kommunikation, da sowohl die Botschaften der Sender als auch Reaktionen der Empfänger auf die publizierten Botschaften nicht oder nur eingeschränkt kontrolliert werden können und auch nur schwer beeinflusst werden kann, über welche Plattformen und zu welcher Zeit Kommunikationsinhalte weitergetragen werden.

- **Many-to-Many Kommunikation**
  Entgegen jener Marketingkommunikation, die entweder auf dem 1:1 Prinzip (ein Sender – ein Empfänger wie z. B. beim Verkaufsgespräch) oder dem für Massenmedien typischen One-to-many Prinzip (ein Sender – viele Empfänger wie z. B. Radio, TV) beruht, stehen in der Social Media Kommunikation viele Sender vielen Empfängern gegenüber (Many-to-Many Prinzip), die untereinander vernetzt sind

und so eine rasche Verbreitung im Internet ermöglichen und mitunter hohe Reichweiten erzielen können. Zudem werden alle Netzwerkmitglieder unmittelbar über neue Meldungen von Mitgliedern informiert.

■ **Netzwerkbildung**
Virtuelle Plattformen werden von Internet-Usern dazu benutzt, um Gruppen (Netzwerke) zu bilden und sich in diesen untereinander auszutauschen bzw. zu interagieren – je nach gemeinsamen Zielen z. B. zur Unterhaltung oder Informationssuche. Dazu gehört auch, dass Kontakte zu Gruppenmitgliedern hergestellt, gepflegt und für eigene Interessen genutzt werden können, z. B. um Ratschläge einzuholen oder Interessantes mit anderen zu teilen und weiterzuempfehlen.

■ **Interaktion**
Jedes Community Mitglied kann sich an der laufenden Kommunikation beteiligen oder ein neues Thema eröffnen. Die User haben die Möglichkeit, zeitnah auf den Content anderer User zu reagieren, ihn zu kommentieren, zu bewerten oder Feedback zu geben. Sie können Inhalte an andere User – sei es in der eigenen Community oder an Mitglieder anderer Communities – weiterleiten, und diese so in die laufende Kommunikation mit einbeziehen (Schneeballeffekt oder viraler Effekt).

■ **Öffentlichkeit**
Die Inhalte der Interaktionen (z. B. Content, Kommentare, Feedback) sind schriftlich dokumentiert und für jeden der Community bzw. für die Öffentlichkeit immer einschaubar. So entsteht Transparenz und Nachvollziehbarkeit.

■ **Anonymität**
Die Social Media Kommunikation verläuft auf den meisten Plattformen weitgehend anonym. Durch Verwendung von Tarnnamen (Nicknames) können Identitäten verschleiert oder neu geschaffen werden und so Grenzen, die die reale Welt setzt, in der virtuellen Welt leichter überschritten werden, da mit dem Wegfall der unmittelbaren Adressierbarkeit des Kommunikationspartners kaum soziale Sanktionen (z. B. Gruppenausschluss) möglich sind (vgl. Thiedecke, 2000, S. 27). Einige Moderatoren von Foren nehmen jedoch das Recht in Anspruch, Kommentare zu entfernen oder sie zu selektieren, so z. B. Wikipedia: jede Art von Werbebotschaft wird entfernt.

Die sozialen Phänomene, die in der Social Media Kommunikation zum Tragen kommen, wie z. B. Mundpropaganda, Meinungsführerschaft, Multiplikatoren wurden in Kap. 2.1.2.5 besprochen.

Social Media umfasst eine Reihe von Tools (Werkzeugen) und Plattformen für die digitale Kommunikation, Kollaboration, Interaktion, Wissensmanagement und Unterhaltung wie z. B. Blogs, Podcasts, Soziale Netzwerke, Foren, Bewertungsseiten, Wikis, usw. Abb. 69 versucht jene Plattformen und Tools, die für die Marketingkommunikation eingesetzt werden können (auf dem Stand 2012) zu systematisieren und zu kategorisieren. Im Folgenden sollen diese näher erläutert werden.

Kommunikationsnetzwerke
- Blogs
- Microblogs
- Soziale Netzwerke

Foren und Bewertungsseiten
- Foren
- Bewertungsplattformen

Social Media

Multimedia Sharing Plattformen
- Foto
- Video
- Audio

Unterhaltungsplattformen
- Virtuelle Welten
- Game Sharing

Kollaborationsplattformen
- Wikis
- Bookmarking
- Social News

Abb. 69: Kategorien von Social Media in Anlehnung an Strauss/Frost 2012, S. 329, Stand 2012

Kommunikationsnetzwerke

Zu den Kommunikationsnetzwerken zählen Blogs, Microblogs und soziale Netzwerke. Weblogs werden in der Kurzfassung als **Blogs** bezeichnet und stellen ein auf einer Internetseite geführtes, öffentlich einsehbares Tagebuch dar. Ein Blog wird zum Austausch von Meinungen, Informationen, Gedanken und Erfahrungen zu spezifischen Themengebieten verwendet. Durch Web-Publishing-Systeme ist das Erstellen von Websites ein Kinderspiel. Es werden Einträge verfasst, Kommentare abgegeben und über Themen diskutiert. Zusätzlich besteht die Möglichkeit, mit anderen Weblogs zu verlinken. Blogs sind den Internet-Foren sehr ähnlich.

Man unterscheidet grob zwischen **Themen Blogs** von unabhängigen privaten Personen und Corporate Blogs, die von Unternehmen betrieben werden. Private Blogger sind oft Online-Experten in Spezialthemen wie z. B. Social Media, Autos, Mode, Kochen usw., und sie sind mit ihren unabhängigen Blogs oft wichtige Meinungsführer bzw. Multiplikatoren – wie z. B. der Blog des Online-Marketing Experten Seth Godin (http://sethgodin.typepad.com) oder des deutschen Online-PR-Beraters Klaus Eck (http://pr-blogger.de). Für ein Unternehmen relevant werden sie dann, wenn mit ihnen Erfahrungsberichte über Produkte und Leistungen oder auch Marken ausgetauscht werden.

Bei **Corporate Blogs** treten ausdrücklich Mitarbeiter oder auch Geschäftsführer (z. B. in CEO-Blogs) als Autoren auf. Sie informieren die Öffentlichkeit über Neuigkeiten, spezielle Themen oder geben Einblicke in den Unternehmensalltag. Viele Unternehmen betreiben eigene Blogs wie z. B. Daimler (http://blog.daimler.de oder http://blog.car2go.com) oder Rewe Group Austria für die Biolebensmittel-Marke „Ja natürlich!" (http://blog.janatuerlich.at. Blogs werden von Unternehmen für Öffentlichkeitsarbeit bzw. zur Pflege der Online Relations oder Customer Care eingesetzt, z. B. indem auf Kundenanfragen, Anregungen oder Kritik eingegangen wird oder zusätzliche Informationen zur Verfügung gestellt werden. Sie eignen sich auch dazu, Newsletter-Abonnenten zu gewinnen.

Nachdem Blogger Informationen anderer Blogger aufgreifen, analysieren, bewerten, kommentieren und weiterleiten, und sich so mit anderen Bloggern austauschen, kann so für Unternehmensbelange Aufmerksamkeit geschaffen werden bzw. die öffentliche Meinung beeinflusst werden.

Die Vorteile von Blogs bestehen darin, mit Zielgruppen schnell und kostengünstig in direkten Dialog zu treten und sie dadurch zu binden, bestimmte Themen zu lancieren und sich als fachspezifische Experten zu etablieren. Blogs ermöglichen es aber auch, schnell zu reagieren und besitzen somit das Potenzial einer raschen Informationsdiffusion. Blogs sind gute PR-Instrumente, verstärken die Unternehmenspräsenz im Internet und verbessern somit die Suchmaschinen-Optimierung. Sie können Vertrauen schaffen, ermöglichen ein Feedback, den Wissensaustausch und fördern die Mundpropaganda. Für die Marktforschung liefern Blogs ungefiltert Informationen von Kunden, Geschäftspartnern und (potenziellen) Zielgruppen. (Huber et al., 2008, S. 35). Ein Nachteil ist allerdings, dass sie sehr pflegeintensiv sind, d. h. regelmäßig mit neuen Einträgen aktualisiert werden müssen. Eine weitere Gefahr besteht darin, dass bei Corporate Blogs Firmengeheimnisse verraten werden könnten.

Die Gesamtheit der Blogs, ihrer Autoren und deren Vernetzung nennt man **Blogosphä-re**. Weltweit existieren 2012 geschätzte 200 Millionen Blogs (Grabs/Bannour, 2012, S. 178). Einen guten Überblick über die Blogosphäre findet man auf Technorati.com.

Microblogs sind Varianten von Weblogs, die nur kurze d. h. auf 140 bis max. 200 Zeichen beschränkte Nachrichten – ähnlich wie SMS – zulassen. Zum Senden von Beiträgen (Postings) muss ein Account mit einem Profil eingerichtet werden. Die Postings (Beiträge) sind öffentlich einsehbar und können von anderen Microbloggern abonniert werden, wobei die Abonnenten dann in Echtzeit über neue Botschaften informiert werden.

Die bekannteste Microblogging-Plattform ist Twitter. Twitter ist ein Nachrichtenmedium bzw. ein Informationsnetzwerk und lebt von Geschwindigkeit, Spontaneität und Vernetzung (Ruisinger, 2011, S. 196). Aktuell hat Twitter (Juni 2012) 140 Millionen

Nutzer weltweit, in Österreich nutzen nur 1 % der Internetnutzer diesen Dienst, in Deutschland 3 % und in den USA 20 %.

Interessant sind Microblogs für Unternehmen, wenn es darum geht, aktuelle Informationen möglichst rasch an Zielgruppen zu übermitteln (z. B. Hinweis auf Aktionen oder Neuheiten), oder das soziale Netzwerk von Meinungsführern zur raschen Informationsverbreitung zu nutzen bzw. einen direkten Kontakt zu Kunden aufzubauen z. B. für Kunden-Support in Form eines öffentlichen Frage-Antwort-Bereiches. Als Nachteil mag sich manchmal die Beschränkung auf die geringe Zeichenzahl herausstellen.

Soziale Netzwerke haben sich aus Foren heraus entwickelt, auf denen ebenfalls ein Austausch in Form von Diskussionen möglich ist. Grabs und Bannour (2012, S. 265) definieren soziale Netzwerke als Portale oder Web 2.0 Dienste, die eine Gemeinschaft von Webusern beherbergen. User, die sich bereits aus dem realen Leben kennen oder über eine Social Media Plattform kennen gelernt haben, vernetzen sich miteinander und tauschen ihr Wissen, ihre Erfahrungen, Gedanken und Eindrücke untereinander aus und diskutieren so die Inhalte. Zentrale Elemente eines sozialen Netzwerkes sind die Profile seiner User, in denen sie sich selber darstellen – durch Angaben zur Person, Fotos, Videos etc. –, die Kontakte zu anderen Usern, und dass die Nutzer über Neuigkeiten in ihrem Beziehungsgeflecht laufend informiert werden.

Informationen in sozialen Netzwerken können sich somit rasch ausbreiten: Sendet z. B. ein Netzwerk-Nutzer eine Mitteilung an 200 Mitglieder seines Netzwerkes, und leitet jedes dieser Mitglieder die Mitteilung jeweils an weitere 200 Mitglieder weiter, so ergeben sich daraus (200 x 200) 40.000 Kontakte. Über die Qualität der Kontakte kann jedoch keine Aussage getroffen werden, da die Community-Mitglieder ja nicht nach bestimmten Zielgruppen-Kriterien selektiert worden sind.

Weltweit gibt es eine Unmenge von sozialen Plattformen, manche verschwinden so schnell wie sie gekommen sind, manche verlieren viele ihrer Nutzer, weil andere Plattformen im Moment attraktiver sind wie z. B. Myspace, das von 200 Millionen Usern auf ca. 50 Millionen (Juni 2012) schrumpfte, und derzeit bei Musikern und Kreativen sehr beliebt ist. Auch beliebte soziale Netzwerke im deutschsprachigen Raum, wie StudiVZ, SchülerVZ, MeinVZ oder Wer-kennt-wen.de haben (2012) zugunsten globaler Netzwerke, wie Facebook oder der 2011 ins Leben gerufenen Plattform Google+ beträchtlich an Nutzern verloren.

Das weltweit größte soziale Netzwerk ist Facebook (www.facebook.com). Es wurde 2004 an der Harvard Universität vorerst nur für die Studenten der Harvard Universität konzipiert. Daraus entstand eine Website mit weltweit ca. 900 Millionen aktiven Usern (Stand Juni 2012), davon rund 22 Millionen in Deutschland und ca. 2,5 Millionen in Österreich laut eigenen Angaben: http://www.facebook.com/press/ releases. php?p=20727,5.6.2012.

Im Gegensatz zu **offenen sozialen Netzwerken**, wie z. B. Facebook, etablieren sich auch **geschlossene Netzwerke** wie z. B. asmallworld.net. Eine Teilnahme ist nur über Einladung eines Mitgliedes möglich. Die Teilnehmer sind z. B. über ähnliche Interessen, einen ähnlichen Lebensstil oder regionale Zusammengehörigkeit verbunden. Geschlossene Plattformen kommen dem Bedürfnis mancher User nach Exklusivität und Intimität nach. Sie schließen dabei die breite Öffentlichkeit bewusst aus, die andere User wiederum explizit suchen.

Zunehmender Beliebtheit erfreuen sich auch **Special Interest Netzwerke** wie z. B. die Business Site Xing (www.xing.com). Soziale Netzwerke wie z. b. Facebook können durch Unternehmen für Marketingzwecke vor allem dadurch genutzt werden, dass sie Werbeeinblendungen schalten oder eine eigene Marken- oder Unternehmensseite, Gruppen oder Veranstaltungen einrichten. Dabei sollte das Unternehmen stets darauf achten, dass die Updates für die User interessant und relevant sind, denn schließlich buhlt hier das Unternehmen oder die Marke um die Aufmerksamkeit eines Users gemeinsam mit seinen durchschnittlich 130 Freunden. Auch sind die Updates in kurzen Zeitabständen vorzunehmen, um eine ständige Präsenz zu schaffen, ohne aber gleichzeitig als aufdringlich zu wirken. Die dabei durchgeführten Aktivitäten sollten dabei zum Kerngeschäft des Unternehmens bzw. der Marke passen.

Soziale Netzwerke eignen sich dazu, die Markenbekanntheit zu steigern, Images zu festigen, mit (potenziellen) Kunden in Kontakt zu treten, Kunden zu binden, und Marktforschung und Crowdsourcing zu betreiben (siehe Kap. 4.6.4).

Soziale Netzwerke können auch eine große Rolle im Kaufentscheidungsprozess von Konsumenten spielen: Sie dienen als Informationsquelle, und Empfehlungen (durchaus auch für Marken und Unternehmen) werden in Kaufentscheidungen berücksichtigt (vgl. Kap. 2.1.2.5).

Foren und Bewertungsseiten

In **Foren** geht es primär um Diskussionen: Jemand stellt eine Frage oder einen Beitrag zur Diskussion und andere Forenmitglieder können auf den Beitrag oder auch auf eine Antwort reagieren. Administratoren oder Moderatoren kontrollieren die Beiträge bzgl. Relevanz und Sachlichkeit. Da sich User oft zu Spezialthemen äußern, bilden sich so kleine Fach-Communities mit starken Influencern, die entsprechende Kontakte haben und die als Meinungsführer oder Multiplikatoren für Unternehmen interessant sein können (vgl. Grabs/Bannour, 2012, S. 151 ff.).

Die Teilnahme an derartigen unabhängigen Communities ist meist kostenlos und wird durch Bannerwerbung finanziert. Daneben gibt es Foren, die von Firmen eingerichtet werden, damit sich z. B. die Nutzer ihrer Produkte gegenseitig helfen bzw. dem Unternehmen direktes Feedback geben können. Die Diskussion auf Foren dient primär dem Wissensaustausch. Einträge können von Suchmaschinen leicht gefunden werden und geben authentische, unverfälschte Meinungen und Erfahrungen aus Kundensicht wieder.

Wie in Kap. 2.1.2.5 erläutert, stellen Erfahrungen bzw. Bewertungen anderer User relevante und glaubwürdige Entscheidungshilfen dar. Viele Händler bieten daher eine Bewertungsmöglichkeit bzw. Kommentarfunktion für die Käufer auf der eigenen Website wie z. B. Amazon oder die Shoppingportale wie geizhals.de bzw. geizhals.at, ciao.de oder guenstiger.de. Da diese von den Usern oft als weniger glaubwürdig erachtet werden, haben die nutzergenerierten Bewertungen und Erfahrungsberichte auf unabhängigen **Bewertungsplattformen** großen Einfluss auf den Kaufentscheidungsprozess. Die mobilen Zugriffsmöglichkeiten von Smartphones stärken deren Relevanz durch unmittelbare Nutzungsmöglichkeit bei Bedarf.

Vor allem im Bereich Unterhaltungselektronik, Haushaltsgeräte und im Dienstleistungsbereich suchen Entscheider nach Erfahrungsberichten anderer. Im Tourismusbereich haben sich Spezial-Plattformen wie z. B. Holidaycheck.de oder TripAdvisor.com etabliert, in denen Orte, Hotels, Sehenswürdigkeiten etc. von Usern bewertet werden. Neben Spezialisten z. B. zur Bewertung von Arbeitgebern (kununu.de) u. Ä. existieren auch generalistisch angelegte Bewertungsseiten wie z. B. QYPE. Qype ist nach Orten und Branchen strukturiert und bietet mit Apps (Applikationen/Anwendungen auf mobilen Endgeräten) vor allem Online-Nutzern die Möglichkeit, lokale Bewertungen abzurufen (**Local Based Services**).

Auf boardreader.com oder forumcheck.de werden Foren aufgelistet. Durch die Anonymität der Forenmitglieder und auch der Nutzer von Bewertungsseiten kann es allerdings dazu kommen, dass Spambeiträge gepostet werden bzw. die Umgangsformen und Regeln des Forums bzw. der Plattform verletzt werden, oder auch dass negative, imageschädigende Kommentare gepostet werden. Diese sind – wie schon erwähnt – vom Unternehmen durch ständiges Monitoring im Auge zu behalten, um gegebenenfalls auf negative Kritiken reagieren zu können. Auch wenn der konkrete Kunde, der seine Kritik äußert, namentlich nicht bekannt sein mag, hat die Stellungnahme des Unternehmens Einfluss auf das Entscheidungsverhalten anderer User, denn diese lesen schließlich auf den Seiten mit.

Multimedia Sharing Plattformen

Geht es darum, der eigenen Community oder der Öffentlichkeit hauptsächlich Fotos oder Videos zur Verfügung zu stellen und sich mit anderen darüber auszutauschen, können dafür kostenlose Dienste genutzt werden. Die derzeit beliebtesten sind das **Foto-Sharing Portal** Flickr.com, das es u. a. erlaubt, auf bestimmten Fotos Nachrichten zu hinterlassen, und das zu Google gehörende **Video-Sharing Portal** YouTube.com. Sowohl Fotos als auch Videos aus diesen Portalen können in andere Websites eingebunden werden, bzw. ist auch eine Weiterleitung auf andere Social Media Kanäle sehr einfach möglich. Dies erhöht den Grad der Vernetzung und somit die Auffindbarkeit für Suchmaschinen, was wiederum die Reichweite der eigenen Website steigert und so mehr Traffic auf ihr schafft. Die Nutzung viraler Effekte (das Weiterleiten) und die Emotionalisierung durch Bilder und Videos, sind für Unternehmen bzw. deren Marken interessant. Sharing-Portale werden häufig auch als **Content-Portale** bezeichnet. Ihre Inhalte sind für die Besucher meist ohne Registrierung einsehbar. Zum Unterschied von sozialen Netzwerken, deren Hauptanliegen es ist, Menschen zu vernetzen, die untereinander bereits in Beziehung stehen, ist es bei den Sharing-Portalen das gemeinsame Interesse am Inhalt, das Menschen zusammenbringt.

Auch **Podcasts** zählen zu den Sharing Plattformen. Ein Podcast ist eine Audio- oder Videodatei, die über das Internet verbreitet wird und von Interessenten bei Bedarf abgerufen bzw. auch als regelmäßige Sendung abonniert werden kann. Der Begriff setzt sich aus den Worten iPod und Broadcasting zusammen. Video-Podcasts werden manchmal auch als Vodcasts bezeichnet. Podcasts sind häufig auf Portalen z. B. von Verlagen oder Sendeanstalten zu finden oder eingebunden in Corporate Websites oder Blogs und dienen hauptsächlich der Informationsübermittlung.

Da Podcasts auf mobile Geräte heruntergeladen werden können, liegen ihre Vorteile auf der Hand: Der Nutzer bestimmt selbst den Zeitpunkt, wann er die Botschaften sieht oder hört, wobei mit hoher Aufmerksamkeit der Nutzer gerechnet werden kann. Inhalte können ausführlich behandelt werden, wobei jedoch darauf zu achten ist, dass die Spannung erhalten bleibt. Denn bei abflachendem Interesse wird der Hörer einfach abschalten. D. h. die Beiträge sollten vor allem bei der Gestaltung von Audio-Podcasts durch wechselnde Sprecher und Musiksequenzen etc. aufgelockert werden. Die Reichweiten von Podcasts sind allerdings relativ gering. Die beliebtesten Anwendungen sind die Apple iTunes für Audiodateien. Video-Podcasts sind häufig in Websites eingebunden z. B. BMW (www.bmw.tv). Unternehmen betreiben zur Informationsübermittlung und Öffentlichkeitsarbeit oft Corporate Podcasts wie z. B. Bayer (www.podcast.bayer.de). Auch hier besteht die Möglichkeit, Schnittstellen zu anderen Social Media Plattformen herzustellen. Einen Überblick über Podcasts bieten z. B. die Verzeichnisse www.podcast.de oder www.podcast.at.

Im Werbeeinsatz eignen sich Podcasts gut zur Verkaufsförderung, zur Steigerung der Bekanntheit, sie tragen zum Image-Aufbau bei, und aufgrund der Multimedialität ist mit erhöhter Aufmerksamkeit zu rechnen bzw. lassen sich dadurch Marken mit Emotionen aufladen.

Kollaborationsplattformen

Diesen Plattformen liegt die Nutzung der kollektiven Intelligenz (das Wissen vieler) zugrunde und die Idee, dieses gemeinsam generierte Wissen anderen zugänglich zu machen. Dazu haben sich eine Reihe von Diensten bzw. Plattformen entwickelt, auf denen Bookmarks, Wikis oder News angeboten werden.

Wikis sind Plattformen, auf denen Nutzer Beiträge oder Inhalte erstellen und pflegen können und andere Nutzer diese Inhalte beliebig und jederzeit ändern, ergänzen bzw. aktualisieren können. Die einzelnen Seiten sind durch interne Links miteinander verbunden, sodass Schlagwörter schnell recherchiert werden können. Wikis werden im Zuge des Wissensmanagements von Unternehmen als Enterprise Wikis z. B. im Projektmanagement oder in Forschung und Entwicklung eingesetzt und sind daher nur einem definierten Nutzerkreis zugänglich, wobei es durchaus möglich ist, auch Kunden zu integrieren, um dadurch Vertrauen aufzubauen und die Beziehung zu intensivieren. Bei öffentlichen Wikis wie z. B. der öffentlich zugänglichen Online Wissenszyklopädie wikipedia.com. besteht die Möglichkeit, die Marke oder das Unternehmen einzutragen, um deren Image zu fördern.

Social Bookmarking-Dienste ermöglichen es, den Nutzern Sammlungen von Lesezeichen (Bookmarks) im Internet anzulegen und zu verwalten und auf diese jederzeit zuzugreifen. Bookmarks anderer Nutzer können ebenfalls angesehen werden, sofern diese öffentlich zugänglich sind. Durch Vergeben von Schlagwörtern (Tags) können Webinhalte gemeinschaftlich klassifiziert werden und auf Social Bookmarking Plattformen mit anderen Nutzern öffentlich gemacht werden. Die Präsenz eigener Veröffentlichungen auf Social Bookmarking Plattformen fördert deren Verbreitung im Internet (Hettler 2010, S. 58 ff.). Plattformen dazu sind z. B. Delicious.com, Digg.com oder MisterWong.com.

Ähnlich wie Social Bookmarking Plattformen können Nutzer auf **Social News-Seiten** Links zu Online Nachrichten zusammenstellen und die Leser bewerten und kommentieren diese. Sie sind Plattformen für Informationen, die sich bei großer Beliebtheit oder Relevanz für die Leser rasch verbreiten lassen und daher für Unternehmen ebenso interessant sind wie Bookmarking Dienste (vgl. Gabs/Bannour 2012, S. 385). Beispiele für Social News Plattformen sind Digg, Reddit oder Webnews.de. Die Relevanz von Social Bookmarking- und Social News Plattformen für ein Unternehmen besteht in der Möglichkeit der Verlinkung zu unternehmenseigenen Seiten, was wiederum die Reichweite und Auffindbarkeit durch Suchmaschinen verbessert und somit auch die Nutzung als Werbeträger.

Entertainment Plattformen

Dazu zählen virtuelle soziale Welten und virtuelle Spielewelten (vgl. Fabian, 2011, S. 15). **Virtuelle soziale Welten** sind Online-Plattformen, die eine dreidimensionale, interaktive Umwelt nachbilden. Nutzer können in diesen Welten in Form von personalisierten Avataren auftreten, d. h. sie schlüpfen in eine Online-Identität und interagieren mit der Online-Umgebung und anderen Usern. Dabei können sie – ähnlich wie in der realen Welt – ihr Verhalten im virtuellen Raum frei gestalten. Unternehmen haben dabei die Möglichkeit, mit ihrer Marke in diesen Welten präsent zu sein. Beliebte virtuelle Welten sind z. B. Second Life, Habba, Twinity oder The Sims Online.

Daneben werden auch eine Reihe von **Spielen mit sozialer Interaktionsmöglichkeit** online angeboten – von Schach mit zwei Spielern bis hin zu Online-Rollenspielen mit einer Vielzahl an Mitspielern, die gleichzeitig – je nach Regeln – Aufgaben lösen oder Herausforderungen bestehen müssen. Beispiele dazu sind Mmorpg (Massive Multiplayer Online Role Games) oder Minichip. Die Seiten können von Unternehmen einerseits als Werbeträger genutzt werden, indem sie Werbebotschaften platzieren (**In-Game-Advertising**), bzw. sind die Spiele gut für Product Placement geeignet oder sie produzieren selber Spiele – sogenannte **Adgames**. Das bekannteste ist wohl die legendäre „Moorhuhnjagd" von Johnny Walker. Bei Spielen sollte die Werbebotschaft nicht zu aufdringlich wirken, das Spiel sollte leicht verständlich, leicht erlernbar und kostenlos sein. Da sich Spiele großer Beliebtheit als Pausenfüller erfreuen, werden sie auch gerne viral weiterverbreitet. Das Nutzungspotenzial von Online-Spielen steigt mit zunehmender Nutzung mobiler Endgeräte (Smartphones).

Social Media und Integrierte Marketingkommunikation

Die Social Media Kommunikation ist als ein möglicher Baustein der Integrierten Marketing-Kommunikation zu sehen und hat somit – ausgehend von der strategischen Positionierung, den anzusprechenden Zielgruppen und den zu erreichenden Kommunikationszielen – die definierten Kommunikationsrichtlinien (Botschaftsinhalte, Tonalität und CD) zu berücksichtigen (vgl. dazu das folgende Kapitel 3.2).

Bei der Erstellung des Marketing-Kommunikationskonzeptes ist somit im Anschluss an die Zielsetzung der Kommunikation von der Frage auszugehen, wo die Berührungspunkte (auch Kontaktpunkte oder **Touchpoints**) der Marke mit den Zielgruppen sind – sowohl offline als auch online.

Denn Markenbekanntheit steigern, Awareness schaffen, Wissen über die Marke vermitteln, Image aufbauen oder festigen oder Kunden binden ist sowohl mit klassischen Kommunikationsinstrumenten (offline) als auch mit Online-Kommunikationsinstrumenten möglich. Daher ist – ausgehend von Zielen und Zielgruppen – zu überlegen, wie die einzelnen Marketing-Kommunikationsinstrumente – zu denen auch Social Media-Kommunikation als Instrument der Online-Kommunikation zählt – entsprechend ihrer Vorteile und Leistungsfähigkeit zu kombinieren sind, um einen zielgruppenadäquaten und effizienten **Kommunikations-Mix** zu erhalten und so Synergien der einzelnen Kommunikationsinstrumente zu nutzen.

Das Mediaverhalten der anzusprechenden Zielgruppen ist dabei zu durchleuchten: welche Medien (Offline und Online) werden genutzt? Welche Rolle sollen die einzelnen Medien im Instrumente-Mix übernehmen? Wie können die einzelnen Kommunikationsinstrumente voneinander profitieren bzw. wie können sie sich optimal ergänzen, um die Kommunikationsziele bestmöglich zu erreichen? Aufgabe des Werbers ist es, die Instrumente durch Nutzung ihrer medienimmanenten Vorteile zu verknüpfen.

Vorteile von Social Media sind u. a. die Möglichkeit zur Konversation (Interaktivität), Mund-zu-Mund-Propaganda und die damit verbundene Viralität, Meinungsführer-Effekte, das durch das Netzwerk erzeugte Wir-Gefühl und Schnelligkeit. Angesichts dieser Vorteile, die auch im täglichen Leben einer Gemeinschaft vorzufinden sind, sind manche Werber geneigt, Social Media überdurchschnittliche Beachtung zu schenken.

Zunächst ist jedoch zu hinterfragen, wie Konversation im Netz zustande kommt, bzw. woher der Anstoß dazu kommt. Graham und Havlena haben 2007 bei 35 Marken aus den Produktkategorien Autos, Handel, technische Produkte, Reisen und Softdrinks über ein halbes Jahr lang den Einfluss von Fernseh-, Zeitschriften- und Online-Werbung auf Mund-zu-Mund-Propaganda, Online-Meinungen, Suchanfragen und die Besuche auf Internet-Seiten zu diesen Marken analysiert. Das Ergebnis zeigte, dass Werbung auf alle vier Variablen einen signifikanten Einfluss hatte. D. h., Werbeimpulse führen dazu, dass sich Konsumenten für die Marken interessieren und über sie „sprechen". Die dadurch erzeugte Mund-zu-Mund-Propaganda hat ihrerseits wieder einen positiven Einfluss auf Suchanfragen, auf Besuche der Corporate Website, auf positive Markenaussagen bzw. auf die Abgabe von Online-Meinungen.

Laut Kroeber-Riel/Esch (2011, S. 65 f.) wirkt Werbung als Katalysator: „weniger Werbung führt zu weniger Mund-zu-Mund-Propaganda". Online- und Offline-Welt sind ebenso vernetzt wie persönliche Kommunikation und Massenmedien. Die Themen, über die gesprochen wird, werden oft durch Massenmedien vorgegeben. D. h. im Kommunikations-Mix sollte sowohl Online als auch Offline Kommunikation vorgesehen werden, wobei jedoch das Media-Verhalten der anzusprechenden Zielgruppe zu berücksichtigen ist.

Im Rahmen der Integrierten Kommunikation sollte eine **Aufgabenteilung der Kommunikations-Instrumente** vorgenommen werden: z. B. das Interesse an einer Marke durch klassische Werbung (Anzeige, TV-Spot) oder durch Promotionaktivitäten wecken, der Bedarf an weiteren bzw. Detail-Informationen wird online gedeckt, oder bei einer Promotion erfolgt die Interaktion mit der Marke online z. B. durch Hochladen von Bildern oder Filmen, um an einem Preisausschreiben teilzunehmen, oder ein Event stimuliert die digitale Mundpropaganda bzw. die Konversation auf Social Media Plattformen.

Abb. 70: Beispiel für einen QR-Code: Dieser führt auf die Website der österreichischen Werbewissenschaftlichen Gesellschaft (WWG)

Häufig werden in Anzeigen, auf Plakaten oder Packungen **QR-Codes** (QR = Quick Response) verwendet (vgl. Abb. 70). Sie werden – größtenteils mit dem Smartphone – gescannt und ermöglichen so unmittelbar einen direkten Zugriff auf Online-Informationen z. B. auf Websites oder Produktvideos. Dadurch ist es möglich, eine unmittelbare Verbindung zwischen Offline- mit Online-Kommunikation herzustellen.

Im Social Web finden „Gespräche über Unternehmen und Marken" mit und ohne Anwesenheit des Unternehmens statt, indem die Nutzer ihre Erfahrungen und Meinungen untereinander austauschen. Die Frage für ein Unternehmen ist, ob es sich an den „Gesprächen" aktiv beteiligt, um etwa die Meinungen zu beeinflussen.

Grundsätzlich hat ein Unternehmen drei Möglichkeit, **Social Media** zu nutzen: Es kann sich z. B. durch Mitarbeiter, die sich als solche deklarieren – an der Konversation auf denjenigen Plattformen beteiligen, auf denen seine Zielgruppen präsent sind und dadurch z. B. Themen vorgeben oder Standpunkte darlegen und so die Meinungen beeinflussen. Oder das Unternehmen betreibt eigene Seiten auf Plattformen: BMW, Daimler oder Coca Cola z. B. bieten mit eigenen Seiten in sozialen Netzwerken, wie z. B. auf Facebook, Kommunikations- und Interaktionsmöglichkeiten für die Zielgruppen durch direkte Verlinkung. Die dritte Möglichkeit ist, auf Social Media-Seiten von Dritten Werbebotschaften zu platzieren, was durch Targeting-Möglichkeiten vieler digitaler Diensteanbieter ohne große Streuverluste möglich ist.

Beim Einsatz von Social Media sollte auch berücksichtigt werden, dass dieses Kommunikationsinstrument einen offenen und transparenten Umgang mit den Stakeholdern fordert, und dieser sollte zur bisher gepflogenen Unternehmensphilosophie passen.

Weiters ist es notwendig, dass das Unternehmen „zuhört", um auf die Konversationsinhalte entsprechend eingehen und reagieren zu können.

Kritische Würdigung von Social Media

Social Media ist gekennzeichnet durch hohes Medien Involvement der Nutzer, Interaktivität, Schnelligkeit, Aktualität, Transparenz, Viralität und Emotionalität. Emotionalität wird vor allem durch offene Sympathiebekundungen, durch Empfehlungen, durch die Vielfalt an Multimediaanwendungsmöglichkeiten und das Wir-Gefühl der Community bewirkt.

Die Vorteile dieses Kommunikationsinstrumentes können schnell in Nachteile für ein Unternehmen umschlagen, nämlich wenn unsachgemäße oder negative Kommentare von Nörglern oder Störenfrieden geäußert werden. Durch die Verknüpfung von Social Media Plattformen untereinander kann rasch eine **unkontrollierte Informationswelle** ins Rollen kommen. Dies macht ein ständiges Beobachten der Konversation auf den Online Plattformen notwendig (**Social Media Monitoring** vgl. dazu Kap. 4.6.2), um nachteilige Meldungen rasch identifizieren und sofort darauf reagieren zu können – sei es mit objektiven Informationen oder mit einer Klarstellung des eigenen Standpunktes., wobei jedoch zu beachten ist, dass den Kommentaren von Community-Mitgliedern oft mehr Glauben geschenkt wird als jenen des betroffenen Unternehmens.

Ein Risiko sind auch **Manipulationsversuche**, so können beispielsweise ganze Seiten lahmgelegt werden. Aber auch **Masseneffekte**, z. B. viele negative persönliche Meinungen der Nutzer können schnell und unkontrollierbar zu Imageschäden führen.

Eine weitere Gefahr besteht in der Sorglosigkeit oder Unerfahrenheit von eigenen Mitarbeitern, die es vielleicht sogar gut meinen, aber über ihr Unternehmen oder dessen Produkte unsachgemäß oder sogar falsch berichten oder **Interna** ausplaudern.

Da sich im Netz einmal abgegebene Kommentare nicht mehr zurücknehmen lassen bzw. einmal angestoßene Themen oder Botschaften leicht verselbständigen können, sind die Vor- und Nachteile einer Unternehmens- oder Marken-Präsenz im Netz sorgfältig abzuwägen. Ein Imageschaden kann binnen Augenblicken entstehen, der Imageaufbau jedoch dauert Jahre.

Auch stehen soziale Netzwerke zunehmend in der Kritik von Nutzern und Konsumenten, werden doch Daten über ihr Online-Verhalten und über sie selbst von Netzwerkbetreibern gesammelt und kommerziell verwertet, indem sie z. B. an die Werbewirtschaft weitergegeben werden.

▶ Literatur zu Kap. 3.1.10

Für den interessierten Leser wird nachfolgend die Literatur, die zur Vertiefung der Online-Kommunikation dienen soll, gesondert zusammengestellt.

Bauer, H. H., Große-Leege, D., Rösger, D., (Hrsg.), Interactive Marketing im Web 2.0, 2. Aufl., München 2008.

Bauer, H. H., Martin, I., Albrecht, C.-M., Virales Marketing als Weiterentwicklung des Empfehlungsmarketing, in: Bauer, H. H., et al., Interactive Marketing im Web 2.0, 2. Aufl., München 2008, S. 57–71.

Bruhn, M., Unternehmens- und Marketingkommunikation, 2. Aufl. München 2011.

Ceyp, M. H.; Positionierung im Web: Suchmaschinen, Verlinkung, Widgets; in: Zerfaß A., Pleil T., (Hrsg.); Handbuch Online-PR, Konstanz 2012, S. 111–119.

Fabian, R., Kundenkommunikation über Social Media, Lohmar-Köln 2011.

Fritz, W., Internet-Marketing und Electronic Commerce: Grundlagen – Rahmenbedingungen – Instrumente, 4. Aufl., Wiesbaden 2010.

Grabs, A., Bannour, K.-P.; Follow me! Erfolgreiches Social Media Marketing mit Facebook, Twitter und Co., 2. Aufl., Bonn 2012.

Graham, J., Havlena W., Finding the „Missing Link": Advertising´s Impact on Word of Mouth, Web Searches and Site Visits, in: Journal of Advertising Research, Vol. 47, No.4, S. 427–435.

Hilker, C., Erfolgreiche Social-Media-Strategien für die Zukunft, Wien 2012.

Hettler, Ch.; Social Media Marketing, München 2010.

Huber, M., Kommunikation im Web 2.0, Konstanz 2008 und 2. Aufl. 2010.

Lange, M., Social Media – im Spannungsfeld zwischen Kulturwandel und Kampagne; in: Ruisinger, D., Online Relations, Stuttgart, 2. Aufl. 2011, S. 227–232.

Langner S.; Viral Marketing – wie sie Mundpropaganda gezielt auslösen und Gewinn bringend nutzen, 3. Aufl., Wiesbaden 2009.

Mahrdt, N.; Crossmedia, Wiesbaden 2009.

Mühlenbeck, F., Skibicki, K., Community Marketing Management, 2. Aufl., Norderstedt 2008.

Nielsen Global Trust in Advertising Studie in Deutschland, 2011.

Prox, Ch.; Markenführung 2020 – Wie die neuen Medien die Mechanismen der Markenführung ändern: in: transfer Werbeforschung & Praxis, 57 (2) 2011, S. 24–30.

Ruisinger, D., Online Relations, Stuttgart, 2. Aufl. 2011.

Schüller, A. M.; Touchpoints. Auf Tuchfühlung mit dem Kunden von heute, Offenbach 2012.

Smith, P. R., Chaffey, D.; eMarketing eXcellence, 2. ed., Oxford 2005.

Strauss, J., Frost, R.; E-Marketing, 6. ed., Upper Saddle River 2012.

Tropp, J., Moderne Marketing-Kommunikation. System – Prozess – Management, Wiesbaden 2011.

Thiedeke U., (Hrsg.); Virtuelle Gruppen, 2. Aufl., Wiesbaden 2003.

Van der Lans R., van Bruggen G., Viral Marketing: What Is It, and What Are the Components of Viral Success? In: Wuyts S., Dekimpe M.G., Gijsbrechts E., Pieters R., The Connected Customer, New York, London 2010, S. 257–282.

Weinberg T.; Social Media Marketingstrategien für Twitter, Facebook & Co, Köln 2010.

Zerfaß A., Pleil T., (Hrsg.); Handbuch Online-PR, Konstanz 2012.

3.2 Integrierte Kommunikation

Die vorangegangenen Kapitel zeigen die Vielfalt der Kommunikationsinstrumente und die daraus resultierende Vielfalt an Kommunikationsmöglichkeiten.

Bei isolierter Planung und Gestaltung der einzelnen Kommunikationsinstrumente besteht die Gefahr, dass unterschiedliche Informationen über das Unternehmen/die Marke übermittelt werden, was zu einem unklaren Bild vom Unternehmen/der Marke und zu einer schlechten Differenzierung vom Mitbewerber führt. Dadurch nimmt die Wirkung der einzelnen Kommunikationskontakte ab, die Effizienz der eingesetzten finanziellen Kommunikationsmittel sinkt. Jede Form der Marktkommunikation sollte jedoch dazu beitragen, klare Gedächtnisstrukturen für ein Unternehmen oder eine Marke aufzubauen. Dazu ist es aber notwendig, dass die Zielpersonen auf Grund der Kontakte mit unterschiedlichen Kommunikationsinstrumenten das Unternehmen/die Marke als Einheit wahrnehmen.

Dies erfordert, dass sämtliche Kommunkationsaktivitäten einer Unternehmung bzw. für eine Marke bewusst inhaltlich, formal und zeitlich aufeinander abgestimmt – also integriert – werden. Unter **Integrierter Kommunikation** versteht man einen Managementprozess (Analyse, Planung, Organisation, Durchführung und Kontrolle), der darauf ausgerichtet ist, aus den differenzierten Quellen der Kommunikation für ein Unternehmen oder eine Marke eine Einheit herzustellen, um ein für die Zielgruppen der Kommunikation konsistentes Erscheinungsbild vom Unternehmen oder der Marke zu vermitteln (nach Bruhn, 2007, S. 85 ff.). Die durch die Kommunikationsmittel erzeugten Wirkungen sollten vereinheitlicht und verstärkt werden bzw. sich gegenseitig stützen.

Die Integrierte Kommunikation knüpft an die Corporate Identity Überlegungen an, die darauf ausgerichtet sind, einen schlüssigen Zusammenhang von Erscheinung, Worten und Taten eines Unternehmens mit seinem spezifischen Wesen herzustellen. Laut Bruhn (2007, S. 85 ff.) gibt das Konzept der integrierten Kommunikation Anweisungen für eine konkrete inhaltliche und planerische Ausgestaltung der Kommunikationsaktivitäten eines Unternehmens.

Folgende **Aspekte** sind bei der integrierten Kommunikation besonders bedeutsam:

Die Kommunikationsarbeit soll so ausgerichtet werden, dass eine strategische Positionierung des Unternehmens bzw. der Marke im Kommunikationswettbewerb möglich und sichtbar wird (vgl. Bruhn, 2005).

Bei den Zielgruppen soll ein einheitliches Erscheinungsbild erzeugt werden. Durch prägnante, in sich widerspruchsfreie und damit glaubwürdige Kommunikation soll das Entscheidungsverhalten der Zielpersonen positiv beeinflusst werden.

Integrierte Kommunikation soll die Effizienz der Kommunikation steigern, indem Synergieeffekte bei den relevanten Zielgruppen erzielt werden (vgl. 71), nämlich durch:

- ■ **Formale Integration**: diese wird häufig durch die Umsetzung des Corporate Designs (Logos, Schrifttypen, Farbe etc.) erreicht. Corporate Design zielt darauf ab, ein prägnantes optisches Bild vom Unternehmen bzw. der Marke zu vermitteln.

■ **Inhaltliche Integration**: die Botschaftsinhalte der einzelnen Kommunikationsinstrumente werden thematisch aufeinander abgestimmt, so dass sie inhaltlich
widerspruchsfrei sind und einander gegenseitig verstärken. Dies kann z. B. durch
Kernbotschaften, Slogans, Schlüsselbilder (also visualisierte Kernbotschaften) ge-
schehen.

■ Durch **zeitliche Integration**: der Einsatz einzelner Kommunikationsinstrumente
soll zeitlich aufeinander abgestimmt werden (z. B. Sponsoring mit Werbung und
PR), um dadurch Synergiepotenziale zu nutzen. Andererseits soll auch eine zeitliche Kontinuität innerhalb der Kommunikationsinstrumente gewährleistet werden,
denn ein ständiger Wechsel im kommunikativen Auftritt führt zu keinem klaren
Unternehmens- oder Markenbild.

Formen	Gegenstand	Zweck	Hilfsmittel	Zeithorizont
Inhaltliche Integration	Thematische Abstimmung durch Verbindungslinien	Lerneffekte, Wiedererken- nung, Konsistenz, Eigenständigkeit, Kongruenz	Einheitliche Slogans, Botschaften, Argumente, Schlüsselbilder	langfristig
Formale Integration	Einhaltung formaler Gestaltungs- prinzipien	Wieder- erkennung, Differenzierung, Präsenz, Prägnanz, Klarheit	Corporate Design: Einheitliche Gestaltungsele- mente: Zeichen/ Logos, Farben, Schrifttypen	mittel- bis langfristig
Zeitliche Integration	Abstimmung innerhalb und zwischen Planungsperioden	Konsistenz Kontinuität	Ereignisplanung („Timing")	kurz- bis mittelfristig

Abb. 71: Formen der Integrierten Kommunikation (nach Bruhn, 1997, S. 100)

Integrierte Kommunikation richtet sich nicht nur an unternehmensexterne Zielgruppen, sondern auch an interne: Die Mitarbeiter sind wichtige Multiplikatoren des Unternehmens in ihrem persönlichen Umfeld und gleichzeitig auch Kunden und Mitglieder
relevanter Teilöffentlichkeiten.

Integrierte Kommunikation ist als Managementprozess aufzufassen, d. h. die Instrumente der Analyse, Planung, Durchführung und Kontrolle sind so auszugestalten, dass
sie eine Integration der verschiedenen Kommunikationsaktivitäten ermöglichen.

Management der integrierten Kommunikation

Für einen derartigen Managementprozess sind Zielvorgaben festzulegen. Aufbauend auf einer umfassenden Analyse der kommunikativen Situation im Markt (siehe dazu Kap. 4.1) und auf der Unternehmens- und Marketingstrategie sind die strategische Positionierung, die strategischen Zielgruppen und die strategischen Ziele für die Marketing-Kommunikation zu fixieren (Abb. 72 zeigt einen idealtypischen Verlauf des Managements der integrierten Kommunikation).

Durch die Definition dieser drei strategischen Eckpfeiler ist die grundsätzliche und langfristige Ausrichtung der kommunikativen Fähigkeiten und Aktivitäten des Unternehmens festgelegt. Auf Basis der strategischen Planung der Integrierten Kommunikation werden einerseits Kommunikationsrichtlinien festgelegt und andererseits ist abzuklären, welche Kommunikationsinstrumente für welche Zielgruppen zur Erreichung der Ziele am geeignetsten sind, um anschließend die operative Planung dieser ausgewählten Kommunikationsinstrumente vorzunehmen (vgl. Abb. 72).

Die **Kommunikations-Richtlinien** stellen verbindliche Vorgaben für die einzelnen mit Kommunikations-Aufgaben betrauten Abteilungen, Personen sowie für die beauftragten Kommunikations-Agenturen dar. Sie „übersetzen" die strategischen Eckpfeiler in konkrete Vorgaben für die operative Planung und Durchführung der Kommunikation und haben langfristigen, verbindlichen Charakter.

Die Kommunikations-Richtlinien beinhalten die Kommunikationsplattform (Welche Aussagen über die Marke sollen übermittelt werden?), die Tonalität (Welcher Ansprachestil soll verwendet werden?) und die Gestaltungsprinzipien (Welche Gestaltungselemente sind bei der kreativen Umsetzung der Kommunikation verbindlich?).

Kommunikationsplattform: Auf Basis der strategischen Positionierung wird eine **kommunikative Leitidee** entwickelt, die die wesentlichen Merkmale dieser Positionierung enthält und die als Grundaussage über die Unternehmung oder die Marke dient. Diese Grundaussage soll in sämtlichen Kommunikationsinstrumenten – unabhängig von den Zielgruppen – genutzt werden.

Die kommunikative Leitidee stellt die „Einheit" der Botschaften dar, in die alle weiteren Aussagen des Unternehmens/der Marke integriert werden sollten (Bruhn, 2007, S. 65 f.). Die Leitidee zieht sich somit als roter Faden durch sämtliche Kommunikationsinstrumente.

Ebenfalls auf Grundlage der Markenpositionierung und der kommunikativen Leitidee werden für die jeweiligen Zielgruppen detaillierte Botschaftsinhalte (Aussagensysteme) formuliert – und zwar als konkrete Leistungsversprechen (Kernaussagen) mit dazugehörenden Beweisen, die diese Leistungsversprechen durch Begründungen oder Beispiele belegen (vgl. dazu Abb. 73).

Die **Kernaussagen** (Leistungsversprechen – manchmal auch als Verbrauchernutzen oder Benefits bezeichnet) konkretisieren die Leistungen der Marke/des Unternehmens. Sie können sich einerseits auf die technischen, wirtschaftlichen oder physischen Eigen-

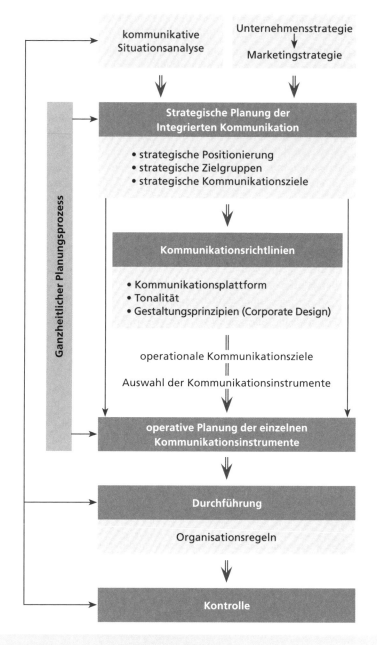

Abb. 72: Management der Integrierten Kommunikation

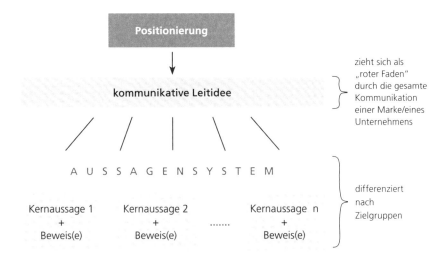

Abb. 73: Kommunikationsplattform

schaften der Marke (Grundnutzen) beziehen oder auch auf den psychischen oder sozialen Nutzen (Zusatznutzen), den die Marke bei der Zielperson stiftet, wie z. B. Sicherheit, Lebensfreude, Genuss, Zugehörigkeitsgefühl oder soziale Anerkennung (vgl. dazu Kap. 4.1.1). Wichtig dabei ist, dass diese Leistungsversprechen für die Zielpersonen relevant sind. In der Regel werden pro Zielgruppe mehrere Kernaussagen formuliert, die dann wieder aufeinander abgestimmt werden müssen, um eventuelle Widersprüchlichkeiten zu vermeiden. Ziel dabei ist, bei den Kommunikationsempfängern durch ein konsistentes und kontinuierliches Aussagensystem ein einheitliches Bild von der Marke entstehen zu lassen.

Damit die Kernaussagen möglichst nachvollziehbar und glaubwürdig für die Zielpersonen sind, ist es sinnvoll, jeweils Beweise dafür anzuführen. Sie begründen mit konkreten Argumenten die Versprechen, bzw. geben Zahlen, Fakten und Beispiele an.

In der Regel werden pro Zielgruppe eine Reihe von Kernaussagen mit den dazugehörenden Beweisen aufgelistet und die Inhalte aufeinander abgestimmt.

Dadurch soll sichergestellt werden, dass keine widersprüchlichen oder nicht konsistente Aussagen zum Unternehmen oder zur Marke getroffen werden. Danach können die Argumentationssysteme für die unterschiedlichen Kommunikationsinstrumente genutzt werden.

Sämtliche Aussagen und Argumente, die in jeglicher Form der Marketing-Kommunikation verwendet werden, sollten mit der kommunikativen Leitidee in Einklang stehen.

Weiters definieren die Kommunikations-Richtlinien auch die Tonalität der Kommunikation. Die Tonalität legt den Stil bzw. die Ausdrucksform/Diktion der Kommunikation fest. Sie definiert, wie das Unternehmen/die Marke von den Kommunikationsempfängern emotional erlebt werden soll, welche Anmutungen, Stimmungen, Emotionen durch die Botschaft und in weiterer Folge durch die kreative Ausgestaltung der Kommunikationsinstrumente hervorgerufen werden sollen.

Schließlich sind in den Kommunikations-Richtlinien auch die formalen Gestaltungsprinzipien festgelegt, die in sämtlichen Kommunikationsinstrumenten zu verwenden sind, wie z. B. Logos, Firmenfarben bis hin zum Corporate Design. Ziel dabei ist, durch jedes Kommunikationsinstrument eine rasche Wiedererkennung und Differenzierung der Marke von den Mitbewerbern zu gewährleisten.

In weiterer Folge sind die Kommunikationsziele operational zu formulieren (vgl. Kap. 4.2.2), um einerseits als Basis für die Auswahl der geeignetsten Kommunikationsinstrumente dienen zu können, und um andererseits als konkrete Messlatte zur Kontrolle der Zielerreichung nach der Kommunikation herangezogen werden zu können. Die Ziele müssen dabei mit Unternehmens- und Marketingzielen abgestimmt und – wie bereits erwähnt – an den Zielgruppen orientiert sein.

Auf Basis der Zielvorgaben, die bei den anzusprechenden Zielgruppen zu erreichen sind, erfolgt die Auswahl der Kommunikationsinstrumente und das Festlegen des am besten geeigneten Kommunikations-Mix.

Bei den Kommunikationsinstrumenten wird in strategische und taktische Kommunikationsinstrumente unterschieden. Die strategischen Kommunikationsinstrumente (auch Leitinstrumente genannt) haben langfristigen Charakter und sind am besten geeignet, die kommunikative Leitidee zu transportieren und tragen am meisten zur Umsetzung der strategischen Positionierung bzw. zur Erreichung der strategischen Kommunikationsziele bei. Taktische Kommunikationsinstrumente sind eher auf kurzfristige Wirkung ausgerichtet (z. B. Verkaufsförderungsmaßnahmen eines Schokoladeherstellers zur unmittelbaren Absatzsteigerung).

Bei der Festlegung des Kommunikations-Mixes muss die Beziehung zwischen den einzelnen Kommunikationsinstrumenten geprüft werden: Inwieweit beeinflussen sich die Kommunikationsinstrumente in funktionaler und zeitlicher Hinsicht gegenseitig (vgl. dazu Bruhn 2007, S. 176 f.). So können z. B. Mediawerbung und Online in ihrer Funktion einander ergänzen (komplementäre Beziehung): Anzeigen wecken das Interesse für eine Marke, Online stellt ausführliche Informationen zur Verfügung. Ein Instrument kann auch den Einsatz eines anderen Instrumentes bedingen (konditionale Beziehung): Verkaufsförderungsmaßnahmen erfordern den Einsatz von Mediawerbung oder Direktwerbung, um ihre Wirkung besser entfalten zu können. Das Sponsoring einer Großveranstaltung (z. B. Fußball-EM) kann mit der Mediawerbung in Konkurrenz stehen: Da von beiden eine Vielzahl von Mediakontakten erzielt werden kann, könnte z. B. bei der Zielsetzung „Awarness schaffen" ein Instrument durch das andere substituiert und somit Kosten eingespart werden. Die Kommunikationsinstrumente können zueinander auch in indifferenter Beziehung stehen: ein Event (z. B. Tag der offenen Tür) muss nicht unbedingt eine Wirkung auf das Sportsponsoring der Firma haben. Werden durch die einzelnen Instrumente unterschiedliche Botschaften transportiert, können diese Instrumente auch in konkurrierender Wirkung zueinander stehen, was allerdings in der Integrierten Kommunikation vermieden werden sollte.

Bei der zeitlichen Wirkungsbeziehung ist zu untersuchen, welche Wirkung ein paralleler, sukzessiver oder ablösender Einsatz nach sich zieht. So hat z. b. der gleichzeitige Einsatz von Mediawerbung und Verkaufsförderung im Lebensmittelbereich eine kumulative Wirkung auf die Kaufentscheidung (Absatzsteigerung) einer Marke (Kotler/ Keller/Bliemel, 2008, S. 763).

Die Nutzung verschiedener, aufeinander abgestimmter und vernetzter Kommunikationsinstrumente zur Bewerbung einer Marke – also der Instrumente-Mix in der Integrierten Kommunikation – wird häufig auch als **Cross-Media** bezeichnet (Koschnick, 2003, S. 577 ff.; Crux, 2001, S. 17). Die einzelnen Kommunikationsinstrumente werden entsprechend ihrer Funktion eingesetzt und miteinander vernetzt: z. B. Markenbekanntheit und -Positionierung werden durch klassische Werbung aufgebaut, Internet (Online) oder Direktwerbung übernimmt die Informations- und Dialog-Funktion. Dass durch die Nutzung von Synergien zwischen den einzelnen Kommunikationsinstrumenten ein **Multiplying-Effekt** entsteht, wurde durch verschiedene Untersuchungen nachgewiesen (Koschnick, 2003, S. 1838ff): Kombinierte Print- und Online-Kontakte oder kombinierte Print-, TV- und Online Kontakte verstärken den Lerneffekt, wobei dieser Effekt bei Produktinteressierten besonders hoch war.

Die Vernetzung der Kommunikationsinstrumente (Cross-Media) erlaubt es auch, den gesamten Entscheidungsprozess einer Zielperson – vom Wecken von Aufmerksamkeit und Interesse für eine Marke bis zur Kaufentscheidung – abzudecken, und gleichzeitig den Medieneinsatz an den unterschiedlichen Kommunikationsbedürfnissen der Zielpersonen auszurichten.

Sind die Kommunikationsinstrumente ausgewählt, erfolgt die **operative Planung der jeweiligen Kommunikations-Maßnahmen**. Diese beinhaltet operational formulierte Ziele und konkrete Aussagensysteme für das jeweilige Kommunikationsinstrument. Sie sollte die Planung der Gesamtkommunikation auf Unternehmensebene berücksichtigen. Das heißt, es bedarf eines **ganzheitlichen Planungsprozesses**, bei dem die Verantwortlichen, sowohl für Strategie als auch für die operativen Geschäfte der Kommunikation, an einem Tisch sitzen, um eine Integration der Kommunikationsinstrumente durch strategische Vorgaben sicherzustellen und die Kommunikationsrichtlinien zu erarbeiten.

Die Kommunikationsrichtlinien sind eine verbindliche Vorgabe für die operative Planung und Umsetzung der einzelnen Kommunikationsinstrumente.

Des Weiteren sind im Konzept der Integrierten Kommunikation Regeln für die Zusammenarbeit zwischen verschiedenen, mit Kommunikation befassten Abteilungen enthalten. Kommunikationsabteilungen sind z. B. Marketingabteilung, Verkaufsabteilung,

PR-Abteilung usw. Diese **Organisationsregeln** dienen dazu, Ablaufprozesse zwischen den mit Kommunikation befassten Abteilungen bzw. Zuständigkeiten zu strukturieren und zu formalisieren: Verantwortungen, Informationsprozesse sowie Zusammenarbeit und Austauschbeziehungen zwischen den Kommunkationsabteilungen müssen bestimmt und geregelt werden. Dazu sind verschiedene organisatorische Maßnahmen notwendig: z. B. Bestimmung eines Kommunikationsleiters, der „Richtlinien- und Koordinationskompetenz" hat und verantwortlich ist für die Vorgabe der Kommunikationsregeln und Abstimmung und Koordination von Kommunikationsinstrumenten. Ebenso sollten abteilungsübergreifende Planungsteams eingerichtet werden, die die strategische und operative Planung ganzheitlich vornehmen (vgl. Abb. 72, S. 168). Derartige Abstimmungs- und Kooperationsprozesse lassen sich in flachen Hierarchien leichter realisieren.

Für eine erfolgreiche Implementierung der Integrierten Kommunikation ist auch der Abbau von Abteilungsegoismen und einer geringen Koordinations- und Kooperationsbereitschaft der Beteiligten notwendig – z. B. durch Mitarbeitergespräche, Fachseminare, Workshops usw., um Akzeptanz zu schaffen.

Für eine erfolgreiche Umsetzung sind weiters permanente **Kontrollanalysen** erforderlich, um Ansatzpunkte für die Verbesserung der Integrierten Kommunikation zu erhalten. Dazu sollten kontinuierliche Wirkungs- und Effizienz-Analysen durchgeführt (vgl. dazu Kap. 4.6), sowie relevante Entwicklungen im unternehmerischen Umfeld beobachtet und analysiert werden (vgl. dazu Kap. 2.1 und 4.1). Auch bedarf die integrierte Kommunikation einer fundierten Informationsbasis und Früherkennung von Problemen und Chancen, um wirkungsvoll umgesetzt werden zu können.

Die Umsetzung einer integrierten Kommunikations-Politik verspricht für das Unternehmen zwar eine Vielzahl von Chancen, birgt aber auch **Probleme und Risiken**, die darin bestehen, dass die Vorgaben und Richtlinien inhaltlich zu eng und zeitlich zu starr ausgelegt werden und so die Kreativität beschneiden, was dann zu einer monotonen, langweiligen Zielgruppenansprache führen kann. Ebenso können Abstimmungs- und Koordinationsprozesse, die nicht flexibel und partizipativ gestaltet sind, sowie erstarrte Organisationsstrukturen dazu führen, dass Trends und somit Chancen nicht erkannt und genutzt werden, wie z. B. Vernachlässigung bestimmter Kommunikationsinstrumente, Medien oder Zielgruppen.

Ein Erfolg der Integrierten Kommunikation kann nur dann eintreten, wenn erkannt wird, dass dieser mit umfassenden planerischen, organisatorischen und personellen Konsequenzen verbunden ist. (Bruhn, 2007, S. 518)

Beispiel für die Umsetzung des Konzeptes der Integrierten Kommunikation

Nachfolgend sollen Eckpfeiler und Umsetzungsbeispiele eines integrierten Kommunikationskonzeptes anhand des Energy Drinks Red Bull, der weltweit vertrieben wird, dargestellt werden.

Positionierung: Red Bull Energy Drink ist ein funktionelles Produkt, das eigens für die Zeiten erhöhter geistiger oder körperlicher Belastungen entwickelt wurde. Es enthält die Inhaltsstoffe Taurin, Koffein, Kohlenhydrate (Glukuronolakton, Glucose und Saccharose) und Vitamine.

Zielgruppen: Personen, die Zeiten erhöhter mentaler und physischer Beanspruchung – z. B. beim Sport, bei der Arbeit, beim Lernen, beim Autofahren, etc. – besser bewältigen wollen.

Kommunikationsrichtlinien

- **Kommunikationsplattform**
  - **Kommunikative Leitidee**: Red Bull belebt Geist und Körper
  - **Aussagensystem**

  Kernaussage 1: Red Bull steigert die Ausdauer
  Beweise: Red Bull enthält Taurin, welches die Pumpleistung des Herzens und somit die physische Ausdauer-Leistungsfähigkeit erhöht. Red Bull enthält Vitamine des B-Komplexes, welche ebenfalls die körperliche Ausdauer-Leistung fördern.

  Kernaussage 2: Red Bull verbessert die Reaktions- und Konzentrationsfähigkeit.
  Beweis: Das in Red Bull enthaltene Koffein hat stimulierende Wirkung auf das Herz-Kreislauf-System und das Gehirn.

  Kernaussage 3: Red Bull unterstützt eine rasche Erholung und führt zu neuer Leistungsfähigkeit und Energie.
  Beweis: Kohlenhydrate liefern Energie. 100 ml Red Bull haben einen Brennwert von 45 kcal, was den Anforderungen an Sportlernahrung entspricht.

- **Tonalität** von Red Bull: humorvoll, witzig, geistreich, selbstironisch

- **Corporate Design**: Das Red Bull-Logo – eine Wort-Bild-Marke – ist in der Grafik der Stiere, den Farben, den Farbzusammensetzungen und den Schrifttypen klar definiert. Die Größenrelationen von Wort und Bild und auch die Anordnungen von Bild und Text im Logo können je nach Kommunikationsinstrument bzw. Werbeträger und den damit gegebenen Gestaltungsmöglichkeiten unter dem Aspekt der (Wieder-) Erkennbarkeit unterschiedlich verwendet werden. Dies gilt vor allem für Events und Sponsoring – z. B. bei der Beschriftung von Sportgeräten, Dressen oder Fahrzeugen (vgl. Abb. 76

bis 79). Für die Packungsgestaltung, für den Print-Bereich in der Mediawerbung und für Multimedia sind die definierten Relationen und Anordnungen von Bild und Text einzuhalten.

Kommunikationsziele

■ Die Positionierung von Red Bull als leistungssteigernden Energy Drink in den Köpfen der Zielgruppen (fester) verankern

■ Aktualisierung der Marke

■ Zielpersonen von der Wirkung von Red Bull Energy Drink überzeugen.

Kommunikationsinstrumente

Die Markt-Kommunikation für Red Bull Energy Drink basiert auf folgenden Leitinstrumenten:

■ klassische Werbung

■ Sponsoring

■ Events

Die kommunikative Leitidee „Red Bull belebt Geist und Körper" wird durch den Slogan „Red Bull verleiht Flüüügel" / „Red Bull gives you wiiings" ausgedrückt und – wenn möglich – in sämtlichen Kommunikationsinstrumenten verwendet. Der Slogan deckt sowohl Grundnutzen („belebt Körper") als auch Zusatznutzen („belebt Geist") ab (vgl. dazu auch Kap. 4.1.1)

In der **klassischen Werbung** werden TV, Kino und Rundfunk eingesetzt. Die kreative Umsetzung, die auf Basis der Kommunikationsplattform entwickelt worden ist, ist eine humorvolle Übertreibung, nämlich Cartoons in TV und Kino bzw. Sketches im Rundfunk. In witzigen Geschichten wird gezeigt bzw. erzählt, wie Red Bull wirkt. Vgl. dazu als Beispiel das Storyboard des TV-Spots „Aladin" in Abb. 74.

Ein weiteres Leitinstrument ist das **Sportsponsoring**. Die Sponsoring Engagements werden dabei unter dem Blickwinkel der Markenpositionierung bzw. der kommunikativen Leitidee „... belebt Geist und Körper" vorgenommen. Die Markenattribute (leistungssteigernde Wirkungen) sollen glaubwürdig transportiert werden. Es werden daher sowohl Ausdauer-sportarten als auch spektakuläre Extremsportarten, die neben körperlicher auch geistige Leistungsfähigkeit erfordern, gesponsert. Weltweit unterstützt Red Bull ca. 500 Spitzensportler bzw. Sport-Teams.

Aladin:

„Oh, eine Lampe."
Reibt an der Lampe.

Stimme des Geistes:
(lacht) „Aufhören, ich bin
kitzelig."

Knall.

Geist: (lässig)
„Du hast mich befreit,
Aladin. Als Dank erfülle
ich Dir drei Wünsche."

Aladin:
Mh, ich wär' gerne so
schlau wie ein Fuchs, stark
wie ein Bär und möchte
fliegen wie ein Adler."

Geist:
„Dann brauchst du Red
Bull, den Energy Drink.
Der belebt Geist und
Körper."

Aladin:
(trinkt) „Ah!"

Geist: „Red Bull verleiht
Flüüügel."

Aladin:
„Adieu, mein Geist."

Geist:
„Und wer erfüllt mir
meine Wünsche?"

Frau:
(Kommt aus der Flasche)
„Du bleibst schön hier!"

Abb. 74: Storyboard des Red Bull TV-Spots „Aladin"

Abb. 75: Felix Baumgartner bei der Überquerung des Ärmelkanals

Bei der Auswahl der Athleten wird auf Sympathiewerte, einen starken Leistungswillen und eine selbstbewusste Persönlichkeit des Sponsornehmers besonders Bedacht genommen. Red Bull unterstützt die Sportler dabei nicht nur pekuniär, sondern auch materiell bei der Verwirklichung ihrer Ideen und Perfektionierung der Funktion ihrer Sportgeräte. So ermöglichte Red Bull z.B. dem B.A.S.E.-Jumper Felix Baumgartner die Entwicklung eines motorlosen Carbonflügels für seine Überquerung des Ärmelkanals. Vgl. Abb. 75. (Ein B.A.S.E.-Jumper (B.A.S.E. = buildings, antennas, spans (Brücken), earth (Felsen), springt von Gebäuden, Brücken, etc.). Zurzeit unterstützt Red Bull Baumgartner im Projekt Stratos, bei dem der Extremsportler als erster Mensch im freien Fall aus der Stratosphäre die Schallmauer durchbrechen will. Dieses Projekt verschafft Red Bull sowohl online als auch offline beachtliche Publicity.

Die Vielzahl der Sponsoring Engagements und Events von Red Bull werden unter anderem auf der Red Bull **Corporate Website** präsentiert. Es seien hier nur beispielhaft einige erwähnt: Radsport, wie z.B. Mountainbike (vgl. Abb. 76) Motorsport, Laufsport, Ballsport, Wintersport, usw. Abb. 77 zeigt die Homepage „Wintersport". Hier wird nicht nur eine Fülle an Informationen geboten (z.B. über das Unternehmen, seine Produkte, Events und über die Athleten und Veranstaltungen), sondern auch Unterhaltung (wie Spiele, Fotos und Videos, in denen die gesponserten Athleten meist die Hauptakteure sind). Die Seite enthält auch Links zu weiteren Medienangeboten von Red Bull wie z.B. zum Lifestyle-Magazin Red Bulletin, das in verschiedenen Ländern großen Tages- oder Wochenzeitungen beigelegt wird, und Links zu verschiedenen Social Media Plattformen. Red Bull ist auch als Marke auf verschiedenen Social Media Plattformen wie z.B. Facebook, Youtube oder Twitter mit eigenen Seiten präsent, die interessante Unterhaltungsangebote (Fotos, Videos, etc.) bereitstellen, die die User gerne weiterleiten, teilen oder kommentieren, und auf die die User aufgrund der hohen Aktualität der Inhalte gerne wiederkehren. So ist es möglich, sich zeitnah mit den Markenfans auszutauschen und mit ihnen zu interagieren.

Abb. 76: Mountainbike Cross Country

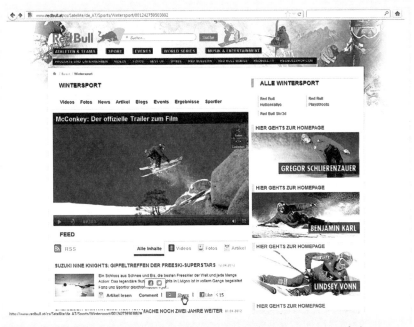

Abb. 77: Screenshot der Seite Wintersport aus der Corporate Website von RedBull, abgerufen am 23.05.2012 (http://www.redbull.at/cs/Satellite/de_AT/Wintersport/001242759503882)

Als weiteres wichtiges Kommunikationsinstrument setzt Red Bull Events ein. So werden alljährlich in vielen Ländern Kreativwettbewerbe veranstaltet, wie z. B. die Red Bull Flugtage in Wien auf der Donauinsel oder in Berlin/Wannsee oder Hamburg/Hafen. Dort treten die Teilnehmer mit ihren selbst konstruierten witzigen Fluggeräten zum Bewerb an. Vorgeführt wird ein „Flug" über eine 10 m hohe Rampe, der jeweils mit einer Landung im Wasser endet (vgl. Abb. 78). Eine Prominentenjury bewertet den Flug nach Weite, Originalität und Kreativität des Fluggerätes. Als Siegerpreis winkt eine Ausbildung zum Privatpiloten. Die Ankündigung dieses Events bzw. Einladung zur Teilnahme und zum Besuch erfolgt über eigene Rundfunkspots bzw. in manchen Ländern auch über TV-Spots.

Abb 78: Red Bull Flugtag

Red Bull Flugtage in Wien, Berlin oder Hamburg locken jeweils ca. 50 aktive Teilnehmer („Flieger") und ca. 100.000 Zuschauer an. Der Flugtag stellt ein ideales Instrument dar, die Leistungsversprechen von Red Bull Energy Drink mittels der definierten Tonalität zu inszenieren.

Da es auch ein Ziel ist, potenzielle Konsumenten von der Wirkung von Red Bull Energy Drink zu überzeugen, wird das Produkt an ausgewählte Personen gratis verteilt (Sampling). In den einzelnen Ländern sind Sampling Girls in Red Bull Autos (siehe Abb. 79) unterwegs, die Personen, die in bestimmten Situationen müde, erschöpft oder gestresst sind, aber volle Leistung erbringen sollen, eine Dose Red Bull

Energy Drink mit einer Informationsbroschüre überreichen. In der Phase der Ermüdung bzw. Abgespanntheit können Zielpersonen die Wirkung von Red Bull selbst erleben und detaillierte Informationen (Kernaussagen und Begründungen) in der Broschüre nachlesen. Sampling-Zielgruppen sind beispielsweise Soldaten während ihrer anstrengenden Grundausbildung, Studenten in stressigen Prüfungszeiten oder Paketboten in der arbeitsintensiven Vorweihnachtszeit usw.

Abb. 79: Red Bull Sampling Team

Die Umsetzungsbeispiele zeigen, wie der Kern einer Marke durch sämtliche Kommunikationsativitäten, die auf Basis der Positionierung, Zielgruppendefinition und Zielvorgaben und der daraus abgeleitete Kommunikationsrichtlinien festgelegt werden, in sich stimmig und widerspruchsfrei transportiert werden kann.

3.3 Kommunikationsziele

Ziele haben verschiedene Aufgaben: Die Handlungen sollen systematisch an einem gewünschten Zustand (Ziel) ausgerichtet werden, sie dienen als Kriterium für die Wahl zwischen verschiedenen Alternativen und schließlich ist an ihrer Erreichung der Erfolg der durchgeführten Aktivitäten zu bewerten. Unter diesen Blickwinkeln ist es sinnvoll, Kommunikationsziele zu formulieren.

Wie bereits dargelegt, werden Kommunikationsziele aus den Marketingzielen abgeleitet, die ihrerseits wiederum mit den Unternehmenszielen in Einklang stehen müssen. Aus den Kommunikationszielen werden wiederum Ziele für jedes einzelne Kommunikationsinstrument wie z. B. für klassische Werbung, Verkaufsförderung, PR etc. abgeleitet. So ergibt sich eine Zielhierarchie (vgl. Abb. 80), bei der die jeweiligen Ziele mit den übergeordneten Zielen in Einklang stehen müssen.

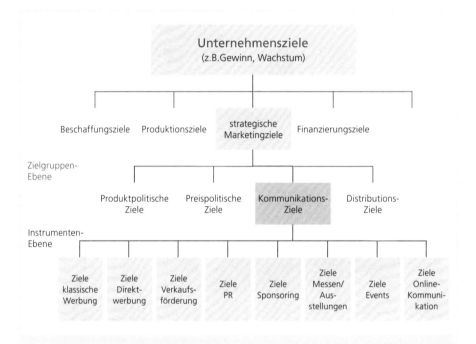

Abb. 80: Hierarchie der Kommunikationsziele

Die strategischen Ziele der Gesamtkommunikation sind durch die Soll-Positionierung des Unternehmens/der Marke festgelegt. Diese definiert, wie die Marke (Produkt/Leistung) in der subjektiven Wahrnehmung der angepeilten Zielgruppe in Erscheinung treten soll (vgl. Kap. 2.4).

Aus der Soll-Positionierung werden strategische Ziele mit Langfrist-Charakter abgeleitet, die Ausgangspunkt für ein System von Kommunikationszielen sind. Um die strategischen Ziele zu konkretisieren, ist es zunächst zweckmäßig, sie nach Zielgruppen zu differenzieren.

Die Inhalte der **Kommunikationsziele auf Zielgruppen-Ebene** orientieren sich einerseits an der strategischen Positionierung und andererseits auch daran, welchen Beitrag die Kommunikation zur Erreichung der Marketingziele zu leisten hat. Dies verdeutlicht die notwendige Vernetzung mit den übergeordneten Zielen (vgl. dazu auch Kap. 2.5).

Ein zielgruppenorientiertes Kommunikationsziel wäre z. B. für Danone Vitalinea, das als Joghurtdessert mit 100 % Genuss und 0 Kalorien positioniert ist: „Bei kalorienbewussten Konsumenten die Präferenz und Kaufabsicht für Danone Vitalinea steigern."

Dabei muss nun überlegt werden, welche Kommunikationsinstrumente am besten geeignet sind, um dieses Ziel zu erreichen. Der Hersteller von Danone Vitalinea entscheidet sich z. B. für die Kommunikationsinstrumente Werbung und Verkaufsförderung. Auf der **Ebene der Kommunikationsinstrumente** sind die Ziele nun zu konkretisieren, d. h. zu operationalisieren, um deren Erreichung messbar zu machen.

Ein **operationales Ziel** für die Verkaufsförderung wäre z. B.: „Anlässlich der Gratisverkostung von Danone Vitalinea in 50 Verbrauchermärkten soll der Absatz von Danone Vitalinea in diesen Märkten an den Verkostungstagen verdreifacht werden".

Beispiele zu operationalen Werbezielen finden Sie auch in Kap. 4.2.

Die strategischen Ziele sind für die Verantwortlichen der einzelnen Kommunikationsinstrumente verbindlich. Da – vor allem in größeren Unternehmen – die Verantwortung für einzelne Kommunikationsinstrumente bei unterschiedlichen Personen oder Abteilungen liegt (z. B. klassische Werbung – Marketing, Verkaufsförderung – Verkauf, PR – Geschäftsleitung), ist es sinnvoll, dass alle Verantwortlichen bei der Zielplanung mitwirken, so dass bereits durch die Abstimmung der Zielinhalte eine Integration der einzelnen Kommunikations-Maßnahmen sichergestellt werden kann, vor allem in inhaltlicher, formaler und auch zeitlicher Hinsicht (vgl. dazu auch Kap. 3.2). Die Abstimmung und Koordination der Kommunikationsziele dient auch als Basis für die Aufstellung und Verteilung des Kommunikations-Budgets.

3.4 Organisation der Kommunikation

Eine Frage, die unabhängig von der Unternehmensgröße immer wieder auftaucht, ist, ob die Kommunikationsaufgaben im eigenen Unternehmen wahrgenommen werden sollen, oder ob diese nicht besser einer Werbeagentur oder Kommunikationsspezialisten übertragen werden sollen.

3.4.1 Durchführung der Kommunikation im eigenen Unternehmen

Der große Vorteil betriebseigener Kommunikationsabteilungen, die außerbetriebliche Kommunikationsinstitutionen nur von Fall zu Fall – vor allem für Spezialaufgaben – heranziehen, liegt darin, dass sie über die zu bewerbenden Produkte oder Dienstleistungen bestens unterrichtet sind und daher mit den Kommunikationsdurchführenden besser kommunizieren können: Je komplizierter ein Produkt oder eine Dienstleistung ist, desto vorteilhafter ist eine eigene Kommunikationsabteilung.

Von Nachteil ist die Gefahr der Kritiklosigkeit eines Unternehmens gegenüber eigenen Kommunikationsmaßnahmen. Aufgrund von Betriebsblindheit können falsche Kommunikationsmaßnahmen eingeleitet und lange beibehalten werden.

Um einen optimalen Einsatz des gesamten Marketing-Mix zu gewährleisten, ist es notwendig, die Kommunikation mit den anderen Marketinginstrumenten zu koordinieren und alle Maßnahmen auf die Kunden abzustimmen. Dieses Ziel wird am besten durch Integrierte Kommunikation (siehe Kap. 3.2) erreicht.

In großen Unternehmen sind die vielfältigen Aufgaben der Unternehmenskommunikation häufig in verschiedenen organisatorischen Einheiten verankert. So ist z. B. die klassische Werbung häufig Aufgabe der Marketingabteilung, Promotion-Aktivitäten werden von der Verkaufsabteilung durchgeführt, und PR ist Aufgabe der Geschäftsführung, oder es ist dafür eine eigene Abteilung eingerichtet.

Um das Konzept der Integrierten Kommunikation zu verwirklichen und das Unternehmen bzw. die Marke den Verbrauchern als Einheit zu präsentieren, ist es notwendig, Planungen, Abstimmung und Koordination auch organisatorisch zu verankern z. B. in Form eines Kommunikationsleiters oder von Projekt- und Planungsteams.

3.4.2 Übertragung der Kommunikation auf selbständige Kommunikationsbetriebe

Die Zusammenarbeit mit Kommunikationsbetrieben bietet den Vorteil, je nach Bedarf erfahrene Experten heranziehen zu können, die im eigenen Unternehmen nicht zur Verfügung stehen. Allerdings erhalten dabei außenstehende Personen – insbesondere bei lange dauernden Beratungsperioden – notwendigerweise Einblick in Betriebsinterna.

Zwar verpflichten sich viele Kommunikationsbetriebe gegenüber ihren Klienten durch vertraglich vereinbarten Konkurrenzausschluss, jeweils nur ein Unternehmen eines Geschäftszweiges zur gleichen Zeit zu betreuen, jedoch ist es oft schwierig zu entscheiden, wann ein Konkurrenzverhältnis vorliegt: Sind z. B. die Konkurrenten von Coca-Cola nur Pepsi-Cola und Hersteller anderer Softdrinks oder gehören dazu z. B. auch Mineralwasserabfüller?

Im Folgenden sollen verschiedene Kommunikationsbetriebe vorgestellt werden.

3.4.2.1 Die Full-Service-Agentur

Aus den klassischen Werbeagenturen haben sich Full-Service-Agenturen entwickelt.

Nach Bristot (1995) sind Werbeagenturen Dienstleistungsunternehmen, die Werbungtreibenden in allen Fragen der Werbung beratend, gestaltend und vermittelnd zur Verfügung stehen.

Eine Full-Service-Agentur übernimmt die gesamte kommunikative Betreuung von Unternehmen oder Marken in eigenem Namen und auf eigene Rechnung. Sie bietet grundsätzlich folgende drei Teilleistungen:

- **Beratung**: für Marketing, Kommunikation, Medien, Marktforschung usw.
- **Mittlung**: Mediaeinkauf und -abwicklung, Produktionseinkauf und -abwicklung
- **Konzeption, Kreation** (Gestaltung von Texten, Filmen, Anzeigen, Werbehilfen usw.) und **Durchführung**. Kreative Vorschläge und Umsetzungen werden nicht nur für die klassische Werbung geboten, sondern auch für PR und Below-the-line-Aktivitäten wie Verkaufsförderung, Direktwerbung bis hin zur Packungsentwicklung.

In einer Agentur sind daher eine Reihe von Spezialisten beschäftigt: Konzeptionisten, Fotografen, Grafiker, Texter, Spezialisten für Druck, Satz, Film/Funk/Fernsehen (FFF), Events, Promotions, Online-Kommunikation, Mediaplaner und -einkäufer sowie Meinungs- und Marktforscher. Vielfach werden manche dieser Tätigkeiten, besonders aus den kreativen, aber auch Below-the-line-Bereichen, von agenturexternen freien Mitarbeitern (sog. freelancer) oder von Spezialagenturen zugekauft.

Als Bindeglied zwischen der Agentur und dem Auftraggeber fungieren die **Kontakter** (manchmal auch als Account Manager bezeichnet): Sie verwalten die Etats der Kunden und überwachen die Kommunikationskampagne von ihrer Entstehung bis zu ihrer Abwicklung.

Der Vorteil von Full-Service-Agenturen ist, dass sie die Aufgabe der Koordination der einzelnen Kommunikationsinstrumente im Sinne einer Integrierten Kommunikation übernehmen können und somit diese Aufgabe aus dem Unternehmen ausgelagert werden kann.

Die häufigste **Organisationsform** einer Werbeagentur ist die Matrix-Organisation: Sie ermöglicht eine Koordination der Maßnahmen sowohl nach Kundenetats als auch nach Leistungsbereichen (Abb. 81).

Kontakt Beratung	Werbe-Vorbereitung (Marktforschung)	Kreation / Gestaltung	Text	Produktion	Media	Verwaltung
Etat A						
Etat B						
Etat C						

Abb. 81: Matrixorganisation einer Werbeagentur

3.4.2.2 Sonstige Kommunikationsbetriebe

Neben den Full-Service-Agenturen existieren eine Reihe von Unternehmen, die sich auf einzelne Kommunikationsaktivitäten spezialisiert haben:

- Werbeberater beschäftigen sich vorwiegend mit der Erarbeitung von Werbekonzeptionen und Werbebotschaften sowie mit der Vergabe und Überwachung der Produktion der Werbemittel.

- Werbemittler oder Mediaagenturen übernehmen lediglich die Planung und Durchführung der Werbemittelstreuung (Buchung der Medien bei den Sendern, Verlagen und sonstigen Werbeträgern).

- Grafiker, Texter, Fotografen und manchmal auch Druckereien übernehmen die Gestaltung und Herstellung der Werbemittel.

- Adressenverlage bzw. Direct Marketing Agenturen stellen Adressmaterial bereit, vervielfältigen und versenden Werbebriefe bzw. konzipieren Direktwerbemaßnahmen, führen sie durch und kontrollieren sie.

- Daneben gibt es Call-Center und Spezialbetriebe, die sich auf Telefonmarketing spezialisiert haben.

- Verkaufsförderungsagenturen planen, organisieren und realisieren Verkaufsförderungsaktionen für Endverbraucher, Händler und Angestellte wie z. B. Produktpräsentationen, Gewinnspiele, Samplingaktionen, Incentives etc.

- PR-Agenturen unterstützen die Öffentlichkeits- und Pressearbeit des Unternehmens gegenüber den verschiedenen relevanten Zielgruppen wie Lieferanten, Aktionären, Kunden, Politikern sowie sonstigen Teilgruppen der Öffentlichkeit. Das Leistungsangebot der Agenturen für PR – einem Bereich des Kommunikations-Mix, der ganz eigene Spielregeln hat – reicht von unterstützender Beratung bis zur Durchführung von Maßnahmen.

- Sponsoringagenturen sind für den zielbezogenen Einsatz des Instrumentes Sponsoring – sei es Sport-, Kultur-, Wissenschaft-, Umwelt- oder Social-Sponsoring – verantwortlich. Sie vermitteln nicht nur Kontakte, sondern erarbeiten auch Konzepte und Maßnahmen, die anschließend von der Agentur organisiert, betreut und durchgeführt werden.

- Web-Agenturen beschäftigen sich mit der Gestaltung des Online Auftrittes von Unternehmen/Marken. Sie konzipieren und designen Websites.

- Eventveranstalter konzipieren, planen, organisieren und realisieren Events.

Aufgrund der unterschiedlichen Aufgabenstellungen ist es sinnvoll, sich unterschiedlicher Spezialisten zu bedienen, da sie in ihrem Bereich besonderes Know-how anbieten können. Das kommunizierende Unternehmen hat dabei die Aufgabe, für eine strategische Verklammerung und optimale Synergieeffekte der Einzelmaßnahmen zu sorgen, ebenso wie für die stilistische Durchgängigkeit des Markenbildes.

3.4.2.3   Auswahl und Zusammenarbeit mit einer Werbeagentur

Das Agenturgeschäft ist in den letzten Jahren zunehmend internationaler geworden. Durch zahlreiche Zusammenschlüsse, Übernahmen und Fusionen sind große internationale Agentur-Konzerne und Netzwerke entstanden, die multinationalen Unternehmen länderübergreifende Betreuung garantieren können. Zu den größten internationalen Agenturen zählen beispielsweise BBDO, Dentsu (Japan), McCann-Erickson, Ogilvy & Mather, Publicis sowie J. Walter Thompson. Diese Agenturen dominieren in Europa und den USA. Es gibt Agenturnetze, die zwar in Europa stark vertreten sind (z. B. Lowe GGK), die aber außerhalb Europas weniger präsent sind. Agenturen, deren Tätigkeit sich auf einige Länder beschränkt, sind z. B. Demner, Merlicek & Bergmann, Wirz, Jung von Matt oder Kolle Rebbe.

Seit einigen Jahren haben national tätige Werbeagenturen, regionale und lokale Werbeunternehmen wieder einen großen Anteil am Werbemarkt.

Tabelle 3 gibt ein Ranking der deutschen Agenturen anhand ihrer Gross Incomes (Honorarumsätze) und der österreichischen Agenturen anhand ihrer betreuten Werbe-Etats wieder. Die Zahlen zwischen Deutschland und Österreich sind daher nicht direkt vergleichbar, weil in Deutschland nur die den Agenturen verbleibenden Honorare (Gross Income) zugewiesen wurden.

Bei der Wahl des Geschäftspartners „Agentur" geht es nicht nur um die Vergabe von Etats und um den wirtschaftlichen Erfolg auf dem Markt, sondern auch um Vertrauen bezüglich zukünftiger Arbeitsqualität. Die Agenturauswahl sollte daher systematisch erfolgen:

Vorerst ist der eigene Bedarf an Agenturleistungen klar zu umreißen und dem Leistungsangebot verschiedener Agenturen gegenüberzustellen und zu vergleichen. Ein hoher Bedarf an Konzepten erfordert eine Agentur mit hohem Kreativpotenzial, geht es z. B. ausschließlich um Promotion, ist eine Verkaufsförderungsagentur adäquat.

Bei der Agenturauswahl sollten folgende Kriterien berücksichtigt werden:

Größe der Agentur (der Etat bestimmt das Gewicht des Kunden in der Agentur und somit die Qualität der Betreuung), regionale Aspekte (Reisekosten), Einbindung in internationale Netzwerke (bei internationalen Aufgaben) und Branchenkenntnisse (z. B. technische, pharmazeutische Produkte).

Die Vorauswahl von Agenturen kann auf Empfehlungen von Fachkreisen oder Kollegen beruhen, auf Selbstporträts der Agenturen (Agenturpräsentation), Branchenmedien oder auf Leistungen von Agenturen (Anzeigen, Spots).

Eine Endauswahl der Agentur erfolgt häufig – vor allem bei größeren Etats – durch **Wettbewerbspräsentationen**.

Einige vorausgewählte Agenturen, darunter im Allgemeinen auch die jeweils bis dahin betreuende, werden zu Wettbewerbspräsentationen (Pitches) eingeladen. Innerhalb der vorgegebenen Zeit entwickelt jede Agentur anhand eines einheitlichen Briefings

Rang 2011	Die 10 größten inhabergeführten Werbeagenturen in Deutschland	Gross Income 2011 in Mio. Euro
1	Serviceplan-Gruppe, München	161,54
2	Media Consulta, Berlin	78,17
3	Jung von Matt, Hamburg	70,92
4	Dialogfeld Communication Group, Nürnberg	32,55
5	Fischer Appelt, Hamburg	31,80
6	Hirschen Group, Hamburg	27,24
7	Kolle Rebbe, Hamburg	22,13
8	Aperto AG, Berlin	21,22
9	Change Communication, Frankfurt a.M.	20,25
10	Kempertrautmann, Hamburg	19,41

Rang 2011	Die 10 größten Werbeagenturen in Österreich	Werbe-Etat 2011 in Mio. Euro
1	Demner, Merlicek & Bergmann	139,64
2	Jung von Matt/Donau	117,88
3	Lowe GGK	109,45
4	Wirz Werbeagentur	107,61
5	Dirnberger de Felice Grüber	95,59
6	PKP/BBDO	82,90
7	Publicis Group Austria	82,45
8	McCann Erickson	66,91
9	Draftfcb Partners	66,42
10	DDB Tribal Wien	59,82

Tab. 3: Die 10 größten Werbeagenturen in Deutschland und Österreich (Quelle: Werben & Verkaufen 12/2012 und Extradienst 03/2012)

einen Vorschlag für ein umfassendes Werbekonzept und stellt ihre kreativen Ideen, Entwürfe und ihren Kommunikationsinstrumente-Mix im Rahmen der eigentlichen Wettbewerbspräsentation dem potenziellen Auftraggeber vor. Die Agentur mit der erfolgversprechendsten Kampagne erhält den Zuschlag.

Die Vorbereitung derartiger Wettbewerbspräsentationen ist für die Agenturen sehr personal- und kostenintensiv. Jene Agenturen, die den Zuschlag nicht bekommen, erhalten daher in der Regel ein vorher vereinbartes Abstandshonorar (Kostenpauschale), das diese Kosten abdecken soll.

Wettbewerbspräsentationen sind gut geeignet, das Risiko der Agenturauswahl zu minimieren.

Die Auswahl eines Konzeptes (und damit der Agentur) sollte nicht nur auf der intuitiven Bewertung der präsentierten Kampagnen durch die zuständigen Marketing-Manager basieren, sondern es wäre empfehlenswert, die vorgeschlagenen Werbemittel auch bei der ins Auge gefassten Zielgruppe einem Pretest zu unterziehen (vgl. Kap. 4.6.1), um deren Werbewirkung vorab einschätzen zu können.

Agenturvertrag

Die weitere Zusammenarbeit zwischen Auftraggeber und Agentur wird im Agenturvertrag geregelt. Dieser umfasst in seiner Maximalvariante folgende Punkte:

- Auftragsumfang und Leistungen der Agentur
- Die Vergütung der Agenturleistung
- Die Grundsätze des Arbeitsablaufs: Geregelt werden hier Details wie die grundsätzliche Erstellung und Gegenzeichnung von Protokollen nach den jeweiligen Arbeitssitzungen, der Modus der Auftragsvergabe an Dritte, Anzahl der einzuholenden Offerte, Zustimmung des Auftraggebers, oder die Zuständigkeit für die Verwaltung der Werbematerialien.
- Wettbewerbsverbot: eine Konkurrenzausschlussklausel bestimmt, dass die Agentur ohne Zustimmung des Kunden keinen Mitbewerber derselben Branche betreuen darf.
- Die Geheimhaltungspflicht erstreckt sich auf sämtliche Tatsachen, die nach Bekunden des Auftraggebers oder nach seinem erkennbaren Willen geheim bleiben sollen, und gilt sowohl für alle Mitarbeiter der Agentur als auch für Dritte, deren sich die Agentur bedient.
- Die Agentur haftet für ihre Arbeit mit der Sorgfalt eines ordentlichen Kaufmanns. Die Haftung bezieht sich vor allem auf die Einhaltung der gesetzlichen (UWG) und außergesetzlichen Bestimmungen (IHK-Richtlinien).
- Der Kunde verpflichtet sich durch eine Klausel zur Ausschließlichkeit der Mittlung, d. h. alle streufähigen Werbemittel werden über die Agentur eingekauft.
- Nutzungsrecht (Copyright): der Kunde erwirbt für die Dauer des Vertrages an allen von der Agentur gestalteten und gefertigten Arbeiten das Recht zur Nutzung im definierten Gebiet zum vertraglich vereinbarten Zweck und in vereinbartem Umfang.
- Zahlungsverkehr
- Vertragsdauer: Sie beträgt zumeist ein Jahr; außerdem sollte eine angemessene Kündigungsfrist vereinbart werden.
- Die Schlussbestimmungen, wie Erfüllungsort, Gerichtsstand u. Ä.

Die Zusammenarbeit des Auftraggebers mit der Werbeagentur findet ihren Niederschlag in einer Reihe informeller und institutionalisierter Abstimmungen während des gesamten Entwicklungsprozesses der Werbekampagne.

Wann und wie oft Agentur und Kunden zusammentreffen, um die einzelnen Entwicklungsschritte der Werbekampagne zu diskutieren, hängt aber vom Kunden ab. Um rechtzeitig Korrekturen vornehmen zu können, sind Kundengespräche zumindest dann notwendig, wenn das Agenturbriefing und später die ersten Kampagnenideen vorliegen, ferner nach Fertigstellung der Gestaltungsentwürfe und Mediapläne sowie nach Produktion der Werbemittel.

Agenturvergütung

Für die Vergütung der Agenturleistung gibt es international übliche Standards. In der Praxis haben sich vier Grundformen der Abrechnung zwischen Agentur und Kunden entwickelt:

- **Provisionssystem**: Die Agentur behält das ein, was sie in ihrer Eigenschaft als Werbemittler von den Werbedurchführenden für die Einschaltung streufähiger Werbemittel (z. B. Anzeigen, Radio- und TV-Spots) an Provision erhält. Diese Provision beträgt im Regelfall 15 % vom Kunden-Netto-Preis (Brutto-Preis minus Rabatte).

- **Service-Fee-System**: Die Agentur tritt sämtliche ihr zufließende Vergütungen (Rabatte und auch Provisionen) an den Kunden ab. Dafür erhält sie vom Kunden eine Pauschalvergütung, üblicherweise 17,65 % vom Netto-Netto-Umsatz (Brutto minus Rabatte minus Provisionen).

- **Honorarsystem**: Die Agentur tritt sämtliche ihr zufließenden Vergütungen an den Kunden ab und berechnet Einzel- oder Pauschalhonorare in vorher vereinbarter Höhe.

- **Kosten-Plus-System**: Die Agentur tritt ebenfalls sämtliche Vergütungen an den Kunden ab und berechnet die bei der Arbeit für den Kunden entstehenden Selbstkosten plus einen Aufschlagsatz.

Laut einer Studie der Organisation der Werbetreibenden im deutschen Markenverband (aus dem Jahr 2000) ist ein Trend zur Honorarvergütung bzw. darüber hinaus zu einer zusätzlichen, erfolgsabhängigen Komponente in den Verträgen zu erkennen.

Agenturbriefing

Ein Briefing ist die Informationsgrundlage, die eine Agentur vom Auftraggeber erhält oder gemeinsam mit ihm erarbeitet. Für ein zielorientiertes Arbeiten benötigt die Agentur eine Reihe unternehmensinterner und -externer Informationen.

Das Briefing sollte, um Missverständnissen vorzubeugen, schriftlich abgefasst werden, präzise und klar formuliert sein und nur die wichtigsten Informationen und die Aufgabenstellung enthalten (Briefing kommt vom Englischen: brief = „kurz"). In der Praxis jedoch sind Briefings manchmal sehr umfangreich.

Die Erstellung eines Briefings zwingt den Auftraggeber, die Ist-Situation und damit die zugrundeliegenden Probleme zu analysieren.

Das Briefing bildet nicht nur die verbindliche Arbeitsgrundlage für die Agentur, sondern ist gleichzeitig Kontrollmaßstab für den Auftraggeber (Abb. 82).

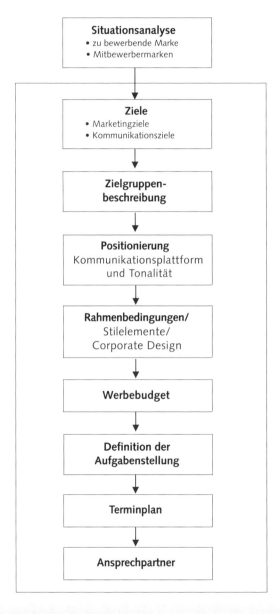

Abb. 82: Agenturbriefing

Ein **Briefing** sollte folgende Angaben enthalten:

- **Situationsanalyse** (vgl. auch Kapitel 2.1 und 4.1): Diese umfasst eine aufgabenbezogene Standortbestimmung der zu bewerbenden Marke und der Mitbewerbermarken.

  Für die zu bewerbende Marke sollten Angaben gemacht werden zu: Ist-Positionierung, Eigenschaften des zu bewerbenden Produktes, dessen Stärken und Schwächen, Marktanteile und zu erwartende Entwicklung, eingesetztes Marketinginstrumentarium (Vertriebskanäle, Preise, Kommunikation), Kommunikationsausgaben, verwendete Medien und deren zeitlicher Einsatz.

  Von den Mitbewerbermarken sind folgende Informationen nützlich: Marktanteile, Ist-Positionierung, Marketinginstrumente, qualitative und quantitative Analyse der Kommunikationsaktivitäten.

  Positionierung, Ziele und Zielgruppen bilden die Basis für die zu erarbeitende Kommunikationsstrategie und sind als solche die zentralen Punkte eines Briefings.

- **Zielsetzungen** dessen, was mit Werbung erreicht werden soll – formuliert in operationalen Werbezielen (vgl. Kap. 4.2) – sollten der Agentur ebenso zur Kenntnis gebracht werden wie die Marketingziele und Kommunikationsziele.

- **Zielgruppenbeschreibung:** Der anzusprechende Verwender sollte möglichst genau beschrieben werden: anhand von soziodemografischen Merkmalen, Einstellungen zur Marke und Produktkategorie, Wünschen, Bedürfnissen, Erwartungen, Interessen, Lebensstil, sowie Informations-, Kauf- und Verwendungsverhalten usw. (vgl. dazu Kap. 2.2.2 und Kap. 2.2.3).

- Angestrebte **Soll-Positionierung** (funktionaler Nutzen, emotionaler Nutzen) und daraus abgeleitet die zentrale Werbebotschaft bzw. die **Kommunikationsplattform** (vgl. Kap. 2.4 und Kap. 3.2).

- **Rahmenbedingungen:** Dazu gehören Informationen über das Corporate Design und Stilelemente, die dazu beitragen, das Firmen- und Markenbild zu wahren, wie z. B. Farben und Schrifttypen, aber auch Slogans, Musikelemente, Symbole oder sogar eine Werbeidee selbst. Auch Vorgaben über den Einsatz bestimmter, in der Branche üblicher Werbemittel (Messen, Ausstellungen, Prospektmaterial und ähnliches) fallen unter Rahmenbedingungen.

- Angaben über die Höhe des **Werbebudgets** (Etat).

- Unter dem Punkt **Aufgabenstellung** sollte klar definiert werden, was die Agentur zu tun hat: z. B. ein gesamtes Kommunikationskonzept entwickeln, einen Prospekt gestalten, etc.

- **Termine:** geplanter Werbestart oder Präsentationstermin.

- **Ansprechpartner**

Wird das Briefing nicht gemeinsam mit dem Auftraggeber erarbeitet, sondern der Agentur schriftlich überreicht, so wird häufig ein **Rebriefing** durchgeführt. Dabei wird in einem gemeinsamen Gespräch abgeklärt, ob die Agentur die Briefinginhalte im Sinne des Auftraggebers verstanden hat, bzw. schlägt die Agentur auch Präzisierungen oder Änderungen vor oder verlangt Ergänzungen. Die Rebriefingphase ist wichtig, da ein effizientes Werbekonzept häufig das Resultat eines permanenten Austauschprozesses ist. Es ist sinnvoll, die Änderungen oder Ergänzungen des Briefings schriftlich festzuhalten.

▶ Literatur zu Kap. 3

Belch, G. E., Belch, M. A., Advertising and Promotion: An Integrated Marketing Communications Perspective, 6. ed., Boston 2004.

Berndt, R., Hermanns, A., (Hrsg.), Handbuch Marketing-Kommunikation, Wiesbaden 1993.

Birkigt, K., Stadler, M. M., Funck, H.J., Corporate Identity, 5. Aufl., Landsberg am Lech 1992 und 11. Aufl. München 2002.

Boenigk, M., Umsetzung der Integrierten Kommunikation, Wiesbaden 2001.

Bogner, F., Das neue PR-Denken, 3. Aufl., Frankfurt am Main 2005.

Boltz D.-M., Partizipation als Erfolgsmerkmal effizienter Medienangebote, In transfer – Werbeforschung und Praxis, 4/2006, S. 42–47.

Bremshey, P., Eventmarketing, Wiesbaden 2001.

Bristot, R., Geschäftspartner Werbeagentur, Essen 1995.

Bruhn, M., Integrierte Unternehmenskommunikation, 3. Aufl., Stuttgart 2003.

Bruhn, M., (Hrsg.), Handbuch Kundenbindungsmanagement, 6. Aufl., Wiesbaden 2008.

Bruhn, M., Unternehmens- und Marketingkommunikation: Handbuch für ein integriertes Kommunikationsmanagement, München 2005 und 2. Aufl. 2011

Bruhn, M., Kommunikationspolitik, München 1997, 4. Aufl. 2007 und 6. Aufl. 2010.

Bruns, J., Direktmarketing, 2. Aufl., Ludwigshafen am Rhein 2007.

Crux, R., Crossmedia-Marketing – Kommunikation auf allen Kanälen, in: Kracke, B., (Hrsg.), Crossmedia-Strategien, Wiesbaden 2001, S. 17–32.

Dallmer, H. (Hrsg.), Handbuch Direct Marketing, 7. Aufl., Wiesbaden 2000.

Drees, N., Sportsponsoring, 3. Aufl., Wiesbaden 1997.

Dunkl, M., Corporate Design Praxis, 4. Aufl., Wien 2011.

Esch, F.-R., Wirkung integrierter Kommunikation – Ein verhaltenswissenschaftlicher Ansatz für die Werbung, 5. Aufl., Wiesbaden 2011.

Esch, F.-R., Aufbau starker Marken durch integrierte Kommunikation, in: Esch, F.-R., (Hrsg.), Moderne Markenführung, 4. Aufl., Wiesbaden 2005, S. 707–746.

Fuchs, W., Unger, F., Verkaufsförderung, 2. Aufl., Wiesbaden 2003.

Gierl, A., Kirchner, A., Emotionale Bindung und Imagetransfer durch Sponsoring, in: transfer – Werbeforschung & Praxis, 3/1999, S. 32–35.

Grimschitz, G. G., The Relationship Point of View, in: transfer – Werbeforschung & Praxis 3/99, S. 2–5.

Grohs, R., Die Wirkungen von Sponsoring und Eventmarketing auf den Rezipienten, Dissertation an der Universität Wien, 2004.

Gupta, P. B., Lord, K. R., Product Placement in Movies: The Effect of Prominence and Mode on Audience Recall, in: Journal of Current Issues and Research in Advertising 20, 1, 1998, S. 47–59.

Hartleben, R. E., Werbekonzeption und Briefing, 2. Aufl., München 2004.

Häupl, T., Mayr, V., Einsatz von Fully Integrated Buzz Marketing zur Steigerung der Attraktivität der Werbewissenschaftlichen Gesellschaft für studentische Mitglieder, Diplomarbeit an der WU Wien, 2007

Heinemann, Ch., Werbliche Kommunikation im interaktiven Fernsehen, in: Silberer, G., (Hrsg.), Interaktive Werbung, Stuttgart 1997, S. 197–224.

Hermanns, A., Marwitz, C., Sponsoring, 3. Aufl., München 2008.

Hermanns, A., Püttmann, M., Integrierte Marketing-Kommunkation, in: Berndt, R., Hermanns, A. (Hrsg.), Handbuch Marketing-Kommunikation, Wiesbaden 1993, S. 707–723.

Hermanns, A., Riedmüller, F. (Hrsg.), Management-Handbuch Sport-Marketing, 2.Aufl., München 2008.

Holland, H., Direktmarketing, 3. Aufl., München 2009.

Holland, H., Bammel, K., Mobile Marketing: direkter Kundenkontakt über das Handy, München 2006.

Homburg, Ch., (Hrsg.), Kundenzufriedenheit, Konzepte, Methoden, Erfahrungen, 8. Aufl., Wiesbaden 2012.

Huth, R., Pflaum, D., Einführung in die Werbelehre, 7. Aufl., Stuttgart u. a. 2005.

Joachimsthaler, E. A., Aaker, D. A., Aufbau von Marken im Zeitalter der Post-Massenmedien, in: Esch, F.-R., (Hrsg.), Moderne Markenführung, 4. Aufl., Wiesbaden 2005, S. 647–672.

Karmasin, H., Produkte als Botschaften, 4. Aufl., Landsberg am Lech, Wien 2007.

Karrh, J. A., McKee, K. B., Pardun, C. J., Practitioners' Evolving Views on Product Placement Effectiveness, in: Journal of Advertising Research, June 2003, S. 138–149.

Kent R., Brandal H., Improving E-Mail response in a permission marketing context, in: International Journal of Market Research, 4/2003, S. 489–503.

Kloss, I., Werbung, 5. Aufl., München 2012.

Koller, B., Pemp, L., Product Placement in Österreich, Diplomarbeit an der Wirtschaftsuniversität Wien, 2003.

Koschnick, W. J., Focus-Lexikon Österreich, 2. Aufl., München 2004.

Koschnick, W. J., Focus-Lexikon, Werbeplanung – Mediaplanung – Marktforschung – Kommunikationsforschung – Mediaforschung, 3. Aufl., München 2003.

Kotler, Ph., Bliemel, F., Marketing-Management, 12. Aufl., München 2007.

Kotler, Ph., Keller, K., Marketing-Management, 13. ed., New Jersey, USA, 2008 and 14. ed., 2011.

Kracke, B., (Hrsg.), Crossmedia-Strategien, Wiesbaden 2001.

Kunczik, M., Public Relations: Konzepte und Theorien, 5. Aufl., Köln u. a. 2010.

Lachmann, U., Das Dilemma der Auftraggeberkonditionierung in der Werbung, in: Werbeforschung & Praxis, 4/96, S. 36–40.

Lang, R., Haunert, F., Handbuch Sozial-Sponsoring. Grundlagen, Praxisbeispiele, Handlungsempfehlungen, Weinheim, Basel 1995.

Mikunda, Ch., Kino spüren. Strategien der emotionalen Filmgestaltung, Wien 2002.

Moravek, M., Der Einsatz von Directmarketing bei Akquisition von Mitgliedern und Abonnenten am Beispiel der WWG, Diplomarbeit an der Wirtschaftsuniversität Wien, 1994.

Nickel, O., (Hrsg.), Event Marketing, 2. Aufl., München 2007.

Nolte, A., Werbung mit Werbespielen, in: Silberer, G., (Hrsg.), Interaktive Werbung, Stuttgart 1997, S. 87–98.

Reineke, W., Eisele, H. (Hrsg.), Taschenbuch der Öffentlichkeitsarbeit, 3. Aufl., Heidelberg 2000.

Ries, A., Trout, J., Positioning: The Battle for Your Mind, New York 1986.

Rossiter, J. R., Percy, L., Aufbau und Pflege von Marken durch klassische Kommunikation, in: Esch, F.-R., (Hrsg.), Moderne Markenführung, 4. Aufl., Wiesbaden 2005, S. 631–646.

Schnedlitz, P., (Hrsg.), Impulskauf am Point of Sales, Wien 1996.

Schotthöfer, P.(Hrsg.), Handbuch des Werberechts in den EU-Staaten, 2. Aufl., Köln 1997.

Schwarz, T., Permission Marketing, Würzburg 2001.

Silberer, G., (Hrsg.), Interaktive Werbung, Stuttgart 1997.

Stauss B., Weblogs als Herausforderung für das Customer Care, in: Bauer H. H., et al., Interactive Marketing im Web 2.0, 2. Aufl., München 2008, S. 251–266.

Steffenhagen, H., Siemer, S., Untaugliche Werbezielformulierungen in der Praxis, in: Marketing ZFP, Heft 1/1996, S. 45–54.

Strothmann, K.-H., Roloff, E., Charakterisierung und Arten von Messen, in: Berndt, R., Hermanns, A. (Hrsg.), Handbuch Marketing-Kommunikation, Wiesbaden 1993, S. 707–723.

Szyszka, P., Strategische Kommunikationsplanung, Konstanz 2008.

Tomczak, T., Müller, F., Müller, R., Die Nicht-Klassiker der Unternehmenskommunikation, St. Gallen 1995.

Tostmann, T., Effektives Kommunikationsmanagement, in: Werbeforschung & Praxis 4–5/1997, S. 15–18.

Unger, F., Fuchs, W., Management der Marktkommunikation, 4. Aufl., Berlin 2007.

Vögele, S., Dialogmethode: Das Verkaufsgespräch per Brief und Antwortkarte, 8. Aufl., Landsberg am Lech 1994 und 12. Aufl. München 2002.

Walliser, B., Sponsoring. Bedeutung, Wirkung und Kontrollmöglichkeiten, Wiesbaden 1995.

Walter, S., Die Rolle der Werbeagentur im Markenführungsprozess, Wiesbaden 2007.

Winkler, D., Die Wirkung von Advertorials, Diplomarbeit an der Wirtschaftsuniversität Wien, 1999.

www.facebook.com/press (5.6.2012)

4 Die Werbeplanung

In den folgenden Kapiteln wollen wir uns ausschließlich mit dem Kommunikationsinstrument Werbung beschäftigen. Über die Notwendigkeit einer Integration der einzelnen Kommunikationsinstrumente zur Schaffung von Synergieeffekten und Nutzung von Kostensenkungspotenzialen haben wir in Kap. 3.2 gesprochen. Um Verbundeffekte nutzen zu können, ist vor allem die Einheitlichkeit in der kommunikativen Ausrichtung sicherzustellen: Schon bei der Planung der werbepolitischen Maßnahmen müssen die Aktivitäten der anderen zur Absatzförderung der Marke eingesetzten Kommunikationsinstrumente berücksichtigt und aufeinander abgestimmt werden: sowohl inhaltlich, als auch formal und zeitlich.

Ausgangspunkt jeder Werbekampagne ist ein vorher festgelegter Werbeplan, der folgende Rahmenbedingungen – wie in Abb. 83 dargestellt – berücksichtigen sollte. Die Werbeplanung hat die Aufgabe, vor dem Hintergrund der Unternehmenspolitik, die werbepolitischen Aktivitäten sowohl auf die Marketing- als auch Kommunikations-Planung abzustimmen. Diese bestimmen einerseits, welche finanziellen Ressourcen auf die Werbung entfallen sollen, und andererseits determinieren sie durch strategische Ziele und Positionierung der Werbeobjekte die Werbeinhalte (vgl. dazu ausführlich die Kap. 2.5 und 3.2). Aber auch die Werbeaktivitäten der Mitbewerber (Werbeinhalte, verwendete Medien) sind in der Werbeplanung ebenso zu berücksichtigen wie gesellschaftliche

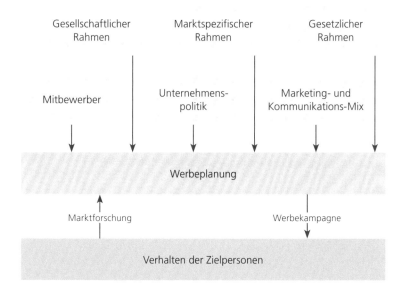

Abb. 83: Inhalt und Rahmen der Werbeplanung

Rahmenbedingungen (Wertewandel, sich verändernde gesellschaftliche Strukturen) und marktspezifische Rahmenbedingungen (wie z. B. Globalisierung, Marktsättigung, zunehmende Segmentierung). Darüber hinaus sollte auch der gesetzliche Rahmen bei der Werbeplanung in dem Sinne berücksichtigt werden, dass eventuell auftretende Rechtsprobleme rechtzeitig erkannt und darauf reagiert werden kann.

Da eine Werbekampagne das Verhalten der angesprochenen Zielgruppen beeinflussen soll, ist es notwendig, dieses zu kennen, bzw. durch Marktforschung kennen zu lernen, um es gezielt beeinflussen zu können. Auch sollte die Wirkung von geplanten Werbe-

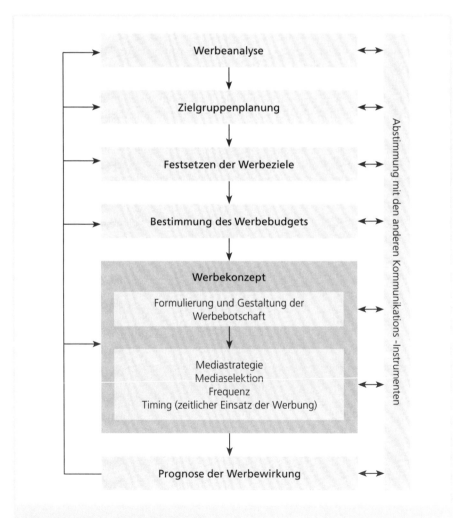

Abb. 84: Phasen der Werbeplanung

maßnahmen auf das Verhalten der Zielgruppe abgeschätzt werden, um zu beurteilen, ob mit der geplanten Werbekampagne die gesetzten Ziele erreicht werden können.

Abb. 84 bildet die einzelnen **Phasen der Werbeplanung** in einer idealtypischen Reihenfolge ab und zeigt auch den Abstimmungsbedarf der einzelnen Phasen mit dem gesamten Kommunikations-Mix.

Da alle Planungsbereiche eng zusammenhängen, wäre es das Beste, die einzelnen Entscheidungen simultan zu treffen – eine Forderung, die in der Praxis kaum zu erfüllen ist.

Der Planungsprozess beginnt mit der **Werbeanalyse**, die auf die Marktanalyse (vgl. Kap. 2.1) aufbaut und jeweils jene Tatbestände herausfiltert, die für das Werbekonzept vorgegeben sind: Die im Rahmen der Marktanalyse gesammelten Marktforschungsdaten über die Zielgruppe werden unter dem Gesichtspunkt ihrer Relevanz für die Werbung geprüft und analysiert, um Ansatzpunkte für die Werbekonzeption zu erhalten. Diese Informationen sind Grundlage aller folgenden Entscheidungen und sind bei Bedarf auch noch in späteren Phasen zu besorgen.

Aufgrund des festgestellten Istzustandes müssen präzise **Ziele** festgelegt werden, um die Werbemaßnahmen in die richtige Richtung lenken und den Erfolg der Kampagne überprüfen zu können.

Ausgangspunkt der Werbeplanung ist die anzusprechende **Zielgruppe**, deren Meinungen und deren Verhalten zu beeinflussen sind. Sie ist daher zentraler Bezugspunkt der Botschaftsgestaltung und Mediaselektion. Sie sollte anhand soziodemografischer und psychografischer Verhaltensmerkmale beschrieben werden (vgl. Kap. 2.2), um eine werbliche Ansprache zu finden, die „ankommt". Die Wirkung der geplanten Botschaftsgestaltung und Medienauswahl ist unter dem Blickwinkel der Werbezielerreichung abzuschätzen.

Im Rahmen der **Werbebudgetierung** wird jener Teil des Marketingetats, der auf das Instrument Werbung entfallen soll, in seiner Höhe bestimmt und zeitlich und sachlich verteilt.

Das **Werbekonzept** besteht aus der kreativen Gestaltung der zu übermittelnden Botschaft und der Mediastrategie, wobei Auswahl der Werbemittel und Botschaftsgestaltung einander bedingen. Ein Plakat z. B. bedarf einer völlig anderen Gestaltung als eine Anzeige oder ein TV-Spot.

Aufgabe der Mediaselektion ist es, diejenigen Werbeträger zu wählen, die von der Zielgruppe besonders intensiv genutzt werden. Schließlich muss die Einschaltfolge und -häufigkeit der Werbemittel festgelegt werden (Timing).

Die verschiedenen Stufen des Planungsprozesses müssen sowohl untereinander als auch mit den anderen vom Unternehmen eingesetzten Kommunikationsinstrumenten abgestimmt werden. Nach der Durchführung der Werbemaßnahmen erfolgt die **Kontrolle** – eine erneute Istanalyse – um festzustellen, inwieweit die gesetzten Werbeziele erreicht worden sind. Aufgrund etwaiger Abweichungen werden neue Werbeziele formuliert, und ein neuer Planungsprozess wird ins Rollen gebracht.

4.1 Die Werbeanalyse

Auf die grundlegende Bedeutung der Datenbeschaffung und -analyse für die Werbeplanung wurde bereits hingewiesen: Ohne Kenntnis des Ist-Zustandes ist es kaum möglich zu beurteilen, welcher Soll-Zustand anzustreben ist, und welche Botschaft an welches Zielpublikum mit Hilfe welcher Werbemittel und Medien gerichtet werden soll.

Die Werbeanalyse ist das informative Fundament der Werbeplanung. Sie ist eine Bestandsaufnahme werberelevanter Sachverhalte, die die momentane Ist-Situation offen legt und so den Handlungsspielraum geplanter Werbeaktivitäten festlegt. Der Werbetreibende soll aus der Werbeanalyse eine Vielzahl an Ansatzpunkten für eine effektive und effiziente Werbekampagne erhalten.

Die Werbeanalyse ist Aufgabe der **Marktforschung**: einerseits wird es notwendig sein, Daten im Rahmen der Primärforschung zu erhalten (z.B. Einstellungen, Markenimages der Verbraucher), andererseits können vorliegende Sekundärdaten ausgewertet werden – z.B. betriebsinterne Daten (Absatz- und Reklamationsstatistiken etc.) oder betriebsexterne Daten (Aufzeichnungen statistischer Ämter, von Interessenvertretungen usw.).

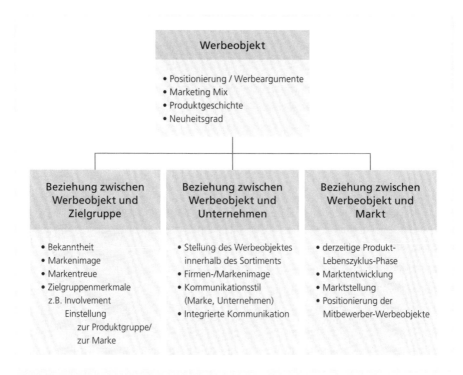

Abb. 85: Bereiche der Werbeanalyse

Gegenstand der Werbeanalyse sind das Werbeobjekt und seine Interdependenzen zur Zielgruppe, zum Unternehmen und zum Markt (vgl. dazu. Abb. 85). Viele Bereiche sind durch die Marktanalyse bereits abgedeckt (vgl. Kap. 2.1).

In der Folge soll ein Überblick über die für die spätere Werbekonzeption wesentlichen Daten gegeben werden. (Etwas genauer behandelt werden nur diejenigen Kriterien, auf die im Rahmen der weiteren Planungsstufen nicht mehr eingegangen wird.)

4.1.1   Das Werbeobjekt

Jede Sache, jede Idee, jede Religion, jeder soziale Zusammenschluss, praktisch alles, was der Mensch benennen kann, kann beworben und damit zu einem Werbeobjekt werden. In der Wirtschaftswerbung wird meistens ein Produkt/eine Leistung bzw. eine Marke beworben, wobei auch das Unternehmen selbst immer häufiger als Werbeobjekt auftritt und sich zunehmend zum Kaufentscheidungsfaktor entwickelt. Ausgangspunkt ist die Positionierung des Werbeobjektes (vgl. Kap. 2.4): Wie sollen die angepeilten Zielpersonen das Werbeobjekt in Zukunft sehen? Daraus leitet der Werbetreibende die Werbeargumente ab, die in der Werbung herausgestellt werden sollen.

Schon Viktor Mataja (Die Reklame, 1910), der Begründer der Werbetheorie im deutschsprachigen Raum, hat um die Jahrhundertwende darauf hingewiesen, dass Werbeargumente mit Ausschließlichkeit, also Argumente, die nur für ein Produkt ins Treffen geführt werden können, den größten Erfolg versprechen. Rosser Reeves hat diese Voraussetzung als „**Unique Selling Proposition**" (USP) bezeichnet, als „einzigartiges Verkaufsversprechen".

Ein Ziel der Werbeanalyse muss es also sein, Leistungen aufzuspüren, die Mitbewerbermarken entweder nicht aufweisen oder die von den Mitbewerbern nicht genannt werden. Diese Werbeargumente stellen besondere Nutzen (Benefits) dar. Sie können dabei auf zwei Ebenen liegen:

- Der stofflich-technische Nutzen betrifft die Funktion des Produktes (**Grundnutzen**): „braucht um die Hälfte weniger Strom", „hat eine größere Motorleistung" …

- Der seelisch-geistige Nutzen wird persönlich empfunden, betrifft Gefühle, Prestige, soziale Anerkennung usw. (**Zusatznutzen**): „erhöht das Ansehen bei den Mitmenschen", „ein Hauch von Luxus", …

Bei physisch oder technisch homogenen Produkten (hohe Substituierbarkeit mit Konkurrenzprodukten) ist eine Abhebung von den Konkurrenten oft nur über einen besonderen Zusatznutzen des eigenen Produkts, durch Aufbau eines Markenimages möglich. Werbung als Stimme des Werbeobjektes (der Marke) trägt wesentlich zum Markenaufbau bei, da sie die Benefits der Marke – vor allem den Zusatznutzen – gut transportiert (vgl. Kap. 2.7). Weiters sind beim Werbeobjekt Fragen zu stellen, die im Zusammenhang mit der Marketingplanung stehen:

- Wie ist der Marketing-Mix des Werbeobjektes geplant?
- Wie sind Produkt-/Leistungsbeschaffenheit, Services, Preise, Distributionskanäle?
- Wie ist die Produktgeschichte? Gemeint ist hier die historische Entwicklung des Werbeobjektes.
- Wie ist der Neuheitsgrad des Werbeobjektes? Stellt ein Produkt bzw. eine Produktkategorie eine Innovation auf dem Markt dar, so wird es erklärungsbedürftig sein, d. h. die Argumentation wird sich danach richten müssen, wie neu bzw. komplex ein Werbeobjekt für die Zielpersonen ist. Bei komplexen Produkten besteht ein großer Bedarf an Sachinformationen.

4.1.2   Beziehung zwischen Werbeobjekt und Zielgruppe

Um das Entscheidungsverhalten der Zielpersonen gezielt beeinflussen zu können, interessiert den Werbetreibenden vor allem:

- Inwieweit ist der Markenname oder auch der Firmenname bekannt?
- Nach welchen Kriterien erfolgt die Beurteilung der Alternativen in der Produktkategorie (sachbezogene Merkmale, gefühlsbetonte Eindrücke, wahrgenommenes Risiko, …)? Kap. 2.1.2.2
- Wie beurteilen die Zielpersonen das Werbeobjekt im Vergleich zu den Konkurrenzprodukten?
- Welche Einstellungen haben sie zur Produktkategorie generell? Kap. 2.1.2.2
- Über welches Image verfügt das Werbeobjekt/die Marke/die Firma bei der Zielgruppe (klares vs. diffuses Image)? Kap. 2.1.2.2
- Wie werden Kaufentscheidungen getroffen (extensiv, gewohnheitsmäßig, impulsiv, …)? Kap. 2.1.2.3 und Kap. 2.1.2.4
- Wie werden Informationen aufgenommen (aktiv oder passiv)?
- Wie ist das Involvement der Zielgruppe ausgeprägt? Kap. 2.1.2.3
- Welche Bedeutung haben soziale Faktoren (Gruppeneinfluss, Meinungsführer, Leitbilder, Rollenverhalten, …)? Kap. 2.1.2.4 und Kap. 2.1.2.5
- Über welche Medien werden Informationen aufgenommen? Kap. 4.5.1

Gelingt es der Werbung, die Zielpersonen zum Wiederkauf zu veranlassen und so Markentreue aufzubauen? Kap. 2.1.2.2 und Kap. 4.6.1.3

4.1.3   Beziehung zwischen Werbeobjekt und Unternehmen

In der Regel bietet ein Unternehmen nicht nur ein einziges Produkt oder eine einzige Dienstleistung an, sondern ein ganzes Sortiment. Dabei ist zu klären, ob das Werbeobjekt alleine oder in Verbund mit dem zugehörigen Sortiment zu bewerben ist. Je nach Markenstrategie (Unternehmensmarke, Einzelmarke, gemischte Marke vgl. Kap. 2.7.5) ist das Markenimage bzw. Firmenimage bei der Erstellung des Werbekonzeptes zu berücksichtigen. Das Image des Werbeobjektes sollte dazu beitragen, das vorhandene Marken- bzw. Firmenimage zu festigen. Die Werbekonzeption für ein Objekt ist daher sowohl auf die gesamte Angebotspalette als auch auf das Marken- bzw. Firmenimage als Ganzes abzustimmen. Bei VW z.B. wird der VW Golf GTI so beworben, dass davon die Marke VW Golf und die Unternehmensmarke VW profitieren. Gilt das auch für die Werbung von VW Phaeton, eine Marke der Oberklasse? Hier stellen sich die Fragen: Profitiert die Unternehmensmarke davon, dass mit der Marke VW Phaeton in die Oberklasse vorgestoßen wird, oder hat Phaeton eine negative Auswirkung auf das Preisimage von VW? Profitiert die Marke Phaeton vom Kompakt- bzw. Mittelklasse dominiertem Image von VW oder ist dieses Image eher ein Handikap für Phaeton, sich in der Oberklasse glaubhaft zu positionieren?

Die Probleme, einzelne Markenimages mit der Unternehmensidentität (Corporate Identity) zu vereinbaren, und die Bedingungen für die Werbekonzeption, die sich aus der Einhaltung eines bestimmten Werbestils ergeben, sind in Kap. 3. und 4.4.3.4 ausführlich behandelt.

Zu berücksichtigen ist auch die Stellung der Werbung im gesamten Kommunikations-Mix. Im Sinne einer Integrierten Kommunikation sind Ziele, Inhalte und Instrumente bereits in der Planungsphase inhaltlich, formal und zeitlich aufeinander abzustimmen (vgl. Kap. 3.3).

4.1.4   Beziehung zwischen Werbeobjekt und Markt

Anhaltspunkte für die Entscheidung, für welches Produkt in welchem Ausmaß geworben werden soll, liefert das Stadium des Lebenszyklus, in dem sich das Produkt befindet.

Das Modell des **Produkt-Lebenszyklus** stellt den Versuch dar, unterschiedliche Phasen der Umsatzentwicklung eines Produktes im Zeitablauf nachzuweisen, wie Abb. 86 zeigt.

Das Produkt durchläuft von seiner Einführung bis zur Verdrängung vom Markt unterschiedliche Stadien, die von bestimmten Verhaltensweisen der Kunden, Absatzmittler und Konkurrenten geprägt sind. Der Einsatz der Marketinginstrumente, also auch der Werbung, muss den jeweiligen Bedingungen gerecht werden.

- In der **Einführungsphase** sind erhebliche Investitionen in Werbung und auch Verkaufsförderung notwendig, um einen Marktdurchbruch zu erzielen.
- In der **Wachstumsphase** sind die Werbeaufwendungen relativ am geringsten.
- In der **Reifephase** verstärkt sich der Konkurrenzdruck, eine Intensivierung der Werbemaßnahmen wird notwendig.
- In der **Sättigungsphase** versucht man oft, Produkte mit Hilfe einer geänderten Werbekampagne zu aktualisieren (Werberelaunch). Meist aber wird das gesamte

Marketing-Mix aufgeboten, um ein Produkt zu aktualisieren und dadurch seinen Lebenszyklus zu verlängern: So werden bei einem Relaunch meistens die Packung (Aussehen, Größe, Packungsart), das Produkt selbst (z. B. Geschmack, Farbe, u. Ä.) und die Kommunikation (Inhalt und/oder Aufmachung) geändert. Ziel der Relaunchmaßnahmen ist es, Akzeptanz beim Konsumenten zu erhalten oder zu steigern, wodurch gleichzeitig auch die Marktposition verteidigt werden soll.

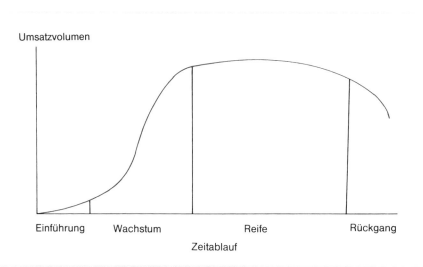

Abb. 86: Modell des Produkt-Lebenszyklus

Auch die Marktentwicklung für eine Produktgruppe ist interessant – vor allem für das Werbebudget. Expandierende Märkte mit hohen Gewinnaussichten erlauben höhere Budgets als schrumpfende Märkte.

Um die Marktstellung eines Produktes beurteilen und daraus Werbeziele und -maßnahmen ableiten zu können, ist es notwendig, folgende Daten zu analysieren:

■ Marktbreite und Marktpotenzial, Marktvolumen und Marktanteil

■ Struktur und Leistungsfähigkeit der Konkurrenten

■ Position des Produktes und der Konkurrenzprodukte aus der Sicht der Zielpersonen.

Unter **Marktbreite** versteht man die Anzahl der potenziellen Anhänger (Käufer, Verwender), also diejenigen Personen, die das Produkt nachfragen würden, unter der Voraussetzung, dass sie über genügend Kaufkraft verfügten und dass ihnen ihre Bedürfnisse bewusst wären. **Marktpotenzial** hingegen ist als die bei diesen Personen absetzbare Menge des Produktes definiert.

Die Größe der potenziellen Abnehmergruppen beeinflusst vor allem die Zielgruppenplanung, die Höhe des notwendigen Werbeetats sowie die Ansprachelinie: Eine Darstellung als Prestige- oder Statusprodukt wird bei einer großen Marktbreite wenig geeignet sein.

Das **Marktvolumen** bringt die tatsächliche Nachfrage pro Periode zum Ausdruck und umfasst alle Produkte einer Gattung. Die Höhe des Marktvolumens ist einerseits von der Zahl der Nachfrager abhängig, andererseits von deren durchschnittlichem Bedarf. Der Marktanteil entspricht dem Bruchteil des Marktvolumens, der auf eine bestimmte Produktmarke entfällt.

Der Marktanteil ist als marketingpolitische Zielgröße besonders geeignet: Ein Umsatzanstieg kann auch nur auf günstige Umweltbedingungen (z. B. einen allgemeinen Wirtschaftsaufschwung) zurückzuführen sein. Aus einer Veränderung des Marktanteils hingegen kann direkt auf die Güte des Marketings im Vergleich zu den Konkurrenten geschlossen werden.

Die Analyse der relevanten **Mitbewerber** ist Voraussetzung, um eigene Marktchancen, aber auch Risiken zu identifizieren. Folgende Fragen sind dabei von Interesse:

- Wer sind die Mitbewerber?
- Wie ist die Positionierung der Mitbewerbermarken?
- Wie verhalten sich die Mitbewerber auf dem Markt in Hinblick auf die Produkt-, Preis-, Distributions-, Promotions- und Kommunikationspolitik?

Für die Festlegung einer geeigneten Werbestrategie ist sowohl eine qualitative als auch quantitative Konkurrenzanalyse wichtig, wobei bei der qualitativen Konkurrenzanalyse vor allem der Inhalt der Werbebotschaft und die daraus ableitbare Positionierung interessiert (vgl. dazu Kap. 2.4).

Für die quantitative Analyse sind vor allem die Entwicklung der Marktanteile sowie die Höhe der Werbeausgaben, die benutzten Medien und deren zeitlicher Einsatz interessant, um daraus Anhaltspunkte für das eigene Werbekonzept gewinnen zu können.

▶ Literatur zu Kap. 4.1

Batra, R., Myers, J. G., Aaker, D. A., Advertising Management, 5. ed., Englewood Cliffs 1996.

Berekoven, L., Eckert, W., Ellenrieder, P., Marktforschung, Methodische Grundlagen und praktische Anwendung, 12. Aufl., Wiesbaden 2009.

Kotler, Ph., Bliemel, F., Marketing-Management, 14. ed., New Jersey 2011.

Mataja, V., Die Reklame, Leipzig 1910.

Mazanec, J., Objekte der Wirtschaftswerbung, Stuttgart 1975.

Meffert, H., Burmann, C., Kirchgeorg, M., Marketing, 11. Aufl., Wiesbaden 2012.

4.2 Festlegung der Werbeziele

Die Werbeziele sind einerseits mit den Zielen der übrigen Kommunikationsinstrumente und andererseits mit den strategischen Zielen der Gesamt-Kommunikation (als übergeordnete Ziele) abzustimmen. Vgl. dazu Abb. 80, S. 180.

Im Rahmen der Werbeanalyse werden Werbedefizite sowie Stärken, Schwächen und daraus resultierende Chancen und Risiken in der Beziehung des Werbeobjektes zur Zielgruppe, zum Unternehmen und zum Markt und Mitbewerb aufgedeckt. Auf Basis dieser Erkenntnisse sollen Werbeziele formuliert werden, die geeignet sind, die werblichen Maßnahmen (vor allem Werbebudget, Botschaftsgestaltung und Zielgruppenansprache sowie die Auswahl der geeigneten Medien und deren Timing) in jene Richtung zu lenken, die es ermöglicht, die gesetzten Werbeziele und durch diese die ihnen übergeordneten Kommunikations- und Marketingziele zu erreichen.

Die Verknüpfung der Werbeziele mit den Kommunikationszielen und den diesen übergeordneten Marketingzielen haben wir in Kap. 2.5 und 3.3 dargestellt.

4.2.1 Inhalte von Werbezielen

Als Nächstes stellt sich die Frage, welche Inhalte für Werbeziele tauglich sind. Werbung als beeinflussende Kommunikation zielt letztendlich darauf ab, dass Zielpersonen das Werbeobjekt nachfragen. Diese Nachfrage kann in ökonomischen Größen (Umsatz, Marktanteile etc.) ausgedrückt werden.

Die Verwendung **ökonomischer Größen** als Werbezielinhalte ist jedoch aus folgenden Gründen problematisch:

- ■ Sie enthalten keine Anhaltspunkte für die Werbedurchführenden, welche Werbestrategien zu wählen sind.

- ■ Die direkte Wirkung der Werbung auf diese ökonomischen Größen ist nicht oder nur mit unverhältnismäßig großem Aufwand messbar: Die Höhe von Umsatz und Absatzmenge wird von sämtlichen Marketing- und Kommunikationsinstrumenten beeinflusst. Es ist daher kaum möglich, jenen Teil, der auf Werbemaßnahmen zurückzuführen ist, zu isolieren. Darüber hinaus setzt die Werbewirkung oft erst mit zeitlicher Verzögerung (Time-Lag) ein bzw. erstreckt sich über einen längeren Zeitraum (z. B. langfristige Imagewerbung). In diesen Fällen kann eine Umsatzsteigerung nicht dem Werbeaufwand einer bestimmten Periode zugerechnet werden.

Stufenmodelle der Werbewirkung

Aus diesen Gründen ist es notwendig, Zielinhalte zu verwenden, die möglichst ausschließlich durch Werbung beeinflusst werden und somit der Werbung zugerechnet werden können. Der Kaufhandlung geht ein psychischer Prozess voraus, der sich im Innern des Menschen abspielt: Die Werbebotschaft muss aufgenommen, verarbeitet und gespeichert werden. Zur Darstellung dieses nicht beobachtbaren, geistigen Ver-

Autoren	Psychologische Zielgrößen					ökonomische Zielgröße
	Stufe I	Stufe II	Stufe III	Stufe IV	Stufe V	Stufe VI
AIDA-Regel nach Lewis[1]	Attention	Interest	Desire			Action
Lavidge-Steiner[2]	Awareness	Knowledge	Liking	Preference	Conviction	Purchase
Colley[3]	Awareness	Comprehension	Conviction			Action
Fischerkoesen[4]	Bekanntheit	Image	Nutzen (erwartet)	Präferenz		Handlung
Seyffert[5]	Sinneswirkung	Aufmerksamkeitswirkung	Vorstellungswirkung	Gefühlswirkung	Gedächtniswirkung	Willenswirkung
Kroeber-Riel[6]	Aufmerksamkeit	Kognitive Vorgänge	Emotionale Vorgänge	Einstellung	Kaufabsicht	Kauf
Mc Guire[7]	Aufmerksamkeit	Kenntnis	Einverständnis mit der Schlussfolgerung	Behalten der neuen Einstellung		Verhalten auf der Basis der neuen Einstellung
DAGMAR* Batra et al[8]	Unaware	Aware	Comprehension and Image	Attitude		Action

[1]) Rosenstiel, L. von: Psychologie der Werbung, Rosenheim 1969, S. 236 f.
[2]) Lavidge, R.J., Steiner, G.H., A Model for Predictive Measurements of Advertising Effectiveness, Journal of Marketing, October 1961, S. 51–62.
[3]) Colley, R.H. (Hrsg.): Defining Advertising Goals for Measuring Advertising Results, New York 1961, S. 61.
[4]) Fischerkoesen, H.M.: Experimentelle Werbeerfolgskontrolle, Wiesbaden 1967, S. 24.
[5]) Seyffert, R.: Allgemeine Werbelehre, Stuttgart 1929, S. 62, Seyffert, R.: Wirtschaftliche Werbelehre, 4.Auflage, Wiesbaden 1952, S. 151.
[6]) Kroeber-Riel, W./Weinberg, P., Konsumentenverhalten, 8. Auflage, München 2003, S. 614 f.
[7]) McGuire, W.J.: An Information Processing Model of Advertising Effectiveness; Paper presented at the Symposium on Behavior and Management Science in Marketing, University of Chicago, June 29 – July 1 1969, S. 6.
[8]) Batra R., Myers J.G., Aaker D.A., Advertising Management, 5.ed, Upper Saddle River, 1996, S. 131.
* Defining Advertising Goals for Measured Advertising Results.

Tab. 4: Stufenmodelle der Werbewirkung

arbeitungsprozesses wurden zahlreiche Modelle entwickelt. Ein Modelltyp sind die Stufenmodelle der Werbewirkung, die unterstellen, dass die Zielperson verschiedene Stufen der Beeinflussung durchläuft, bevor sie ihre Kaufentscheidung trifft. In Tabelle 4 sind einige Stufenmodelle der Werbewirkung dargestellt.

Werbeziele, die mit ihren Inhalten Anleihe an den Werbewirkungsmodellen nehmen, bezeichnet man häufig auch als **psychologische Werbeziele**. Grundvoraussetzung für eine Werbewirkung nach den Stufenmodellen ist demnach die Wahrnehmung der Botschaft. Um die **Aufmerksamkeit** der Zielpersonen zu erregen, müssen sowohl Inhalt als auch Gestaltung der Botschaft auf deren Motive, Bedürfnisse abgestimmt und die von ihnen häufig genutzten Medien gewählt werden.

Im nächsten Schritt muss die Werbebotschaft von den Zielpersonen verarbeitet werden: Text und visuelle Gestaltung sollten es den Umworbenen möglichst leicht machen, die wesentlichen Punkte der Aussage rasch und richtig zu **verstehen**.

Die Werbung muss dazu beitragen, dass die Zielpersonen eine positive **Einstellung** zur Marke entwickeln: Erkennen die Konsumenten die Vorteile gegenüber den Konkurrenzangeboten bzw. beabsichtigen sie, diese Marke zu kaufen, so ist die Wahrscheinlichkeit eines tatsächlichen Kaufes bereits relativ hoch.

Ob in der Kaufsituation dann die beworbene Marke tatsächlich gewählt wird, hängt jedoch noch von einer Reihe anderer Einflussfaktoren ab: z. B. vom Preis und von der Verfügbarkeit der Marke, von der Beratung durch das Verkaufspersonal, von der Meinung der Begleitpersonen usw.

Waren die Zielpersonen mit dem Kauf **zufrieden**, wurden ihre Erwartungen, die z. B. durch Werbung geweckt wurden, tatsächlich durch die Marke erfüllt, so kann es zu einem **Wiederkauf** kommen.

Jedes Stufenmodell unterstellt, dass die Wahrscheinlichkeit eines Kaufes mit jeder weiteren Stufe, die durch Werbemaßnahmen erreicht wird, zunimmt.

Das populärste Stufenmodell, die AIDA-Regel, geht auf Lewis (1896) zurück und unterstellt eine Abfolge von Attention (Aufmerksamkeit), Interest (Interesse für die beworbene Marke), Desire (Besitzwunsch) und Action (Kaufhandlung).

Um die Aufmerksamkeit eines ansonsten uninteressierten Zielpublikums zu gewinnen, können in einem ersten Schritt erotische Reize oder Humor in der Werbung nützlich sein, im späteren Verlauf der Werbebetrachtung müssen sich die Gedanken des Betrachters jedoch der beworbenen Marke zuwenden. Eine gute Beurteilung der Werbung durch die Zielpersonen (in der internationalen Werbeforschung als „**attitude toward the ad**" bezeichnet) ist daher nur ein Etappenziel, das sich durch die Übertragung positiver Emotionen oder die Verbesserung der Produktbeurteilung auf die Einstellung gegenüber der Marke („**attitude toward the brand**") niederschlagen soll. Allzu oft erzeugt die Werbegestaltung jedoch bloß eine gute Einstellung zur Werbung selbst und vernachlässigt den nachhaltigen Aufbau einer positiven Einstellung zur Marke, da die Zielpersonen die beworbene Marke überhaupt nicht wahrnehmen (vgl. dazu

„Vampireffekt" in Kap. 4.4.1.1) oder sich später zwar an die humorvolle oder aktivierende Werbung erinnern können, nicht aber an die beworbene Marke. Diese Gefahr ist bei Produkten des täglichen Bedarfs und bei Werbung, die in ein dicht besetztes Umfeld an Konkurrenzwerbung eingebunden ist (z. B. im Rahmen eines TV-Werbeblocks), besonders stark (Chattopadhyay und Nedungadi, 1992, Keller, 1991). Die wissenschaftliche **Kritik** an diesen Stufenmodellen richtet sich vor allem gegen den hierarchischen Aufbau: Eine solche „Kettenreaktion" kann nicht unterstellt werden.

Es ergeben sich Widersprüche hinsichtlich der Reihenfolge der einzelnen Wirkphasen: Meist sind Interessen, Kaufabsicht, sogar Kaufhandlung nicht Folge der Aufmerksamkeit für eine Werbebotschaft, sondern es ist im Gegenteil auch möglich, dass Interesse oder Kaufabsicht die Aufmerksamkeit auf eine Information lenkt. Zu unterscheiden wäre die Aufmerksamkeit für eine bestimmte Anzeige als kognitive Disposition ausgelöst durch das Involvement für die beworbene Produktgruppe/Marke und die von einer Anzeige ausgelöste Aufmerksamkeit im Sinne einer emotionalen Reaktion auf den Aktivierungsgrad der Anzeige.

Die einzelnen Stufen sollten somit vielmehr als miteinander in Wechselwirkung stehende, gleichrangige innere Determinanten für ein bestimmtes Verhalten betrachtet werden. Auch sind die einzelnen Konstrukte nicht in allen Situationen gleich wichtig: Für jedes Produkt, für jede Zielgruppe müsste jeweils überprüft werden, welche Kriterien tatsächlich den größten Bezug zum Kaufverhalten haben.

Weiters ist zu beachten, dass psychologische Wirkungen das Resultat aller Marketing- und Kommunikationsinstrumente sind, wenn auch manchmal die Werbung dominiert. So werden Einstellungen und Präferenzen nicht nur von der Werbung beeinflusst, sondern auch von Produktqualität, Service, Preis etc.

Ein **Problem** bei der Verwendung der einzelnen Stufen als Instrumentalziele liegt auch darin, die anzusprechende Stufe abzugrenzen. Zumeist ist es ja so, dass sich die Wirkung einer Werbekampagne auf mehrere Werbeziele gleichzeitig richtet, also z. B. gleichzeitig Bekanntheitsgrad und Einstellung beeinflusst. Dadurch wird natürlich wiederum die Messung des Werbeerfolges erschwert.

Neben den Zielinhalten, die Anleihe bei den Werbewirkungsmodellen nehmen und häufig als **psychologische Ziele** bezeichnet werden, sind in der Literatur und Praxis noch weitere zu finden, wie z. B. „**Bedürfnis nach einer Produktkategorie wecken**". Dieser Zielinhalt gilt für alle neuen Produkte. Hier ist es notwendig, dem Verbraucher den Nutzen einer Produktkategorie bewusst zu machen: z. B. Wellnessprodukte hätten keinen Erfolg, wenn nicht ein Bedürfnis nach Wohlbefinden bestünde, ebenso befriedigen kalorienarme Produkte ein Bedürfnis nach Schlanksein.

Aktualität als Werbeziel hat vor allem bei Low-Involvement Produkten Bedeutung. In gesättigten Märkten mit ausgereiften Produkten ist der Verbraucher weder an Information interessiert, noch emotional involviert. Der Verbraucher wendet sich jenem Angebot zu, das gerade am Markt „in" bzw. aktuell ist (Kroeber-Riel, Esch, 2000, S. 42).

Generell ist bei der Festlegung der Werbeziele darauf zu achten, dass sie sich an der **Positionierung** (den strategischen Kommunikationszielen) orientieren sollten. Das heißt, die Werbung sollte die Marken- oder Produktleistung so kommunizieren, dass die vom Verbraucher wahrgenommenen Eigenschaften mit der Soll-Positionierung übereinstimmen. Weiters ist davon auszugehen, dass die Werbung auf mehrere psychologische Zielgrößen gleichzeitig wirkt (z. B. auf Bekanntheit, Einstellung, Präferenz).

4.2.2 Formulierung operationaler Werbeziele

Die Werbeziele sind einerseits mit den Zielen der übrigen Kommunikationsinstrumente und andererseits mit den strategischen Zielen der Gesamt-Kommunikation (als übergeordnete Ziele) abzustimmen. Vgl. dazu Abb. 80, S. 180.

Wie die Hierarchie der Kommunikationsziele verdeutlicht, sind Werbeziele Instrumentalziele, d. h. sie beziehen sich auf Maßnahmen des Kommunikationsinstrumentes Werbung. Als taktische Zielgrößen sind sie operational zu formulieren, vor allem um daraus klare Handlungsanweisungen für das Werbekonzept gewinnen zu können, und um deren Erreichung letztendlich messen zu können.

Operationale Ziele weisen folgende Dimensionen auf:

- **Zielinhalt** (was soll erreicht werden?), z. B. Steigerung des Bekanntheitsgrades
- **Werbeobjekt** (bei welchem Produkt, Marke, Firma soll das Ziel erreicht werden?)
- **Ausmaß und Richtung** (wie groß ist die angestrebte Veränderung?), z. B. Steigerung um 20 %
- **Zielgruppen** (bei wem soll das Ziel erreicht werden?), z. B. alle haushaltsführenden Frauen zwischen 18 und 59 Jahren
- **Zeit** (bis wann oder innerhalb welcher Zeit soll das Ziel erreicht sein?), z. B. innerhalb eines Jahres
- **Messvorschrift**: bei operational definierten Zielen muss auch eine Anweisung enthalten sein, mit welchen Messmethoden die Zielerreichung überprüft werden soll. Dies ist insofern wichtig, da es für einzelne Werbeziel-Inhalte verschiedene Messmethoden gibt, die zu unterschiedlichen Messergebnissen führen (können). Es macht z. B. einen großen Unterschied, ob die Markenbekanntheit gestützt oder ungestützt erhoben wird.

4.2.3 Das Modell der Wirkungspfade von Kroeber-Riel

Eine Weiterentwicklung der Stufenmodelle stellt das Modell der Wirkungspfade von Kroeber-Riel dar. Hier werden die „Art der Werbung" und das „Involvement" der Zielpersonen als „**Wirkungsdeterminanten**" berücksichtigt, um das Zustandekommen der Werbewirkung besser erklären und so die Werbemaßnahmen besser planen zu können.

Diese „Wirkungsdeterminanten" können auch als Bestimmungsgrößen oder wirkungs-
bestimmende Einflussgrößen bezeichnet werden. Auf der Konsumentenseite wird das
„Involvement", welches stark oder schwach ausgeprägt sein kann, berücksichtigt.
Kommt es zu einem Werbekontakt, so bewirkt dieser eine bestimmte Intensität an
Aufmerksamkeit. Bei starkem Involvement des Konsumenten wird „starke Aufmerksamkeit" die Folge sein: z.B. Cineasten sehen eine Werbung für einen neuen Film und
schenken dieser Werbung „starke Aufmerksamkeit". Ist der Konsument nur gering in
die Thematik der Werbebotschaft involviert, so kommt es zu schwacher Aufmerksamkeit: Eine Person, die Opernaufführungen nicht besonders mag, bringt einer Werbung
für eine neue Inszenierung der „Zauberflöte" schwache Aufmerksamkeit entgegen.

Die „Art der Werbung" ist deshalb so wichtig, weil sie den weiteren Wirkungsverlauf
wesentlich beeinflusst. Werbung kann entweder emotional oder informativ gestaltet
sein. Auch Mischformen aus emotionaler und informativer Werbung sind anzutreffen.
Von der Art der Werbung ist es also abhängig, ob „emotionale Vorgänge" oder „kognitive Vorgänge" durch die Aufmerksamkeit ausgelöst werden. Von emotionaler Werbung werden vorwiegend emotionale Prozesse (mehr oder weniger bewusste, innere
Erregungen wie z.B. Sympathie, Glück, Angst) ausgelöst. Bei stark involvierten Konsumenten werden bei emotionaler Werbung aber zusätzlich auch kognitive Prozesse
(Prozesse, die das Verhalten gedanklich kontrollieren und willentlich steuern) in Gang
gesetzt. Die Wirkung einer Werbung hängt also davon ab, wie die Werbung gestaltet ist,
und wie der Bezug des Konsumenten zum Thema der Werbebotschaft ist.

Als „Wirkungskomponenten" werden die in folgenden Abbildungen eingerahmten
„Bausteine" der Werbewirkung bezeichnet (z.B. „emotionale Vorgänge", „Kaufabsicht", etc.).

Die Auswirkungen der einzelnen Wirkungskomponenten aufeinander führen unter
dem Einfluss der Wirkungsdeterminanten zu den „Wirkungsmustern" (den dominan-
ten Wirkungspfaden, die in den folgenden Abbildungen gezeigt werden).

Die Matrix aus Tabelle 5 stellt alle möglichen Varianten dieses Modells dar:

	schwach involvierte Konsumenten	stark involvierte Konsumenten
informative Werbung	1	2
emotionale Werbung	3	4
gemischte Werbung	5	6

Tab. 5: Werbewirkungsmuster nach Kroeber-Riel (Kroeber-Riel, Weinberg, 2003,
S. 616)

Wie aus Tabelle 5 ersichtlich, gibt es sechs verschiedene Modellvarianten, die je nach
Art der Werbung und Involvement des Rezipienten zu unterschiedlichen Werbewir-
kungspfaden führen. Die Varianten 1 bis 4 wurden von Kroeber-Riel auch als Pfad-

modelle grafisch dargestellt. Zur näheren Erläuterung wollen wir zunächst Variante 3 (emotionale Werbung und schwach involvierte Konsumenten) heranziehen. Abb. 87 zeigt uns das dazugehörige Wirkungsmuster.

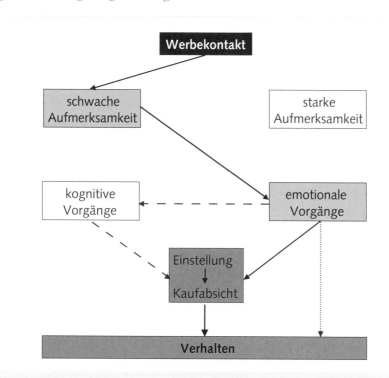

Abb. 87: Wirkungspfad der emotionalen Werbung bei wenig involvierten Konsumenten, aus: Kroeber-Riel, Weinberg 2003, S. 628. Die dicken Pfeile zeigen die primären Wirkungen.

Der Kontakt des **schwach involvierten Konsumenten** mit der **emotionalen Werbung** führt zu „schwacher Aufmerksamkeit" (Involvement ist gering). Da es sich um emotionale Werbung handelt, folgen „emotionale Vorgänge", die ihrerseits auch „kognitive Vorgänge" auslösen können. Die „emotionalen Vorgänge" wirken gemeinsam mit den „kognitiven Vorgängen" über die „Einstellung" und die „Kaufabsicht" auf das Verhalten. Eine direkte Wirkung der „emotionalen Vorgänge" auf das Verhalten wird vermutet – gepunktete Linie – (z.B. bei Impulskäufen). Dieses Modell entspricht der emotionalen Konditionierung (vgl. dazu Kap 4.4.1.4). Durch häufige Wiederholung der Werbung wird eine emotionale Bindung zur Marke hergestellt, die sich in einer verhaltenswirksamen Einstellung zur Marke niederschlägt. Beispiele für eine Werbung dieser Art sind der TV-Spot der Mineralwasser-Marke Römerquelle in Abb. 88 bzw. die in den Abb. 118 S. 293 und 119 S. 294 dargestellten Marlboro-Anzeigen.

Video	Screenshots	Audio
Zwei Männer liegen am Pool eines Hotels und beobachten eine Frau, die im Pool schwimmt.		Mann 1: Schau dir das an. Mann 2: Ja, ja. Nettes Mädchen. Mann 1: Ach, du kennst sie? Mann 2: Mhm. Ich habe sie gestern Abend in der Bar getroffen. Mann 1: Hm? Mann 2: Sie ist nicht wirklich mein Typ.
Frau steigt aus dem Pool.		
Mann 2 greift zur Römerquelle Flasche und öffnet sie.		
Heiß-Kalt-Trip startet: In rascher Schnittfolge wechseln Bilder von „Feuer und Eis".	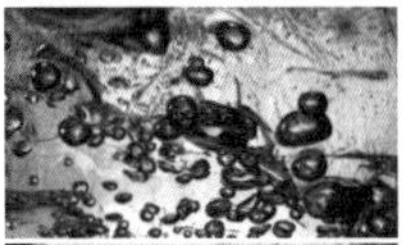	

Als Mann 2 aus dem Trip erwacht, steht die Frau vor ihm.		Frau: Rot steht dir echt gut!
Beide Männer blicken der weggehenden Frau hinterher.		Römerquelle Melodie
Packshot	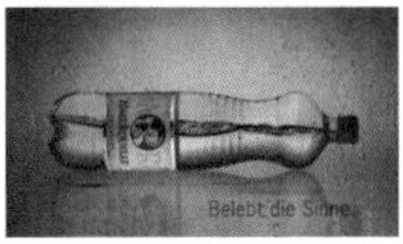	Off: Römerquelle. Belebt die Sinne.

Abb. 88: Emotionale Werbung: Storyboard des TV-Spots von Römerquelle

Einen ganz anderen Wirkungsverlauf kann man bei dem in Abb. 89 dargestellten Sujet von Römerquelle erwarten. Die Werbung ist informativ und richtet sich an involvierte Leser.

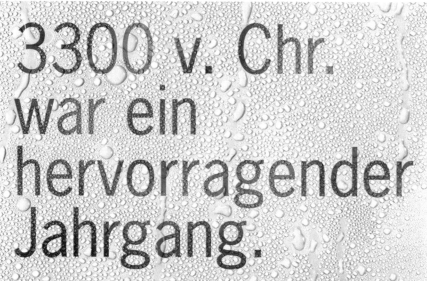

Abb. 89: Informative Werbung: Anzeige für Römerquelle

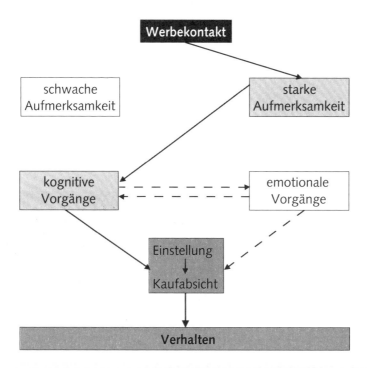

Abb. 90: Wirkungspfad der informativen Werbung bei involvierten Konsumenten, aus: Kroeber-Riel, Weinberg, 2003, S. 622

Der modellgetreue Wirkungsverlauf bzw. Wirkungspfad ist in Abb. 90 zu sehen.

Der Werbekontakt mit **informativer Werbung** führt bei **involvierten Zielpersonen** zu „starker Aufmerksamkeit". Diese hohe Aufmerksamkeit initialisiert „kognitive Vorgänge", die über „Einstellung" und „Kaufabsicht" zum gewünschten „Verhalten" führen. Die „kognitiven Vorgänge" lösen sekundär auch „emotionale Vorgänge" aus, die einerseits „Einstellung" und „Kaufabsicht" beeinflussen und andererseits in einen Rückkoppelungsprozess mit den „kognitiven Vorgängen" treten und für eine effiziente Verarbeitung und Speicherung der Informationen sorgen.

Doch nicht alle Werbemittel sind so eindeutig emotional oder informativ gestaltet. Am häufigsten trifft man Werbung an, die informative und emotionale Elemente enthält. Die Anzeige von Römerquelle (Abb. 91) wurde im österreichischen Frauenmagazin „Woman" geschalten.

Gute Nachrichten für alle **Sportler**

Wasserqualität von Römerquelle: AUSGEZEICHNET!

Wer viel Sport treibt, sollte viel trinken, damit die verlorenen Mineralien rasch ersetzt werden können. Wichtig ist aber nicht nur wieviel man trinkt, sondern auch was man trinkt. Eine wertvolle Orientierung für aktive Menschen bietet jetzt ein innovativer, umfassender Wassercheck des unabhängigen Forschungsunternehmen ARC Seibersdorf research, der die Mineralisierung im Wasser auch sichtbar machen kann.

Mit dem von Aqua Quality Austria (AQA) und dem Forschungsunternehmen ARC Seibersdorf research entwickelten Verfahren der Kristallisationsfotografie ist es gelungen, ein standardisiertes, wissenschaftlich überprüfbares Verfahren zur Visualisierung wesentlicher Inhaltsstoffe von Wasser zu entwickeln. Dabei werden Wasserproben verdampft und die dadurch entstandenen Mineralkristalle mikrofotografisch sichtbar gemacht.

Näheres unter www.aqa.at

Römerquelle: mindestens 30% höhere Mineralisierung bei Kalzium, Magnesium und Sulfat
(laut Tabelle)

Anhand der Kristalle können das Ausmaß und die

1.) Vielfältige Mineralisierung auf hohem Niveau bei Römerquelle

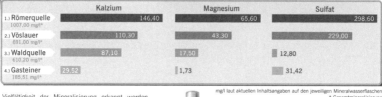

	Kalzium	Magnesium	Sulfat
1.) Römerquelle 1007,00 mg/l*	146,40	65,60	298,60
2.) Vöslauer 691,00 mg/l*	110,30	43,30	229,00
3.) Waldquelle 610,20 mg/l*	87,10	17,50	12,80
4.) Gasteiner 185,51 mg/l*	29,52	1,73	31,42

mg/l laut aktuellen Inhaltsangaben auf den jeweiligen Mineralwasserflaschen
* Gesamtmineralisierung

Vielfältigkeit der Mineralisierung erkannt werden. Höher mineralisierte Wässer weisen komplexere Kristallformen auf, während nieder mineralisierte Wässer einfachere Formen zeigen. Mit dem AQA Wassercheck kann man somit erstmals Wasser und seine Charakteristika auf den ersten Blick erkennen. Damit hat der Konsument jetzt auch eine optische Entscheidungshilfe, welches Mineralwasser höher und welches geringer mineralisiert ist. Bei Römerquelle zeigt sich eine vielfältige Mineralisierung auf hohem Niveau. Ein Blick auf die Inhaltsstoffe der in der Vergleichstabelle angeführten Mineralwässer bestätigt dies.

www.roemerquelle.com

RÖMERQUELLE®

Sport-Tipp
von Dr. Cathrin Drescher

Sportler haben einen wesentlich höheren Flüssigkeitsbedarf und sollten deshalb auch mehr trinken. Pro 1 Stunde Sport sollte man 1 Liter zusätzliche Flüssigkeit – am besten Wasser – zu sich nehmen. Dabei ist die Wahl des richtigen Wassers, z.B. mit einem erhöhten Magnesium- und Kalziumgehalt, wichtig. Ich selbst bin Finalistin des Ironman 2003 (3,8 km Schwimmen, 180 km Radfahren und 42 km Laufen) und empfehle aus eigener Erfahrung Römerquelle als perfekten Elektrolytspender.

Abb. 91: „Gemischte Werbung" Anzeige für Römerquelle

Die Leser einer derartigen Zeitschrift sind also in die Themen Ernährung, Gesundheit und Sport meist „**stark involviert**". Der „Werbekontakt" führt somit zu „starker Aufmerksamkeit". Da diese Anzeige sowohl „emotionale" als auch „informative" Komponenten in sich vereint (→ **gemischte Werbung** lt. Kroeber-Riel, Weinberg), ist eine weitere Prognose des Wirkungspfadverlaufes nicht einfach zu bewerkstelligen.

Hierzu müsste man mehrere Wirkungspfade verbinden, d.h. „…Werbung mit gemischt informativem und emotionalem Inhalt ist durch Verknüpfung von mehreren Wirkungsmustern gekennzeichnet. Dies verdeutlicht die Komplexität der Werbewirkung, die man mit einem einheitlichen Wirkungsschema auch nicht annähernd erfassen kann" (Kroeber-Riel, Weinberg, 2003, S. 628).

Fassen wir die bisherigen Informationen nochmals zusammen:

Das Modell der Wirkungspfade besteht aus Wirkungskomponenten, die von zwei Wirkungsdeterminanten (Werbeart, Involvement der Zielperson) beeinflusst, zu einem bestimmten Wirkungsmuster verknüpft werden. Aus diesen Überlegungen heraus wurde folgendes Grundmodell (siehe Abb. 92) konstruiert, das alle sechs möglichen Varianten umfassen soll:

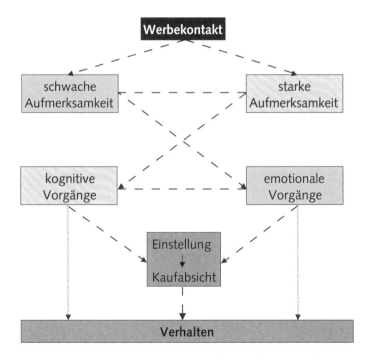

Abb. 92: Wirkungskomponenten der Werbung (Grundmodell), aus: Kroeber-Riel, Weinberg, 2003, S. 614

▶ Literatur zu Kap. 4.2

Batra, R., Myers, J.G., Aaker, D.A., Advertising Management, 5. ed., Englewood Cliffs 1996.

Bruhn, M., Kommunikationspolitik, 6. Aufl., München 2010.

Chattopadhyay, A., Nedungadi, P., Does Attitude toward the Ad Endure? The Moderating Effects of Attention and Delay, in: Journal of Consumer Research, Vol. 19, No. 1, June 1992, S. 26–33.

Haedrich, H., AIDA forever, in: Marketing & Kommunikation, 5/1997, S. 14–15.

Hahn, T., AIDA – Der ungerechtfertigte Tod eines Mythos?, Diplomarbeit an der Wirtschaftsuniversität Wien, 1999.

Kroeber-Riel, W., Esch, F.-R., Strategie und Technik der Werbung, 6. Aufl., Stuttgart 2004 und 7. Aufl. 2011.

Kroeber-Riel W., Weinberg P., Konsumentenverhalten, 8. Aufl., München 2003.

Kroeber-Riel W., Weinberg P., Gröppel-Klein A., Konsumentenverhalten, 9. Aufl., München 2009.

Mayerhofer, W., Werbewirkungsmessung: am Beispiel von Anzeigen für österreichische Produkte, Wien 1990.

Mayerhofer, W., Einflussfaktoren auf den Abschluss von Versicherungen und der Beitrag des Versicherungsmaklers, Wien 2008.

Moser, K., Modelle der Werbewirkung, in: Jahrbuch der Absatz- und Verbrauchsforschung, 3/1997, S. 270–283.

Prochazka, W., Die Formulierung von Werbezielen – Theoretischer Anspruch und praktische Realität, in: Werbeforschung und Praxis 2/98, S. 23–26.

Rossiter, J.R., Percy, L., Advertising Communications and Promotion Management, 2. ed., Boston 1998.

Steffenhagen, H.; Werbeziele, in: Berndt R., Hermanns A. (Hrsg.), Handbuch Marketing-Kommunikation, Wiesbaden 1993, S. 285–301.

4.3 Die Bestimmung des Werbebudgets

4.3.1 Die Bestimmung der Budgethöhe

Unter Werbebudget versteht man die Gesamtheit aller veranschlagten Werbeausgaben für eine Planperiode.

Grundsätzlich muss sich die Höhe des notwendigen Werbebudgets an den Werbezielen orientieren: Die gesetzten Ziele sollen mit geringst möglichen Kosten erreicht werden.

Folgende **Faktoren beeinflussen die Budgethöhe**:

- Welche Werbeobjekte (in welcher Phase des Lebenszyklus) sollen beworben werden?
- Welche Zielgruppen (mit welchen Merkmalen) sollen umworben werden?
- Welche Werbemittel (welche Gestaltung bezüglich Größe, Farbe usw.) sind zur Zielerreichung notwendig?
- Welche Werbeträger, wie viele Einschaltungen erscheinen zweckmäßig?

Wie bereits in Kap. 2.6 erläutert wurde, wirken die einzelnen Marketing- und Kommunikationsinstrumente nicht unabhängig voneinander auf den Umsatz, sie bedingen bzw. beeinflussen einander gegenseitig.

Um diesen Interdependenzen Rechnung zu tragen, muss der Werbeetat mit den **Budgets der übrigen Marketing- und Kommunikationsinstrumente** abgestimmt werden.

Zusätzlich sind folgende zwei Restriktionen zu berücksichtigen:

- Finanzielle Situation des Unternehmens
- Maßnahmen der Mitbewerber.

Bei sehr knappen **finanziellen Ressourcen** ist es notwendig, die Werbeausgaben in erster Linie an der Liquidität des Unternehmens zu orientieren. In diesem Fall bleibt kein finanzieller Spielraum, um Umsatzschwankungen durch antizyklische Werbung auszugleichen.

Bei der Bestimmung des Werbebudgets müssen schließlich auch die **Konkurrenzmaßnahmen** berücksichtigt werden. Will das Unternehmen seinen Marktanteil erhalten oder vergrößern, so muss die Wirkung der Konkurrenzwerbung durch eigene Werbeanstrengungen neutralisiert bzw. überkompensiert werden.

Diese Aussage gilt jedoch nur für stagnierende und schrumpfende Märkte. In stark wachsenden Märkten wirkt die Konkurrenzwerbung als Stimulus auch für den eigenen Umsatz, wenn Distribution, Qualität und Preis des eigenen Angebotes den Ansprüchen der Zielgruppen entsprechen.

In der Folge werden einige **Verfahren der Werbebudgetierung** dargestellt. Allerdings entsprechen weder die in der Praxis angewandten Methoden noch die einzelnen theoretischen Lösungsansätze allen diesen Anforderungen an eine optimale Budgetierung.

Die Schwierigkeit einer Budgeterstellung unter ökonomischen Gesichtspunkten liegt vor allem darin, den Zusammenhang zwischen der Höhe der Werbeausgaben und der jeweiligen Wirkung auf den Umsatz zu bestimmen, d. h. exakte Werbewirkungsverläufe festzustellen.

Auch wenn umfangreiches Datenmaterial aus der Vergangenheit vorhanden ist, so kann eine Zuordnung der Erlöse zu den Werbekosten aus folgenden Gründen nicht exakt durchgeführt werden:

- Die Wirkung der Werbung ist nicht nur von den Werbeausgaben, sondern auch vom Einsatz der übrigen Marketing- und Kommunikationsinstrumente abhängig.

- Werbemaßnahmen wirken oft erst mit zeitlicher Verzögerung (Time-Lag) und meist langfristig (z. B. eine Imagekampagne). Eine Wirkung ist damit nicht den Werbeausgaben einer bestimmten Periode zurechenbar.

- Die Wirkung einer Werbekampagne ist von qualitativen Komponenten (wie kreativer Gestaltung) abhängig, nicht nur von den aufgewendeten Geldmitteln.

4.3.1.1   Budgetierungsmethoden der Praxis

- **Umsatz- bzw. Gewinnanteilmethode**
  Bei diesem Verfahren werden die Werbekosten als Prozentsatz vom vergangenen oder erwarteten Umsatz bzw. Gewinn geplant. Hervorstechend ist die große Bandbreite der Prozentsätze. Während der Durchschnittswert der amerikanischen Industrie in den 1990er-Jahren bei rund 2,5 % lag, gaben die großen Waschmittelkonzerne (Procter&Gamble, Lever oder Colgate-Palmolive) rund 10–12 % vom Umsatz für Werbung aus und der Handel (z. B. K-Mart) nur rund 2 % (Batra, Myers, Aaker, 1996). Auch innerhalb der Markenartikelindustrie, deren Durchschnittswert bei rund 10 % liegt (Becker, 1998), gibt es zwischen einzelnen Produktgruppen drastische Unterschiede: Zwischen 10 % (Körperpflege) über 25 % (Kosmetik) bis zu 30 % (Reinigungsmittel).

- **Methode der Werbekosten je Verkaufseinheit**
  Jeder Produkteinheit wird ein bestimmter Betrag für Werbezwecke zugewiesen.

- **Methode der finanziellen Tragbarkeit**
  Hier wird der Werbeetat anhand der vorhandenen finanziellen Mittel festgelegt.

Der Vorteil dieser drei Methoden liegt darin, dass sie leicht anwendbar sind und die finanzielle Situation der Unternehmung berücksichtigen.

Mit diesen Verfahren ist es jedoch nicht möglich, den Umsatz oder Gewinn durch Werbung gezielt zu beeinflussen, weil gerade diese Größen (direkt oder indirekt über die verfügbaren Mittel) die Höhe des Werbebudgets bestimmen. Der sachlogische Zusammenhang, dass die Höhe des Umsatzes von den Werbeausgaben abhängt, wird damit umgekehrt.

Durch die Verwendung des Umsatzes als Bezugsgröße wirkt die Werbung tendenziell prozyklisch: In Zeiten hohen Umsatzes wird die Nachfrage durch hohe Werbeausgaben zusätzlich gesteigert, Konjunkturzyklen werden somit verstärkt.

Mit diesen Verfahren werden weder das Zusammenwirken der Werbung mit anderen Marketing- und Kommunikationsinstrumenten noch Konkurrenzmaßnahmen berücksichtigt.

- **Konkurrenz-Paritäts-Methode**
  Ausgangspunkt für die Bestimmung des Werbebudgets ist die Gepflogenheit der Konkurrenten.

  Die Orientierung erfolgt meist an einem durchschnittlichen, branchenüblichen Wert aus der Vergangenheit. Dabei wird unterstellt, dass Marktsituation und Marketingbedingungen für sämtliche Unternehmen der entsprechenden Branche gleich sind.

  Beliebt sind in diesem Zusammenhang die „share-of-mind" – und „share-of-voice" -Methoden, bei denen sich der Werbungtreibende am Werbedruck entweder im spezifischen Produktbereich, jenem im Interessensbereich der Zielgruppe, am Gesamtwerbedruck in allen Medien oder in den genutzten Medien oder schließlich am saisonalen Werbedruck orientiert. „**Share-of-voice**" bezeichnet dabei beispielsweise den Anteil der Werbeaufwendungen des einzelnen Werbetreibenden am Gesamtwerbeaufkommen der Branche, während man unter „**share-of-mind**" den Anteil am Bewusstsein, an der spontanen Erinnerung der Verbraucher versteht. Share-of-voice kann sich auch auf eine einzelne Marke beziehen; in diesem Fall ist die Bezugsgröße das Werbeaufkommen der Produktgruppe. Der „share-of-mind" entsteht im Lauf der Zeit; aus diesem Grund ist es sinnvoller, den „share-of-voice" in einem längerfristigen Zusammenhang zu sehen.

  Mit diesen Verfahren werden weder Kommunikationsziele noch andere Einflussfaktoren außer den Konkurrenzmaßnahmen berücksichtigt.

- **Werbezielabhängige Methoden**
  Diese richten sich streng an der jeweiligen Aufgabe aus und versuchen, das vorgegebene Werbeziel mit geringst möglichen Kosten zu erreichen. Dazu sind drei Schritte notwendig:

  1. Das Werbeziel ist operational (messbar) festzulegen,
  2. die Instrumente (Werbemittel, -träger) müssen zur Zielerreichung möglichst eindeutig bestimmt werden,
  3. deren Kosten sind zu bestimmen und zum Werbebudget aufzusummieren.

  Dieses Verfahren entspricht am ehesten den theoretischen und praktischen Anforderungen:

  Das Werbebudget wird aufgrund der gesetzten Kommunikationsziele bestimmt. Dabei sollten die Stellung des Produktes auf dem Markt sowie die Position im Lebenszyklus berücksichtigt werden.

Der Werbeeinsatz der Konkurrenten sowie die finanzielle Situation des Unternehmens stellen Nebenbedingungen dar. Fehlen finanzielle Mittel zur Erreichung eines bestimmten Zieles, so müssen die Werbeziele revidiert werden.

4.3.1.2   Theoretische Lösungsansätze

Theoretische Modelle versuchen vor dem Hintergrund bestimmter Annahmen den funktionalen Zusammenhang zwischen der Höhe des Werbebudgets und dem Erreichungsgrad ökonomischer Werbeziele modellhaft abzubilden und mittels mathematischer Lösungsalgorithmen „optimale" Lösungen für die Höhe des Werbebudgets zu finden.

Dynamische Ansätze

Dynamische Ansätze berücksichtigen, dass die Wirkung der Werbung über mehrere Perioden anhält, jedoch mit der Zeit schwächer wird (z. B. durch Vergessen).

Ein dynamisches Budgetierungsmodell konstruierten Vidale und Wolfe. Es basiert auf umfangreichen empirischen Untersuchungen, die gezeigt haben, dass Umsätze von Produkten ohne Werbeunterstützung von Periode zu Periode sinken. Umsatzzunahmen, die durch intensive Werbung hervorgerufen werden, sind andererseits nur bis zu einem bestimmten Sättigungsniveau möglich.

Diese dynamischen Effekte werblicher Einflüsse werden in einem Gleichgewichtsmodell formalisiert, wobei die Beziehung zwischen Umsatz und Werbeaufkommen durch folgende drei Größen beschrieben wird:

- ■   Umsatzabnahmerate λ: jene Rate, mit der die Umsätze (U) bei einem Aussetzen der Werbung in einer bestimmten Zeitperiode zurückgehen (z. B. weil Käufer zu einer anderen Marke wechseln oder das Produkt weniger häufig kaufen).

- ■   Sättigungsniveau M: das Absatzpotenzial, d. h. die Zahl der maximal gewinnbaren Käufer bei einem bestimmten Werbeeinsatz.

- ■   Wirkungskonstante r: jene Umsätze, die einer zusätzlich eingesetzten Werbeeinheit zuzurechnen sind, vorausgesetzt, dass die bisherigen Umsätze Null waren.

Bei Annäherung des Umsatzes an das Sättigungsniveau sinkt der zusätzliche Umsatz pro ausgegebener Werbeeinheit, da immer weniger Kunden übrig bleiben, die durch Werbung gewonnen werden können.

Die durch Einsatz eines Werbebudgets B bewirkten Umsatzänderungen lassen sich durch folgende Gleichung ausdrücken:

$$\frac{d\,U}{d\,t} = r \cdot B_t \cdot \frac{(M - U_t)}{M} - \lambda \cdot U_t$$

Somit werden stets zwei Faktoren wirksam:

Bisherige Nichtkunden werden durch den Einsatz von Werbung zu Käufern des Produktes, ein konstanter Anteil bisheriger Kunden geht dagegen verloren.

Um den Umsatz auf der erreichten Höhe zu halten (d. h. um so viele Kunden in einer Periode zu gewinnen, wie durch Markenwechsel verloren gehen), ist folgendes Werbebudget notwendig:

$$B_t = \frac{\lambda \cdot U_t \cdot M}{r \cdot (M - Ut)}$$

Dabei muss das Budget umso höher sein, je näher die Umsätze am Sättigungsniveau liegen und je größer das Verhältnis der Abnahmerate zur Wirkungskonstanten ist.

Vorteilhaft am Modell von Vidale und Wolfe sind eine spezifische Zielsetzung (die Aufrechterhaltung des Umsatzniveaus) und die Berücksichtigung der nachlassenden Werbewirkung. Zu kritisieren ist allerdings, dass die Erhaltung des Umsatzniveaus nur eines der möglichen Unternehmensziele darstellt.

Die Prämisse, dass Umsatzsteigerung nur durch Gewinnung neuer Kunden möglich ist, gilt nur für Produkte, deren Verbrauch mengenmäßig fixiert ist (z. B. ist es nicht üblich, sich eine „Zweit-Waschmaschine" anzuschaffen). Außerdem fehlt in diesem Modell die Einbeziehung der übrigen Marketinginstrumente und der Konkurrenzwerbung.

Die Anwendung dieses Modells scheitert in der Praxis vor allem an zwei Problemen:

- ■ an den nicht praxisgerechten Prämissen und
- ■ an der Beschaffung der notwendigen Daten.

Die Bestimmung der einzelnen Parameter bereitet erhebliche Schwierigkeiten: Um die Wirkungskonstante r empirisch zu bestimmen, müsste das Unternehmen sogar einmal zu verkaufen aufhören, da r auf der Basis eines Umsatzes von Null definiert ist. Außerdem können sich diese Parameter im Zeitablauf verändern, da die Marktverhältnisse nicht konstant bleiben.

Konkurrenzbezogener Ansatz / Modell von Weinberg

Das Modell von Weinberg geht davon aus, dass Werbung für ein bereits eingeführtes Produkt auf einem gesättigten Markt ohne Einfluss auf den Branchenumsatz bleibt und lediglich die Aufteilung des Marktes innerhalb der Branche und damit die Marktanteile verändert. Der Marktanteil ist eine Funktion der „Werbeänderungsrate", die sich folgendermaßen definieren lässt:

$$\text{Werbeänderungsrate (W)} = \frac{\dfrac{\text{Werbeausgaben der Unternehmung}}{\text{Umsätze der Unternehmung}}}{\dfrac{\text{Werbeausgaben der Gesamtbranche}}{\text{Umsätze der gesamten Branche}}} \cdot 100$$

In zahlreichen empirischen Überprüfungen konnte ein Zusammenhang zwischen der Werbeänderungsrate und der Veränderung des Marktanteils von Unternehmen festgestellt werden. Falls die Werbeausgaben miteinander konkurrierender Unternehmen gleich produktiv sind (z. B. hinsichtlich Kreativität, Zielgruppenabdeckung und Mediawirkung), folgt daraus folgende Tendenz:

Werbeänderungsrate < 100: Tendenz zu sinkenden Marktanteilen

Werbeänderungsrate = 100: Marktanteile bleiben unverändert

Werbeänderungsrate > 100: Tendenz zu steigenden Marktanteilen

Vorerst ist es notwendig, eine unternehmensspezifische Werbewirkungsfunktion zu berechnen. Diese Funktion bezeichnet den empirisch ermittelten Zusammenhang zwischen Marktanteil und Werbeänderungsrate und wird aufgrund von Vergangenheitsdaten geschätzt.

Aus der Werbewirkungsfunktion wird die Werbeänderungsrate ermittelt, in den obigen Doppelbruch eingesetzt und dieser nach den „Werbeausgaben des Unternehmens" aufgelöst.

Das folgende Beispiel aus Österreich soll die Ausführungen untermauern. Aus Berichtsbänden von Werbebeobachtungsunternehmen (z. B. Media Focus) können die aktuellen Werbeausgaben entnommen werden. Die Werbeausgaben für die Mineralwassermarke „Römerquelle" betragen rund 1,526 Mio. Euro. Die Werbeausgaben der Gesamtbranche Mineralwasser liegen in diesem Zeitraum bei ca. 5,014 Mio. Euro.

Als Unternehmensziel wird angenommen, dass der Marktanteil von Römerquelle im kommenden Jahr von 22,3 % auf 23,8 % gesteigert werden soll.

Um die dazu benötigten Werbeausgaben von Römerquelle berechnen zu können, müssen zusätzlich folgende Informationen vorhanden sein bzw. geschätzt werden:

Prognostizierter Branchenumsatz für das kommende Jahr: 145 Mio. Euro. Prognostizierte Werbeausgaben der Restbranche für das kommende Jahr: im Beispiel wird angenommen, dass sich diese Werbeausgaben gegenüber dem heurigen Jahr um 10 % erhöhen werden.

Für Römerquelle ist in diesem Beispiel folgende Werbewirkungsfunktion ermittelt worden:

$$\Delta MA_t = 2{,}0 \log W_t - 2{,}9$$

Legende: Δ = Änderung in %

MA   = Marktanteil

W   = Werbeänderungsrate

t   = Index der Periode

Als Resultat erhält man einen Betrag von ca. 1,9 Mio. Euro als notwendige Werbeausgaben von Römerquelle im kommenden Jahr, um den Marktanteil auf 23,8 % steigern zu können.

Das Modell von Weinberg lässt sich auch für eine Produktneueinführung adaptieren. In beiden Fällen wird davon ausgegangen, dass sowohl die Ersatzrate als auch die Annahmerate des neuen Produktes eine Funktion der Zeit und der getätigten Werbeausgaben sind.

Zusammenfassend kann man feststellen, dass die Kosten der Informationsgewinnung umso höher werden, je eher ein Lösungsansatz den theoretischen Anforderungen an eine optimale Werbebudgetierung entspricht.

Bei den Budgetierungsmodellen der Praxis ist der Aufwand zwar relativ gering, von Nachteil sind jedoch

- die zu starke Vereinfachung der Wirklichkeit
- die Vernachlässigung der Interaktionen zwischen den Marketing- und Kommunikationsinstrumenten sowie
- die Schwierigkeiten bei der Schätzung der periodenüberschreitenden Wirkung.

Im Sinne einer aktiven Marktbearbeitung muss das Budget in erster Linie an der Zielsetzung und den zur Zielerreichung notwendigen Kosten bemessen werden. Wenn auch die optimale Lösung nur theoretisch möglich ist, so sollte wenigstens eine Annäherung an dieses Optimum angestrebt werden.

4.3.2   Die Verteilung des Werbebudgets

Nach der Bestimmung der Höhe des Werbebudgets ist eine Verteilung des Budgets nach sachlichen Kriterien sowie zeitlich innerhalb der Planperiode vorzunehmen.

4.3.2.1   Sachliche Verteilung

Nach sachlichen Kriterien muss entschieden werden, welcher Teil des Werbebudgets jeweils für

- einzelne **Werbeobjekte** (Produkte, Dienstleistungen, Marken) und
- verschiedene **Kundensegmente** (geographische Märkte, Intensivverwender usw.)

aufgewendet werden soll.

Nach ökonomischen Gesichtspunkten muss diese Aufteilung wiederum aufgrund einer Kosten-Nutzen-Analyse erfolgen, d. h. dass jede zusätzliche Geldeinheit dort eingesetzt werden sollte, wo sie den größten Gewinn zu erzielen verspricht. In der Praxis steht der Werbetreibende allerdings wieder vor dem schwer lösbaren Problem, die durch Werbemaßnahmen erzielten Erträge den jeweiligen Kosten genau zuzurechnen.

4.3.2.2   Zeitliche Verteilung

Will man die Werbeausgaben zeitlich über die Planperiode verteilen, so stellt sich zunächst die Frage,

- intensive Werbeanstrengungen auf eine kürzere Zeitperiode zu konzentrieren („**Klotzen**") oder

- die Werbemaßnahmen kontinuierlich über die Planperiode zu verteilen („**Kleckern**").

Diese Entscheidung hängt vor allem vom Ziel der Werbekampagne ab: Soll z. B. eine Sonderaktion in kurzer Zeit möglichst vielen Personen bekannt gemacht werden, so ist sicherlich ein starker Impuls vorteilhaft. Geht es jedoch darum, einen Markennamen aufzubauen oder ein Image zu pflegen, so werden kontinuierliche Werbeanstrengungen notwendig sein.

Eine klassische Studie zum Thema Merken bzw. Vergessen von Werbebotschaften stammt von Zielske (1959): Er untersuchte die unterschiedliche Wirkung von intensiver Werbung innerhalb weniger Wochen und kontinuierlicher Werbung während eines ganzen Jahres auf die Gedächtnisleistung.

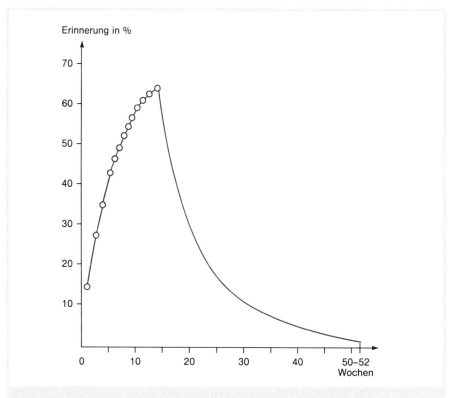

Abb. 93: Werbeerinnerung bei wöchentlich aufeinanderfolgenden Kontakten

Zu diesem Zweck wurden zwei Gruppen von zufällig ausgewählten Hausfrauen jeweils 13 Anzeigen zugesandt. Eine Gruppe erhielt diese Anzeigen wöchentlich, 13 Wochen lang. Die zweite Gruppe bekam dieselben Anzeigen im Abstand von vier Wochen und somit über das ganze Jahr verteilt.

Während dieses Jahres wurde regelmäßig mittels telefonischer Interviews nach der Erinnerung an diese Werbebotschaften gefragt, wobei durch Nennung der Produktklasse geholfen wurde (aided recall, gestützte Erinnerung). Um die Auskunftspersonen nicht zu sensibilisieren, d. h. auf Anzeigen dieser Art aufmerksam zu machen und damit die Ergebnisse zu verfälschen, wurde jede Hausfrau höchstens einmal befragt.

Das Resultat dieser Untersuchung zeigen Abb. 93 und Abb. 94. Bei wöchentlich wiederholtem Werbeeinsatz stieg der Lernerfolg (Erinnerung in Prozent) zwar schneller und relativ hoch an, fiel jedoch rasch wieder ab. Bei Verteilung der Werbebotschaften über das ganze Jahr stieg die Erinnerungsleistung kontinuierlich mit jedem zusätzlichen Kontakt.

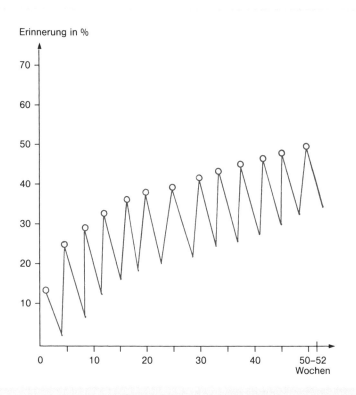

Abb. 94: Werbeerinnerung bei Werbemittelkontakten im Abstand von vier Wochen

Zu beachten ist allerdings, dass hier die Erinnerung an die Werbebotschaft gemessen wurde. Es ist jedoch durchaus möglich, dass ein Werbeerfolg eintritt, während die Botschaft selbst vergessen wird:

Die Zielpersonen können beispielsweise lernen, eine Marke den anderen vorzuziehen, ohne sich jedoch die Werbeaussage selbst zu merken.

Bei der zeitlichen Werbeplanung muss überdies auf **Gesetzmäßigkeiten der Nachfrage** (z. B. Konjunktur, Saison, Feiertage) Rücksicht genommen werden. Grundsätzlich bestehen drei Möglichkeiten, um auf Bedarfs- oder Saisonschwankungen zu reagieren:

■ Ausgleichen von Umsatzschwankungen im Rahmen von Saison- und Konjunkturschwankungen (**antizyklische Werbung**). Beispiel: Besondere Werbeanstrengungen von Fremdenverkehrsbetrieben in der schwachen Saison, um leerstehende Betten auszulasten.

■ Ausnutzen von Umsatzschwankungen (**prozyklische Werbung**). Beispiel: Hohe Werbeausgaben von Geschenkartikelherstellern vor Weihnachten, um die ohnehin große Nachfrage auf das eigene Produkt zu lenken.

■ **Konstante Werbeausgaben** ohne Berücksichtigung von Umsatzschwankungen.

Bei der Anpassung der Werbemaßnahmen an Schwankungen ist jedoch zu beachten, dass die Wirkung bei den Zielpersonen meist erst mit einem **Time-Lag** eintritt. Demzufolge müsste die Werbung der Umsatzkurve immer ein Stückchen vorauseilen.

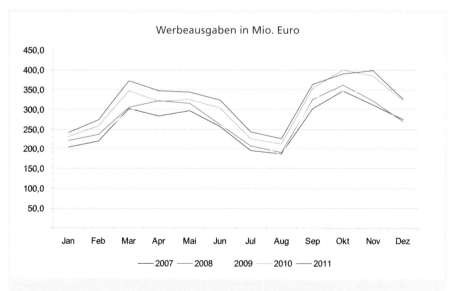

Abb. 95: Österreichs Werbeaufwand in den „Klassischen Medien": 2007 bis 2011 (Quelle: Media FOCUS Research Ges.m.b.H.)

Andererseits verflüchtigt sich die Werbewirkung durch Vergessen, wie das Experiment von Zielske zeigte. Bestätigt wird dies auch durch die Ergebnisse der IMAS Budget-Rollma, wonach die Marke an Präsenz verliert, wenn sie nach antizyklischer Werbung eine Werbepause einlegt, während derer die Mitbewerber jedoch werben. Wie rasch eine Marke vergessen wird, hängt nicht nur vom Werbeverhalten der Mitbewerber ab, sondern auch von der Botschaft, vom Medium und von den Eigenschaften und Interessen der Zielpersonen.

Betrachtet man die Verteilung der gesamten Werbeausgaben über ein Jahr in der Praxis, so sind diese regelmäßig in den Monaten Juli und August, aber auch Dezember und Jänner besonders niedrig (vgl. Abb. 95), wobei die Situation in Österreich und Deutschland sehr ähnlich ist. Diese **Sommer- und Winterlöcher** der Werbung entsprechen jedoch nicht dem Nachfrageverhalten der Konsumenten.

Laut Daten von Statistik Austria (2011) verteilen sich die gesamten Konsumausgaben fast gleichmäßig auf das ganze Jahr, sieht man von den Weihnachtseinkäufen im Dezember ab.

Es zeigt sich außerdem, dass bei einer Reihe von Produkten die Nachfrage der Einheimischen, die ihren Urlaub im Ausland verbringen, durch die der Feriengäste kompensiert wird.

Es ist daher anzuraten, für jedes Produkt, jede Zielgruppe, aber auch in Bezug auf Medien, im Einzelfall zu überprüfen, wann geworben werden soll. Wenn eigene Gewohnheiten bzw. die Usancen der übrigen Werbetreibenden unkritisch übernommen werden, besteht die Gefahr, dass man sich Wettbewerbschancen entgehen lässt.

▶ Literatur zu Kap. 4.3

Batra, R., Myers, J.G., Aaker, D. A., Advertising Management, 5. ed., Englewood Cliffs 1996.

Becker, J., Marketing-Konzeption: Grundlagen des strategischen und operativen Marketing-Managements, 6. Aufl., München 1998 und 9. Aufl. 2009.

Belch, G. E., Belch, M. A., Advertising and Promotion: An Integrated Marketing Communications Perspective, 5. ed., Boston 2004 and 9. ed. 2012.

Berndt, R., Budgetierung, in: Tietz, Köhler, Zentes (Hrsg.), Handwörterbuch des Marketing, 2. Aufl., Stuttgart 1995, SP. 325–336.

Blessios, V. I., A model for predicting advertising expenditures: An interindustry comparison, UMI Dissertation Services, Michigan 1992.

Broadbent, S., The Advertising Budget, London 1989.

Bruhn, M., Kommunikationspolitik, 6. Aufl., München 2010.

Burdich, I., Werbe-Budget-Optimierung. Mehr Wirkung für weniger Geld, in: transfer Werbeforschung & Praxis, 4/2006, S. 37–41.

Hörzu/Funkuhr, Markenbekanntheit und Werbeetat, Hamburg 1991.

Jones, J. P., (ed.), The Advertising Business, Thousand Oaks 1999.

Meffert, H., Burmann C., Kirchgeorg, M., Marketing, 11. Aufl., Wiesbaden 2011.

Meyer, A., Davidson, H., Offensives Marketing, Freiburg 2001.

Rogge, H.-J., Werbung, 6. Aufl., Kiehl, Ludwigshafen 2004.

Rossiter, J. R., Percy, L., Advertising Communications & Promotion Management, 2. ed., Boston 1998.

Streich, J., Internationale Werbeplanung: eine Analyse unter besonderer Berücksichtigung der internationalen Werbebudgetierung, Heidelberg 1996.

Unger, F., Fuchs, W., Management der Marktkommunikation, 4. Aufl., Heidelberg 2007.

ZAW – Zentralausschuß der Werbewirtschaft (Hrsg.), Werbung in Deutschland 2006, Berlin 2006.

Zielske, H. A., The Remembering and Forgetting of Advertising, in: Journal of Marketing, Vol. 23, No. 1, 1959, S. 239–243.

4.4 Die Gestaltung der Werbebotschaft

Wie wir bei der Darstellung des Kommunikations-Prozesses (Abb. 7, S. 12) gesehen haben, steht das werbende Unternehmen (der Sender) vor der Aufgabe, die Werbebotschaft, die es an eine Zielgruppe (Empfänger) übermitteln will, zu verschlüsseln und zur Übermittlung dieser Botschaft geeignete Medien einzusetzen. Die Verschlüsselung ist Aufgabe der **Botschaftsgestaltung**, die Übermittlung Aufgabe der **Mediaplanung**, die wir in Kap. 4.5 ausführlich besprechen werden. Die Botschaftsgestaltung steht dabei in enger Beziehung zur Werbemittelwahl (Medien wie z. B. Anzeige, Film), denn diese bestimmen die für die Gestaltung zur Verfügung stehenden Modalitäten (Text, Bild, Ton): Die Modalitäten determinieren sozusagen die „Verpackungsmöglichkeit" der Botschaftsinhalte. Für das Werbemittel „Anzeige", das nur statische Informationen übermitteln kann (Bild, Text, Daten), sind andere Gestaltungsfaktoren relevant als für das Werbemittel „Film", das auch dynamische Informationen übermitteln kann.

Neben der Modalität wird die Werbemittelgestaltung durch die Botschaftsinhalte bestimmt, die ihrerseits stark von der gewählten Positionierung geprägt sind. Weiters bestimmen die anzusprechenden Zielgruppen sowie die zu erreichenden Ziele die Gestaltung der Werbebotschaft.

Abb. 96 verdeutlicht den Zusammenhang zwischen einem Werbekonzept, das aus der kreativen Gestaltung der Werbemittel und der Mediastrategie besteht, und seinen Bestimmungsfaktoren.

Die Werbemittelgestaltung hat sich zunächst an den zu erreichenden **Werbezielen** zu orientieren: Soll z. B. rasch Bekanntheit für eine Marke aufgebaut werden, so muss die Gestaltung aktivieren und Aufmerksamkeit erregen; soll das Image einer Marke gefestigt werden, so eignet sich dafür kaum informativ gestaltete, textbetonte Werbung.

Auch die anzusprechende **Zielgruppe** bestimmt die Gestaltung mit: sind die Zielpersonen stark an Informationen über das Werbeobjekt interessiert, kann die Gestaltung eher informativ sein, bei geringem Interesse am Werbeobjekt sollte sie eher bildbetont gestaltet sein. Weiters sind die Bedürfnisse, Motive, Interessen, Lebensstil u. a. mehr zu berücksichtigen, um die Werbemittel zielgruppenadäquat gestalten zu können: „Der Köder muss dem Fisch schmecken, nicht dem Angler."

Den Hauptinput für die kreative Gestaltung stellt jedoch die **Positionierung** des Werbeobjektes dar (Rossiter, Percy, 1998, S. 177). Die Positionierung bestimmt die Botschaftsinhalte, die in Form von Bildern, Headlines, Texten zielgruppengerecht verpackt werden müssen. Ein langfristig angelegtes Werbekonzept sollte die Positionierungsstrategie des Werbeobjektes widerspiegeln.

Ebenso muss im Rahmen der kreativen Gestaltung darauf geachtet werden, dass das Werbekonzept **in den Kommunikations-Mix integriert** wird. Die Werbemittel müssen inhaltlich, formal und zeitlich auf die anderen Kommunikationsinstrumente abgestimmt werden, um ein einheitliches Auftreten des Werbeobjektes zu gewährleisten.

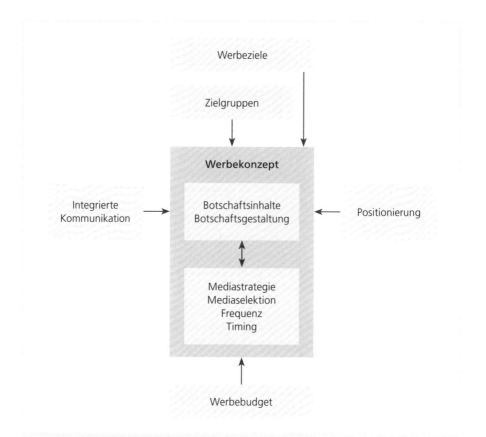

Abb. 96: Bestimmungsfaktoren der Botschaftsgestaltung

Der Spielraum für gestalterische Maßnahmen wird durch die **Budgethöhe** einge-schränkt, was vor allem oft die Werbemittelproduktion betrifft: Die Herstellung von Filmen und Anzeigen kann durch den Einsatz von „Starmodels, Starregisseuren, Star-fotografen etc." erheblich verteuert werden.

Wie diese Anforderungen an eine wirksame Werbekonzeption gemeinsam zu erfüllen sind, dafür gibt es zwar keine allgemein gültigen Rezepte, jedoch einige in empirischen Untersuchungen gewonnene Ansatzpunkte.

Wenn auch Intuition und persönliche Erfahrung der einzelnen Werbeschaffenden ei-nen bedeutenden Teil zum Erfolg der Werbung beitragen, so sind doch die wissen-schaftlichen Erkenntnisse zu diesem Thema als Basis und Richtlinien für die kreative Arbeit von entscheidendem Wert. **Sozial- und Verhaltenswissenschaften** versuchen das Zustandekommen des menschlichen Verhaltens zu erklären und decken dabei Ge-setzmäßigkeiten auf. Da es in der Werbung um Beeinflussung von Meinungen, Einstellungen und Verhalten von Zielpersonen geht, ist die Kenntnis derartiger Gesetzmä-ßigkeiten zur Abschätzung der Wirkung eines vorgeschlagenen Werbekonzeptes von Vorteil. Dadurch können sie auch als steuernder Rahmen für die kreative Gestaltung von Botschaften dienen und dabei z. B. folgende Fragen beantworten:

- Was erregt Aufmerksamkeit bei den Zielpersonen?
- Wie kommt Wahrnehmung zustande? Auf welche Gesetzmäßigkeiten des Wahr-nehmungsprozesses ist bei der Werbekonzeption zu achten?
- Wie kommt es zu einer dauerhaften Gedächtnisleistung und somit Beeinflussung der Präferenzen und des Verhaltens?

Im Folgenden wollen wir einen Überblick über einige für die Werbegestaltung relevan-ten Erkenntnisse der Aktivierungs-, Wahrnehmungs- und Lernpsychologie geben.

4.4.1 Verhaltens- und sozialwissenschaftliche Implikationen für die Botschaftsgestaltung

4.4.1.1 Aktivierung

Wie kann ein Reiz Aufmerksamkeit erregen? Voraussetzung für eine Sensibilisierung des Individuums gegenüber einem bestimmten Reiz ist eine vorübergehende Erhöhung der Aktivierung.

Mit Aktivierung bezeichnen wir die innere Spannung oder Erregung, die Grunddi-mension aller Antriebsprozesse ist: Der Organismus wird mit Energie versorgt und in den Zustand der Leistungsbereitschaft und -fähigkeit versetzt. Dieser Prozess wird als Funktion des zentralen Nervensystems erklärt.

Prozesse, die uns zu einer bestimmten Handlung treiben, sind etwa Gefühle (Emotio-nen) oder Bedürfnisse bzw. Motive.

Aktivierung ist eine Voraussetzung für Aufmerksamkeit. Die **Aufmerksamkeit** be-stimmt, welchen Reizen wir uns weiter zuwenden. Nur Reize, die Aufmerksamkeit erzeugen, werden aufgenommen und verarbeitet. Übertragen auf die Werbemittelge-staltung bedeutet dies, dass eine Anzeige, ein Film, etc. es schaffen muss, bei den Ziel-personen Aufmerksamkeit zu erregen, um aufgenommen zu werden. Das heißt, die Gestaltung der Botschaft sollte visuell bzw. akustisch aktivieren (Kroeber-Riel, Wein-berg, 2003, S. 71).

Die Aktivierungsforschung unterscheidet drei Reizkategorien:

- **emotionale Reize**: diese lösen biologisch vorprogrammierte Reaktionen beim Menschen aus, die willentlich kaum kontrolliert werden, z. B. Erotik, Gesichter, Kindchenschema (Babys, Tierkinder: vgl. dazu Kap. 4.4.2.2 und Abb. 119, S. 294).

- **kognitive Reize**: diese aktivieren die Informationsverarbeitung durch gedankliche Konflikte, Widersprüche, Überraschungen, die die Botschaft erzeugt. Zu beachten ist dabei allerdings, dass sie sich im Vergleich zu emotionalen Reizen relativ rasch abnutzen, und dass es zu nachteiligen Assoziationen kommen könnte, die den Werbeerfolg beeinträchtigen.

■ **physische Reize** wirken durch ihre Größe und die verwendete Farbe. Hier ist nicht nur die Größe des Werbemittels selbst gemeint, sondern auch Elemente innerhalb eines Werbemittels. So kann z. B. eine große, kontrastreich gestaltete Headline genau so gut die Aufmerksamkeit auf sich lenken wie eine intensive, großflächige Farbverwendung.

Aktivierungstechniken spielen in der Werbung vor allem dann eine große Rolle, wenn es darum geht, passive Konsumenten mit geringem Informationsbedürfnis anzusprechen, bzw. im direkten „Werbeumfeld" (innerhalb eines TV-Werbeblocks, in einer Zeitschrift) die Aufmerksamkeit auf den eigenen Spot oder die eigene Anzeige zu lenken.

Dabei ist zu beachten, dass Aktivierung eine notwendige, aber keine hinreichende Bedingung für den Werbeerfolg ist. Oft erregen die verwendeten Reize zwar Aufmerksamkeit, aber es gelingt ihnen nicht, diese zu fesseln. Oder sie lenken von der eigentlichen Werbebotschaft ab (Vampireffekt).

Mit der Messung der Aktivierung beschäftigen wir uns in Kapitel 4.6.1.1.

4.4.1.2 Involvement

In engem Zusammenhang mit der Aufmerksamkeit steht das Involvement: Involvierte Zielpersonen sind aktiviert und daher aufmerksamer bei der Informationsaufnahme als nicht involvierte. Mit dem Wesen des Involvements haben wir uns bereits in Kap. 2.1.2.3.1 auseinandergesetzt und auf seine Bedeutung für die Botschaftsgestaltung und Werbemittelwahl hingewiesen.

Bevor ein Werbekonzept für eine Marke erstellt wird, ist es sinnvoll, die Stärke des Involvements, die eine Markenwahl in der Produktkategorie des Werbeobjektes impliziert, abzuschätzen.

Generell ist mit **höherem Involvement** zu rechnen, wenn

■ der Käufer die Produktkategorie als subjektiv wichtig einschätzt,

■ der Käufer ein hohes Themeninteresse für die jeweilige Produktkategorie hat,

■ das Produkt geeignet ist, Status und Werthaltung des Käufers zu demonstrieren,

■ Gruppennormen für diese Produktgruppe existieren, denen der Käufer folgen muss oder

■ der Kauf mit einem hohen Risiko für den Käufer verbunden ist (hohe Geldausgaben, hohe Folgekosten).

Tabelle 6 zeigt die Auswirkungen unterschiedlicher Involvement-Niveaus auf die Informationsaufnahme und -verarbeitung sowie auf das allgemeine Konsumentenverhalten.

High-Involvement	Low-Involvement
• Aktive Informationssuche	• Passive Informationsaufnahme
• Aktive Auseinandersetzung	• Passierenlassen
• Hohe Verarbeitungstiefe	• Geringe Verarbeitungstiefe
• Geringe Persuasion («souveräner Konsument»)	• Hohe Persuasion («geheime Verführung»)
• Vergleichende Bewertung vor dem Kauf	• Bewertung allenfalls nach dem Kauf
• Viele Merkmale beachtet	• Wenige Merkmale beachtet
• Wenige akzeptable Alternativen	• Viele akzeptable Alternativen
• Viel sozialer Einfluss	• Wenig sozialer Einfluss
• Ziel: «Optimierung»	• Ziel: «keine Probleme»
• Markentreue durch Überzeugung	• Markentreue durch Gewohnheit
• Stark verankerte, intensive Einstellung	• Gering verankerte, flache Einstellung
• Hohe Gedächtnisleistung	• Geringe Gedächtnisleistung

Tab. 6: Auswirkungen der Involvementstärke auf das Konsumentenverhalten (aus Trommsdorff, 2004, S. 56)

Laut Trommsdorff ergeben sich bei der Anwendung der Erkenntnisse aus der Involvementforschung für das Marketing bzw. die Kommunikationspolitik in Abhängigkeit vom Involvement-Niveau die in Tabelle 7 dargestellten Implikationen.

	Charakteristika der Kommunikationspolitik	
	... High-Involvement	... Low-Involvement
Werbeziel	• überzeugen	• oft kontaktieren
Inhalt der Botschaft	• alles Wichtige sagen	• «etwas» sagen
Länge der Botschaft	• ausführlich	• kurz
Einstellungsänderung via	• sachliche Argumente	• affektive Reize
Kommunikationsmittel	• Sprache	• Bilder, Musik u.a.
Wiederholungsfrequenz	• gering	• hoch
Timingschwerpunkt	• in Entscheidungsphase	• keiner, aber ständig
Hohe Wechselwirkung mit anderen Instrumenten	• persönlichem Verkauf, Produktqualität, Preis	• Distribution, Point-of-Sales-Stimuli

Tab. 7: Charakteristika der Kommunikation bei High- und Low-Involvement (aus Trommsdorf, 2004, S. 57)

Eine wichtige Determinante des Involvements ist das **Situations-Involvement**: Bei vielen Zielpersonen (außer bei Themeninteresse wie z. B. bei einem Computer-Freak) ist das persönliche Involvement für eine Produktkategorie gering. Kommen sie jedoch in die Situation, ein neues Produkt in dieser Kategorie anschaffen zu müssen, so steigt das persönliche Involvement stark an. Die Zielperson kommt von der Low-Involvement in die High-Involvement Kategorie, womit sich nun erneut die Frage nach der Art der Werbegestaltung stellt. Kroeber-Riel und Esch (2000, S. 137 f.) gehen davon aus, dass Personen mit hohem Produktinteresse aktiv Informationen suchen und daher auch fachspezifische bzw. Special Interest-Medien nutzen (z. B. Computerzeitschriften bei Anschaffung eines Computers). Sie plädieren daher dafür, Anzeigen in Fachzeitschriften als High-Involvement-Werbung, im Fernsehen oder Radio als Low-Involvement-Werbung zu gestalten, denn bei breit gestreuter Werbung ist mit Low-Involvement seitens der Mediennutzer zu rechnen. Außerdem ist zum Zeitpunkt des Erscheinens der breit gestreuten Medien nur ein kleiner Prozentsatz der Mediennutzer in einer Kaufentscheidungsphase und daher hoch involviert. Da der Großteil der Leser gering involviert ist, sollte sich z. B. die Computer-Anzeige im Stern darauf beschränken, die Marke zu thematisieren und dafür zu sorgen, dass die Marke zu den in Betracht gezogenen Alternativen gehört, wenn die Zielperson in die Entscheidungsphase kommt.

Dieselben Überlegungen bezüglich Werbegestaltung wie im Involvement-Ansatz sind auch bei den Zwei-Prozess-Modellen der Informationsverarbeitung zu finden.

Zwei-Prozess-Modelle der Informationsverarbeitung

Im Zentrum dieses kognitiven Informationsverarbeitungsprozesses steht die Kognition (das Denken) und damit der Mensch als vor allem denkendes (im Gegensatz zum fühlenden) Wesen. Ausgangspunkt dieser Ansätze ist die Annahme, dass die kognitiven Ressourcen des Menschen begrenzt sind. Der Mensch verhält sich daher als „kognitiver Geizkragen", der nur dann konzentriert nachdenkt, wenn es sich für ihn auszahlt, sich ansonsten aber lieber von Oberflächlichkeiten und intuitiven Schlussmustern leiten lässt.

Auf dieser Basis haben sich eine Reihe so genannter **Zwei-Prozess-Modelle** gebildet, deren bekanntestes das Modell der Verarbeitungswahrscheinlichkeit („**Elaboration Likelihood Model**" ELM) von Petty und Cacioppo (1986) darstellt. Die Kernaussagen dieses Modells sind in Abb. 97 dargestellt und lassen sich in drei Postulaten zusammenfassen:

1. Im menschlichen Denken gibt es zwei Verarbeitungspfade: einen gedanklich aufwendigen, überlegten Denkmodus (sog. „**zentraler Pfad**") und einen gedanklich aufwandlosen, intuitiven Denkmodus (sog. „**peripherer Pfad**").

2. Da die kognitiven Ressourcen des Menschen begrenzt sind, wird der zentrale Pfad nur dann genutzt, wenn sowohl ausreichendes Involvement bzw. Motivation als auch ausreichende Fähigkeiten dafür vorhanden sind. In diesem Fall orientiert sich das menschliche Urteil an den wesentlichen Faktoren (sog. „**zentralen Argumenten**"). Die Informationsverarbeitung ist eher kognitiv und sehr komplex. Die Folge stellen zumeist relativ beständige Einstellungen dar, die eine gute Verhaltensprognose liefern können.

3. Fehlt entweder Involvement (Motivation) oder Fähigkeit, wird der periphere Pfad beschritten. In diesem Fall basiert das menschliche Urteil auf eher intuitiven Schlussmustern und Oberflächlichkeiten (sog. „**peripheren Hinweisen**"), wie z. B. Hintergrundmusik, die gefällt, ein bekanntes Testimonial usw.

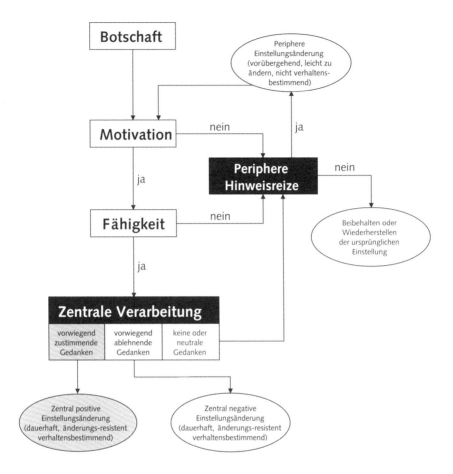

Abb. 97: Informationsverarbeitungsprozess nach dem Modell der Verarbeitungswahrscheinlichkeit (ELM) nach Herkner (1991, S. 241)

Folgerungen für die Werbung:

■ Besteht eine geringe Wahrscheinlichkeit, dass die Zielpersonen sich intensiv mit ei-
ner Werbebotschaft auseinandersetzen, sei es, dass ihnen die Motivation dazu fehlt
(„Low-Involvement-Käufer"), sei es, dass ihnen das notwendige Produktwissen
dazu fehlt („Low-Ability-Käufer"), und sind weiters auch gar keine objektiven Pro-
duktvorteile vorhanden, empfiehlt sich eine „periphere Werbestrategie", d. h. eine
Optimierung der peripheren Hinweise der Werbung, wie z. B. Farben, Formen,
Musik, Glaubwürdigkeit eines Testimonials, aber auch der Kamerawinkel beim
Pack Shot (Strebinger, 2000).

■ Einer involvierten und informierten Zielgruppe können bestehende Vorteile und Eigenschaften des Produkts in Form informativer Werbung nahegebracht werden („zentrale Strategie").

4.4.1.3 Wahrnehmung

Was die Innenwelt eines Individuums mit seiner Außenwelt verbindet, ist die Wahrnehmung. Wahrnehmung umfasst nicht nur visuelles Aufnehmen von Reizen, sondern auch Hören, Tasten, Schmecken und Riechen. Zwei Merkmale des Wahrnehmungsprozesses sind von besonderer Bedeutung für die Werbekonzeption:

Wahrnehmung erfolgt selektiv und subjektiv.

Selektiv bedeutet, dass nur Reize, die unsere Aufmerksamkeit erregen, überhaupt wahrgenommen werden. Aufmerksamkeit kann daher als Filter aufgefasst werden, durch den nur eine geringe Anzahl der Reize, denen das Individuum täglich ausgesetzt ist, tatsächlich verarbeitet wird. Dieser Selektionsmechanismus schützt somit das Gehirn vor Überarbeitung.

Subjektiv wiederum bedeutet, dass die wahrgenommenen Reize von jedem Individuum anders interpretiert werden. Dabei spielen die bisherigen Erfahrungen eine entscheidende Rolle: Die aufgenommenen Reize müssen mit den erworbenen Bezugssystemen und Denkschemata in Einklang gebracht werden. Dies erfolgt durch Vereinfachung, Verzerrung und Umorganisation. Das Ergebnis des Wahrnehmungsprozesses ist daher ein subjektives Wahrnehmungsbild oder Denkschema.

Lachmann (2004, S. 21) unterscheidet außerdem zwischen voll und kaum bewusster Aufnahme von Reizen, wobei die kaum bewusste Aufnahme die Beeinflussung des Empfängers ohne dessen Bewusstsein beschreibt.

Werbebotschaften durchlaufen also zwei Stufen des Wahrnehmungsprozesses, ehe sie überhaupt eine Beeinflussungswirkung entfalten können:

■ Sie müssen Aufmerksamkeit erregen, und

■ sie müssen in dem vom Werbetreibenden beabsichtigten Sinn interpretiert werden.

Ein Ziel für die Gestaltung von Werbebotschaften muss also sein, solche Reize zu verwenden, die Zielpersonen für eine optimale Aufnahme und Verarbeitung der Informationen aktivieren. Werbebotschaften, die langweilen, werden unsere Aufmerksamkeit schwerlich erlangen (vgl. dazu Kap. 4.4.2.2).

Ob sich nun ein Reiz gegenüber der Flut anderer durchsetzt und wahrgenommen wird, hängt einerseits von den Merkmalen des Reizes selbst ab, d. h. von seiner Stärke, Qualität usw. In diesem Zusammenhang sind jedoch auch die Platzierung und das Umfeld, also die Medienwahl von Bedeutung.

Andererseits spielen jedoch auch **Merkmale der Zielpersonen** eine wichtige Rolle. Motive, Interessen, Wertvorstellungen, Einstellungen sind einige dieser Einflussfaktoren. Generell kann man sagen, dass wir

das leichter wahrnehmen, was wir wahrnehmen wollen (selektive Wahrnehmung),

das schwerer wahrnehmen, was wir nicht wahrnehmen wollen (Wahrnehmungsabwehr).

Welche Kriterien im Einzelnen berücksichtigt werden müssen, damit Reize aktivieren, haben wir in Kap. 4.4.1.1 besprochen.

Die Wahrnehmung der Werbebotschaft ist eine notwendige, jedoch keine hinreichende Voraussetzung für einen Kommunikationserfolg. Wenn uns die Werbeaussage zwar erreicht, nicht aber überzeugen kann und daher zu keiner Konsequenz für unser Verhalten führt, so ist das Werbeziel nicht erreicht.

Ziel von Werbemaßnahmen ist die Beeinflussung der Zielpersonen im Sinne des Werbenden. Die Beeinflussungsmöglichkeit ist umso größer, je geringer die gedankliche Kontrolle des Umworbenen ist.

Solange der Umworbene Beeinflussungsversuche der Werbung als solche erkennt, hat er die Chance, sich ihnen bewusst zu widersetzen. In manchen Fällen erfolgt jedoch eine Steuerung des Verhaltens, eine Beeinflussung durch Werbung ohne gedankliche Kontrolle des Betroffenen, nämlich wenn

■ der Betroffene die Wirkung der Werbung nicht durchschaut,

■ Werbung zwanghaft wirkt, der Betroffene also automatisch reagiert (z. B. Aktivierung durch erotische Reize).

Unterschwellige (subliminale) Werbung stellt die spektakulärste Möglichkeit dar, Verhalten unbemerkt zu steuern: Reize werden so kurz dargeboten, dass sie nicht bewusst wahrgenommen werden können.

Im Jahre 1957 stellte J. M. Vicary, der Leiter einer amerikanischen Werbeagentur, die Behauptung auf, nach Einblendung der Botschaften „Eat Popcorn" und „Drink Coca-Cola" (Darbietungszeit 0,003 sec) in einen Spielfilm sei der Umsatz dieser Produkte im betreffenden Kino beträchtlich gestiegen.

Das Phänomen der unterschwelligen Wahrnehmung und die damit verbundene Möglichkeit der Verhaltensbeeinflussung beschäftigen seit dieser Studie sowohl Öffentlichkeit als auch Wissenschaft.

Eine Vielzahl experimenteller Untersuchungen wurden zu diesem Thema durchgeführt, die Ergebnisse waren allerdings widersprüchlich: Manchmal zeigten unterschwellig dargebotene Reize Wirkung, manchmal nicht.

Brand (1995) kam nach einer Überprüfung dieser Experimente zu dem Schluss, dass die widersprüchlichen Ergebnisse auf unterschiedliche Operationalisierungen des Begriffes „unterschwellig" zurückzuführen seien: Wie wurde die Wahrnehmungsschwelle bestimmt, wie genau wurde jeweils kontrolliert, ob die Intensität eines bestimmten Reizes unter der Wahrnehmungsschwelle lag?

Grundsätzlich werden als Beweis einer unterschwelligen Wahrnehmung zwei Indikatoren herangezogen:

- Ein Indikator weist nach, dass der Reiz nicht bewusst wahrgenommen wurde (z. B. Verbalindikator „gesehen" – „nicht gesehen"),
- der zweite Indikator weist nach, dass der Reiz zu einer Reaktion führte (z. B. Änderung des Hautwiderstandes).

Ob nun die Wirksamkeit unterschwelliger Reize bestätigt werden konnte, hing nach Brand von der Definition der Wahrnehmungsschwelle und den jeweils gewählten Indikatoren ab: Nur wenn die Unterschwelligkeit nicht genau kontrolliert wurde, wenn Informationen in Wirklichkeit bereits teilweise wahrgenommen wurden, konnte eine Wirkung nachgewiesen werden.

Bei enger Definition der Wahrnehmungsschwelle aber war eine spezifische Verhaltensbeeinflussung durch unterschwellige Werbung nicht nachweisbar.

Nach von Rosenstiel und Neumann (1991, S. 63) ist es zwar möglich, durch unterschwellig dargebotene Reize Gefühle und Bedürfnisse zu beeinflussen (z. B. Durstgefühl aktivieren), nicht jedoch das Kaufverhalten hinsichtlich bestimmter Marken oder Produkte (z. B. Coca-Cola kaufen).

Im Bereich der Werbung ist unterschwellige Wahrnehmung also von geringer Bedeutung.

Nicht zu verwechseln mit unterschwelliger Werbung ist allerdings **unbewusste Werbung**: Werbung wird zwar wahrgenommen, ihre Wirkung aber nicht durchschaut. Gefühle, Assoziationen und Denkvorgänge laufen ohne bewusste Aufmerksamkeit, ohne gedankliche Kontrolle ab.

Bei einem impulsiven Kauf von Süßigkeiten im Kassenbereich eines Supermarktes etwa reagiert der Konsument spontan auf das appetitliche Angebot, er greift zu, ohne darüber nachzudenken.

Neuere Forschung zeigt, dass auch Werbebotschaften nicht unbedingt bewusst wahrgenommen werden müssen, um eine gewisse Vertrautheit mit der Marke zu erzielen. Die wissenschaftliche Begründung dafür liegt im „Mere Exposure"-Effekt. Dieser Effekt sorgt dafür, dass ein Reiz (z. B. ein Markenlogo) durch bloße wiederholte Reizdarbietung sympathischer wird. Dieser Effekt scheint sogar stärker zu sein, wenn Reizwahrnehmung nicht voll bewusst vor sich geht.

Zur Erklärung der Wahrnehmung hat die Psychologie bisher vier theoretische Ansätze formuliert:

■ **Elementenpsychologie**
Die umfassende Wahrnehmung setzt sich aus kleinsten physischen Elementen zusammen. Diese Empfindungen stehen in einem konstanten, berechenbaren Verhältnis zur Stärke des physikalischen Reizes aus der Umwelt.

■ **Gestaltpsychologie**
Es gibt Wahrnehmungsgesetze, die von den physikalischen Reizgegebenheiten unabhängig sind.

■ **Ganzheitspsychologie**
Das Wahrnehmungsbild entsteht aus ersten gefühlsmäßig getönten Anmutungen.

■ **Soziale Wahrnehmung**
Die Wahrnehmung wird von motivational und sozial bedingten Einstellungen beeinflusst.

Zu beachten ist, dass diese vier Ansätze keine einander ausschließenden Alternativen darstellen, sondern je nach der Fragestellung zur Anwendung kommen. Auf die Aussagen der einzelnen Ansätze wollen wir, soweit sie die Werbekonzeption betreffen, nun etwas näher eingehen.

Elementenpsychologie

Diese Theorie geht davon aus, dass die Wahrnehmung ausschließlich von den Reizen der physikalischen Welt abhängt. Das Wahrnehmungsbild ist die Summe der Empfindungen, die sich aus kleinsten Elementen, wie aus Stückchen eines Mosaiks, zusammensetzt.

Gesetzmäßige Zusammenhänge zwischen Reizen der Umwelt und der davon verursachten Reaktion wurden von Weber und Fechner in einem Gesetz formuliert: Werden Reize in gleichmäßigen Schritten gesteigert, so steigt die Intensität der Wahrnehmung keinesfalls in gleichen, sondern in immer kleiner werdenden Schritten (proportional dem Logarithmus der zugehörigen Reizstärke).

So entspricht die Wirkung einer neunfach vergrößerten Anzeige demnach nicht der neunfachen, sondern nur der dreifachen Wirkung der ursprünglichen Anzeige („Quadratwurzelregel" der Wirkung).

Folgerungen für die Werbung:
Da nach dieser ältesten Wahrnehmungstheorie nur der physikalische Reiz für die Werbewirkung von Bedeutung war, empfahl man den Werbungtreibenden, möglichst reizstarke Werbemittel zu verwenden: groß, bunt, laut, oftmals wiederholen. Der daraus resultierende Werbestil wurde zu Recht als „Holzhammerreklame" bezeichnet.

Kritik:
Der Reiz-Reaktionsmechanismus, den diese Theorie unterstellt, ist nicht generell gültig. So hängt die Wirkung einer Anzeige nicht nur von ihrer Größe, sondern auch von der Güte ihrer Gestaltung ab.

Gestaltpsychologie

Der Leitsatz der Gestalt- und auch der Ganzheitspsychologie lautet: „Das Ganze ist mehr als die Summe seiner Teile." Psychische Prozesse und damit auch Wahrnehmungen sind nicht nur Summe der Empfindungen, sondern vielmehr strukturierte Gestalten.

Die Gestaltpsychologie lässt sich auf folgende Hauptsätze reduzieren:

Zwischen Reizen und Empfindungen besteht keine eindeutige und konstante Beziehung. Jede Wahrnehmung ist in den Gegenstand unseres Erlebens eingebettet und wird durch den Gesamtzusammenhang bedingt.

Wahrnehmungsgegebenheiten unterliegen einer **Tendenz zur Organisation in Gestalten (Strukturierung)**. Beispiel: Wir fassen benachbarte Gestirne zu Sternbildern zusammen, wie z. B. den großen Wagen, das Kreuz des Südens, obwohl sehr viel Phantasie dazu gehört, solche Strukturen zu finden.

Gestalten werden als bedeutungsvoll („sinnträchtig") erlebt. Beispiel: Erfüllung der Sternbilder mit mythologischem Inhalt (z. B. großer Wagen), bevorzugte Wahrnehmung von Menschen und Gesichtern (z.B: in der Form von Gebirgen: „schlafende Griechin").

Der gezielte Einsatz der Gestaltpsychologie in der Werbekommunikation wird durch **Codes der Bildgestaltung** realisiert. Diese ermöglichen das Aufladen von Werbeinhalten mit gefühlsmäßiger Spannung. Codes beschreiben die Anordnung von Objekten in einem dargestellten Bild (Film, Anzeige, Plakat), um beim Betrachter emotionale Reaktionen hervorzurufen, welche mit physischer Aktivierung einhergehen. Gerichtete Spannung wird mit Hilfe erlernter, physiologischer Mechanismen hervorgerufen. Wahrnehmende streben nach Gleichgewicht im visuellen Spannungsmuster, welches das Ergebnis unbewusster, sukzessiver Pendelbewegungen der Augen (sakkadische Augenbewegungen) ist. Da die Augennetzhaut nur auf einem kleinen Fleck (Fovea centralis) wirklich scharf abbilden kann, müssen die Augen das Bild ständig abtasten, um das Blickfeld klar wahrzunehmen. Das Streben nach Gleichgewicht erklärt sich durch das Gesetz der Entropie, dem alle biologischen Organismen und physikalische Systeme unterliegen. Dieses besagt, dass Systeme Abgeschlossenheit und Gleichgewicht gegenüber unangenehm empfundenem Ungleichgewicht bevorzugen. Die Bildkomposition verfolgt ein dynamisches Spannungsfeld zwischen Objekten durch das Arrangement der einzelnen Elemente. Unwillkürlich sucht das Auge dabei im intensiven Spannungsmuster nach Ausgleich der Elemente. Bei kurzfristiger Darbietung und im Gedächtnis tendieren unvollkommene („schlechte") Gestalten zu „guten", meist einfachen und symmetrischen Gestalten: **Prägnanztendenz**. Prägnante Darstellungen werden leichter wahrgenommen und schwerer von Umgebungsreizen beeinträchtigt. Besonders prägnant sind folgende geometrische Figuren: Kreis, Quadrat, gleichseitiges Dreieck. In der Werbung kann die Anordnung der Objekte im Dreieck (Trianguläre Komposition) folgendermaßen eingesetzt werden (Mikunda, 2002):

Trianguläre Komposition

Ein dynamisches Bild entsteht durch Stellung der Objekte in Dreiecksform. Diese lässt die Aufmerksamkeit auf die unterschiedlichen Einzelobjekte richten. Spannung entsteht, indem das Muster des Bildes nachvollzogen und dabei sukzessive das Spannungsgleichgewicht im visuellen Nervensystem hergestellt wird. Das wahrgenommen Bild springt dabei zwischen den einzelnen Bildelementen. Die Augen suchen unwillkürlich die unterschiedlichen Objekte ab, sodass ein Gleichgewichtszustand eintritt. Die Römerquelle Werbelinie verfolgte seit vielen Jahren die Darstellung dreier Personen im Sinne der triangulären Komposition. Dabei wurde die Römerquelleflasche zentral positioniert, um die von den im Dreieck angeordneten Personen erzeugte Spannung aufzulösen.

Auslassung durch Anschneiden

Unvollständig dargestellte Objekte erzeugen Spannung, die auf Geschlossenheit drängt. Beispielsweise kann die Kameraeinstellung den Bildausschnitt so wählen, dass nur ein Teil eines Objektes ins Bild kommt. In diesem Fall entsteht durch den Impuls zur Ergänzung visuelle Spannung, wenn der gezeigte Teil deutliche Hinweismerkmale enthält, die erkennen lassen, wie die Figur zu Ende zu führen wäre. Ein unvollständig gezeichneter Kreis beispielsweise tendiert zu einer geschlossenen Kreislinie. Der fehlende Bereich muss eine Ungeschlossenheit darstellen. Die Figur soll dermaßen reduziert werden, dass sie angeschnitten, aber nicht abgeschnitten erscheint: Schneidet man beispielsweise eine Kugel am Höhepunkt ihrer Krümmung ab, erscheint sie als halbierte Kugel geschlossen. Verkürzt man sie jedoch an einem willkürlichen Teil der Krümmung, drängt die Schnittstelle zur Vollendung und Ergänzung der ganzen Gestalt. Der Verlauf der Umrisslinien drängt wahrnehmungspsychologisch auf Weiterführung der Form (Abb. 98). Das bildliche Anschneiden in extremer Großaufnahme löst erhöhte visuelle Spannung aus, angeregt dadurch, die angeschnittene Form zu schließen bzw. die fehlenden Teile zu ergänzen.

Abb. 98: Bild einer halbierten und einer teilweise abgeschnittenen Kugel: Figur-Grund-Differenzierung

Figur-Grund-Differenzierung

Gestalten heben sich als „Figuren" von einem undifferenzierten „Grund" ab: Figur-Grund-Differenzierung. Einander teilweise überlagernde Objekte schaffen visuelle Spannung, da das Verlangen, den verdeckten Anteil der Figur zu ergänzen, entsteht. Je einfacher (prägnanter) und je bedeutungsvoller eine Gestalt ist, desto größer ist ihre Chance, als Figur hervorzutreten. Ein Beispiel dafür ist die Japanische Flagge: roter Kreis (prägnante Gestalt) in einem weißen Feld. Die rote Kreisfläche tritt deutlich als Figur aus dem weißen Grund heraus. In besonderen Fällen kann ein Umkippen von Figur und Grund stattfinden. Bedeutungsvolles wird leichter zur Figur. Das bedeutet bei einer Kippfigur, dass für jede Person jene Darstellung zur Figur wird, die für sie die größere Bedeutung hat.

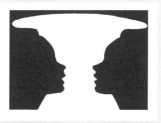

Abb. 99: Kippfigur Profil oder Vase (Rubinscher Becher)

Beispiel: Beim Rubinschen Becher sieht man entweder eine Vase oder zwei Profile (Abb. 99). Abb. 100 zeigt als Beispiel eine Figur, die sogar zweimal kippen kann: Der Betrachter kann nicht nur das Dekolleté der Dame ohne Glas erkennen, sondern auch die Sektflöte oder die Sektschale.

Spannung kann aber auch durch leicht verfremdete Darstellung hervorgerufen werden.

Abb. 100: Kippfigur Sujet Kattus Dekolleté oder Sektglas

Verformung

Durch perspektivische Verformung entsteht im Wahrnehmungsvorgang eine spannungsgeladene visuelle Dynamik. Die verformte Darstellung der Figur hat Einfluss auf die Wahrnehmungsintensität. Vertikale Kameraeinstellungen aus einem extrem tiefen (Froschperspektive; low angle shot) oder hohen Blickwinkel (Vogelperspektive; high angle shot) verzerren das gefilmte Objekt und verändern dessen Ausdruck. Das Abbild eines Gegenstandes ist visuell zusammengedrückt oder auseinandergezogen. Aber auch das so genannte Fischauge – ein Weitwinkelobjektiv – stellt Objekte verformt dar und erhöht die emotionale Anteilnahme des Publikums.

Verzerrt wahrgenommene Figuren rufen Spannung hervor, da deren einzelne Elemente Entzerrung verlangen. Die durch Erfahrung erworbene Wahrnehmungshypothese über den zu erwartenden Eindruck drängt auf Wiederherstellung der Normalform der verzerrten Gestalt, wobei die ursprüngliche Form noch erkennbar sein muss, damit sich die visuelle Spannung einstellt. Der figurale Konstruktionsvorgang zielt darauf ab, das Reizmuster mit der gewohnten Realität in Einklang zu bringen. Steuermechanismen korrigieren falsche Merkmale – beispielsweise werden schräge Linien parallel und spitze Winkel auf rechte verändert.

Schrägheit

Schräg abgebildete Objekte erzeugen visuelle Spannung. Die Gegenstände erscheinen innerlich bewegt, lebendig und strahlen eine besondere Dramatik aus. Arnheim (1978) interpretiert dieses Phänomen aufgrund des Strebens, vertikale Objekte in horizontale Lage zu bringen. Kleine Kinder drehen beispielsweise den Kopf, wenn sie vertikale Figuren betrachten, um die gewohnte Raumlage der Figur wiederherzustellen. Die Carpentered-World-Hypothese erklärt dieses Phänomen aufgrund der ständigen Erfahrung mit einer senkrecht und waagrecht ausgerichteten Architektur. Abweichungen von dieser verinnerlichten Norm lösen eine Tendenz, die Objekte im Wahrnehmungsvorgang zurechtzurücken, aus. Auf diese Weise rufen schräge Formen visuelle Spannung hervor.

Die Bestandteile des Ganzen beeinflussen einander gegenseitig. Veränderungen eines Teiles einer Einheit führen daher zu Veränderungen des Ganzen: Irradiation.

Beispiel: Obwohl in Abb. 101 beide Strichgesichter bis auf den Mund gleich sind, werden beide unterschiedlich erlebt: das linke Gesicht lustig, das rechte traurig. Ein Teil (der Mund) strahlt somit auf das Ganze aus (Irradiation). Ein Anlehnungsbeispiel dieses Phänomens in der Werbung ist in Abb. 127, Seite 309 zu sehen.

Abb. 101: Irradiationsphänomen

Folgerungen für die Werbung:

Für die Gestaltung optischer Werbemittel ist das **Prägnanzgesetz** besonders wichtig.

Behrens (1982) nennt für die praktische Anwendung in der Werbung drei Prägnanz-bedingungen:

- ■ Einfachheit: Regelmäßigkeit, Geschlossenheit und Symmetrie
- ■ Einheitlichkeit: farblich und graphisch wenig strukturiert
- ■ Kontrast: flächig aufgetragene Farben, die sich deutlich voneinander abheben.

Insbesondere bei der Gestaltung von Markenzeichen und anderen Kennzeichen (Wappen, Zeichen für Veranstaltungen etc.) ist auf Prägnanz zu achten. Diese Zeichen müssen einfach sein, damit sie schnell erkannt werden. Sie müssen sich von anderen Zeichen unterscheiden, damit keine Verwechslungen auftreten.

Dass es schwierig ist, die Einfachheits- und Abgrenzungsforderung gleichzeitig zu erfüllen, zeigen urheberrechtliche Auseinandersetzungen.

Bei Firmenzeichen sollte auf Prägnanz geachtet werden. Denn diese ermöglicht rasches Wiedererkennen und Orientierung bzw. Identifizierung (vgl. auch Kap. 2.7.4).

Abb. 102 zeigt Beispiele für prägnant gestaltete Firmenzeichen. Bei einer Befragung des Instituts für Werbewissenschaft und Marktforschung an der Wirtschaftsuniversität Wien wurde von 98 % der Ostösterreicher das OMV-Zeichen (siehe Abb. 102) richtig erkannt.

Auch das Fischer-Zeichen (auf Skiern und Tennisschlägern) wird rasch erkannt, da es den Prägnanzbedingungen entspricht.

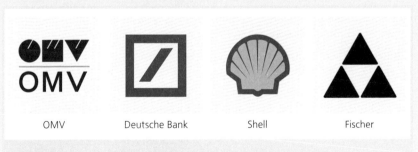

OMV   Deutsche Bank   Shell   Fischer

Abb. 102: Beispiele für prägnant gestaltete Firmenzeichen

Bei der Verpackung soll ebenfalls auf Prägnanz geachtet werden. Die Coca-Cola-Flasche ist ein gutes Beispiel für eine Verpackung, die zugleich einfach und differenzierend ist. Gleichzeitig wird auch der Schriftzug des Markennamens selbst bei kürzester Betrachtungszeit richtig erkannt, wie tachistoskopische Tests im werbepsychologischen

Versuchslabor der Wirtschaftsuniversität Wien ergeben haben. Friedmann (1985) hat in einer Untersuchung festgestellt, dass Coca-Cola, neben Cadillac, bei Vorlage von Anzeigen am besten erinnert wird, was unter anderem darauf zurückzuführen ist, dass diese Markennamen und Schriftzüge gut gelernt sind. Der Coca-Cola-Schriftzug z. B. ist seit über 100 Jahren kaum verändert worden.

Aufgrund des Phänomens der Irradiation ist es wichtig, dass die Gestaltung des Produktes, der Verpackung und der Werbemittel aufeinander abgestimmt werden. Wegen der vielfältigen Wechselwirkungen erweist es sich aber als schwierig, den Gesamteindruck auf die Zielpersonen abzuschätzen.

Einige Beispiele für Irradiation aus Werbung und Marketing:

■ Die Umstellung von Eichenkorken auf Plastikkorken bei Sekt führte ebenso wie der Ersatz von Blei- durch Kunststoffhalsbänder bei Weinbrandflaschen zu Reklamationen. Die Kunden beschwerten sich über sinkende Qualität.

■ Eine Untersuchung des Instituts für Werbewissenschaft und Marktforschung an der Wirtschaftsuniversität Wien zeigte, dass die Gestaltung von Etiketten auf Weißweinflaschen einen Einfluss auf die Geschmackswahrnehmung und das Geschmackserlebnis hat.

■ Die Farbe von Margarine beeinflusste deren Geschmack. Bei Kühlschränken strahlte die Innenfarbe auf die wahrgenommene Kühlleistung aus.

Diese Wechselwirkungen zwischen verschiedenen Teilen des Ganzen können natürlich in unterschiedlicher Intensität auftreten. Besonders stark betroffen sind Bestandteile des Ganzen, die diffus und schwer in Begriffe fassbar sind. Dazu gehören vor allem Geruch und Geschmack. Um die Wirkung einzelner Variablen auf den Gesamteindruck zu prüfen, müsste man diese mehrfach variieren und Versuchspersonen, die vom Zweck der Untersuchung nichts wissen, jeweils nach der wahrgenommenen Qualität fragen.

Ganzheitspsychologie

Stärker noch als die Gestaltpsychologie hebt die Ganzheitspsychologie die Bedeutung der Gefühle hervor. Gefühle wirken auf alle psychischen Funktionen, insbesondere aber auf die Wahrnehmung. Unsere bewussten Wahrnehmungen sind nicht plötzlich da, sie entstehen allmählich. Man spricht dabei von der **Aktualgenese**, dem Entstehungsprozess der Wahrnehmung. Das endgültige Wahrnehmungsbild strukturiert sich nach dieser Auffassung aus diffusen, gefühlsgeladenen „Vorgestalten". Dieser verschwommene erste Eindruck bestimmt die **Anmutung**, die von einem Gegenstand ausgeht. Spontane Anziehung oder Abstoßung, für die wir selbst bei langem Nachdenken keine Erklärung finden, haben hier möglicherweise ihre Begründung.

Folgerungen für die Werbung:

Es ist vorteilhaft zu prüfen, ob Werbemittel unter dem Gesichtspunkt der ersten Anmutung ausgewogen sind bzw. ob die ersten Anmutungen mit den endgültigen Wahrnehmungsbildern harmonieren.

Gestaltungen, die ganz spontan als negativ und abstoßend empfunden werden bzw. deren Anmutungen in eine andere Richtung gehen, als mit der werblichen Aussage beabsichtigt, sind im Normalfall zu verwerfen. Das gilt insbesondere auch dann, wenn die spätere, bewusste Beurteilung des Werbemittels positiv ausfallen sollte.

Aus den folgenden Gründen sind die ersten Anmutungen bereits von entscheidender Bedeutung für den Werbeerfolg:

- Da täglich eine Flut von Reizen auf uns einströmt, müssen wir uns darauf beschränken, diese vorerst flüchtig zu betrachten. Die spontanen Anmutungen entscheiden, ob eine bewusste Zuwendung zu einem Werbemittel erforderlich bzw. angenehm erscheint. Schenkt man dem Werbemittel nähere Beachtung, so sollte keine Korrektur der ursprünglichen Anmutungen erforderlich sein.

- Häufig erinnert man sich nach dem Durchblättern einer Zeitschrift nicht an die Anzeigen oder auch nicht an die vielen Plakate nach einer Fahrt durch die Stadt. Viele dieser Werbemittel werden aber doch „aus den Augenwinkeln", also peripher, wahrgenommen und führen zu diffusen Eindrücken, die sich mit dem beworbenen Objekt verbinden. Diese Anmutungen müssen daher bereits in die vom Werbenden gewünschte Richtung weisen.

- Bei dem heute üblichen System der Selbstbedienung ersetzt die Verpackung weitgehend das klassische Verkaufsgespräch. Sie muss aus diesem Grund nicht nur informieren, sondern auch Vertrauen gewinnen, unmittelbar anziehend wirken und zum Kauf auffordern. Gerade für den Selbstbedienungskauf sind der erste Eindruck und damit die Anmutungsqualität von großer Bedeutung.

Spiegel (1970, S. 61) führt u. a. **folgendes Beispiel für unerwünschte Anmutungen** in Bezug auf Werbemittel an: In einem Inserat für Weinbrand wurde eine sonnige, malerische Landschaft mit einem altertümlichen Eisenbahnzug, der Weinfässer transportierte, dargestellt. Die ersten Anmutungen gingen jedoch eindeutig – und unerwünscht – in Richtung „Industrielandschaft". Erst als der weiße Dampf der Lokomotive entfernt wurde, blieb diese Fehlanmutung aus.

Die „Qualmende Lokomotive" war innerhalb der diffusen Vorgestalten in einem Maße negativ erlebt worden, wie man es angesichts der bewussten Rührung, die eine alte Lokomotive auslöst, kaum erwarten würde.

Auch ein tachistoskopischer Test, der am Institut für Werbewissenschaft und Marktforschung an der Wirtschaftsuniversität Wien für das Plakatsujet „Römerquelle Mineralwasser" (vgl. Abb. 103) durchgeführt wurde (Ebner, 2007), zeigte, dass dieses emotional gestaltete Sujet unerwünschte Anmutungen auslöste: Bei sehr kurzer Darbietung (1/500 Sekunde) hatten 31 % der Testpersonen falsche Produktassoziationen wie Alkohol, Obst oder Möbeln. Bei 35 % erzeugte das Sujet negative bzw. unangenehme Eindrücke.

Bei längerer Darbietungszeit verbesserten sich zwar der positive Eindruck und die richtigen Produktassoziationen. Jedoch gerade bei Plakatsujets ist es wichtig, dass schon bei flüchtiger Betrachtung die ersten Anmutungen in die richtige Richtung gehen, da die Zielpersonen dem Plakat sonst keine weitere Aufmerksamkeit mehr schenken.

Abb.103: Plakatsujet „Römerquelle Mineralwasser", aus: Dabic/Schweiger/Ebner, 2008, S.34

Ein Beispiel für das Kippen von negativen Assoziationen bei Kurzzeitdarbietung zu positiven bei längerer Darbiertungszeit ergab ein Tachistoskopischer Test einer Anzeige von Gore-Tex im Jahr 2005 (Abb. 104), welcher mit 101 Personen am Institut für Werbewissenschaft und Marktforschung durchgeführt wurde. In der sehr kurzen Darbietungszeit (1/500 sec.) wurden von den Testpersonen überwiegend negative Assoziationen genannt, wie z. B. unangenehm, uninteressant und unheimlich. Bei längerer Betrachtungsdauer (1/100 sec.) hingegen verbanden die Testpersonen vorwiegend positive Eigenschaften mit der Anzeige, wie lustig/fröhlich, angenehm, freundlich und interessant, während die negativen Assoziationen deutlich zurückgingen (vgl. Abb. 105).

Gore-Tex hat sich dafür entschieden, diese Anzeige zu schalten, insbesondere deswegen, weil die spontane Anzeigenbeurteilung bei Langzeitbetrachtung (mehrere Sekunden) bei einer internationalen Studie positiv war.

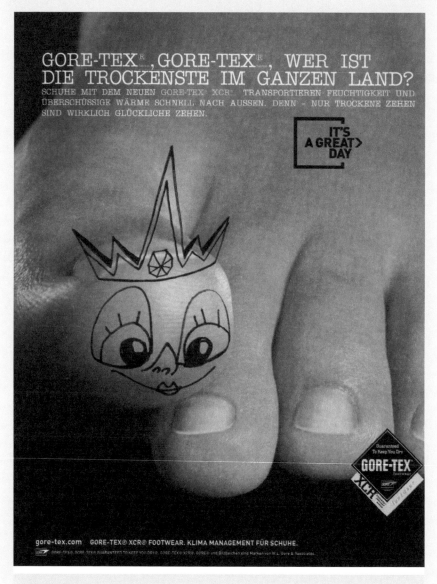

Abb. 104: Gore-Tex Anzeige

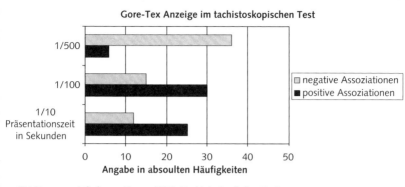

n=101 Personen; Erhebung: Jänner 2005; Tachistoskopischer Test;
Institut für Werbewissenschaft und Marktforschung

Abb. 105: Ergebnis eines tachistoskopischen Tests bei unterschiedlichen
Betrachtungszeiten

Allgemeingültige Regeln für eine richtige Gestaltung in Bezug auf Anmutungen anzugeben, ist kaum möglich. Anmutungen sind weit weniger von allgemeingültigen psychologischen Gesetzmäßigkeiten abhängig als Prägnanz.

Prägungen durch die Kultur, durch soziale Gruppen, ja sogar durch individuelle Erfahrungen beeinflussen diese frühesten Wahrnehmungen und machen sie daher kaum abschätzbar. Der einzige sichere Weg ist die empirische Prüfung des jeweiligen Entwurfes an einer möglichst repräsentativen Gruppe von Versuchspersonen. Welche Testverfahren dazu geeignet sind, werden wir im Rahmen der Werbeerfolgskontrolle (Kap.4.6.1) im Detail erläutern.

Motivationsbedingte Wahrnehmung (Social Perception)

Nach dieser Theorie, die gelegentlich auch „soziale Wahrnehmung" genannt wird, ist die Wahrnehmung ein Kompromiss aus den objektiven Informationen der Umwelt einerseits und der Motivation sowie den sozial bedingten Einstellungen des Menschen andererseits.

Wir haben bereits auf das Phänomen der selektiven Wahrnehmung hingewiesen: Grundsätzlich sehen wir also das leichter, was wir sehen wollen, und das schwerer, was nicht unseren Erwartungen und Einstellungen entspricht.

Bei Aaker, Myers (1975, S. 273 ff.) werden vier Hauptmotive dafür angeführt, warum wir Informationen aufnehmen wollen:

■ Informationen sollen Nutzen stiften, beispielsweise eine Entscheidung erleichtern.

- Informationen sollen die eigenen Einstellungen, Meinungen, Erwartungen bestätigen. Dadurch wird z. B. kognitive Dissonanz vermieden bzw. abgebaut (Konsistenztheorie).

- Informationen sollen stimulieren, aktivieren. Langeweile soll durch neuartige, unerwartete Reize reduziert, die Neugier befriedigt werden (Komplexitätstheorie).

- Informationen sollen interessieren. Menschen sind z. b. ganz wesentlich an sich selbst interessiert bzw. an der Erweiterung der eigenen Persönlichkeit.

Folgerungen für die Werbung:

- **Konflikt zwischen Konsistenz und Komplexität**
Ein besonderes Problem besteht darin, Konsistenz und Komplexität miteinander in Einklang zu bringen: Einerseits soll die Botschaft den Erwartungen entsprechen und vertraut sein, andererseits möglichst neu und überraschend wirken.

  Ein Erklärungsansatz geht davon aus, dass Tendenzen sowohl zu Vertrautem als auch in Richtung Abwechslung vorhanden sind. Was jeweils das Verhalten dominiert, wird von der Persönlichkeit und der Situation abhängen.

- **Botschaften, die interessieren**
Persönliches Interesse ist ein weiterer wichtiger Faktor der Selektivität. Empirische Untersuchungen zeigen, dass der Wunsch, sich selbst zu sehen bzw. Dinge oder Personen, mit denen man sich verbunden fühlt, sehr stark die Aufmerksamkeit bestimmt. Auf diesem Interesse an der eigenen Person werden ganze Werbekampagnen aufgebaut: Eine große österreichische Versicherung ließ ihre Vertreter abbilden, u. a. mit dem Ziel, diese Mitarbeiter durch die Werbekampagne zu motivieren. Eine andere Vorgehensweise besteht darin, in die Werbebotschaft Informationen einzubauen, die die Zielgruppe vermutlich stark interessieren: So sind z. B. kleine Kapitalanleger nicht nur am Kapitalertrag, sondern auch an Ertragssicherheit interessiert.

  Wie gut eine Botschaft wahrgenommen wird, hängt auch vom jeweiligen Interesse an der Produktart, an der Kaufentscheidung selbst bzw. am Medium ab. Das psychische Konstrukt des Involvement (persönliches Engagement) trägt zur Erklärung bei, warum dieselbe Werbebotschaft bei verschiedenen Personen unterschiedliche Wirkungen erzielt. In Abhängigkeit vom Involvement wird Information entweder aktiv gesucht, passiv aufgenommen oder überhaupt vermieden. Die Gestaltung der Werbemittel muss auf das jeweilige Informationsverhalten der Zielpersonen abgestimmt werden, also eher informieren oder aktivieren, bestätigen oder überzeugen.

4.4.1.4   Lernen und Gedächtnis

Da der Zeitpunkt der Wahrnehmung einer Werbebotschaft und der Zeitpunkt der Kaufhandlung meist auseinanderfallen, ist es wichtig, dass die Aussage im Gedächtnis haften bleibt, also gelernt wird.

Dabei darf man unter Lernen nicht nur ein bewusstes Einstudieren bestimmter Wissensstoffe – etwa Lernen für eine Prüfung – verstehen. Gerade im Bereich der Werbung wird auch unbewusst, nicht absichtlich gelernt.

Lernen bedeutet Veränderung im Erleben, Veränderungen von Einstellungen, Werthaltungen und Verhaltensweisen. Im Zusammenhang mit der Werbung kommt es vor allem darauf an, dass eine Handlung gelernt wird: Auf ein bestimmtes Bedürfnis soll der Mensch in ganz spezifischer Weise reagieren, nämlich Marke XY konsumieren.

Lernen

Wie Veränderungen von Verhaltensweisen zu Stande kommen, wird von verschiedenen psychologischen Lerntheorien unterschiedlich erklärt. Abb. 106 vermittelt einen Überblick über die wichtigsten Lerntheorien.

Grundsätzlich muss man zwischen S-R-Theorien und kognitiven Theorien unterscheiden:

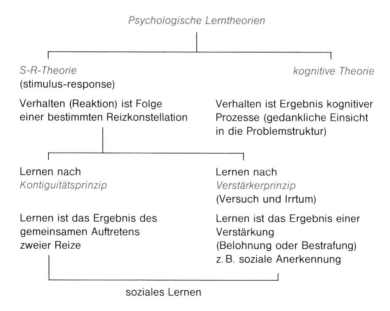

Abb. 106: Die wichtigsten Lerntheorien

S-R (Stimulus-Response)-Theorien erklären das Verhalten als unmittelbare Reaktion auf Reizkonstellationen, denen das Individuum in seiner Umwelt ausgesetzt ist.

Anwendung: Diese Theorie eines reaktiven Verhaltens trifft vor allem für den Kauf von sog. Low-Involvement Produkten (z. B. Produkte des täglichen Bedarfs) zu. Dabei erfolgt die Kaufentscheidung eher gewohnheitsmäßig oder impulsiv (siehe ausführlich Kap. 2.1.2.3).

Kognitive Lerntheorien gehen davon aus, dass das Verhalten nicht direkt unter Kontrolle der Umweltreize steht, sondern durch gedankliche Einsicht in die Problemstruktur bestimmt wird.

Anwendung: Wichtige Entscheidungen werden in der Regel aufgrund kognitiver Orientierung getroffen. Kognitive Lerntheorien sind daher im Bereich von Investitionsgütern oder dauerhaften Konsumgütern von besonderer Bedeutung.

In der Folge wollen wir die **S-R-Theorien**, die als die „typischen" Lerntheorien gelten, weiter untergliedern und im Besonderen auf ihre Anwendbarkeit im Rahmen der Werbung hinweisen.

Nach den S-R-Theorien wird Lernen als Erwerben von S-R-(Reiz-Reaktions-)-Verknüpfungen betrachtet. Eine völlig neue Situation kann das Individuum dadurch bewältigen, dass es bisherige S-R-Verknüpfungen erinnert oder völlig neue ausprobiert.

Das Lernen kann dabei als Ergebnis des gleichzeitigen Auftretens zweier Reize (Kontiguitätsprinzip) oder als Ergebnis einer Verstärkung, die ein Verhalten erfährt (Verstärkerprinzip), erklärt werden.

Zum **Lernen nach dem Kontiguitätsprinzip** zählen sowohl die klassische Konditionierung als auch die emotionale Konditionierung.

Der wohl bekannteste Ansatz zur Erklärung des Lernens ist die klassische Konditionierung nach Pavlow. Danach führt die wiederholte Darbietung eines neutralen Reizes gemeinsam mit einem Reiz, der bereits eine Reaktion hervorruft, dazu, dass der ursprünglich neutrale Reiz die gleiche Reaktion hervorruft. Das Individuum hat damit gelernt, auf den neutralen Reiz zu reagieren.

Zur Veranschaulichung das klassische Tierexperiment von Pavlow: Einem Hund wurde Futter, auf das als Reaktion Speichelfluss auftrat, gemeinsam mit dem neutralen Reiz eines Glockentones dargeboten. Nach mehreren Wiederholungen genügte schon der Glockenton allein, um die Reaktion Speichelsekretion hervorzurufen.

Dieses Prinzip der klassischen Konditionierung findet sich in der **emotionalen Konditionierung** wieder: Wenn Bilder oder Wörter emotionale Reaktionen hervorrufen und wiederholt zusammen mit einem neutralen Wort dargeboten werden, so ruft nach einiger Zeit dieses Wort die gleiche emotionale Reaktion hervor.

Die besondere Bedeutung der emotionalen Konditionierung für die Kommunikation liegt in der Möglichkeit, einen Markennamen so zu konditionieren, dass er bestimmte emotionale Erlebnisse hervorruft und sich dadurch eindeutig von Konkurrenzmarken unterscheidet. In diesem Fall spricht man von emotionaler Produktdifferenzierung.

Diese Möglichkeit wurde in folgendem Experiment am Institut für Konsum- und Verhaltensforschung in Saarbrücken nachgewiesen:

Der Phantasie-Markenname „Hoba" für eine Toiletteseife wurde gemeinsam mit den Assoziationen „frisch, angenehm, erotisch" sowie mit Bildmotiven, die Erotik, soziales Glück und Urlaubsstimmung vermittelten, präsentiert.

Nach neun Darbietungen der dazu entworfenen Werbemittel im Abstand von je einem Tag wurden die Eindrücke von „Hoba-Seife" gemessen. Die Beurteilung der Versuchspersonen entsprach tatsächlich den konditionierten emotionalen Reizen. Damit wurde bewiesen, dass Wortbedeutungen und Einstellungen durch Werbung konditioniert werden können.

Eine ähnliche Untersuchungsreihe wurde später mit Zahnpasten und Mineralwasser wiederholt.

Nach Kroeber-Riel gelingt emotionale Konditionierung insbesondere dann, wenn ein Produkt nicht erklärungsbedürftig ist oder wenn sachliche Informationen nicht interessieren, weil sie bei sämtlichen Marken als gleich vorausgesetzt bzw. als gleich wahrgenommen werden (etwa bei Seife, Benzin, Zahnpasta, Mineralwasser usw.).

Erklärt man **Lernen nach dem Verstärkerprinzip** (Lernen aufgrund von Versuch und Irrtum oder Lernen am Erfolg), so ändert sich nach dieser Theorie die Wahrscheinlichkeit eines bestimmten Verhaltens aufgrund der positiven oder negativen Konsequenzen, die das Individuum erlebt oder erwartet:

- Belohnungen, wie Geld, soziale Anerkennung usw. wirken als positive Verstärker,
- Bestrafungen, wie Schmerz oder soziale Missbilligung wirken als negative Verstärker.

Verhaltensverstärkend wirkt also die Darbietung von Belohnungen oder das Vermeiden von Bestrafungen.

Im Rahmen der Kommunikation wird hauptsächlich das Eintreten von positiven Konsequenzen versprochen. Als Verstärker stehen dabei verschiedene Belohnungsformen, wie z. B. finanzielle Vorteile, persönliches Wohlbefinden und soziale Anerkennung, zur Verfügung.

Bei Werbung mit negativen Appellen ist stets Vorsicht geboten. Ist die Wirkung des Werbemittels zu sehr von negativen Erlebnissen geprägt (etwa von Angst oder Ekel), so kann für den Rezipienten das Produkt selbst abstoßend erscheinen, auch wenn es Rettung vor dem Unangenehmen verheißt.

Beispiele für die Verwendung negativer Appelle sind Anti-Raucher- und Anti-Alkohol-Kampagnen sowie manche Werbungen von Versicherungen.

Im Rahmen der Botschaftsgestaltung werden wir die Vor- und Nachteile angsterregender Kommunikation ausführlich diskutieren (vgl. Kap. 4.4.2.2).

Unter **sozialem Lernen** verstehen wir das Erwerben von Verhaltensmustern durch Interaktion mit der sozialen Umwelt. Die erlernten Verhaltensweisen ermöglichen das Einfügen eines Individuums in die Gesellschaft.

Soziales Lernen kann sowohl mit Hilfe des Kontiguitätsprinzips als auch mittels des Verstärkerprinzips erklärt werden.

Für die Werbung ist eine besondere Form des sozialen Lernens interessant: das Lernen durch Beobachten. Ein Individuum ahmt das Verhalten eines Modells (Leitbildes) nach. Auf diese Weise werden neue Verhaltensweisen ohne eigene Erfahrung übernommen.

Eine wichtige Rolle spielt dabei die Verstärkung, die das Modell für sein Verhalten erhält: Wird das Verhalten belohnt, so wird es mit größerer Wahrscheinlichkeit übernommen.

Die Beobachtung muss dabei nicht direkt erfolgen, das Modell kann auch über Massenmedien gezeigt werden. Diese Möglichkeit wird von der Werbung genutzt. Man denke nur an TV-Spots, in denen Personen für die Verwendung bestimmter Marken mit Anerkennung und Bewunderung seitens der Umwelt (Familienmitglieder, neidische Freundinnen) belohnt werden.

Allerdings wird die Wirksamkeit des Lernens am Modell dadurch eingeschränkt, dass nur ein kleiner Teil der beobachteten Verhaltensweisen tatsächlich ausgeführt wird. Der Rest bleibt nur als Verhaltensmöglichkeit gespeichert.

Gedächtnis

Voraussetzung für das Lernen ist das Gedächtnis. Seine Funktionen sind Behalten und Erinnern. Der Ausfall des Erinnerns wird als Vergessen bezeichnet.

Der Gedächtnisprozess kann als Informationsspeicherung betrachtet werden. Reize werden von den Sinnesorganen aufgenommen und in bioelektrische Impulse, also körpereigene Signale umgewandelt. Diese stimulieren über verschiedene Nervenbahnen das Informationsverarbeitungssystem.

Aufgenommene Informationen bzw. Sinneseindrücke werden zuerst in den **Kurzzeitspeicher** übernommen. Dieser hat zwei Aufgaben:

- Reize werden durch Zuwendung von Aufmerksamkeit bewusst gemacht und aufrechterhalten. Das Kurzzeitgedächtnis stellt somit einen „Arbeitsspeicher" für unmittelbare Reaktionen auf einen Reiz dar.
- Informationen werden in das Langzeitgedächtnis übergeführt. Dabei werden sie mit bereits gespeicherten Gedächtnisinhalten in Verbindung gebracht, d.h. sie werden in bereits vorhandene (gelernte) Wahrnehmungsschemata eingeordnet.

Wenn Informationen in keiner Weise verarbeitet werden, so gehen sie verloren.

Im **Langzeitgedächtnis** werden die vorher verarbeiteten und zu kognitiven Einheiten organisierten Informationen langfristig gespeichert. Diese langfristige Speicherung geht mit dem Aufbau biochemischer Substanzen, d. h. von „Gedächtnisspuren", einher, die nach weit verbreiteter Auffassung nie mehr gelöscht werden können.

Das **Vergessen** von Information wird von dieser Theorie als mangelnde Zugriffsmöglichkeit auf vorhandene Information interpretiert. Dies lässt sich dadurch erklären, dass im Gedächtnis gespeicherte Informationen von vorher oder nachher aufgenommenen Informationen überlagert werden. Diese Überlagerungen nennt man Interferenzen.

Für die Werbung ist es interessant, ob mehrmalige Wiederholungen von Werbebotschaften zu einer höheren Werbewirkung im Sinne einer besseren Erinnerung an die Botschaft führen.

Grundsätzlich kann man dabei auf die Erkenntnisse der Lernpsychologie zurückgreifen. Allerdings ist dabei zu prüfen, inwieweit diese Erkenntnisse auf den Bereich der Werbung übertragbar sind:

- Bei Werbebotschaften handelt es sich um sinnvolles Material, während die Erkenntnisse von Hermann Ebbinghaus, dem Begründer der experimentellen Gedächtnispsychologie, auf sinnlosen Silben basieren.

- Bei den Lernprozessen, die die Werbung anregen soll, handelt es sich um „unabsichtliches Lernen", während sich die meisten Lernexperimente mit bewusstem, absichtlichem Lernen beschäftigen.

Es konnte jedoch nachgewiesen werden, dass die Erkenntnisse der psychologischen Lerntheorie auch für die Werbung gültig sind.

Die bahnbrechende Studie zu diesem Thema stammt von Zielske (1959): Er untersuchte den Zusammenhang zwischen Wiederholungen von Werbebotschaften (in verschiedenen Zeitabständen) und der Erinnerung bzw. dem Vergessen der Konsumenten. Eine ausführliche Beschreibung dieser Untersuchung erfolgte bereits in Kap. 4.3.2.2.

Hier wollen wir nur die wichtigsten Hypothesen zu diesem Thema zusammenfassen:

- Vergessen geht anfangs sehr rasch vor sich, nimmt aber mit der Anzahl der verstreichenden Zeiteinheiten immer mehr ab.

- Werbung wird rascher vergessen, wenn der Konsument ihr nicht ständig ausgesetzt wird.

- Mit der Anzahl der Einschaltungen sinkt die Vergessensrate.

Für die grafische Darstellung von Lernprozessen verwendet man **Lernkurven**, die den Zusammenhang zwischen Anzahl der Lerndurchgänge (Kontakte mit der Werbebotschaft) und dem richtig reproduzierten Lernstoff abbilden.

Als typische Form der Lernkurven gilt die S-förmige Kurve (Abb. 107), die in einer Vielzahl von empirischen Untersuchungen bestätigt wurde. Dieser Kurvenverlauf wurde bei klassischer Konditionierung, beim Auswendiglernen, aber auch bei der Entwicklung von Fertigkeiten beobachtet.

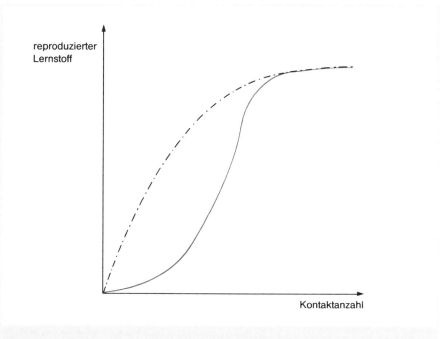

reproduzierter
Lernstoff

Kontaktanzahl

Abb. 107: Zusammenhang zwischen Kontaktanzahl und Werbewirkung (Lernkurve)

Aus der S-förmigen Lernkurve lässt sich die konkave Form ableiten: Man nimmt an, dass bei konkavem Anstieg der Lernleistung bereits ein bestimmtes Maß an Vorübung vorhanden war, d.h. dass bereits gewisse Erinnerungen in Bezug auf das Lernmaterial bestehen (dass es sich also z.B. nicht um sinnlose Silben handelt).

Dass dieser konkave Kurvenverlauf auch für das Erinnern von Werbebotschaften zutrifft, wurde in der Untersuchung von Zielske bestätigt.

Die ältere Werbepsychologie schloss aus diesen Erkenntnissen, dass der Werbeerfolg in erster Linie von der Anzahl der Wiederholungen abhinge: Man müsse die Botschaft und vor allem den Markennamen den Konsumenten „einhämmern".

Neuere werbepsychologische Untersuchungen konnten allerdings eindeutig nachweisen, dass Intensität und **Wiederholung** allein nicht den Gedächtniswert bestimmen. Die Güte der **Gestaltung** ist ebenfalls von großer Bedeutung:

- ■ Gute, schon bei der ersten Darbietung stark beachtete Anzeigen ziehen auch bei Wiederholungen den Blick auf sich.

- ■ Schlechtere Anzeigen finden selbst bei Wiederholungen kaum Beachtung.

Schlechte Gestaltung lässt sich also durch Wiederholen nicht kompensieren!

Auf die Problematik, die Erinnerung an die Werbebotschaft als Maß für die Werbewirkung (der Wirkung wiederholter Kontakte mit der Botschaft) zu verwenden und demzufolge Lernkurven als **Werbewirkungsverläufe (Response Functions)** zu interpretieren, werden wir im Rahmen der Mediaplanung (Kap. 4.5) ausführlich zu sprechen kommen.

Abschließend wollen wir noch einmal hervorheben, dass Wahrnehmungs- und Lernerfolg sowohl von der Botschaftsgestaltung als auch von der Streuplanung (Mediaselektion und zeitlicher Einsatz) abhängen.

Für beide Planungsstufen gilt, dass sie auf die Eigenschaften der Zielpersonen, also auf ihre bisherigen Erfahrungen, auf die Bedürfnisse, Interessen und Einstellungen, aber auch auf die kognitiven Fähigkeiten abgestimmt werden müssen. Zusätzlich sollte der Einfluss von Bezugsgruppen und Meinungsführern berücksichtigt werden.

4.4.2 Botschaftsgestaltung

4.4.2.1 Copy Strategy

Die kreative Umsetzung in der Werbung sollte von spezifizierten Zielsetzungen geleitet werden (Belch, Belch, 2004, S. 254). Das Werbekonzept – und damit auch die kreative Strategie – basiert auf verschiedenen Faktoren, wie wir bereits in Abb. 96 gesehen haben: Positionierung, anzusprechende Zielgruppe, zu erreichende Ziele bzw. Regeln der integrierten Kommunikation legen den strategischen Rahmen für die kreativen Umsetzungsideen für die zu transportierenden Inhalte fest.

Auf Basis des Agenturbriefings wird schriftlich eine Copy Strategy als Arbeitsgrundlage für die „Kreativen" definiert. Sie stellt eine verbindliche Argumentations- und Gestaltungsstrategie für die konkrete kreative Ausgestaltung der einzelnen Werbemittel dar, indem sie Inhalt und Ausdrucksform festlegt. Die Copy Strategy geht von den Werbezielen, Zielgruppen und der Positionierung (bzw. von der Kommunikationsplattform – so vorhanden –) aus. Sie beinhaltet Consumer Benefit, Reason Why und Tonalität. Abgeleitet von der Positionierung definiert sie den **Consumer Benefit** (Verbrauchernutzen) – manchmal auch als Werbeversprechen bezeichnet – also den Nutzen, den der Verbraucher durch den Konsum dieser Marke hat, und den **Reason Why** (die Begründung(en) des Verbrauchernutzens, die diesen für die Konsumenten nachvollziehbar macht/machen).

Das gesamte Versprechen, das dem Verbraucher in der Werbebotschaft gemacht wird, sollte sich von den Versprechungen der Mitbewerber-Marken abheben und somit einzigartig sein. Diese Einzigartigkeit (USP: Unique Selling Proposition) kann entweder durch physikalische, technische oder wirtschaftliche Eigenschaften begründet sein (Grundnutzen), oder durch einen Zusatznutzen – also durch emotionale oder soziale Faktoren, wie z. B. Luxus, Prestige, Zugehörigkeitsgefühl, Anerkennung u. Ä. erreicht werden (vgl. dazu Kap 4.1.1).

Die **Tonalität** legt schließlich fest, wie die Ausdrucksform, der Stil der Ansprache, die Ausstrahlung der Werbung sein soll. Die Tonalität basiert darauf, wie die Marke vom Verbraucher erlebt werden soll. Sie sollte auf die Zielgruppe abgestimmt sein, denn sie muss eine Beziehung zwischen Verbraucher und Marke herstellen. Sie ermöglicht eine Identifikation der Zielpersonen mit der Marke über die Ausdrucksform und prägt so das Image der Marke mit. Die Tonalität der Werbung für eine Waschmittelmarke kann z. B. seriös, wissenschaftlich oder vertrauenswürdig, informativ sein.

Eine Copy-Strategy ist – so wie die Positionierung – ein Langzeitdokument. Sie soll dazu dienen, die Kontinuität der Werbung zu wahren. Sie soll auch sicherstellen, dass sich das Werbeversprechen von den Mitbewerbern differenziert.

Auf Basis dieser Vorgaben der Copy Strategy wird die **Werbeidee** – die Art der kreativen Umsetzung selbst – entwickelt.

In Kapitel 4.4.3.2 finden sich einige Überlegungen zu Werbeideen wie z. B. Analogie, Präsenter, Testimonial, Humor usw.

Der Consumer Benefit (Werbeversprechen) aus der Copy Strategy wird oft kreativ verpackt in einen Slogan. Ein **Slogan** ist ein kurzes, einprägsames Statement, das das zentrale Werbeversprechen bzw. den Kern der Markenpositionierung wiedergibt. Ein Slogan sollte kurz, prägnant und leicht verständlich formuliert, einprägsam und markenbezogen sein. Beispiele dafür wären „Römerquelle – belebt die Sinne", „BMW – Freude am Fahren" oder „McDonalds – ich liebe es" bzw. „McDonalds – I´m lovin´it". Noch wirkungsvoller kann ein Slogan mit einem einprägsamen **Jingle** (Erkennungsmelodie für eine Marke bzw. Werbebotschaft) vermittelt werden, wie es zum Beispiel beim seit Jahrzehnten unveränderten Slogan „Haribo macht Kinder froh – und Erwachsene ebenso" der Fall ist.

Im Folgenden und in Abb. 108 ist die **Copy Strategy** des deutschen Reiseveranstalters TUI AG, auf deren Basis Anzeigen-Sujets (Abb. 109), TV- und Kino-Spots entwickelt worden sind, dargestellt. TUI bietet „Urlaub aus einer Hand", von der Reisebuchung, über den Flug bis hin zur Unterbringung in TUI- eigenen Hotels und Betreuung der Gäste durch eigene Reiseleiter in durchgängiger Qualität (siehe Abb. 108).

Der **Consumer Benefit** gibt Antwort auf die Frage: „Was hat die Zielperson davon, wenn sie einen Urlaub bei TUI bucht?"

Die Antwort ist der Inhalt des Consumer Benefits und lautet: „Urlaubsgenuss, der länger anhält". Dies ist der Nutzen für eine Zielperson bzw. das Versprechen von TUI an die Zielpersonen.

Umgesetzt wird dieses Versprechen nicht nur in den in der Werbung verwendeten Bildern, sondern auch im Slogan „Ein TUI Urlaub hält länger", der in allen Werbemitteln eingesetzt wird.

Positionierung der Marke TUI:	TUI bietet qualitativ hochwertige, Urlaubsarrangements mit individuellem Rundum-Service vor Ort. Dabei bucht TUI Flug und Unterkunft, organisiert den Transport vom Flughafen zur Unterkunft und retour, betreut die Gäste vor Ort durch eigene Reiseleitung, organisiert vor Ort Austauschprogramme, das Mieten von Fahrzeugen, usw.
Zielgruppe:	europäische Urlauber, die ihren Urlaub (Pauschal oder Bausteine) buchen wollen und auf einen reibungslosen Urlaubsablauf Wert legen.
Werbeziele:	• Aufmerksamkeit und Interesse auf die Marke TUI lenken • Etablierung der Marke TUI als qualitativ hochwertigen Urlaubsanbieter

Copy Strategy

Consumer Benefit:	Urlaubsgenuss, der länger anhält
Reason Why:	Weil TUI qualitativ hochwertige Urlaubsarrangements anbietet. Weil sich TUI um einen reibungslosen Ablauf des gesamten Urlaubs kümmert. Weil TUI individuellen Rundum-Service am Urlaubsort anbietet.
Tonality:	entspannt, traumhaft

Werbeidee:	Slice of Life (Ausschnitt aus dem Urlaubsalltag)

Abb. 108: Copy Strategy von TUI

Der **Reason Why** liefert der Zielperson eine nachvollziehbare Begründung bzw. Beweise für das Versprechen (den Consumer Benefit). Er beinhaltet die Antwort(en) auf die Frage „Wie ist das Versprechen beweisbar? Warum kann TUI das versprechen?"

Im vorliegenden Fall: „Weil TUI qualitativ hochwertige Urlaubsarrangements anbietet usw.", siehe Abb. 108.

Die Werbung von TUI soll als entspannt, traumhaft erlebt werden (Tonality oder auch **Tonalität**).

Die **Werbeidee** (kreative Umsetzung), die für die Anzeigen-Sujets und TV-Spots entwickelt worden ist, ist ein Slice of Life (Ausschnitt aus dem Urlaubsalltag). Vgl. dazu die Anzeige in Abb. 109.

Abb. 109: Anzeige von TUI

Bei der Umsetzung der Konzepte und Ideen ist auf die Wirkung, die die Werbemittel (TV-Spot, Anzeige) bei der Zielgruppe erzielen sollen, zu achten. Es ist daher genau abzuwägen, welche Personentypen mit der Marke präsentiert werden sollen. Ob dies z. B. flippige, junge Mädchen oder adrett gestylte, junge Damen sein sollen, ist unter dem Lichte der Beziehung zwischen Werbeobjekt und Zielgruppe – also der Tonalität – bzw. unter dem Gesichtspunkt der Positionierung zu prüfen.

Vor der Produktion der Werbemittel bedarf es daher ständiger Kontakte zwischen Auftraggeber, Agentur und Hersteller der Werbemittel, wie Regisseure, Fotografen, etc., um durch die Wahl von Personen, Accessoires, Hintergrund, Umfeld, Farbe, Stimmen und Musik die gewünschten Wirkungen – im Sinn der Umsetzung der Positionierungen und der angepeilten Tonalität – zu erzielen.

4.4.2.2 Die Form der Ansprache

Aristoteles unterschied in der Rhetorik zwischen folgenden Möglichkeiten zu überzeugen:

- Ethos: Appelle an das Gewissen, an die Moral
- Pathos: Appelle an Gefühle
- Logos: Rationale Argumentation.

Moralische Appelle

Bei moralischen Appellen hängt die Beeinflussungswirkung in erster Linie vom Sender (z. B. vom Sprecher in einem TV-Spot) bzw. vom Medium, weniger von der Botschaft selbst ab: Die Änderung von sozialen Wertvorstellungen oder Konsumnormen im Rahmen der Werbung ist bedeutend schwieriger als deren Bestätigung. In der Regel verwendet man in der Werbung Appelle an Konsumnormen, indem man auf soziale Bestrafung oder Belohnung hinweist. Produkte werden zu Symbolen für Status und Prestige aufgebaut.

Ob Normen („was ist gut und richtig") vom Empfänger als für die eigene Person gültig übernommen (internalisiert) werden, ist eine Frage der Glaubwürdigkeit und Attraktivität der Kommunikationsquelle.

Als **glaubwürdig** gilt ein Sender dann, wenn er

- über spezielle Erfahrungen und Kenntnisse in einem Themenbereich verfügt, also als Experte für kompetent angesehen wird,
- als vertrauenswürdig erachtet wird: Man glaubt, sich auf seine Aussage verlassen zu können.

Ein Arzt kann z. B. glaubwürdig als Experte für Heilkunde ein bestimmtes Medikament empfehlen, aufgrund seiner Vertrauenswürdigkeit aber auch ein Auto.

Informationen von glaubwürdigen Sendern beeinflussen Meinungen und Einstellungen durch den Mechanismus der Internalisation: der Empfänger übernimmt die Meinung des Senders und integriert sie in sein Einstellungssystem, wobei diese Meinung weiter bestehen bleibt, wenn der Sender auch längst vergessen ist (Belch, Belch, 2004, S.168).

Attraktiv ist ein Sender dann, wenn sich die Zielpersonen mit ihm identifizieren können, wenn sie beim Sender gemeinsame persönliche und soziale Merkmale wahrnehmen, wenn er ihnen vertraut und sympathisch ist, z.B. aufgrund seines Aussehens, seiner Persönlichkeit.

Attraktivität führt zu einer Einstellungsänderung beim Empfänger durch den psychischen Prozess der Identifikation. Dieser führt aber nicht wie die Internalisation zu einer dauerhaften Einstellungs- oder Verhaltensänderung, sondern nur so lange wie der Sender attraktiv bleibt (Belch, Belch, 2004, S. 172).

Personen, die bei einer Zielgruppe bekannt sind und als sympathisch und glaubwürdig gelten, können als Leitbilder im Rahmen von Werbekampagnen –erfolgreich vor allem bei Low-Involvement Produkten – verwendet werden. Häufig verwendet werden Prominente (**Celebrities**).

Allerdings ist dabei Vorsicht geboten: Nicht jeder Prominente wird als Leitbild auf allen Gebieten anerkannt. Deshalb sollte seine Glaubwürdigkeit und Kompetenz für die zur Diskussion stehende Produktkategorie überprüft werden.

Emotionale Appelle

Eine Aktivierung durch emotionale Reize fördert nicht nur die erste Auseinandersetzung mit einer Werbebotschaft, sondern sie kann auch den gesamten Verarbeitungsprozess positiv beeinflussen.

Es gibt eine Reihe von Stimuluskategorien, die besonders **stark aktivieren**: erotische Darstellungen, Augen- und Kindchenschemata, humoristische oder angsterregende Gestaltungselemente.

Diese Reize aktivieren gleichsam automatisch jeden Menschen, da sie grundlegende Triebe und Motive aktualisieren.

Die Verwendung von emotionalen Stimuli darf sich dabei nicht auf Blickfänge und Anfangsreize beschränken, sondern muss insgesamt einen emotionalen Mix von Reizelementen bilden. Die aktivierenden Reize müssen auf die Schlüsselinformationen hinweisen, mit ihnen eine formale und gedankliche Einhcit bilden, da sie sonst keine Wirkung auf Markenerinnerung oder Einstellungsänderung haben. In der Regel werden in der Werbung angenehme Gefühle wie Erotik, Familienglück, Wohlbefinden oder soziale Anerkennung als Belohnung versprochen und – durch oftmalige Wiederholung – mit dem Markennamen konditioniert.

Die Vermittlung derartiger emotionaler Erlebnisse erfolgt dabei hauptsächlich durch Bilder.

Aber auch **Worte** können ein hohes Aktivierungspotenzial haben. In einer Untersuchung aktivierte z. B. der Wortreiz „Vaterland" stärker als eine Reihe von Anzeigen mit emotionalen Bildinhalten (z. B. Erotik).

Worte wie „Bruttosozialprodukt" und „Handelsbilanz" haben dagegen eine deutlich geringere Aktivierungswirkung als „Vaterland" bzw. die vorgenannten Anzeigen (vgl. Jiras, 1985 und Pöhn, 1986).

Bei negativen Appellen ist Vorsicht geboten: Es besteht die Gefahr, dass unangenehme Informationen durch selektive Wahrnehmung abgewehrt werden.

Bilder in der Werbung

Bilder nehmen bei der Übermittlung der Werbebotschaft einen zentralen Stellenwert ein (vgl. auch Kap. 4.4.3.2) und sind zur Darstellung emotionaler Reize besonders gut geeignet.

Die stärksten emotionalen Wirkungen rufen Schemabilder hervor, die auf biologisch geprägte Dispositionen zurückgehen und kulturübergreifend wirken. Diese angeborenen Auslösemechanismen (AAM) haben den Vorteil, dass der Betrachter automatisch auf diese Bildmotive reagiert, da ein bewusstes Steuern oder Kontrollieren der ausgelösten Orientierungsreaktion nicht möglich ist.

Zu den wichtigsten **biologisch vorprogrammierten Schemata** zählen das Kindchenschema, das Augenschema, sowie Schemabilder zum weiblichen und männlichen Geschlecht.

Kindchenschema

Durch das Kindchenschema werden ganz bestimmte Gefühle und Affekte angesprochen. Lorenz (1943) hat diese unter dem Begriff „herzig" zusammengefasst. Dieser Ausdruck steht in Verbindung mit der durch das Schema ausgelösten Instinktbewegung „Auf-den-Arm-nehmen" bzw. „Ans-Herz-Drücken".

Die Merkmale, die das Kindchenschema auslösen, sind (nach Lorenz 1943) ein im Verhältnis zur Körpergröße großer Kopf, ein im Verhältnis zum Gesichtsschädel stark überwiegender, mit gewölbter Stirn vorspringender Hirnschädel, große und tief (bis unter der Mitte des Gesamtschädels) liegende Augen, verhältnismäßig kurze, dicke Arme und Beine, eine allgemein rundliche Körperform, eine weich-elastische Oberflächenbeschaffenheit, sowie runde und vorspringende Pausbacken.

Abb. 110 veranschaulicht das Brutpflegeverhalten auslösende Schema. Links sind ein Kind, eine Wüstenspringmaus, ein Pekinese und ein Rotkehlchen dargestellt, die die Merkmale des Kindchenschemas aufweisen. Rechts sieht man die nicht den Pflegetrieb auslösenden Verwandten: ein Mann, ein Hase, ein Jagdhund und ein Pirol.

Das Kindchenschema kann im Betrachter bestimmte Emotionen auslösen, wie z. B. Geborgenheit, Sicherheit, Vertrauen, Menschlichkeit und Liebenswürdigkeit. Diese Eigenschaften können mittels emotionaler Konditionierung auf Marken übertragen werden.

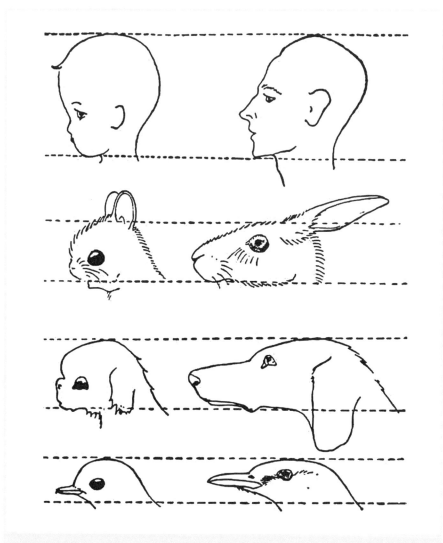

Abb.110: Das Brutpflegeverhalten auslösende Schemen (Lorenz 1943, S. 276)

Um eine Marke mit diesen Eigenschaften aufzuladen, werden in der Werbung nicht nur Babys und kleine Kinder, sondern häufig auch Tiere, die die zentralen Merkmale aufweisen, abgebildet (vgl. Abb. 132, S. 349).

Augenschema

Augen nehmen in der zwischenmenschlichen Kommunikation eine bedeutende Rolle ein, da sie sowohl Sende- als auch Empfangsorgan sind. Somit sind Augen nicht nur

Abb. 111: Augenschema: Nestlé Plakat „Süße Grüße aus dem Morgenland" (1933)

für die Wahrnehmung der visuellen Umwelt verantwortlich, sondern können auch Botschaften übertragen, wie z. B. Hass, Zuneigung, Trauer oder Freude. Dies sollte bei der Werbegestaltung beachtet werden und kann auch zur Übermittlung von bestimmten Emotionen gezielt eingesetzt werden.

Augen stellen auch einen Blickfang dar und werden bei der Abbildung eines Gesichts in der Regel zuerst betrachtet.

Die zentralen Merkmale des Augenschemas als AAM hat Koenig (1975) wie folgt zusammengefasst: eine runde Iris, ein zentral liegender Pupillenfleck, ein Helldunkeleffekt durch Sklera und Iris, eine kugelige Gestalt, eine glänzende Oberfläche, eine gewisse Beweglichkeit, ein spitzovaler Umriss, eine paarweise Anordnung, sowie Wimpern und Brauenlinien.

Ein Beispiel für den Einsatz des Augenschemas in der Werbung zeigt das Plakat der Firma Nestlé „Süße Grüße aus dem Morgenland" aus dem Jahr 1933 (vgl. Abb. 111). Die Augen sind sehr prägnant dargestellt und weisen einige der zentralen Merkmale des Augenschemas auf.

Schemabilder zum weiblichen und männlichen Geschlecht (sekundäre Geschlechtsmerkmale)
Die sekundären Geschlechtsmerkmale, die zu den angeborenen Auslösemechanismen zählen, sind bei Männern vor allem breite Schultern und schmale Hüften und bei Frauen eine schlanke Taille, rote Wangen und Lippen, die weibliche Brust und die Gesäßpartie.

Erotische Reize haben den Vorteil, dass sie besonders stark aktivieren und somit die Aufmerksamkeit auf sich ziehen. Aus diesem Grund werden sie auch häufig in der Werbung eingesetzt. Risiken können sich aber einerseits dadurch ergeben, dass sie die Aufmerksamkeit zu sehr auf sich lenken und von der eigentlichen Werbebotschaft ablenken können (**Vampireffekt**), andererseits besteht – bei einer zu offensichtlichen Präsentation – die Gefahr, dass die Reize in der jeweiligen Zielgruppe nicht zur gewünschten Wirkung führen und z. B. unseriös wirken.

Garfield (2003) hat in diesem Zusammenhang einen sehr treffenden Vergleich formuliert: Sex ist wie Salz: Salz verbessert den Geschmack der meisten Dinge, aber zu viel davon zerstört fast alles.

Die oben erläuterten Schemabilder sind biologisch vorprogrammierte Reize und wirken kulturübergreifend. Neben diesen Schemabildern können auch Archetypen kulturübergreifend wirken.

Archetypen
Der Begriff der Archetypen wurde von C. G. Jung, einem der Pioniere der Psychoanalyse, geprägt. Er fasst darunter die Inhalte des „kollektiven Unbewussten" zusammen und beschreibt sie als „urtümliche Typen". Beispiele für Archetypen wären: der alte Weise, die Anima und der Animus, der Clown, der Held, die Hexe, die Nixe und die Sphinx (vgl. Dieterle, 1992).

Archetypen wirken zwar kulturübergreifend, werden aber auch mit kulturgeprägten Inhalten gefüllt. Der alte Weise kann in unterschiedlichen Kulturen als Arzt, Priester, Professor, aber auch als Guru oder Medizinmann auftreten. Die Funktion ist aber immer dieselbe: er zeigt Wege zu Wissen und Weisheit auf, vermittelt Verständnis und gibt gute Ratschläge (wie z. B. die Werbung für Dr. Best Zahnbürsten oder die Kneipp Produkte, die auf die ganzheitliche Lehre von Sebastian Kneipp zurückgehen).

Die Anima verkörpert die Weiblichkeit und kann in unterschiedlichsten Formen, wie zum Beispiel Elfen, Hexen oder Vamps zum Ausdruck kommen.

Die Wein- und Sektkellerei Schlumberger setzt beispielsweise die Elfe erfolgreich als Schlüsselbild in der Kommunikation ein (vgl. Abb. 112).

Abb. 112: Schlumberger Elfe

Ein wichtiger Aspekt bei der Verwendung von Schemabildern in der Werbung ist eine eigenständige Umsetzung. Vor allem wenn bestimmte Schlüsselbilder besonders gut zu einer Produkt- oder Dienstleistungsgruppe passen und von mehreren Unternehmen der gleichen Branche eingesetzt werden, besteht die Gefahr der „austauschbaren Werbung". Aus diesem Grund sollte der Werbetreibende beim Einsatz emotionaler Bilder darauf achten, dass sich diese von der Konkurrenz abheben und dass der Markenname bzw. das Markenlogo prägnant in die Werbebotschaft integriert ist.

Angstappelle in der Werbung

Angstappelle, also das Aufzeigen drohender Konsequenzen bei Nichtbefolgen der Werbeempfehlung, werden gerne im Bereich des „social advertising", z. B. bei Anti-Raucher-Kampagnen, für Zeckenimpfung oder Amnesty International verwendet, aber auch bei der Werbung von Versicherungen.

Die Wirkung einer Werbebotschaft kann durch das Erregen von Angst verstärkt werden. Ein Mensch, der durch negative Appelle aus seinem emotionalen Gleichgewicht gebracht wurde, sucht nach einer Möglichkeit, die „Bedrohung" abzuwenden. Wird ihm nun gemeinsam mit der angsterregenden Botschaft ein geeigneter Ausweg angeboten (Nichtrauchen, Impfen, Abschluss einer Versicherung), so wird dieser akzeptiert und besonders gut gemerkt.

Erreicht die empfundene Angst allerdings eine subjektiv nicht mehr ertragbare Höhe, so kommt es zu Abwehrmechanismen: Die Botschaft wird – unbewusst – geleugnet, verfälscht oder verzerrt bzw. der Werbende wird als unglaubwürdig abgelehnt.

Beim werblichen Einsatz ist auf die Stärke der Angstappelle zu achten, denn diese hat bis zu einem gewissen Niveau einen fördernden Effekt und nach Erreichen eines Höhepunktes hindernde Wirkung auf die Akzeptanz der in der Botschaft gegebenen Empfehlung. Anand-Keller und Goldberg-Block (1996) stellten in einer Untersuchung über die Wirkung von Angstappellen in einer Anti-Raucher-Kampagne fest, dass ein zu geringes Angst-Niveau unwirksam war, da es dabei nicht zu einer ausreichenden Motivation der Botschaftsempfänger kam, sich mit den Konsequenzen des Rauchens (destruktiven Verhaltens) auseinander zu setzen. Andererseits erwies sich ein zu hohes Angstniveau ebenso als unwirksam, da eine zu starke Auseinandersetzung mit den Konsequenzen zu Informationsvermeidung führte.

Welche Wirkung ein Angstappell bei einer bestimmten Zielperson hervorruft, hängt von folgenden Faktoren ab (vgl. Grünwald, 1980, S. 88ff.):

- Persönlichkeit des Empfängers (offensiv, defensiv) und sein allgemeines Angstniveau,
- Bedeutung des Themas für den Empfänger,
- Stärke des Angstappells in der Botschaft, ·
- subjektiv empfundene Wahrscheinlichkeit, mit der die unangenehmen Konsequenzen eintreten werden,
- Zeitraum, der bis zum möglichen Eintreten der Folgen verstreichen wird,
- Glaubwürdigkeit des Senders.

Ein Beispiel für die **Anwendung von Angstappellen** ist die vom österreichischen Bundesministerium für Verkehr, Innovation und Technologie im Jahr 2006 durchgeführte Werbekampagne „Gurte retten Leben" (vgl. Abb. 113), welche aufgrund des großen Erfolges mit einem Effie (Preis für effiziente Werbung und Marktkommunikation) in Gold und dem Staatspreis ausgezeichnet wurde.

Video	Screenshots	Audio
Familie fährt glückllich im Auto.		--- idyllische Musik ---
Mutter streichelt Tochter		Off: Ihre Tochter ist Ihr ganzes Glück!
		Für sie würden Sie alles tun ...
Auto bremst stark ab. Airbags werden ausgelöst.		... tun Sie aber nicht.
Kind fliegt zwischen Vater und Mutter durch die Windschutzscheibe.		--- Bremsgeräusch--- --- Aufprall --- --- Klirren ---
Hinter dem Loch in der Scheibe blicken Vater und Mutter erschrocken auf.	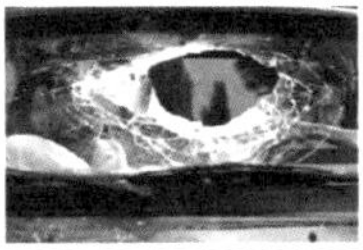	zu viele Menschen sterben, weil sie nicht angeschnallt sind.
Einblendung „Gurte retten Leben"	 GURTE RETTEN LEBEN!	--- Jingle - Sicherheitsgurt ---
„Leben hat Vorrang" Eine Initiative für Verkehr, Innovation und Technologie	 LEBEN HAT VORRANG!	Gurte retten Leben

Abb. 113: Storyboard des TV-Spots „Gurte retten Leben"

Humor in der Werbung

Humoristische Elemente sind beispielsweise Witz, Wortspiele, Unter- oder Übertreibungen, Verdrehen von Aussagen, Ironie oder Slapstick. Ein Beispiel für Humor in der Werbung stellt der TV-Spot von Red Bull dar (vgl. Storyboard Abb. 74, S. 175). Auch Humor kann die Wirkung der Botschaft positiv oder negativ beeinflussen: Humor erregt Aufmerksamkeit, er fördert das Verstehen der Botschaft und die Glaubwürdigkeit des Senders. Andererseits besteht die Gefahr, dass die humoristischen Elemente die Aufmerksamkeit von der Marke ablenken (**Vampireffekt**), was der Fall sein kann, wenn das Produkt bzw. die Marke zu wenig stark mit dem Humor verbunden ist (der Witz verselbständigt sich). Als Gestaltungselement eignet sich Humor besser für Low-Involvement- als für High- Involvement-Produkte (Belch, Belch, 2004, S. 185 f.).

Vermeidung von Reaktanzgefühlen

Unter Reaktanz versteht man den gefühlsmäßigen Widerstand gegen einen wahrgenommenen Beeinflussungsdruck. Hat man das Gefühl, nicht mehr frei entscheiden zu können, so versucht man, sich dieser Einengung zu widersetzen. Als Folge von Reaktanz kann ein **Bumerang-Effekt** auftreten: Der Betroffene lehnt die Empfehlung nicht nur ab, er entwickelt gerade für die bedrohte Meinung bzw. für Alternativen, von denen abgeraten wird (z. B. Konkurrenzprodukte), ein besonderes Engagement. Damit Werbung also wirksam beeinflussen kann, müssen Reaktanzgefühle bei den Zielpersonen vermieden werden (vgl. Kroeber-Riel und Meyer-Hentschel, 1982, S. 107 ff.). Die wohl bedeutendste Strategie zur Vermeidung von Reaktanz im Bereich der Werbung besteht darin, den Konsumenten nicht merken zu lassen, dass seine Entscheidungsfreiheit eingeengt wird. Je glaubwürdiger Werbung ist, desto schwächer wird der Beeinflussungsdruck wahrgenommen. Mittel, um die **Glaubwürdigkeit** von Werbung zu erhöhen, sind beispielsweise Belegung besonders glaubwürdiger Medien, Einsatz kompetenter Sprecher, redaktionelle Gestaltung von Anzeigen (Advertorials) etc. Letzteres entspricht bei Nichtkennzeichnung der Anzeige einer Schleichwerbung und ist damit ein Verstoß gegen das Presse- bzw. Medienrecht in Deutschland und Österreich. Um die Beeinflussung zu verschleiern, können **Ablenkungstechniken** verwendet werden. Dazu wurden einige Experimente durchgeführt: Z. B. kann Ablenkung mittels Ton (ausländischer Akzent des Sprechers) oder mittels Bild (nicht zur Argumentation passende Bilder) erzeugt werden. Durch diese Ablenkung wird die gedankliche Gegenargumentation der Zielperson beeinträchtigt. Bei zu starker Ablenkung besteht allerdings die Gefahr, dass auch die Aufnahme der Argumente selbst beeinträchtigt und die Werbebotschaft nicht verstanden wird (vgl. Kroeber-Riel, 2003, Percy/Rossiter, 1998).

Rationale Argumentation

Im Folgenden wollen wir uns mit einigen Überlegungen zur Frage, wie Zielpersonen durch Sachinformationen und logische Argumente überzeugt werden können, befassen und dabei auf die Struktur der Präsentation der Sachargumente und Verbalinformationen eingehen.

■ **Einseitige oder zweiseitige Argumentation**
Hier geht es um die Frage, ob man sich auf Argumente, die für das Werbeobjekt sprechen, beschränkt (einseitige Argumentation), oder ob Gegenargumente und ihre Widerlegung in die Botschaft einbezogen werden sollen (zweiseitige Argumentation). Die zweiseitige Argumentation gilt dann als wirkungsvoller,

– wenn Gegenargumente bereits bekannt sind bzw. damit gerechnet werden muss, dass sie bekannt sind,

– wenn die Zielpersonen ursprünglich nicht mit dem Werbenden übereinstimmen, wenn also die Einstellung verändert werden soll,

– wenn die Zielpersonen höhere Bildung haben.

Ein gutes Beispiel: „Crisan-Shampoo ist zwar sauteuer, aber es wirkt" (Slogan der Agentur AHA Puttner Bates für ein Antischuppen-Shampoo in Österreich). Der hohe Preis – ein Argument gegen den Kauf – wird erwähnt und sofort widerlegt. Zu beachten ist allerdings, dass die Kritikfähigkeit des Empfängers durch die Präsentation der Gegenargumente gesteigert wird.

■ **Implizite oder explizite Schlussfolgerungen**
Implizit bedeutet, dass der Empfänger selbst die Schlussfolgerung für sein Verhalten aus den Werbeaussagen ziehen muss. Voraussetzung dafür ist allerdings, dass eine gewisse Neugier, ein Involvement für eine nähere Auseinandersetzung mit der Botschaft bzw. mit dem Produkt vorhanden ist (Sawyer, Howard, 1991). Meistens werden Werbebotschaften allerdings mit eher geringer Anteilnahme, also mit Low-Involvement aufgenommen. In diesen Fällen ist das Risiko einer falschen oder gar keiner Schlussfolgerung so groß, dass eine explizite Schlussfolgerung in der Botschaft selbst vorzuziehen ist.

■ **Reihenfolge der Argumente**
Nach Forschungsergebnissen ist die Aufmerksamkeit zu Beginn einer Botschaft am größten (**Primacy-Effect**). Um diese zu erhalten und die Zielperson zu motivieren, die Botschaft weiter zu verfolgen, sollten die stärksten Argumente am Anfang gebracht werden:

– Vorteile des Produktes

– Auffassungen, mit denen der Konsument übereinstimmt

– eventuell die Schlussfolgerung.

Dies gilt vor allem dann, wenn die Zielpersonen an der Produktkategorie nicht interessiert sind. Sind sie aber sehr interessiert, sollten die starken Argumente erst am Schluss präsentiert werden (**Recency-Effect**). Dies führt zu einer günstigeren Einstellung und zum besseren Behalten der Botschaft.

■ **Emotionale oder rationale Werbung**

Emotionale und rationale Werbung sind nicht unbedingt Gegensätze, meistens enthalten gestaltete Werbebotschaften beide Elemente. Es hängt u.a. von der Produktart und vom Involvement der Zielpersonen ab, ob die Gestaltung überwiegend emotional oder rational sein soll. Außerdem eignen sich manche Medien besser zur Übertragung von emotionalen Appellen (Fernsehen, Rundfunk), andere Medien, insbesondere Printmedien, sind für rationale Appelle besser geeignet. Vgl. dazu auch Kap. 4.4.1.2.

4.4.3 Gestaltung von Werbemitteln

Die Frage, wie Botschaften zu gestalten sind, damit sie von den angesprochenen Zielpersonen beachtet, aufgenommen und verarbeitet werden, hat seit eh und je die Werbepraktiker beschäftigt. Bei der Frage der Gestaltung sollten folgende Gegebenheiten berücksichtigt werden:

■ die vielzitierte „Informationsüberlastung" der Verbraucher, nämlich, dass diese nur einen Bruchteil jener Informationen aufnehmen (können), die ihnen eine steigende Anzahl von Medien zur Verfügung stellen: in Deutschland beträgt die Informationsüberlastung 98 % (lt. Kroeber-Riel, Esch, 2000).

■ die oft oberflächliche Auseinandersetzung mit Werbebotschaften, die vor allem durch geringe Betrachtungszeiten von Anzeigen belegt wird: ca. 2 Sekunden wird eine ganzseitige Anzeige im Durchschnitt betrachtet (Jurmann, Steger, 2000, Kroeber-Riel, Esch, 2004).

■ das Involvement, das der Verbraucher in der Werbekontaktsituation, bzw. bei einer Produktkategorie oder Marke hat und das die „Art" der Verarbeitung der Werbebotschaft bestimmt.

4.4.3.1 Überlegungen zur Gestaltung von Prospekten

Bei Prospekten handelt es sich um „Werbeschriften im Umfang weniger Seiten, oft mehrfarbig und bebildert, in denen Waren oder Leistungen beschrieben, und oft auch der Preis angeführt wird" (Behrens, Esch, Leischner, Neumaier, 2001, S. 307).

Aufgabe eines Prospektes ist es, Angebote zu präsentieren. Seine Funktionen sind vielfältig: z.B. Unterstützung des Beratungs- oder Verkaufsgespräches, Informieren oder Kaufanreize schaffen bzw. „Verkaufen" in der Direktwerbung. Im B2B- und Dienstleistungsbereich werden Prospekte manchmal auch zur Image-Bildung eingesetzt.

Sie sind vor allem im Handel (Lebensmittelhandel, Drogeriefachmärkte, Bau- und Heimwerkermärkte, Mode- und Möbelhäuser) wichtige Werbemittel. In diesem Bereich werden sie regelmäßig entweder über Verteilerorganisationen oder durch die Post an Zielhaushalte verteilt (Haushaltswerbung), oder sie gelangen mittels Trägermedien wie Zeitungen oder Zeitschriften an die Zielhaushalte. Prospekte im Briefkasten oder an der Haustür werden häufig auch als Flugblätter oder Handzettel bezeichnet.

Die Sympathie der Zustellung stellt die Basis für die weitere Verwendung des Prospektes dar. Cirka 10% der Haushalte sind „Prospektverweigerer" und bekunden per Aufkleber am Briefkasten, dass sie kein Werbematerial wollen; ca. 17% entsorgen den Prospekt aus dem Briefkasten und 5% die Beilagen aus der Zeitung sofort (Reiss, Steffenhagen, 2007, S. 10). Beim verbleibenden Rest der Haushalte kann der Prospekt seine Wirkung entfalten.

In letzter Zeit rückte der Prospekt verstärkt in den Blickpunkt der Werbewirkungsforschung:

Ein Experiment von Müller-Hagedorn et al. (2007, S. 33) mit mehr als 150 Teilnehmern und 19 Prospektvarianten aus dem Lebensmittelhandel ergab, dass die Erinnerungswirkung (Zahl der erinnerten Marken) gesteigert werden konnte, wenn die Abbildungen vergrößert wurden. Bei Bildern über 1/8 Seite DIN A4 pro Produkt war allerdings keine Verbesserung der Erinnerungswirkung mehr zu beobachten. Abbildungen zur Verwendung der Produkte verbesserten zwar die Erinnerungswirkung nicht, jedoch aber die Einstellung zum Prospekt.

Cermark (2004) untersuchte im Rahmen einer Befragung 202 Prospekte aus dem österreichischen Handel hinsichtlich Erinnerungswirkung und Gefallen, wobei Gestaltungsfaktoren der Prospekte mit berücksichtigt wurden. So zeigte sich, dass der Markenname des werbenden Handelsunternehmens besser erinnert wurde, je auffälliger das Titelbild gestaltet war, und auch je häufiger der Markenname des werbenden Unternehmens im Prospekt genannt wurde. Aus der Untersuchung lassen sich folgende **Gestaltungsempfehlungen** ableiten (Cermark, 2004, S. 118 ff.): Die Text-Bild-Dichte sollte eher gering gehalten werden, wobei der Prospekt bilddominiert gestaltet sein sollte und die Texte auf wichtige Informationen beschränkt bleiben sollten. Dies wirkt sich sowohl auf das Gefallen als auch auf die Erinnerung positiv aus. Aufmerksamkeitsstarke, produktfremde Abbildungen steigern weder Gefallen noch Erinnerungswirkung. Laut Müller-Hagedorn (2007, S. 33) sind reine Sachabbildungen anderen Abbildungsformen überlegen, wenn ein Handelsunternehmen seine günstigen Preise in den Vordergrund rücken möchte.

Weiters sollte die Produktpräsentation einem Rastersystem folgen oder es sollten Abgrenzungslinien verwendet werden, damit der Prospekt übersichtlicher wird und so die Produkte besser in Erinnerung bleiben.

In der Untersuchung von Cermark erwiesen sich dunkle Farbtöne als Negativeffekt auf die Erinnerungswirkung.

4.4.3.2 Überlegungen zur Gestaltung von Anzeigen

Eine Anzeige wird also im Durchschnitt zwei Sekunden betrachtet. Um effizient zu sein, muss eine Anzeige schnell wirken, Aufmerksamkeit auslösen, die Botschaft schnell übermitteln, sofort verstanden und behalten werden, eine Einstellung formen und die Kaufentscheidung beeinflussen.

Sie muss also so gestaltet sein, dass sie – vor allem unter Low-Involvement Bedingungen – in Sekundenbruchteilen wirken kann.

Dieser Forderung widersprechen **Rätselwerbungen**. Durch eine ungewöhnliche und unklare Gestaltung erhoffen sich Werbetreibende, dass der Empfänger neugierig wird und nach der Bedeutung des Rätsels sucht. Häufig werden zu diesem Zweck Bilder eingesetzt, die nicht direkt mit der Werbebotschaft in Verbindung stehen, sondern erst durch das Lesen des Textes einen sinnvollen Kontext ergeben. Diese Gestaltungsform birgt aber das Risiko in sich, dass die meisten Konsumenten nicht bereit sind, sich länger mit einer Anzeige auseinanderzusetzen und somit die Botschaft nicht verstanden wird und dadurch auch geringere Recall-Werte erhält (vgl. Lachmann, 2002).

Eine andere Gestaltung der Werbung, die auch auf einer Lösungsfindung basiert sind „**Teaser-Kampagnen**". Diese Kampagnen starten mit Sujets, die keinerlei Hinweise auf den Absender (die Marke) enthalten, sondern lediglich Aufmerksamkeit und Neugier erwecken sollen. In den darauf folgenden Sujets wird die Auflösung (also die Marke, das Produkt und der Zusammenhang) präsentiert.

Zur Verarbeitung von Bild und Text: Die Hemisphärentheorie

Nach den Erkenntnissen der Gehirnforschung haben linke und rechte Gehirnhälfte unterschiedliche Aufgaben (Hemisphärentheorie):

- Die linke Gehirnhälfte ist für sprachlich-logische Verarbeitung zuständig,
- die rechte Gehirnhälfte für die bildlich-emotionale Verarbeitung.

Die Verarbeitung und Speicherung von Informationen erfolgt grundsätzlich doppelt (**doppelte Codierung** nach Paivio): einmal mittels Bild- und einmal mittels Sprachcode. Diese duale Codierung erfolgt allerdings nur bei konkreten Informationen (Bildern und Wörtern). Derartige Informationen, die geeignet sind, beide Systeme zu aktivieren, werden demnach besonders gut behalten.

Abstrakte Wörter (wie z. B. Freiheit, Wissenschaft) werden häufig mangels Bildassoziation nur verbal codiert. Bilder und konkrete Wörter (z. B. Sonnenuntergang) hingegen werden sowohl im Bildgedächtnis als auch im Sprachgedächtnis verankert. Sie lösen innere Bilder aus, die gespeichert werden. Auf Basis von Dual Coding Prozessen, also verbalen und bildhaften Speicherungen, ergibt sich eine **Hierarchie für die Erinnerungsleistung**:

- Reale Objekte werden besser erinnert als Bilder.
- Bilder werden besser erinnert als konkrete Worte.
- Konkrete Worte werden besser erinnert als abstrakte Worte.

In weiterer Anknüpfung an die Hemisphären-Theorie ist zu beachten, dass Informationen aus dem linken Gesichtsfeld (GF) zur Verarbeitung zunächst einmal an die rechte Gehirnhälfte übermittelt werden und umgekehrt.

Interessanterweise scheint das Gehirn über eine Art Ausgleichsmechanismus, den so genannten „Matching-Activation-Effekt", zu verfügen: Werden im linken Gesichtsfeld bildliche Reize wahrgenommen und zur rechten Gehirnhälfte weitergeleitet, wartet die linke Gehirnhälfte auf verbales Material im rechten Gesichtsfeld und umgekehrt. Wie Experimente von Janiszweski (1988) zeigen, ist es daher vorteilhaft, stark bildhafte Werbeanzeigen links von redaktionellen Texten, stark textlastige Anzeigen links von überwiegend bildhaftem redaktionellem Inhalt zu platzieren. Die Anzeige wird in diesen Fällen auch dann zumindest vorbewusst verarbeitet, wenn sich die bewusste Verarbeitung des Lesers nur mit den redaktionellen Inhalten auseinandersetzt. Auch wenn eine solche Anzeigenplatzierung in

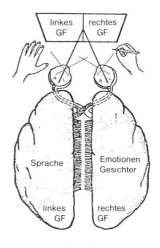

Abb. 114: Leistungen der beiden Gehirnhälften (aus: Pöppel, 1993, S. 47)

der Realität oft schwierig herzustellen ist, lässt dieser Effekt doch Zweifel an der von der Praxis gepflegten generellen Vorliebe für rechtsseitig platzierte Anzeigen aufkommen.

Wirksamkeit von Bildern

Bilder übermitteln ganzheitliche Botschaften und sagen glaubwürdig und schnell das Wichtigste. Bildinformationen erzielen aus folgenden Gründen eine bessere Wirkung als Textinformationen (vgl. auch Kroeber-Riel, Weinberg, 2003, Kroeber-Riel/Esch, 2000):

- **Reihenfolgeeffekt der Bilder**
  Da Bilder einen auf den ersten Blick überschaubaren Informationswert bieten, wird der Bildteil von Anzeigen gewohnheitsmäßig als erstes fixiert und aufgenommen – unabhängig vom Involvement. Diese Tatsache ist vor allem auch deswegen interessant, da Elemente, die zuerst aufgenommen werden, besser behalten und erinnert werden.

- **Aktivierungswert der Bilder**
  Das Aktivierungspotenzial von Bildern kann durch inhaltliche oder formale Gestaltungselemente geschaffen und – im Gegensatz zu Texten – auch relativ gut dosiert werden. Die Aktivierung durch Bilder fördert die Verarbeitung der Werbeinformationen.

- **Gedächtniseffekt der Bilder**
  Je konkreter und bildhafter Informationen formuliert sind, desto besser werden sie behalten. Nach der Theorie der doppelten Codierung können Bilder – je nach Thema mehr oder weniger – die verbalen Informationen ersetzen.
- Bilder können besser als Texte **Emotionen übermitteln.** Die Entstehung und Wirkung von Gefühlen (Emotionen) sind eng mit der Bildspeicherung (Speicherung innerer Bilder) verbunden. Mit **inneren Bildern** (z. B. Familie) werden auch emotionale Eindrücke (z. b. Familienglück, Freude) gespeichert (**Imagerywirkung** von Bildern). Beim Abruf dieser inneren Bilder werden auch die mitgespeicherten Emotionen abgerufen. So bestimmen innere Bilder die emotionale Komponente von Einstellungen, Präferenzen und Verhalten.

Innere Bilder werden nicht nur visuell geprägt, sondern auch durch andere Sinneseindrücke wie z. B. Geruch, Geschmack, haptische Eindrücke, Geräusche, Klänge etc. (Esch, Langner, 2001).

Emotionale Konsumerlebnisse werden somit nicht (nur) durch Worte, sondern vielmehr durch Bilder geschaffen.

Damit eine Marke dem Konsumenten emotionale Konsumerlebnisse – also eine Erlebniswelt – vermitteln kann, bedarf es einer integrierten und kontinuierlichen Kommunikation. Dies allein schafft aber noch keine Marken-Erlebniswelt, sondern es müssen alle, das Produkt betreffende Aspekte bedacht werden. Weinberg und Diehl haben die **Marken-Erlebniswelt** in Form einer Pyramide dargestellt (vgl. Abb. 115).

Den physischen Kern der Marken-Erlebniswelt stellt das Produkt selbst dar, das den Grundnutzen erfüllen soll. Das Produktdesign und die Verpackung wirken multisensual auf den Verbraucher ein. Für eine erlebnisbezogene Gestaltung spielen vor allem visuelle und haptische Eindrücke eine große Rolle; bei manchen Produkten aber auch der Geruch (z. B. Parfums), der Geschmack (z. B. Joghurt) und der Klang (z. B. Klingeltöne bei Handys).

Markenname und Logo dienen nicht nur zur Wiedererkennung des Produkts am Verkaufsort (Point of Sale), sondern sollen vor allem positionierungsrelevante Assoziationen vermitteln. (vgl. dazu auch Kap. 2.7.4)

Das Image einer Marke, also das intuitive Vorstellungsbild, das auf Assoziationen und gefühlshaften Anmutungen (sog. Konnotationen) beruht, bildet die vierte Schicht der Erlebniswelt-Pyramide. Nach Weinberg und Diehl ist es aber nur möglich eine dauerhafte Marken-Erlebniswelt aufzubauen, wenn noch eine zusätzliche Schicht, und zwar der symbolische Wert der Marke, gestaltet werden kann. Dieser symbolische Wert der Marke ergibt sich aus den Werten, dem Image, den Assoziationen und der emotionalen Bedeutung einer Marke. Dieser symbolische Wert ist häufig schon in der Definition des Imagebegriffs enthalten, vor allem wenn man im Zuge dessen auch die Markenpersönlichkeit berücksichtigt (vgl. Kap. 2.7.2).

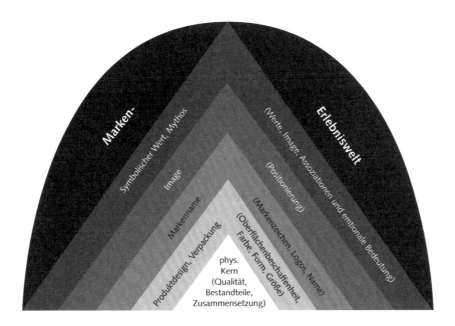

Abb. 115: Markenerlebnisweltpyramide (aus: Weinberg, Diehl in: Esch 2001, S. 193)

Durch das Zusammenwirken all dieser Faktoren ist es möglich, dem Konsumenten eine Marke anzubieten, die sinnliche Erlebnisse in der Gefühls- und Erfahrungswelt verankert und somit einen realen Beitrag zur Lebensqualität leistet. Die Erlebniswelt ergibt sich durch den Gesamteindruck aller vermittelten Erlebnisse, die durch das Produkt und durch alle marketingpolitischen Maßnahmen vermittelt werden (vgl. Weinberg, Diehl, 2001).

Bilder eignen sich besonders zur psychologischen Produktdifferenzierung, zur emotionalen Konditionierung von Markennamen und somit zur Übermittlung von Erlebnissen. Diese Tatsache kann überall dort genutzt werden, wo keine ausführlichen Informationen notwendig sind, also besonders in der Werbung für Konsumgüter (Low-Involvement Produkte), weniger bei Investitionsgütern.

Die dabei verwendeten Bilder sollen prägnant und kontrastreich sein, also frei von unwesentlichen Details, die die Aufmerksamkeit ablenken könnten.

Weiters sollte der Gestalter von Werbemitteln bei der Auswahl des Bildmotivs darauf achten, dass es sich nicht zu weit von einem Schemabild entfernt, das im Verbraucher angesprochen werden soll. Dies würde eine schnelle Wahrnehmung und Erinnerung erschweren. Schemabilder (Schemata) sind vorgeprägte, standardisierte Vorstellungen darüber, wie etwas aussieht. Man kann zwischen emotionalen Schemabildern unterscheiden, die kulturübergreifend wirken (z. B. Kindchenschema und Archetypen, vgl. Kapitel 4.4.2.2), kulturell geprägt sind (z. B. das Mittelmeerschema oder die Treue eines Hundes) oder zielgruppenspezifisch sind (z. B. Bilder von sportlichen Ereignissen, die nur bestimmte Zielgruppen ansprechen). Das Schema der französischen Bevölkerung ist beispielsweise durch das dominante Attribut Schal und Baskenmütze geprägt. Will man nun in der Werbebotschaft den Bezug zu Frankreich aufbauen, kann man diesen Imagetransfer durch die Abbildung des Schemaattributs „Franzose" erzielen (vgl. Abb. 52 b, S. 112).

Um die richtigen Schema-Vorstellungen zu treffen, ist es notwendig, die gewählten Bildmotive auf Schemakongruenz bei den anzusprechenden Zielpersonen zu untersuchen.

Weiters sollte die **Mehrdeutigkeit von Bildern** durch die Verwendung von Texten eingeschränkt werden bzw. diese botschaftskonform definiert werden. Dies ist besonders bei wenig involvierten Empfängern notwendig; bei diesen sollte der Text auch dieselben Inhalte wie das Bild transportieren.

Bilder wirken nicht nur bei gering involvierten Zielpersonen, sondern auch bei hoch involvierten. Ihr Einsatz und ihre Auswahl sollte unter dem Gesichtspunkt überlegt werden, dass diese Zielpersonen an Informationen über die Marke/Firma sehr interessiert sind.

Im Folgenden wollen wir uns mit der Gestaltung von Texten beschäftigen, die weniger in Anzeigen als vielmehr in Prospektmaterialien eine wichtige Gestaltungskomponente darstellen.

Texte

Ob Texte verstanden werden, hängt einerseits von den Zielpersonen ab (Intelligenz, Vorinformationen, Interesse usw.), andererseits aber auch vom Text selbst: von den gewählten Worten, vom Aufbau der Sätze, von der Schrift.

Kurz einige Forschungsergebnisse:

- **Wortwahl**
  Leicht verständlich sind:
  - häufig verwendete, allgemein bekannte Wörter (Umgangssprache)
  - kurze Wörter
  - konkrete, bildhafte Wörter.

- **Headlines**
  Sie wirken zuerst durch ihre Form, dann durch den Inhalt. Deshalb sollen möglichst große, farbige, auffällige Schriftarten, die sich durch Kontrast und Prägnanz auszeichnen, verwendet werden. Großbuchstaben und Negativschrift sollten vermieden werden. Auffällig gestaltete Headlines zwingen aus Platzgründen zur Beschränkung auf das Wesentlichste, was die Aufnahme und Speicherung der Information fördert.

- **Botschaftsabsender**

  Meyer-Hentschel (1993) empfiehlt, den Absender der Anzeige (Marke oder Firmenname) möglichst dominant zu integrieren, denn dieser, als äußerst wichtiges Element, wird oft klein und schlecht platziert. David Ogilvy geht sogar einen Schritt weiter und fordert die Integration des Markennamens in der Headline.

- **Fließtext**

  Texte sollten möglichst kurz gehalten werden. Die ideale Zeilenlänge hat laut Meyer-Hentschel (1993) zwischen 35 und 45 Anschläge; kürzere oder längere Texte sind schwer lesbar. Wenn längere Texte verwendet werden, so sollten sie durch Absätze, Zwischenüberschriften und Hervorhebungen strukturiert werden, damit die Lesefreundlichkeit steigt.

  Sowohl in der Headline als auch im Text sollten möglichst konkrete, bildhafte Wörter verwendet werden, denn diese erzielen einen höheren Erinnerungswert als abstrakte Wörter.

- **Satzlänge**

  Als generelle Faustregel gilt, dass informationsreiche Botschaften in kurze Sätze gekleidet sein sollten.

- **Schrift**

  Hier ist insbesondere die Art des verwendeten Schrifttyps von Bedeutung. Erkennbarkeit und Lesbarkeit der Schrift sowie die ausgelösten Emotionen und Assoziationen bestimmen die Verständlichkeit und auch die Wirksamkeit. Emotionale Appelle wie „flott" oder „altmodisch" können durch einen entsprechenden Schrifttyp verstärkt werden.

  Die Lesbarkeit hängt weiters von der Schriftgröße, dem Buchstabenabstand, Wortabstand, der Zeilenbreite, dem Kontrast der Schrift zur Hintergrundfarbe usw. ab.

Platzierung von Anzeigen

Neben Gestaltungsvariablen spielen Platzierungsvariablen eine nicht unwesentliche Rolle für die Wirkung einer Botschaft. In einer Anzeigenresonanz – Studie von Schweiger und Hruschka („Elektroanzeiger") wurde der Zusammenhang zwischen der Platzierung verschiedener Anzeigen und ihrer Wirkung (gemessen anhand der Resonanz auf diese Anzeigen) untersucht: Dabei wurde festgestellt, dass die Wirkung von Anzeigen, die sich neben einem redaktionellen Beitrag befanden, wesentlich höher war. Diese Anzeigen profitieren also von der Aufmerksamkeit, die der entsprechenden Doppelseite wegen eines redaktionellen Beitrages geschenkt wird.

Eine Frage, die im Zusammenhang mit Platzierung immer wieder auftaucht, ist, ob rechte oder linke Seiten in Zeitschriften und Zeitungen mehr betrachtet werden, bzw. ob einem Inserat vorne oder hinten mehr Aufmerksamkeit geschenkt wird.

Dazu gibt es eine Reihe von Verlags-Untersuchungen, die keine Unterschiede zwischen der Betrachtung von linken und rechten Seiten aufweisen (Kroeber-Riel, Esch, 2004, S. 190).

In zwei Studien am Institut für Werbewissenschaft und Marktforschung an der Wirtschaftsuniversität Wien wurden die Platzierungseffekte von Anzeigen in der wirtschaftspolitischen Zeitschrift Profil und dem Wirtschaftsmagazin Trend mittels Compagnon-Verfahren (getarnte Leserverhaltensbeobachtung) untersucht (Prochazka, 1990 und Jurman, Steger 2000). Die Ergebnisse beider Studien zeigen, dass die Aufmerksamkeitswirkung des Monatsmagazins Trend unabhängig von der Platzierung vorne oder hinten, links oder rechts war. Bei den Wochenmagazinen Profil und Format (Daten aggregiert) war in der Studie 2000 die Betrachtungsdauer von links platzierten Anzeigen mit 2,14 Sek. signifikant länger als von rechts platzierten (1,64 Sek.). Dieses Ergebnis widerspricht der Meinung, dass rechts platzierte Anzeigen mehr beachtet würden.

Darüber hinaus bestätigte sich, dass großformatige Anzeigen im Vergleich zu kleineren eine überproportional höhere Aufmerksamkeit erzielen: Eine 2-seitige Anzeige in Wochenmagazinen wurde im Durchschnitt 4,6 Sek., eine 1-seitige Anzeige 2,0 Sek. und eine halbseitige Anzeige 1,0 Sek. betrachtet.

Die Ergebnisse der Studie 2000 zeigten auch ganz deutlich, dass das Produkt-Involvement einen Einfluss auf die Anzeigenbetrachtung hat. Anzeigen von Banken wurden von Personen mit hohem Interesse an Bankdienstleistungen um 67 % länger betrachtet im Vergleich zu Personen mit geringem Involvement.

Die wichtigsten Determinanten für die Anzeigengestaltung sind somit Größe, kreative Gestaltung und Produkt-Involvement.

4.4.3.3 Überlegungen zur Herstellung von Radio- und TV-Spots

Die Überlegungen zur Anzeigengestaltung gelten zum Teil auch für diese Werbemittel (etwa Überlegungen bezüglich des Einflusses von Wortwahl und Satzbau auf die Verständlichkeit von Texten).

Zusätzliche Kriterien der Wirkung ergeben sich hier aus der akustischen Darbietung der Botschaften: Der Klang der Stimmen, Aussprache, Dialekt, Sprechgeschwindigkeit und Lautstärke usw. beeinflussen die Wahrnehmung.

Geräusche und Musik können zur Gewinnung der Aufmerksamkeit und zur Einstimmung auf die Botschaft eingesetzt werden. Aber auch das Merken der Werbeaussagen kann durch einen melodiösen „Ohrwurm" entscheidend gesteigert werden.

Im Folgenden sollen in Anlehnung an Batra, Meyers, Aaker (1996, S. 437 f.) und Pepels (1996, S. 5 f.) mögliche Strukturen von TV- oder Radiospots dargestellt werden:

- ■ **Die Story**: Der Spot erzählt eine Geschichte mit Anfang, Mittelteil und Höhepunkt.
  - – Die Problemlösung (wahrscheinlich die häufigste Art von Spots): Das beworbene Produkt oder die beworbene Dienstleistung werden als Lösung eines Problems präsentiert.
  - – Systemvergleich: Dabei werden ein anonymes Produkt und die beworbene Marke miteinander verglichen, um die Überlegenheit der eigenen Marke zu demons-

trieren – entweder parallel (Side by Side) oder vorher und nachher (Before and After).

– Härtetest: die Marke wird extremen Anforderungen ausgesetzt, um ihre Tauglichkeit für den normalen Gebrauch zu beweisen.

■ **Presenter**: Ein Sprecher stellt das Produkt vor.

■ **Interview-Technik**: Das Produkt wird oder wurde getestet/verwendet; ein Interviewer befragt den Tester/Verwender zum Produkt.

■ **Testimonial**: Personen, die das beworbene Produkt selbst benutzen, überbringen die Werbebotschaft (entweder ein Prominenter – Celebrity – oder „der Mann/die Frau von der Straße").

■ **Produktdemonstration**: Die Wirkung oder Anwendung des Produktes wird gezeigt. Für diese Demonstration eignet sich besonders das Fernsehen, das Radio hingegen nur, wenn das Produkt ausgezeichnet beschrieben werden kann.

■ **Slice-of-Life**: Der Produktnutzen wird in einem alltäglichen, glaubwürdigen Zusammenhang präsentiert, etwa durch Einbeziehen von Familienmitgliedern, Freunden, Nachbarn. Diese Spotart wird meist gleichzeitig mit Problemlösungen verwendet, besonders in der Werbung für Reinigungsmittel.

■ **Life Style**: Es wird gezeigt, wer das Produkt benutzt. Dies ist sinnvoll, wenn das Produkt selbst zu wenig Aufmerksamkeit auf sich zieht.

■ **Übertreibung** (Bigger than Life): Produktnutzen wird überzogen dargestellt.

■ **Analogie**: Ein Produkt oder eine Produkteigenschaft wird mit etwas bereits Vertrautem verglichen, z. B.: „Wie Vitamine ihrem Körper, so gibt XY ihrem Auto Kraft." Vgl. dazu Abb. 127 auf S. 309.

■ **Spezielle Effekte** sollen Aufmerksamkeit erregen: ungewöhnliche akustische Geräusche oder Bildtechniken (z. B. Zeichentrick).

■ **Humor, Witz, Slapstick, Cartoons**: Sie erregen Aufmerksamkeit und fördern die Sympathie für den Absender. Doch können sie leicht von der Marke selbst ablenken.

■ **Jingles**: Die gesamte Aussage wird vertont. Markante Geräuschpassagen sind nicht nur unterhaltsam, sondern auch stark aufmerksamkeits- und erinnerungswirksam. Jingles eignen sich besonders für Radiospots.

Meistens werden diese Spotarten kombiniert eingesetzt. Die Typisierung liefert gute Anhaltspunkte dafür, worauf bei der Produktion bzw. beim Test vor dem Einsatz (Pretest) besonders geachtet werden muss:

■ Bei Presenter-, Testimonial-, Produktdemonstrations- und Slice-of-Life-Spots sind die Glaubwürdigkeit und Attraktivität des Präsentators bzw. der Art der Präsentation besonders wichtig.

■ Bei Story und auch Analogie kommt vor allem dem Typ der Argumentation besondere Bedeutung zu: einseitig/zweiseitig, Einbeziehung der Schlussfolgerung, Reihenfolgeeffekte usw.

Spots mit Spannung, mit speziellen Effekten sind vor allem emotional ausgerichtet: Werden hier die gewünschten Emotionen tatsächlich beim Zielpublikum ausgelöst? Die **Herstellung von TV-Spots** ist relativ aufwendig. Die allererste Stufe ist das **Exposé**, das lediglich eine Beschreibung der Geschichte des Films darstellt. Daraus wird das Treatment entwickelt, welches dann den Handlungsablauf in einzelne Szenen aufteilt und bereits detaillierte Angaben über den optischen und akustischen Inhalt des Films beinhaltet.

Aus dem **Treatment** wird – nach Genehmigung durch den Auftraggeber für den Dreh – das spätere Drehbuch entwickelt. Dabei werden die einzelnen Szenen in Kameraeinstellungen aufgelöst. Das **Drehbuch** dient als direkte Anleitung für die Dreharbeiten des Spots. Üblicherweise ist es in einen Video- und Audioteil gegliedert. Im Videoteil wird alles beschrieben, was zu sehen ist: Drehort, Dekoration, Schauspieler, Handlungen und Bewegungen, Packungen, Schriften etc. Im Audioteil steht, was im fertigen Film zu hören ist: Sprache der Schauspieler, Kommentatoren (Off-Stimmen), Geräusche und Musik.

Sehr oft werden die einzelnen Szenen bzw. Einstellungen des Videoteils eines Drehbuches als Bilder gezeichnet und mit dem korrespondierenden Audioteil versehen. In diesem Fall spricht man von einem **Storyboard**. Eine gescribbelte Variante ist in Abb. 116 zu sehen. Es soll helfen, in der Präsentationsphase (vor Entscheidung für eine Filmvariante) den Ablauf des geplanten TV-Spots zu visualisieren.

Ist der Ablauf des Films festgelegt, werden für das anstehende Projekt bei verschiedenen Produktionsfirmen Offerte eingeholt. Tab. 8 zeigt einen Ausschnitt aus der Vielzahl von Positionen, die bei der **Kalkulation** eines TV-Spots zu berücksichtigen sind.

Der Regisseur eines Films wird üblicherweise vor der Ausschreibungsphase festgelegt. Denn er ist derjenige, der sämtliche Fäden in der Hand hält und dem Film seinen Stempel aufdrückt, und er sollte somit den zur Offertabgabe eingeladenen Produktionsfirmen für Rückfragen zur Verfügung stehen.

Vor dem Dreh des Spots findet ein **PPM (Pre-Production Meeting)** statt, an dem die verantwortlichen Vertreter der Produktionsfirma, der Agentur und des Auftraggebers sowie der Regisseur und der Kameramann teilnehmen. Ausgehend vom ausgewählten Storyboard werden sämtliche Details besprochen und endgültig festgelegt: Auswahl der Darsteller (aufgrund der Probeaufnahmen = Casting), Kleidung und Spiel der Darsteller, technischer Ablauf – wie Kamerafahrten, Spezialoptiken etc. – Produktszenen, Kulissen, Requisiten, Sound und Zeitplan. Nach dem Dreh werden die einzelnen, meist in verschiedenen Varianten gefilmten Szenen geschnitten (gecuttet), bearbeitet (z. B. Trick), vertont und die entsprechende Menge an Sendekopien gezogen, so dass schließlich der Spot via TV oder Kino „on air" gehen kann. Abb. 117 zeigt ein Storyboard des produzierten Maestro TV-Spots. Diese Variante wird meist zur Dokumentation verwendet.

Video	Screenshots	Audio

Ein junger Mann steht vor einem Regal eines trendigen Shops und begutachtet Skateboardrollen. Sein kleiner Banko Maestro langweilt sich in seiner Tasche.

Da sieht er ein rotes Modellauto am Boden stehen. Er klettert am Hosenbein hinunter und setzt sich in das Auto. Fasziniert betrachtet er das Auto und übersieht dabei, dass sich der junge Mann bereits an der Kasse angestellt hat, um zu zahlen.

Nun hat er es eilig, ihn daran zu erinnern, mit Bankomatkarte zu zahlen: Er tritt aufs Gas und manövriert das Auto mit hoher Geschwindigkeit durch den Shop. Er rast auf das noch nicht zusammengesteckte Looping zu und benutzt es als Schanze. Der Wagen fliegt in die Höhe ...

... und landet spektakulär genau an der Kassa. Der Mann und der Verkäufer schauen verdutzt. Banko Maestro lächelt souverän und weist auf das Maestro-Logo auf seinem Sakko.

Off: Maestro ist das Zeichen dafür, dass Sie ohne Bargeld bezahlen können.

Der junge Mann zückt lächelnd seine Bankomatkarte und bezahlt mit gönnerhafter Geste Modellauto und Skateboardrollen.

Man zahlt jetzt bankomatisch.

Der junge Mann hält seine Tasche auf, damit sein Banko Maestro lässig wie in eine Garage einparken kann.

Abb. 116: Storyboard von Maestro, Dachkampagne, TV-Spot „Auto", 30 Sekunden (gescribbelt)

Casting: Auswahl der Models

Stab: Regie u. Regieassistenz
          Kameramann u. Kameraassistenz
          Produktionsleitung
          Aufnahmeleitung
          Architekt
          Maskenbildner
          Stylist
          Requisiteur
          Kostümberater
Dreh: Atelier
          Bühnenbau
          Bühnenarbeiter
          Kostüme
          Baumaterial
          Möbelleihe
          Motivsuche u. Motivgebühr
          Behördenkosten (z. B. für Ab-
          sperrungen
Transporte: Lasten
          Personen, Drehverpflegung
Darsteller: Hauptdarsteller
          Kleindarsteller
          Komparsen
          Modellagenturkosten
Kameratechnik: Kamera stumm
          Tonkamera
          Spezialoptiken
          Spezialgeräte (Schienenwagen,
          Kran etc.)

Licht: Scheinwerfer
          Beleuchter
          Stromkosten
          Aggregat

Filmmaterial und Filmentwicklung
Ton: Tonmeister und Tonequipment
          (für Tonaufnahmen vor Ort),
          Tonstudio (Sprache, Musik,
          Mischung, Überspielung), MAZ-
          Mischung (MAZ = Magnetauf-
          zeichnung)
          Sprecher
          Geräusche
          Archivmusik
          Musikverlagsrechte
          Komponist/Arrangeur
          Orchester, Sänger/Chor
Schnitt: Schneidetisch und Cutter
Videonachbearbeitung:
          Überblendungen
          Titel einkopieren

Trickarbeiten
Kopierarbeiten: Korrekturkopie
          Sendekopie
          Belegkopie

Versicherungen

Tab. 8: **Ausgewählte Positionen für die Kalkulation eines TV-Spots**

Video	Screenshots	Audio
Ein junger Mann steht vor einem Regal eines trendigen Shops und begutachtet Skateboardrollen. Sein kleiner Banko Maestro langweilt sich in seiner Tasche.		
Da sieht er ein rotes Modellauto am Boden stehen. Er klettert am Hosenbein hinunter und setzt sich in das Auto. Fasziniert betrachtet er das Auto und übersieht dabei, dass sich der junge Mann bereits an der Kasse angestellt hat, um zu zahlen.		
Nun hat er es eilig, ihn daran zu erinnern, mit Bankomatkarte zu zahlen: Er tritt aufs Gas und manövriert das Auto mit hoher Geschwindigkeit durch den Shop. Er rast auf das noch nicht zusammengesteckte Looping zu und benutzt es als Schanze. Der Wagen fliegt in die Höhe ...		
... und landet spektakulär genau an der Kassa. Der Mann und der Verkäufer schauen verdutzt. Banko Maestro lächelt souverän und weist auf das Maestro-Logo auf seinem Sakko.		Off: Maestro ist das Zeichen dafür, dass Sie ohne Bargeld bezahlen können.
Der junge Mann zückt lächelnd seine Bankomatkarte und bezahlt mit gönnerhafter Geste Modellauto und Skateboardrollen.		Man zahlt jetzt bankomatisch.
Der junge Mann hält seine Tasche auf, damit sein Banko Maestro lässig wie in eine Garage einparken kann.		

Abb. 117: Storyboard von Maestro, Dachkampagne, TV-Spot „Auto", 30 Sekunden

4.4.3.4 Überlegungen zur Gestaltung von Online-Kommunikation

Im Internet gibt es praktisch für jedes Bedürfnis Angebote. Man kann einkaufen, sich die Online-Ausgaben der Printmedien oder Fernsehsender anschauen, sich an Gemeinschaften zum Einkauf eines neuen Produktes beteiligen, an Auktionen teilnehmen, Informationen, Bilder und Statistiken zu einem bestimmten Thema mittels Suchmaschine (z. B. www.google.de) suchen und „herunterladen", Informationen versenden, Informationen bewerten, diskutieren, sich einem sozialen Netzwerk anschließen und Freundschaften pflegen, Meinungen, Musik, Fotos usw. mit anderen teilen, Marken bewerten und vieles mehr. Ein PC, Smart-TV oder mobile Endgeräte mit Internetzugang, wie z. B. Tablet-PC oder Smartphone, ermöglichen dem Endverbraucher einen raschen Zugriff auf das Netz zu jeder Zeit und von überall.

Für ein Unternehmen reicht es allerdings nicht aus, eine Website einfach nur ins „Netz" (WWW) zu stellen, die angepeilten Zielpersonen (Internet-Nutzer) müssen sie auch auffinden. Dazu ist es notwendig, dass die Zielpersonen auf die Website hingewiesen werden, z. B. durch Werbung im Internet (Online-Werbung), durch Verlinkungen mit anderen Websites oder durch Werbung in klassischen Medien (**Cross Media**).

Internet-Nutzer

Nach der Nutzungsintention lassen sich die Nutzer in zielgerichtete Informationssucher (Information Seeker) und unterhaltungsorientierte Internet-Surfer unterteilen.

Surfer sind jene Besucher, die das Internet als Freizeitbeschäftigung oder zur Unterhaltung nutzen. Sie suchen nach interessanten, multimedial aufbereiteten Darstellungen und Animationen, nach Unterhaltung und Gewinnspielen, kostenlos abrufbaren Programmen, Spielen etc. Sie sind Mitglieder von Communities, nehmen an Chats und Diskussionsforen usw. teil. Sie sind nur schwach involviert, das Interesse an Werbung ist gering. Bei dieser Gruppe kann Werbung nur dann wirken, wenn sie sehr auffällig ist und die Aufmerksamkeit der Nutzer auf sich ziehen kann. Sie muss unterhaltend gestaltet sein, um akzeptiert zu werden, einen hohen Aufforderungscharakter haben und/oder einen zusätzlichen Anreiz bieten, um einen „Ad Click" (Klick auf einen Werbebanner) auszulösen.

Seeker sind Personen, die im Internet gezielt nach Informationen suchen oder bereits den Bedarf zum Erwerb eines Produktes/Services erkannt haben, nach Kaufalternativen suchen und diese vergleichen. Sie sind hoch involviert und interessieren sich für Informationen über die entsprechenden Produkte – insbesondere für Produkt-Bewertungen anderer Nutzer. Sie beachten Banner meist überdurchschnittlich lang. Um diese Zielgruppe zufrieden zu stellen, ist die Attraktivität der Banner weniger wichtig als die Erfüllung ihrer Erwartungen, Informationen auf der dahinter stehenden Firmen- oder Markenwebsite zu finden.

Online Werbung

Im Folgenden sollen die häufigsten Werbeformen im Internet besprochen werden.

■ **Banner**

Der Banner ist meist eine kleine Werbefläche auf der Startseite oder einer Unterseite einer Website, die mit dem eigenen Angebot so verknüpft (verlinkt) ist, dass der Besucher durch das Anklicken des Banners direkt auf der Website dieses Anbieters landet (Landing Page). Banner können in den verschiedensten Formen gestaltet werden. Einen Überblick dazu bietet www.werbeformen.de.

Statische Banner sind mit einem „Kleininserat" vergleichbar. Sie sind starr, unbeweglich und stellen sich als Grafik dar. Kleinere Formate oder symbolische Darstellungen werden auch als *Buttons* oder *Thumbnails* bezeichnet.

Animierte Banner (=HTML-Banner) enthalten bewegte Elemente, aber auch Musik und Geräusche können in einem Banner integriert werden. *Applikatorische Banner* sind mit (meist vorgetäuschten) Anwendungen gefüllt. Typische Formen sind das Pulldown-Menü, vorgetäuschte Fehlermeldungen oder Kästchen, die zu einer Eingabe auffordern (z. B. „OK"). In *narrativen Bannern* wird eine Text- oder Bildfolge abgespielt, die eine „Mini-Geschichte" erzählt. *„Site-in-the-Site" Banner* oder *Nanosite-Banner* sind echte, funktionsfähige Anwendungen innerhalb eines Banners, wie zum Beispiel eine direkte Möglichkeit zu einer Anmeldung für eine Veranstaltung. Der Banner selbst ist also eine Mini-Website. Der große Vorteil liegt darin, dass der Nutzer die auf dem Bildschirm sichtbare Website nicht verlassen muss, und diese Werbeform daher eine höhere Akzeptanz genießt als der klassische Banner. Zeigt der Nanosite-Banner die Website Dritter, spricht man von einem *Transaktiv-Banner*. *Rich-Media-Banners* benutzen zusätzlich Multimedia-Funktionen.

Banner sind derzeit noch immer das Hauptwerbemittel im Internet, ihre Wirkung ist im Durchschnitt allerdings gering (durchschnittliche Ad-Click-Rate im Jahr 2012 ca. 0,1 %). Jedoch sind diejenigen, die einen Banner aktiv und bewusst anklicken, um zur beworbenen Website zu gelangen, hoch involviert und an weiteren Informationen des Werbeabsenders interessiert.

■ **Suchmaschinen-Werbung**

Suchmaschinenwerbung oder Keyword-Werbung ist eine Online-Werbeform, bei der Banner oder Anzeigen auf Ergebnisseiten von Suchmaschinen erscheinen, wenn der Internetnutzer einen vom Werber definierten Schlüsselbegriff (Keyword) eingibt.

So erschein z. B. beim Begriff „Tonstudio" auf der Seite der Suchergebnisse auch die Werbung von Tonstudios, die bei dieser Suchmaschine diesen Begriff gebucht haben.

Der Vorteil für den Werbetreibenden liegt darin, dass der aktiv Suchende hohes Involvement hat und die Werbung des Tonstudios mit hoher Aufmerksamkeit wahrgenommen wird. 40 % der Suchmaschinen-Nutzer klicken auf Werbeanzeigen (Ruisinger, 2011, S. 47). Informationssuchende nehmen diese Anzeigen, die kurz und prägnant gestaltet sind, oft nicht als Werbung wahr, sondern als Suchergebnis. Der Werber bezahlt nur tatsächlich verfolgte Links (pay per click). Die Betreuung dieser Keyword-Werbung wird häufig auch dem Suchmaschinen-Marketing zugerechnet (vgl. dazu auch Kap. 3.1.10.3). Dabei werden Suchbegriffe definiert, Anzeigen erstellt, die erzielte Besucherstruktur überwacht und der Platzierungsrang laufend an das aktuelle Preisniveau angepasst.

- **Interstitial**
  Ähnlich wie im Fernsehen gibt es auch im Internet Unterbrecherwerbung. Unabhängig vom Verhalten des Nutzers wird ganz plötzlich ein Werbefenster (Interestitial) auf einem Bildschirm präsentiert. Dieses kann im selben Fenster, in einem neuen Fenster oder auch gänzlich bildschirmfüllend erscheinen. Es kann sich dabei um die Einblendung eines Banners, einer Videosequenz oder sogar um ganze Werbespots wie im Fernsehen handeln. Sie müssen vom Benutzer entweder manuell wieder geschlossen werden oder enden nach Ablauf einer gewissen Zeit von selbst.

  Die vom Nutzer unverlangte Einblendung von Werbung auf dem Bildschirm löst oft bei den gegenüber Werbung kritischen Internet-Nutzern Ärger und Reaktanz gegenüber dem Absender der Werbung aus, da sie seine Zeit und sein Geld vergeudet. Grundsätzlich wirksamer ist Internet-Werbung, zu deren Einblendung der Nutzer explizit seine Zustimmung gegeben hat oder deren Einblendung aufgrund des Surfverhaltens aller Voraussicht nach akzeptiert wird.

- **Pop Up Ads**
  Beim Pop Up öffnet sich automatisch während der Nutzung ein neues Fenster mit Werbung, das in der Regel kleiner ist als das Browserfenster. Der Nutzer wird in seiner Navigation nicht direkt unterbrochen und kann das Fenster durch Anklicken wieder schließen.

- **Microsites**
  Eine Microsite ist eine eigenständige, von der eigentlichen Website abgekapselte, komplett funktionsfähige Mini-Website, die auf einem Werbeträger platziert wird. Sie öffnet sich beim Klick auf einen Banner oder Link. In der Regel werden Microsites als interaktives Bestell- oder Informationsinstrument, bzw. auch zur Durchführung von Umfragen eingesetzt.

- **Intextwerbung**
  Ausgewählte und gekennzeichnete Worte dienen auf ausgewählten Websites als textinterne Links, deren Berührung zur Öffnung eines Werbefensters führt, das die Werbebotschaften darbietet bzw. zu den Landing Pages des anbietenden Unternehmens führt.

Gestaltung einer Website

Corporate Websites sind das Online-Schaufenster eines Unternehmens. Sie sollten ausgehend von der strategischen Positionierung und den Anforderungen und Bedürfnissen der Zielgruppen gestaltet werden. Dabei gilt es, vorab die Ziele und Kern-Zielgruppen festzulegen, um damit den Informationsbedarf zu definieren. Wer ist neben den bestehenden und möglichen Neukunden wichtig? Dies könnten z. B. Journalisten und Medienpartner sein, Jobsuchende, Geldgeber, Stakeholder aus der Politik, der Branche, Kritiker usw. Auf Basis dieser Analyseergebnisse wird jener Inhalt (Content) einer Website festgelegt, der die Informations-, Interaktions- und Unterhaltungsbedürfnisse der Zielgruppen befriedigen könnte. Nach einer Untersuchung von Kurz (1998, S. 224) ist für das Gefallen und den Wiederbesuch einer Website in erster Linie der Inhalt (Content) entscheidend, nicht die Aufmachung.

Der **Content** sollte Informationen, Service, Unterhaltung und Dialog- und Interaktionsmöglichkeiten bieten. In welcher Breite und Tiefe das *Informationsangebot* präsentiert wird, hängt von den Zielgruppen und den angebotenen Produkten bzw. Leistungen ab: bei langlebigen Wirtschaftsgütern und im B-to-B-Bereich ist der Informationsbedarf wesentlich höher als im Consumer-Bereich. Zur Steigerung des Traffic auf der Website und zur Zielgruppenbindung ist ein interessantes *Service-Angebot* geeignet, wie z. B. ein Newsletter-Angebot oder interessante Download-Möglichkeiten von Berichten, Broschüren oder, je nach Branche und Zielgruppen, auch Tipps, Rezepte, Bauanleitungen, Hilfestellung für weitere Recherchen des Website-Besuchers in Form von Links zu Branchen-Seiten, Foren oder Blogs, oder ein Kalender mit Messeterminen, auf denen das Unternehmen präsent ist, usw.

Auch *Unterhaltungsangebote* auf der Website können zu einem Wiederbesuch der Nutzer führen wie z. B. Online-Spiele oder Gewinnspiele. Letztere allerdings sind im Verbund mit anderen Kommunikationsinstrumenten wie z. B. klassischer Werbung oder Online-Werbung erfolgreicher, da dadurch Aufmerksamkeit geschaffen wird und somit mehr Traffic auf der Firmen- oder Marken-Website generiert wird. Die Einbindung von Social Media-Kanälen wie z. B. Youtube, auf denen Filme über die Anwendung der Produkte, über das Unternehmen, die Produktion etc. gezeigt werden, schafft Emotionalität und erhöht die Attraktivität der Corporate Website. Besonders intensiv nutzt z. B. die Daimler AG (www.daimler.com/socialmedia/de) zahlreiche Social Media Plattformen wie z. B. Facebook, Flickr, Twitter usw. und ermöglicht es den Nutzern, von der Corporate Website aus auf diese Plattformen zu gelangen bzw. diese zu verlinken. Eine Einbindung von Filmen oder Videoclips auf der Website bietet weitere Unterhaltungs- oder Informationsmöglichkeiten, wie z. B. Red Bull TV (www.redbull.tv) oder Spiegel TV auf der Spiegel Online-Homepage (www.spiegel.de/sptv/magazin).

Ein weiterer wichtiger Content-Baustein einer Corporate Website ist die Schaffung von *Dialog- und Interaktions-Möglichkeiten*, sei es eine Rückantwortmöglichkeit per E-Mail, oder die Möglichkeit, Inhalte wie Fotos oder Filme auf die Website zu laden oder auch herunterzuladen, bzw. Kommentare zu hinterlassen oder Fragen zu stellen. Dies involviert die Website-Besucher, intensiviert die Informationsverarbeitung und führt zu besserem Behalten von Botschaftsinhalten.

Social Media Icons auf der Website geben Nutzern eine Möglichkeit, Inhalte möglichst einfach weiterzuempfehlen bzw. mit sozialen Netzwerken (wie z. B. Facebook, Twitter usw.) zu verlinken.

Da der User innerhalb weniger Sekunden entscheidet, ob er das Gewünschte auf der Website findet, ist der Startseite besondere Aufmerksamkeit bei der Gestaltung zu widmen: sie soll eine rasche Orientierung und eine einfache Navigation bieten und auch barrierefrei gestaltet sein, d. h. mit allen Browsern, Monitorgrößen, Softwareversionen und Endgeräten (z. B. auch mit Smartphones) genutzt werden können.

Wichtig sind auch die ständige **Aktualisierung** der Inhalte sowie die **zeitnahe Reaktion** auf Kommentare und Fragen.

In Abhängigkeit von der Zielgruppe sollte überlegt werden, ob auch eine mobile Website geschaffen werden soll, bzw. ob Applikationen (Apps) oder Widgets angeboten werden, um die Corporate Website auch auf mobilen Endgeräten abrufen zu können (**Mobile Marketing**). Widgets oder Applikationen (Apps) sind Mini-Computer-Programme, die auf einer Website eingebunden werden können, und die es erlauben, ausgewählte Inhalte von anderen Websites darzustellen. Dadurch können Inhalte mit nur wenigen Klicks auf andere Websites exportiert bzw. dort verarbeitet werden. Die gebräuchlichste Anwendung ist der „Share Button".

Hinweise zur Gestaltung von Online-Werbung und Websites

Da ein Internet-Nutzer grundsätzlich aktiv und bewusst, d. h. aufgrund von Eigeninitiative einen Banner anklickt oder eine Website aufruft (Pull-Kommunikation), ist einerseits von einem **Medieninvolvement** und andererseits von einem **Situationsinvolvement** bzw. von einem grundsätzlichen Interesse an der aufgerufenen Site eines Anbieters auszugehen.

Probleme ergeben sich jedoch daraus, dass die Gestaltung von Websites und Bannern sowohl den Anforderungen der Surfer als auch der Seeker gerecht werden muss, bzw. dass auch die unterschiedlichen Online-Erfahrungsgrade der Nutzer berücksichtigt werden sollten.

Viele **Gestaltungsgrundsätze**, die für die klassische Werbung gelten, sind auch bei der grafischen Gestaltung von Bannern und Websites gültig. D. h. dass die Verwendung von physisch intensiven Reizen, emotionalen Schlüsselreizen, kognitiven Reizen (Neuartigkeit) die Wahrnehmungschance erhöhen kann. Auch können emotionale Reize eine Hinstimmung für die Aufnahme und Verarbeitung von Informationen schaffen.

Weiters muss berücksichtigt werden, dass das **Lesen am Bildschirm** weitaus anstrengender ist als auf dem Papier und dadurch die Lesegeschwindigkeit wesentlich geringer ist. Daher sollten immer Schrifttypen, Farben und Kontraste gewählt werden, die dem Internet-Nutzer das Lesen erleichtern (ausreichend große Schrift, starker Hell-Dunkel-Kontrast). Bei der Gestaltung der Texte sollte man sich kurz fassen: höhere Informationsdichte, geringere Informationsbreite (Unger et al., 1999, S. 325).

Im Sinne der integrierten Kommunikation sollten sowohl Online-Werbung als auch Website in das Gesamtkonzept der Unternehmenskommunikation eingegliedert werden. Dazu zählt die Einhaltung formaler, optischer Gestaltungsprinzipien (Corporate

Design) ebenso wie die inhaltliche Abstimmung (Kommunikationsplattform/Aussagen, Werbestil).

Hinweise zur Gestaltung eines Banners

Größere Banner werden meist länger und häufiger betrachtet und auch länger erinnert.

Markennamen sollten ständig präsentiert, aber nicht animiert werden.

Ein guter farblicher Kontrast zum Umfeld sollte gewährleistet sein, da im Internet oft zu viele Reize (alles bunt, bewegt, dicht gedrängt) auf den Konsumenten einwirken.

Zu viele und zu schnelle Bewegungen, zu viele Farben überfordern die meisten Betrachter.

Eine Aufforderung im Text oder im Banner („Klicken Sie hier!") erhöht die Click-Rate. Bilddominante Banner weisen eine fast doppelt so hohe Click-Rate auf wie textdominante Banner.

4.4.3.5 Werbestil

Damit Werbemaßnahmen ihre maximale Wirkung bei den Zielpersonen entfalten, ist es notwendig, dass sie einheitlich geprägt sind, d. h. ein Unternehmen bzw. eine Marke durch einen bestimmten Werbestil gekennzeichnet ist.

Das Ergebnis eines systematisch gepflegten Werbestils sind positiv wirksame Firmen- bzw. Markenimages.

Der Schaffung eines positiv strukturierten Images beim Kunden kommt entscheidende Bedeutung für die Absatzpolitik zu:

- Für den Verbraucher ist das Image einerseits Orientierungshilfe, dient also als Wissensersatz, und hilft so, zwischen ähnlichen oder gleichwertigen Produkten und Dienstleistungen zu unterscheiden. Andererseits ist das Image Mittel der emotionalen Befriedigung, es zeigt dem Konsumenten, welchen Zusatznutzen er neben dem Realnutzen erwarten kann.

- Für die Unternehmung ist das Image ein Mittel zur Beseitigung der Anonymität und zur Gewinnung des öffentlichen und privaten Vertrauens, ein Mittel zur Differenzierung des eigenen Angebots und damit zur Absatzförderung.

Der Begriff Werbestil wurde von Seyffert geprägt. Aufbauend auf Seyffert bezeichnet Bergler „Stil als ein über einen langen Zeitraum hinaus gleichbleibendes Verhalten, das sich eindeutig, unverwechselbar, prägnant und geschlossen von anderen Stilen bzw. Verhaltensweisen abhebt und differenziert". „Gleichbleibend" meint aber nicht „identisch", sondern „gleichbleibend" meint die schöpferische Fluktuation im Rahmen der jedem Stil eigenen Stilamplitude, also das „Typische" und die „periodische Wiederkehr ähnlicher Verhaltens- und Äußerungsweisen" (Bergler, 1963, S. 97).

Bedingungen für die Bildung eines Werbestils

Für die Schaffung eines Werbestils sind vor allem folgende Aspekte von Bedeutung:

- **Prägnanz**
  Diese Forderung, die bereits im Zusammenhang mit den Wahrnehmungsgesetzen (Kap. 4.4.1.3) besprochen wurde, ist auch für die Entwicklung von Markenlogos von grundlegender Bedeutung. Dabei geht es um Eigenschaften wie Regelmäßigkeit, Symmetrie, Geschlossenheit, besonders auch Kürze, Einfachheit und Klarheit.

- **Uniqueness**
  In der Realität gelingt es nur relativ selten, ein eindeutiges, prägnantes und klar profiliertes Firmen- und Markenimage mit der erforderlichen Differenzierung von allen konkurrierenden Firmen bzw. Marken zu entwickeln. Bedingungen eines optimalen Werbestils sind jedoch auch Einzigartigkeit, Individualität und Originalität und somit Differenzierung vom Mitbewerb.

- **Kontinuität und Stilamplitude**
  Das werbliche Verhalten sowie das Gesamtverhalten eines Unternehmens sollten über einen bestimmten Zeitraum hinweg gleich bleiben. Innerhalb eines konzipierten Stils gibt es jedoch einen Rahmen schöpferischer Möglichkeiten. Diesen Spielraum bezeichnet man als Stilamplitude. Erst die Überschreitung dieser Stilamplitude wird als Stilbruch erlebt, der der Prägnanz und damit der eigentlichen psychologischen Wirksamkeit erheblich schaden kann. Auch für die Image- und Markenpolitik gilt, dass sowohl dem Bedürfnis der Zielpersonen nach Konstanz als auch nach Abwechslung Rechnung getragen werden muss. Einerseits will man die Marke „kennen", man will wissen, was man zu erwarten hat, gleichzeitig soll sie jedoch mit der Zeit gehen, Neues bieten. Von manchen Produktarten erwarten die Kunden sogar, dass in gewissen Zeitabständen Veränderungen vorgenommen werden. Als generelle Strategie muss die Struktur, müssen die Elemente, die eine Marke ausmachen, beibehalten werden. Wie diese Elemente konkret in der Werbebotschaft umgesetzt werden, das kann variiert werden.

Als Beispiel kann hier die Werbung für Marlboro angeführt werden. Ziel war es, ein sehr „männliches" Image für diese Zigaretten-Marke aufzubauen. Als Symbol für Männlichkeit, Abenteuer und Freiheit wurde der Cowboy gewählt. Seit 1954 wird der „Cowboy" als Kernelement des Images von Marlboro beibehalten. Die Darstellung freilich variiert: Der bzw. die Cowboy(s) sind in verschiedenen Situationen zu sehen (vgl. Abb. 118 u. 119). Was allerdings gleich bleibt, das ist die Erlebniswelt des „Wilden Westens". Die Verbindung der Marke Marlboro mit dieser Erlebniswelt ist so stark, dass auf manchen Sujets auf die Nennung des Produktnamens bzw. die Abbildung der Packung verzichtet wird (vgl. Abb. 119). Während dies bei einer schwächeren Marke ein schwerer Fehler wäre, zeigt sich hier der Vorteil eines kontinuierlichen Werbestils. Der Cowboyhut ist zum Symbol der Marke Marlboro geworden. Diese Assoziation ist so stark, dass trotz Verzichtes auf die Markennennung bzw. die Produktabbildung die Werbung von den Zielpersonen mit Marlboro verbunden wird.

Abb. 118: Beispiel für Kontinuität im Werbestil: der Marlboro-Cowboy

Abb. 119: Marlboro-Werbung

- **Periodik**
Die Frage nach dem „Wann" und „Wie oft" werblicher Bemühungen sollte nicht nur von der Verhaltensweise der Konkurrenten und von den spezifischen Marktdaten mitbestimmt werden, sondern auch selbst Ausdruck des Werbestils sein. Eine der wichtigsten Forderungen in dieser Hinsicht stellt die periodische Form der Darbietung dar: Die Maßnahmen sollten in ähnlichen Zeitabständen und in ähnlicher Form wiederkehren. Diese periodische Form der Darbietung gewährleistet auch bei etwas größeren zeitlichen Abständen eine bessere Wirksamkeit als ein einmaliger oder gelegentlicher, unsystematischer, massiver Einsatz. Diese Erkenntnis wurde durch lerntheoretische Untersuchungen untermauert (vgl. Kap. 4.4.1.4).

- **Ganzheit**
In Bezug auf Werbung gilt die Forderung nach ganzheitlicher Profilierung unumschränkt: „Stil muss in sämtlichen werblichen Äußerungen für eine Marke bzw. eine Firma in einheitlicher Form zum Ausdruck kommen", (Bergler, 1963, S. 121). Besonders zu achten ist auf das Phänomen der Irradiation: Werden einzelne Teile des Erscheinungsbildes geändert (z.B. Farbe des Schriftzuges, der Verpackung), so kann diese Veränderung auf das Image im Gesamten ausstrahlen (vgl. Kap. 4.4.1.3).

- **Produktadäquatheit**
Die Werbung soll für die Zielpersonen in einer psychologischen – bewussten oder unbewussten – Verbindung zum Produkt stehen. Das Verstehen darf nicht von einem rationalen Überlegungsprozess abhängig sein. Löst etwa der psychologische Gehalt einer Anzeige für Waschmittel Produkterwartungen aus, die im Umfeld von Zigaretten liegen, dann ist die Forderung nach Produktadäquatheit nicht erfüllt. Allerdings ist Produktadäquatheit alleine noch keine Garantie für Wirksamkeit, besonders, wenn dadurch die Originalität des Werbestils leidet. Im Bereich der Waschmittelwerbung etwa ist die Gestaltung meist produktadäquat, gerade deshalb aber auch sehr ähnlich. Die einzelnen Marken unterscheiden sich kaum. Waschmittelwerbung erreicht selten Spitzenwerte bei Aufmerksamkeit und Erinnerung. Große Aufmerksamkeit hingegen erregte Jahre hindurch die österreichische Schuhfirma Humanic mit einer absolut ungewöhnlichen, nicht produktadäquaten Werbelinie (dabei wurde das Produkt bis zum „Unschuh" verzerrt dargestellt). Die Texte – von zeitgenössischen Künstlern – wurden von einem Großteil der Bevölkerung als unverständlich bezeichnet, „Fraaanz" -Rufe in TV- und Radiospots als verrückt, aber eindeutig Humanic zugeordnet.

- **Originalität**
Vielfach wird bei der Forderung nach Kreativität der Werbung vermutet, dass die originelle Idee schlechthin das Optimum an Werbewirksamkeit darstelle. Für den Werbeerfolg ist jedoch entscheidend, dass die schöpferische Originalität in einem bestimmten Bezugs- und Bedingungsrahmen entfaltet wird. Die kreative Gestaltung muss einem Großteil der Zielpersonen psychisch affin sein (nahe stehen), d.h. sie muss eine Hausfrau, einen industriellen Einkäufer, einen Techniker, der

beim Einkauf mitentscheidet, ansprechen und sie muss auch die Positionierung der Marke/des Unternehmens widerspiegeln. Als einer der erfolgreichsten, deutschen Werbeslogans hat sich „Haribo macht Kinder froh und Erwachsene ebenso." herausgestellt. (EUKO-Vortrag Stark 2008)

■ **Historische Bedingtheit**
Wenn sich durch historische Entwicklungen (wie z. B. Modeströmungen) positive Leitbilder verändern und die mit diesen verbundenen Images zunehmend negativ belastet werden, wird eine Umstrukturierung des Markenbildes unvermeidbar. In diesem Fall ist es notwendig, einen systematischen Stilbruch herbeizuführen und einen Relaunch zu starten.

Die Stilelemente

Die Bildung eines Werbestils erfolgt nicht von heute auf morgen, sondern ist das Resultat einer langfristigen Werbekonzeption. Nur dann, wenn es gelingt, formale und inhaltliche Elemente der Werbung langfristig zu koordinieren, wird sich mit der Zeit ein eigener Stil herauskristallisieren.

Formale Stilelemente sind z. B. Formen, Farben, Bilder, Firmenzeichen und andere Symbole, Schrifttypen sowie Anordnung des Werbetextes in Werbemitteln.

Zu den **inhaltlichen Stilelementen** gehören vor allem die Werbeidee und die Art der Umsetzung:

■ Botschaftsgestaltung, also die einzelnen werblichen Argumente und Appelle, besonders der Werbeslogan

■ Medienplanung, also die eingesetzten Medien und die Häufigkeit der Werbedarbietung in diesen Medien.

Prägnante, über lange Zeit kontinuierlich gepflegte Werbestile sind eher selten. Die österreichische Werbewissenschaftliche Gesellschaft bemüht sich daher, in der Schriftenreihe „Die Marke" positive Beispiele zu dokumentieren, wie z. B. Almdudler, Böhler Edelstahl und Persil.

Ein Beispiel für kontinuierlichen und auch international gepflegten **Werbestil** ist Nivea-Creme von Beiersdorf, die seit 1911 auf dem Markt ist. Abb. 120 auf Seite 297 und 298 zeigt eine Reihe von Anzeigenbeispielen aus verschiedenen Jahren und Ländern. Die Stilelemente von Nivea-Creme – also das geschützte Nivea-Blau, der Schriftzug und die runde Dose – ermöglichen eine rasche Wiedererkennung. Die Vorteile eines kontinuierlichen Werbestils und kontinuierlicher Stilelemente ermöglichen es, dass selbst bei flüchtiger Wahrnehmung die Marke sofort erkannt wird, bzw. auf die Nennung des Markennamens sogar verzichtet werden kann.

1928

Finnland 1966

1971

Abb. 120: Der Werbestil von Nivea-Creme

Abb. 120 (Fortsetzung): Der Werbestil von Nivea-Creme

In der Werbepraxis dominiert vielfach der Wechsel um jeden Preis, auch um den Preis der Markenpersönlichkeit. Abb. 121 gibt das „teuerste Bild der Welt" (von der Werbeagentur BBDO) wieder: „Kein Rembrandt, kein Picasso werden jemals die Millionenpreise erzielen, die dieses Bild repräsentiert. Es zeigt die Zerstörung von Werbewirkung durch häufigen Kampagnenwechsel. Ein neues Jahresbudget – eine neue Werbekampagne, ein neuer Werbeleiter – eine neue Werbekampagne. Mit jeder Änderung beginnt der tapfer lernende Verbraucher wieder bei Null."

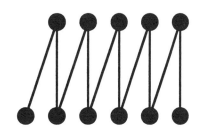

Abb. 121: „Das teuerste Bild der Welt"

Dies aber sollte nicht heißen, dass ein und dasselbe Sujet oder ein und derselbe Spot jahrelang unverändert geschaltet werden sollte. Im Gegenteil, dies würde zu einem „Wear-out-Effekt" (Ermüdungserscheinung der Konsumenten, die sogar in Ablehnung resultieren kann) führen. Es ist daher sinnvoll, unter Beibehaltung gewisser Stilelemente (Stilkonstanten) Sujets und Spots ständig zu aktualisieren und dem Zeitgeist anzupassen. An den beibehaltenen Stilelementen (Hauptaussage, Slogan, Schriftzug, Spotaufbau oder -technik) kann sich der Verbraucher orientieren und den Inhalt der richtigen Marke zuordnen. Auf diese Weise kann die Werbewirkung zu geringeren Kosten gesteigert werden.

Abb. 122 zeigt ein Beispiel für Konstanz von Werbeelementen in der **Packungsgestaltung**, vor allem des Schlüsselelementes „Kuh", später auch Schriftzug und Farbe: die Packung der Milka-Schokolade von Suchard von 1901 bis 2012. Allein die Farbe Lila hat es durch große Verbreitung zu einer derartigen Marktgeltung gebracht, dass eine Eintragung in das Markenregister und damit ein Schutz dieses Farbtons durch das Markenrecht erreicht werden konnte.

Auch das Symbol der Marke – die lila Milka-Kuh – steht für jahrzehntelange Konstanz in der Werbung.

Abb. 122: Stilkonstanz in der Packungsgestaltung am Beispiel von Milka-Schokolade 1901–2012

Generell erfüllt das **Gestaltungselement Farbe** in der Werbung wichtige Aufgaben:

- **Farbe aktiviert** und lenkt die Aufmerksamkeit des Betrachters auf das Werbeobjekt bzw. die Marke. Farben werden noch vor Bild- und Text-Elementen wahrgenommen (Küthe/Küthe, 2002, S.16)

- Farben haben für den Betrachter gewisse **Bedeutungen**, die von Kultur zu Kultur unterschiedlich sein können (Weiß steht in östlichen Kulturen für Trauer, in unserem Kulturkreis steht sie für Licht und Reinheit). D.h., Farben rufen beim

Betrachter bestimmte Assoziationen hervor. Eine Farbe kann daher durch die mit ihr verbundenen Emotionen zum Aufbau von Markenimages genutzt werden.

■ Farbe trägt zur **Identifikation bzw. Wiedererkennung** eines Absenders oder. einer Marke bei – vor allem dann, wenn eine ganz bestimmte Farbe für eine Marke steht, wie z. B. Lila für Milka.

An der Wirtschaftsuniversität Wien wurde 2010 in einer experimentellen Studie der Einfluss der **Farbgebung** auf die Beurteilung von Marken untersucht. Dabei wurde u. A. auch die Auswirkung der 2005 vorgenommenen Änderung der Firmenfarbe der in Österreich und Deutschland vertriebenen Wäschemarke Palmers von türkisgrün auf olivgrün geprüft (vgl. Abb. 123).

Abb. 123: Palmers-Logo vor und nach dem Markenrelaunch 2005

Die Farbe olivgrün sollte die Qualität der Produkte unterstreichen (Aschenbrenner, 2011, S. 55), d. h. die Eigenschaften seriös und elegant sollten daher erwartungsgemäß dem olivgrünen Logo stärker zugeordnet werden als dem alten türkisgrünen. Abb. 124 zeigt, dass dies nicht der Fall ist. Dagegen wurde das Logo in Olivgrün als deutlich weniger vertrauenserweckend, sympathisch, ansprechend, natürlich und frisch beurteilt als das türkisgrüne, bisherige Logo. Bei keinem einzigen der abgefragten Items wurde das Logo in der neuen Farbe besser beurteilt!

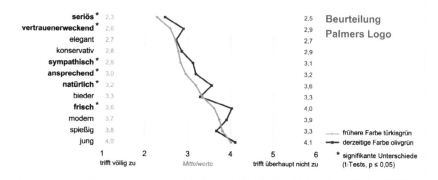

Abb. 124: Beurteilung des Palmers Logos alt und neu, n = 258 bzw. 233

Die Studie zeigte, dass eine konsequent eingesetzte Firmenfarbe eng mit dem Firmenimage verbunden ist. Wird das Stilelement Farbe geändert, können sich auch die hervorgerufenen Assoziationen zu der Firma und damit auch das Image ändern. D. h. ein markenorientierter Werber sollte sehr bewusst mit der Abänderung von Stilmitteln umgehen und deren mögliche Auswirkung auf die Zielgruppen einem Pretest unterziehen.

4.4.3.6   Kontextbasierte Markenkommunikation

Damit Werbung größtmögliche Wirkung entfalten kann, sollten die Zielpersonen ihre Aufmerksamkeit auf die Marke lenken und sich intensiv mit ihr auseinandersetzen. Die dafür notwendige aktive Zuwendung zu einem Informationsangebot ist umso größer, je relevanter die Botschaft für den Rezipienten ist. Das heißt, es ist nicht nur auf die inhaltliche und formale Gestaltung der Botschaft zu achten, sondern die Botschaft sollte auch passgenau und systematisch auf die jeweilige Bedingung im Moment des Botschaftsempfanges (Rezeption) zugeschnitten werden, sodass diese für ihn möglichst sinnvoll bzw. relevant ist. Indem auch der dynamische Aspekt der Zielpersonen als Handelnde mit berücksichtigt wird, kann ein sehr viel genaueres Bild von der Zielgruppe und deren Alltag gezeichnet werden.

Baetzgen (2007) hat dazu einen Planungsansatz – das **kontextbasierte Modell der Kommunikation** (Abb. 125) – geschaffen, auf dessen Basis die Effizienz der Werbung gesteigert werden kann. Werbung bzw. Werbebotschaften sollten auf den Kontext der Medienhandlung bzw. des Kontaktpunktes und der Zielpersonen abgestimmt werden. Kommunikations-Maßnahmen, die zugleich erlebnisreich, konsumrelevant und konsistent sind, steigern den wahrgenommenen Wert bei den Zielgruppen und erzielen dadurch größtmögliche Resonanz.

Die kontextbasierte Markenkommunikation sollte so gestaltet sein, dass sie zu drei Kontexten „Situation, Lebenswelt der Zielpersonen und Marke" passt, bzw. mit diesen „stimmig" ist.

Die Situation kann dabei eine reale sein, z. B. „typische" Frühstücks-Situation, oder sich auch innerhalb eines Mediums abspielen, wie z. B. Fernseh- oder Kino-Situation, oder im Gestaltungsbereich der Ambient Media, wie etwa bei der Nutzung von Papier-Servietten, Gläsern oder Bierdeckeln als Werbeträger im Gasthaus oder in der Kneipe.

Die Lebenswelt bezieht sich auf das Insgesamt an Wissen, Werten, Einstellungen und die daraus resultierenden typischen Handlungen für Menschen. Sie bestimmen deren Lebensstile und Verhalten wie z. B. Kleidungsstil, Wohnungseinrichtung, Freizeitverhalten usw. Diese sind relativ stabil wie die verschiedenen Verhaltensstudien und Typologien zeigen (vgl. dazu Kap. 2.2.2.3, z. B. Sinus-Milieus®).

Der Markenkontext umfasst Wissen, Einstellungen und Emotionen, die eine Zielperson mit der Marke verbindet. So ordnet beispielsweise ein Konsument einen Cowboy in den Kontext der Marke Marlboro ein (vgl. Abb. 118). Die Marke wird als Absender der Kommunikation erlebt.

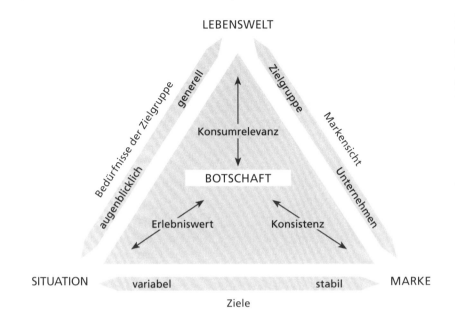

Abb. 125: Planungsmodell für kontextbasierte Markenkommunikation nach Baetzgen 2007, S. 160

Die Markenbotschaft sollte in der Empfangssituation einen für den Rezipienten subjektiv hohen Erlebniswert haben und sie sollte für ihn glaubhaft machen, dass sie seinen Alltag spürbar angenehmer macht bzw. erleichtert oder seinen Lebenstraum erfüllen hilft. D. h. die Marke sollte konsumrelevant sein und gut in seine Lebenswelt passen. Sie sollte weiters den Vorstellungen der Zielgruppe von der Marke entsprechen und gleichzeitig sollten bei der Gestaltung der Botschaft auch die Parameter der integrierten Kommunikation des Unternehmens berücksichtigt werden.

Nach Baetzgen ist ein hoher Erlebniswert eine wesentliche Voraussetzung dafür, dass Werbung wahrgenommen wird. Er ist umso höher, je relevanter und oder neuartiger die Werbung im Kontext der Situation ist, und je besser sich die Werbung an den Bedürfnissen der Zielgruppen orientiert.

Sampling-Aktivitäten von Red Bull berücksichtigen z. B. die Konsumrelevanz in der Situation, indem Personen in bestimmten Lebenssituationen angesprochen werden z. B. in Phasen der Ermüdung und Abgespanntheit oder in Stress-Situationen: So erhalten StudentInnen z. B. in der Prüfungszeit eine Dose Energy Drink zum Probieren. Red Bull hat in diesem Fall nicht nur Konsumrelevanz, sondern auch Erlebniswert in der Situation (vgl. dazu Kap. 3.2, Beispiel Red Bull).

Die Botschaft sollte so gestaltet werden, dass alle drei Kontexte, die untereinander im Spannungsverhältnis stehen, im Gleichgewicht sind, indem sie zu den Kontexten „passt". Oberstes Ziel dabei muss jedoch sein, dass die Marke für die Zielpersonen Orientierung, Sicherheit und Entlastung bietet.

Besonders gut berücksichtigen oft **Ambient Media** (vgl. Kap. 4.5.1.6) bzw. Guerilla Marketing-Aktivitäten die Verbindung von Markenkommunikation im Kontext mit Situation und Lebenswelt. Beim **Guerilla Marketing** werden Markenbotschaften auf kreative Art und Weise umgesetzt, wobei auch oft ungewöhnliche Werbeträger genutzt werden, um dadurch Aufmerksamkeit zu schaffen. Meist sind auch die Kosten solcher Aktionen sehr gering. So werden öffentliche Flächen wie z. B. Bahnsteige, Abfalleimer, Hydranten etc. als Werbeträger zur Übermittlung von Markenbotschaften genutzt, indem z. B. Zetteln aufgeklebt werden oder Videobotschaften darauf projiziert werden.

Bei der Eröffnung des dritten Einrichtungshauses von Ikea Berlin wurde der Bahnhof Berlin Alexanderplatz über einen Zeitraum von vier Wochen in einen Ikea-Markt verwandelt. Über den Bahnsteigen hingen Lampeninstallationen, die mit Ikea-Preisschildern versehen waren, Fußboden-Applikationen in Form von Ikea-Teppichen waren vor den Rolltreppen ausgebreitet und Plakate im Stil von Vorhangstoffen zierten die Wände des S-Bahnhofs, „Jetzt wird Berlin noch schöner. Am 27.11. eröffnet Ikea Tempelhof", war auf den Schildern zu lesen (Baetzgen, 2007, S. 229). Dabei wurde der Wunsch „schöner zu wohnen" thematisiert und auf neuartige Weise die Marke Ikea, die ein breites, formschönes Sortiment zu günstigen Preisen anbietet, inszeniert.

Auch klassische Werbemittel wie TV-Spots oder Anzeigen können in ihrer Effizienz gesteigert werden, indem sie auf das **Medienumfeld** optimal abgestimmt werden wie z. B. der TV-Spot der österreichischen Spülmittelmarke Splendid von Spar, der ganz im Stil der US-TV-Soap „Desperate Houswives" mit einer Hauptdarstellerin dieser Serie – Maria Cross – gestaltet ist und unmittelbar vor bzw. auch nach dieser TV-Serie geschalten wird (siehe dazu Abb. 126) und so in den Kontexten besonders stimmig ist.

Video	Screenshots	Audio
Marcia geht zum Haus ihrer Nachbarin ...		
Die Nachbarinnen begrüßen sich ...		Hallo Darling! Hallo!
Die Hausbesitzerin bittet Ihrer Nachbarin...		Schön dass Du da bist! Komm doch rein!
Sie trinken zusammen eine Tasse Tee ...		Diese Teetassen sind wunderbar... und so gepflegt... – fast so wie meine ... Das ist ganz einfach.
Beide sitzen bei einem wunderbar weiß gedeckten Tisch ...		...und diese Serviette, perfektes Weiß – und das Tischtuch – einfach perfekt! Wie machst Du das nur? Kannst Du ein Geheimnis behalten? Ja, klar kann ich das. Ich nämlich auch...
... die gesamte Splendid-Produktpalette ...		Splendid. Das Geheimnis der perfektesten Hausfrauen.
Marcia Cross mit dem Zeigerfinger vor dem Mund .... Logo SPAR + SPLENDID		Pscht!

Abb. 126: Kontextbasierter TV-Spot von Splendid (Eigenmarke Spar)

Für die Online-Kommunikation empfiehlt Hettler (2010, S. 33) Werbung wie Banner, Buttons oder Microsites kontextsensitiv zu gestalten und in einem interessierenden redaktionellen Umfeld zu platzieren, beispielsweise in Form eines kurzen Informationsteasers, der unaufdringlich präsentiert, Interesse zum Aufruf der vollständigen Werbebotschaft weckt. Auch stehen Online-User Werbeinhalten, die thematisch zu einem in Suchmaschinen eingegebene Suchbegriff passende Werbebotschaften liefern, sehr viel positiver gegenüber, als ungewünscht übermittelten Botschaften.

4.4.4 Business-to-Business Werbung (B2B-Werbung)

Business-to-Business Marketing ist dadurch gekennzeichnet, dass die Zielgruppen Geschäftskunden sind, wobei diese sehr heterogen sein können: von Produktionsunternehmen bis Dienstleistungsunternehmen, von großen Industrieunternehmen (z. B. Autohersteller) über mittelständische Unternehmen (z. B. Bäcker, Frisöre) bis zu Freiberuflern (z. B. Anwälte oder Zahnärzte).

Wie schon früher ausgeführt, sind an der Kaufentscheidung im B2B-Bereich meist mehrere Personen als Rolleninhaber von verschiedenen unternehmerischen Funktionen beteiligt (vgl. dazu **Buying Center** in Kap. 2.1.2.4). Diese verfolgen meist unterschiedliche Interessen und stellen somit auch unterschiedliche Anforderungen an die Lieferanten. So sind lt. Pförtsch/Schmid (2005) für den Einkäufer Anschaffungskosten und Konditionen wichtige Kriterien für die Kaufentscheidung, für die Techniker sind dies Wartungsfreundlichkeit und Ersatzteilservice, für die betrieblichen Verwender Betriebskosten und Zuverlässigkeit und für die Geschäftsleitung technische Innovationen, Betriebskosten und Energieeinsparung.

Der **Entscheidungsprozess von Unternehmen** erstreckt sich – abhängig von der Komplexität des anzuschaffenden Investitionsgutes – oft über einen längeren Zeitraum, und in seinen einzelnen Phasen ändern sich nicht nur die Informationsbedürfnisse, sondern auch die Informationsquellen. Sind in der Suchphase noch Internet und Fachmessen wichtig, so sind es in der Entscheidungsphase die persönlichen Gespräche mit dem Verkäufer oder den Mitgliedern des Selling Centers des Anbieters.

Da die Absatz- bzw. Beschaffungsprozesse im B2B-Bereich sehr heterogen und auch sehr komplex sein können, haben Backhaus und Voeth (2007, S. 195 ff.) den Investitionsgüterbereich für die Vermarktung in vier **Geschäftstypen** eingeteilt, je nachdem, ob es sich beim betrachteten Markt um Einzelkunden oder um einen mehr oder weniger anonymen Markt handelt, oder ob ein Kaufakt einmalig ist, oder Folgekäufe stattfinden.

■   Beim **Anlagengeschäft** handelt es sich um kundenindividuell erstellte Leistungen in Auftragsfertigung, z. B. Bau eines Wasserkraftwerkes oder Errichtung einer Lackieranlage.

■   Im **Produktgeschäft** werden vorgefertigte und in Mehrfachfertigung erstellte Leistungen auf einem anonymen Markt vermarktet. Der Käufer kann bei Folgeentscheidungen auch andere Marken dieser Leistungskategorie nachfragen z. B. LKW, PC, Kopierer.

▪ Im **Systemgeschäft** werden Leistungen für den anonymen Markt oder ein bestehendes Kundensegment vermarktet, wobei eine sukzessive Abfolge von hintereinander geschalteten Kaufprozessen besteht, z. b. Telekommunikationssysteme oder Softwarepakete.

▪ Beim **Zuliefergeschäft** handelt es sich um kundenspezifisch entwickelte Leistungen, die in identischer Ausführung vom selben Kunden immer wieder gekauft werden; z. b. Lieferung von Scheinwerfern oder Kühlergrillen in der Automobilindustrie.

Diese Typologie der B2B-Geschäftsarten hat Konsequenzen für die Kommunikationsaktivitäten des Anbieters. Im Anlagen- und Zuliefergeschäft spielt der persönliche Verkauf eine dominante Rolle und somit auch die Verkäuferpersönlichkeit und das Beziehungsverhalten. Häufig steht dem Buying Center des Kunden ein Selling Center des Anbieters gegenüber. Dem Selling Center können je nach Entscheidungsprozess-Phase der zuständige Verkäufer, Techniker, Mitarbeiter der Forschungs- und Entwicklungs-Abteilung, der Finanzabteilung, aber auch der Vertreter der Geschäftsleitung angehören.

Die Kommunikation für individualisierte Leistungen muss insbesondere Vertrauen und Kompetenz vermitteln. Da bei Vertragsabschluss nur ein Leistungsversprechen abgegeben werden kann, muss der Kunde auf die Leistungsfähigkeit und den Leistungswillen des Anbieters vertrauen. Für die Kompetenz- und Vertrauenskommunikation sind folgende **Inhalte und Kommunikations-Instrumente** geeignet (Baumgarth, 2008):

▪ Empfehlungen Dritter (Abnehmer, Kooperationspartner, etc.),

▪ neutrale Zeichen (z. B. Gütesiegel),

▪ Angaben zur Unternehmensgröße und zum Alter des Unternehmens,

▪ Angaben über die Qualifikation der Mitarbeiter,

▪ Modelle, Prototypen, Computersimulationen,

▪ Referenzangaben bzw. Referenzanlagen,

▪ neutrale Fachaufsätze bzw. PR,

▪ Themenportale, virtuelle Gemeinschaften im Internet,

▪ Seminare, Symposien,

▪ Betriebsführungen,

▪ persönliche Kommunikation und

▪ Fachmessen.

Da die Kommunikation im B2B-Bereich vorwiegend über persönliche und weniger über mediale Kanäle verläuft, sind die Mitarbeiter des Lieferanten zentrale Markenbotschafter und Imageträger. Dementsprechend wichtig ist es für den Anbieter, die Markeninhalte auch nach innen zu kommunizieren und so ein Verständnis der B2B-Marke bei den Mitarbeitern, die nach außen tätig sind, zu generieren.

Kommunikation für Investitionsgüter muss in erster Linie einen hohen Informationsbedarf befriedigen: Als Kommunikationsinstrumente eignen sich dafür das persönliche
Gespräch, Messen, Prospekte, Online-Kommunikation (insbesondere Homepages),
Fachsymposien und Direktwerbung. Werbung, z.B. Anzeigen in zielgruppenspezifi-
schen Fachzeitschriften, spielt eher eine untergeordnete Rolle.

Bei den Kommunikationsinhalten beschränken sich die Investitionsgüterunternehmen
häufig auf rationale Argumente, emotionale Elemente werden oft vernachlässigt, ob-
gleich diese ebenso wichtig für den Markenaufbau bzw. das Markenimage sind.

Die Kunden im Investitionsgüterbereich bilden ihre Präferenzen hauptsächlich aufgrund von Hersteller- oder Unternehmensmarken (Corporate Brands). Insofern ist es
wichtig, die Herstellermarke in den Mittelpunkt zu rücken.

Häufig ist es sinnvoll, nachgelagerte Stufen des Vertriebs von B2B-Marken in die Kommunikationspolitik zu integrieren, z.B. in Form eines **Ingredient Brandings**. Hier wird
die Marke eines verarbeiteten Werkstoffes oder Bestandteils bis zur Endabnehmerstufe
geführt wie z.B. bei Gore-Tex, Teflon, Intel. Dies setzt allerdings die Möglichkeit einer
visuellen Kennzeichnung voraus, wie etwa das Anbringen von Etiketten, Anhängern,
Aufklebern mit der Aufschrift des Ingredients (vgl. dazu Kap. 2.7.3).

Ein Beispiel für eine **emotional gestaltete B2B-Anzeige** ist in Abb. 127 zu sehen.
Der österreichische Edelstahlhersteller Böhler, der weltweit Werkzeug- und For-
menbauer beliefert, demonstriert die Vorteile von Werkzeugen aus Böhlerstahl
sowohl anhand eines rationalen side by side Vergleichs – mittels Abbildungen von
Werkzeugoberflächen einmal hergestellt mit und einmal ohne Böhlerstahl – als
auch mittels einer emotional gestalteten Analogie. Dabei werden die unterschiedlichen Stahlqualitäten anhand der „Mona Lisa" aus dem berühmten Gemälde von
Leonardo da Vinci verdeutlicht, indem diese einmal „verstimmt" dargestellt wird
– mit hängenden Mundwinkeln und rissiger Gemäldeoberfläche – und einmal im
„lächelnden Original". Die emotionalen Gestaltungselemente lenken einerseits
die Aufmerksamkeit auf die Anzeige und vermitteln gleichzeitig auch Positio-
nierungselemente der Marke Böhler, z.B. überlegener Qualität und wertvoll. Die
Produktinformationen sind auf das Wesentliche beschränkt, die Unternehmensmarke Böhler steht im Vordergrund.

RISSE KÖNNEN IHR LÄCHELN
BEEINTRÄCHTIGEN ...

... DAS MUSS NICHT SEIN.

Eine von BÖHLER weiterentwickelte Vakuumschmelztechnologie sowie Legierungs-
optimierungen sorgen für höchsten Reinheitsgrad und Zähigkeit bei den Stählen.

Konkret bedeutet dies eine erhebliche Verbesserung der Brandrissbeständigkeit und
Wärmeleitfähigkeit. Eigenschaften die Ihrem Werkzeug den **Lebenszyklus wesentlich
verlängern** und die **Werkstückkosten reduzieren**.

Werkzeug aus BÖHLER W400 VMR

Standardwerkzeug aus 1.2343 ESU

BÖHLER Edelstahl GmbH, A-8605 Kapfenberg, Mariazeller Straße 25
Telefon +43-3862-20 7181, Fax +43-3862-20 7576, e-mail: info@bohler-edelstahl.com, www.bohler-edelstahl.com

BÖHLERSTAHL Vertriebsgesellschaft m. b. H., A-1201 Wien, Nordwestbahnstraße 12 – 14
Telefon +43-1-33131, Fax +43-1-33131-213, e-mail: leitung@boehlerstahl.at, www.bohler.at

Abb. 127: Anzeige „Mona Lisa" für Böhler Werkzeugstahl

4.4.5 Werbung für Nonprofit-Organisationen

Nonprofit-Organisationen sind nicht auf Gewinnerzielung gerichtet. Sie erfüllen gesellschaftlich notwendige Funktionen bzw. decken einen Bedarf ab, der durch erwerbswirtschaftliche Unternehmen nicht oder nicht ausreichend befriedigt werden kann, weil der Preis, den die Bürger für „soziale" Güter zu zahlen bereit sind, die Kosten nicht deckt. Dies liegt teilweise an mangelnder Information, teilweise an fehlender Einsicht über die Notwendigkeit der Erfüllung dieser „sozialen" Funktionen seitens der Konsumenten. Da diese Bedürfnisse im Interesse der Gesellschaft aber unabdingbar sind, greift hier zumeist der Staat ein. Wenn auch er nicht in ausreichender Weise tätig wird, treten private Organisationen auf.

Beispiele für solche Nonprofit-Organisationen sind: Kirchliche Organisationen, kulturelle Einrichtungen, karitative Organisationen (Rotes Kreuz, Caritas, Amnesty International), Umweltschutzorganisationen (World Wildlife Fund, Greenpeace), Stiftungen, Fonds, Freizeitvereine und dergleichen mehr.

Vielfach wurde die Meinung vertreten, dass die Anwendung kommunikationspolitischer Maßnahmen mit den Zielsetzungen der Nonprofit-Organisationen nicht vereinbar sei. Der assoziative Bedeutungsgehalt von Wörtern wie „Marketing", „Werbung" oder „Management" führte dazu, dass diese Maßnahmen lange Zeit nur geringe Akzeptanz im Nonprofit-Bereich fanden.

Da aber auch für Nonprofit-Organisationen Markt, Angebot und Bedürfnisse existieren, hat die Werbung auch in diesem Bereich zunehmend an Bedeutung gewonnen.

Für die Nonprofit-Werbung sind – im Gegensatz zur kommerziellen Werbung – vor allem folgende Inhalte typisch:

Ziel der Werbung ist die Änderung bestimmter Einstellungen oder Wertvorstellungen bei den Zielpersonen (z. B. gegenüber Minderheiten, Behinderten etc.) oder eine Verhaltensbeeinflussung (z. B. Sicherheitsgurt anlegen, siehe Abb. 113, S. 269) oder eine Handlungsaufforderung (z. B. Spendenaktion, Impfaktion, …).

Meist wird für die Botschaftsgestaltung eine sehr emotionale Form der Ansprache gewählt, um hohe Aufmerksamkeit zu gewährleisten und starke Emotionen beim Empfänger hervorzurufen.

Eine Besonderheit im Marketing-Instrumentarium der Nonprofit-Organisationen stellt die bedürfnismindernde Kommunikation dar. Sie zielt auf die Unterlassung eines bestimmten, sozial nicht erwünschten Verhaltens ab (z. B. den Missbrauch von Alkohol, Nikotin oder Drogen). Durch die bedürfnismindernde Kommunikation sollen die Zielpersonen dazu gebracht werden, sozial schädliche Verhaltensweisen zu ändern, aufzugeben oder gar nicht erst aufzunehmen.

4.4.6   Internationale Werbekampagnen

Mit der Expansion auf Auslandsmärkten sehen sich Unternehmen mit einer schwierigeren Situation konfrontiert als auf ihrem Heimmarkt. Ein besonderes Problem stellt dabei die Frage dar, ob die Werbung für die verschiedenen Märkte vereinheitlicht werden kann, oder ob sie an nationale Gegebenheiten anzupassen ist.

Grundsätzliches Ziel international tätiger Unternehmen ist eine möglichst weitgehende Standardisierung der Werbemittel. International einheitliche Werbung bietet folgende **Vorteile**:

- **Kostenersparnis bei der Werbemittelproduktion**
  Es ist kostengünstiger, standardisierte Werbemittel einzusetzen. So können Produktionskosten, z. B. von Fernsehspots, eingespart werden. Je stärker die Kampagne für einzelne Länder differenziert wird, desto höher fallen die Produktionskosten aus und desto geringer ist der für die Streuung verbleibende Etat. Technisch aufwendige Spots oder Spots mit weltberühmten Stars können nur durch Einsatz auf mehreren Märkten finanziert werden.

- **Aufbau eines einheitlichen Produkt- bzw. Firmenimages;**
  prägnantes Markenbild
  Der Media-Overflow, z. B. von Deutschland nach Österreich, macht nahezu ein Achtel der gesamten in Österreich über Massenmedien verbreiteten Werbung aus. Auch von Österreich nach Bayern gibt es einen Medien-Overflow. Zwei verschieden positionierte Kampagnen für das gleiche Produkt in Deutschland und Österreich würden die Konsumenten irritieren und das Markenbild verwässern. Durch zunehmende Möglichkeiten, internationale Fernsehprogramme zu empfangen (z. B. durch Kabel- oder SAT-TV) und durch die steigende Mobilität der Menschen durch Arbeitskräftewanderung und Tourismus ist ebenfalls ein höherer Standardisierungsgrad der Werbung von Vorteil. Die aus der Heimat bekannte Marke bietet gerade dem ausländischen Konsumenten ein Stück Sicherheit, was vor allem auch bei Dienstleistungsmarken wichtig ist (wie z. B. internationale Hotel- bzw. Restaurantketten).

  Der Vorteil einheitlicher Kampagnen besteht darin, die erfolgreichste Werbeidee für eine Marke auf allen Märkten einzusetzen.

  Allerdings gibt es bei internationalen Kampagnen Bedingungen, die die Kreativität stark einschränken. Um nur einige wichtige solcher Einschränkungen zu nennen: Sprachwitze, Wortneuschöpfungen, Reime, Anspielungen auf landesspezifische Besonderheiten sind nicht oder nur schwer möglich. Es besteht die Gefahr der Aussagenbanalisierung (z. B. „Always Coca-Cola").

Aufgrund der genannten Vorteile streben viele multinationale Unternehmen eine standardisierte Kampagne an. Trotzdem kommt es häufig zu Flops, weil die Voraussetzungen für eine weltweit erfolgreiche Einheitskampagne nicht gegeben waren. Im Folgenden werden diese **Voraussetzungen** darum etwas genauer betrachtet:

■ **Zielgruppenhomogenität und gleiche Nutzenerwartungen**
Die angestrebten Zielgruppen müssen sich in ihren Nutzenerwartungen weitestgehend decken. So sind z. B. in Ländern mit niedrigem technischem Entwicklungsstand bei technischen Geräten und Maschinen die Einfachheit der Bedienung und die Möglichkeit zur Reparatur aus eigenen Kräften weit wichtiger als die in hochentwickelten Ländern notwendigen High-Tech-Details. Die verschiedenartigen Produkterwartungen zwingen in diesem Fall also zu differenzierter Kommunikation. Auch im Bereich des Zusatznutzens gibt es oft Unterschiede in den Konsumentenerwartungen. So geht die interkulturelle Forschung davon aus, dass bei der Mehrheit der europäischen und nordamerikanischen Konsumenten der Wunsch im Vordergrund steht, sich bei sozial sichtbaren Gütern durch die Markenwahl von anderen Menschen abzugrenzen, während sich Konsumenten in ost- und südostasiatischen Ländern vornehmlich über Gruppenzugehörigkeit definieren. Marken, die Prestige und sozialen Status vermitteln, können daher vom kulturellen Standpunkt aus im ost- und südostasiatischen Raum mit einem hohen Marktpotenzial rechnen, Marken mit einem ausgeprägt nonkonformistischen Image weniger (Markus, Kitayama und Heiman, 1996; Phau und Gerard, 1999).

■ **Kulturungebundenheit des Angebots**
Sogar in den kulturell vergleichbaren, hoch entwickelten Staaten gibt es Produkte, die aufgrund ihrer Kulturgebundenheit nur schwer mit einem Einheitswerbekonzept vermarktet werden können. Zur Verdeutlichung seien hier die unterschiedlichen Gewohnheiten beim Käsekonsum in verschiedenen Ländern dargestellt. Franzosen und Italiener essen Käse vor allem zum Mittag- und Abendmenü, häufig nach dem Salat, Holländer dagegen am liebsten zum Frühstück. In den USA nimmt man Käse häufig zum Aperitif zu sich, während im französischsprachigen Teil der Schweiz Käse gerne in Form von Raclette oder Fondue als Hauptspeise gegessen wird (Eder und Herrmann, 1992)

■ **Ähnlichkeit des kulturellen Umfeldes, v. a. keine Verletzung von Werten und Normen**
Internationale Spots müssen sehr genau daraufhin kontrolliert werden, dass sie in Bild und Text keine Fehlinterpretation oder Ablehnung aufgrund der Religion, der Sitten und Gebräuche, der Symbolik oder anderer kultureller Faktoren erfahren. Je kulturell ähnlicher Länder sind, desto geringer ist die Wahrscheinlichkeit eines solchen Fehlers; trotzdem kommt es auch in kulturell verwandten Ländern immer wieder zu Flops. Um die Vielfalt der kulturellen Stolpersteine zu zeigen, sei an dieser Stelle eine ganze Reihe von Fehlerquellen mit Beispielen genannt:

Religion, Sitten und Gebräuche: Da Buddhisten an die Reinkarnation glauben, empfinden sie die im Westen häufig sehr erfolgreiche Werbung mit Tier-Trickfilmen als beleidigend. In islamischen Ländern sind Anzeigen für Armbanduhren mit einem nackten Frauenarm undenkbar. Die ideale Familiengröße ist z. B. in Entwicklungsländern viel höher als in der westlichen Welt. Eine Werbekampagne mit einer Familie mit „nur" zwei Kindern wäre in den Ländern der dritten Welt keine besonders gute Idee.

Symbolik und Farben: In Südafrika stellen zwei Elefanten das Symbol für Unglück dar. Aus diesem Grunde musste die Brauerei Carlsberg in ihren Werbekampagnen und Display-Materialien für das bekannte „Elefantenbier" einen dritten Elefanten hinzufügen (Eder und Herrmann, 1992). Die Völker in den nördlichen Breiten sind durchwegs „Sonnenanbeter", während die Bewohner des Südens den Mond verehren. Im arabischen Raum ist es wiederum der Halbmond, der eine Sonderstellung unter den Symbolen einnimmt. Auch in der Farbsymbolik gibt es große Differenzen. Während die Farbe Grün in Italien mit Neid, Jugend, Geldknappheit und depressivem Ärger assoziiert wird, steht sie in Pakistan und anderen islamischen Ländern für Glück, Frömmigkeit und ewiges Leben (Walldorf, 1987).

Sprache: Abgesehen von einigen wenigen Marken, die ihre Slogans weltweit vereinheitlicht haben, indem sie z. B. die englische Version verwenden (z. B. „Nespresso – What else?", „Nike – just do it" oder „Nokia – Connecting People"), sind vor allem Markennamen standardisiert. Dies kann jedoch in einzelnen Ländern zu Problemen führen, wie die zwei folgenden Beispiele zeigen: In spanisch sprechenden Ländern wird Chevrolets Automodell „Nova" leicht als „no va" (deutsch: „es geht nicht") missverstanden (Kotler und Bliemel, 2001). Im deutschsprachigen Raum war der international verwendete Parfummarkenname „Lulu" aus naheliegenden Gründen zumindest bisher kein Erfolg. Das Gleiche gilt für die irische Whisky-Marke „Mist".

Deutsche Automobilhersteller hingegen setzen auch in nicht deutschsprachigen Ländern in der Kommunikation auf Slogans in deutscher Sprache. VW z. B. stellt mit dem Slogan „Das Auto" einen Bezug zum Herstellerland her und nutzt das Image Deutschlands als weltweite Nummer eins bei der Produktion von qualitativ hochwertigen und imageträchtigen Automobilen. Auch Audi wirbt mit dem Slogan „Vorsprung durch Technik" in England.

■ **Gleiche Positionierungsziele**

Da die Positionierung des eigenen Produktes auf das Konkurrenzumfeld abgestimmt sein sollte, kann es aus marketingstrategischen Gründen sinnvoll sein, in bestimmten Ländern unterschiedliche Positionierungen zu besetzen. Ein Beispiel hierzu: Im mittleren Preisbereich positionierte Produkte werden häufig von so genannten „Mainstreamern" (Durchschnittskonsumenten, die sich an gängigen Konsummustern orientieren) gekauft. Mainstreamer zeichnen sich in fast allen Ländern durch eine besonders starke Bevorzugung inländischer Produkte aus (Frieders, 1992). Importprodukte haben dagegen vor allem im exklusiven Segment sowie im Billigpreissegment gute Chancen. Aus diesem Grunde ist es häufig notwendig, das im eigenen Land mittelpreisig an die große Gruppe der Durchschnittskonsumenten verkaufte Produkt im Export exklusiver zu positionieren, bzw. die Preise gegenüber dem Heimmarkt zu senken, was jedoch aufgrund der zusätzlichen Exportkosten häufig nicht möglich ist. Die europaweite Zielgruppe der Mainstreamer wirft also aufgrund der Bevorzugung inländischer oder doch zumindest nicht als ausländisch wahrgenommener Marken „…ein ernsthaftes Problem für die internationale Kommunikation der einzelnen Hersteller auf." (Landwehr, 1989, Leiter PKW-Werbung bei den Ford-Werken Köln)

■ **Gleiche Produktlebenszyklusphase**
Kommunikationsziele sind normalerweise an die Produktlebenszyklusphase anzupassen. In der Einführungsphase steht dabei im Regelfall zunächst einmal die Produktinformation im Vordergrund. Die Wachstumsphase hat die Stabilisierung von Produktwissen und die Schaffung von Markentreue zum Ziel, während später die Profilierung gegenüber der Konkurrenz in den Mittelpunkt rückt. Märkte, die sich in verschiedenen Produktlebenszyklusphasen befinden, mit einer Einheitskampagne zu bearbeiten, ist folglich wenig sinnvoll. Die schwierigste Phase im Hinblick auf eine Standardisierung ist die Einführungsphase, da gerade hier aufgrund des großen Informationsbedürfnisses mehr Text notwendig ist und es infolgedessen häufig zu Übersetzungsfehlern kommt. Dies geschieht sogar bei technologisch relativ einfachen Produkten, wie das für Übersetzungsprobleme relativ typische Beispiel der Werbung für den Mars-Schokoriegel in Russland zeigt. Im Werbetext der russischen Kampagne wurde erklärt, dass Mars aus „Sahne, gebranntem Zucker und einer dicken Schicht Schokolade" besteht. „Gebrannter Zucker" ist jedoch für Karamell eine denkbar schlechte Bezeichnung, denn sie bedeutet nicht Bonbon aus karamellisiertem Zucker und Milch, sondern durch Erhitzen gebräunten Zucker. Dieser gebräunte Zucker hat sowohl in direkter als auch in übertragener Bedeutung des Wortes einen „bitteren Beigeschmack". Er schmeckt nicht nur bitter, sondern erinnert auch an die Armut, die die Menschen dazu zwingt, bei leeren Regalen oder weil die westlichen Süßwaren unerschwinglich teuer sind, für ihre Kinder mittels des gebrannten Zuckers eine Art Ersatzbonbon selber herzustellen (Geroimenko, 1993).

■ **Vergleichbare Medienbedingungen**
Von Land zu Land gibt es Differenzen in Bedeutung, Verfügbarkeit, Kosten und Qualität der Medien. Auch die Nutzungsgewohnheiten sowie die Akzeptanz bestimmter Medien in der Zielgruppe unterscheiden sich häufig stark. Österreich ist beispielsweise eines der Länder mit der weltweit höchsten Plakatdichte (2006: 9,6 Stellen pro 1.000 Einwohner). Eine aus diesem Grund auf das Medium Plakat zugeschnittene Kampagne eines österreichischen Herstellers wäre wegen der geringen Plakatdichte in vielen anderen europäischen Ländern nicht geeignet – z. B. in Deutschland: 4,8 pro 1.000 Einwohner, Frankreich: 5,6 pro 1.000 Einwohner, Italien: 3,0 pro 1.000 Einwohner. Auch im Bereich der nicht-klassischen Medien gibt es beträchtliche landesspezifische Unterschiede. Direct Mailing stößt beispielsweise in Osteuropa noch an viele Grenzen. Es gibt kaum verwertbares Adressenmaterial, die Post ist nicht sehr zuverlässig und Briefe mit kleinen Werbegeschenken kommen beim Empfänger oft nicht bzw. ohne die Werbegeschenke an.

■ **Gleiche rechtliche Rahmenbedingungen**
Auch der Verstoß gegen rechtliche Beschränkungen kann eine international standardisierte Kampagne verhindern. Darum ist bei der Planung darauf zu achten, dass die Kampagne in keinem Land gültige Gesetze überschreitet. Vergleichende Werbung ist beispielsweise in den USA weitgehend erlaubt, während sie in Deutschland und Österreich nur unter Restriktionen zulässig ist. In der Schweiz ist es im Gegensatz zu Deutschland und Österreich nicht erlaubt, Schauspieler in der Werbung dafür einzusetzen, Konsumenten zu spielen (Mühlbacher et al., 2006) und in einigen Ländern (Australien, Südafrika, Malaysia) ist der Import von TV-Spots sogar vollständig untersagt. Um trotzdem ihre internationalen Kampagnen auch auf diese Länder auszudehnen, haben beispielsweise Adidas und Goodyear ihre Spots im Land erneut produziert (Kreutzer, 1989).

Die genannten Voraussetzungen und Einschränkungen für eine internationale Kampagne sorgen dafür, dass trotz der angeführten Vorteile einer Standardisierung nur selten eine wirklich vollständig standardisierte Kampagne möglich ist. Im Regelfall ist zumindest eine Adaptierung notwendig, so dass der Leitspruch heißen müsste: Standardisieren so weit wie möglich, adaptieren so weit wie nötig! Betrachtet man die Tendenzen in der Praxis, so werden in internationalen Konzernen vor allem die grundlegende Werbekonzeption, die zentrale Werbeaussage, die Budgetierung sowie die Richtlinien zur Werbeerfolgskontrolle zentral festgelegt, während Botschaftsgestaltung, Mediaselektion und Streuplanung lokal verantwortet werden.

▶ Literatur zu Kap. 4.4

Aaker, D. A., Meyers, J. G., Advertising Management, Englewood Cliffs 1975.

Aaker, J., Maheswaran, D., The Effect of Cultural Orientation on Persuasion, in: Journal of Consumer Research, 24, December 1997, S. 315–328.

Adrian, G., Radivojevic B., Bilder – Einsetzen und Verwalten, Diplomarbeit an der Wirtschaftsuniversität Wien, 2003.

Anand-Keller, P., Goldberg-Block, L. B., Increasing the Persuasiveness of Fear-Appeals: The Effect of Arousal and Elaboration, in: Journal of Consumer Research, 22, No. 4, 1996, S. 448–460.

Arnheim, R., Kunst und Sehen, Eine Psychologie des schöpferischen Auges, Berlin, New York 1978.

Aschenbrenner, N.; Der Einfluss der Farbe auf die Identifikation und Beurteilung von Marken, in: transfer – Werbeforschung & Praxis, 57 (1), 2012, S. 53 – 59.

Bachofer, M., Wie wirkt Werbung im Web? Blickverhalten, Gedächtnisleistung und Imageveränderung beim Kontakt mit Internet-Anzeigen, in: Stern-Bibliothek, Hamburg 1998.

Backhaus K., Voeth M., Industriegütermarketing, 8. Aufl. München 2007 und 9. Aufl. 2010.

Batra, R., Myers, J.G., Aaker, D.A., Advertising Management, 5. Englewood Cliffs 1996.

Baetzgen A., Kontextbasierte Marktkommunikation. Ein handlungstheoretischer Planungsansatz, Bern, Stuttgart, Wien 2007.

Baetzgen A., Mit mehr Sinn zu mehr Wert, in: transfer – Werbeforschung & Praxis, 1/2008, S. 36–40.

Baumgarth C., Markenpolitik, 3. Aufl., Wiesbaden 2008.

Behrens, G., Werbung, München 1996.

Behrens G., Esch F.-R., Leischner E., Neumaier M., Gabler Lexikon Werbung, Wiesbaden 2001.

Beiersdorf, Nivea – Entwicklung einer Weltmarke, Hamburg 1995.

Belch, G. E., Belch, M. A., Advertising and Promotion: An Integrated Marketing Communications Perspective, 5. ed., Boston 2004 and 9. ed. 2012.

Bergler, P., Psychologie des Marken- und Firmenbildes, Göttingen 1963.

Binder, B., Entwicklung einer Marketingstrategie für ein Internetportal, Diplomarbeit an der Wirtschaftsuniversität Wien 2006.

Birkigt, K., Stadler, M. M., Funk, H. J., Corporate Identity, 11. Aufl., München 2002.

Briggs, R., Hollis, N., Advertising on the Web: Is there response before Click-Through? in: Journal of Advertising Research, Vol. 37, No. 2, 1997, S. 33–45.

Bruhn, M., Kommunikationspolitik, 6. Aufl., München 2010.

Bürlimann, M., Web Promotion – Professionelle Werbung im Internet, 2. Aufl., St. Gallen, Zürich 2001.

Cermark A., Gestaltungsfaktoren der Prospektwerbung und ihre Wirkung bei Prospektempfängern in Österreich – Eine empirische Untersuchung am Beispiel von 202 Prospekten der Jahre 2000-2002, Diplomarbeit an der Wirtschaftsuniversität Wien 2004.

Dabic, M., Schweiger, G., Ebner, U., Printwerbung: Der erste Enidruck zählt! Werbeforschung mit dem Tachistoskop, in: transfer – Werbeforschung & Praxis, 1/2008, S. 26–35.

Drèze, X., Zufryden, F.S., Testing Web Site Design and Promotional Content, in: Journal of Advertising Research, Vol. 37, No. 2, 1997, S. 77–91.

Ebner, U., Werbeforschung mit dem Tachistoskop, Theorie und Fallbeispiele, Diplomarbeit, WU Wien 2007.

Eder, T. B., Herrmann, A. (1992), „Ads follow Culture" – Schlüssel zum Erfolg von Werbekampagnen auf Auslandmärkten, Marketing Journal 6/92, S. 594–596.

Eibl-Eibesfeldt I., Grundriß der vergleichenden Verhaltensforschung, 7. Aufl., München 1987.

Esch, F.-R., Langner, T., Jungen, P., Verkaufsauftritt im Internet, in: Der Markt 3+4/1998, S. 129–145.

Esch, F.-R., Langner, T., Gestaltung von Markenlogos, in: Esch, F.-R., (Hrsg.), Moderne Markenführung, 4. Aufl., Wiesbaden 2005, S. 603–631.

Esch, F.-R., Strategie und Technik der Markenführung, 7. Aufl., München 2012.

Esch, F.-R., Herrmann, A., Sattler, H., Marketing, München 2008 und 3. Aufl. 2011.

Esch F.-R., Möll T., Elger C.E., Neuhaus C., Weber B., Wirkung von Markenemotionen: Neuromarketing als neuer verhaltenswissenschaftlicher Zugang, in: Marketing ZFP, 30.Jg, 2/2008, S 109–127.

Felser, G., Werbe- und Konsumentenpsychologie, 3. Aufl., Heidelberg 2007.

Fließ, S., Hogreve, J., Nonnenmacher, D., Die emotionale Wirkung von Schaufenstern auf das Kaufverhalten, in: transfer – Werbeforschung & Praxis, 3/2005, S. 26–31.

Friederes, G., Die Bevorzugung inländischer Produkte: Eine empirische Studie, Diplomarbeit an der Universität Karlsruhe, 1992.

Garfield, B., And now a few words from me, New York 2003.

Geroimenko, W., Westliche Werbung in Rußland – Gebrannter Zucker, Handelsblatt Nr. 63 vom 31. 3. 1993, S. 27.

Gierl, H., Satzinger, M., Gefallen der Werbung und Einstellung zur Marke, in: Der Markt, 39. Jahrg., Nr. 254, 2000, S. 115–122.

Gierl, H., Überzeugungswirkung von Humor als Stilmittel in der Werbung, in: transfer – Werbeforschung & Praxis, 1/2007, S. 16–24.

Gierl, H., Prominente als Modelle in der Werbung, in: transfer – Werbeforschung & Praxis, 2/2007, S. 6–23.

Grabner, T., Red Bull-Werbung, die Flügel verleiht, in: Werbeforschung & Praxis, 2/1998, S. 13–14.

Grabner-Kräuter, S., Lessiak, Ch., Der Konsument im Internet – eine Bestandsaufnahme, in: Der Markt 3+4/1998, S. 171–186.

Greyser, St. A., Cases in Advertising and Communication Management, 3. ed., Englewood Cliffs 1992.

Grünwald, W., Die Wirksamkeit von Angstappellen, Diplomarbeit an der Wirtschaftsuniversität Wien, 1980.

Hackley, C., Advertising and Promotion. An Integrated Markeing Communications Approach, 2.ed., London 2011.

Hamm, I., Internet-Werbung, Von der strategischen Konzeption zum erfolgreichen Auftritt, Stuttgart 2000.

Harrison, R. P., The Cartoon, Communication on the Quick, Beverly Hills, London 1981.

Heller, E., Wie Farben wirken, 4. Aufl., Reinbek 2008.

Helm, R., Mark, A., Akzeptanz von E-Mail- und SMS-Werbung, in: transfer – Werbeforschung & Praxis, 4/2005, S. 10–13.

Herkner, W., Lehrbuch Sozialpsychologie, „Einführung in die Sozialpsychologie", 5. Aufl., Bern u. a. 1996.

Hermanns, A., Sauter, M., (Hrsg.), Management-Handbuch Electronic Commerce, 2. Aufl., München 2001.

Hermanns, A., Wißmeier, U.K., Sauter, M., Wirkung von Werbung im Internet – Grundlagen, Forschungsübersicht und ausgewählte Ergebnisse einer empirischen Untersuchung, in: Der Markt 3+4/1998, S. 187–197.

Hettler U., Social Media Marketing, München 2010.

Himmelsbach, C., Böhler, Österreichs Edelstahl-Weltmarke, 2. Aufl., Wien 2007.

Hofer, N., Kurz, H., Verhalten von Weinkosumenten am Point of Sale (POS), in: transfer – Werbeforschung & Praxis, 3/2007, S. 6–16.

Hofer, N., Schweiger, G., Schießl, M., Aufmerksamkeitsleistung von Anzeigen in den Gelben Seiten, in: transfer – Werbeforschung & Praxis, 1/2008, S. 8–26.

Janiszewski, C., Preattentive Mere Exposure Effects, in: Journal of Consumer Research, 20, December 1993, S. 377–392.

Jarchow, Ch., Werbebanner im World Wide Web – Ergebnisse einer empirischen Studie, in: Planung & Analyse, Nr. 2/99, S. 45.

Jeck-Schlottmann, G., Anzeigenbetrachtung bei geringem Involvement, in: Marketing ZFP, Heft 1, 1988, S. 33–43.

Jiras, H., Die computergestützte Aktivierungsmessung, Diplomarbeit an der Wirtschaftsuniversität Wien, 1986.

Jung, L. (Hrsg.)., Archetypen, 5. Aufl., München 1995.

Jurman, M., Steger, B., Die Messung der Anzeigenwirkung in Wochenmagazinen unter Einsatz der nicht-reaktiven Leseverhaltensbeobachtung (Compagnon-Verfahren), Diplomarbeit an der Wirtschaftsuniversität Wien, 2000.

Keegan, W. J., Schlegelmilch, B.B., Global Marketing Management, A European Perspective, 6. ed., Harlow 2004.

Kloss, I., Werbung, 5. Aufl., München, Wien 2012.

Köcher-Schulz, B., Was leisten Anzeigen in Wochen- und Monatsmagazinen?, in: transfer – Werbeforschung & Praxis 2/2000, S. 16–17.

Koenig O., Urmotiv Auge, München, Zürich 1975.

Koppelmann, U., Produktmarketing, Entscheidungsgrundlage für Produktmanager, 6. Aufl., Berlin 2001.

Kotler, Ph., Keller, K., Bliemel, F. W., Marketing-Management, 10. Aufl., München 2001 und 14. Aufl. 2011.

Kroeber-Riel, W., Bild schlägt Text in der Werbung, in: Absatzwirtschaft, Nr. 4, 1978.

Kroeber-Riel, W., Wirkung von Bildern auf das Konsumentenverhalten, in: Marketing ZFP, Heft 3, 8/1983.

Kroeber-Riel W., Bildkommunikation: Imagerystrategien für die Werbung, München 1996.

Kroeber-Riel, W., Meyer-Hentschel, G., Werbung – Steuerung des Konsumentenverhaltens, Würzburg, Wien 1982.

Kroeber-Riel W., Weinberg P., Konsumentenverhalten, 8. Aufl., München 2003.

Kroeber-Riel W., Weinberg P., Gröppel-Klein A., Konsumentenverhalten, 9. Aufl., München 2009.

Kroeber-Riel, W., Esch, F.-R., Strategie und Technik der Werbung, 6. Aufl., Stuttgart 2004 und 7. Aufl. 2011.

Krommes, R., Musik in der Fernseh- und Rundfunkwerbung, in: Jahrbuch der Absatz- und Verbrauchsforschung, 4/1996, S. 406–435.

Kronschlaeger, H., Überprüfung von Einflussfaktoren auf die Betrachtungsdauer von Anzeigen: eine Reanalyse von Daten zur Leseverhaltensbeobachtung, Diplomarbeit an der Wirtschaftsuniversität Wien 2003.

Kurz, H., Exportwerbung, Strategie und Test österreichtypischer Markenpositionierung, Wien 1994.

Kurz, H., Auf den Inhalt kommt es an!, in: Internet Relations, 12/97, S. 5.

Kurz, H., Determinanten der Akzeptanz von Firmenauftritten im Internet, in: Der Markt 3+4, 1998, S. 215–226.

Küthe, E., Küthe, F., Marketing mit Farben, Wiesbaden 2002.

La Tour, M.S., Snipes, R.L., Bliss, S.J., Dont't be afraid to use fear appeals: an experimental study, in: Journal of Advertising Research, Vol. 36, No. 2, 1996, S. 59–67.

Lachmann, U., Wahrnehmung und Gestaltung von Werbung, 2. Aufl., Hamburg 2003 und 3. Aufl. 2004.

Landwehr, R., Auswirkungen des europäischen Binnenmarktes auf die Kommunikation international tätiger Unternehmen, in: Planung & Analyse, Heft 9/1989, S. 325–327.

Lillard, A., Ethnopsychologies: Cultural Variations in Theories of Mind, in: Psychological Bulletin, 123, 1. January 1998, S. 3–32.

Lorenz K., Die angeborenen Formen möglicher Erfahrung, in: Zeitschrift für Tierpsychologie, Band 5, 1943, S. 235–409.

Markus, H. R., Kitayama, S., Heiman, R.J.; Culture and Basic Psychological Principles, in: Higgins, E. T., Kruglanski, A. W., (Hrsg.), Social Psychology: Handbook of Basic Principles, New York 1996, S. 857–913.

Maurer, M., Almdudler – Nur eine Limonade?, Wien 2000.

Mayer, H., Umfeldeffekte bei TV-Spots, in: Werbeforschung & Praxis 6/1996, S. 22–33.

Mayer, H., Illmann, T., Markt- und Werbepsychologie, 3. Aufl., Stuttgart 2000.

Meyer-Hentschel, G., Erfolgreiche Anzeigen, 2. Aufl., Wiesbaden 1993.

Mikunda, Ch., Kino spüren. Strategien der emotionalen Filmgestaltung, Wien 2002.

Moser, K., Die Wirkung unterschiedlicher Arten humoriger Werbung, in: Jahrbuch der Absatz- und Verbrauchsforschung, 2/1994, S. 199–214.

Mühlbacher, H., Dahringer, L., Leihs, H., International Marketing – A Global Perspective, 3. ed., London 2006.

Müller-Hagedorn L., Helnerus K., Allexin K., Prospektgestaltung: Abbildungsgröße, Artikelanzahl und Abbildungsgestaltung, in: transfer – Werbeforschung und Praxis, 04/2007, S. 20–34.

Ogilvy, D., Ogilvy über Werbung, Düsseldorf, Wien 1984.

Olins, W., Corporate Identity – Strategie und Gestaltung, Frankfurt/Main 1990.

Palupski, R., Psychologie im Marketing, Aachen 1999.

Pepels, W., Die kommunikative Konzipierung und kreative Umsetzung wirksamer und leistungsfähiger Werbung, in: Werbeforschung & Praxis, 6/1996, S. 1–7.

Percy, L., Elliot, R. H., Strategic Advertising Management, 3.ed, Oxford 2009.

Percy, L., Woodside, A. G., Advertising and Consumer Psychology, Lexington, Toronto 1983.

Petty, R. E., Cacioppo, J. T., Communication and Persuasion: Central and Peripheral Routes to Attitude Change, New York 1986.

Pförtsch W., Schmid M., B2B-Marken-Management, Konzepte, Methoden, Fallbeispiele, München 2005.

Phau, I., Gerard, P., Conspicious Consumption – Brand Obsession in Asia, in: transfer – Werbeforschung & Praxis, 44, 3/1999, S. 30–31.

Pöhn, U., Die Aktivierungsleistung von Anzeigentexten am Beispiel der Gemeinschaftswerbung zur Förderung des Absatzes von österreichischen Produkten, Diplomarbeit an der Wirtschaftsuniversität Wien, 1986.

Pöppel, E., Lust und Schmerz, Überarb. Neuauflage, Berlin 1993.

Priester, J. A., Petty, R. E., Source Attributions and Persuasion: Perceived Honesty as a Determinant of Message Scrutiny, in: Personality and Social Psychology Bulletin, 21, June 1995, S. 637–654.

Prochazka, W., Die Messung der Kommunikationsleistung von Anzeigen unter Einsatz der nicht-reaktiven Leseverhaltensbeobachtung (Compagnon-Verfahren), Dissertation an der Wirtschaftsuniversität Wien 1990.

Reiss J. S., Steffenhagen H., Prospektwerbung: Abverkauf oder mehr? in: transfer – Werbeforschung und Praxis, 4/2007, S.8–18.

Rengelshausen, O., Werbung im Internet und in kommerziellen Online-Diensten, in: Silberer, G., (Hrsg.), Interaktive Werbung, Stuttgart 1997, S. 101–145.

Riedl, J., Busch, M., Marketing-Kommunikation in Online-Medien, Anwendungsbedingungen, Vorteile und Restriktionen, in: Marketing ZFP, 3/1997, S. 163–176.

Rosenstiel, L. von, Kirsch, A., Psychologie der Werbung, Rosenheim 1996.

Rosenstiel, L. von, Neumann, P., Einführung in die Markt- und Werbepsychologie, 2. Aufl., Darmstadt 1991.

Rossiter, J. R., Percy, L., Advertising Communications & Promotion Management, 2. ed., Boston 1998.

Rost, D., Strothmann, K.H., Handbuch der Werbung für Investitionsgüter, Wiesbaden 1983.

Sawyer, A. G., Howard, D. J., Effects of Omitting Conclusions in Advertisments to Involved and Uninvolved Audiences, in: Journal of Marketing Research, 28, November 1991, S. 467–474.

Schweiger, G., Verwendung von gleichen Markennamen für unterschiedliche Produktgruppen (Markentransfer), in: WWG Information 86/1982.

Seybold, P., Marshak, R. T., Customers.com, London 1999.

Seyffert, R., Werbelehre, Band I + II, Stuttgart 1966.

Silberer, G., (Hrsg.), Interaktive Werbung, Stuttgart 1997.

Silberer, G., Wohlfahrt, J., Wilhelm, T. (Hrsg.), Mobile Commerce, Wiesbaden 2002.

Skowronnek, K., Wesen und Wert der Werbung, Wien 1964.

Spiegel, B., Werbepsychologische Untersuchungsmethoden, Berlin 1970.

Springinsfeld, L., Persil, 2. Aufl., Frankfurt am Main 2005.

Strebinger, A., Alle Menschen denken gleich – oder etwa nicht?, in: transfer – Werbeforschung und Praxis, 45, 4/2000, 50–51.

Strebinger, A., Der Marktführer-Effekt in der Markenbeurteilung, Dissertation an der Wirtschaftsuniversität Wien, 2000.

Strebinger, A., Dual-Process Models: Overview, Critical Assessment and Further Development, in: Proceedings of the XXVth Annual Colloquium on Research of Economic Psychology and SABE 2000 Conference, Wien, 2000, S. 425–429.

Teigeler, P., Verständlich sprechen, schreiben, informieren, Bad Honnef 1982.

Trommsdorff, V., Konsumentenverhalten, 6. Aufl., Stuttgart 2004 und 8. Aufl. 2011.

Unger, F., Fuchs, W., Management der Marktkommunikation, 2. Aufl., Heidelberg 1999 und 4. Aufl. 2007.

Vitale, J.G., AMA Complete Guide to small Business Advertising, Chicago 1995.

Walldorf, E. G., Auslandsmarketing: Theorie und Praxis des Auslandsgeschäfts, Wiesbaden 1987.

Weinberg, P., Diehl, S., Erlebniswelten für Marken, in Esch, F.-R., (Hrsg.), Moderne Markenführung, 4. Aufl., Wiesbaden 2005, S. 263–286.

Werner, A., Site Promotion – Werbung auf dem www, Heidelberg 2000.

Woll, E., Erlebniswelten und Stimmungen in der Anzeigenwerbung, Wiesbaden 1997.

Zentralverband der deutschen Werbewirtschaft (Hrsg.), Werbung in Deutschland 2012, Berlin 2012.

Zielske, H. A., The Remembering and Forgetting of Advertising, in: Journal of Marketing, Vol. 23, No. 1, 1959, S. 239–243.

4.5 Die Mediaplanung

Der Mediaplanung – auch Streuplanung genannt – kommt eine wichtige Position inner-halb der Werbeplanung zu: Der Erfolg einer Werbekampagne hängt nicht nur von der Gestaltung der Werbemittel ab, sondern auch von deren Verbreitung.

Aufgabe der Mediaplanung ist es, für eine geplante Werbekampagne

- die richtigen Werbeträger
- mit der gewünschten Zahl an Einschaltungen
- im gewünschten Umfeld
- zum geplanten Zeitpunkt

einzusetzen.

Mediastrategie

Vor der Mediaplanung ist die Mediastrategie festzulegen. Diese umfasst folgende Ent-scheidungen (Rosssiter, Percy, 1998, S. 419): Die Auswahl der Mediagattungen, das Festlegen der Anzahl der notwendigen Wiederholungen (Bestimmung des Werbedru-ckes) und die Bestimmung des zeitlichen Einsatzes.

Die Mediastrategie wird von nachstehenden Faktoren bestimmt (vgl. dazu auch Abb. 96, S. 230)

- **Kommunikations- bzw. Werbeziele**
  Soll z. B. Markenbekanntheit erst aufgebaut werden, so ist dafür ein stärkerer Wer-bedruck notwendig, als beispielsweise zur Festigung eines bestehenden Marken-images. Ist ein bestimmtes Image aufzubauen, sind dafür „bildhafte" Medien mit Farbmöglichkeit (z. B. Fernsehen, Zeitschriften) geeignet (vgl. dazu auch Kap. 4.5.1).

- **Zielgruppe**
  Hier interessieren vor allem psychografische und soziodemografische Merkmale. Es sollen jene Medien gewählt werden, mit denen die Zielpersonen gut erreicht werden können. Darüber hinaus beeinflusst das Produktinvolvement der Zielper-sonen die Anzahl der notwendigen Schaltungen. Der erforderliche Werbedruck muss umso höher sein, je geringer das produktbezogene Involvement innerhalb der Zielgruppe ist (Unger et al., 2007).

- **Botschaftsinhalt**
  Sind komplexe Informationen zu vermitteln, die bei den Zielpersonen einen länge-ren Verarbeitungsprozess erfordern, so sind dafür eher Printmedien und Internet geeignet. Geht es darum, Abläufe zu demonstrieren, so eignen sich dafür TV- oder Kinospots. Ist der Botschaftsinhalt kurz (z. B. nur Markenname) und sind keine visuellen Elemente zu vermitteln, eignet sich dafür z. B. Hörfunk. (Ausführlich dazu: Rossiter, Percy, 1998, S. 420 ff.).

■ **Budget**

Das zur Verfügung stehende Mediabudget bestimmt einerseits die Auswahl der Mediagattung und die dabei verwendeten Formate (Spotlänge, Anzeigengröße, Plakatgröße etc.) und andererseits erzwingt es meistens einen Kompromiss zwischen Reichweite (Anzahl der erreichten Zielpersonen) und Anzahl der Schaltungen. Innerhalb der Budgetrestriktionen ist zu entscheiden, ob entweder viele Personen der Zielgruppe wenige Male oder eine geringere Anzahl von Zielpersonen viele Male erreicht werden soll.

■ **Mitbewerber**

Die eigene Mediastrategie sollte sich auch an den jeweiligen Mediastrategien der Mitbewerber (ausgewählte Medien und Werbedruck) orientieren, wenn es z.B. gilt, diese zu „übertönen".

■ **Einsatz anderer Kommunikationsinstrumente**

Bei der Mediaplanung der klassischen Werbung ist der Einsatz anderer Kommunikationsinstrumente (wie z.B. Verkaufsförderung, Direct Mails, Messen etc.) zu berücksichtigen, um Synergieeffekte zu generieren. Es gilt außerdem, alle Kommunikationsinstrumente in einem optimalen Mix aufeinander abzustimmen (integrierte Kommunikation).

Bevor wir uns mit der Auswahl der Werbeträger, auch Mediaselektion genannt, näher befassen, wollen wir einen Überblick über die einzelnen Mediagattungen und ihre Eigenschaften geben.

4.5.1 Mediengattungen

Den Werbeträgern kommt die Funktion zu, die Werbebotschaft an die Zielpersonen heranzutragen. Während in den Werbemitteln die Botschaften gebündelt dargestellt werden, dienen die Werbeträger der Streuung der Werbemittel.

Werbemittel sind beispielsweise:

■ Anzeigen

■ Rundfunkspots

■ TV-Spots

■ Kataloge

■ Plakate

■ Warenpräsentationen, z.B. auf Messen und Ausstellungen

■ Kinowerbung

■ Telefon- und Adressbuchwerbung

■ Werbebriefe (gedruckt oder in Form von E-Mails)

■ Onlinewerbung (Banner, „Pop Up-Ads")

Zu den **Werbeträgern** zählen z. B.:

- Zeitungen
- Zeitschriften
- TV und neue elektronische (audio)visuelle Medien
- Rundfunk
- Plakatwand
- öffentliche Verkehrsmittel (Straßenbahn, Busse)
- Websites im Internet
- Schaufenster
- Messestand
- Verpackungen
- Adress- und Telefonbuch

Man kann werbeträgerbezogene Werbemittel, wie z. B. Anzeigen, und werbeträgerfreie Werbemittel, wie etwa Prospekte, unterscheiden. Werbeträgerfreie Werbemittel können auch durch klassische Werbeträger verbreitet werden: z. B. Prospekte als Zeitungsbeilage.

Grundsätzlich bestimmen Produkt, Zielgruppe und die Werbebotschaft die Wahl des Werbemittels. Voraussetzung für dessen Einsatz ist allerdings auch die Verfügbarkeit eines geeigneten Werbeträgers. Neben den klassischen großen Mediagattungen – Printmedien, Funk und Fernsehen – hat sich auch das Internet als wichtiger Werbeträger etabliert.

Im Folgenden sollen nun die wichtigsten Medien hinsichtlich ihrer Bedeutung im Rahmen des Media Mix bzw. der Streuplanung beschrieben werden.

4.5.1.1   Zeitungen

Eine Reihe von Eigenschaften tragen zur starken Bedeutung von Zeitungen, insbesondere von Tageszeitungen als Werbeträger bei:

Die Leser von Zeitungen suchen aktiv Informationen, nicht nur über das Weltgeschehen, sondern unter bestimmten Bedingungen auch über Dienstleistungs- und Produktangebote. Tageszeitungen enthalten Produkt- und Preisverzeichnisse einer Vielzahl von Geschäften.

Die Konsumenten wählen auf Grund der inserierten Angebote sowohl Geschäfte als auch zu kaufende Produkte aus.

Zeitungen sind ein ausgezeichnetes Medium für lokal beschränkte Informationen: Sie ermöglichen eine **geografische Marktsegmentierung**, vor allem in großen Ländern mit einem hohen Anteil von lokalen und regionalen Zeitungen (z. B. USA). Zeitungen sind sehr **flexible Werbeträger**: Eine vorbereitete Anzeige kann noch in letzter Minute platziert werden. Damit kann spezifischen Marktgegebenheiten kurzfristig Rechnung getragen werden (z. B. Werbung für Frostschutzmittel bei Kälteeinbruch).

Zeitungen sind, wenn sie selektiv eingesetzt werden, ein kostengünstiges Medium.

Von Nachteil ist die relativ hohe Anzahl der Werbeeinschaltungen von Mitbewerbern. Durch eine besonders günstige Platzierung (für die allerdings ein Preiszuschlag verlangt wird) sowie durch eine besonders aufmerksamkeitsstarke Gestaltung der Botschaft kann ein Untergehen im Umfeld vermieden werden.

Andere Nachteile bestehen darin, dass die Druckqualität manchmal nicht besonders gut und die Lebensdauer von Zeitungen und damit auch der Anzeigen relativ kurz ist. Neben den im Regelfall gekauften Tageszeitungen haben in Deutschland und in Österreich wöchentlich erscheinende Gratiszeitungen (Anzeigenblätter, Journale für bestimmte Regionen usw.) seit den 1990er-Jahren und Gratistageszeitungen seit der Jahrtausendwende ein dynamisches Wachstum erlebt. Umfragen wie beispielsweise die sog. Regioprint in Österreich bestätigen diesen Gratiszeitschriften hohe Reichweiten in der jeweiligen Region und machen sie damit zu brauchbaren Werbeträgern für regionale und lokale Zielgruppen.

4.5.1.2 Zeitschriften

Zeitschriften bieten sowohl Information als auch Unterhaltung.

Neben allgemeinen Zeitschriften (z. B. Magazinen, Illustrierten) gibt es Zeitschriften für Zielgruppen mit Spezialinteressen (Fachzeitschriften), die sich besonders zur Weitergabe von Detailinformationen eignen. Zeitschriften, die auf eine spezifische Leserschaft abgestimmt sind (**Zielgruppenmedien**, z. B. für Geschäftsleute, Hausbauer, Teenager, Bastler und Fachzeitschriften für bestimmte Branchen bzw. Berufsgruppen) erlauben es, diese Zielgruppen zu relativ geringen Kosten zu erreichen.

Ein weiterer Vorteil der Zeitschriften liegt in ihrem guten Image, ihrer Glaubwürdigkeit und Exklusivität – Eigenschaften, die sich auf die Werbung übertragen. Dazu trägt natürlich auch die hohe Druckqualität bei, die es ermöglicht, Produkte attraktiv und in lebhaften Farben abzubilden.

Anzeigen in Zeitschriften haben auch ein längeres Leben als Werbemittel in Zeitungen, im Radio oder TV: Sie werden von einem oder mehreren Lesern in der Regel mehrmals betrachtet. Sie haben die Chance, zur Gänze gelesen zu werden, auch wenn sie größere Mengen an Informationen enthalten. Besonders in Fachzeitschriften werden Anzeigen oft bewusst für Information gesucht. Um diese Tatsache zu nützen, gibt es einerseits die Möglichkeit, auf der Anzeige einen Coupon oder auch eine Postkarte zur Anforderung von Informationsmaterial anzubringen, und andererseits werden so genannte Kennziffernfachzeitschriften auf den Markt gebracht, deren spezielles Angebot darin besteht, dass jedes Inserat mit einer Kennziffer ausgestattet ist, über die via Zeitschriftenverlag nähere Informationen bzw. ein Vertreterbesuch zum jeweiligen Produkt angefordert werden können.

Empirische Untersuchungen über den Einfluss des Umfelds auf die Wirkung von Anzeigen führten zu dem Ergebnis, dass größere Akzeptanz und Glaubwürdigkeit eines

Mediums auch einen entscheidenden Einfluss auf Akzeptanz und Glaubwürdigkeit der enthaltenen Werbung hat (vgl. Knor, 1988).

Allerdings kann das Umfeld, also Reportagen, Bilder und Konkurrenzanzeigen, auch die Aufmerksamkeit von der Anzeige ablenken, wenn die Gestaltung dem nicht entgegenwirkt.

Bei Zeitschriften, die sich nicht auf Spezialthemen konzentrieren, kann keine klare Zielgruppenabgrenzung vorgenommen werden. In diesem Fall müssen Streuverluste in Kauf genommen werden.

4.5.1.3 Rundfunk

Das Medium Radio und damit auch die Radiowerbung erlebt seit Anfang der 1980er-Jahre des letzten Jahrhunderts aufgrund der Etablierung von zahlreichen privaten Radiostationen in vielen Ländern (z. B. Italien, Deutschland, in Österreich erst ab Mitte der 1990er-Jahre) einen starken Boom. Die Gestaltungselemente des Rundfunks beschränken sich auf akustisch Wahrnehmbares: auf die Sprache, auf Rhetorik, auf Musik, Gesang und Geräusche.

Der Rundfunkspot eignet sich hauptsächlich für Werbebotschaften mit klaren, unkomplizierten und akustisch gut darstellbaren Inhalten.

In der Regel binden Rundfunksendungen zwar nicht die gesamte Konzentration des Hörers – das Radio läuft oft im Hintergrund –, doch kann man sich **akustischen Reizen** weniger leicht entziehen als optischen. Wegschauen ist leichter als Weghören.

Durch Sender- und Programm- bzw. Sendezeitenwahl ist eine Zielgruppensegmentierung möglich. Manche Sender bzw. Programme werden hauptsächlich von älteren bzw. jüngeren Leuten, von Hausfrauen etc. gehört. Werden von den Radiostationen Lokalprogramme angeboten, so ist überdies eine Segmentierung nach geografischen Gesichtspunkten möglich. Darüber hinaus ist das Medium Rundfunk relativ kostengünstig.

4.5.1.4 Fernsehen

Ähnlich wie die Radiowerbung hat auch die Fernsehwerbung einen starken Aufschwung erfahren. Zahlreiche private Fernsehsender, die sich zu 100 % aus Werbung finanzieren, haben diesen Boom verursacht. Im Gegensatz zu Anzeigen und Rundfunkspots basiert der Fernsehspot auf einer zweikanaligen Informationsübermittlung: Die Aufmerksamkeit der Zielpersonen wird durch **Bild und Ton** gefesselt. Wie sich z. B. Markenerinnerungswerte durch den Einsatz von Hintergrundmusik beeinflussen lassen, zeigten bereits Park und Young (1986) in einer Untersuchung bei 120 Frauen aus dem Auskunftspersonenpool der University of Pittsburgh. Während durch den Einsatz von Hintergrundmusik bei gering involvierten Personen ein höherer Markenrecall erzielt werden konnte, kehrten sich die Befunde bei hoch involvierten Gruppen ins Gegenteil: die Ablenkung von der Werbebotschaft durch die Hintergrundmusik führte zu signifikant niedrigeren Markenerinnerungswerten. Die Gestaltungsmöglichkeiten des TV-Spots sind aufgrund der simultanen Einsatzmöglichkeit von Text, Bild und Ton sehr vielschichtig. Handlungen und Demonstrationen von Produkten und Dienstleistungen können via TV wesentlich wirksamer übermittelt werden als über Print oder Funk.

Hinsichtlich der Art der Übertragung gibt es derzeit vier Formen des Fernsehens: 1. Die digitale terrestrische Übermittlung (DVB-T) der Bild- und Tonsignale an die Dach- oder Zimmerantenne des Fernsehhaushaltes, 2. das Kabelfernsehen (Signalübermittlung analog oder digital per Kabel) und 3. das Satellitenfernsehen (digitale Signalübermittlung über Satelliten an die Parabol-Antenne des Empfängers). 4. lässt sich Fernsehen mittlerweile auch per Internet empfangen. Dienste wie Zattoo.com (in Österreich noch nicht verfügbar, Stand Juli 2012) oder die sendereigenen TVtheken wie z. B. die ARD Mediathek (www.ardmediathek.de) streamen das aktuelle Fernsehprogramm oder bereits ausgestrahlte Sendungen in das Internet. Über Zattoo lassen sich beispielsweise mehr als 100 Fernsehprogramme online empfangen.

Um als Konsument den Werbeeinschaltungen der privaten Fernsehsender zu entgehen gibt es auch die Möglichkeit für den Fernsehempfang extra zu bezahlen (Pay-TV, z. B. Sky).

Satelliten-TV hat ausschließlich für die Bewerbung international vertriebener Produkte Bedeutung. Da für rein national distribuierte Produkte (z. B. nur in einem Land erhältliche Schokoladewaren) die Streuverluste zu groß wären, bieten die Satelliten- und Kabel-TV-Betreiber nationale Werbefenster an, z. B. für Österreich und die Schweiz. Derzeit sind alle großen deutschen Privatfernsehsender wie z. B. RTL, Pro7, Sat1, Kabel 1 mit Werbefenstern in Österreich vertreten. Durch Kabel bzw. durch digitale Satelliten ist es möglich, die deutsche Werbung in Österreich auszublenden und durch österreichische Werbung zu ersetzen. Diese Option wird von den Werbetreibenden Österreichs sehr stark nachgefragt. 2011 wurden zwei Drittel der gesamten österreichischen TV-Werbung im privaten Werbefernsehen gebucht. Die Reichweiten von Kabel und Satelliten sind in den letzten 10 Jahren stark gestiegen. So haben in Deutschland und Österreich schon die meisten der Haushalte die Möglichkeit, ausländische TV-Programme über Kabel oder Satellit zu empfangen. In Holland, der Schweiz und Belgien sind es schon fast alle Haushalte. Die aufgrund der sinkenden Preise für Satellitenanlagen zu erwartende Vollversorgung der nationalen Haushalte mit ausländischen Fernsehsendern lässt erwarten, dass viele internationale Konzerne das Erscheinungsbild ihrer internationalen Marken vereinheitlichen werden: Markenname, Produktgestaltung, Kommunikationsinhalte und -umsetzung internationaler Produkte werden in Zukunft in sämtlichen Ländern, in denen das Produkt vertreten ist, tendenziell immer ähnlicher gestaltet werden. Als erfolgreiche Beispiele dafür wären zu nennen: die Softgetränke Pepsi Cola und Coca-Cola. Ihr einheitliches Erscheinungsbild zieht sich über den gesamten Erdball ohne viel Rücksicht auf unterschiedliche Kulturen. Hier zählt einzig und allein das Image der Marke, das hauptsächlich durch eine starke Bildsprache etabliert und unabhängig von möglichen Kulturbarrieren penetriert wird.

4.5.1.5   Kinowerbung

Der Anteil der Kinowerbung an den gesamten Werbeausgaben ist zwar sehr gering (unter 0,5 % in Österreich und Deutschland), sie hat aber folgende Vorteile: Die Empfangsbedingungen für die Werbebotschaft sind im Vergleich zum Werbefernsehen überdurchschnittlich gut (abgedunkelter Saal, keine ablenkenden Nebenbeschäftigungen, kein Zapping mittels Fernbedienung), die Nutzer haben einen eindeutigen Schwerpunkt bei jungen Konsumenten und die Kosten sind im Vergleich zur TV-Werbung viel geringer, so dass man auch längere Spots zeigen kann.

Im Gegensatz zur Unterbrecher-Werbung im Film, wo Werbespots vielfach für schnelle Erledigungen genutzt, bzw. durch „Zappen" gänzlich ins Leere laufen, kann bei der Planung der Kinowerbung mittels spezieller Kinobuchungsagenturen auf das Zielpublikum des Filmes Rücksicht genommen werden, wodurch eine positive Grundstimmung gegenüber der Werbung erreicht werden kann.

4.5.1.6   Außenwerbung

Zur Außenwerbung zählen vor allem Plakate (Großflächenplakate, Litfass-Säulen etc.), Leuchtwerbung (beleuchtete Schilder und City Lights – das sind Plakate in Vitrinen, die von hinten beleuchtet werden), Infoscreens (das sind „elektronische Plakate" hauptsächlich in Bahn- oder U-Bahn-Stationen, auf denen Bilder, Spots oder Videoclips gezeigt werden), Leuchtschriftträger, Verkehrsmittelwerbung (auf Bussen, Bahnen, LKWs, Taxis etc.), Werbung an Straßen und Gebäuden (wie z.B. Werbung auf Hausfassaden, Baugerüsten, Gebäudeverhüllungen, Baucontainern, Fahnen), Schilder, Luftwerbung (Heißluftballons, Standballons, Transparente, die von Flugzeugen gezogen werden) und die Bandenwerbung, die vor allem auf Sportplätzen und in Sporthallen bei Sportveranstaltungen eingesetzt werden (entweder permanent oder für bestimmte Veranstaltungen, als fixe Banden oder auch Drehbanden).

Da Außenwerbung **immer** (über einen bestimmten Zeitraum rund um die Uhr) **präsent** ist, hat sie den Vorteil, dass sie eine außergewöhnlich hohe Reichweite und auch eine hohe Kontakthäufigkeit – vor allem bei der mobilen Bevölkerung – erzielt, insbesondere, wenn sie strategisch günstig platziert ist.

Die Außenwerbung ist ein relativ preiswertes Medium und sie ermöglicht eine geografische Segmentierung.

Voraussetzung für eine Aufmerksamkeitswirkung ist allerdings eine eindrucksvolle, kreative **Gestaltung** der Werbemittel. Angesichts einer durchschnittlichen Betrachtungsdauer von 1 Sekunde müssen die Botschaften sehr einfach, kurz, übersichtlich, prägnant und kontrastreich – eben „plakativ" – gestaltet sein, damit sie bemerkt und schnell erfasst werden.

Das Medium **Plakat** hat gegenüber Printmedien, Rundfunk und Fernsehen eine weitere Besonderheit: Der Werbeträger (die Anschlagstelle) ist im Grunde genommen ident mit dem Werbemittel (dem affichierten Plakat). Jede der zigtausend Anschlagstellen in einem Land wird damit zu einem eigenen Werbeträger mit stark unterschiedlicher Wirkung je nach Frequenz (Zahl der Fußgänger, Autofahrer bzw. Benützer öffentlicher Verkehrsmittel) und Standortqualität (gute oder schlechte Einsehbarkeit). Diese unterschiedlichen Qualitäten der Anschlagstellen führen zu unterschiedlichen Leistungswerten. Zwecks besserer Planung einer Plakatkampagne versucht man daher in vielen Ländern, die Leistungsstärke jeder einzelnen Plakatanschlagstelle mit entsprechenden Methoden zu quantifizieren (z. B. POSTAR in Großbritannien, die Mediaanalyse Plakat MA 2007, die aus einer Kombination von Befragung (CATI) auf dem Land und GPS-Messung in den Großstädten zur genauen Wegermittlung besteht – in Deutschland siehe dazu www.stroeer.de – oder die Plakatwertung Österreich – PWÖ – siehe dazu www.gewista.at) und zwar mittels genauer Verkehrszählungen und Ermittlung der Standortqualität (z. B. von welcher Distanz aus und aus welchem Winkel schon sichtbar?).

Geschäftsschilder haben insbesondere für lokale Dienstleister bzw. Händler große Bedeutung: Sie sollten den Passanten Auskunft über den Namen des Geschäftes und den Geschäftsgegenstand sowie über zusätzliche wichtige Informationen wie Geschäftszeiten und Telefonnummer geben, das Interesse am Geschäft wecken bzw. zu einem positiven Image beitragen. Die Kunst der Gestaltung von Schildern wurde vor allem von den mittelalterlichen Zünften gepflegt.

Auf der Suche nach aufmerksamkeitserregenden Möglichkeiten zur Kontaktierung potenzieller Zielgruppen haben sich während der letzten Jahre zum Teil auch unkonventionelle Außenwerbeformen herausgebildet. Für alle nicht klassischen Medienformate im Out-of-Home Bereich hat sich der Begriff „Ambient Media" etabliert. Sie zielen darauf ab, mobile Personen in ihrem gewohnten Lebensumfeld zu erreichen. Z.B. mit gratis Postkarten (Free Cards), die in Lokalen, Schulen etc. in Dispensern zur freien Entnahme aufliegen, Bierdeckelwerbung, Papiertischdecken, Flyers, u.v.a. Auch Werbung an ungewöhnlichen Orten, wie z. B. in Toiletten zählt dazu. Zur Erhebung von Leistungsdaten (wie z. B. Reichweite) derartiger Medien gibt es in Deutschland eine Ambient Media Analyse.

4.5.1.7 Adressbuch- und Telefonbuchwerbung (Gelbe Seiten)

Unter Adressbüchern sind Adressenverzeichnisse in gedruckter sowie in elektronischer Form im Internet zu verstehen, z. B. Bundes-, Branchen-, Exportadressbücher. Die Mindesteintragung kann besonders hervorgehoben, ergänzt oder in verschiedenen Anzeigenformen gestaltet werden.

Die Vorteile der Adressbuchwerbung liegen darin, dass

- die Anzeigen auf das fachliche Interesse der jeweiligen Benutzer abgestimmt werden können,

- die Adressbücher innerhalb eines bestimmten Zeitraumes öfters zur Hand genommen werden,

- vergleichsweise große Eintragungen mit wirtschaftlich starken Unternehmungen assoziiert werden,

- sie relativ preisgünstig ist.

Die Möglichkeiten der Telefonbuchwerbung
Eintragungen auf den „Gelben Seiten" oder im Branchenverzeichnis sind ein kosteneffizientes Medium, das vor allem für lokale Betriebe eine bedeutende Rolle einnimmt. Die meist gesuchten Branchen in den Gelben Seiten sind das Baugewerbe, Installateure/Elektroinstallateure bzw. Ärzte. Werbung in den Gelben Seiten soll eine unmittelbare Reaktion beim Konsumenten auslösen. Dies kann entweder ein Telefonanruf, ein Aufruf der Corporate Website oder der Besuch des entsprechenden Unternehmens sein. Diese Aktionen folgen zeitlich gesehen unmittelbar auf den Werbemittelkontakt. Werbung in klassischen Medien wird hingegen überwiegend zur Imagebildung für Produkte und Dienstleistungen bzw. für Unternehmen eingesetzt. TV- und Radio-Spots sowie Anzeigen in Magazinen oder Zeitungen führen damit idealerweise zum Kauf des Produkts oder der Dienstleistung zu einem späteren Zeitpunkt. Für die Werbeplanung gilt es zu beachten, dass Anzeigen in den Gelben Seiten nur einmal jährlich gewechselt werden können, während dies bei Anzeigen in Zeitungen täglich möglich ist. Ähnlich wie für Anzeigen in Magazinen, Katalogen und Zeitungen gilt auch für Anzeigen in den Gelben Seiten, dass die Größe, die Farbe und der Bild- und Textanteil sowie die Platzierung und die Botschaft der Anzeige Einfluss auf die Aufmerksamkeitsleistung der Anzeige nehmen.

4.5.1.8   Online-Kommunikation

Als Werbeträger hat das Internet seinen Platz in den Mediaplänen vieler Werbetreibenden gefunden. Es bietet folgende Vorteile:

- Das Angebot von Internet ist 24 Stunden am Tag und international verfügbar.

- Es ist ein aktives, dialogfähiges und partizipatives Medium und ermöglicht die direkte Kommunikation der Internet-Nutzer untereinander.

- Als Realtime Marketinginstrument bietet es rasche Reaktionsmöglichkeiten, Informationen können jederzeit aktualisiert und modifiziert werden.

- Des Weiteren erlaubt es eine zielgruppenspezifische Ansprache. Vor allem in sozialen Netzwerken können auf Basis der von den Nutzern bekannt gegebenen persönlichen Daten Zielgruppen exakt definiert und Streuverluste vermieden werden.

- Der Anteil des Internets am Gesamtwerbevolumen hat in vielen Ländern bereits ein beachtliches Ausmaß erreicht: lt. ZAW betrug er 2010 in Deutschland 19,8 %, in Österreich 8,2 % und in den USA 18,2 %. Dabei haben Bannerwerbung, die allerdings geringe Click-Raten von im Durchschnitt weniger als 0,1 % (Fullbanner 0,06 %) aufweist, und Suchmaschinen-Werbung den größten Anteil (vgl. Kap. 4.4.3.4).

Kennzahlen zur Beurteilung der Eignung von Websites als Werbeträger

Internet ist das einzige Medium, das unmittelbar Nutzungsdaten liefert, da es ständig einige Leistungskennzahlen mitprotokolliert. Zur Leistungsmessung stehen zwei Methoden zur Verfügung: die serverseitige Methode und die nutzerseitige Methode. Unter der serverseitigen Methode wird die Aufzeichnung von Nutzungsvorgängen über die Verbindungsdaten verstanden, die in einem Serverprotokoll, den so genannten Log-Files, ständig aufgezeichnet werden. Die Analyse der Log-Files liefert eine Fülle von Kennzahlen, die allerdings nichts über die Zahl und die demografische Struktur der Besucher der Website aussagen. Nutzerseitige Methoden setzen bei den Internet-Nutzern an. Sie erheben einerseits die Zahl und Struktur der Besucher bestimmter Websites, Motive zum Besuch einer Website bis hin zur qualitativen Bewertung bestimmter Websites. Zu den nutzerseitigen Methoden zählen klassische Umfragen (z. B. Telefonumfrage über die am häufigsten besuchten Websites), Online-Befragungen oder Internetpanels, in denen Tag für Tag aufgezeichnet wird, wer wie lange welche Websites besucht. Umfragen im Internet haben einen großen Nachteil. Erwiesenermaßen nehmen Intensivnutzer und/oder Surfer mit viel Freizeit in überdurchschnittlichem Ausmaß an Internet-Umfragen teil, wodurch eine systematische Verzerrung der Ergebnisse eintritt und keine für alle Internet-Nutzer repräsentative Stichprobe zu Stande kommt.

Serverseitige Kennzahlen zur Beurteilung der Leistungsstärke von Websites
Diese Kennzahlen werden laufend erhoben und publiziert. In Deutschland stellt die IVW (www.ivw.de), in Österreich die ÖWA (www.oewa.at) und in der Schweiz die WEMF (www.wemf.ch) Monat für Monat die jeweils aktuellen Zugriffszahlen für die meistbesuchten Websites zur Verfügung, um die Online-Mediaplanung zu erleichtern.

- **Unique Clients**
  Zahl der PCs, von denen mittels Browser auf Websites zugegriffen wird

- **Visits**
  Visits drücken die Zahl der Zugriffe auf zumindest eine Seite eines Online-Angebotes in einem bestimmten Zeitraum (üblich ist ein Monat) aus. Beispiel: Die Website www.spiegel.de hat im Mai 2012 rund 170 Millionen Visits erzielt. Man weiß allerdings nicht, wie viele Personen dahinter stecken: Haben beispielsweise 1 Million Personen die Spiegel-Website 170 mal in diesem Monat besucht oder 170 Millionen Personen die Website je 1-mal in diesem Monat? Ein Visit kann ein oder mehrere Page Impressions umfassen.

- **Page Impressions**
  Diese Kennzahl drückt die Zahl der während aller Besuche insgesamt aufgerufenen Unterseiten einer Website in einem Monat aus (Klickzahlen). Die Spiegel-Website hat im Mai 2012 rund 875 Millionen Page Impressions erzielt. Das bedeutet, dass während der 170 Millionen Besuche insgesamt 875 Millionen Mal Unterseiten zu bestimmten Themen (z. B. Außenpolitik, Wirtschaft usw.) aufgerufen wurden. Diese Kennzahl gibt die reinen Bruttokontakte wieder, den eine Website auf den Betrachter macht. Darüber hinaus stellt ein weiteres Problem die Aussagekraft von

Visits und Page Impressions in Frage: Es gibt Computerprogramme, die andauernd automatisch Websites aufrufen können und die ein unseriöser Website-Betreiber zur Verbesserung seiner Besucherstatistiken einsetzen kann.

■ **Ad Impressions**
Diese Kennzahl drückt die Zahl der während aller Besuche insgesamt aufgerufenen Unterseiten aus, auf denen zumindest ein Werbebanner platziert war. Dieser Wert kann auch für die jeweils konkrete Unterseite ausgewiesen werden: Angenommen die Startseite der Rubrik „Auto" auf der Spiegel-Website (www.spiegel.de/auto) hätte einen Banner der PKW-Marke Mercedes oben links platziert, der in einem Monat 800.000 Ad Impressions erzielt hätte. Das würde bedeuten, dass diese Seite 800.000 Mal aufgerufen wurde. Von wie vielen Besuchern der Mercedes-Banner tatsächlich gesehen (beachtet) wurde, wird durch diese Zahl nicht ausgedrückt

■ **Ad Clicks**
Diese Kennzahl gibt an, wie oft ein Werbebanner tatsächlich angeklickt wurde. Angenommen der Mercedes-Banner in der „Auto" Rubrik der Spiegel-Website wurde in einem Monat insgesamt 4000 Mal angeklickt und dadurch 4000 Mal die Mercedes-Website aufgerufen.

■ **Ad Click-Rate**
Sie wird auch als Click-Through-Rate (CTR) bezeichnet und gibt das Verhältnis der Ad Clicks auf einen Banner im Verhältnis zur Zahl der Aufrufe der entsprechenden Seite, auf der der Banner platziert war, an. In unserem Beispiel ergibt sich für den Mercedes-Banner eine Ad-Click-Rate von 0,5 % (4000 Ad Clicks: 800.000 Ad Impressions). Die durchschnittliche Ad Click-Rate liegt unter 0,1 %; die Ad Click-Rate hängt natürlich sehr stark von der Gestaltung der Werbebanner ab (vgl. Kap. 4.4.3.4).

■ **TKP**
Diese Kennzahl bezeichnet den Tausend-Kontakte-Preis und ist ein Indikator für das Preis-Leistungs-Verhältnis. Er gibt an, was 1000 Ad Clicks oder 1000 Ad Impressions auf einer Website kosten. Er ist ein wichtiges Auswahlkriterium bei der Planung einer Internet-Werbekampagne.

■ **Use Time**
Diese Kennzahl drückt aus, wie lange die komplette Website oder eine bestimmte Unterseite während eines Besuchs aufgerufen worden sind. Wie lange jemand wirklich die Inhalte (Text, Bilder) auf dem Bildschirm betrachtet hat, gibt diese Kennzahl nicht an.

■ **Ad-View-Time**
Diese Kennzahl drückt aus, wie lange die Unterseite, auf der ein Banner platziert wurde (beispielsweise die Startseite der Rubrik „Auto" auf der Spiegel-Website, auf der der Mercedes-Banner platziert war) aufgerufen war.

■ **Transaktionsrate**
Werden Banner mit einem Code versehen, der die Information an den Werbetreibenden rücksendet, dass eine Kaufhandlung durch den Ad Click generiert wurde (Beispiel: Jemand, der durch den Klick auf den Banner eines Internet-Buchladens auf dessen Website landet, kauft während dieses Besuchs gleich ein Buch), kann daraus die Transaktionsrate (Conversion Rate) ermittelt werden. Sie errechnet sich einfach aus dem Verhältnis der Zahl der Bestellungen zu den Ad-Clicks.

Der Hauptvorteil der serverseitigen Kennzahlen ist die einfache und kostengünstige Erhebung. Ihr gravierendster Nachteil ist, dass sie keine Informationen darüber liefern, was den Mediaplaner am meisten interessiert: Wie charakterisieren sich diese Personen, die eine bestimmte Website besucht haben und wie oft haben sie diese besucht?

Nutzerseitige Kennzahlen von Websites
Diese Kennzahlen werden direkt bei den Internet-Nutzern durch elektronische Aufzeichnung der Internet-Nutzung kombiniert mit einer Befragung erhoben (Online-Panels oder Onsite-Befragung – ÖWAplus in Österreich, AGOF in Deutschland). Eine genaue Messung des Surfverhaltens ist durch eine sekundengenaue Registrierung in einem für die Internet-Nutzer repräsentativen Panel mittels einer maßgeschneiderten Computersoftware möglich. Dies wird seit Anfang 1998 in den USA und seit 2000 auch in europäischen Ländern gemacht. Die wichtigsten Online-Panels sind Nielsen//NetRatings (www.nielsen-netratings.com) und NetValue. Diese Panels liefern Daten über die tatsächlichen Reichweiten von Websites und die Merkmale der Besucher.

Als Maß für die Reichweite wird die Kennzahl „**Unique User**" (synonym „**Unique Visitor**") verwendet: Sie drückt aus, wie viele Personen in einem bestimmten Zeitraum mindestens einen Kontakt mit einem Online-Werbeträger hatten. Unique User Zahlen sind die Basis für die Online Mediaplanung. Von diesen Nutzern sind auch die für die Mediaplanung erforderlichen sozidemografischen Strukturen bekannt (z. B. 62 % Männer, 38 % Frauen, 21 % mit Universitätsabschluss usw.).

Natürlich kämpfen auch die Internet-Nutzungspanel mit einigen schwierigen Problemen: Aufgrund der hohen Dynamik der Entwicklung der Internet-Nutzer und deren Struktur ist eine ständige Anpassung des Panels an die Grundgesamtheit der Internet-Nutzer erforderlich (z. B. Erhöhung des Anteils an älteren Personen), um die Repräsentativität zu gewährleisten.

Die Software zur Messung des Internet-Nutzungsverhaltens kann in den meisten Ländern nur auf PCs in privaten Haushalten installiert werden, dagegen nicht an den Arbeitsplätzen (viele Arbeitgeber verweigern die Installation), an Universitäten und Schulen. Daher geben die Paneldaten nur Auskunft über das private Online-Nutzungsverhalten und nicht über das beträchtliche Ausmaß an Internet-Nutzung im Büro, an der Universität oder in der Schule.

Die großen Teilnehmerzahlen an den Panels in den einzelnen Ländern (Größenordnung von ca 100.000 Personen) bewirken, dass die Reichweiten der beliebten und meistbesuchten Websites statistisch gut abgesichert sind. Bei speziellen Websites zu bestimmten Themen sinken die Fallzahlen der Besucher drastisch ab, wodurch die statistische Fehlerspanne der Kennzahlen für diese Website die üblichen Genauigkeitswerte überschreitet und daher die Kennzahlen für den Mediaplaner nicht brauchbar sind. Gerade diese kleinen Spezialwebsites wären aber für die Werbetreibenden interessant, da sie oft von der Kernzielgruppe stark frequentiert werden.

4.5.2 Streuplanung

Das Ziel der Streuplanung besteht darin, einen Mediaplan zu finden, der eine maximale Wirkung des Werbebudgets ermöglicht. Dabei wird die Wirkung der Werbung im Bereich der Streuplanung durch folgende Faktoren beeinflusst:

- Merkmale der anzusprechenden Zielgruppen,
- Reichweite der Medien innerhalb der Zielgruppe,
- Kontakthäufigkeit, mit der die Angehörigen der Zielgruppe durch einen bestimmten Mediaplan erreicht werden,
- Eignung der verschiedenen Werbeträgergruppen bzw. Werbeträger für die Präsentation der Werbebotschaft (Kontaktqualität).

Das Ziel der **Mediaselektion** kann also folgendermaßen konkretisiert werden: Es sind jene Medien auszuwählen, und die Zahl der Einschaltungen ist so festzulegen, dass ein möglichst hoher Anteil der Angehörigen der Zielgruppe die für notwendig erachtete Anzahl von Kontakten erhält, wobei die Eignung der Werbeträger zur Präsentation der Werbebotschaft zu berücksichtigen ist.

Zu diesem Zweck sind folgende Teilprobleme zu lösen:

- Bestimmung und Gewichtung der Zielpersonen,
- Prüfung der Eignung der Werbeträger für die Streuung und die Präsentation der Werbebotschaft (Mediengewichtung),
- Bestimmung der notwendigen Anzahl an Kontakten je Angehörigen der Zielgruppe (Kontaktbewertung) und Fixierung des Zeitpunktes der Einschaltung (Timing),
- Auswahl der Werbeträger aufgrund bestimmter Leistungskennzahlen (z. B. Reichweite in der Zielgruppe, Reichweite in Relation zu den Einschaltkosten).

Die Lösung dieser Probleme wird angesichts folgender, immer höher werdenden Barrieren für die Werbewirkung zunehmend schwieriger:

- Starke Zunahme des Medien- und Informationsangebots,
- Starke Zunahme der Anzahl an Werbebotschaften (Anzeigen, TV-Spots usw.) und als Folge davon eine immer flüchtigere und oberflächlichere Nutzung der Medien durch die Konsumenten

- Immer mehr gesättigte Märkte mit immer heftigeren Preiskämpfen und Werbeschlachten
- Immer mehr qualitativ gleichwertige und damit austauschbare Produkte

Ein Aspekt, der in Zukunft ebenfalls stärker als bisher bei der Medienauswahl berücksichtigt werden muss, ist die Tatsache, dass die Reichweite einer Reihe von Medien weit über das Ursprungsland hinausgeht. Diese grenzüberschreitenden Reichweiten werden als **Medien-Overflow** bezeichnet. So haben beispielsweise eine beträchtliche Anzahl deutscher Zeitungen und Magazine viele Leser in Österreich und in der Schweiz: Die Neue Zürcher Zeitung, die Frankfurter Allgemeine Zeitung, der Spiegel werden auch außerhalb ihrer Stammländer gerne gelesen. Englischsprachige Magazine, wie z.B. Business Week, Fortune und die Financial Time, haben in ganz Europa Bedeutung.

Noch stärkeres Gewicht hat in den letzten Jahren der elektronische Medien-Overflow erlangt, und dieser Trend wird sich künftig noch weiter verstärken. Schon heute sind viele Fernseh-Stationen vom gesamten Marketingkonzept her stark auf das Ausland ausgerichtet. Dies gilt z.B. für Sender wie RTL, SAT1, PRO7, Eurosport, n-tv, CNN oder ARTE.

4.5.2.1 Informationsgrundlagen für die Mediaplanung

Für diesen Entscheidungsbereich ist eine große Fülle an Daten vorhanden, die von Jahr zu Jahr ansteigt. So werden seit Jahren in der Bundesrepublik Deutschland, in Österreich und in der Schweiz wie in allen anderen Industriestaaten alljährlich sog. **Media-Analysen** durchgeführt, in denen die Nutzung der Massenmedien in der Gesamtbevölkerung erhoben wird. Die Daten dieser Umfragen zeigen auch die Zusammensetzung der Nutzer eines bestimmten Mediums nach soziodemografischen und teilweise auch psychografischen Kriterien und informieren zum Teil auch über das Konsumverhalten der Bevölkerung.

Media-Analysen kämpfen mit zwei Kernproblemen: Erstens wird die Zahl an Printmedien, Radio- und TV-Sendern ständig größer, und zweitens können die Reichweiten der TV-Sender zu bestimmten Zeiten (wann wurde gestern welcher Sender wie lange gesehen?) mittels Befragung nicht valide gemessen werden. Daher gibt es bei der Ermittlung der Mediennutzung folgende Trends:

- **Nach Mediagattungen getrennte Ermittlung der Mediennutzung**
  In Deutschland beispielsweise wird die Nutzung der deutschen Printmedien (welche Zeitschriften und Zeitungen werden wie oft genutzt?) in der Media-Analyse (MA) in zwei Tranchen bei insgesamt ca. 39.000 Personen mittels mündlicher Befragung und mittels CASI (Computer Assisted Self Interview) erhoben. Die Radionutzung (welche Sender wurden gestern wie lange gehört?) wird davon getrennt in einer eigenen Tranche bei ca. 64.000 Personen mittels telefonischer Umfrage ermittelt (vgl. Tab. 10). Mittels Stichprobenfusion werden die Daten der Nutzung von Printmedien und Radio zu einer gemeinsamen Datei verschmolzen, welche die Basis für die Streuplanung bildet.

■   **Passive Messung der Nutzung der elektronischen Medien**
Beim Fernsehen ist in fast allen Ländern eine passive, elektronische Messung mittels sog. „Television peoplemeters" zum Standard geworden. Bei dieser Methode muss jedes Mitglied einer Stichprobe von Fernsehhaushalten auf einer modifizierten Fernbedienung einen Knopf drücken, wenn es fernzusehen beginnt und den Knopf wieder drücken, wenn es den Fernsehkonsum beendet (auch wenn es den Raum nur kurzzeitig verlässt). Zu bestimmten Zeitpunkten (beim GfK-Meter in Deutschland jede Sekunde – siehe dazu auch www.gfk.de, beim Teletest in Österreich alle 30 Sekunden – siehe dazu auch http://mediaresearch.orf.at) wird mit einem eigenen Datenerfassungsgerät registriert, wie viele Personen fernsehen und welcher Sender eingeschaltet ist. In der Nacht werden die Nutzungsdaten aller beteiligten Haushalte in den Zentralcomputer eines Marktforschungsinstitutes übertragen und ausgewertet. Bereits am nächsten Tag sind die Einschaltquoten aller Fernsehprogramme und auch der Fernsehwerbung bekannt. Auch die Internet-Nutzung wird mittels serverseitiger Methoden passiv erhoben (vgl. Kap. 4.5.1.8).

In den letzten Jahren ist die Zahl an für die Streuplanung verfügbaren Untersuchungen, vor allem in Deutschland, ständig gestiegen. Einen guten Überblick über österreichische und deutsche Media-Analysen kann sich der Leser selbst auf den in den Tabellen 9 und 10 angegebenen Internetadressen verschaffen.

Kontaktmaßzahlen

Die wichtigste Kontaktmaßzahl zur Beurteilung eines Werbeträgers ist dessen **Reichweite** (reach). Die Reichweite kann sich beziehen auf:

■   eine Einschaltung in einem Medium,

■   mehrere Einschaltungen im selben Medium,

■   je eine Einschaltung in mehreren Medien,

■   mehrere Einschaltungen in mehreren Medien.

Daher gibt es auch unterschiedliche Begriffe der Reichweite:
Die **Reichweite** einer Einschaltung in einem Medium findet man in den Medien unter der Bezeichnung „Leser pro Nummer" oder kurz „LpN" bzw. „Leser pro Ausgabe" oder kurz „LpA". Die analogen Begriffe für den Hörfunk sind „Hörer pro Zeiteinheit", für das Fernsehen „Seher pro Zeiteinheit", für das Kino „Besucher pro Woche".

Die Reichweite mehrerer Einschaltungen im selben Medium (**kumulierte Reichweite**) bezieht sich auf die Gesamtzahl der Personen, die der Zielgruppe angehören, die zumindest einmal durch mehrere Ausgaben eines Werbeträgers bzw. durch mehrere Werbeeinschaltungen in einem Werbeträger erreicht werden. Bei den regelmäßigen Nutzern eines Mediums kommt es bei wiederholten Einschaltungen zu Wiederholungskontakten. Man spricht in diesem Zusammenhang auch von „internen Überschneidungen". Die internen 2-, 3-, … n-fachen Überschneidungen geben an, welcher Anteil der kumulierten Reichweite durch 2, 3, … n Einschaltungen erreicht wird.

STUDIE	Mediaanalyse (MA) & Konsumanalyse (KA)	TELE-TEST	RADIO-TEST	Österreichische Verbraucheranalyse (ÖVA)	Österreichische Webanalyse (ÖWA PLUS)
Grundgesamtheit	Österreicher ab 14 Jahren	Österr. Haushalte, repräsentativ für die Bevölkerung ab 3 Jahren	Österreicher ab 10 Jahren	Österreicher ab 14 Jahren	Österreicher ab 14 Jahren
Stichprobe	16.217 Befragte über die Medien, davon 8000 über Konsumdaten	Ca. 3.200 Erwachsene 12+ ca. 400 Kinder (3-11) in 1590 Haushalten	26.000 Befragte	8.000 Befragte	91.438 Fälle
Methodik	Mediadaten mündlich (CAPI+CASI), Konsumdaten schriftlich	1.590 österr. Panel-Haushalte mit 3.560 Panelteilnehmer, elektronisches Zuschauermess-System und 1x pro Jahr schriftlich	Telefonische Interviews (CATI)	Persönliche CAPI-Interviews für Medien und Produkte, Daten zu den Marken schriftlich bei 4.000 Personen	Multi-Methodentracking auf Basis einer technischen Messung, Onsite-Befragung, CATI
Erhebungsperiode	halbjährlich	täglich	halbjährlich	jährlich	2x pro Jahr
Erhebungsthemen im Überblick	Mediennutzung, Reichweitenmessung, Soziodemografie, Themen-Interesse, Informations-Interesse, Freizeitaktivitäten, Konsumgewohnheiten, Besitz- und Anschaffungspläne, Urlaub, Wohnen, Einstellungen und Werte	Elektronische Messung der Einschaltquoten der Familienmitglieder (inkl. Gäste) plus 1x schriftlich: Soziodemografie und diverse Zielgruppenmerkmale wie Konsum- und Lifestyle-Merkmale, z.B. Einkaufsgewohnheiten, Umweltbewusstsein etc. Zielgruppensegmentierung anhand d. Sinus-Milieus möglich	Reichweite der einzelnen Viertelstunden, Radionutzung gestern (Tagesreichweite), ORF und Privatsender, Marktanteile, Soziodemografie, Besitzmerkmale, Freizeitaktivitäten	Mediennutzung, Soziodemografie, Bekanntheit/ Kauf/Verwendung/Besitz und Kaufpläne von über 1000 Marken, Psychografische Kriterien: Interessen, Gesundheitszustand, Einkaufsverhalten, Online-Käufer, Werbeakzeptanz, Markenbindung usw.	Reichweiten- und Strukturdaten für Online-Angebote, Internet-Nutzung (z.B. Unique User) persönl. Interessen, Anschaffungswünsche, Nutzerverhalten, Soziodemografie
Nutzen für die Wirtschaft	Zielgruppenplanung und Planung Printkampagne	Planung einer TV-Kampagne	Planung einer Radiokampagne	Zielgruppenplanung und Mediaplanung	Planung von Online-Werbekampagnen
Nähere Informationen	www.media-analyse.at	www.agtt.at	www.rms-austria.at	www.imas.at	www.oewa.at

Tabelle 9: Steckbriefe der österreichischen Media- und Verbraucheranalysen

STUDIE	Mediaanalyse (MA)	GfK-Fernsehforschung	Allensbacher Markt- und Werbeträger-Analyse (AWA)	Verbraucheranalyse (VA)	Arbeitsgemeinschaft Online Forschung (AGOF)
Grundgesamtheit	Deutschsprachige Bevölkerung ab 14 Jahren, ab 10 Jahren Radio	Deutsche und EU-ausländische Fernsehhaushalte in Deutschland	Deutschsprachige Bevölkerung ab 14 Jahre in Privathaushalten: 70.213 Mio	Deutschsprachige Bevölkerung ab 14 J. in Privathaushalten, Jugendliche ab 12 J.	Deutschsprachige Bevölkerung ab 14 Jahren
Stichprobe	ca. 39.000 bei Pressemedien, ca. 64.000 bei Hörfunk, ca. 110.000 bei Online	ca. 10.500 Personen in 5.000 Haushalten	ca. 27.000	ca. 32.000 VA Klassic, ca. 33.000 VA Jugend	101.800 Fälle
Methodik	mündliche Interviews bei Print, telefonische Interviews bei Hörfunk (CATI), MA Plakat mittels GPS-Messung, Onsite-Befragung, techn. Messung u. CATI bei Online	Haushaltspanel, sekundengenaue Messung der TV-Nutzung (GfK-Meter)	mündliche Interviews	mündliche und schriftliche Befragung	technische Messung, Onsite-Befragung (Multimethoden-Tracking), telefonische Befragung, Zusammenarbeit mit MA
Erhebungsperiode	jährlich; in 2 Wellen	täglich	jährlich	jährlich	12x pro Jahr
Erhebungsthemen im Überblick	Nutzung von Zeitschriften, Wochenzeitungen, Magazine, Zeitungen, Online-Medien, Fernsehsendern, Kino und Plakate	elektronische Messung der Programmwahl der Familienmitglieder, Reichweiten von Fernsehsendern, Soziodemografie, Besitzstände, Kaufpläne, Freizeit, Urlaubsverhalten, Markenverwendung usw.	Medianutzung: Print, TV, Radio, Internet, Kino, Außenwerbung; Einstellungen, Konsumverhalten, Werthaltungen, Interessen, Sport, Freizeit, Urlaub, Geldanlagen, Wohnen, Mode, Gesundheit; Besitz und Kaufpläne, Soziodemografie	Werbeträger- und Werbemittelreichweiten (Printmedien, TV, Radio), Reichweiten von Online-Medien, Außenwerbung, Informationen zu 650 Produktkategorien und 1800 Marken, Besitz und Anschaffungspläne; Interessen, Einstellungen und Meinungen	Reichweiten und Strukturdaten für Online-Angebote (z.B. Unique User); Daten über Internetnutzer und Nichtinternet-Nutzer, Soziodemografie, Markt- und Branchenverhalten, Haushaltsausstattung, Interessen
Nutzen für die Wirtschaft	Mediaplanung	Planung einer TV-Kampagne	Zielgruppen- und Mediaplanung	Zielgruppen- und Mediaplanung	Online-Mediaplanung
Marktforschungsinstitut	mehrere koop. Mafo-Institute (z.B. GfK, Ipsos, etc.)	GfK	Institut für Demoskopie Allensbach	Enigma, Ipsos, Ifak und Marplan	
Nähere Infos	www.agma-mmc.de	www.agf.com	www.awa-online.de	www.verbraucheranalyse.de	www.agof.de

Tabelle 10: Steckbrief deutscher Media- und Verbraucheranalysen

Die gängigen Media-Analysen erheben die Nutzungsfrequenz der einzelnen Medien, wodurch es möglich ist, die Reichweite von z. B. 2 Einschaltungen (sog. K2-Wert) bzw. in weiterer Folge auch von mehreren Einschaltungen in einem Medium zu errechnen. Selbst dann, wenn keine Nutzungsfrequenzen erhoben werden (das ist z. B. bei den Fachzeitschriften weitgehend der Fall), ist es mit Hilfe von bestimmten Annahmen möglich, die kumulierte Reichweite näherungsweise zu ermitteln.

Die Reichweite je einer Einschaltung in mehreren Medien (**Netto-Reichweite**) bezeichnet jene Anzahl von Personen, die bei Einschaltungen in verschiedenen Medien mindestens einmal erreicht werden. Bei denjenigen Personen, die mehrere Werbeträger nutzen, kommt es zu so genannten externen Überschneidungen. So spricht man von Duplikation, Triplikation und Quantuplikation, je nachdem, ob es sich um eine Überschneidung von 2, 3 oder mehr Medien handelt (vgl. Abb. 128 und 129). Aufgrund der Einzelreichweiten und der Überschneidungsdaten ist es möglich, die Nettoreichweite zu errechnen.

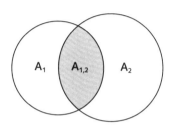

Abb. 128: Reichweiten (A_1, A_2) und Duplikationen ($A_{1,2}$) von zwei Medien

Die Reichweite mehrerer Einschaltungen in mehreren Medien (**kombinierte Reichweite**) umfasst alle Personen, die von mehreren Einschaltungen in mehreren Medien zumindest einmal erreicht wurden. Diese Reichweitenart ist der Regelfall, da die meisten Werbetreibenden in ihren Werbekampagnen einen Mix von mehreren Medien (z. B. Zeitschriften, Radio und TV) verwenden und in jedem dieser Medien mehrmals ihre Werbemittel platzieren (z. B. einen TV-Spot mehrfach schalten).

Aufgrund der in den Media-Analysen erhobenen Nutzungsfrequenzen der Medien und der daraus abgeleiteten Nutzungswahrscheinlichkeiten ist es mit Hilfe statistischer Modelle möglich, die kombinierte Reichweite und die sog. Kontakthäufigkeitsverteilung zu berechnen.

Die **Kontakthäufigkeitsverteilung** gibt an, wie oft Mitglieder der Zielgruppe die Chance

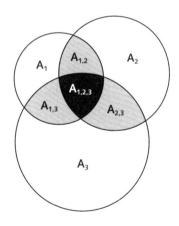

Abb. 129: Reichweiten (A_1, A_2, A_3) und Duplikationen ($A_{1,2}$, $A_{1,3}$, $A_{2,3}$) und Triplikation ($A_{1,2,3}$) von drei Medien

haben, Kontakt mit den Werbeträgern zu haben, in denen die Werbebotschaft geschaltet wird (wie viele Personen werden nur einen Kontakt haben, wie viele zwei Kontakte? usw.).

Eine wichtige Kennzahl für die sog. Tiefenwirkung eines Mediaplans ist die **durchschnittliche Kontaktchance**, die im angloamerikanischen Sprachraum auch als OTS-Wert („Opportunity to See") oder als **OTH** („Opportunity to Hear") bezeichnet wird.

Sie gibt an, wie oft eine durchschnittliche Zielperson die Chance hat, mit den in den gewählten Werbeträgern platzierten Werbemitteln in Berührung zu kommen. Der OTS-Wert ergibt sich als Mittelwert aus der Kontakthäufigkeitsverteilung. Diese lässt sich grafisch durch die Kontaktverteilungskurve darstellen. Dabei werden in einem Koordinatensystem die Reichweite auf der einen Achse und die Kontaktzahl auf der anderen eingetragen. Es ist abzulesen, wie viele Zielpersonen mit einer bestimmten Kontakthäufigkeit erreicht werden.

Wie aus Abb. 130 ersichtlich, setzt sich die Reichweite von insgesamt 200.000 Personen aus folgenden drei Gruppen zusammen:

Gruppe A: 100.000 Personen mit je einem Kontakt,

Gruppe B: 50.000 Personen mit je vier Kontakten,

Gruppe C: 50.000 Personen mit je sechs Kontakten.

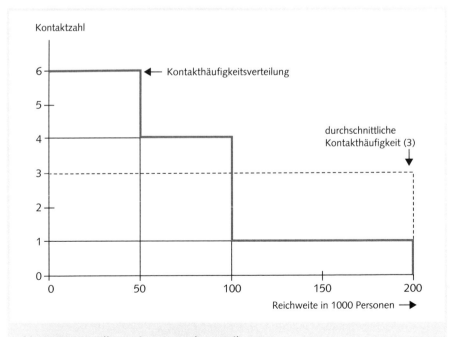

Abb. 130: Darstellung einer Kontaktverteilung

Die **Kontaktsumme** (**Bruttoreichweite**) dieses konstruierten Streuplanes beträgt 600.000 (100.000 × 1 + 50.000 × 4 + 50.000 × 6). Drückt man die Kontaktsumme in % der Zielgruppe aus, ergibt das die Kennziffer **Gross Rating Points** (**GRPs**), eine Kennzahl zur Beurteilung von Mediaplänen. Auf unser Beispiel bezogen: Angenommen, die Zielgruppe besteht aus 100.000 Personen, so ergibt das 600 GRPs.

Die durchschnittliche Kontakthäufigkeit ergibt sich aus der Division der Kontaktsumme (600.000) durch die Reichweite (200.000) und beträgt somit 3.

Es ist daher notwendig, nicht nur die durchschnittliche Kontaktzahl, sondern auch die Verteilung der Kontakthäufigkeit zu kennen. So wie die Reichweite können die Kontakthäufigkeit und ihre Verteilung mit Hilfe statistischer Modelle ermittelt werden. Die wahrscheinlichkeitstheoretische Berechnung der Kontakthäufigkeitsverteilung im Fall von mehreren Medien und mehreren Einschaltungen (man bezeichnet dieses Verfahren auch als Convolution) ist sehr rechenaufwendig und wird daher in der Praxis nicht vorgenommen. In der Praxis wird das weniger rechenaufwendige Verfahren der Simulation eingesetzt. Aus den in Mediaanalysen empirisch erhobenen Medianutzungsfrequenzen werden die Mehrfachkontakte simuliert. So können die Reichweiten und die Kontakthäufigkeiten errechnet werden.

Neben diesen aus dem Medianutzungsverhalten der Konsumenten abgeleiteten Leistungskennzahlen ist die verbreitete oder **verkaufte Auflage** eines Printmediums in den letzten Jahren zu einem wichtigen Auswahlkriterium der Mediaplaner in den Werbe- und Mediaagenturen geworden, weil diese aus der Sicht vieler Mediaplaner die im Vergleich zu den Reichweiten härteren Daten sind. Ermittelt werden die Auflagen in Deutschland in der sog. IVW (Informationsgemeinschaft zur Feststellung der Verbreitung von Werbeträgern, siehe dazu auch www.ivw.de) und in Österreich in der sog. Österreichischen Auflagenkontrolle (abgekürzt ÖAK, siehe dazu auch www.oeak.at). Aus dem Verhältnis zwischen Auflage und Reichweite einer Zeitschrift kann der sog. **Leser pro Exemplar** (abgekürzt LpE) berechnet werden. Die größte österreichische Tageszeitung „Die Kronen Zeitung" hat beispielsweise eine Leserzahl von knapp 2,7 Millionen Österreichern (2011), eine verbreitete Auflage von ca. 930.000 Exemplaren sowie eine verkaufte Auflage von ca. 800.000 Exemplaren (2011). Daraus ergibt sich auf Basis der verkauften Auflage ein LpE-Wert von 2,9 Lesern pro Exemplar, d. h. neben dem Stammleser gibt es fast 3 weitere Mitleser.

Zusammensetzung der Zielgruppen

Die genannten Kontaktmaßzahlen sind nicht die einzige Information, die die Media-Analysen enthalten. Sie werden üblicherweise ergänzt durch Kennwerte für die soziodemografische Zusammensetzung der quantitativen Reichweite. Fast alle Media-Analysen sind darüber hinaus im Laufe der Zeit zu Verbraucheranalysen mutiert, d. h. sie liefern neben Daten über das Mediaverhalten auch zahlreiche **Daten über das Konsumverhalten** der Verbraucher sowie manchmal sogar Angaben über **psychografische Merkmale** der Konsumenten (z. B.: Wer achtet beim Einkauf im Supermarkt sehr stark auf den

Preis?). Diese kombinierten Konsum- und Mediauntersuchungen haben den Vorteil, dass sie nicht nur für die Auswahl der Streumedien, sondern auch für die Bestimmung der Zielpersonen herangezogen werden können. Vorteilhaft ist die Tatsache, dass die Informationen über das Konsum- und das Mediaverhalten aus demselben Datensatz stammen. Setzt man dagegen für die Mediaauswahl eine Analyse ein, in der das Konsumverhalten nicht erhoben wird, so ist es notwendig, die Zielpersonenbestimmung aufgrund eigener Untersuchungen durchzuführen.

4.5.2.2   Bestimmung und Gewichtung der Zielpersonen

Die Zielgruppenbestimmung wurde in Kap. 2.1.2 und 2.3 behandelt. Die bereits erwähnten Media-Analysen und Typologien zeigen zumindest für eine Reihe von Konsumgütern und Dienstleistungen, wie sich die Verbraucherschaft eines Produktes nach soziodemografischen Merkmalen zusammensetzt. Manchmal ist der Besitz von bestimmten Gütern ein brauchbares Kriterium für die Definition von Käufern von Produkten, wenn der Kauf vom Besitz des Primärproduktes abhängt (z. B. Winterreifen und Autos).

Schließlich ermöglichen psychologische Merkmale und Interessenstrukturen eine leichtere Auffindung der relevanten Zielpersonen.

Für die Zielpersonendefinition ist jedoch nicht nur das Konsumverhalten maßgeblich, sondern darüber hinaus auch die Frage, ob eine Person in einer bestimmten Produktklasse ein Experte ist und daher einen Einfluss auf das Käuferverhalten anderer Personen ausüben kann. Derartige Produktexperten sind daher auch in manchen Werbekampagnen eine Kernzielgruppen.

Sonderprobleme der Zielgruppenbestimmung tauchen bei der Umwerbung von Unternehmungen auf, wie z. B. in der Investitionsgüterwerbung. Die Zielpersonenbestimmung bei der Unternehmensumwerbung setzt voraus, dass zunächst die Unternehmungen bestimmt werden, die mit der Werbebotschaft erreicht werden sollen. Erst in zweiter Linie geht es darum, Personen zu beschreiben, die in den Zielunternehmungen angesprochen werden sollen. Es sind dies jene Personen, die einkaufsentscheidend bzw. einkaufsbeeinflussend sind (vgl. dazu Kap. 2.1.2.4). Das hängt wiederum von der Stellung in der Unternehmenshierarchie und von der Funktion im Unternehmen ab.

Will man bei der Bestimmung der Zielgruppen dem **unterschiedlichen Konsumpotenzial der einzelnen Zielpersonen** Rechnung tragen, so ergibt sich die Notwendigkeit, die Zielpersonen zu gewichten. So ist es z. B. möglich, Intensiv-Verbrauchern ein höheres Gewicht zu geben als gelegentlichen Produktverwendern. Auch die Tatsache, dass eine Person bei einem bestimmten Produkt meinungsbildend ist, kann bei der Gewichtung Berücksichtigung finden.

4.5.2.3 Gewichtung der Medien

Ausgehend von der kreativen Strategie soll versucht werden, den **Wert der einzelnen Medien für die Übermittlung der geplanten Werbebotschaften** abzuschätzen. In den gängigen Computerprogrammen zur Mediaplanung gibt es eine Option für die Mediengewichtung. Meist gibt man dem am besten geeigneten Medium ein Gewicht von 100 und definiert für die qualitativ weniger geeigneten Medien Gewichte unter 100 in Relation zum besten Medium. Die gängigen Media-Analysen enthalten kaum Daten über die Kontaktqualität der unterschiedlichen Werbeträger bzw. Werbeträgergruppen. Allenfalls sind Anhaltspunkte für die Kontaktqualität in Sonderuntersuchungen zu finden. Aus diesem Grund ist die Mediengewichtung eines der schwierigsten Probleme im Rahmen der Medienentscheidung, weshalb nicht selten darauf verzichtet wird.

Dabei darf jedoch nicht übersehen werden, dass ein Verzicht auf die Mediengewichtung auch eine Gewichtung darstellt, nämlich die Gewichtung aller Medien mit dem Wert 100, was bedeutet, dass beispielsweise für einen 30-Sekunden-Spot im Fernsehen dieselbe Wirkung unterstellt wird wie für eine halbseitige Schwarz-Weiß-Anzeige in einer Tageszeitung.

Nicht jedes Medium ist aber gleichermaßen geeignet, die beabsichtigte Werbewirkung zu erzeugen. Stillschweigend wird wohl von jedem Mediaplaner bei der Auswahl der Medien eine Gewichtung vorgenommen. Im Rahmen der Mediengewichtung wird er lediglich dazu gezwungen, seine Vorstellung zu Papier zu bringen und überprüfbar zu machen. Empirische Untersuchungen zum **Intermedia-Vergleich**, also dem Vergleich der Wirkung der Werbeträgergruppen (Zeitungen, Zeitschriften, Fernsehen, Radio, Kino und Plakat), haben gezeigt, dass im Allgemeinen kein Werbeträger generell überlegen ist. Vereinzelt festgestellte Wirkungsdifferenzen gehen zum Großteil auf andere Faktoren zurück, wie z. B. die Qualität der eingesetzten Werbemittel. Aus diesem Grund ergibt sich die Notwendigkeit einer kampagnenspezifischen Gewichtung. Für viele Produkte dürfte eine Media-Mix-Strategie am sinnvollsten sein, weil man dadurch eine bessere Abdeckung der angepeilten Zielgruppe erreicht.

4.5.2.4 Kontaktbewertung

Die Werbewirkung hängt zweifelsohne von der Anzahl der Kontakte mit der Werbebotschaft ab. Durch mehrfache Einschaltung wird einerseits die Wahrscheinlichkeit des Kontaktes an sich erhöht und andererseits wird durch tatsächliche Kontaktwiederholungen ein stärkerer Eindruck hinterlassen.

Um einen möglichst guten Streuplan zu finden, ist es daher notwendig, die Werbewirkung in Abhängigkeit von der Kontaktanzahl zu kennen. Die Darstellung dieses Wirkungsverlaufes führt zur so genannten Kontaktbewertungskurve („**response function**"), vgl. Abb. 131. Als Kriterium für die Messung der Werbewirkung in Abhängigkeit von der Kontaktanzahl sind der Erinnerungserfolg, die Änderung der Einstellungen und der durch die Werbung erreichte Umsatz vorgeschlagen worden. Fast alle empirischen Untersuchungen beschränken sich jedoch auf die Messung der Erinnerungswirkung in Abhängigkeit von der Kontaktanzahl, nur wenige Studien haben die Wirkungen auf die Einstellungen zum Gegenstand. Über den Zusammenhang zwischen Umsatz und Kontakthäufigkeit gibt es praktisch keine empirischen Untersuchungen.

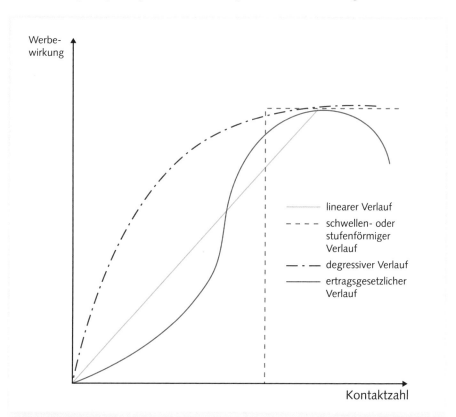

Abb. 131: Mögliche Formen des Zusammenhangs zwischen Kontaktanzahl und Werbewirkung

Ein linearer Verlauf der Kontaktbewertungskurve (die Voreinstellung in praktisch allen Computerprogrammen zur Medienauswahl) konnte durch keine einzige empirische Studie festgestellt werden. Dagegen gibt es Anhaltspunkte für die Annahme von Schwellenwerten, also für die Tatsache, dass eine bestimmte Kontaktanzahl notwendig ist, um überhaupt eine Wirkung zu erreichen. Größte empirische Relevanz besitzt aufgrund der bisher durchgeführten Untersuchungen die degressive Wirkungskurve. Dieser Verlauf ist sowohl durch lerntheoretische Untersuchungen im Allgemeinen als auch durch empirische Studien im Zusammenhang mit der Werbung wiederholt belegt worden. Aber auch für den ertragsgesetzlichen („S-förmigen") Verlauf der Kontaktbewertungskurve spricht die eine oder andere empirische Studie.

Die Ergebnisse der bisher durchgeführten Untersuchungen des Verlaufes der Kontakt-bewertungskurve können jedoch nicht verallgemeinert werden. Es gibt bislang keine generalisierbare Kontaktbewertungskurve, weil eine Vielzahl von Faktoren außer der Kontaktanzahl den Verlauf der Wirkungskurve beeinflusst. Diese Faktoren sollten da-her nach Möglichkeit bei der Bestimmung des Verlaufes der Kurve berücksichtigt wer-den. Die **Werbewirkung** hängt u. a. ab von:

- Ziel der Werbekampagne,
- kreativen Aspekten der Gestaltung der Werbebotschaft,
- Art der eingesetzten Medien,
- Art des beworbenen Produktes,
- Einsatz der anderen Marketing- und Kommunikationsinstrumente,
- Konkurrenzwerbung,
- Kommunikation der Zielpersonen untereinander,
- zielpersonenabhängigen Faktoren, wie z. B. Involvement, Produktinteresse und bereits vorhandene Kenntnis des Produktes und seiner Eigenschaften,
- gewähltem Werbewirkungskriterium,
- zeitlichen Abständen zwischen den Kontakten und die Möglichkeit, dass Erlerntes wieder vergessen wird.

Dabei besteht die Notwendigkeit, die Zeitpunkte der Einschaltung so zu wählen, dass das gewünschte Mindestniveau an Werbewirkung nach Möglichkeit nicht unterschrit-ten wird.

4.5.2.5 Mediaselektionsmodelle

Mediaselektionsmodelle stellen Verfahren zur Auswahl der Werbeträger dar. Im Prinzip werden zur Bestimmung des Streuplans zwei Arten von Verfahren eingesetzt: Rangrei-henprogramme und Bewertungsprogramme (Evaluierungsprogramme).

Rangreihenprogramme

Rangreihenprogramme sind Computerprogramme, die, wie schon der Name ausdrückt, eine vom Mediaplaner erstellte Liste von Kandidatenmedien nach einem bestimmten Leistungskriterium in eine Rangreihe bringen. Als Reihungskriterium werden meist entweder die Reichweite in der angepeilten Zielgruppe oder der sog. „Tausender"-Preis herangezogen.

Der „Tausender"-Preis ist eine Kennzahl für die Wirtschaftlichkeit eines Mediums. Er drückt aus, welche Kosten (Einschalttarife) ein bestimmter Nutzen (1000 erreichte Ziel-personen oder 1000 erreichte Kontakte in der Zielgruppe) eines Mediums verursacht. Der 1000-Leser-Preis (beim Fernsehen und Radio spricht man analog vom 1000-Seher oder 1000-Hörer-Preis) gibt an, wie viel es kostet, 1000 Angehörige der Zielgruppe zu erreichen. Bei mehrfacher Belegung eines oder mehrerer Werbeträger kommt es zu

Mehrfachkontakten; daher ermittelt man in diesem Fall zusätzlich zum 1000-Leser-Preis den 1000-Kontakte-Preis (Wie viel kostet es, 1000 Kontakte in der Zielgruppe auszulösen?). Bei der Berechnung dieser Kennzahlen ist es möglich, den unterschiedlichen Wert der Zielpersonen durch Zielpersonengewichtung und den unterschiedlichen Wert der eingesetzten Medien durch Mediengewichtung zu berücksichtigen.

In Tab. 11 S. 350 ist ein Beispiel für eine Rangreihung von Medien nach dem Tausend-Leser/-Seher/-Hörer-Preis zu finden.

Bewertungsmodelle (Evaluierungsmodelle)

Nach der Vorauswahl geeigneter Medien (z. B. mit Hilfe eines Rangreihenprogramms) erstellt der Mediaplaner mit diesen mehrere alternative Mediapläne, wobei die gewählten Medien ebenso wie die Einschalthäufigkeiten der Werbemittel (Anzeigen, Spots) von Plan zu Plan variiert werden. Mit Hilfe eines Computerprogramms wird auf Basis der gespeicherten Medianutzungsdaten aus diversen Media-Analysen ermittelt, welcher Plan in diversen Zielkriterien am besten abschneidet. Als Zielkriterien werden in den meisten Programmen folgende **Kennzahlen** für jeden definierten Mediaplan ermittelt:

- Reichweite in der Zielgruppe (absolut und/oder in Prozent)
- Summe der erzielbaren Kontakte in der Zielgruppe
- Durchschnittskontaktchance (OTS)
- Kontaktverteilung
- 1000-Nutzer-Preis
- 1000-Kontakte-Preis

Eine **Zielgruppen- und Mediengewichtung** ist dabei optionsweise ebenso möglich. Der Mediaplaner ist mit Hilfe dieser Modelle in der Lage, aus einer Reihe von ihm selbst festgelegter Mediakombinationen die günstigste herauszufinden. Je nach seinem Geschick, seiner Kenntnis des Media-Marktes und seinem Anspruchsniveau wird die Anzahl der zu überprüfenden Mediapläne schwanken. Sehr oft werden die Einschaltfrequenzen in einzelnen Medien bei den zu bewertenden Mediaplänen so variiert, dass daraus einerseits „Print-lastige" und anderseits „TV-lastige" Streupläne resultieren.

Diese Bewertungsmodelle haben trotz ihrer hohen Praktikabilität einen großen Nachteil: Sie sind nicht in der Lage, den für einen bestimmten Werbeetat besten Streuplan zu ermitteln, da ja nur eine begrenzte Anzahl von Mediaplänen bewertet wird. Alle theoretisch möglichen Kombinationen von mehreren Medien mit unterschiedlichen Einschaltfrequenzen können jedoch aufgrund der begrenzten Speicherkapazitäten selbst der besten Computer nicht evaluiert werden. Der Mediaplaner erhält daher nur eine sog. „second best" -Lösung.

Rangreihung und Evaluierung am Fallbeispiel „Whiskas Top"

Der Ablauf der Mediaplanung soll anhand eines – wegen der Überschaubarkeit und Nachvollziehbarkeit bewusst einfach gehaltenen – Beispiels demonstriert werden.

Verdeutlicht werden soll eingangs nochmals die Wichtigkeit der Festlegung der Mediastrategie, bevor der optimale Media-Mix bestimmt wird. Die Mediastrategie wird vor allem durch die vorgegebenen Kommunikationsziele, die anzusprechende Zielgruppe, durch den Botschaftsinhalt, das gegebene Budget und den Werbedruck der Mitbewerber determiniert.

Ausgangssituation: Mars Austria OG führt die Marke „Whiskas Top" in Österreich ein. „Whiskas Top" ist ein Katzen-Trockenfutter der Spitzenklasse – abgestimmt auf die Ernährungsbedürfnisse der einzelnen Lebensphasen einer Katze und somit das gesündeste und ausgewogenste Alleinfutter für eine Katze. Whiskas Top soll einen mengenmäßigen Marktanteil von 4% am Katzenfuttermarkt erreichen. Das Beispiel könnte man auch für den deutschen Markt rechnen, jedoch würde es seine Einfachheit verlieren, da in Deutschland über 250 Kandidatenmedien zur Schaltung einer Whiskas-Anzeige zur Verfügung stehen.

Ziel der Kommunikation soll sein, möglichst viele Katzenbesitzer dazu zu bringen, das Produkt zu probieren. Es soll ihnen die Möglichkeit geboten werden, telefonisch eine Probepackung bei Mars Austria OG anzufordern, das heißt die Werbung sollte ein Response-Element enthalten. Zudem sollten mittels Werbung ausführliche Argumente für „Whiskas Top" als gesündestes Alleinfutter transportiert werden.

Parallel zur Einführungswerbung von „Whiskas Top" läuft eine Imagekampagne für die Marke Whiskas im TV und eine Online-Kampagne. Diese werden in unserem Fallbeispiel nicht berücksichtigt. Aufgrund der Anforderungen, umfangreiche Informationen inkl. einer Telefonnummer zu übermitteln, wurde die Mediagattung Print als am geeignetsten erachtet.

Aus der **österreichischen Mediaanalyse** können wir folgende Daten für die für Whiskas Top relevante Kernzielgruppe – nämlich Käufer von Katzentrockenfutter – herausfiltern. 1,98 Millionen Österreicher (27,8%) besitzen eine Katze, und 53% der Katzenbesitzer (1,04 Millionen) kaufen persönlich Trockenfutter. Diese für die Mediaplanung relevanten Käufer von Katzentrockenfutter (**Mediazielgruppe**) lässt sich laut Mediaanalyse wie folgt beschreiben: zu 2/3 weiblich, zwischen 30 und 59 Jahre alt, berufstätig, über alle sozialen Schichten und Lebensphasen relativ gleich verteilt, haushaltsführend, 34% haben Kinder im Haushalt, eher in nicht urbanen Gebieten (Ortsgröße bis 50.000 Einwohner) zu Hause

(Wien mit 1,8 Mio. Einwohner unterrepräsentiert). Weiters ist diese Zielgruppe laut Daten aus der Mediaanalyse an Umweltschutz interessiert, naturverbunden und kann – was für die Media-Auswahl interessant ist – über folgende Themen erreicht werden: Haustiere, Gesunde Lebensweise, Essen & Trinken, Kochen, Kinder, Spazieren, Bücher, Garten.

Werbezielsetzungen: Schaffung von Markenbekanntheit und Produktwissen für „Whiskas Top": Jeder dritte Katzenfutterkäufer sollte nach der Kampagne die Marke „Whiskas Top" ungestützt erinnern können und wissen, dass „Whiskas Top" als ernährungsphysiologisch konzipiertes Alleinfutter auf die Lebensphasen der Katzen abgestimmt ist. Mindestens 2% der österreichischen Katzentrockenfutter-KäuferInnen sollen während der Werbekampagne eine Musterpackung von „Whiskas Top" anfordern.

Mediaziele: Oberste Priorität hat die maximale Ausschöpfung der Zielgruppe zur Bekanntmachung der Subbrand „Whiskas Top" bzw. Generierung von Bestellungen von Probepackungen (Response-Werte), das heißt, es sollten möglichst viele Zielpersonen erreicht werden.

Da jedoch auch die Positionierung von Whiskas Top als gesündestes Alleinfutter penetriert werden soll (Imageaufbau), wäre es auch notwendig, möglichst viele Kontaktwiederholungen in der Zielgruppe zu generieren, um Lerneffekte zu erzielen.

Media-Kategorie/Format:	Print, 1/1 Seite 4 c, Satzspiegel (Ssp) (siehe Abb. 132)
Regionalität:	nationaler Einsatz in Österreich
Zeit:	1 Jahr
Mediabudget:	0,85 Mio. Euro

Der erste Schritt des Mediaplaners besteht darin, geeignete Printmedien für eine 4-Farb-Anzeige für Katzenfutter auszuwählen und dann die Leistungswerte für diese zu ermitteln. Um herauszufinden, welche Printmedien die beste Wirkung (höchste Reichweite, bestes Preis-Leistungs-Verhältnis) in der angepeilten Zielgruppe entfalten, wird üblicherweise eine Rangreihung vieler Kanditatenmedien nach definierten Wirkungskriterien durchgeführt. Im vorliegenden Fall wurden zwecks Überschaubarkeit 20 Printmedien nach dem Kriterium „Nettoreichweite in der Zielgruppe" gereiht (vgl. Tab. 11). In Tabelle 11 sind auch die 1000-Nutzer-Preise und die Zielgruppenaffinitäten der einzelnen Print-Titeln angeführt.

Abb. 132: Anzeige zu Fallbeispiel „Whiskas Top" (Direct-Response-Anzeige)

Basis:	Mediaanalyse 2011
Grundgesamtheit:	ÖsterreicherInnen ab 14 Jahre; 6,7 Mio Personen
Zielgruppe:	Katzentrockenfutter-KäuferInnen; 1,04 Mio Personen

Total	Kauf Katzentrockenfutter und Katzenbesitzer					
Einwohner über 14 Jahre =7.138460; 100,0%; N=16.217	Zielgruppe=1.035.013; 14,5%; N=2.351					
Nettoreichweite	Kosten in Euro[1]	Netto-reichweite in der Zielgruppe in 1000	Netto-reichweite in der Zielgruppe in %	1000 Nutzer Preis	Rang nach Netto-reichweite in der Zielgruppe	Ziel-gruppen-Affinität
Kronen Zeitung (Sonntag)	31.960,0	473,7	45,8	67,5	1	100,2
Tele[2]	32.000,0	272,1	26,3	117,6	2	107,2
Ganze Woche	11.900,0	158,0	15,3	75,3	3	113,6
Weekend Magazin (14-tägig gratis)	39.972,0	138,8	13,4	288,0	4	91,7
Gusto	10.950,0	118,4	11,4	92,5	5	135,8
The Red Bulletin	34.900,0	117,6	11,4	296,9	6	86,9
News	15.890,0	100,4	9,7	158,3	7	104,0
Woman	15.100,0	85,4	8,3	176,8	8	120,3
ORF Nachlese	7.350,0	74,7	7,2	98,4	9	115,3
Medizin Populär	6.900,0	52,7	5,1	131,0	10	121,9
Schöner Wohnen	9.700,0	52,4	5,1	185,2	11	109,1
Welt der Frau	4.930,0	48,7	4,7	101,1	12	146,7
Wienerin	9.500,0	40,4	3,9	235,0	13	111,5
Eltern	9.900,0	39,8	3,9	248,4	14	139,9
Gewinn	13.825,0	35,7	3,4	387,3	15	98,4
Brigitte	9.750,0	33,6	3,2	290,1	16	115,5
Trend	12.290,0	33,0	3,2	372,3	17	96,8
Seitenblicke	8.250,0	31,7	3,1	260,4	18	106,5
Sportmagazin	9.890,0	30,7	3,0	321,6	19	72,8
News Leben	9.690,0	24,2	2,3	399,7	20	128,5

1   Tarife 2012, Bruttokosten

2   Fernseh-Programmbeilage in Tages- und Wochenzeitungen wie Salzburger Nachrichten, Tiroler Tageszeitung, Vorarlberger Nachrichten, OÖ Nachrichten, NÖN, Kleine Zeitung, Die Presse, Der Standard usw.

N   Stichprobengröße

Tab. 11: Leistungswerte von Printmedien – Rangreihung

Kommentar zur Tabelle 11 – Rangreihung

Die wichtigsten quantitativen Beurteilungskriterien zur Bildung von Rangreihen und Auswahl von Werbeträgern sind: Reichweiten, Zielgruppenaffinität und Tausend-Nutzer-Preise.

Die **Reichweite** (RW) gibt an, wie viele Personen die Chance haben, mit einer Anzeige in einem Werbeträger Kontakt zu haben.

Mit einer Anzeige in der Kronenzeitung am Sonntag kann man 45,8 % der Zielgruppe, d. h. 473.700 aller Katzentrockenfutter-KäuferInnen erreichen (**Nettoreichweite in der Zielgruppe**).

Das Verhältnis zwischen Reichweite in der Gesamtbevölkerung eines Mediums und seiner Reichweite in der Zielgruppe kann durch den Affinitätsindex ausgedrückt werden:

$$\text{Zielgruppenaffinität} = \frac{\text{RW in \% in Zielgruppe}}{\text{RW in \% in Gesamtbevölkerung}} \times 100$$

Die **Zielgruppenaffinität** gibt an, wie gut die Nutzer eines Werbeträgers mit der anzusprechenden Zielgruppe übereinstimmen. Je höher die Zielgruppenaffinität eines Mediums ist, desto geringer sind die Streuverluste bzw. desto höher ist die Zielgruppenabdeckung. Eine Affinität über 100 wird als überdurchschnittlich gute Zielgruppenabdeckung bezeichnet, unter 100 als unterdurchschnittlich.

Die Zeitschrift „Welt der Frau" hat einen Affinitätsindex von 146,7 (vgl. Tab. 11), d. h. überdurchschnittlich viele „Welt der Frau-LeserInnen" sind Katzentrockenfutter-KäuferInnen. Affinitätswerte sollten nur bei Medien mit ähnlichen Reichweiten als Kriterium für die Mediaselektion herangezogen werden, denn sie berücksichtigen nicht die Zahl der insgesamt erreichten Personen.

Der **Tausend-Nutzer-Preis** (TNP) sagt aus, was es kostet, mit der Belegung eines Werbeträgers 1000 Personen der Zielgruppe (Seher, Hörer, Leser; zusammengefasst als „Nutzer") zu erreichen.

$$\text{Tausend Nutzer Preis} = \frac{\text{Einschaltkosten}}{\text{(Netto-)Reichweite absolut}} \times 1000$$

Der Tausend-Nutzer-Preis (TNP) kann sich auf eine einmalige Belegung eines Werbeträgers beziehen – wie sie in Tab. 11 zur Bildung von Rangreihen verwendet worden sind, oder auf Kosten und (Netto-)Reichweite eines gesamten Mediaplanes (vgl. Tab. 12).

Anhand des TNP (Tausend-Nutzer-Preis) wird das Preis-Leistungs-Verhältnis verschiedener Werbeträger verglichen. In unserem Beispiel hat die Kronen Zeitung (Sonntag) mit 67,50 Euro das günstigste Preis-Leistungs-Verhältnis. Mit News Leben kostet es ca. 399,70 Euro, um 1000 Zielpersonen zu erreichen, mit dem Sportmagazin 321,60 Euro. Anhand der Werte, die sich aus den Rangreihen von

Leistungswerten für die einzelnen Werbeträger ergeben und nach Überlegungen bezüglich der Eignung eines Titels für Katzenfutterwerbung (qualitative Kriterien wie z. B. Werbeumfeld, Image des Zeitschriftentitels) lassen sich anschließend alternative Mediapläne erstellen und hinsichtlich ihrer Leistungs- und Kostenwerte vergleichen. Im vorliegenden Beispiel wurden drei Mediapläne erstellt.

Für Plan 1 wurden drei reichweitenstarke Medien herangezogen, Kronen Zeitung (Sonntag), Tele und Ganze Woche (Vgl. Tab. 12). Ganze Woche erscheint wöchentlich, und Tele ist eine wöchentlich erscheinende Fernsehbeilage von Tageszeitungen (Supplement). Da solche üblicherweise mehrmals pro Woche zur Hand genommen werden, hat die Anzeige im Erscheinungszeitraum auch öfters die Chance, gesehen zu werden.

Im zweiten Plan werden zum Vergleich ausschließlich Medien mit hoher Zielgruppenaffinität eingesetzt.

Im dritten Plan wurden neben reichweitenstarken Titeln (wie z. B. Kronen Zeitung Sonntag) auch solche herangezogen, die einen überdurchschnittlichen Anteil an Nutzern aus der Zielgruppe haben (vgl. Zielgruppenaffinität in Tab. 11).

Die Evaluierung der Pläne wird üblicherweise mit computergestützten Programmen vorgenommen. Dabei ist darauf zu achten, dass die Planalternativen ungefähr dasselbe kosten, da sonst der Vergleich unzulässig wäre.

In unserem Fallbeispiel wurden drei einfache Mediapläne evaluiert. Die Mediapläne und die dazugehörenden Kosten- und Leistungswerte sind in Tab. 12 zu finden.

Kommentar zur Tabelle 12 – Evaluierung alternativer Mediapläne

Reichweiten

Die **Netto-Reichweite** von Mediaplan 3 besagt, dass die in diesem Plan verwendeten Printmedien auf Basis der Daten der Mediaanalyse 2011 theoretisch 82,8 % der Zielpersonen erreichen, das sind in absoluten Zahlen rund 856.700 Katzentrockenfutter-KäuferInnen ab 14 Jahren, die eine Kontaktchance mit der Anzeige haben. Die Reichweite ist ein Indikator für eine Breitenwirkung. Plan 2 hat eine geringere Breitenwirkung: er erreicht lediglich 64,0 % der Zielgruppe, die ein überdurchschnittliches Interesse an Katzentrockenfutter haben. Plan 3 schöpft durch Belegung von reichweitenstarken und zielgruppenaffinen Medien die Zielgruppe am besten aus.

Die **Brutto-Reichweite** (Kontaktsumme) ergibt sich aus der Summierung der absoluten Reichweiten aller Belegungen eines Mediaplanes in einer Periode. Sie gibt an, wie viele Kontaktchancen sich insgesamt aus einem Mediaplan ergeben.

Total	Trockenfutterkauf plus Katzenbesitz			
Einwohner über 14 Jahre=7.138.460; 100,0%; N=16.217	Zielgruppe=1.035.013; 14,5%; N=2.351			
	Medienge- wicht	Plan 1	Plan 2	Plan 3
Werbeträger				
Kronen Zeitung (Sonntag)	100	11	0	8
Tele	100	11	0	0
Ganze Woche	100	12	12	7
News	100	0	0	6
Weekend Magazin (14-tägig gratis)	100	0	0	5
Gusto	100	0	9	6
ORF Nachlese	100	0	9	0
Schöner Wohnen	100	0	9	0
Medizin Populär	100	0	9	0
News Leben	100	0	4	0
Brigitte	100	0	9	0
Eltern	100	0	9	0
Welt der Frau	100	0	8	0
Wienerin	100	0	0	6
Woman	100	0	9	6
Schaltungen		34	87	44
Kosten				
Kosten/Plan in €		846.360	847.850	847.480
Reichweiten				
Netto in 1000		817,6	662,0	856,7
Netto in %		79,0	64,0	82,8
Brutto in 1000		10.099,8	6.496,6	7.657,6
Brutto in %		975,8	627,7	739,9
Kontakte				
OTS (Durchschnittskontakte)		12,4	9,8	8,9
GRP (Kontaktsumme)		975,8	627,7	739,9
Kosten pro...				
1000 Nutzer		1.035,2	1.280,7	989,3
1000 Kontakte		83,8	130,5	110,7
CPP (Cost Per Point)		867,3	1.350,7	1.145,4

Tab. 12: Evaluierung alternativer Mediapläne für „Whiskas Top"

Die Brutto-Reichweite für Mediaplan 1 errechnet sich folgendermaßen:

Einzelreichweiten absolut: Kronen Zeitung (Sonntag) 473.700, Tele 272.100 und Ganze Woche 158.000.

Schaltungen: Kronen Zeitung (Sonntag) 11-mal, Tele 11-mal und Ganze Woche 12-mal.

Kronen Zeitung (Sonntag)	473.700 x 11 =	5.210.700
Tele	272.100 x 11 =	2.993.100
Ganze Woche	158.000 x 12 =	1.896.000
Brutto-Reichweite (Kontaktsumme)		10.099.800

Aus dem Mediaplan 1 ergeben sich somit 10.099.800 Kontaktchancen in der Zielgruppe.

Die Brutto-Reichweite und **Gross Rating Points** (GRPs) werden als Maß für den **Werbedruck** eines Mediaplans verwendet.

Die Kennzahl GRP wird vor allem in den angloamerikanischen Ländern sowie von international tätigen Firmen zu Vergleichen der Leistungsstärke von Mediaplänen aus mehreren Ländern herangezogen. Aufgrund der unterschiedlichen Einwohnerzahlen schwanken die Zielgruppengrößen: 1,04 Millionen gesundheitsbewusste Katzentrockenfutter-KäuferInnen in Österreich sind viel, in Deutschland dagegen wenig. 10,1 Millionen Kontakte mit der Zielgruppe laut Mediaplan 1 sind viel in Österreich, dagegen sehr wenig in Deutschland. Die unterschiedlichen Zielgruppengrößen werden durch die Berechnung der GRPs relativiert. Sie werden folgendermaßen ermittelt:

$$GPR = \frac{\text{Kontaktsumme (Bruttoreichweite) des Mediaplans}}{\text{Zielgruppengröße}} \times 100$$

Beispiel: GRPs des Mediaplans 1 in % = 10.099.800 : 1.035.013 x 100 = 975,8 %

Mediaplan 1 erreicht 975,8 (%) **GRPs**, d. h. die Zielgruppe wird zu 975,8 % durch Mediaplan 1 „abgedeckt". Der GRP-Wert drückt die prozentuelle Bruttoreichweite in der Zielgruppe aus. 1.000 GRPs bedeuten somit, dass die Zielgruppe im Durchschnitt 10 Kontaktchancen mit der Schaltung der Whiskas-Anzeige hat.

Mediapläne für Werbekampagnen, die in mehreren Ländern laufen und die natürlich völlig unterschiedliche Medien, eben die national Besten, verwenden, werden durch die GRPs vergleichbar. Üblich ist auch die Vorgabe eines Mindestwertes für alle Länder (z. B. mindestens 20 GRPs pro Woche, also insgesamt 1.040 GRPs pro Jahr soll die Kampagne in jedem Land erreichen, in werbeintensiven Branchen sogar ein Vielfaches davon).

Kontakte

Wichtig für eine vergleichende Bewertung ist auch die Antwort auf die Frage, wie viele Kontakte ein Mediaplan im Durchschnitt bei einer Zielperson erzielt. Die **OTS**-Werte (OTS-Opportunity to See, OTH – Opportunity to Hear) oder auch Durchschnittskontakte geben darüber Auskunft. Sie sind ein Indikator für die **Tiefenwirkung** eines Mediaplans. Die Berechnung der Durchschnittskontaktchancen pro Zielperson erfolgt folgendermaßen:

$$\text{OTS} = \frac{\text{Bruttoreichweite des Mediaplans}}{\text{Nettoreichweite des Mediaplans}}$$

Beispiel: Durchschnittskontaktchancen pro Zielperson bei Mediaplan 1 = 10.099.800 : 817.600 = 12,4 OTS

Bei Mediaplan 1 hat eine Zielperson durchschnittlich 12,4-mal die Chance, mit der Whiskas-Anzeige in Kontakt zu kommen. Wie viele Kontakte es dann bei jeder Zielperson tatsächlich sind, kann mit keinem Evaluierungsprogramm ermittelt werden, da der tatsächliche Kontakt mit dem Werbemittel von der Intensität der Nutzung abhängt. Also z. B. bei Zeitungen, Zeitschriften und anderen Printmedien von der Lesedauer, von der Anzeigengröße und der Häufigkeit der Schaltung. Mediaplan 1 hat im Vergleich zu den Mediaplänen 2 und 3 einen höheren OTS-Wert (größere Tiefenwirkung).

Im Vergleich zu Plan 3 erzielt er allerdings eine geringere Breitenwirkung. Er erreicht 79,0 % der Zielgruppe, Plan 3 hingegen 82,8 % der Katzentrockenfutter-KäuferInnen. Mediaplan 3 deckt somit die relevante Zielgruppe zwar besser ab, hat aber im Vergleich zu den beiden anderen Mediaplänen die geringere Tiefenwirkung, da eine Zielperson lediglich 8,9-mal die Chance hat, mit einer Whiskas-Anzeige in Kontakt zu kommen. Dieses Problem des Trade-offs zwischen Tiefen- und Breitenwirkung haben wir am Anfang dieses Kapitels besprochen. Wie viele OTS-Werte man benötigt, kann man nicht generell beantworten und hängt in erster Linie vom angepeilten Werbeziel und der Zielgruppe ab: Es ist ein Unterschied, ob man beispielsweise den spontanen Bekanntheitsgrad eines Low-Involvement Produktes wie Katzenfutter erhöhen will oder ob beispielsweise interessierte industrielle Einkäufer von den Vorteilen eines Schweißroboters überzeugt werden sollen.

Die Anzahl der notwendigen Belegungen müssen in Abhängigkeit von Zielgruppen-Merkmalen (z. B. Involvement) und Werbezielen vom Mediaplaner geschätzt werden.

Kosten

Auf Basis der ermittelten Reichweite erstellen die Evaluierungsprogramme auch Kennziffern für das Preis-Leistungs-Verhältnis wie 1000-Nutzer-Preis, 1000-Kontakte-Preis und die Costs per Point.

Zur Ermittlung des **1000-Nutzer-Preises** (**TNP**) werden die Kosten eines Media-planes der Netto-Reichweite dieses Mediaplans gegenübergestellt.

In unserem Beispiel kostet es in Plan 1 1.035,20 Euro, um 1.000 Leser (Nutzer) zu erreichen (= 846.360 Euro : 817.600 x 1000).

Da aufgrund der mehrfachen Schaltungen von Whiskas Anzeigen in mehreren Zeitungen und Zeitschriften viele Zielpersonen mehrfach erreicht werden, ist es sinnvoll, auch die Kosten von 1000 Kontaktchancen, also den **1000-Kontakte-Preis** (**TKP**) zu ermitteln. Dazu werden die Kosten eines Mediaplans durch die Kontaktsumme (Brutto-Reichweite) dieses Mediaplans dividiert.

Beispiel Mediaplan 1 : 846.360 Euro : 10.099.800 x 1000 = 83,80 Euro.

In der internationalen Mediaplanungspraxis wird das Preis-Leistungs-Verhältnis eines Mediaplans durch die **Costs Per Point** (**CPP**) ausgedrückt. Dieser Wert er-gibt sich aus der Division der Kosten eines Mediplans durch die GRPs dieses Mediaplans.

Beispiel für Mediaplan 1 : 846.360 Euro : 975,8 = 867,30 Euro. D. h., bei Media-plan 1 kostet 1 GRP (oder 1 % Reichweite) 867,30 Euro. Mediaplan 2 weist das schlechteste Preis-Leistungs-Verhältnis dieser 3 Pläne auf.

Nach Ermittlung all dieser Leistungswerte muss sich der Mediaplaner für einen der drei Pläne entscheiden. Dabei ist Folgendes zu beachten: Es gibt keinen Plan, der in allen Kriterien am besten abschneidet: Ein Mediaplan mit einer hohen Breitenwirkung hat eine geringere Tiefenwirkung als ein Plan mit einer gerin-geren Breitenwirkung (vgl. dazu die 3 Pläne im gegenständlichen Beispiel). Die Auswahl muss auf das konkrete Ziel der Werbekampagne abstellen: Im Fall Whis-kas sollen möglichst viele Katzentrockenfutter-KäuferInnen erreicht werden und 2 % der Zielpersonen dazu gebracht werden, Gratisproben anzufordern. Medi-aplan 3 kommt diesem Ziel am nächsten: Er erreicht die meisten Zielpersonen: 82,8 % der Zielgruppe oder von 1.035.000 Zielpersonen werden 856.700 zumin-dest einmal von einem Werbeträger des Mediaplans 3 erreicht, bei Mediaplan 2 sind das nur 662.000 Personen (oder 64,0 % der Zielgruppe, bei Plan 1 sind es 817.600 bzw. 79,0 % der Zielgruppe). Außerdem hat Mediaplan 3 günstigere Kosten/Nutzer-Werte als Plan 1 und 2 (vgl. Tab. 12). Die Tiefenwirkung (8,9 Durchschnittskontakte) wird im Sinne der eingangs festgelegten Zielsetzung als zweitrangig bewertet.

Als letzter Schritt wird entsprechend der vorgegebenen Marketingschwerpunkte das Timing (Zeitpunkt) der Schaltungen festgelegt und in einem Streuplan über-sichtlich dargestellt. In Tabelle 13 ist der Streuplan mit seinen zwei Flights für Mediaplan 3 zu finden.

EINSCHALTPLAN vom 31. Dezember 2012 - 05. Januar 2014

Kunde: DIVERSE
Produkt: DIVERSE
Kampagne: Whiskas Top

08. Juni 2012
Seite: 1

2013

PRINT		
KRONE GESAMTAUSGABE	8 x 1/1 4C Ssp	255.680
GANZE WOCHE	7 x 1/1 4C abf	83.300
NEWS	6 x 1/1 4C abf	95.340
WEEKEND MAG./GESAMT	5 x 1/1 4C abf	199.860
GUSTO	6 x 1/1 4C abf	65.700
WIENERIN	6 x 1/1 4C abf	57.000
WOMAN	6 x 1/1 4C abf	90.600
Summe Print	44 x	847.480

| PRINT | 44 x | 847.480 |

Bruttopreise
Preisänderungen vorbehalten.

Preise in EUR

Tab. 13: Streuplan für „Whiskas Top"

Wie schon erwähnt, haben wir uns – um eine bessere Nachvollziehbarkeit zu gewährleisten – ausschließlich auf die Mediagattung Print konzentriert. Die Print-
kampagne von Whiskas Top wird – wie eingangs erwähnt – von Image-Werbung
im TV begleitet und von einer Online-Kampagne, wobei Foren wie z. B. Katzen-
forum.at, Katze-und-du.at, Tiere.at mit Fokus auf Katzenzüchter, willhaben.at,
Amazon.at oder ebay mit Platzierungen in entsprechenden Produktkategorien,
sowie gmx.at mit Targeting auf Katzenbesitzer als geeignete Platzierungsfelder
für Banners gewählt wurden.

4.5.2.6 Mediaplan und Timing

Verschiedene Studien kamen zum Ergebnis, dass die Werbewirkung (besonders die
aktive Markenbekanntheit) im Zeitlauf abnimmt, wenn keine Werbeanstöße mehr erfolgen (vgl. dazu Kap. 4.3.2.2, S. 198ff) d. h., das erzielte Werbewirkungsniveau kann
nur durch einen mehr oder weniger kontinuierlichen Werbeeinsatz gehalten werden.

Batra/Myers/Aaker (1996, S. 606) unterscheiden grundsätzlich drei Alternativen der
zeitlichen Verteilung des Werbeeinsatzes.

- **Kontinuierlicher Werbeeinsatz**, wobei der Werbedruck gleichmäßig über das
  Marketingjahr verteilt wird,

- **Flighting**: hoher Werbedruck wechselt mit Zeiträumen, in denen nicht geworben
  wird (vgl. Tab. 13); einer on air-Phase folgt eine off air-Phase.

- **Pulsing**: in relativ kurzen zeitlichen Abständen findet ein Wechsel zwischen hohem und niedrigem Werbedruck statt.

Batra/Myers/Aaker empfehlen Pulsing, wenn es darum geht, Einstellungen von Zielpersonen zu ändern. Sie begründen dies mit der Notwendigkeit eines hohen Werbe-
drucks einerseits, um Einstellungen überhaupt verändern zu können, und mit der
Annahme eines S-förmigen, flach abfallenden Werbewirkungsverlaufs, der – da sich
Einstellungen nicht so rasch ändern – eine Werbepause erlaubt. Allerdings muss für
den Erfolg des Pulsings auch die Markentreue berücksichtigt werden: hoher Werbedruck erzielt bei Verbrauchern mit geringer Markentreue rasch eine Wirkung. Sobald
eine Werbepause eintritt, fällt die Responsekurve von Markenwechslern stark ab, dann
wird eine andere, stark umworbene Marke gekauft. Gleichzeitig aber kommen auch in
der Werbephase wenig treue Verwender anderer Marken hinzu, sodass es in Summe zu
einem Marktanteilsgewinn kommen kann. Bei sehr markentreuen Verwendern dauert
die Werbewirkung länger an (Koschnick, 2003, S. 528).

Geht es allerdings darum, die Werbewirkung auf konstantem Niveau zu halten, so empfehlen Batra/Myers/Aaker (1996, S. 606) einen kontinuierlichen Werbeeinsatz, wobei
niedriges Niveau genügt.

Grundlage des Flightings sind die Erkenntnisse der Lernpsychologie. Nach Koschnick (2003) erzielt eine Kampagne einen höheren Effekt, wenn ihre Kontakte nicht völlig kontinuierlich sind, sondern in gewissen Zeitabständen gestreut werden. Auch wird durch die Konzentration der Werbeanstöße in einem Flight der Eindruck einer kraftvolleren Kampagne erzeugt, der die folgende Werbepause überdauern kann, sodass in Summe ein stärkerer Eindruck entsteht. Einmal gelernte Botschaften sind so gut gegen Vergessen abgesichert, dass für ihr Behalten hohe Kontaktdosen nicht erforderlich sind, d. h. der Werbedruck kann eine Zeit lang reduziert werden.

Auch aus den Befunden der IMAS Budget Rollma – durchgeführt in Deutschland und Österreich – lässt sich ableiten, dass Marken, die während eines Flights ihren Werbedruck steigern, ihre Aktualität ausbauen können. Der Werbedruckpegel wurde dabei als share-of-noise (SON), also als Anteil der Werbeausgaben der Marke an den gesamten Werbeausgaben in der betrachteten Periode, unabhängig von der Branche, gemessen. „Marken, die mit sinkendem SON-Pegel auftreten, büßen – trotz Werbung! – zu rund 50 % an Position [in der spontanen Bekanntheit] ein" (Burdich, 2006, S. 41).

Derart generelle Aussagen sind allerdings unter den folgenden Gesichtspunkten zu relativieren: Saisonalität der beworbenen Marke, Werbeverhalten der Mitbewerber, andere Marketing- und Kommunikationsaktivitäten für die Marke, wie z. B. Verkaufsschwerpunkte, Teilnahme an Messen usw.

Der Mediaplan selbst – manchmal auch als Streuplan oder (Ein-)Schaltplan bezeichnet – stellt ein Dokument dar, in dem die Maßnahmen der Mediaplanung festgehalten sind, nämlich zu welchen Zeitpunkten in welchen Medien (Zeitschriftentiteln, Fernsehkanälen, etc.) in welchen Formaten (z. B. ganzseitige, halbseitige Anzeige, 30 Sekunden, 20 Sekunden Spots in TV etc.) geschalten wird. Üblicherweise gibt der Mediaplan einen Überblick über die werbliche Präsenz einer Marke für ein Marketing- bzw. Werbejahr (vgl. dazu Tabelle 13, S. 357).

▶ Literatur zu Kap. 4.5

Abratt, R., Cowan, D., Client-Agency Perspectives of Information Needs for Media Planning, in: Journal of Advertising Research, November/December 1999, S. 37–52.

Althans, J., Klassische Werbeträger, in: Berndt, R., Hermanns, A., (Hrsg.) Handbuch Marketing-Kommunikation, Wiesbaden 1993, S. 393–418.

Bachofer, M., Wie wirkt Werbung im Web? Blickverhalten, Gedächtnisleistung und Imageveränderung beim Kontakt mit Internet-Anzeigen, in: Stern-Bibliothek, Hamburg 1998.

Batra, R., Myers, J. G., Aaker, D. A., Advertising Management, 5. ed., Englewood Cliffs 1996.

Belch, G. E., Belch, M. A., Advertising and Promotion: An Integrated Marketing Communications Perspective, 5. ed., Boston 2004 and 9. ed. 2012.

Boivin, Y., Coderre, F., Fewer is Better, in: Journal of Advertising Research, Vol. 40, No. 4, 2000, S. 45–52.

Born, A., Timing der Werbung: Modellansätze und Erfahrungen, Saarbrücken 2008.

Burdich, I., Werbe-Budget-Optimierung. Mehr Wirkung für weniger Geld, in: transfer – Werbeforschung & Praxis, 4/2006, S. 37–41.

D'Amico, T., Magazines' Secret Weapon: Media Selection on the Basis of Behavior, as Opposed to Demography, in: Journal of Advertising Research, Vol. 39, No. 6, 1999, S. 53–60.

Esch, F.-R., Strategie und Technik der Markenführung, 7. Aufl., München 2012.

Esch, F.-R., Herrmann, A., Sattler, H., Marketing, München 2008 und 3. Aufl. 2011.

Freter, H., Sänger, H., Aussagewert von Online-Kennzahlen für die Gestaltung der Marketing-Kommunikation im Internet, in: Der Markt 3+4/1998, S. 161–170.

Fromholzer, D. R., Getting the most out of Yellow Pages!!! Unterlagen zum Vortrag von Dennis R. Fromholzer in Wien, November 2007.

Fuchs, M., Medien als Marken – der Einsatz des Erlebnisweltkonzepts in der qualitativen Mediaforschung, Wien 1998.

Geffken, M. (Hrsg.), Das große Handbuch Werbung, Landsberg am Lech 1999.

Glück, P., Schlögl, C., Suchverhalten und Werbewirkung von Anzeigen in HEROLD Gelbe Seiten: Eine empirische Untersuchung unter Einsatz der Methode der Blickregistrierung und der Denke-laut-Methode, Diplomarbeit an der Wirtschaftsuniversität Wien 2008.

Hofe, K. G.; Außenwerbung, Freiburg 1999.

Knor, G., Werbung in Tageszeitungen und Fachzeitschriften, Wien 1988.

Koschnick, W. J., Controlling ist gut, Auditing ist besser, in: a3-Boom!, Nr. 9/2000, S. 10–12.

Koschnick, W. J., Focus-Lexikon, Werbeplanung – Mediaplanung – Marktforschung – Kommunikationsforschung – Mediaforschung, 3. Aufl., München 2003.

Koschnick, W. J., Mediaplanung – Grundlagen, Strategien, Praxis, Neuwied 1998.

Lachmann, U., Wahrnehmung und Gestaltung von Werbung, 2. Aufl., Hamburg 2003 und 3. Aufl. 2004.

Link, J., Tiedtke, D., Erfolgreiche Praxisbeispiele im Online Marketing. Strategien und Erfahrungen aus unterschiedlichen Branchen, 2. Aufl., Berlin 2001.

Lohse, G. L., Rosen D. L., Signaling Quality and Credibility in Yellow Pages Advertising: The Influence of Color and Graphics on Choice, in: Journal of Advertising, Vol. 30, No. 2, Summer 2001, S. 73–85.

o. V.: Marken – Medien – Menschen – Imagedimensionen für 134 Marken und 70 Medien, in: Marketing Journal 5/2000, S. 264–267.

o. V.: Saving Value durch Medienqualität, in: Absatzwirtschaft, Sondernummer Oktober 2000, S. 208–214.

Park, C. W., Young, C. E., Consumer Response to Television Commercials: The Impact of Involvement and Background Music on Brand Attitude Formation, in: Journal of Marketing Research, Number XXIII, Februar 1986, S. 11–24.

Reiter, W. M. (Hrsg.), Werbeträger: Handbuch für die Mediapraxis, Frankfurt/Main, 9. Aufl. 1999.

Rossiter, J. R., Percy, L., Advertising Communication & Promotion Management, 2. ed., Boston 1998.

Schenck, M., Medienwirkungsforschung, 2. Aufl., Tübingen 2002.

Schierl, T., TV und Print – Ein Intermediavergleich, in: Werbeforschung & Praxis Nr. 1/94, S. 7–14.

Schnettler, J., Wendt, G., Konzeption und Mediaplanung für Werbe- und Kommunikationsberufe, Berlin 2003.

Schweiger, G., Mediaselektion – Daten und Modelle, Wiesbaden 1975.

Trend-Verlag, Was leisten Anzeigen in Wochen- und Monatsmagazinen? Ein Beitrag zur qualitativen Mediaforschung in Österreich, Wien 2000.

Unger, F., Durante, N.-V., Gabrys, E., Koch, R., Wailersbacher, R., Mediaplanung – Methodische Grundlagen und Praktische Anwendungen, 5. Aufl., Berlin 2007.

4.6   Messung der Kommunikationswirkung

Jeder Verantwortliche im Marketing stellt sich die Frage nach der Effizienz des eingesetzten Kommunikations-Budgets und der gewählten Kommunikationsinstrumente,
sei es nun vor oder nach dem Kampagnenstart.

Die Messung der (potenziellen und tatsächlichen) Wirkung der Kommunikations-Aktivitäten ist Aufgabe der Marktforschung. Obwohl Wirkungsmaße einen wesentlichen
Bestandteil der Situationsanalyse im Rahmen der Kommunikations-Planung darstellen, wird eine Wirkungs-Messung häufig vernachlässigt. Nach Belch und Belch (2004,
S. 623 ff.) liegen die Gründe für deren Vernachlässigung in folgenden Faktoren: zu
hohe Kosten für Marktforschung (das dafür benötigte Geld kann besser in zusätzli-
cher Werbung investiert werden), Erhebungs-Problematik und mangelnde Zeit. Zur
Erhebungsproblematik wird häufig ausgeführt, dass es schwierig sei, die Wirkungen
des Marketing-Instruments Kommunikation von jenen anderer Instrumente und Einflussfaktoren zu isolieren.

Als weiteres Argument gegen die Wirkungsmessung wird oft auch vorgebracht, dass
Marktforschung nicht geeignet sei, die Kreativität einer Kampagne zu messen, im Gegenteil sie ersticke Kreativität.

Diesen Überlegungen lassen sich eine Reihe von Gründen entgegnen, die für eine Wirkungsmessung – sowohl vor als auch nach einer Kommunikations-Kampagne – sprechen: Durch Marktforschung können Mängel einer Kampagne aufgedeckt werden (z. B.
Defizite im Verstehen, in der Sympathie bei Zielgruppen, etc.). Durch Wirkungsmessung können auch Alternativstrategien bewertet werden (z. B. Nutzung unterschiedlicher Kommunikationsinstrumente, unterschiedliche Medien, Alternativen in der Botschaftsgestaltung).

International tätige Firmen z. B. filtern durch den Einsatz unterschiedlicher Kampagnen in verschiedenen Ländern häufig die effizienteren Werbekampagnen heraus.

Weiters ist die Wirkungsmessung notwendig, um den Zielerreichungsgrad festzustellen.

Während für die Wirkungsmessung der Werbung zahlreiche ausgefeilte Verfahren
entwickelt wurden, wurde der Wirkungsmessung der übrigen Kommunikationsinstrumente vergleichsweise bisher weniger Beachtung geschenkt. Wir wollen uns daher im
Folgenden zuerst mit der Messung der Werbewirkung und anschließend mit der Wirkungsmessung verschiedener anderer Kommunikationsinstrumente beschäftigen.

4.6.1   Prognose und Kontrolle der Werbewirkung

Die Werbeforschung beschäftigt sich einerseits mit der Mediaforschung, bei der es ausschließlich um die Ermittlung von Werbeträgerkontakten der angepeilten Zielpersonen
geht, d. h. um die „Berührung" durch Werbeträger, z. B. durch bestimmte TV-Sender,
Zeitschriftentitel, Messeveranstaltungen, etc. (vgl. dazu Kap. 4.5.2.1, S. 313 ff.), ande-

rerseits mit der Werbewirkungsforschung, die einen Werbemittelkontakt – also eine Konfrontation – einer Person mit dem zu untersuchenden Werbemittel (z. B. dem entsprechenden TV-Spot, Anzeige, Messestand, etc.) voraussetzt. Dabei befasst sich die Werbewirkungsforschung mit jeglicher Art von Reaktionen, mit der die von der Werbung „berührten" Personen auf Reize der Werbemittel in ihrem inneren oder äußeren Verhalten antworten (Steffenhagen 1999, S. 292).

Die Wirkung von Werbemitteln kann entweder vor oder nach ihrem Einsatz auf dem Markt gemessen werden. Man unterscheidet daher zwischen Pretest und Posttest von Werbemaßnahmen.

Ein **Werbemittel-Pretest** wird aus zwei Gründen durchgeführt:

- ▪ Diagnose: Der Pretest liefert Anhaltspunkte für die Entscheidung, welche Alternativentwürfe von Werbemitteln auszuwählen sind bzw. welche Korrekturen allenfalls durchgeführt werden müssen, um einen möglichst großen Werbeerfolg zu erreichen.

- ▪ Prognose: Die Wirkung eines Werbemittels bei der Zielgruppe soll abgeschätzt werden.

Durch Urteile der Geschäftsleitung bzw. der für Marketing Verantwortlichen allein werden Fehler der Werbekonzeption selten aufgedeckt:

Einerseits sind der Informationsstand und das Wissen des Managements wesentlich größer als das der Zielpersonen. Werden die Werbeaussagen auf diese Experten abgestimmt, so haben die Zielpersonen möglicherweise Schwierigkeiten, sie richtig zu verstehen.

Andererseits unterscheiden sich die Zielpersonen von den Beurteilern im Hinblick auf soziodemografische und psychografische Merkmale. Was der Geschäftsleitung „gefällt", muss noch lange nicht wirkungsvoll sein; umgekehrt muss wirkungsvolle Werbung nicht immer den Experten „gefallen".

Der **Posttest** zeigt, welche Effekte durch die Werbemaßnahmen konkret bewirkt wurden. Durch Vergleich mit den (operational) festgelegten Werbezielen ist einerseits der Zielerreichungsgrad feststellbar, andererseits sind daraus Konsequenzen für zukünftige Maßnahmen ableitbar. Bevor wir auf einzelne Testverfahren näher eingehen, wollen wir kurz einige Begriffe erläutern.

Labor- und Felduntersuchungen

Nach der Testsituation unterscheidet man zwischen Labor- und Felduntersuchungen. In einem Forschungslabor werden Testsituationen künstlich geschaffen. Die Versuchspersonen reagieren in dieser Umgebung tendenziell anders als in der Realität. Sie schenken den Vorgängen um sich herum besondere Aufmerksamkeit, bemühen sich, einen guten Eindruck zu erwecken, usw.

Wenn die Testpersonen um den Versuch wissen und ihr Verhalten davon beeinflusst wird, so spricht man auch von nicht-biotischen Versuchsbedingungen. Besonders bei

Befragungen besteht die Gefahr, dass sozial erwünschte Antworten gegeben werden, dass die Testpersonen die Ergebnisse bewusst oder unbewusst verfälschen. Dem Einwand, Labortests seien zu praxisfremd, kann jedoch durch den zusätzlichen Einsatz anderer – nonverbaler – Verfahren Rechnung getragen werden. Dazu gehören apparative Verfahren, wie etwa die Messung der aktivierenden Wirkung von Werbemitteln über den Hautwiderstand, der willentlich nicht steuerbar ist.

Eine andere Möglichkeit ist die Beobachtung unter quasi-biotischen Bedingungen: Die Versuchsperson bemerkt nicht, dass sie gefilmt oder durch einen Einweg-Spiegel beobachtet wird und verhält sich daher relativ natürlich. Wirklich lebensechte – biotische – Daten gewinnt man in Felduntersuchungen. Dafür müssen allerdings – im Gegensatz zu Labortests – die Werbemittel weiträumig bekannt gemacht werden (Anzeigen müssen tatsächlich geschaltet, Plakate affichiert werden, etc.). Eine Beschränkung auf einen örtlich begrenzten Testmarkt, der für den gesamten Markt repräsentativ sein muss, ist nur bei wenigen Medien möglich. Insbesondere die elektronischen Medien können für Markttests herangezogen werden.

In der Regel werden daher Werbemittel-Pretests im Labor durchgeführt, Felduntersuchungen erst nach dem Einsatz der Werbemittel auf dem Markt.

Die bedeutendsten Testverfahren
Bei der Darstellung der wichtigsten bzw. gebräuchlichsten Testverfahren wollen wir auf die Trennung nach Pre- und Posttest verzichten. Die Gliederung erfolgt danach, inwieweit einzelne Verfahren zur Messung verschiedener Kriterien der Werbewirkung geeignet sind.

1. Dabei gehen wir von den kommunikativen Werbezielen aus:
    - Die Informationen sollen Aufmerksamkeit erregen, aufgenommen und richtig verarbeitet werden. Konkret geht es dabei um folgende Fragen:
    - Wird die Botschaft als Ganzes wahrgenommen, welche Elemente ziehen besonders den Blick auf sich?
    - Welches sind die ersten Anmutungen, welche Elemente werden als erste erkannt (Prägnanz, Figur-Grund-Differenzierung)?
    - Wie stark aktiviert die Botschaft?
    - Wird die Botschaft gefühlsmäßig akzeptiert? Ist sie glaubhaft?
    - Wird die Botschaft als Ganzes verstanden?
    - Wird sie so verstanden, wie der Sender es beabsichtigt hat oder gibt es etwa Fehlinterpretationen?
    - Ist der Text verständlich?
    - Wie gut bleibt die Botschaft im Gedächtnis haften?
2. Die Botschaft soll Interesse wecken, die Produktbeurteilung (Einstellungen, Images etc.) sowie die Kaufabsicht beeinflussen.
3. Die Botschaft soll das Kaufverhalten beeinflussen.

4.6.1.1   Werbewirkung gemessen anhand der Informationsverarbeitung

Informationsaufnahme

Beobachtung des Lese- bzw. Fernsehverhaltens
Die Frage, ob einem Werbemittel (z. B. einer bestimmten Anzeige in einer Zeitschrift) in der Realität überhaupt Aufmerksamkeit geschenkt wird, kann nur in einer quasi-biotischen oder biotischen Versuchssituation untersucht werden. Die Versuchsperson darf nicht wissen, dass es sich um einen Werbemitteltest handelt. Ein geeignetes Verfahren ist die **getarnte Leseverhaltensbeobachtung**, das „Compagnon-Verfahren".

Die Testperson wird hier mit dem Hinweis, dass der Befragungsraum noch nicht frei sei, in ein wohnlich gestaltetes Zimmer gebeten. In diesem Zimmer befindet sich ein Spiegeltisch, auf dem die neueste Ausgabe einer Zeitschrift liegt. In diese sind die zu testenden Anzeigen wirklichkeitstreu eingebaut.

In der Stehlampe neben diesem Tisch ist eine Videokamera versteckt angebracht, die sowohl die betrachtete Zeitschrift als auch das Gesicht der Testperson, das sich in der Tischplatte spiegelt, unbemerkt filmt (vgl. Abb. 133 und Abb. 134). Der Auskunftsperson wird selbstverständlich nach Beendigung des Tests mitgeteilt, dass sie „mit versteckter Kamera" gefilmt worden sei, und ihr Einverständnis zur Auswertung wird eingeholt, wie dies ethische Normen der Marktforschung erfordern (vgl. ESOMAR, 1986).

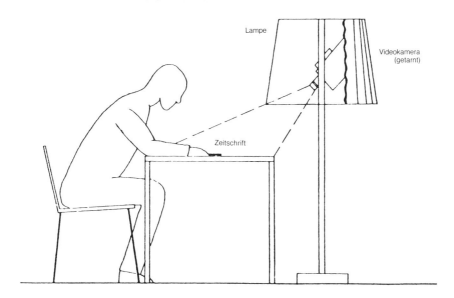

Abb. 133: Die Anordnung der getarnten Leseverhaltensbeobachtung (Compagnon-Verfahren)

Abb. 134: Versuchssituation bei der getarnten Leseverhaltensbeobachtung (Compagnon-Verfahren)

Als Versuchspersonen kommen nur regelmäßige Leser dieser Zeitschrift in Frage. Interesse an der neuesten Ausgabe ist Voraussetzung, damit diese zumindest durchgeblättert wird.

Die Auswertung des Videobandes zeigt, wie viele Leser die Testanzeigen überhaupt gesehen und wie lange sie diese jeweils betrachtet haben. In einer anschließenden Befragung kann die Erinnerung an diese Anzeige überprüft und zu den Beobachtungswerten in Beziehung gesetzt werden.

Die Fernsehverhaltensbeobachtung mit Video funktioniert ähnlich wie das Compagnon-Verfahren. Bei diesem Verfahren wird mit Hilfe einer verdeckt angebrachten Videokamera beobachtet, wie die Testpersonen auf Werbefilme im Fernsehen reagieren, ob sie z. B. konzentriert zusehen, sich langweilen oder sich überhaupt anders beschäftigen.

Blickaufzeichnung

Das Auge ist das leistungsfähigste Sinnesorgan des Menschen. Trotzdem reicht die normale Betrachtungszeit von Werbemitteln in den seltensten Fällen aus, um das gesamte Informationsspektrum einer Anzeige, eines Werbebriefes etc. aufzunehmen. Es ist daher für den Werbetreibenden von großer Bedeutung zu wissen, welche Informationen gesehen und welche verarbeitet werden.

Das Betrachten von Bildern setzt sich aus zwei Komponenten zusammen, aus Fixationen und Saccaden.

- Während der Fixation verweilt das Auge auf einem Bildelement, der fixierte Ausschnitt wird scharf wahrgenommen.
- Die Sprünge von einem Fixationspunkt zum nächsten nennt man Saccaden. Infolge der hohen Geschwindigkeit findet während dieser Augenbewegungen keine Informationsaufnahme statt.

Den Fixationen kommt damit entscheidende Bedeutung für den Werbeerfolg zu:

- Nur während der Fixationen wird Information aufgenommen.
- Von der Anzahl und Dauer der Fixationen hängt es ab, wie gut ein Bildelement erinnert wird.

In der Marktforschung werden heute zwei Arten von Blickregistrierungs-Systemen (Eye-Tracking-Systeme) zur Werbewirkungsmessung eingesetzt. Es gibt einerseits berührungslose Systeme, bei denen die Auskunftsperson vor einem Monitor mit dem darauf präsentierten Werbemittel sitzt (auch **table-mounted Systeme** genannt). In diesem Monitor sind im oberen und unteren Bildschirmrand Kameras integriert (vgl. Abb. 135). Von diesen Kameras werden Lichtstrahlen (meist Infrarot-Strahlen) auf die Netzhaut der Augen der Auskunftsperson geschickt, die reflektiert und anschließend in die Kameras eingespiegelt werden (Cornea-Reflex-Methode). Wird das Auge bewegt, so ändert sich auch die reflektierende Fläche, der Lichtstrahl wird anders gespiegelt und von den Kameras registriert und aufgezeichnet. Andererseits werden sogenannte „Lesebrillen" (auch **head-mounted Systeme**) verwendet, z. B. für POS-Studien und Plakattests. Auch dieses System arbeitet im Großteil der Fälle mit der Cornea-Reflex-Methode. Die Brille ist dabei mit einer Kamera verbunden. Die Kamera „schaut" gemeinsam mit der Testperson durch die Brille und filmt ihr Blickfeld, also beispielsweise das Regal mit den Produkten im Fall einer POS-Studie. Auch hier strahlt eine an der Brille befestigte Lampe Licht auf das Auge, das von der Netzhaut reflektiert und von der Kamera gespeichert wird. Am Monitor werden diese Spiegelungen als kleine Lichtpfeile, die im Blickfeld der Versuchsperson scheinbar unsystematisch umherspringen, dargestellt. Sie kennzeichnen die Fixationspunkte des Betrachters. Der Einsatz der NAC-Brille bei einzelnen Anzeigen wurde in einer Reihe von Untersuchungen an der Wirtschaftsuniversität Wien und an der Universität Saarbrücken dokumentiert (vgl. z. B. Weiss, 1987, Bruckner, 1988). In jüngeren Studien zur Werbewirkung von Anzeigen in den Gelben Seiten bzw. zur Wirkungsmessung von TV-Spots wurden berührungslose Systeme des schwedischen Herstellers Tobii verwendet (vgl. Hofer/Schweiger/Schiessl 2008).

Mit der Methode der Blickaufzeichnung ist es möglich, Aussagen darüber zu machen, welche Bild- und Textelemente eines Werbemittels in welcher Reihenfolge fixiert werden:

■ Werden der Markenname und der Slogan fixiert oder nur der Blickfang (Vampiref- fekt)? Es kann z. B. ein starker erotischer Reiz die Aufnahme des danebenstehen- den Slogans oder Markennamens verhindern.

■ Wie oft werden die wesentlichen Elemente des Werbemittels fixiert? Die Anzahl der Fixationen bestimmt, wie gut diese Elemente erinnert werden.

■ In welcher Reihenfolge werden die Bildbestandteile fixiert? Die zuerst wahrge- nommenen Elemente bestimmen, wie die Botschaft verstanden wird.

■ Sind Schlüsselelemente (z. B. Markenname) richtig platziert?

Abb. 135: Versuchssituation bei der Blickregistrierung in der Studie für HEROLD Gelbe Seiten an der Wirtschaftsuniversität Wien (vgl. Glück/Schlögl, 2008)

Beispiele für je eine Anzeige mit einem günstigen und einem eher ungünstigen Blickverlauf finden sich in Abb. 136 und Abb. 137.

Der Blick wechselt lange Zeit zwischen Person und Segel und erreicht bei einer Darbietungszeit von 6 Sek. den Markennamen auf der Flasche erst an 10. Stelle. Der Schriftzug außerhalb des Bildes wird gar nicht fixiert. Die Erinnerung an den Absender Martini ist relativ gering.

Abb. 136: Martini-Anzeige: Beispiel für einen ungünstigen Blickverlauf

Obwohl auch hier eine Vielzahl von Blickpunkten auf die Frau entfällt, wird die Flasche mit der Markenbezeichnung wesentlich besser und früher fixiert und daher besser erinnert.

Abb. 137: Castrol-Anzeige: Beispiel für einen günstigen Blickverlauf

Im Fall der Martini-Anzeige (Abb. 136) ist deutlich zu erkennen, dass die einzelnen Blickpunkte sich auf die Frau und das Segel konzentrieren; Marke, Slogan und Produkt werden erst später (an 10. Stelle) und daher nur ungenügend fixiert. Das Beispiel der Castrol-Anzeige (Abb. 137) zeigt einen deutlich günstigeren Blickverlauf, die Marke wird früh und intensiv fixiert; der Recall der Anzeigenelemente ist entsprechend höher. Tab. 14 zeigt die auf die einzelnen Anzeigenelemente entfallenden Anteile an den Gesamt-Fixationen für beide Anzeigen. Dabei ist zu beachten, dass die Martini-Anzeige 6 Sek. dargeboten wurde, was sicher für die Realsituation zu lange ist, während die Castrol-Anzeige nur 3,5 Sek. betrachtet wurde; dieser Wert für die Castrol-Anzeige entspricht schon eher der mittels Compagnon-Verfahren festgestellten durchschnittlichen Betrachtungsdauer.

Martini: Anzeigen- element	Anteil an Fixationen in %	Recall in % der Apn	Castrol: Anzeigen- element	Anteil an Fixationen in %	Recall in % der Apn
Frau	43	63	Castrolflasche	26	50
Segel	36	63	Frau/Körper	24 ⎫	
Flasche/Glas	9	32	Frau/Gesicht	23 ⎬	80
Hand	4	7	Frau/Beine	12 ⎭	(Frau)
Martini	7	12	Kotflügel vorne	7 ⎫	
Fußzeile	1	–	Autokühler	5 ⎬	90
			Auspuffanlage	3 ⎭	(Auto)

Tab. 14: Vergleich der Anzahl der Fixationspunkte einzelner Anzeigenelemente mit dem Markenrecall bei Martini und Castrol

Die Weiterentwicklung der technischen Gegebenheiten ermöglicht es, dass auf das Tragen einer „Lesebrille" bei der Blickregistrierung (Eye-Tracking) verzichtet werden kann und somit eine realitätsnähere Situation geschaffen wird. Das Unternehmen Tobii (www.tobii.com) beispielsweise verwendet ein System, mit dem Anzeigen, Plakate, Websites oder auch Werbespots den Probanden über einen Monitor, in dem die Kameras integriert sind, gezeigt werden (Abb. 138).

Die Auswertung der Blickregistrierungsdaten erfolgt mithilfe von Software-Programmen, wie sie beispielsweise vom Hersteller Tobii angeboten wird (Tobii Studio ©). Mit dieser Software können verschiedene Analysen wie z. B. der Blickverlauf von einzelnen oder mehreren Auskunftspersonen durchgeführt werden, die die Reihen-

Abb. 138: Eye-Trackingsystem von Tobii (www.tobii.com), table-mounted System

folge der Fixationen zeigen (vgl. Abb. 136 und 137). Bei der Analyse der Blickdichte zur Identifikation von Aufmerksamkeitsschwerpunkten auf der Anzeige (**Hot Spot Analyse**) werden vom Programm jene Elemente rot markiert (verlaufend auf gelb und grün), die besonders häufig betrachtet werden.

Abb. 139 zeigt die Hot Spot Analyse am Beispiel einer Anzeige für den Universitätslehrgang für Werbung und Verkauf an der Wirtschaftsuniversität Wien. Das Anzeigensujet wurde im Rahmen eines Pretests 140 Auskunftspersonen präsentiert. Die Rohdaten der Probanden wurden gefiltert, um zu den Fixationen mit einer zeitlichen Untergrenze von 250 ms (Millisekunden) zu gelangen. Forschungsergebnisse zeigen, dass eine Betrachtungsdauer von ca. einer Viertelsekunde für eine Fixation – also zur Informationsaufnahme – ausreicht (vgl. Mayerhofer, 1990 S. 181 ff.).

Wie man in Abb. 139 erkennen kann, wurden das Lehrgangs-Logo, die Headline „Die neuen Absolventen sind da!", der Slogan „Die Weiterbildung für Menschen im Marketing." und das Gesicht des Protagonisten am häufigsten beachtet. Der Info-Text ganz unten in der Anzeige wurde kaum bis gar nicht beachtet. Dies verdeutlicht, dass Texten beim Betrachten einer Anzeige häufig nur geringe bzw. flüchtige Beachtung geschenkt wird. Die Kernbotschaft sollte daher immer durch prägnante Gestaltungselemente vermittelt werden (vgl. Kap. 4.4.3.2).

Abb. 139: Hot Spot Analyse einer Anzeige für den Lehrgang für Werbung und Verkauf an der Wirtschaftsuniversität Wien

Der Einsatzbereich des Eye Trackings umfasst Anzeigen, Kataloge, Mailings, Flyer, TV, Bandenwerbung, Websites, Packungen und Produkte (vgl. von Keitz, 2012, S.33).

Eine Gegenüberstellung von Blickaufzeichnung und Compagnon-Verfahren hinsichtlich Wahrnehmung von Anzeigenelementen ergab, dass beide Verfahren im Wesentlichen zu denselben Ergebnissen führen, wenn auch die Blickregistrierung deutliche Vorteile hinsichtlich der genauen Zuordnung des Blickes auf einzelne Anzeigenelemente aufweist (vgl. Schnötzinger, 1987).

Tachistoskop

Das Tachistoskop ist ein Diaprojektor mit angeschlossenem Steuergerät, der eine Verkürzung der Belichtung auf minimal 0,0001 Sek. erlaubt. Damit wird es möglich, die **Aktualgenese**, also das allmähliche Entstehen der Wahrnehmung zu simulieren.

Durch die Unterbrechung des Wahrnehmungsprozesses können die für Werbemittel typischen, kurzen, flüchtigen Betrachtungen im Labor nachvollzogen werden. Man spricht in diesem Zusammenhang auch vom Verfahren der „gelockerten Reizbindung".

Bei sehr kurzer Darbietung der Werbemittel und anschließender Befragung, wobei von der Tiefenpsychologie entwickelte Techniken (Assoziationsverfahren) angewandt werden, können die frühen **Anmutungen** überprüft werden.

Ein stufenweises Verlängern der Darbietungzeit ermöglicht es, aus dem, was die Testpersonen nun zu erkennen glauben, auf die Ursachen der ersten Anmutungen zu schließen.

Abb. 140: Beispiel für Prägnanz: Plakatwand aus der Zeit der Weimarer Republik

Abb. 141: Beispiel für eine prägnant gestaltete Anzeige

Andererseits ist es ein Beweis für **Prägnanz** und gute **Figur-Grund- Differenzierung**, wenn Elemente (Markennamen, Firmenzeichen, Teile der visuellen Botschaft) schon bei kurzen Darbietungszeiten richtig erkannt werden.

So werden gut gelernte Zeichen, wie z. B. das Markenzeichen von Fischer-Schi (vgl. Abb. 102, S. 244), aber auch gut gelernte Schriftzüge wie z. B. Coca-Cola in Millisekunden wiedererkannt (vgl. Ebner 2007). Ein besonders prägnantes Symbol ist das schwarze Hakenkreuz auf weißem kreisförmigen Grund der roten Flagge (siehe Abb. 140). Obwohl nur eines von acht affichierten Plakaten von der NSDAP stammt, dominiert das Hakenkreuz. Es wird im tachistoskopischen Test weit vor den Symbolen der anderen Parteien (Sozialdemokraten, Deutschnationale, KPD) erkannt. Lediglich die Zahl 16 der konservativen Volkspartei wird auch in der Kurzzeitdarbietung wahrgenommen. Ein anderes Beispiel für Prägnanz ist die Anzeige für McDonald's in Abb. 141.

Aktivierungsmessung

Die Aktivierung kann entweder mittels Befragung oder mittels des elektrischen Hautwiderstandes gemessen werden.

Je stärker die durch Werbung ausgelöste Aktivierung ist, umso größer ist die Bereitschaft zur Aufnahme und Verarbeitung einer Werbebotschaft.

Die **emotionale Wirkung** von Werbemitteln kann durch **Befragung** gemessen werden. Die Richtung der Gefühle (angenehm oder unangenehm) sowie deren Qualität (etwa Freude, Angst) können auf diese Weise recht gut erfasst werden.

Die Stärke der emotionalen Wirkung, also die Aktivierungswirkung der Werbemittel, wird jedoch besser über physiologische Indikatoren gemessen, die willentlich nicht beeinflussbar sind. Die Methode der Befragung führt in diesem Fall vielfach zu verzerrten Ergebnissen. Die Testpersonen versuchen einerseits, sozial erwünscht und „vernünftig" zu antworten, andererseits sind sie gar nicht in der Lage, den Grad ihrer Aktivierung wirklich genau anzugeben.

Der in der Praxis am häufigsten herangezogene **physiologische Indikator** der Aktivierung ist der elektrische Hautwiderstand. Dieser verändert sich – als Reaktion der peripheren Nervensysteme – mit der Stärke der Aktivierung.

Zur Messung dieser elektrodermalen (EDR) oder psychogalvanischen (PGR) Reaktion wird über zwei Elektroden an den Fingern der Auskunftsperson ein sehr schwacher Strom (10 Micro-Ampere) durch die Haut geschickt (vgl. Abb. 142). Die Veränderung des Hautwiderstandes wird über die Höhe der elektrischen Spannung erfasst, die sich bei konstanter Stromstärke proportional zum Widerstand ändert. Um Störeinflüsse, die sich auf den Hautwiderstand auswirken (z.B. tiefes Durchatmen), zu erfassen, werden Atem- und Pulsfrequenz (mittels Pulssensor, vgl. Abb. 142) als Kontrollindikatoren mitgemessen.

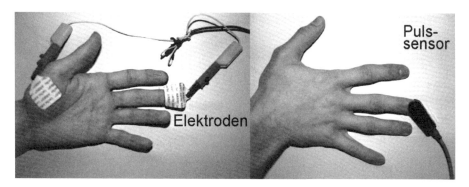

Abb. 142: Elektroden zur Messung der eletrodermalen Reaktion und Pulssensor zur Kontrolle der Pulsfrequenz

Neuromarketing

Einen Beitrag zur Messung von **Markenemotionen** versucht das „Neuromarketing" zu liefern: Dabei werden psychologische und neurophysiologische Erkenntnisse verknüpft. Durch **Messung der Gehirnaktivität**, z.B. mittels funktionaler Magnetfeldresonanztomografie, die normalerweise bei medizinischen Untersuchungen eingesetzt wird, wird versucht, die Wirkung von Reizen im Gehirn zu lokalisieren. Esch et al. (2008) haben z.B. in einem Experiment nachgewiesen, dass hoch emotionale Marken wie Coca-Cola, Ferrari oder BMW Gehirnregionen aktivieren, in denen positive Emotionen hervorgerufen werden. Unbekannte Marken aktivieren Bereiche, die für negative Emotionen stehen. Daraus lassen sich Rückschlüsse über den Zusammenhang von Emotionen und Markeneinstellung und Markenbindung ziehen.

Da Neuromarketing noch in den Kinderschuhen steckt, und es noch wenige wissenschaftlich gesicherte Angaben über einen Ursache-Wirkungs-Zusammenhang gibt, sind etwaige Empfehlungen für die Markenkommunikation mit großer Vorsicht zu interpretieren und werden auch oft kontrovers diskutiert. Die verhaltenswissenschaftlich orientierte Marketingforschung mit Verfahren wie der Blickregistrierung, Aktivierungsmessung mittels EEG und EDR liefert unmittelbare Informationen zur Gestaltung von Werbung.

Glaubwürdigkeit und Akzeptanz von Werbebotschaften

Sowohl Glaubwürdigkeit als auch Akzeptanz, d.h. die spontane Zustimmung zum Botschaftsinhalt, können durch Befragung mit Hilfe von Ratingskalen oder durch nonverbale Verfahren gemessen werden.

Es ist jedoch sehr fraglich, inwieweit die Akzeptanz der Werbebotschaft als Indikator für die Werbewirkung brauchbar ist.

Befragung mit Hilfe von Ratingskalen

Bei der mündlichen Befragung wird die Auskunftsperson in der Regel aufgefordert, den Grad ihrer Empfindung anhand einer Ratingskala anzugeben. Sie hat sich z. B. zu entscheiden, wie sehr das Statement „Diese Anzeige ist glaubhaft" oder „Diese Anzeige gefällt mir" für sie zutrifft. Im Falle einer 4-stufigen Ratingskala muss also zwischen 1 = „sehr", 2 = „einigermaßen", 3 = „weniger" oder 4 = „überhaupt nicht" gewählt werden.

Die Ratingskalen können dabei entweder in Form einer Liste oder grafisch aufgelöst vorgelegt werden (vgl. Abb. 143).

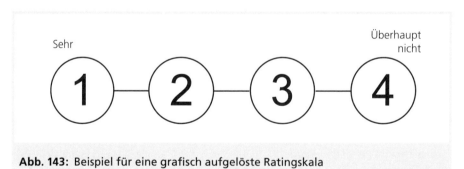

Abb. 143: Beispiel für eine grafisch aufgelöste Ratingskala

Vor allem semantische Probleme beeinträchtigen die Messung von Empfindungen mit Hilfe von Ratingskalen. Nicht alle Auskunftspersonen haben etwa die gleiche Auffassung davon, was die Worte „weniger" bzw. „einigermaßen" im jeweiligen Zusammenhang eigentlich bedeuten.

Magnitudeskalierung

Mit diesem non-verbalen Verfahren kann die Stärke innerer Empfindungen gemessen werden, ohne diese in Worte fassen zu müssen. Die Auskunftsperson kann die Stärke ihrer Zustimmung mit Hilfe der Größe (Magnitude) eines objektiven Reizes ausdrücken, z. B. durch die mittels Drehregler bestimmte Helligkeit einer Lampe oder durch die Länge eines Striches (vgl. Abb. 144).

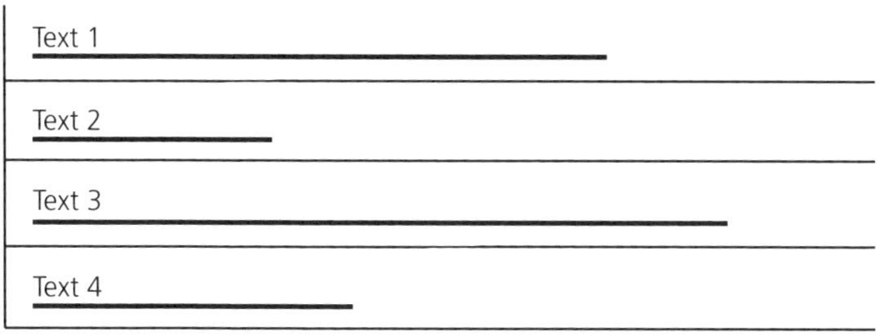

Text 1

Text 2

Text 3

Text 4

Abb. 144: Magnitude-Skala zur Messung der Aufmerksamkeit

Der Vorteil dieses Verfahrens gegenüber Ratingskalen liegt darin, dass sich die Auskunftsperson nicht mündlich äußern muss.

Weiters bietet die Magnitudeskalierung ein wesentlich breiteres Kontinuum möglicher Abstufungen. Dies ist besonders dann wichtig, wenn zwischen ähnlichen Reizen (z. B. Anzeigen oder auch Produkten) unterschieden werden muss.

Damit spricht einiges dafür, die Magnitudeskalierung im Vergleich zu Ratingskalen als das gültigere (validere) Messinstrument anzusehen, das auch die Anwendung anspruchsvollerer statistischer Auswertungsverfahren rechtfertigt.

Programmanalysator

Die spontane Zustimmung oder Ablehnung zu gezeigten Werbespots kann mit Hilfe eines Programmanalysators ermittelt werden. Über ein Tastengerät (Plus-Taste für Zustimmung, Minus-Taste für Ablehnung) kann die bequem in einem Fauteuil sitzende Auskunftsperson unmittelbar, ohne lange nachzudenken, ihren Eindruck vom dargebotenen Programm kundtun.

Eine technische Neuerung erlaubt es, durch Betätigung eines Hebels graduelle Unterschiede der Zustimmung bzw. Ablehnung zu erfassen. In einer Studie an der Wirtschaftsuniversität Wien konnten allerdings keine Unterschiede in der Bewertung von TV-Spots im Vergleich zwischen Hebel und Tasten festgestellt werden (Lackner, 1994). Die erfassten Daten werden sofort über den Computer weiterverarbeitet, so dass nach kurzer Zeit ein gedrucktes Protokoll über den Reaktionsverlauf der Testpersonen während der Darbietung informiert.

Mit Hilfe des Programmanalysators kann der Werbepraktiker durch systematisches Variieren einzelner Botschaftselemente Anhaltspunkte für die geeignete Dramaturgie (Handlungsablauf, Personen, Sprecher, Musik etc.) finden.

Für das einfache Überprüfen, ob ein Spot „ankommt", genügt eine Versuchsreihe mit einigen Testspots, die im normalen Umfeld platziert sind.

Der Vorteil dieses Verfahrens liegt in der Erfassung der Spontaneität der Testpersonen. Auf umständliche und fehleranfällige Befragungen kann verzichtet werden. Die Eindrücke werden sofort erfasst, bevor noch bewusst rationalisiert werden kann.

Von Nachteil ist, dass die Auskunftspersonen selbstverständlich wissen, dass sie sich in einer Versuchssituation befinden. Sie schenken dem Programm daher sicher mehr Aufmerksamkeit als zu Hause üblich.

Ein Beispiel für die Anwendung apparativer Verfahren für die Analyse von Fernsehspots ist der TV-Spot „Hardrock-Cafe" für Coca-Cola, der sowohl mit dem Programmanalysator als auch mittels EDR getestet wurde.

Abb. 145 und Abb. 146 zeigen einige Szenenfotos aus dem Film, man sieht ausgelassene, fröhliche Jugendliche beim Trinken von Coca-Cola.

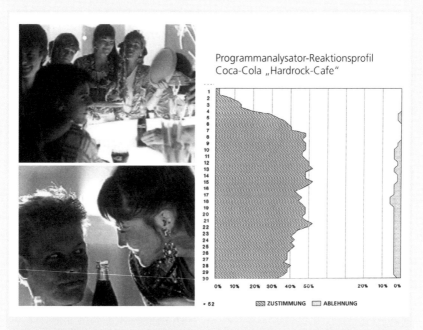

Abb. 145: Szenenbilder aus dem Coca-Cola TV-Spot „Hardrock-Cafe" mit Programmanalysator – Reaktionsprofil

Die Grafik in Abb. 145 zeigt das Programmanalysator-Reaktionsprofil mit zwei Kurven: Die eine Kurve, die von links in die Grafik hineinragt, repräsentiert die Zustimmungswerte, während die Kurve von rechts für die Ablehnungswerte steht. Man erkennt deutlich die von Beginn an hohen Zustimmungswerte, die bis zum Ende des Spots erhalten bleiben und den äußerst geringen Prozentsatz von Ablehnungswerten.

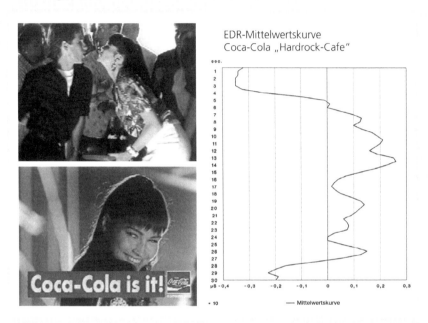

Abb. 146: Szenenbilder aus dem Coca-Cola TV-Spot „Hardrock-Cafe" mit EDR-Mittelwertkurve

Die Grafik in Abb. 146 zeigt den Verlauf der EDR-Mittelwertkurve für denselben Spot. Auch hier sieht man deutlich, dass der Spot schon nach wenigen Sekunden relativ hohe Aktivierung auslöst bzw. auch in weiterer Folge neue Aktivierungsschübe auslösen kann.

Verständlichkeit von Texten

Der Lückentest
Der Lückentest ist ein standardisiertes Verfahren, wobei in einem 100 bis ca. 300 Worte langen Text regelmäßig Wörter ausgelassen werden (also z. B. jedes fünfte Wort durch eine Leerstelle ersetzt wird). Die Aufgabe der Auskunftspersonen besteht darin, in die vorgegebenen Lücken die ihrer Meinung nach richtigen Wörter einzusetzen.

Die Anzahl richtiger Treffer gilt als Maß für die Schwierigkeit des Textes.

Bei der Auswertung dieser Tests muss allerdings subjektiv entschieden werden, ob nur buchstabengetreu oder auch sinngemäß richtig eingesetzte Wörter als Treffer gelten. Außerdem hängt das Ergebnis eines Lückentests von der Intelligenz der Auskunftspersonen ab.

Trotz der Nachteile ist der Lückentest unter wirtschaftlichen Gesichtspunkten anderen – weitaus aufwendigeren – experimentellen Verfahren vorzuziehen (z. B. den Multiple-Choice-Tests, bei denen zwischen mehreren vorgegebenen Antwortmöglichkeiten die richtige auszuwählen ist).

Einsatzbereiche können Pretests von (Werbe-)Texten mittlerer Länge sein, also z. B. Prospekttexte und Gebrauchsanweisungen. Bei längeren Texten besteht die Gefahr der Ermüdung der Auskunftspersonen.

Textverständlichkeitsformeln
Bei diesen Formeln handelt es sich in der Regel um empirisch ermittelte Regressionsgleichungen, die den Zusammenhang zwischen der Verständlichkeit und den maßgeblichen Kriterien der Verständlichkeit (meist Wortlänge, Satzlänge und Auftretenshäufigkeit der Wörter) darstellen.

Dabei wird allerdings nur das allgemein übliche Sprachverständnis berücksichtigt, nicht jedoch Merkmalen der Zielgruppe (wie z. B. Intelligenz, Vorkenntnisse) Rechnung getragen.

Vorteile dieser Formeln sind die einfache Handhabbarkeit und die plausiblen Annahmen, die auch empirisch bestätigt wurden (z. B. längere Wörter sind seltener und daher schwieriger verständlich als kürzere und häufiger gebrauchte).

Der Nachteil der gebräuchlichen Textverständlichkeitsformeln liegt darin, dass diese ursprünglich für englischsprachige längere Texte konzipiert wurden. Die Anwendung auf deutschsprachige Werbetexte ist allerdings – bei vorsichtiger Interpretation – durchaus möglich.

Messung der Gedächtnisleistung (Erinnerung)

Um feststellen zu können, welche Informationen in welcher Form im Gedächtnis gespeichert wurden, stehen der Werbewirkungsforschung im Prinzip drei Methoden zur Verfügung:

■   Freie Wiedergabe (Recall),
■   gestützte Wiedergabe (Aided Recall),
■   Wiedererkennen (Recognition).

Da mit Hilfe dieser drei Methoden jeweils andere Gedächtnisinhalte gemessen werden, ergeben sich verschiedene, nicht vergleichbare Erinnerungswerte.

Die Erinnerung an eine Werbebotschaft ist nicht nur ein Erfolg der Gestaltung der Werbung, sie hängt insbesondere auch vom Produktinteresse, vom Markenwissen und von der Produkterfahrung der Testperson ab.

Recall-Test

Beim Recall-Test wird die Auskunftsperson aufgefordert, das Gemerkte (Gelernte) frei, ohne jede Gedächtnisstütze, wiederzugeben. Dieser Test wird z. B. für die Messung der Erinnerung an Anzeigen der letzten Ausgabe einer Zeitschrift verwendet.

Man setzt dabei allerdings voraus, dass eine aktive Erinnerung an die Werbemittel bzw. -botschaften besteht. Nicht gemessen werden beim Recall-Test passive Gedächtnisreste, also vage Erinnerungsbilder, die im Augenblick der Befragung nicht bewusst sind.

Aided Recall-Test

Mit diesem Verfahren können sowohl aktive als auch passive Gedächtnisinhalte gemessen werden. Durch Vorgabe von Produktkategorie, Markennamen oder -symbolen wird den Auskunftspersonen geholfen, sich zu erinnern. Das Ergebnis dieses Tests zeigt, ob die Schwerpunkte der Werbebotschaft im Gedächtnis haften geblieben sind.

Diese Form der Erinnerungsmessung wird beispielsweise beim Impact-Test verwendet. Vorgelegt werden hier eine geschlossene Zeitschrift, die vom Befragten bereits gelesen wurde, sowie Kärtchen mit Namen von Produkten bzw. Firmen einschließlich fiktiver Namen. Die Auskunftsperson wird nun bei jedem Kärtchen gefragt, ob sie sich an eine Anzeige mit diesem Namen erinnern kann, und anschließend gebeten, diese zu beschreiben. Anhand dieser Beschreibung kann u. a. festgestellt werden,

- welche Elemente besondere Aufmerksamkeit erregen,
- wie die Anzeige verstanden wird,
- welche gefühlsmäßigen Eindrücke sie hinterlässt,
- ob sich verschiedene Personengruppen in ihrer Erinnerung unterscheiden.

Der Gallup-Impact-Test

Ist ein Beispiel für einen Post-Test auf Basis von Erinnerungswerten. Er wurde zur Messung der Effizienz von Werbefilmen entwickelt. Dabei werden am Tag nach der Schaltung des TV-Spots Erinnerungswerte bei TV-Sehern erhoben (**Day After Recall**).

Die Erinnerungswerte gliedern sich in spontane Erinnerung, Erinnerung nach Nennung der Produktgruppe und nach Markennennung. Alle erinnerten Marken werden dann einer detaillierten Analyse in Bezug auf erinnerte Bild- und Text-Elemente, Botschaftsübermittlung, Assoziationen und Sympathie unterzogen.

Diese standardisierte Post-Test-Methode wird neben TV auch für Kino, Radio, Print, Plakat und Direct Mail eingesetzt.

Recognition-Test

Bei diesem Verfahren werden den Testpersonen Werbemittel mit der Frage vorgelegt, ob sie diese wieder erkennen bzw. sich daran erinnern.

Da es dabei zu erheblichen Fehlern kommen kann – sei es, dass die Auskunftspersonen beweisen wollen, ein „gutes Gedächtnis" zu haben, oder dass sie sich einfach irren –, ist es notwendig, Kontrollfragen einzubauen. Dies geschieht in Form von Werbemitteln, die sicher noch nicht gesehen wurden (Dummies). Aus den Antworten lässt sich dann erkennen, welche Befragten zuverlässig bzw. unzuverlässig sind.

Der Starch-Test ist ein bekannter Recognition Test. Hier wird mit dem Befragten eine Zeitschrift vollständig durchgeblättert. Bei jeder Anzeige soll die Versuchsperson angeben, ob sie diese bereits gesehen hat bzw. inwieweit sie sich daran erinnern kann.

Die Bedeutung der verschiedenen Verfahren der Erinnerungsmessung soll anhand der Ergebnisse für die Automarken VW und Ford verdeutlicht werden (vgl. Abb. 147). Bei der Wiedererkennung (Recognition) gab es kaum Unterschiede. Bei der aktiven Gedächtnisleistung (Recall) wird VW häufiger genannt und kann somit auch eine weitaus stärkere Top-of-the-mind-Position besetzen als der Konkurrent Ford. VW kann somit als **„Top-of-Mind-Marke"** identifiziert werden, die wesentlich besser im Gedächtnis verankert ist. (Sattler, Völckner 2007, S. 71)

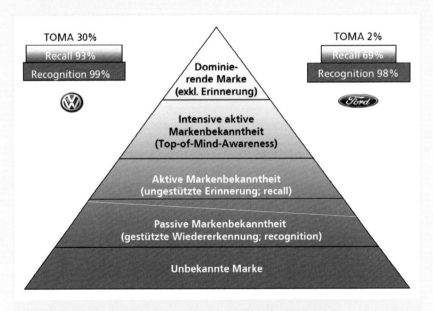

Abb. 147: Markenpyramide, aus: Ahlert/Gutjahr, 2005, S.17

4.6.1.2 Werbewirkung gemessen anhand der Produktbeurteilung

Messung der Einstellung

Eindimensionale Einstellungsmessung

Die einfachste Art, Einstellungen zu messen, sind Rating- oder Magnitudeskalen (vgl. Kap. 4.6.1.1), anhand derer der Grad der Zustimmung oder Ablehnung zu Statements wie „Das Auto XY gefällt mir" festgestellt werden kann.

Von Nachteil ist allerdings, dass man auf diese Weise nichts über die Gründe dieser mehr oder weniger positiven Einstellung erfährt. Man weiß nicht, wie dieses Auto im Einzelnen beurteilt wird.

Mehrdimensionale Einstellungsmessung

In Kap. 2.1.2.2 haben wir bereits festgestellt, dass sich die Gesamteinstellung zu einem Produkt aus der Beurteilung ergibt, wie gut es zur Befriedigung einzelner – persönlich wichtiger – Bedürfnisse geeignet ist.

Es wurden daher Ansätze zur Messung von Einstellungen entwickelt, die berücksichtigen, dass

■ sich die Einstellung aus der Beurteilung mehrerer Eigenschaften eines Objektes zusammensetzt (z. B. Motorleistung, Sicherheit, Design bei einem Auto),

■ jeder dieser Eigenschaften nicht die gleiche Bedeutung für die Gesamtbeurteilung eines Objektes zukommt.

Die wichtigsten Ansätze dieser Multiattribut-Modelle stammen von **Rosenberg und Fishbein**. Ihre Grundstruktur ist durch folgende Formel festgelegt:

$$E_{jk} = \sum_{i=1}^{n} W_{ijk} \times B_{ijk}$$

Dabei bedeuten:

E_{jk} = Gesamteinstellung des Konsumenten k zur Marke j

W_{ijk} = Gewichtung (Wichtigkeit) einer gegebenen Eigenschaft i an der Marke j durch Konsument k

B_{ijk} = Ausmaß, in dem der Konsument k glaubt, dass die Marke j diese Eigenschaft i besitzt.

Gewichtung und Eigenschaftsbewertung werden meist anhand von Ratingskalen vorgenommen.

Beispiel: Die Einstellung zu verschiedenen Urlaubsländern kann folgendermaßen ermittelt werden:

1. Die Auskunftsperson muss für jedes (sachhaltige) Beurteilungskriterium z. B. anhand einer 4-stufigen Ratingskala angeben, wie wichtig dieses für ein Gelingen des Urlaubes ist (1 = sehr unwichtig bis 4 = sehr wichtig):

- Freundliche Bedienung,
- komfortable Unterkünfte,
- schönes Landschaftsbild,
- gutes Essen und Trinken,
- gesunde, saubere Umwelt.

2. Die Auskunftsperson muss anhand einer Ratingskala angeben, wie sehr diese Eigenschaften auf die einzelnen Urlaubsländer zutreffen.

Die einzelnen Werte für Wichtigkeit und Bewertung werden für jede Eigenschaft multipliziert. Die so erhaltenen Werte werden dann über sämtliche Eigenschaften zur Gesamteinstellung aufsummiert.

Ein schlechter Einstellungswert zu einem Urlaubsland kann sowohl auf die Wichtigkeits- als auch auf die Bewertungskomponente zurückzuführen sein:

- Der Befragte glaubt zwar, dass das Urlaubsland eine bestimmte Eigenschaft, wie z.B. komfortable Unterkünfte, besitzt, diese ist jedoch für ihn persönlich unwichtig, da er ohnehin campieren will.
- Der Befragte hält eine bestimmte Eigenschaft, wie z.B. ein schönes Landschaftsbild, für wichtig, glaubt aber nicht, dass das Urlaubsland diese Anforderung hinreichend erfüllt.

Etwas problematisch bei diesen Modellen zur Einstellungsmessung ist die multiplikative Verknüpfung der Wichtigkeits- und Bewertungskomponente. Es stellt sich nämlich die Frage, ob die Einstellungsbildung in der Realität tatsächlich diesem mathematischen Modell entspricht.

Dieser messtechnische Zweifel kann durch das **Trommsdorff-Modell** ausgeschaltet werden. Anstelle der Wichtigkeit einzelner Eigenschaften wird hier die ideale Ausprägung der einzelnen Eigenschaften erhoben.

Je mehr eine Marke den Idealvorstellungen entspricht, d.h. je kleiner die Differenz zwischen den gewünschten Eigenschaftsausprägungen einer Idealmarke und den tatsächlich wahrgenommenen Eigenschaften einer Marke ist, desto positiver ist die Einstellung.

$$E_{jk} = \sum_i \left| B_{ijk} - I_{ik} \right|$$

Dabei bedeuten:

E_{jk} = Einstellung der Person k zur Marke j

B_{ijk} = Beurteilung der Eigenschaft i an Marke j durch Person k

I_{ik} = Beurteilung der Eigenschaft i an der Idealmarke durch Person k

Der Vorteil der Multiattribut-Modelle liegt in ihrem hohen Informationswert für das Marketing:

■ Welche Eigenschaften sind bei bestimmten Zielgruppen kaufentscheidend?

■ Welche Eigenschaftsausprägungen werden als ideal empfunden?

■ Wie werden Konkurrenzprodukte beurteilt, welche Produkte werden als besonders ähnlich empfunden, wie kann und soll die eigene Marke herausgehoben werden?

Messung des erlebten Risikos

Die Messung des erlebten Risikos erfolgt ähnlich wie die der Einstellung durch einen mehrdimensionalen Ansatz:

Für einzelne Risikodimensionen wird anhand von Ratingskalen jeweils überprüft,

■ wie unangenehm diese Folge ist,

■ als wie unsicher das Eintreten dieser Folge wahrgenommen wird.

Beispiel: Bezogen auf eine Urlaubsentscheidung könnte das wahrgenommene Risiko folgendermaßen gemessen werden:

1. „Wie sehr stören Sie bei einem Urlaub folgende Dinge?"

    – schlechtes Wetter

    – mangelhafte Unterkünfte

    – überhöhte Preise

2. „Wie hoch schätzen Sie die Gefahr ein, dass solche Dinge im Urlaubsland A vorkommen?"

Diese Urteile werden für jede Risikodimension (schlechtes Wetter usw.) multipliziert und schließlich über die Dimensionen aufsummiert.

Imagemessung

Es ist außerordentlich schwierig, das Image, also das gefühlsmäßige Vorstellungsbild von einem Produkt oder einer Dienstleistung, in seiner Vielschichtigkeit als Ganzes zu erheben. Die meisten Testverfahren messen lediglich einen Ausschnitt.

Es gibt keine Standardmethode der Imageanalyse. Die am häufigsten verwendeten Verfahren stammen aus der Psychologie und wurden für die Marktforschung adaptiert.

Explorative Verfahren

Die Exploration (Tiefeninterview) ist ein scheinbar zwangloses Gespräch, das jedoch vom Interviewer ständig behutsam gelenkt wird.

Eine Zwischenstufe zwischen Exploration und voll strukturiertem Interview (bei dem alle Fragen konkret vorgegeben werden) nimmt die Gruppendiskussion unter Leitung eines geschulten Psychologen ein.

Dieses Verfahren ist vor allem in der Anfangsphase einer Imageanalyse von Bedeutung, wenn es darum geht, die für die Beurteilung eines Produktes als wichtig erachteten Eigenschaften aufzuspüren.

Semantisches Differential bzw. Polaritätenprofil

Unter einem Semantischen Differential versteht man einen Satz von Ratingskalen, an deren Polen jeweils gegensätzliche Eigenschaften stehen (z. B. fröhlich-traurig, modern-altmodisch, kalt-warm). Die Auskunftsperson hat jeweils zu entscheiden, in welchem Ausmaß eine Eigenschaft auf das Objekt zutrifft.

Zur Imagemessung werden Konnotationen verwendet, d. h. die Eigenschaften gelten im übertragenen Sinn und sind wissensunabhängig.

In der Marktforschung wird manchmal darauf verzichtet, Gegensatzpaare zu verwenden. Es werden lediglich Items (Reizworte) vorgegeben, anhand derer die Objekte anhand einer Ratingskala einzustufen sind.

Unter einem **Imageprofil** versteht man die grafische Darstellung der durchschnittlichen Ratingwerte der Auskunftspersonen für alle Items. Wird dieses Imageprofil den Profilen der Konkurrenzmarken bzw. des Idealproduktes gegenübergestellt, so werden die Stärken und Schwächen der eigenen Marke deutlich erkennbar.

Abb. 148 zeigt die Imageprofile der Bundesrepublik Deutschland, der Schweiz und Österreichs, die anhand von 4-stufigen Ratingskalen erhoben wurden.

Projektive Verfahren

Bei direkten Fragen nach persönlichen Gefühlen, Wünschen etc. besteht die Gefahr, dass die Auskunftspersonen – bewusst oder unbewusst – nicht wahrheitsgetreu antworten.

Durch geschickte Fragestellung wird daher die Auskunftsperson veranlasst, ihre eigenen Gefühle, Wünsche oder Erwartungen in eine andere Person hineinzuprojizieren.

Beim **Thematischen Apperzeptionstest** (TAT) werden typische Lebenssituationen in Bildern dargestellt. Die Aufgabe der Versuchsperson besteht nun darin, die Situation durch eine möglichst spannende Geschichte zu erklären.

Zur Erhebung eines Produktimages müssen Bilder entwickelt werden, die das Produkt beinhalten (z. B. ein Kind lutscht Eis, eine Hausfrau putzt Fenster usw.). Die Erzählungen der Auskunftspersonen werden dann unter dem Gesichtspunkt analysiert, welche Rolle dem Produkt zukommt, wie es gesehen und bewertet wird.

Der **Picture-Frustration-Test** (PFT) oder Ballontest zeigt in Form skizzenhafter Zeichnungen Szenen, in denen Personen Unerwünschtes – „Frustrationen" – erleben (z. B. eine Panne mit dem Auto). Die Auskunftsperson soll sich nun mit einer dieser Personen identifizieren und artikulieren, was in deren leerer Sprechblase stehen könnte.

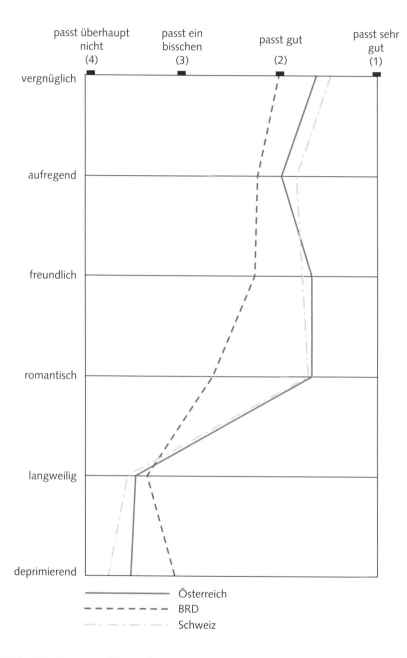

Abb. 148: Imageprofil von Österreich, der Schweiz und Deutschland aus der Sicht der US-Amerikaner, aus: Schweiger, 1988, S.44

Eine andere sehr gebräuchliche Variante des Projektionstests ist der Satzergänzungstest. Die Auskunftsperson hat dabei einen unvollständigen Satz möglichst spontan zu ergänzen.

> Beispiel zur Messung des Images der Marke „Toffifee":
> 1. Wenn es keine Toffifee gäbe, …
> 2. Bei Toffifee habe ich immer das Gefühl, …
> 3. Leute, die Toffifee naschen, …
>
> Eine andere Möglichkeit besteht darin, Wortassoziationen zu testen. Die Auskunftsperson soll beispielsweise spontan, ohne lange nachzudenken, alles sagen, was ihr zum Namen „Toffifee" einfällt.

Zuordnungstests

Bei den Personenzuordnungstests müssen Bildvorlagen bestimmter Personentypen als mutmaßliche Verwender verschiedenen Marken zugeordnet werden. Diese Zuordnungen lassen Rückschlüsse auf das psychologische Umfeld und damit auf das Image dieser Marken zu.

Analog zu diesen Tests können auch bestimmte vorgegebene Eigenschaften zugeordnet werden.

Beim **Einkaufslistenverfahren** werden zwei fiktive Einkaufslisten zusammengestellt, die sich nur in dem zu untersuchenden Artikel unterscheiden. Die Auskunftspersonen müssen nun denjenigen, der diese Liste zusammengestellt hat (z.B. „die Hausfrau"), charakterisieren. Aus den Abweichungen dieser Charakteristika kann auf Unterschiede in den Images des untersuchten Artikels geschlossen werden.

Nonverbale Imagemessung

Wir haben bereits früher darauf hingewiesen, dass die menschliche Informationsverarbeitung zu einem erheblichen Teil in Bildern bzw. Bildvorstellungen vor sich geht (vgl. Kap. 4.4.3.2).

Bei der verbalen Imageforschung werden die Auskunftspersonen aufgefordert, ihre inneren Vorstellungsbilder anhand einzelner Wortreize zu beschreiben, die erst nachträglich wieder zu einem Gesamtbild zusammengefügt werden.

Bei der Gestaltung der Werbebotschaft tritt also gleich zweimal ein Übersetzungsproblem auf:

1. Der Marktforscher übersetzt visuelle Stimuli in Wortreize, mit denen er seine Studien durchführt. Das Ergebnis der Marktforschung (z.B. Polaritätenprofil) ist Grundlage für das Briefing des Auftraggebers an den Kreativen.
2. Der Kreative wiederum übersetzt die Wortreize in visuelle Stimuli und Bilder.

Diese Übersetzung ist risikoreich, bedingt Fehlermöglichkeiten und erschwert den Prozess der Werbedurchführung.

Am Institut für Werbewissenschaft und Marktforschung der Wirtschaftsuniversität Wien werden schon seit Jahren nonverbale Verfahren zur Imagemessung eingesetzt. Dabei werden visuelle oder manchmal auch akustische Reize zur Messung von Images verwendet. Die Auskunftspersonen werden aufgefordert, den Marken Bilder oder Musiksequenzen zuzuordnen. Ca. 40 Studien zum Thema „Österreichs Image in der Welt" wurden bisher mittels Nonverbaler Imagemessung durchgeführt. Dabei wurden die verwendeten Bilder vor ihrem Einsatz in den Untersuchungen anhand verschiedener Eigenschaften beurteilt, um sicher zu gehen, dass sie sehr ähnliche Emotionen auslösen.

Die Hypothese, dass **Bildreize besser diskriminieren als Wortreize**, konnte durch diese Studien bestätigt werden. Ein Vergleich der verbalen mit der Nonverbalen Imagemessung zeigt die weitgehende Übereinstimmung der Rangplätze der Vergleichsländer, aber auch, dass die Urteile bei Bildzuordnung im Allgemeinen schlechter ausfallen als bei der verbalen Erhebung. Das deutet darauf hin, dass Bildvorlagen weniger oft zu Gefälligkeitsantworten bzw. sozial erwünschten Reaktionen führen.

Im Folgenden sollen einige Vor- und Nachteile der Nonverbalen Imagemessung zusammengefasst werden:

- Die Ergebnisse sind besser verständlich und leichter interpretierbar.
- Für den Kreativen ist ein visuelles Briefing möglich.
- Bei multinationalen Studien können Übersetzungsfehler vermieden werden.
- Für die Auskunftspersonen ist das Interview abwechslungsreicher, sie ermüden nicht so stark.
- Nachteile können in der zeitaufwendigen und kostspieligen Suche, Auswahl und Herstellung des Bildmaterials gesehen werden.

Als problematisch erweist sich bisweilen auch die Tatsache, dass die Nonverbale Imagemessung ein relativ junger Messansatz ist: Die Voraussetzungen, unter denen sie verbalen Verfahren überlegen ist, sind noch nicht hinreichend untersucht. So ist eine Einschränkung der Eignung vor allem dort gegeben, wo die Markenwahl überwiegend kognitiv-rational gesteuert wird.

Bei den Untersuchungen zum Image Österreichs in verschiedenen Ländern wurde auch der Frage nachgegangen, inwieweit die eingesetzten Bildreize in so unterschiedlichen Ländern wie z. B. Japan, Israel, Frankreich oder Mexiko bei den Auskunftspersonen ähnliche emotionale Reaktionen auslösen. Die Vermutung, dass die Bildvorlagen grundsätzlich „sehr ähnlich" beurteilt werden, konnte durch inferenzstatistische, korrelationsstatistische und multivariate Verfahren voll bestätigt werden: Es kann für die verwendeten Bilder also davon ausgegangen werden, dass ein und dasselbe Bild ähnliche Emotionen in grundsätzlich verschiedenen Ländern auslöst!

Die praktische Verwertbarkeit dieser Ergebnisse liegt nun darin, dass eine Vereinheit-lichung aller exportausgerichteten Werbebemühungen eine Reihe von Vorteilen mit sich bringt, die von Kosteneinsparungseffekten über Botschaftsstandardisierung bis zur konsequenten Schaffung einer „World Identity" reichen (vgl. Wusst, 1987).

Alternativ zu Bildreizen wurden schließlich in den Länderimage-Studien auch Musik-reize hinsichtlich ihres Diskriminierungspotenzials getestet. Aus den Ergebnissen wird jedoch deutlich, dass die herangezogenen Musikreize nicht besser als die verwende-ten Wortreize diskriminieren. Hierfür könnte eine Reihe von Gründen verantwortlich sein – so ist z. B. die Möglichkeit, dass die dargebotenen Musikreize von den Befragten erkannt und dementsprechend kognitiv zugeordnet werden, relativ groß. Die Image-messung artet in diesem Fall leicht in einen Wissenstest aus (vgl. Schweiger, Wusst, 1988, Moravitz 2007).

Abb. 149 zeigt einige Ergebnisse der Nonverbalen Imagemessung aus einer Imageuntersuchung mittels NVI von Fluglinien. Diese Untersuchung wurde am Institut für Werbewissenschaft und Marktforschung an der Wirtschaftsuniversi-tät Wien mittels computerunterstützter Erhebung durchgeführt.

Auch hier wurden die Bilder vor ihrem Einsatz vermessen. Das Bild einer Halt und Schutz bietenden Hand eines Erwachsenen (Abb. 149) kommuniziert Gebor-genheit, Sicherheit und Vertrauen. Es repräsentiert das Thema „Sicherheit von Fluglinien". Das Bild Manager steht für „Business Airline" und das Kätzchen in der Hängematte drückt lt. Bildvermessung das Gefühl des Sich-Verwöhnen-Lassens, der Zufriedenheit und Entspanntheit aus.

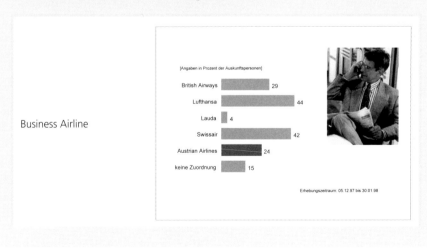

Sicherheit

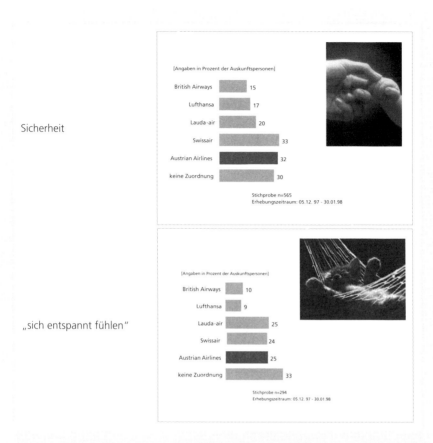

„sich entspannt fühlen"

Abb. 149: Einige Ergebnisse der Nonverbalen Imagemessung aus der Imageuntersuchung von Fluglinien (Bosch, Schiel, 1999)

Messung der Kaufabsicht

Bei Messung der Kaufabsicht muss die Auskunftsperson gedanklich vorwegnehmen, wie wahrscheinlich der Kauf eines bestimmten Produktes innerhalb eines definierten Zeitraumes ist.

Kaufabsichten werden im Rahmen von Verbraucheranalysen für bestimmte Gebrauchsgüter (Möbel, Haushaltsgeräte etc.) regelmäßig erhoben.

Dabei verwendet man meist Flächenskalen: Die Intensität der Kaufabsicht wird durch die Größe des „Würde ich kaufen"-Kästchens ausgedrückt (vgl. Abb. 150).

Die absolute Zuverlässigkeit der Äußerung von Kaufabsichten ist allerdings gering. Diese Absichten werden nur zum Teil tatsächlich verwirklicht.

Abb. 150: Flächenskala

4.6.1.3 Werbewirkung gemessen anhand des Kaufverhaltens

Ziel von Marketingmaßnahmen ist es, die Zielpersonen zum Kauf eines bestimmten Produktes zu veranlassen. Der Kauf kann dabei als Ergebnis eines Entscheidungsprozesses aufgefasst werden, der in unterschiedlichem Ausmaß kognitiv kontrolliert wird (vgl. dazu ausführlich Kap. 2.1.2).

Kauf und Wiederkauf eines Produktes schlagen sich in den Absatzzahlen nieder. Die Prognose der zukünftigen Nachfrage ist schwierig, vor allem dann, wenn freier Wettbewerb auf dem Markt herrscht.

Die einzelnen Prognosemethoden basieren entweder auf

- den geäußerten Kaufabsichten der Konsumenten,

- Absatzzahlen der Vergangenheit, die vor allem durch Panelerhebungen und etwa durch Zeitreihenanalysen gewonnen wurden, oder

- dem unter Testbedingungen beobachteten tatsächlichen Kaufverhalten.

Panels

Vergangenheitsdaten können kostengünstig aus sog. Verbraucher- bzw. Haushaltspanels gewonnen werden, wie sie z. B. von GfK (Gesellschaft für Konsumforschung) angeboten werden.

Unter einem Haushalts-Panel versteht man regelmäßige Aufzeichnungen ausgewählter Haushalte über einen längeren Zeitraum, die über die Kaufgewohnheiten Auskunft geben, über die Mengen und Marken der eingekauften Güter, über die Art und Häufigkeit der in Anspruch genommenen Dienstleistungen, über die bevorzugten Geschäfte sowie den Zeitpunkt von Käufen bzw. Ersatzkäufen.

Abgesehen von Ungenauigkeiten in den Aufzeichnungen ergeben sich bei dieser Art der Erhebung zwei Probleme:

Erstens fallen immer wieder Haushalte aus und müssen durch neue ersetzt werden, ohne dass dadurch die Struktur der Stichprobe verändert wird („Panelsterblichkeit").

Das zweite Problem ist unter der Bezeichnung „**Paneleffekt**" bekannt und bezeichnet das Phänomen, dass sich mit der Dauer der Zugehörigkeit zum Panel die Sensibilität der Konsumenten ihren Einkäufen gegenüber erhöht und damit eine Änderung in den Konsumgewohnheiten herbeigeführt wird.

Eine Möglichkeit, zumindest dem Paneleffekt und auch etwaigen Ungenauigkeiten entgegenzuwirken, stellt die sog. **Scanner-Marktforschung** dar. Voraussetzung dafür sind die Ausstattung möglichst aller Produkte mit dem EAN-Code und ein ausreichendes Netz von Scanner-Kassen in der jeweiligen Testregion. Die Haushalte, die am Panel teilnehmen, bekommen eine Magnetkarte, die sie bei jedem Einkauf an der Kasse vorweisen. Auf dieser Karte sind alle soziodemografischen Daten des Haushalts gespeichert. Die Kasse ist über den Rechner des jeweiligen Geschäfts mit dem untersuchenden Marktforschungsinstitut verbunden, wo die Einkaufs- und Haushaltsdaten weiterverarbeitet werden. Bei dieser Form der Erhebung ist es auch möglich, Kontroll-variable, wie z. B. Sonderangebote oder Zweitplatzierungen bestimmter Marken, bei den Auswertungen zu berücksichtigen.

In weiterer Folge ist es möglich, die Panelteilnehmer über kostenlose TV-Magazine, die als Gratifikation für die Teilnahme ausgegeben werden, oder über Kabelfernsehen gezielt mit Test-Werbemitteln zu konfrontieren und deren unterschiedliche Wirkung zu untersuchen.

Solche Scanner-gestützten Panels gibt es derzeit in der Bundesrepublik Deutschland in Haßloch (GfK-Panel) und in vier weiteren Orten (Nielsen-Panel), allerdings sind sowohl die Installations- als auch die Betriebskosten derzeit sehr hoch.

Markttestmethoden

Da die Daten aus Panels bzw. über Kaufabsichten für die Einführung eines neuen Pro-duktes weniger brauchbar sind, werden in diesem Fall Markttestmethoden eingesetzt.

Hierbei interessieren vor allem die Annahme eines Produktes durch die Konsumenten sowie die Kauffrequenz, also Probekäufe und die ersten Wiederkäufe.

Eine Methode des Markttests ist die des Testladens. Eine Stichprobe der Zielgruppe wird eingeladen, einige TV-Spots anzusehen, unter anderen auch den des zu testenden Produktes. Danach erhalten diese Personen einen bestimmten Geldbetrag und werden aufgefordert, einen **Testladen** zu besuchen und einzukaufen. Dabei wird festgestellt, wie oft zum neuen Produkt bzw. zu Konkurrenzprodukten gegriffen wird.

Abschließend wird mit den Testpersonen über die Gründe für den Kauf ihres Produk-tes diskutiert. Einige Wochen später findet eine telefonische Nachbefragung über die Zufriedenheit mit dem neuen Produkt sowie über die Wiederkaufsabsichten statt.

Eine weitere Methode stellt der **Markttest** dar. Dabei kann ein Produkt unter Bedin-gungen getestet werden, die der Einführung auf breiter Basis sehr ähnlich sind.

Zu diesem Zweck wird ein Testgebiet oder eine Teststätte festgelegt, in dem das voll-ständige Werbe- und Verkaufsförderungsprogramm eingesetzt wird. In einem geogra-fisch begrenzten Gebiet wird also gleichsam eine Generalprobe für den gesamten Mar-ketingplan durchgeführt.

Aus Markttests können sich wertvolle Hinweise bezüglich des gesamten Marketing-Mix ergeben, also auch in Bezug auf mögliche Distributionsprobleme oder auf Pro-duktmängel.

Diese Methode erleichtert Prognosen über die zukünftigen Umsätze, ist aber relativ kostspielig und zeitaufwendig. Markttests können einige Monate bis mehrere Jahre dau-ern, jedenfalls so lange, bis die Beobachtung von Wiederkaufsraten möglich ist.

Schwierig ist das Auffinden eines Testmarktes, der für den Gesamtmarkt repräsentativ ist, da nationale und regionale Charakteristika eine entscheidende Rolle beim Kaufver-halten spielen.

Ein weiterer Nachteil besteht darin, dass ein Markttest nicht ohne Wissen der Konkurrenten durchführbar ist. Mit störenden Gegenaktionen ist daher unmittelbar zu rechnen.

Markentreue als Indikator für zukünftige Markenwahl

Die Markentreue wird als besonderes Treueverhältnis des Konsumenten zu einer bestimmten Marke aufgefasst. Dieses Treueverhältnis ist das Ergebnis positiver Erfahrungen mit dem betreffenden Produkt bzw. einer bestimmten Marke und schlägt sich im Wiederkauf nieder.

Es ist üblich, von **unterschiedlichen Graden der Markentreue** zu sprechen:

- Ungeteilte Markentreue liegt vor, wenn ein Haushalt innerhalb eines bestimmten Zeitraumes ausschließlich ein- und dieselbe Marke kauft.

- Geteilte Markentreue ist durch regelmäßig abwechselnde Käufe mehrerer Marken gekennzeichnet.

- Instabile Markentreue äußert sich darin, dass nach wiederholtem Kauf einer Marke mehrmals eine andere Marke erworben wird.

Der Grad an Markentreue in der Vergangenheit kann zur Prognose der Markenwahl in der Zukunft herangezogen werden. Dabei wird berücksichtigt, dass bei wiederholten Käufen derselben Marke die Wahrscheinlichkeit steigt, dass diese Marke auch zukünftig präferiert wird.

Ein sehr bekanntes Modell zur Berechnung von Kaufwahrscheinlichkeiten stellen die so genannten Markoff-Ketten dar. Aus den Verteilungen der Kaufwahrscheinlichkeiten der einzelnen Marken kann prognostiziert werden, wie wahrscheinlich der Kauf einer bestimmten Marke in der nächsten Periode ist.

Die Wahrscheinlichkeit, dass eine bestimmte Marke gekauft wird, hängt bei diesem Modell nur davon ab, welche Marke in der Vorperiode gewählt wurde. Nicht berücksichtigt wird dabei die Wirkung der Marketing- und Kommunikationsinstrumente.

4.6.2 Erfolgskontrolle der Online-Kommunikation

Da auch jede Form der Online-Kommunikation – seien es Banner auf einer Website, ein Corporate Blog, eine Unternehmensseite in einem sozialen Netzwerk oder ein Nutzerbeitrag über die Marke oder Firma – zur Markenbekanntheit, Bildung von Images, von Präferenzen oder Kaufabsichten beiträgt, werden auch hier die klassischen Werbewirkungs-Meßverfahren, die wir vorher besprochen haben, herangezogen.

Eine kurzfristige Erfolgskontrolle der Online-Kommunikation wird jedoch auf Basis von Nutzungsdaten im Internet durchgeführt. Onlinemedien protokollieren nämlich die Zugriffe von Anwendern auf einer Website und auf der dort platzierten Werbung gleich mit und liefern somit unmittelbare Leistungsdaten, auf deren Basis eine Reihe von **Kennzahlen** entwickelt werden können, wie z. B. Ad Impressions, Ad Clicks, Visits etc. bis zu online getätigten Kaufabschlüssen (vgl. dazu Kap. 4.5.1.8).

Auch werden bei Social Media Reichweiten-Kennzahlen erhoben. Hier sollten jedoch neben Aufmerksamkeit (z. B. gemessen an der Zahl der Seitenaufrufe) auch weitere **Faktoren**, die besonders **für Social Media kennzeichnend** sind, kontrolliert werden (vgl. Hettler 2010, S. 234): Partizipation der Nutzer mit Inhalten der Marke oder des Unternehmens in bestimmten Kanälen z. B. gemessen an der Anzahl der Kommentare darüber, Ratings, Weiterempfehlung; Autorität der eigenen Inhalte auf Plattformen, z. B. gemessen an der Zahl der Empfehlungen in Social Bookmarking Diensten, Links auf die eigenen Inhalte wie z. B. auf Blogbeiträge oder Youtube-Videos; Einfluss auf Anhänger, z. b. gemessen an der Zahl der Fans der eigenen Facebook-Seite, der Twitter-Follower, Zahl der Blogbeitrags- oder Podcast-Abonnenten.

Auch der **Mundpropaganda-Effekt** kann z. B. in Form eines Share-of-Voice oder Share-of-Buzz (Markenerwähnung in Relation zur Gesamterwähnung) einer Plattform in Bezug auf ein bestimmtes Thema gemessen werden.

4.6.3 Wirkungsmessung verschiedener Kommunikationsinstrumente

Im Großen und Ganzen lassen sich die im vorangegangenen Kapitel vorgestellten Messverfahren der Werbewirkung auch zur Beantwortung von Fragestellungen zur Wirkung (z. B. Aufmerksamkeits-, Erinnerungs-, Einstellungs-, Image-, Verhaltenswirkung etc.) anderer Kommunikationsinstrumente heranziehen. Es werden daher im Folgenden lediglich instrumentenspezifische Messverfahren ergänzt.

In der Praxis der Erfolgskontrolle der **PR** kommen sowohl quantitative als auch qualitative Wirkungskontrollen zum Einsatz.

Quantitative Methoden ermitteln auf Basis von **Clippings** den Abdruck- bzw. Sendeerfolg von PR-Maßnahmen, indem Zeitungsausschnitte und Aufnahmen von Rundfunk- und Fernsehsendungen gesammelt werden. Der Abdruckerfolg lässt sich in Zeilen, Spalten und Auflagenhöhen messen, der Sendeerfolg findet in Zuhörer- bzw. Zuschauerzahlen und Reichweiten seinen Niederschlag. Dadurch erkennt das Unternehmen, ob eine PR-Leistung genügend interessant war, um in den Medien Platz zu finden.

Die qualitative Wirkungskontrolle analysiert darüber hinaus den Inhalt der Clippings. Eine PR-Leistung wird dann als erfolgreich gewertet, wenn sie in der Lage ist, unbezahlten Raum in den Massenmedien zu erhalten, wenn der redaktionelle Inhalt mit den PR-Zielsetzungen im Einklang steht und wenn die Reichweiten der entsprechenden Medien jenen der Zielgruppe des Unternehmens entsprechen. Sind diese Voraussetzungen erfüllt, lässt sich durch Heranziehen des Werbetarifes des Mediums die PR-Maßnahme quantifizieren (**Medienresonanzkontrolle**).

Zusätzlich zu den inhaltlichen Faktoren beeinflussen folgende Faktoren den Wert von PR-Leistungen: höhere Aufmerksamkeit der Rezipienten im Vergleich zu Werbeeinschaltungen, erhöhte Glaubwürdigkeit von redaktionellen Botschaften, sowie höhere Akzeptanz von PR-Botschaften gegenüber Werbebotschaften.

Unter Berücksichtigung der genannten Faktoren lässt sich ein qualitativ bereinigter Wert der Öffentlichkeitsarbeit errechnen (vgl. dazu Abb. 151, in der die Einflussgrößen schematisch dargestellt sind).

PR-, Events- oder Sponsoring-Aktivitäten des Unternehmens führen zu:

Medienresonanz: Berichterstattung in Form von Abdrucken bzw. Sendungen in Medien

Bewertung zu Medientarifen =
QUANTITATIVER WERT VON
PR-, SPONSORING-, EVENT-AKTIVITÄTEN

− Abzüge für Berichte, die nicht dem
PR-, Sponsoring-, Event-Ziel entsprechen

Inhaltlich bereinigter
PR-, Sponsoring- oder Event-Wert

− Abschläge für nicht
zielgruppenrelevante Medien
(zu hohe Fehlstreuung)

Inhaltlich,
zielgruppen- und
medienbereinigter
NETTOWERT von PR-,
SPONSORING- oder
EVENT-AKTIVITÄTEN

+ Zuschläge zum Nettowert für
besondere Platzierung

+ Zuschläge für höhere Aufmerksamkeit

+ Zuschläge für höhere Glaubwürdigkeit und
Akzeptanz von redaktionellen Berichten

QUALITATIV BEREINIGTER WERT VON PR-, SPONSORING
ODER EVENT-AKTIVITÄTEN

Abb. 151: Quantifizierung von PR-, Sponsoring- oder Event-Aktivitäten in Anlehnung an die „PR-Sanduhr", aus: Schweiger, 1989, S.12

Bei der Wirkungsmessung von **Event**- und **Sponsoring**-Aktivitäten werden üblicherweise neben den direkt erreichten Personen, die bei einer Veranstaltung anwesend sind, auch die durch die Medienberichterstattung indirekt erreichten Personen berücksichtigt. Red Bull z. B. erreicht durch den eintägigen Event „Red Bull Flugtag" ca. 100.000 Personen direkt (Besucher des Flugtages) indirekt jedoch ein Vielfaches.

So wie bei der PR-Wirkungsmessung kann auch hier eine **Medienresonanzkontrolle** vorgenommen werden, wobei auf Basis von Clippings der Wert der Event- oder Sponsoring-Aktivitäten quantifiziert wird (vgl. Abb. 151). Dabei wird bei der Sponsoring-Wirkungsmessung die Ersichtlichkeit der Werbemittel des Sponsors (z. B. Banden-Werbung, Werbetafeln, Dressen-Aufdruck etc.) berücksichtigt.

Belch und Belch (2004, S. 650) räumen zu Recht ein, dass die im Rahmen der Medienresonanzkontrolle ermittelten Kontaktzahlen (Reichweiten) und quantifizierten Medienräume nicht ausschließlich Ziel der Kommunikationsinstrumente PR, Events und Sponsoring sind, sondern dass durch diese auch Gedächtnis- und Verhaltenswirkung angepeilt wird.

Die Anzahl der generierten Reaktionen ist ein häufig verwendetes Maß der Erfolgswirksamkeit der **Direktwerbung**, das vor allem in Form der **Rücklaufquote** bei Direct Mailings verwendet wird. Dabei wird die Anzahl der Reaktionen in Beziehung zur Anzahl der ausgesendeten Werbebriefe (Mails) gesetzt (Holland 2004, S 361).

Die Erfolgskontrolle von **Messen und Ausstellungen** erfolgt in der Praxis häufig mit Leistungskennzahlen. Diese werden z. B. auf Basis von Besucherzahlen oder Messestandkontakten errechnet, wie etwa der Standbesucheranteil, der die Anzahl der Kontakte am Messestand zu allen Messebesuchern in Beziehung setzt.

Um den häufig genannten **POS (Verkaufsraum)** und dessen Ambiente zu überprüfen, schlüpfen geschulte Mystery Shopper in die Rolle des Konsumenten. Sie können anhand von Testkäufen die Servicequalität bewerten, um danach die Informationen in einen standardisierten Fragebogen einzutragen. Auch Fotos der Regale sind eine wichtige Information für die Kontrolle der Warenpräsentation am POS. Da der ethische Nachteil von **Mystery Shopping** nicht außer Acht gelassen werden darf, wird an dieser Stelle auf die speziellen Richtlinien zu diesem Thema von ESOMAR verwiesen (Zenz 2003).

Die unterschiedlichen Instrumente zur Erfolgskontrolle sind in Abhängigkeit von den jeweiligen Zielsetzungen der Kommunikations-Aktivitäten einzusetzen. Dabei ist eine operationale Definition von Kommunikations-Zielen erforderlich, um die zielrelevanten Wirkungen i. S. des Zielerreichungsgrades messen zu können (vgl. dazu auch Kap. 4.2).

Eine Isolation der Wirkung einzelner Kommunikationsinstrumente ist, vor allem langfristig, kaum möglich. Denn einerseits besteht zwischen den einzelnen Kommunikationsinstrumenten, die im Rahmen des Kommunikations-Mix eingesetzt werden, ein Wirkungsverbund (Spill-over-Effekte), und andererseits ist mit einer zeitlichen Verzögerung (Carry-over-Effekten) zu rechnen, die aufgrund von Time-Lags von Kommunikations-Wirkungen zustande kommen. D. h., die Erfolgskontrolle sollte sich auf den gesamten Kommunikations-Mix beziehen und sämtliche Erfolgsgrößen, die die Informationsaufnahme, Informationsverarbeitung und das Verhalten berücksichtigen, mit einbeziehen, im Sinne einer ganzheitlichen Analyse des Kommunikations-Erfolges.

4.6.4 Social Media als Marktforschungsinstrument

Aus den nutzergenerierten Inhalten auf Social Media Plattformen wie z. B. Blogs, Produktbewertungsseiten, Postings (Beiträgen) in sozialen Netzwerken, lassen sich eine Fülle von Informationen gewinnen, die für Marketingentscheidungen relevant sein können. Für die systematische Beobachtung und Auswertung von nutzergenerierten Beiträgen hat sich der Begriff **Social Media Monitoring** eingebürgert. Es umfasst das Ermitteln und Beobachten von „Gesprächen" d. h. nutzergenerierten Beiträgen, die Erwähnung von Unternehmen, Marken, die Identifikation von Meinungen zu Marken, Unternehmen, zu Produkten und Dienstleistungen, Feststellen von Trends, Wettbewerbsbeobachtung, Ermittlung von Meinungsführern bis hin zum Reputations-Frühwarnsystem. In Letzterem wird erfasst, welche Meinungen oder Äußerungen sich negativ auf die Reputation einer Firma oder Marke auswirken könnten, und auf welchen Plattformen dies geschieht.

Das Social Media Monitoring kann mittels frei verfügbarer Tools und Internetdiensten durchgeführt werden (z. B. Google Alert, SocialMention.com oder HowSociable.com). Aber auch Marktforschungsunternehmen übernehmen das Social Media Monitoring, wobei spezielle Programme die Social Media Plattformen nach definierten Schlüsselbegriffen durchforsten.

Weiters kann das kreative und innovative Potential der Online-Community zur Ideengenerierung genutzt werden. Unternehmen können sich diese kollektive Intelligenz der Internetnutzer in Form von **Crowdsourcing** zunutze machen (vgl. Poetz/Schreier, 2012). User können z. B. zur Produktentwicklung, zur Entwicklung von Designs bis hin zur Etikettengestaltung und Gestaltung von Werbespots eingeladen werden. Der Fiat Konzern z. B. ließ Interessenten das Design des Fiat 500 Cinquecento mitgestalten. 10 Millionen Clicks auf die Projekt-Website wurden dabei registriert, und 170.000 Entwürfe wurden gesandt.

Es haben sich auch unabhängige Ideenportale im Internet etabliert, auf denen produkt- und herstellerunabhängig Ideen abgegeben bzw. gesammelt, kommentiert und bewertet werden können (z. B. Thoughtsblend.com).

Viele Unternehmen nutzen inzwischen Crowdsourcing. So lässt z. B. Tchibo auf seiner „ideas"-Website Interessierte Lösungsvorschläge für Alltagsprobleme entwickeln (www.tchibo-ideas.de, abgerufen am 25.06.2012): Community Mitglieder formulieren Problemstellungen, andere schlagen Lösungen dafür vor bzw. bewerten diese. Eine Fachjury vergibt als Anreiz zum Mitmachen monatlich Geldpreise für die besten Ideen.

Das Einbeziehen von Kunden als Ideenlieferanten oder in die Produktentwicklung zeigt auch die Wertschätzung der Kunden durch das Unternehmen, und es ist damit zu rechnen, dass diese Mundpropaganda für das Unternehmen machen bzw. dass diese noch stärker an das Unternehmen gebunden werden.

▶ Literatur zu Kap. 4.6

Ahlert D., Gutjahr, G., Markenstärke als Maß der Markenführung, in: p&a Wissen – Neue Ansätze in Markenforschung und Markenführung, 2005, S. 17.

Batra, R., Myers, J.G., Aaker, D.A., Advertising Management, 5. ed., Englewood Cliffs 1996.

Belch, G. E., Belch, M.A., Advertising and Promotion: An Integrated Marketing Communications Perspective, 5. ed., Boston 2004 and 9. ed. 2012.

Bosch, Ch., Schiel, S., Bedeutung und Beurteilung der Marke Austrian Airlines, Diplomarbeit an der Wirtschaftsuniversität Wien, 1999.

Bruckner, S., Werbewirkungsmessung mit Compagnonverfahren und Blickregistrierung, Diplomarbeit an der Wirtschaftsuniversität Wien, 1988.

Bruhn, M., Kommunikationspolitik, 6. Aufl., München 2010.

Buber, R., Holzmüller, H., Qualitative Marktforschung, 2. Aufl., Wiesbaden 2009.

Clow, K. E., Baack, D., Integrated Advertising, Promotion and Marketing Communications, 3. Aufl., Prentice Hall 2006.

Dabic, M., Produkte nach Maß für jedermann?, in: transfer – Werbeforschung & Praxis, 1+2/2005, S. 26–30.

Duchowski, A. T., Eye Tracking Methodology – Theory and Practice, 2. Aufl., London 2007.

Ebner, U., Werbeforschung mit dem Tachistoskop: Theorie und Fallbeispiele, Diplomarbeit an der Wirtschaftsuniversität Wien, 2007.

Ellinghaus, U., Werbewirkung und Markterfolg: Marktübergreifende Werbewirkungsanalysen, München 2000.

Esch, F.-R., Wirkung integrierter Kommunikation: ein verhaltenswissenschaftlicher Ansatz für die Werbung, 4. Aufl., Wiesbaden 2006 und 5. Aufl. 2011.

Esch, F.-R., Herrmann, A., Sattler, H., Marketing – eine managementorientierte Einführung, 3. Aufl., München 2011.

Esch F.-R., Möll T., Elger C.E., Neuhaus C., Weber B., Wirkung von Markenemotionen: Neuromarketing als neuer verhaltenswissenschaftlicher Zugang, in: Marketing ZFP, 30.Jg, 2/2008, S 109–127.

Esomar, International Code of Marketing und Social Research, Amsterdam 1986.

Fischer, A., Ansätze zur Messung der Wirkung nichtklassischer Medien am Beispiel Soravia Wing der Albertina, Diplomarbeit an der Wirtschaftsuniversität Wien, 2008.

Fuchs, W., Unger, F., Management der Marktkommunikation, 4. Aufl., Heidelberg 2007.

Glück, P., Schlögl, Ch., Suchverhalten und Werbewirkung von Anzeigen in HEROLD Gelbe Seiten – Eine empirische Untersuchung unter Einsatz der Methode der Blickregistrierung und der Denke-Laut-Methode, Diplomarbeit an der Wirtschaftsuniversität Wien, 2008.

Grabs A., Bannour K.-P., Follow me! 2. Aufl., Bonn 2012.

Hammann, P., Erichson, B., Marktforschung, 5. Aufl., Stuttgart 2004.

Hettler, H., Social Media Marketing, München 2010.

Hofer, N., Schweiger, G., Schiessl, M., Aufmerksamkeitsleistung von Anzeigen in den Gelben Seiten, in: transfer – Werbeforschung & Praxis, 1/2008, S. 8-24.

Holland, H., Direktmarketing, 2. Aufl., München 2004 und 3. Aufl. 2009.

Horak, K., Das Image Österreichs in Frankreich 2007, Diplomarbeit an der Wirtschaftsuniversität Wien, 2008.

Hossinger, H. P., Pretests in der Marktforschung, Würzburg, Wien 1982.

Jiras., H., Die computergestützte Aktivierungsmessung, Diplomarbeit an der Wirtschaftsuniversität Wien, 1986.

Kaiser, Ch., Apparative Werbeforschung, Wien 1999.

Kaiser, Ch., TachistoWas? in: Werbeforschung & Praxis, 6/1997, S. 22–25.

Kroeber-Riel, W., Meyer-Hentschel, G., Werbung – Steuerung des Konsumentenverhaltens, Würzburg, Wien 1982.

Kroeber-Riel W., Weinberg P., Konsumentenverhalten, 8. Aufl., München 2003.

Kroeber-Riel W., Weinberg P., Gröppel-Klein A., Konsumentenverhalten, 9. Aufl., München 2009.

Lackner, R. K., Apparative Werbewirkungsmessung: die Meßqualität der nonverbalen Erlebnisbeschreibung unter besonderer Berücksichtigung von Werbewirkungstests, Dissertation an der Wirtschaftsuniversität Wien, 1994.

Lauren, L., Das Image Österreichs in England 2008, Diplomarbeit an der Wirtschaftsuniversität Wien, 2008.

Mayerhofer, W., Die elektrodermale Reaktion als Entscheidungshilfe bei der Prognose der Werbewirkung im Rahmen des Werbemittelpretests, Diplomarbeit an der Wirtschaftsuniversität Wien, 1980.

Mayerhofer, W., Vorteile eines visuellen Briefings, in: Werbeforschung & Praxis 2+3/1996, S. 43–44.

Mayerhofer, W., Werbemitteltests – mit dem Schwerpunkt auf der Darstellung moderner Verfahren der Laborforschung, Wien 1990.

Möll, T., Messung und Wirkung von Markenemotionen: Neuromarketing als neuer verhaltenswissenschaftlicher Ansatz, Wiesbaden 2007.

Moravitz, M., Das Image Österreichs in Deutschland im Jahr 2006: ein Vergleich mit Deutschland und der Schweiz, Diplomarbeit an der Wirtschaftsuniversität Wien 2007.

Neibecker, B., Werbewirkungsanalyse mit Expertensystemen, Heidelberg 1990.

Pleil T., Online Monitoring: Ziele und Methoden; in: Zerfaß A., Pleil T., (Hrsg.) Handbuch Online-PR, Konstanz 2012.

Poetz, M. K., Schreier, M., The value of crowdsourcing: can users really compete with professionals in generating new product ideas? in: Journal of Product Innovation Management 29, 2012, S 245 – 256.

Pöhn, U., Die Aktivierungsleistung von Anzeigentexten am Beispiel der Gemeinschaftswerbung zur Förderung des Absatzes von österreichischen Produkten, Diplomarbeit an der Wirtschaftsuniversität Wien, 1986.

Prochazka, W., Die Messung der Kommunikationsleistung von Anzeigen unter dem Einsatz der nicht-reaktiven Leseverhaltensbeobachtung (Compagnon-Verfahren), Dissertation an der Wirtschaftsuniversität Wien, 1990.

Sattler, H., Völckner, F., Markenpolitik, 2. Aufl. Stuttgart 2007.

Sauer, E., Der Einfluß des themenverwandten redaktionellen Umfeldes auf die Werbewirkung: eine empirische Untersuchung unter Einsatz der nicht-reaktiven Leseverhaltensbeobachtung (Compagnonverfahren), Diplomarbeit an der Wirtschaftsuniversität Wien, 1992.

Scheier, C., Held, D., Wie Werbung wirkt: Erkenntnisse des Neuromarketings, Freiburg 2007.

Schiffman, L. G., Kanuk, L., Consumer Behavior,10. ed., Boston 2010.

Schnötzinger, J., Die Messung der Anzeigenwirkung: Vergleich der nonverbalen Leseverhaltensbeobachtung und der Blickregistrierung, Dissertation an der Wirtschaftsuniversität Wien, 1987.

Schweiger, G., Österreichs Image im Ausland, Wien 1988.

Schweiger, G., Bestimmung des Wertes der Öffentlichkeitsarbeit, in: Werbeforschung & Praxis 6/1989, S. 195–200.

Schweiger, G., Österreichs Image in der Welt: Ein Vergleich mit Deutschland und der Schweiz, Wien 1992.

Schweiger, G., Wusst, Ch., Neue Wege in der Nonverbalen Imagemessung, in: Werbeforschung & Praxis 2/88, S. 32–43.

Spiegel, B., Werbepsychologische Untersuchungsmethoden, Berlin 1970.

Steffenhagen, H., Werbewirkungsforschung, in: WiSt Heft 6, Juni 1999, S. 292–298.

Steffenhagen, H., Wirkungen der Werbung: Konzepte – Erklärungen – Befunde, 2. Aufl., Aachen 2000.

Teigeler, P., Verständlich sprechen, schreiben, informieren, Bad Honnef 1982.

Trend-Verlag, Was leisten Anzeigen in Wochen- und Monatsmagazinen? Ein Beitrag zur qualitativen Marktforschung in Österreich, Wien 2000.

Trommsdorff, V., Werbe-Pretests – Praxis und Erfolgsfaktoren, Hamburg 2003.

von Keitz, B., Der Erfolg der apparativen Marktforschung – Basis und Status, in: transfer – Werbeforschung & Praxis, 58 (2), S. 32–44.

von Keitz-Krewel, B., Werbetests, in: Tietz, B., et al. (Hrsg.), Handwörterbuch des Marketing, 2. Aufl., Stuttgart 1995, Sp. 2669–2678.

Weiss, A., Werbewirkungsmessung mit Hilfe der computergestützten Blickregistrierung, Diplomarbeit an der Wirtschaftsuniversität Wien, 1987.

Winder, T., Bosch, Ch., Schiel, S., Messung von Emotionen im Marketing, Wiesbaden 2005.

Wusst, Ch., Ansätze zur Einstellungs- und Imagemessung am Beispiel „Österreich", Dissertation an der Wirtschaftsuniversität Wien, 1987.

Zenz, S. M., Mystery Shopping: Messung der Servicequalität bei Libro und Amadeus, Diplomarbeit an der Wirtschaftsuniversität Wien, 2003.

5 Grenzen der Werbung

Die Grenzen der Werbung bestehen einerseits in rechtlichen Bestimmungen, andererseits aber auch in selbstgeschaffenen Beschränkungen und Ehrenkodizes.

Werbung sah sich seit jeher dem Vorwurf ausgesetzt, dass ethische oder moralische Überlegungen kaum Berücksichtigung fänden. In den 1960er-Jahren war der Vorwurf der manipulativen Techniken der Werbung, denen die „schutzlosen und unmündigen" Bürger ausgesetzt wären.

Verschiedene Beschwerdeanlässe scheinen sich auch über Jahrzehnte hinweg nicht zu ändern. Das Thema Frauen und Werbung ist ein Klassiker unter den Kritikern der Werbung. Die Darstellung von Frauen als sexuelle Lustobjekte oder als dumme, in technischen Dingen ungeschickte Hausfrauen führt immer noch zu häufigen Beschwerden beim zuständigen Werberat.

Haben sich die Gemüter in den 1970er und 1980er Jahren noch über verschiedene Formen der angsterregenden Werbung oder über die Diskriminierung der Frau in der Werbung erregt, so sind es nun die gebrochenen Tabus, die für Diskussionsstoff sorgen, z. B. die Werbekampagne des Bekleidungsherstellers Benetton (Sujet „Nonne und Priester", Jahr 1991), die um jeden Preis auffallen wollte und dies durch die Behandlung von Tabuthemen werblich umsetzte. Trotz zahlreicher Kritik und negativer Reaktionen in der Öffentlichkeit hat Benetton seinen provozierenden Werbestil jahrelang beibehalten. Sogar die eigenen deutschen Franchisenehmer brachten eine Klage gegen Benetton wegen Geschäftsschädigung durch die Werbung ein. Dieser Klage wurde vom Gericht nicht nachgegeben, weil dieses den Nachweis der Geschäftsschädigung nicht als erwiesen ansah. Die Erfahrungen der Händler als Franchisenehmer, dass sich sogar ganze Schulklassen von der Marke Benetton getrennt hatten, wurden als nicht ausreichend für die Geschäftsschädigung eingestuft. Deutsche Gerichte, vor allem der DBH, sind häufig nur durch Marktforschungsdaten zu überzeugen.

Die Werbewirtschaft darf sich der Diskussion nicht verschließen, sondern muss Verantwortung zeigen und sich der öffentlichen Kritik stellen. Werbung versteht sich als Bitte um Aufmerksamkeit für das, was man zu bieten hat. Dass sie zumindest den Versuch unternimmt, Konsumenten in ihrem Sinn zu beeinflussen, liegt in der Natur des Instruments. Dabei muss sie sich aber innerhalb der Grenzen der gesetzlichen Normen und der selbstdisziplinären Zurückhaltung bewegen. Einer der berühmtesten Werber der Welt, David Ogilvy, gab bereits im Jahr 1983 folgende Empfehlung ab: „Never run an advertisement you would not want your own family to see".

Mit zunehmender Globalisierung und öffentlicher Diskussion über den verantwortungsvollen Umgang mit Ressourcen rückte vor allem die gesellschaftliche Verantwortung von Unternehmen in den Blickpunkt der öffentlichen Meinung. Das Schlagwort dazu heißt **Corporate Social Responsibility** – kurz CSR. Die EU-Kommission beschreibt CSR als „Konzept, das den Unternehmen dient, auf freiwilliger Basis soziale Belange und Umweltbelange in ihrer Unternehmenstätigkeit und in Wechselbeziehung mit den Stakeholdern zu integrieren" (EU-Kommission 2001, S. 7). Dies hat zur Folge, dass CSR-Maßnahmen den Stakeholdern auch kommuniziert werden, also all jenen, die Interesse an den Aktivitäten eines Unternehmens haben, wie z. B. Kunden, Lieferanten, allgemeine Öffentlichkeit. Inhalte solcher Informationskampagnen sind z. B. Umweltschutz, Arbeitsbedingungen, Verteilungsgerechtigkeit.

Die Globalisierung macht auch eine internationale Harmonisierung des Werberechts erforderlich. Derzeit gilt noch das **Territorialitätsprinzip**: Jeder Staat bestimmt die in seinem Territorium geltenden Rechtsvorschriften für die Werbung selbst. Dies steht im Widerspruch zur Globalisierung der Wirtschaft. Kaum ein Unternehmen kann mehr auf die Präsenz im Internet verzichten. Vielfach wird die Website auch dazu genutzt, für E-Commerce Angebote zu werben. Diese Werbung ist regelmäßig so ausgerichtet, dass nicht bloß der nationale Markt, sondern auch Interessenten im Ausland angesprochen werden (sei es nun die Werbung für ein Schihotel oder die Website einer hochspezialisierten Schraubenfabrik). Damit wird diese Werbung in zahlreichen Ländern wirksam und müsste – genau genommen – den werberechtlichen Regelungen all dieser Länder entsprechen. Jede Werbemaßnahme nach den nationalen Rechtsvorschriften aller Länder überprüfen zu lassen, ist den Unternehmen allerdings nur schwer zumutbar. Es bleibt daher eine erhebliche Rechtsunsicherheit. Die Antwort auf diese Herausforderung liegt in einer internationalen Harmonisierung der werberechtlichen Rahmenbedingungen. Erste Schritte in diese Richtung hat die **Europäische Gemeinschaft** mit **Harmonisierungsrichtlinien** für die Bereiche „irreführende Werbung" und „vergleichende Werbung" bereits getan. Weitere werden wohl folgen müssen. Für den Bereich des E-Commerce ist in einer 2000 veröffentlichten Richtlinie ein interessanter Zwischenschritt getan worden: Hier wurde vorgesehen, dass es (mit gewissen Ausnahmen) genügt, wenn die Werbung den Regelungen des Heimatstaates des Werbenden entspricht. Daraus entsteht ein gewisser, indirekter Harmonisierungsdruck: Da die Mitgliedstaaten eine Verlagerung wirtschaftlicher Aktivitäten in die Mitgliedsstaaten mit der liberalsten Werberrechtsordnung verhindern wollen, werden sie sich veranlasst sehen, ihre eigenen nationalen Regelungen entsprechend anzupassen.

Im Folgenden sollen zunächst die rechtlichen Rahmenbedingungen für die Werbung näher beleuchtet und dann auf die freiwilligen Normen eingegangen werden.

5.1 Werberecht

Was in der Werbung erlaubt oder verboten ist, wird in der gesamten Europäischen Union durch eine Reihe von Einzelgesetzen geregelt. Ein eigenes Werberecht, das sämtliche Aspekte der Werbung abdeckt, gibt es nicht. Das Werberecht ist kein einheitliches, in sich geschlossenes Rechtsgebiet. Einschlägige Regelungen finden sich in einer Fülle von Einzelgesetzen und Verordnungen. Größtenteils findet das **Gesetz gegen den unlauteren Wettbewerb** (UWG) Anwendung, das zusammen mit einigen Spezialregelungen für bestimmte Bereiche das Wettbewerbsrecht bildet.

Die vorhandenen gesetzlichen Bestimmungen waren lange fast ausnahmslos solche zum Schutz des Werbers, der gegen unlauteren Wettbewerb, gegen missbräuchliche Verwendung seiner Firma und seines Warenzeichens und gegen die Verletzung seiner **Urheberrechte** geschützt wurde. Neben diesem Recht des Werbers trat das Recht des Umworbenen weitgehend zurück, obwohl dessen Schutzbedürftigkeit nicht weniger bedeutungsvoll ist. Lediglich auf manchen Spezialsektoren, wie z. B. der Heilmittel- und Tabakwerbung, finden sich schon lange **Schutzbestimmungen für den Umworbenen**. Ausgehend von der europäischen Ebene haben in letzter Zeit eine Reihe von gesetzlichen Bestimmungen Eingang in die Rechtsordnung gefunden, welche die Stellung der Verbraucher stärken und die werbliche Beeinflussung beschränken sollen. Das Werberecht hat damit als weitere Zielvorgabe auch den Konsumentenschutz erhalten.

Neben den gesetzlichen Vorschriften besteht eine Reihe von Selbstbeschränkungen, die sich die Werbewirtschaft freiwillig auferlegt hat.

5.1.1 Allgemeine gesetzliche Einschränkungen und Verbote (UWG)

Die Werbung ist im besonderen Maße durch Kreativität und ständige Veränderung gekennzeichnet. Ein Wettbewerbsgesetz mit starren Einzeltatbeständen wäre kaum dazu geeignet, diesen sich ständig ändernden Anforderungen zu entsprechen.

Als Regelungsinstrument bietet sich daher eine Generalklausel an, die es weitestgehend der Rechtsprechung überlässt, darüber zu entscheiden, welche Werbemaßnahmen wettbewerbswidrig sind. So verbietet in Deutschland und Österreich § 1 UWG **unlautere Geschäftspraktiken**, die geeignet sind, den Wettbewerb zu beeinflussen. § 1 UWG untersagt zudem alle Tätigkeiten, die den Erfordernissen der beruflichen Sorgfalt widersprechen und in Bezug auf das jeweilige Produkt geeignet sind, das wirtschaftliche Verhalten des Durchschnittsverbrauchers wesentlich zu beeinflussen. Der Begriff der unlauteren Geschäftspraktiken ersetzt den – für den „Durchschnittsanwender" etwas antiquiert wirkenden – Begriff der guten Sitten. Eine Geschäftspraktik gilt dann als unlauter, wenn sie aggressiv oder irreführend ist. Eine Auflistung von Tatbeständen, die jedenfalls als irreführend bzw. aggressiv gelten, befindet sich in einem Anhang zum UWG, der europaweit einheitliche Mindestkriterien schaffen soll.

Zunehmende Bedeutung gewann auch der **Schutz des geistigen Eigentums** (Urheberrechte, Copyright) z. B. an Fotos und Bildern, vor allem da durch digitale Technologien und Internet eine Reproduktion und Verbreitung von Werken immer einfacher wurde. Im angloamerikanischen Raum reklamiert ein Urheber das Copyright für sein Werk häufig mit dem ©-Symbol für sich. Dieses ©-Symbol weist auf Urheberrechte hin. Im deutschsprachigen Raum entstehen Urheberrechte bereits durch die Erstellung eines Werkes. Bei Übernahme und/oder Veränderung fremder Inhalte oder Vorlagen ist es ratsam, deren rechtliche Zulässigkeit zu prüfen, denn ein Urheberrechtsstreit kann kostspielig sein.

Die Bilder Dürers mit dem Signum AD (vgl. Abb. 152) verkauften sich so gut, dass die Konkurrenz sein Monogramm zu fälschen begann. Nachdem Dürer sich mehrfach gegen

Abb. 152: Albrecht Dürer – Der Hase

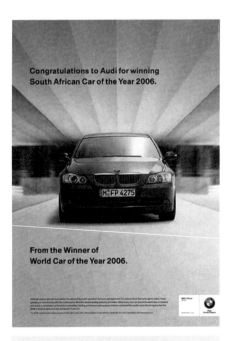

Congratulations to Audi for winning
South African Car of the Year 2006.

From the Winner of
World Car of the Year 2006.

Abb. 153: Beispiel für positiv
vergleichende Werbung

diesen Betrug zur Wehr setzen musste, ließ er sich schließlich vom Kaiser ein Privileg gegen die Fälscher geben – sein Monogramm wurde zum ersten Copyright.

Eine rechtliche Sonderstellung nimmt die „vergleichende Werbung" ein, bei der zwei und mehr Produkte oder Leistungen explizit miteinander verglichen werden. Die Produkte oder Leistungen werden bei der vergleichenden Werbung zumindest erkennbar präsentiert, manchmal kommt es sogar zur Nennung der Marken. Vergleichende Werbung ist unter bestimmten Umständen erlaubt. Wahrheitsgemäß sachliche und nachvollziehbare Vergleiche sind im Allgemeinen zulässig und werden als sinnvoll betrachtet, weil Konsumenten dadurch rascher und leichter zu entscheidungsrelevanten Informationen gelangen. Außerdem erhöhen Aussagen wie „Mein Produkt hat dieselben Eigenschaften wie Marke X, ist aber viel billiger!" die Erfolgschancen für kleinere Anbieter und Marktneulinge, wovon wiederum die Konsumenten profitieren. Gegner halten dem entgegen, dass der Vergleich häufig über nicht relevante Aspekte geführt wird, wodurch Konsumenten lediglich verwirrt und verunsichert würden. Außerdem besteht die Gefahr, dass der Missbrauch vergleichender Werbung sich in einer negativen Einstellung der Konsumenten zur Werbung allgemein niederschlägt. Umstritten ist auch, ob vergleichende Werbung tatsächlich bessere Wirkung erzielt als herkömmliche, nicht-vergleichende. So ist zumindest die Gefahr, dass die zum Vergleich herangezogene Marke mit der eigentlich beworbenen verwechselt wird, deutlich erhöht, wie das Anzeigenbeispiel in Abb. 153 zeigt.

Weiters bestehen spezielle **Beschränkungen für bestimmte Berufsgruppen.** Damit möchten z. B. Ärzte, Krankenanstalten oder Rechtsanwälte unseriösen Wettbewerb zwischen den Angehörigen ihrer Berufsgruppe vermeiden. Tendenziell zeigt sich in diesen Bereichen eine Entwicklung hin zur Liberalisierung der Werberegelungen.

5.1.2 Beschränkungen der Rundfunk- und Fernsehwerbung

Die Kontrolle der Rundfunk- und Fernsehwerbung setzt sich in den meisten Ländern aus Komponenten staatlicher und selbstdisziplinärer Maßnahmen zusammen.

In Deutschland und Österreich z. B. besteht wie in vielen anderen Ländern ein generelles **Verbot der Rundfunk- und Fernsehwerbung für Tabakwaren.** Auch das **Verbot der Rundfunk- und TV-Werbung für harte alkoholische Getränke** sowie von unter der Wahrnehmungsgrenze liegenden Werbungen (**unterschwellige Werbung**, siehe Kapitel 5.2.2.2) sind gesetzlich verankert. Auf europäischer Ebene gibt die Fernseh-Richtlinie Vorgaben für die Grenzen der Werbung im Fernsehen.

Über diese gesetzlich geregelten Bestimmungen hinaus werden von den nationalen Rundfunkstationen eigene Bestimmungen erstellt, nach denen Werbung für bestimmte Produkte ausgeschlossen, abgelehnt oder nur beschränkt zugelassen wird. Nach den **Geschäftsbedingungen des Österreichischen Rundfunks** (ORF) sind beispielsweise Anzeigen für privaten Geldverleih, Heiratsanzeigen oder Werbung, die an den Aberglauben appelliert, von der Sendung ausgeschlossen.

5.1.3 Selbstbeschränkungen der Werbewirtschaft

In fast allen europäischen Ländern besteht ein duales System zur Beschränkung der Werbung. Neben den gesetzlichen Regelungen werden freiwillig Selbstbeschränkungs-richtlinien ausgegeben. Damit sollen die Verbraucher vor dem Missbrauch der Werbung geschützt und die Werbung überwacht werden. Die EASA (**European Advertising Standards Alliance**) ist die Dachorganisation aller europäischen Selbstbeschränkungsorgane. In Deutschland und Österreich überwachen die **Werberäte** die Grenzen der Werbung.

Während bei Verstößen gegen Gesetze oder Verordnungen rechtliche Sanktionen in Kraft treten, ist dies bei den Selbstbeschränkungsregeln nicht unmittelbar der Fall. Sie haben aber indirekte rechtliche Wirkung, da sich die Rechtsprechung bei der Beurteilung der Lauterkeit einer Werbemaßnahme an den Selbstbeschränkungsregeln orientieren kann.

Im Allgemeinen liegt der Zweck der Selbstbeschränkungen darin, weitere gesetzliche Regeln zu verhindern. So hat etwa der Deutsche Werberat in einigen Bereichen **freiwillige Verhaltensregeln** aufgestellt, die den lauteren und leistungsgerechten Wettbewerb in besonders gesellschaftsrelevanten Bereichen unterstützen sollen. Die Themen reichen von der Werbung mit und vor Kindern über Werbung für das Teleshopping für alkoholische Getränke bis hin zur Herabwürdigung und Diskriminierung von Personen.

In ähnlicher Weise hat der Österreichische Werberat Richtlinien zu Themen wie Gewalt, Gesundheit, Sicherheit, Umwelt, Alkohol, Frauen etc. publiziert. Er hat sich dabei verpflichtet, jede Beschwerde über Werbemaßnahmen sorgfältig zu prüfen.

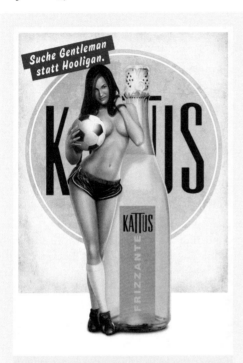

So entschied z. B. der Österreichische Werberat im Falle des Werbeplakats für Kattus Frizzante, dass weder das Sujet noch das Wortspiel einen Grund zum Einschreiten liefern (vgl. Abb. 154). Der ÖWR (Österreichische Werberat) appellierte im Hinblick auf das Sujet jedoch an das Unternehmen, in Zukunft etwas sensibler vorzugehen, da der Selbstbeschränkungskodex keine bildlichen Darstellungen von nackten Frauen ohne direkten Bezug zum beworbenen Produkt bejaht.

Abb. 154: Sujet der Sektkellerei Kattus

Die **Internationale Handelskammer** hat ebenfalls einen umfassenden Katalog von Werberichtlinien erstellt. Ziel all dieser Richtlinien ist es, lauteres Verhalten im Bereich der Werbung durch freiwillige Selbstdisziplin herbeizuführen und damit ein Gleichgewicht zwischen den Interessen der Anbieter und Abnehmer herzustellen.

Ein besonderer Fall **freiwilliger werblicher Beschränkungen** ist die „Robinson-Liste". In diese Liste können sich Verbraucher eintragen lassen, die kein Werbematerial zugesandt haben wollen. Dies bedeutet, dass der Konsument nicht nur von Interessensverbänden und Behörden geschützt wird, sondern dass er sich bis zu einem gewissen Grad auch aktiv dem Einfluss der Werbung entziehen kann. In jüngster Zeit sind derartige „Robinson-Listen" auch bereits für die E-Mail-Werbung entstanden. Allerdings erhalten diese Personen dann auch keine Versandkataloge und keine andere „nützliche" Werbung.

5.1.4   Rechtliche Bestimmungen für die Online-Kommunikation

Auch im Internet bestimmen rechtliche Spielregeln die Kommunikation. Ebenso wenig wie es ein einheitliches Werberecht gibt, gibt es auch kein eigenes Internetrecht, sondern es sind auch hier Rechtsbestimmungen zu beachten, die Bereiche des Internets betreffen. Grundsätzlich haben Unternehmen bei der Online-Kommunikation und auch bei Auftritten in sozialen Netzwerken dieselben Regeln der Rechtsordnung zu beachten, die außerhalb des Internets gelten. Zusätzlich zu den in den vorangegangenen Kapiteln angesprochenen Bestimmungen des UWG, (Gesetz gegen unlauteren Wettbewerb) des Standes- und Urheberrechts, seien hier einige weitere relevante Bestimmungen exemplarisch angeführt, die jedoch keinesfalls Anspruch auf Vollständigkeit erheben.

Die wichtigsten Formen der Online Kommunikation sind massenhaft versendete E-Mails und die Präsentation des Unternehmens oder der Marke auf einer Website. Weiters können noch Bewertungen und Kommentare von Internet-Nutzern auf Social Media Plattformen rechtliche Relevanz erlangen.

Beim Errichten einer **Website** oder Einrichten eines **Accounts** auf Social Media Plattformen ist ein **Domainname** zu wählen. Prinzipiell werden Domainnamen nach dem Prioritätsprinzip (first come, first served) von den zentralen Registrierungsstellen vergeben, die allerdings keine rechtliche Prüfung der Namen vornehmen. Ausnahmefälle sind z. B. irreführende Namen (§ 3 UWG). Bei der Wahl des Domainnamens sind fremde Marken- oder Namensrechte zu beachten (Markengesetz), bzw. ist auch darauf zu achten, dass keine Verwechslungsgefahr mit fremden Marken- oder Namensinhabern entsteht (missbräuchliche Nutzung § 1 UWG).

Bei der Auswahl der **Inhalte** wie z. B. Bilder, Texte, Musik, Videos, Grafiken usw., die auf Websites oder Social Accounts verwendet werden, ist auf das **Urheberrecht** (UrhG) zu achten. Ihre Nutzung muss vom Urheber erlaubt sein. Urheberrecht (Copyright) entsteht – wie bereits weiter oben ausgeführt – automatisch mit der Umsetzung einer geistigen Idee, ohne dass es einer Registrierung bedarf (Wien, 2012, S. 57). Urheberrechtsverletzungen können vom Urheber eingeklagt werden. Sie gehören zu den wohl häufigsten Rechtsverstößen im Internet, da es oft ein Leichtes ist, fremde Inhalte zu kopieren und weiter zu verwenden und zu verbreiten – vor allem auf sozialen Plattformen. Eine Ausnahme stellen die „freien Inhalte" (Creative Commons) dar, bei denen der Urheber eine individuelle Nutzung erlaubt, nicht aber eine kommerzielle (z. B. http://de.creativecommons.org).

Auch die Veröffentlichung von **Fotos** von Personen im Internet ist grundsätzlich nur mit der Einwilligung der Abgebildeten möglich; dies gilt auch für Unternehmensmitarbeiter, deren Fotos z. B. auf der Corporate Website eingebunden werden.

Weiters gilt auch für Websites, E-Mails und E-Mail-Newsletter die **Informationspflicht**. In Deutschland regelt dies das Telemediengesetz (§ 5 Abs. 1 TMG), in Österreich das E-Commerce-Gesetz (§ 5 Abs. 1 ECG). Danach sind in einem Impressum Name der Firma, Anschrift, Geschäftsführer oder Vorstand, E-Mail Adresse, Angaben über die zuständigen Aufsichtsbehörden, Handelsregister und USt-Identifikationsnummer anzugeben.

Beim **Massen-E-Mail-Versand** (in Österreich über 50 E-Mails) zu Werbezwecken ist zu beachten, dass generell ein Spamming-Verbot gilt, d. h., es darf keine vom Adressaten unangeforderte elektronische Post versandt werden: (Deutschland: § 7 Abs. 2 UWG; Österreich: § 7 ECG (E-Commerce-Gesetz) und § 107 TKG (Telekommunikationsgesetz)). Der Adressat hat danach einem Versand ausdrücklich zuzustimmen (Opt-in), oder er hat seine Kontaktdaten dem Werbenden im Zusammenhang mit dem Kauf eines Produktes zur Verfügung gestellt, wobei er dann die Möglichkeit eines Widerrufs haben muss (Opt-out-Möglichkeit). Im Fall von **E-Mail Newsletter** bedarf es eines Double-Opt-Ins in Form einer Bestätigungs- E-Mail.

Darüber hinaus darf in der Kopf- und Betreffzeile einer Werbe-E-Mail weder der Absender noch der Werbecharakter einer Nachricht verschleiert werden (Österreich: §§ 6–7 ECG und Deutschland: § 6 TMG).

Generell sollten bei einer geplanten Nutzung des Internets bzw. sozialer Netzwerke zu Werbezwecken die Inhalte einer rechtlichen Prüfung unterzogen werden, so wie dies auch bei Inhalten von Anzeigen, Prospekten, TV Spots usw. der Fall ist. Auch die jeweiligen Nutzungsbedingungen der Betreiber von Online-Plattformen sollten dahingehend geprüft werden, ob eine kommerzielle Nutzung überhaupt zulässig ist.

Das Web 2.0 bietet jedem Nutzer die Möglichkeit, selber Inhalte zu produzieren und ins Netz zu stellen, und unter anderem auch **Kommentare und Bewertungen auf Social Media Plattformen** abzugeben.

Grundsätzlich herrscht im Internet ebenso Meinungsfreiheit wie im realen Leben der westlichen Welt. Sie ist auch in den Grundrechten deren Bürger verankert. Bei Kommentaren und Bewertungen auf Social Media Plattformen, die Unternehmen oder Marken betreffen, ist von den betroffenen Unternehmen gegebenenfalls zu prüfen, ob diese gegen strafrechtliche Bestimmungen verstoßen: Erwiesenermaßen falsche Tatsachenbehauptungen, wie z. B. über die Beschaffenheit eines bestimmten Hotelzimmers, die eine geschäftsschädigende Auswirkung haben können, erfüllen den Tatbestand der Verleumdung und können somit strafrechtlich verfolgt werden, ebenso wie Beleidigungen oder üble Nachrede (vgl. Wien, 2012, S. 184 ff.).

Wenn sich ein Nutzer im Internet bewegt, hinterlässt er nachvollziehbare Spuren. Dazu setzen Anbieter von Internetdiensten sogenannte **Cookies** ein. Das sind Computerprogramme, die während einer Internet-Sitzung Daten über den Nutzer und das Nutzungsverhalten sammeln und so das Interessensprofil eines Anwenders auf der Ebene von IP Adressen aufzeichnen können. So ist es möglich, dass ein Verbraucher Werbung und Angebote eingeblendet bekommt, die seinem Interessensprofil (bzw. Surfverhalten) entsprechen (Targeting). Cookies ermöglichen aber auch eine bequemere Nutzung von Onlinediensten: Sie speichern z. B. Benutzereinstellungen, wie Sprache oder Land, damit diese nicht bei jedem Besuch derselben Seite neu festgelegt werden müssen, oder manche Online-Shops verwenden Cookies als Einkaufskorb, indem sie die bereits ausgewählten Artikel speichern.

Da die Verbraucher vor missbräuchlichem Umgang mit personenbezogenen Daten geschützt werden sollen, wurden in Deutschland das Bundesdatenschutzgesetz und Landesdatenschutzgesetze und in Österreich das Datenschutzgesetz 2000 erlassen. Danach ist eine Erhebung, Verarbeitung und Nutzung von personenbezogenen Daten nur erlaubt, soweit dies eine Rechtsvorschrift explizit erlaubt oder der Betroffene hierin eingewilligt hat. Dabei gelten diese **Datenschutzgesetze** subsidiär, d. h. es muss zunächst immer geprüft werden, ob es nicht andere rechtlichen Regelungen zu personenbezogenen Daten gibt (vgl. Wien, 2012, S. 203). Dadurch ist die Thematik sehr unübersichtlich und nicht gerade einfach anzuwenden. Die Datenschutzgesetze gelten lediglich für natürliche Personen, nicht für Unternehmen und beziehen sich auf Daten, die sich auf eine bestimmte oder bestimmbare Person beziehen.

Relevanz erlangen Datenschutzgesetze für Diensteanbieter dann, wenn sie die gespeicherten Daten für konkretisierbare Personen auswerten. Durch den Einsatz von Cookies sehen sich Internetbetreiber laufend mit diesbezüglichen Vorwürfen von Datenschützern konfrontiert. Erfolgt lediglich eine anonymisierte Auswertung der gesammelten Daten, erfolgt kein Verstoß gegen Datenschutzrecht (Wien, 2012, S. 206).

Im Bereich Datenschutz gibt es viele kontroverse Diskussionen, da bis dato (Mitte 2012) weder für den Verbraucher noch für die Unternehmen befriedigende Lösungen durch den Gesetzgeber geschaffen worden sind, und es scheint, dass die Gesetzgebung der rasanten Entwicklung der Informationstechnologie ständig hinterherhinkt.

▶ Literatur zu Kap. 5.1

Baumbach, A., Hefermehl, W., Wettbewerbsrecht, München 2004.

Drees, N., Thelen, C., Vergleichende Werbung – neue Möglichkeiten und Grenzen, in: transfer – Werbeforschung & Praxis, 1/2000, S. 2–9.

EU-Kommission, Grünbuch Europäische Rahmenbedingungen für soziale Verantwortung der Unternehmen, Brüssel 2001.

Fitz, H., Gamerith, H., Wettbewerbsrecht, 4. Aufl., Wien 2004.

Gloy, W., Handbuch des Wettbewerbsrechts, 3. Aufl., München 2005.

Goebel, J. W., Urheberrechtliche und wettbewerbsrechtliche Aspekte elektronischer Werbung, in: Plener, M., Praktisches ABC Werberecht, 2. Aufl., Freiburg 2000.

Hoeren, T., Sieber, U., Handbuch Multimediarecht, Loseblatt, München 2008.

Koppensteiner, H.-G., Österreichisches und europäisches Wettbewerbsrecht, 3. Aufl.,Wien 1997.

Kucsko, G., Geistiges Eigentum, 2. Aufl., Wien 2012.

Mayer, G., Werbe.Recht.Praxis, Wien 2007.

Mayerhofer, W., Grusch L., Mertzbach M., Corporate Social Responsibility, Wien 2008.

Schotthöfer, P., Handbuch des Werberechts in den EU-Staaten, Köln 1997.

Silberer, G., (Hrsg.), Interaktive Werbung, Stuttgart 1997, S. 361–397.

Stute, A., Wettbewerbsrechtliche Grenzen der Telefon-, Telefax- und E-mail-Werbung, in: transfer – Werbeforschung & Praxis, 1/2000, S. 14–17.

Wiltschek, UWG, 7. Aufl., Wien 2003.

Wien, A., Internetrecht, 3. Aufl., Wiesbaden 2012.

http://www.lauterkeit.ch führt zur Website der Schweizerischen Lauterkeitskommission.

http://www.werberat.de bietet Informationen über den Deutschen Werberat.

http://www.werberat.at ist die Website des Österreichischen Werberats.

5.2 Werbung und Gesellschaft

Werbung steht häufig im Zentrum gesellschaftlicher Kritik. „Sie sieht sich den Vorwürfen ausgesetzt, neue Bedürfnisse, überzogenes Konsumdenken und Habgier hervorzurufen sowie materialistische Motive zu verstärken…" (Kotler u.a. 2007, S 237). Auch wenn es Aufgabe der Werbung ist, Menschen in ihren Einstellungen, Meinungen, Werthaltungen und in ihrem Handeln zu beeinflussen, so ist dennoch nicht zu übersehen, dass Werte stärker durch soziales Umfeld, Gruppenzugehörigkeiten, Familie, Herkunft, Religionszugehörigkeit, Ausbildung usw. bestimmt werden. Allerdings ist Werbung sicher ein Verstärker materieller Geisteshaltungen.

Werbung knüpft oft an latenten Bedürfnissen an oder greift bestehende Werthaltungen auf und stellt sie in den Blickpunkt der Umworbenen. Insofern tragen Werbeagenturen und werbetreibende Unternehmen gesellschaftliche Verantwortung, wobei sich die Frage stellt, ob diese sich dieser Verantwortung bewusst sind.

Das gesellschaftspolitische Klischee des Konsumenten reicht vom leicht manipulierbaren „Konsumäffchen" bis hin zum rational entscheidenden, souveränen Konsumenten.

5.2.1 Konsumentensouveränität

Konsumfreiheit stellt einen tragenden Pfeiler der Wirtschaftsordnung der freien Marktwirtschaft dar. Sie setzt jedoch voraus, dass jeder Verbraucher fähig ist, seinen eigenen Lebensraum zu gestalten und ihn gegen alle Anforderungen nach außen zu verteidigen. Die Ideologie des souveränen Konsumenten findet denn auch in den meisten Marketing-Lehrbüchern ihren Niederschlag. Der souveräne Konsument entscheidet selbst, ob er ein Angebot – sei es ein Waren-, Leistungs- oder Informationsangebot – akzeptiert oder ablehnt. Somit trägt er auch die Verantwortung für sein Verhalten. Die Unternehmer richten sich nach dem Konsumenten und erfüllen seine Wünsche und Bedürfnisse.

Tatsächlich aber ist die Konsumentensouveränität beschränkt: Der Verbraucher wird von außen u.a. auch durch Werbung beeinflusst, und oft ist die Verhaltensbeeinflussung vom Betroffenen gar nicht gedanklich (willentlich) kontrollierbar, z.B. bei „manipulativer" Technik der Kommunikation.

5.2.2 Manipulation

Geht man vom Zweck der Kommunikation aus, so kann man generell zwischen zweckfreier Kommunikation, wie zum Beispiel Geplauder und Unterhaltung, und beeinflussender Kommunikation unterscheiden.

Beeinflussende Kommunikation findet man in Form von Anweisungen, denen ein formeller Zwang zur Ausführung zugrunde liegt (z.B. Befehl), weiters in Form von Werbung und auch in Form von Manipulation (vgl. Abb. 155). Im Gegensatz zum Befehl liegt der Werbung kein formeller Zwang zugrunde, nämlich insofern, als die Nichtbefolgung des Kommunikationsinhaltes keine Sanktionen nach sich zieht. Bei der Manipulation wird der formelle Zwang durch psychischen Zwang ersetzt. Dieser psychische Zwang ist in diesem Fall für die Zielperson nicht durchschaubar.

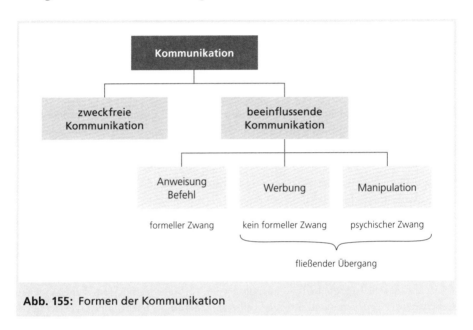

Abb. 155: Formen der Kommunikation

5.2.2.1 Definition der Manipulation

Im täglichen Sprachgebrauch ist das Wort Manipulation negativ besetzt. In der allgemeinen Form handelt es sich bei Manipulation um „Beeinflussung des Menschen durch Menschen" (Meyers Enzyklopädisches Lexikon, Band 15, Mannheim u. a. 1975, S. 564). Dieser Begriff ist sehr weit gefasst, denn danach wäre alles, was in der Gesellschaft auf uns einwirkt, Manipulation.

Diese Definition ist nicht zweckmäßig. Wir wollen sie daher enger fassen: Manipulation liegt dann vor, wenn die Beeinflussung von Konsumenten nicht bewusst (willentlich) kontrolliert und durchschaut werden kann. Dabei ist unter willentlich kontrolliertem Verhalten ein von Bewusstseinsprozessen gesteuertes Verhalten zu verstehen: Der Mensch reagiert nicht automatisch auf dargebotene Reize, sondern er verarbeitet diese gedanklich und ist sich somit seiner Entscheidungssituation bewusst.

Es besteht, wie aus Abb. 155 hervorgeht, ein fließender Übergang zwischen Manipulation und Werbung. Zumeist enthält Werbung sowohl informative als auch suggestive Elemente. Inwieweit der Konsument dabei die Beeinflussungsabsicht willentlich kontrollieren und durchschauen kann, kann von Fall zu Fall unterschiedlich sein.

Durchschaut der Konsument allerdings die manipulative Beeinflussungsabsicht, so reagiert er häufig mit **Reaktanz**, und die Beeinflussung wird nicht wirksam. Erkennt nämlich eine Person, die der Kommunikation ausgesetzt ist, dass auf sie Druck zu einer Meinungs- bzw. Verhaltensänderung ausgeübt wird, also ein ihr persönlich wichtiger Meinungsspielraum beschränkt werden soll, so wird sie versuchen, sich zu widersetzen: Die Beeinflussung führt zu keiner Meinungsänderung oder sogar zu einer Meinungsbildung, die der Absicht des Kommunikators entgegengesetzt ist (**Bumerangeffekt**).

Nach Kroeber-Riel und Meyer-Hentschel (1982, S. 193 ff.) hat der Manipulationsbegriff neben dem oben dargestellten sachlichen Inhalt auch eine wertende Komponente: Manipulation wird als Verhaltenssteuerung im Dienste „fremder" Zielsetzungen verstanden, die vom Empfänger nicht akzeptiert wird. Die negative Besetzung des umgangssprachlich benutzten Manipulationsbegriffes ist vor allem darauf zurückzuführen, dass er meist dann benutzt wird, wenn von Beeinflussungstechniken die Rede ist, die mit einem Verstoß gegen Ziele bzw. Werte, die in der Gesellschaft allgemein anerkannt werden, in Zusammenhang stehen. Kaum jemand bezeichnet Beeinflussungstechniken als „manipulativ", wenn sie z. B. in der Kindererziehung eingesetzt werden, obwohl diese Techniken in der Regel vom Beeinflussten nicht bewusst kontrolliert werden können und sich die Beeinflussten ihnen nicht entziehen können. Doch die Ziele, die dahinter stehen, werden von der Gesellschaft akzeptiert und eine Verhaltenssteuerung als legitim betrachtet. Der Manipulationsvorwurf richtet sich somit zumeist gegen Wertesysteme anderer gesellschaftlicher Gruppen. Beim Manipulationsvorwurf gegen die Werbung ist daher zu prüfen, welche Wertung hinter dem sachlichen Inhalt steckt. Gegen geltende gesellschaftliche Zielsetzung verstößt z. B. Werbung, die Konsumenten zum Kauf gesundheitsschädlicher Produkte auffordert.

5.2.2.2 Formen manipulativer Techniken in der Werbung

Manipulation kann durch verschiedene Formen erfolgen. Abb. 156 gibt einen Überblick über die wichtigsten Möglichkeiten, die Beeinflussungsabsicht zu tarnen.

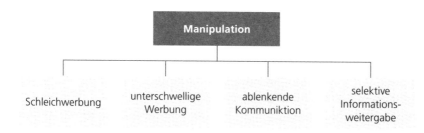

Abb. 156: Erscheinungsformen der Manipulation

■ **Schleichwerbung**

Die häufigste Form der Manipulation in der Absatzwerbung ist die Schleichwerbung. Sie betrifft fast alle Medien, sowohl Print als auch Rundfunk und TV. Bei der Schleichwerbung geht es vor allem darum, die werbliche Absicht gegenüber dem Umworbenen zu tarnen. Um Schleichwerbung handelt es sich z.B. dann, wenn bei Fernsehserien bestimmte Getränke, PKWs oder andere Produktmarken eingeblendet werden. Diese Form der Schleichwerbung ist besonders wirkungsvoll, denn hier beeinflussen Schauspieler oder Sportler als Leitbilder das Konsumentenverhalten. Es ist dadurch auch möglich, Werbebeschränkungen oder Werbeverbote (z.B. für Alkohol) zu umgehen.

Schleichwerbung ist gegen das in letzter Zeit immer häufiger angewandte Product Placement schwer abzugrenzen (vgl. Kap. 3.1.6).

Eine andere Form der Schleichwerbung ist die Platzierung redaktionell gestalteter Anzeigen in Zeitungen und Zeitschriften ohne Kennzeichung als Werbung (vgl. Kap. 3.1.2). Schleichwerbung verstößt z.B. gegen die gesetzliche Pflicht, dass Werbung als solche auch erkennbar sein muss.

■ **Unterschwellige Werbung**

Bei unterschwelliger Werbung (sublimierte Werbung) werden Reize so kurzzeitig dargeboten, dass sie nicht bewusst wahrgenommen werden können (vgl. Kap. 4.4.1.3). Ihre Wirkung ist allerdings unbewiesen, zumindest was ihren Einsatz bezüglich einer gedanklich nicht kontrollierbaren Verhaltenssteuerung hinsichtlich bestimmter Marken betrifft.

Der Einsatz unterschwelliger Werbung ist technisch auf Filme – TV und Kino – beschränkt und darüber hinaus in den meisten Ländern explizit verboten.

■ **Ablenkende Kommunikation**

Durch diese Form der Kommunikation soll der Konsument vom Beeinflussungsziel abgelenkt werden. Die Ablenkung kann etwa dadurch erfolgen, dass der/die Sprecher/in einer Werbebotschaft einen fremdländischen Akzent spricht, oder dass Bilder gezeigt werden, die nicht zur Argumentation passen und von dieser ablenken. Durch die Darbietung ablenkender Reize wird in den Informationsverarbeitungsprozess eingegriffen, indem der Widerstand gegen eine Meinungsänderung geschwächt wird. Der Konsument durchschaut nicht, in welcher Weise sich der Beeinflussende seine kognitiven Mechanismen zu Nutze macht: Die willentliche Kontrolle wird umgangen, denn es werden weitgehend automatisch ablaufende Verhaltensweisen ausgelöst. (vgl. Kroeber-Riel, Weinberg, 2003, S. 687 und emotionale Konditionierung in Kap. 4.4.1.4).

Nicht alle Techniken der ablenkenden Kommunikation sind für den Werber von vorteilhafter Wirkung. So kann es zum Beispiel vorkommen, dass der Ablenkungsreiz die Wirkung der Werbeaussage überlagert.

■ **Selektive Informationsweitergabe**

Eine weitere Form der Manipulation, die weniger in der Werbung, sondern vielmehr im Journalismus Verwendung findet, ist die selektive Informationsweitergabe. Hier wählt der Journalist aus der Fülle des Informationsangebotes, das aufgrund von Ereignissen anfällt, nur solches für seinen Bericht aus, das seinen Zielsetzungen oder seiner Ideologie entspricht. D. h., das Publikum wird nur mit gefilterten Informationen versorgt, was in Ländern, die keine freie Presse haben, besonders schwerwiegend sein kann.

5.2.2.3 Grenzen der Manipulation

Seitens der Rezipienten sind der Beeinflussung durch Kommunikation natürlich Grenzen gesetzt. Erstens wirkt das Phänomen der selektiven Wahrnehmung (vgl. dazu Kap. 4.4.1.3). Erreicht die Werbebotschaft den Verbraucher, so ist noch immer nicht sichergestellt, dass er sie auch wahrnimmt bzw. aufnimmt, denn aus der Gesamtheit aller Reize, die auf ihn tagtäglich einwirken, wählt er jene aus, die in irgendeiner Form für ihn bedeutsam sind. Es haben daher nur solche Botschaften eine Chance verarbeitet und somit verhaltenswirksam zu werden, die den selektiven Filter durchdringen.

Weiters können Beeinflussungswirkungen durch den oben erwähnten Reaktanz-Effekt weitgehend abgeschwächt werden: Der Verbraucher merkt die Beeinflussungsabsicht der Werbebotschaft und reagiert verstimmt. Auch wird Werbung von vielen Verbrauchern nur für eingeschränkt kompetent gehalten, und sie nehmen daher gegenüber Werbeaussagen eine misstrauische Haltung ein.

Für die Meinungsbildung selbst ist ein mehrstufiger Kommunikationsprozess typisch, d. h., es bestehen innerhalb verschiedener sozialer Schichten Meinungsführer, die in der Massenkommunikation eine Art Vermittlerrolle spielen und für eine Gefolgschaft ihrerseits meinungsbildend wirken. Dieser Prozess ist von den Werbetreibenden nur schwer kontrollierbar. Außerdem ist Werbung nur eine von vielen Informationsquellen: Der Konsument kann sich auch durch Verkäufer, Bekannte oder Freunde beraten lassen oder Auskünfte bei Verbraucherberatungsstellen einholen, Testergebnisse oder Berichte in Fachzeitschriften zu Rate ziehen u. v. m.

Schließlich wird die Manipulation durch Werbung auch dadurch eingeschränkt, dass die einzelnen Werbebotschaften zueinander in Konkurrenz stehen und sich dadurch zum Teil in ihrer Wirkung kompensieren.

5.2.3 Verbraucherpolitik

Von den Marketingaktivitäten geht eine Verhaltenssteuerung aus, die die Konsumentensouveränität beschneidet. Um diesen Einschränkungen entgegenzuwirken, haben sich im Laufe der Zeit soziale Bewegungen gebildet, die sich für Konsumentenschutz einsetzen und sich auf eine Überprüfung und Neuformulierung des gesamten Konsumstandards richten.

Die Diskussion um Marketing und Verbraucherpolitik entstand vor allem in den USA als so genannte **Konsumerismus-Bewegung**. Auslösende Faktoren dafür waren J. F. Kennedys Proklamation der Grundrechte des Verbrauchers Anfang der 1960er-Jahre und konsumkritische Werke wie etwa Kenneth Gallbraiths „Gesellschaft im Überfluss" oder Vance Packards „Die geheimen Verführer". Durch den Konsumerismus werden nicht nur Ordnungsmaßnahmen seitens des Staates gefordert, um damit Rechte des Konsumenten zu schützen und auch durchzusetzen, sondern die Konsumgesellschaft selbst wird in Frage gestellt. Kritisiert wird dabei die ausschließliche Orientierung des Lebens am Konsum und die Ausdehnung der Konsumhaltung auf alle Lebensbereiche.

Ziel des Konsumerismus ist häufig, Rechte und Macht der Verbraucher gegenüber den Anbietern zu stärken. Aufgrund des bestehenden Ungleichgewichtes zwischen Anbieter und Nachfrager sieht sich der Staat gezwungen, regulierend in den Wettbewerb einzugreifen, also aktiv Verbraucherpolitik zu betreiben. Unter **Verbraucherpolitik** versteht man alle staatlichen oder staatlich geförderten Maßnahmen, die darauf abzielen, das Ungleichgewicht zwischen Produzenten und Konsumenten zu mildern und dem Konsumenteninteresse zu angemessener Durchsetzung zu verhelfen (Hansen, 1996). Träger der Verbraucherpolitik sind staatliche Instanzen und staatlich geförderte Institutionen der Interessenvertretung.

In Deutschland gibt es beispielsweise die Arbeitsgemeinschaft für Verbraucher, Verbraucherzentralen, die Stiftung Warentest, die Stiftung Verbraucherinstitut und in Österreich den Verein für Konsumenteninformation. Diese Institutionen repräsentieren entweder die Verbraucherinteressen oder sie liefern für Verbraucherarbeit benötigte Dienstleistungen wie z. B. Beratung oder Informationen.

Die Instrumente von den Institutionen der Verbraucherpolitik sind: Verbraucherinformation, Verbraucherschutz und Verbraucherbildung.

- **Verbraucherinformation**
  Aufgabe der Verbraucherinformation ist es, den Konsumenten mit möglichst aktuellen Informationen über Preise, Qualität, Sicherheit usw. von Produkten und Dienstleistungen zu versorgen. Dadurch sollen die Unübersichtlichkeit und die einseitige, anbieterorientierte Information beseitigt werden.

- **Verbraucherschutz**
  Zum Verbraucherschutz werden Vorschriften rechtlicher Art gerechnet, die Auswirkungen von Konsumentscheidungen, die für den Verbraucher negativ sind, von vornherein vermeiden, sowie rechtliche Vorschriften, die eine nachträgliche Korrektur von den Konsumenten zugefügten Schäden bezwecken.
  Es ist allerdings fragwürdig, ob denkbare Gefährdungen oder Schäden von vornherein durch die Gesetzgebung geregelt werden können. Der gesetzlich geregelte Konsumentenschutz reicht hier etwa von der Produktkennzeichnungspflicht, Schutz vor überhöhten Preisen (Mietrechtsgesetz), Schutz von Qualitätsstandards

(Lebensmittelgesetz, Arzneimittelgesetz) bis zur Gewährleistungshaftung und der Produkthaftpflicht von Produzenten.

- ■ **Verbraucherbildung**
  Aus der Erkenntnis, dass der Mensch ein Leben lang als Konsument in das Wirtschaftsgeschehen involviert und dadurch allen davon ausgehenden Einflüssen ausgesetzt ist, resultiert die Forderung nach Verbrauchererziehung und -bildung. Verbraucherbildung wird als lebensbegleitendes Erfordernis angesehen, zumal es auch lebenszyklusspezifische Verbraucherprobleme gibt, deren Lösung nicht ein für alle Male in der Schule gelernt werden kann. Daneben unterliegt auch die Wirtschaft einem ständigen Wandel, die Aufnahme neuen Wissens seitens des Verbrauchers erfordert.

  Als Folge der Verbraucherbildung sollte der Konsument fähig sein, sozioökonomische Zusammenhänge bezüglich seiner Verbraucherrolle zu erkennen, seine Mittel durch selbstbestimmtes Handeln optimal einzusetzen, und außerdem selbst in der Verbraucherpolitik aktiv zu sein. Neben der in Schulen praktizierten Verbraucherbildung versuchen vor allem Konsumentenvereinigungen und Verbraucherberatungsstellen diese Ziele zu erreichen.

▶ Literatur zu Kap. 5.2

Hansen, U., Stauss, B., Marketing und Verbraucherpolitik – Ein Überblick, in: Hansen, U., Stauss, B., Riemer, M., (Hrsg.), Marketing und Verbraucherpolitik, Stuttgart 1982.

Hansen, U. (Hrsg.), Marketing im gesellschaftlichen Dialog, Frankfurt/Main 1996.

Kotler, P., Amstrong, G., Saunders, J., Wong, V, Grundlagen des Marketing, 4. Aufl., München 2007 und 5. Aufl. 2011.

Kroeber-Riel, W., Meyer-Hentschel, G., Werbung – Steuerung des Konsumentenverhaltens, Würzburg, Wien 1982.

Kroeber-Riel W., Weinberg P., Konsumentenverhalten, 8. Aufl., München 2003.

Kroeber-Riel W., Weinberg P., Gröppel-Klein A., Konsumentenverhalten, 9. Aufl., München 2009.

Mayerhofer, W., Grusch L., Mertzbach M., Corporate Social Responsibility, Wien 2008.

Nieschlag, R., Dichtl, E., Hörschgen, H., Marketing, 19. Aufl., Berlin 2002

Rosenstiel, L. von, Psychologie der Werbung, Rosenheim 1969 u. 1973.

Schlegelmilch, B. B., Marketing Ethics: An International Perspective, London 2001.

Wiswede, G., Soziologie des Verbraucherverhaltens, Stuttgart 1972.

Wiswede, G., Einführung in die Wirtschaftspsychologie, 4. Aufl., München 2007.

6   Leserservice

Für Leser, die ihr Wissen auf tagesaktuellen Stand bringen oder das Service verschiedener Internet-Portale in Anspruch nehmen wollen, wurde eine Auswahl an Links und Websiteadressen zusammengestellt, die für das Thema Werbung interessant und nützlich sein können.

Die angegebenen Adressen waren zum Zeitpunkt der Fertigstellung des Manuskriptes für das vorliegende Buch (25.07.2012) aktuell.

Marke und Marketing

American Marketing Association www.marketingpower.com

Deutscher Marketingverband www.marketingverband.de

AMC Austrian Marketing Confederation e.V. www.austrian-marketing.at

Schweizer Fachportal für Marketing www.marketing.ch

Europäischer Markenverband www.aim.be

Markenverband Deutschland www.markenverband.de

Österreichischer Verband der Markenartikelindustrie www.mav.at

Schweizerischer Markenartikelverband www.promarca.ch

Expertenforum „marke.at" www.marke.at

Brandchannel www.brandchannel.com

Werbung

EACA European Association of Communication Agencies www.eaca.be

EASA European Advertising Standards Alliance www.easa-alliance.org

IAA International Association of Advertising Agencies Austria www.iaaat.org

Deutsche Werbewissenschaftliche Gesellschaft www.dwg-online.net

Österreichische Werbewissenschaftliche Gesellschaft www.wwgonline.at

Österreichischer Verband für Werbung & Marktkommunikation
    www.fachverbandwerbung.at

Gesamtverband Kommunikationspartneragenturen (GWA) www.gwa.de

Zentralverband der deutschen Werbewirtschaft www.zaw.de

Deutscher Kommunikationsverband www.kommunikationsverband.de

Österreichischer Werberat www.werberat.or.at oder www.werberat.at

Deutscher Werberat www.werberat.de

Schweizer Werberat www.sw-ps.ch

Medien

Bundesverband Deutscher Anzeigenblätter (ada Auflagenkontrolle) www.bvda.de

Bundesverband Deutscher Zeitungsverleger e.V. /BDZV www.bdzv.de

Verband Deutscher Zeitschriftenverleger /VDZ www.vdz.de

Verband österreichischer Zeitungen www.voez.at

Verband Schweizer Medien-Verkaufs-Unternehmungen (SAVA) www.sava.ch

Informationsgemeinschaft zur Feststellung und Verbreitung von Werbeträgern www.ivw.de

Österreichische Auflagenkontrolle www.oeak.at

Verband Schweizer Presse www.schweizerpresse.ch

PR, Direktwerbung und Anderes

Gesellschaft Public Relations Agenturen www.pr-guide.de

Deutsche Public Relations Gesellschaft www.dprg.de

Public Relations Verband Austria www.prva.at

Bund der PR-Agenturen der Schweiz (SPRG) www.prsuisse.ch

Deutscher Direktmarketing Verband e.V. www.ddv.de

Dialog Marketing Verband Österreich www.dmvoe.at

Schweizer Direktmarketing Verband sdv-dialogmarketing.ch

Außenwerbung Schweiz (AWS) www.aussenwerbung-schweiz.ch

Fachverband Außenwerbung e.V. www.faw-ev.de

Interessenplattform für alle Bereiche der Außenwerbung www.outofhome.at

Bundesverband Digitale Wirtschaft www.bvdw.org

Fachverband Ambient Media www.fachverband-ambientmedia.de

Daten zur Medien- und Werbeforschung

Media-Analyse Deutschland www.agma-mmc.de

Media-Analyse Österreich www.media-analyse.at

Media-Analyse Schweiz www.wemf.ch

Leseranalyse Entscheidungsträger www.lae.de

Regioprint Österreich www.vrm.at

Österreichische Web-Analyse www.oewa.at

Austrian Internet-Monitor www.aim.at

Mediadaten aus Deutschland: www.spiegel-qc.de

Daten zu den Werbeausgaben in Österreich und Deutschland www.at.focusmr.com und www.focusmr.com

European Society for Opinion and Marketing Research (ESOMAR) www.esomar.org

Fachzeitschriften

Absatzwirtschaft www.absatzwirtschaft.de

Advertising Age (US) http://adage.com

Adweek (US) www.adweek.com

Der Markenartikel www.markenartikel-magazin.de

Der Markt. Zeitschrift für Absatzwirtschaft und Marketing www.absatzwirtschaft.de

Horizont www.horizont.de

International Journal of Advertising www.internationaljournalofadvertising.com

Journal of Advertising www.journalofadvertising.org

Journal of Advertising Research www.journalofadvertisingresearch.com

Journal of Consumer Research ejcr.org

Journal of Marketing Research www.marketingpower.com

Kontakter www.wuv.de/kontakter

Marketing Journal www.marketingjournal.de

Media Perspektiven www.media-perspektiven.de

planung & analyse www.planung-analyse.de

Research & Results www.research-results.de

Transfer – Werbeforschung & Praxis www.transfer-zeitschrift.net

Werben und Verkaufen www.wuv.de

Werbemittelarchive

Ad*Access – englischsprachige Anzeigen aus den Jahren 1911–1955
http://library.duke.edu/digitalcollections/adaccess/

Reklamemarken: www.wu-wien.ac.at/werbung/reklamemarken oder
www2.wu-wien.ac.at/werbung

Slogandatenbank www.slogans.de

Sachregister